ACCESO GRATIS *a la Lectura en la Nube*

Para visualizar el libro electrónico en la nube de lectura envíe junto a su nombre y apellidos una fotografía del código de barras situado en la contraportada del libro y otra del ticket de compra a la dirección:

ebooktirant@tirant.com

En un máximo de 72 horas laborales le enviaremos el código de acceso con sus instrucciones.

La visualización del libro en **NUBE DE LECTURA** excluye los usos bibliotecarios y públicos que puedan poner el archivo electrónico a disposición de una comunidad de lectores. Se permite tan solo un uso individual y privado

PROCESO PENAL

Derecho Procesal III

COMITÉ CIENTÍFICO DE LA EDITORIAL TIRANT LO BLANCH

María José Añón Roig
Catedrática de Filosofía del Derecho de la Universidad de Valencia

Ana Cañizares Laso
Catedrática de Derecho Civil de la Universidad de Málaga

Jorge A. Cerdio Herrán
Catedrático de Teoría y Filosofía del Derecho Instituto Tecnológico Autónomo de México

José Ramón Cossío Díaz
Ministro en retiro de la Suprema Corte de Justicia de la Nación y miembro de El Colegio Nacional

María Luisa Cuerda Arnau
Catedrática de Derecho Penal de la Universidad Jaume I de Castellón

Manuel Díaz Martínez
Catedrático de Derecho Procesal de la UNED

Carmen Domínguez Hidalgo
Catedrática de Derecho Civil de la Pontificia Universidad Católica de Chile

Eduardo Ferrer Mac-Gregor Poisot
Juez de la Corte Interamericana de Derechos Humanos Investigador del Instituto de Investigaciones Jurídicas de la UNAM

Owen Fiss
Catedrático emérito de Teoría del Derecho de la Universidad de Yale (EEUU)

José Antonio García-Cruces González
Catedrático de Derecho Mercantil de la UNED

José Luis González Cussac
Catedrático de Derecho Penal de la Universidad de Valencia

Luis López Guerra
Catedrático de Derecho Constitucional de la Universidad Carlos III de Madrid

Ángel M. López y López
Catedrático de Derecho Civil de la Universidad de Sevilla

Marta Lorente Sariñena
Catedrática de Historia del Derecho de la Universidad Autónoma de Madrid

Javier de Lucas Martín
Catedrático de Filosofía del Derecho y Filosofía Política de la Universidad de Valencia

Víctor Moreno Catena
Catedrático de Derecho Procesal de la Universidad Carlos III de Madrid

Francisco Muñoz Conde
Catedrático de Derecho Penal de la Universidad Pablo de Olavide de Sevilla

Angelika Nussberger
Catedrática de Derecho Constitucional e Internacional en la Universidad de Colonia (Alemania) Miembro de la Comisión de Venecia

Héctor Olasolo Alonso
Catedrático de Derecho Internacional de la Universidad del Rosario (Colombia) y Presidente del Instituto Ibero-Americano de La Haya (Holanda)

Luciano Parejo Alfonso
Catedrático de Derecho Administrativo de la Universidad Carlos III de Madrid

Consuelo Ramón Chornet
Catedrática de Derecho Internacional Público y Relaciones Internacionales de la Universidad de Valencia

Tomás Sala Franco
Catedrático de Derecho del Trabajo y de la Seguridad Social de la Universidad de Valencia

Ignacio Sancho Gargallo
Magistrado de la Sala Primera (Civil) del Tribunal Supremo de España

Elisa Speckman Guerra
Directora del Instituto de Investigaciones Históricas de la UNAM

Ruth Zimmerling
Catedrática de Ciencia Política de la Universidad de Mainz (Alemania)

Fueron miembros de este Comité:
Emilio Beltrán Sánchez, Rosario Valpuesta Fernández y **Tomás S. Vives Antón**

Procedimiento de selección de originales, ver página web:
www.tirant.net/index.php/editorial/procedimiento-de-seleccion-de-originales

PROCESO PENAL

Derecho Procesal III

5ª Edición

Coordinadores
JUAN-LUIS GÓMEZ COLOMER
SILVIA BARONA VILAR

Autores
SILVIA BARONA VILAR
IÑAKI ESPARZA LEIBAR
JOSÉ FRANCISCO ETXEBERRÍA GURIDI
JUAN-LUIS GÓMEZ COLOMER
ELENA MARTÍNEZ GARCÍA
ANDREA PLANCHADELL GARGALLO

tirant lo blanch
Valencia, 2025

Copyright ® 2025

Todos los derechos reservados. Ni la totalidad ni parte de este libro puede reproducirse o transmitirse por ningún procedimiento electrónico o mecánico, incluyendo fotocopia, grabación magnética, o cualquier almacenamiento de información y sistema de recuperación sin permiso escrito de los autores y del editor.

En caso de erratas y actualizaciones, la Editorial Tirant lo Blanch publicará la pertinente corrección en la página web www.tirant.com.

© Juan-Luis Gómez Colomer
Silvia Barona Vilar (Coordinadores)

© TIRANT LO BLANCH
EDITA: TIRANT LO BLANCH
C/ Artes Gráficas, 14 - 46010 - Valencia
TELFS.: 96/361 00 48 - 50
FAX: 96/369 41 51
Email: tlb@tirant.com
www.tirant.com
Librería virtual: www.tirant.es
DEPÓSITO LEGAL: V-3016-2025
ISBN: 979-13-7010-977-6

Si tiene alguna queja o sugerencia, envíenos un mail a: *atencioncliente@tirant.com*. En caso de no ser atendida su sugerencia, por favor, lea en *www.tirant.net/index.php/empresa/politicas-de-empresa* nuestro procedimiento de quejas.

Responsabilidad Social Corporativa: http://www.tirant.net/Docs/RSCTirant.pdf

Índice

CAPÍTULO I
HISTORIA, POLÍTICA CRIMINAL Y PRINCIPIOS

Lección 1ª
HISTORIA, SISTEMAS Y POLÍTICA CRIMINAL

Juan Luis Gómez Colomer

CAPÍTULO II
PRESUPUESTOS PROCESALES Y OBJETO

Lección 2ª
LA COMPETENCIA PENAL

Juan Luis Gómez Colomer

Lección 3ª

LAS PARTES ACUSADORAS

ELENA MARTÍNEZ GARCÍA

Lección 4ª

LAS PARTES ACUSADAS Y LOS RESPONSABLES CIVILES

SILVIA BARONA VILAR

CAPÍTULO III
LA FASE PRELIMINAR

Lección 7ª
LA INSTRUCCIÓN DEL PROCESO: SU ESTRUCTURA ESENCIAL

JUAN LUIS GÓMEZ COLOMER

Lección 8ª
LOS ACTOS DE INVESTIGACIÓN
Juan Luis Gómez Colomer

Lección 9ª
LOS ACTOS DE INVESTIGACIÓN NO GARANTIZADOS
Juan Luis Gómez Colomer

Lección 10ª
LOS ACTOS DE INVESTIGACIÓN GARANTIZADOS
Juan Luis Gómez Colomer

Lección 11ª

LOS ACTOS DE INVESTIGACIÓN GARANTIZADOS BASADOS EN LAS NUEVAS TECNOLOGÍAS

JUAN LUIS GÓMEZ COLOMER

CAPÍTULO IV
EL CONSENTIMIENTO Y LA EVITACIÓN DEL JUICIO

Lección 12ª
JUSTICIA PENAL NEGOCIADA

SILVIA BARONA VILAR

CAPÍTULO V
EL PROCESO CAUTELAR

Lección 13ª
LAS MEDIDAS CAUTELARES

SILVIA BARONA VILAR

Lección 14ª

MEDIDAS CAUTELARES ESPECÍFICAS

Silvia Barona Vilar

CAPÍTULO VI
LA FASE INTERMEDIA

Lección 15ª
LA DECISIÓN SOBRE LA ACUSACIÓN

JUAN LUIS GÓMEZ COLOMER

CAPÍTULO VII
LA FASE DE ENJUICIAMIENTO: JUICIO ORAL, PRUEBA Y TERMINACIÓN

Lección 16ª
EL JUICIO ORAL: ACUSACIÓN Y DEFENSA

JUAN LUIS GÓMEZ COLOMER

Lección 17ª

EL JUICIO ORAL: CONFORMIDAD Y DESVINCULACIÓN

JUAN LUIS GÓMEZ COLOMER

Lección 18ª

LA PRUEBA

SILVIA BARONA VILAR

Lección 19ª

MEDIOS DE PRUEBA

SILVIA BARONA VILAR

Lección 20ª

LA VISTA ORAL

SILVIA BARONA VILAR

Lección 21ª

LA TERMINACIÓN DEL PROCESO PENAL

JUAN LUIS GÓMEZ COLOMER

CAPÍTULO VIII
LOS MEDIOS DE IMPUGNACIÓN

Lección 22ª

LOS RECURSOS (I)

JOSÉ-FRANCISCO ETXEBERRÍA GURIDI

Lección 23ª

LOS RECURSOS (II)

JOSÉ-FRANCISCO ETXEBERRÍA GURIDI

CAPÍTULO IX
LOS EFECTOS DEL PROCESO

Lección 24ª
COSA JUZGADA, IMPUGNACIÓN Y COSTAS

JUAN LUIS GÓMEZ COLOMER

CAPÍTULO X
EL PROCESO DE EJECUCIÓN

Lección 25ª
LA EJECUCIÓN EN EL PROCESO PENAL

Iñaki Esparza Leibar

CAPÍTULO XI
LOS PROCESOS ORDINARIOS Y ESPECIALES

Lección 26ª
LOS PROCESOS ORDINARIOS (I)

SILVIA BARONA VILAR

Lección 27ª
LOS PROCESOS ORDINARIOS (II)

SILVIA BARONA VILAR

Lección 28ª

ESPECIALIDADES PROCEDIMENTALES

SILVIA BARONA VILAR

Lección 29ª

PROCESOS PENALES ESPECIALES REGULADOS FUERA DE LA LECRIM Y PROCESOS CIVILES DERIVADOS DEL HECHO PUNIBLE

Iñaki Esparza Leibar

Listado de autores e índice de lecciones

Juan Luis Gómez Colomer

Catedrático de Derecho Procesal de la Universidad Jaume I de Castellón
Doctor honoris causa por la Universidad Tecnológica de Honduras
Presidente de la Sección Quinta (Derecho Procesal) de la Comisión General de Codificación
Lecciones 1, 2, 6, 7, 8, 9, 10, 11, 15, 16, 17, 21 y 24

Silvia Barona Vilar

Catedrática de Derecho Procesal de la Universitat de València
Doctora honoris causa por las Universidades de Santa Cruz de la Sierra (Bolivia), Örebro (Suecia), Inca Garcilaso (Perú) y Autónoma de Chile
Presidenta de la Corte de Arbitraje y Mediación, Cámara Valencia
Vocal Permanente de la Sección Quinta (Derecho Procesal) de la Comisión General de Codificación
Presidenta de la Asociación Alexander von Humboldt de España
Lecciones 4, 12, 13, 14, 18, 19, 20, 26, 27 y 28

Iñaki Esparza Leibar

Catedrático de Derecho Procesal de la Universidad del País Vasco / EHU
Miembro del Consejo Consultivo de la Autoridad Vasca de Protección de Datos/DBEA
Lecciones 25 y 29

José-Francisco Etxeberría Guridi

Catedrático de Derecho Procesal de la Universidad del País Vasco / EHU
Árbitro
Vocal de la Comisión de Videovigilancia y Libertades del País Vasco
Lecciones 22 y 23

Elena Martínez García

Catedrática de Derecho Procesal de la Universitat de València
Becaria de la Fundación Alexander von Humboldt
Lección 3

Andrea Planchadell Gargallo

Catedrática de Derecho Procesal de la Universidad Jaume I de Castellón
Vocal Permanente de la Sección Quinta (Derecho Procesal) de la Comisión General de Codificación
Lección 5

Abreviaturas

ADR	Resolución alternativa de conflictos
AN	Audiencia Nacional
AP	Audiencia Provincial
Art.	Artículo
BO Com Aut.	Boletín Oficial Comunidades Autónomas
BOE	Boletín Oficial del Estado
BO Prov.	Boletín Oficial de la Provincia
CA	Comunidad Autónoma
CC	Código Civil
CCo	Código de Comercio
CDAE	Código Deontológico de la Abogacía
CDFUE	Carta de Derechos Fundamentales de la Unión Europea
CE	Constitución Española
CEDH	Convenio Europeo de Derechos Humanos
CGPJ	Consejo General del Poder Judicial
CP	Código Penal
CTEAJE	Comité Técnico Estatal de la Administración Judicial Electrónica
DOUE	Diario Oficial de la Unión Europea
DUDH	Declaración Universal de Derechos Humanos
EGAE	Estatuto General de la Abogacía de Española
EGP	Estatuto General de los Procuradores de los Tribunales de España
EJE	Expediente Judicial electrónico
EOMF	Estatuto Orgánico del Ministerio Fiscal
EST. VICT.	Estatuto de la Víctima del Delito
FE	Fiscalía Europea
FED	Fiscal europeo delegado
FGE	Fiscal General del Estado
JG	Juez o Jueza de Guardia
JGar	Juez o Jueza de Garantías
JPaz	Juez o Jueza de Paz
LAJ	Letrado o Letrada de la Administración de Justicia
LArb	Ley de Arbitraje
LDPJ	Ley 38/1988, de 28 de diciembre, de Demarcación y Planta Judicial
LEC	Ley 1/2000, de 7 de enero, de Enjuiciamiento Civil.

LECRIM	Ley de Enjuiciamiento Criminal
LJCA	Ley 29/1998, de 13 de julio, reguladora de la Jurisdicción Contencioso-Administrativa
LJSO	Ley 36/2011, de 11 de octubre, reguladora de la Jurisdicción Social
LJV	Ley 15/2015, de 2 de julio, de la Jurisdicción Voluntaria
LO	Ley Orgánica
LODef	Ley Orgánica 5/2024, de 11 de noviembre, del Derecho de Defensa
LOFE	LO 9/2021, sobre Fiscalía Europea
LOGP	LO 1/1979, de 26 de septiembre, General Penitenciaria
LOMESPJ	LO 1/2025, de 2 de enero, de medidas de eficiencia del Servicio Público de Justicia
LOPDPyGDD	LO 3/2018, de 5 de diciembre, de Protección de Datos Personales y Garantía de Derechos Digitales
LOPJ	Ley 6/1985 de 1 de julio, Orgánica del Poder Judicial
LORPM	LO 5/2000, de 12 de enero, de responsabilidad penal del menor
LOTJ	LO 5/1995, de 22 de mayo, del Tribunal del Jurado
LOVG	Ley Orgánica 1/2004, de 28 de diciembre, de Medidas de Protección Integral contra la Violencia de Género.
LRM	Ley 23/2014, de 20 de noviembre, de reconocimiento mutuo de resoluciones penales en la UE
MF	Ministerio Fiscal
MASC	Medios Adecuados de Solución de Controversias
PAGAJ	Punto de Acceso General a la Administración de Justicia
PIDCP	Pacto Internacional de Derechos Civiles y Políticos
SJE	Sede Judicial electrónica
TC	Tribunal Constitucional
TEDH	Tribunal Europeo de Derechos Humanos
TFUE	Tratado sobre el Funcionamiento de la Unión Europea de 13 diciembre 2007
TCI	Tribunal Central de Instancia
TCISecCA	Sección de lo Contencioso-Administrativo del Tribunal Central de Instancia
TCISecI	Sección de Instrucción del Tribunal Central de Instancia
TCISecM	Sección de Menores del Tribunal Central de Instancia
TCISecP	Sección de lo Penal del Tribunal Central de Instancia
TCISecVP	Sección de Vigilancia Penitenciaria del Tribunal Central de Instancia
TI	Tribunal de Instancia
TISecC	Sección Civil del Tribunal de Instancia
TISecCA	Sección de lo Contencioso-Administrativo del Tribunal de Instancia

TISecFIC	Sección de Familia, Infancia y Capacidad del Tribunal de Instancia
TISecI	Sección de Instrucción del Tribunal de Instancia
TISecM	Sección de Menores del Tribunal de Instancia
TISecMer	Sección de lo Mercantil del Tribunal de Instancia
TISecP	Sección de lo Penal del Tribunal de Instancia
TISecS	Sección de lo Social del Tribunal de Instancia
TISecU	Sección Única, Civil y de Instrucción del Tribunal de Instancia
TISecVP	Sección de Vigilancia Penitenciaria del Tribunal de Instancia
TISecVM	Sección de Violencia sobre la Mujer del Tribunal de Instancia
TISecVIA	Sección de Violencia contra la Infancia y la Adolescencia del Tribunal de Instancia
TS	Tribunal Supremo
TJ	Tribunal del Jurado
TJUE	Tribunal de Justicia de la Unión Europea
TSJ	Tribunal Superior de Justicia
UE	Unión Europea

CAPÍTULO I
HISTORIA, POLÍTICA CRIMINAL Y PRINCIPIOS

Lección 1ª

HISTORIA, SISTEMAS Y POLÍTICA CRIMINAL

JUAN LUIS GÓMEZ COLOMER

SUMARIO: I. ¿QUÉ ES EL PROCESO PENAL Y PARA QUÉ SE HA IDEADO?; II. LOS FINES DEL PROCESO PENAL; III. SU CONSTRUCCIÓN INSTRUMENTAL A TRAVÉS DE LA EVOLUCIÓN DEL SER HUMANO: LOS SISTEMAS PROCESALES PENALES; 1) Los orígenes: Sistema acusatorio; 2) La degradación: Sistema inquisitivo; 3) La apuesta por la dignidad del ser humano: Acusatorio formal, mixto o reformado; 4) El peso de las partes: El sistema anglosajón adversarial; A) El principio: «Due Process of Law»; B) La regla: «Fairness»; 5) Nuevos marcos teóricos y la necesidad de una armonización; IV. LA LECRIM VIGENTE EN ESPAÑA; V. POLÍTICA CRIMINAL Y DOGMÁTICA PROCESAL PENAL.

I. ¿QUÉ ES EL PROCESO PENAL Y PARA QUÉ SE HA IDEADO?

El Derecho no protege de la misma manera las relaciones entre las personas, porque, como es evidente, hay tratos, situaciones, derechos, bienes, en suma, que son de mejor o mayor calidad que otros. Cuando la afectación de esos bienes consiste en una vulneración muy grave de una norma, la sanción es la máxima posible. Las reglas destinadas a tal protección forman un sector del Ordenamiento Jurídico llamado Derecho Penal, encargado de proteger los valores democráticos, y los derechos y bienes de los particulares y de la comunidad, cuando son lesionados por actos u omisiones culpables.

El Derecho Penal es así un Derecho de protección, porque tutela los derechos y bienes más importantes, incluidos los valores que una democracia reconoce como tales, principalmente el derecho a la libertad, tanto del individuo como de la comunidad, cuando son atacados, perturbados o lesionados por actos voluntarios de cualquier agente. La protección es efectuada mediante mandatos y prohibiciones, de manera tal que se establecen normas en las que se prohíben cometer determinadas acciones, y se prevén sanciones para el caso de que se cometa efectivamente la infracción.

Esas acciones antijurídicas tan graves son llamadas por el Derecho Penal delitos (y si son de menor gravedad faltas): Dicho en términos generales, delito (y falta) es toda acción u omisión dolosa o culposa castigada por la ley. El delito (y también la falta) es, por tanto, castigado con una pena, la sanción de mayor calidad posible, o con una medida de seguridad, o con ambas. No todos los ordenamientos jurídicos contemplan las faltas, sino sólo los delitos. España las ha suprimido en 2015.

El derecho a imponer una pena (*ius puniendi*) no corresponde a los particulares, sino al Estado, que lo ejerce a través del Poder Judicial, y en exclusiva. Esto significa que el Derecho Penal únicamente puede aplicarse a través del proceso penal por un Juez que tenga competencia para ello.

Pero no basta con que la Ley defina determinados hechos como delito. Cuando se comete uno de ellos, v.gr., un robo, independientemente de lo que piensen y deseen los particulares a quienes haya ofendido ese delito, la Sociedad está obligada, en el grado actual de civilización de que disfrutamos, a reaccionar contra esta persona, porque con su modo de actuar, con su acción, ha puesto en peligro valores supremos que esa Sociedad entiende que debe proteger en estos momentos históricos (y desde siempre), en concreto, la paz social y jurídica, la seguridad y la ordenada convivencia democrática entre las personas. El Ordenamiento Jurídico, consecuentemente, debe poner los medios para que esa necesaria reacción sea también ordenada, proporcionada y limitada a sus fines, en definitiva, justa. Esos medios constituyen necesariamente el proceso penal, o mejor, el Derecho Procesal Penal, cuyas explicaciones comenzamos ahora.

Es curioso constatar cómo el Derecho ha regulado en muchas ocasiones lo que en la realidad ya existía, mientras que en otras ha tenido que construir artificialmente la institución para resolver los problemas de los ciudadanos.

Es evidente, en el primer sentido, que la propiedad, la compraventa, la permuta, la herencia, existían desde siempre en la vida común de los ciudadanos, formaban parte de sus relaciones con los demás seres humanos. El Derecho lo único que ha hecho ha sido regular esas relaciones, con mayor o menor acierto, pero siempre atendiendo a la realidad. Así ha regulado el derecho real de propiedad, el derecho contractual de compraventa, el de permuta, las instituciones hereditarias, etc. Lo mismo respecto a las relaciones con el poder (ayuntamiento y fisco, principalmente). Incluso cuando las relaciones entre los propios ciudadanos atraviesan su peor momento, dando muerte uno a otro, el Derecho sólo ha hecho que regular la relación dando un nombre al hecho, que se convierte en un delito por el que se impone una pena.

Pero en otras ocasiones esa realidad no existe, hay que crearla. Ello ocurre precisamente con el proceso, con cualquier proceso (penal, civil, laboral, administrativo, etc.). La forma de resolver los conflictos de los ciudadanos no existe en la naturaleza del ser humano. En nuestra naturaleza sólo existe la voluntad de resolverlos, conscientes de que sólo en paz se puede progresar. Pues bien, desde los albores de la Humanidad las personas se han preocupado por construir un sistema de resolución del conflicto lo más sencillo posible, que garantice en todos los casos la toma de decisiones justas por una persona investida de poder para ello. Ha habido que construir primero mentalmente y después plasmarlo en la ley todo un sistema para llevar a cabo esta acción, que se va perfeccionando poco a poco conforme van pasando los tiempos. Y no cesa, pues siempre se observan fallos y se desea mejorar.

Como obra humana, es perfectible. Por eso el proceso, y en particular el proceso penal, no se parece en nada hoy al de ayer, pero no existiría hoy si no se hubiera experimentado ya antes.

Esa construcción artificial jurídica da nombre a una enorme especialidad jurídica, el Derecho Procesal, una de cuyas partes se dedica a resolver los más graves conflictos entre los ciudadanos los que se producen como consecuencia de comisión de delitos, el Derecho Procesal Penal, que hoy se entiende como única vía para que el Derecho Penal, el que ha regulado como delitos determinadas conductas muy nocivas desde diversos ámbitos, pero existentes en la realidad, pueda ser aplicado.

El Derecho Procesal Penal es, por tanto, aquella parte del Derecho Procesal (Derecho público entroncado a su vez en el Ordenamiento Jurídico), que regula el proceso penal, el medio o instrumento necesario ordenado por el legislador para que los Jueces puedan perseguir y castigar los delitos, imponiendo la pena correspondiente.

La evolución hacia medios alternativos distintos del proceso, por causa de la enorme sobrecarga judicial, no deja sin valor las anteriores afirmaciones, aunque obliga a matizarlas en su lugar oportuno. Veremos en su momento que la mayor parte de instrumentos necesitan ser aprobados judicialmente y que, en todo caso, dependen de una decisión voluntaria del acusado.

II. LOS FINES DEL PROCESO PENAL

España es una democracia plena, un Estado de Derecho (art. 1.1 CE). Toda democracia establece hoy derechos y garantías en favor y para los ciudadanos, muchas de las cuales sólo se aplican cuando éstos se ven enfrentados a un proceso penal.

Esto significa, en lo que ahora nos interesa, que el legislador constitucional obliga al legislador ordinario (el que trabaja diariamente, el que no ha redactado la constitución) a regular un proceso penal que se guíe por los principios propios del Estado de Derecho. Para ayudarle, establece en la Constitución varias disposiciones procesales penales que consagran, de un lado, principios básicos para que el enjuiciamiento criminal sea el propio de un Estado democrático; y, de otro, una serie de derechos, garantías y libertades públicas fundamentales, especialmente para el investigado, tendentes a la protección de su personalidad y de su dignidad frente al Poder estatal, objetivamente dirigidas a asegurar un proceso penal justo. A ellos nos referiremos muchas veces a lo largo de esta obra. ¿Por qué ha escogido esta opción el legislador?

Sin duda alguna, la sociedad se protege de quienes ponen en peligro la convivencia pacífica de sus miembros o incluso su propia existencia, advirtiendo a todos mediante una ley, llamada Código Penal, sobre lo que está bien y lo que está mal, y qué ocurre y qué consecuencias lleva aparejada cuando una persona libre y voluntariamente comete una maldad, vulnera la ley penal. Transgredida la convivencia, realizado el hecho delictivo por una persona, la sociedad se debe asegurar que efectivamente el hecho ha ocurrido y quién lo ha podido cometer. Para eso necesita crear un proceso penal, sujeto a unas reglas básicas llamadas principios. La opción a favor de la democracia significa que la constitución ha de prohibir un enjuiciamiento del presunto culpable arbitrario, parcial, subjetivo e inquisidor, favoreciendo al contrario que su juicio esté sometido a las mismas reglas democráticas de convivencia, sujeto en definitiva a los principios más esenciales que protegen la dignidad del ser humano.

Esto nos lleva directamente a la pregunta: ¿Para qué sirve un proceso penal, qué se pretende con su creación? La respuesta hoy es más compleja que hace 100 años. Ese proceso penal cumple una serie de fines, desde siempre, sólo que desde la constitucionalización del proceso penal, como decía hace un momento, todos ellos se han tenido que adaptar a sus disposiciones máximas.

El fin del Derecho Procesal Penal, entendido como meta (no el objeto del proceso en sentido técnico, v. lecc. 6ª), debería ser investigar la verdad, la verdad material, es decir, lo que realmente ha ocurrido, para obtener siempre una sentencia justa y castigar al auténtico culpable o absolver al verdaderamente inocente. Se puede decir que éste es el fin principal y que ha estado presente desde los albores de la Humanidad.

Como, dada nuestra condición humana, ello no es siempre posible, se suele paliar este defecto modernamente haciendo una referencia humilde a que, si se da el error, en todo caso el proceso penal debe reunir las suficientes condiciones y garantías para que sea justo. Es decir, y la afirmación puede parecer sorprendente, que aunque se llegue a condenar a un inocente por error judicial, posibilidad siempre real, a esa condena se debe haber llegado cumpliendo todos los principios procesales penales propios de un Estado de Derecho, y garantizando todos los derechos que protegen al investigado, constitucionalmente o por ley ordinaria.

De esta manera, las metas del proceso penal son varias y de similar importancia, aunque complejas: Lograr la condena del culpable aplicando el llamado Derecho Penal material, garantizar la protección del inocente y su absolución, impedir cualquier forma de arbitrariedad en la actuación estatal, y llegar a una sentencia firme justa.

Desde hace unas décadas se pretende que la víctima también quede comprendida entre los fines del proceso penal, y en concreto su protección. Pero no todas las legislaciones admiten que el proceso penal deba tutelar directamente, en su seno, los derechos de la víctima. En mi opinión,sí debe ser un fin del proceso penal.

Así, a la vista de las explicaciones anteriores, el Derecho Procesal Penal tiene dos fines clásicos y dos más modernos:

- Por un lado, el fin clásico: Debe hacer posible la condena del verdaderamente culpable, en interés de una eficaz lucha contra la criminalidad, sea individual, sea organizada, sea local, nacional o transnacional, en la que la sociedad y los individuos que la forman están esencialmente interesados.
- Por otro, fin clásico también y no menos importante: Debe evitar la condena del inocente, garantizando al investigado un proceso penal debido (propio de un Estado de Derecho), que le proteja frente a la arbitrariedad o al Poder estatal ilegítimamente utilizado en cualquier forma, garantizando su absolución no sólo cuando sea completamente inocente (prueba de la no culpabilidad), sino también cuando haya dudas (como consecuencia de la máxima *in dubio pro reo*), o no exista prueba alguna de cargo en su contra (como consecuencia del principio de la presunción de inocencia).
- Pero el proceso penal debe garantizar también los derechos fundamentales del acusado, como hemos afirmado, de manera tal que el enjuiciamiento haya sido impecable. Hasta tal punto es relevante este fin que se considera que puede anular los perniciosos efectos del error humano involuntario, pues como hemos dicho tal error siempre es posible, dada nuestra falibilidad. Al haber actuado correctamente, la absolución de un culpable o la condena de un inocente, sobre todo ésta, son más asumibles jurídicamente.
- También la protección de la víctima es otro de los fines del proceso penal en su visión más moderna. En España no goza de protección constitucional directa, pero sí disfruta de una amplia legislación ordinaria protectora. El tema de la víctima será tratado en la lecc. 5ª. Baste ahora decir que el proceso debe prever los mecanismos suficientes para que la víctima de un delito sea restituida, reparada e indemnizada de manera justa y proporcionada al perjuicio personal, físico y moral, sufrido.

El Derecho Procesal Penal se muestra hoy ante los ojos de la generalidad, consecuentemente, como el producto de un compromiso público entre eficacia de la persecución penal y respeto a la dignidad humana, lo que interrelaciona definitivamente el Derecho Procesal Penal con la Constitución, como veremos muchas veces a lo largo de este manual, e inmediatamente, pues, como dice TIEDEMANN, la situación conflictiva producida por la comisión del hecho punible entre su autor y el Poder estatal, es en último término un problema de Derecho Constitucional.

En efecto, este último aspecto es de singular importancia. Ello, porque la situación estatal de prevalencia y el principio del Estado de Derecho (*Rule of Law*) significan en ocasiones que las autoridades estatales encargadas de la investigación y persecución del delito se encuentran en una situación delicada respecto a los medios que poseen, puesto que para averiguar la verdad material hay que fijar siempre límites, pasados los cuales ya no se tienen las ordenadas garantías procesales.

Evidentemente, el Poder Judicial puede utilizar la coerción, la fuerza, para investigar el hecho y determinar la responsabilidad del presunto autor. Así, puede decretarse su detención, o su prisión preventiva, entre otras medidas (v. lecc. 13ª y 14ª), y no existe ninguna duda al respecto, porque es necesario asegurar que el posible autor del delito no huya y, por tanto, que pueda ser juzgado.

El problema es, entonces, hasta dónde puede llegar el Estado en sus investigaciones, es decir, la cuestión es fijar los límites de la investigación, y para ello las constituciones democráticas suelen prestar una valiosa ayuda, con mayor o menor amplitud.

Así es. Una de las consecuencias más fructíferas del Estado de Derecho es que los poderes públicos del mismo (los encargados de la persecución penal, Policía y Ministerio Fiscal básicamente, más Juez Instructor en los países en los que todavía exista esta figura), no pueden investigar los hechos criminales sin límite alguno. Como el Tribunal Supremo Federal alemán ha dicho con acierto, «no es un principio de la Ley Procesal Penal el que se tenga que investigar la verdad a cualquier precio» (Sentencia de 14 de junio de 1960).

Esto significa que el Estado no puede reaccionar contra el delito igualándose al delincuente, incluso actuando tan bárbaramente como él, sino mediante un juicio debido, ordenado, objetivo, imparcial y justo.

Pero es cierto que en ocasiones es difícil contener los límites de la reacción contra el delito y el delincuente, de ahí la existencia de dos disposiciones claves que protegen a los particulares frente a aquellos poderes:

A) La primera hace referencia a la agresión más brutal que se puede cometer contra el ser humano vivo: La tajante prohibición de la tortura, medio históricamente utilizado para obtener la sin duda infalible confesión del investigado, tutelando a éste debidamente en caso de infracción. La prohibición es hoy universal (art. 5 de la Declaración Universal de los Derechos Humanos de 1950; art. 7 del Pacto Internacional de Derechos Civiles y Políticos de 1966; Convención de las Naciones Unidas contra la Tortura y Otros Tratos o Penas Crueles, Inhumanos o Degradantes —Nueva York— de 1984; art. 3 del Convenio para la Protección de los Derechos y de las

Libertades Fundamentales —Convenio Europeo de Derechos Humanos— de 1950; art. 5.2 de la Convención Americana sobre Derechos Humanos —Pacto de San José— de 1969; y para España art. 15 CE).

B) La segunda a modular la prueba conforme a estándares dignos, estableciendo dos reglas probatorias significativas: La libre apreciación de la prueba (sin reconocimiento constitucional explícito, pero sí en el art. 741 LECRIM), y la presunción de inocencia (art. 24.2 CE), por medio de las cuales las pruebas se valoran con arreglo a criterios racionales, lógicos y sin valor tasado previo ninguna de ellas, razonándose en la sentencia motivadamente la convicción judicial, con prohibición absoluta de la arbitrariedad, presumiendo a todo investigado inocente hasta que se demuestre su culpabilidad.

Pero hay más. El ejercicio de la coacción estatal en el proceso penal, necesaria como se verá a lo largo de estas páginas para la persecución del delito y enjuiciamiento del delincuente, atenta, aunque con justificación por ello mismo, contra determinados derechos fundamentales muy importantes de los particulares.

Así, por ejemplo, la detención y la prisión preventiva van contra el derecho de libertad del art. 17 CE; las medidas de aseguramiento de objetos o prestación de fianzas van contra el derecho de propiedad privada del art. 33 CE; el registro domiciliario vulnera el derecho a la inviolabilidad de domicilio del art. 18.2 CE; la grabación de comunicaciones lesiona el derecho al secreto consagrado en el mismo art. 18.3 CE; etc.

Estas relaciones entre el Derecho Procesal Penal y el Derecho Constitucional tienen, desde otro punto de vista, una conexión ideológica evidente, puesto que el proceso penal refleja siempre las condiciones políticas de la sociedad en que se ha de desarrollar, lo que significa que cualquier proceso penal es hoy el espejo en el que se miran los preceptos constitucionales, reflejando la verdadera naturaleza del régimen político imperante.

No se discute que estén justificadas determinadas injerencias en los derechos fundamentales, lo que se pone en tela de juicio es que no puedan estar sometidas a control judicial. Esta garantía se recoge expresamente en el art. 18 CE y, por ello, es el Poder Judicial quien garantiza su correcta ejecución.

Obsérvese, pues, que siendo el Derecho Penal un Derecho de protección individual y social de bienes jurídicos entroncados con principios básicos de la Constitución, el Derecho Procesal Penal se convierte en el garante del Estado de Derecho consagrado por esa misma Constitución.

III. SU CONSTRUCCIÓN INSTRUMENTAL A TRAVÉS DE LA EVOLUCIÓN DEL SER HUMANO: LOS SISTEMAS PROCESALES PENALES

Como ha dicho con acierto FAIRÉN, para conocer con exactitud cualquier proceso penal actual, es indispensable el conocimiento y buena interpretación de sus propios antecedentes, siquiera sea a nivel elemental.

Los antecedentes históricos del proceso penal han sido muy estudiados, en la medida que los materiales existentes lo hayan podido permitir. Seguimos la clasificación europea que distingue cuatro sistemas procesales, tres históricamente consecutivos, un cuarto desarrollado aparte.

Con otras palabras, la historia del proceso penal se reduce, de un lado, a la consideración de los tres sistemas de enjuiciamiento criminal que ha conocido nuestra civilización: Por este orden, el sistema acusatorio, el sistema inquisitivo, y el mixto, también llamado en Europa sistema acusatorio formal. De otro, finalizaremos con una explicación del sistema procesal penal anglonorteamericano, el cuarto sistema aludido que ha nacido, crecido y se ha desarrollado aparte.

1) Los orígenes: Sistema acusatorio

El proceso penal acusatorio fue el primero que conoció la Historia, pues ya se dio en Grecia y en Roma, radicando su esencia en la necesidad de una acusación propuesta y sostenida por persona diferente del Juez.

Es importante destacar que el sistema acusatorio nace en una época en la que la persecución de los delitos era una cuestión exclusivamente privada, pues no existía sensibilidad social frente a él, aunque conociera el Juez de los delitos.

Pronto, sin embargo, se va a avanzar un paso más, porque un proceso penal privado no se adaptaba bien a la naturaleza de los delitos ni a la debida tutela de los intereses colectivos. Para ello, el Estado se atribuye el derecho de penar, pasando de un proceso privado a otro público.

En un principio del Derecho Romano, cualquier Magistrado tenía plenos poderes para investigar los hechos, en la forma que mejor le pareciera (Monarquía y mayor parte de la República). El procedimiento era llamado de la «*cognitio*» (cognición).

Pero inmediatamente (último siglo de la República), con el fin de intentar frenar el poder de los magistrados adquirido mediante el anterior procedimiento, se introduce la acusación («*accusatio*»), de forma tal que la iniciativa para perseguir al delincuente, es decir, el ejercicio de la acción penal, ya no corresponde al Juez, sino a un representante de la colectividad, el «*accusator*» o acusador.

El proceso comenzaba con la acusación escrita. A continuación, se citaba al acusado y, si comparecía, se le obligaba a responder de la acusación. Se practicaba la prueba (interrogatorio del acusado, testigos, peritos), a la que seguían las conclusiones finales y la sentencia de absolución o condena.

Lo más importante es destacar los principios básicos de este sistema de enjuiciamiento, porque muchos de ellos se han trasladado hasta nuestros días, de forma más o menos íntegra, como iremos viendo a lo largo de este Manual:

- La necesidad de una acusación que estuviese propuesta y sostenida por persona distinta al Juez, órgano éste encargado únicamente de la decisión. Este principio, conocido en Europa con el nombre de principio acusatorio, subsiste hoy con renovada fuerza.
- Publicidad de todo el procedimiento, principio que es considerado una de las claves de la reforma procesal penal actual en el mundo, por tanto, con marcada presencia, sobre todo en las comparecencias y en el juicio ante el Jurado.
- Oralidad del proceso, de importancia paralela al principio anterior por las razones antedichas, ya que el proceso penal moderno es, ante todo, un juicio penal oral y público.
- Paridad absoluta de los derechos y los poderes entre acusador y acusado, principio (llamado de «igualdad de armas») que se acepta en el proceso vigente, aunque con reservas.
- Exclusión de cualquier libertad del Juez en la acumulación de las pruebas, tanto de cargo como de descargo, principio hoy aplicable.
- Alegación de las pruebas de parte del acusador y del acusado, principio también vigente; y
- Libertad personal del acusado hasta que se dicte la sentencia, en el sentido de prohibirse el adelantamiento de la pena antes de la sentencia de condena, principio que también rige hoy en nuestro Derecho.

Es importante retener algunas de estas características, pues el Derecho Romano, aplicable en su momento a una sociedad en guerra permanente y con grandes desigualdades sociales (esclavitud), logró mediante la finura y sensibilidad de sus juristas poner en marcha instituciones que están hoy plenamente vigentes en toda la Europa continental, en el Derecho anglosajón y, por supuesto, en España. La acusación formulada por persona distinta a quien decidía, los poderes de las partes, la oralidad, los derechos de las víctimas, etc., tras los pertinentes desarrollos y adaptaciones, son logros indiscutiblemente romanos.

2) La degradación: Sistema inquisitivo

Por influencias del Derecho Canónico, que crea un proceso penal propio para no tener que confrontarse con los gentiles, del que conocían los tribunales del obispado, y que tiene su máximo auge, mezclado con elementos del Derecho Romano, a partir de la Alta Edad Media (siglos VIII al XII), nace un proceso penal distinto, llamado inquisitivo, que toma elementos del proceso acusatorio, ya en declive frente al auge del proceso canónico.

El procedimiento se dividía en dos partes, la inquisición general, en la que se comprobaba el hecho y se buscaba al delincuente, y la inquisición especial, que comenzaba cuando, como consecuencia de las anteriores investigaciones, quedaba indiciada una persona como culpable del delito.

El procedimiento se abría con una denuncia («*denuntiatio*»), que no obligaba al denunciante a probar ni a justificar los hechos denunciados, practicándose a continuación los actos de investigación, que permitían el encarcelamiento del inculpado, todo ello practicado en secreto y mediante actuaciones escritas, y, con autorización general para practicar la tortura a fin de obtener su confesión, la prueba reina de este proceso.

Practicadas las actuaciones, se sometía a juicio al acusado, permitiéndosele ver los autos y designar un defensor, dictándose sentencia absolutoria o condenatoria a la vista de las pruebas practicadas, que era escrita pero no motivada.

Para casos de culpabilidad evidente se introdujo la modalidad de proceso inquisitivo sumario (*sumario et de plano*), añadiéndose después un juicio sumarísimo, sobre todo para el enjuiciamiento de bandoleros, sin ninguna garantía para el investigado, pero muy extendido a finales del siglo XVI (particularmente en Italia).

Fueron principios básicos del proceso penal inquisitivo los siguientes:

- La intervención de oficio («*ex officio*») del Juez, sin necesidad de acusación, sino por propia iniciativa. Este principio es por fortuna ya un vestigio histórico en la legislación española.
- El secreto del procedimiento, no sólo con relación al público en general, sino también respecto al propio investigado, principio que sólo se aplica hoy excepcionalmente.
- Procedimiento totalmente escrito, como consecuencia de la aportación canónica, que ya no rige en aquellos sistemas procesales penales que, como el español, han adoptado el principio acusatorio.
- Unicidad de posición entre el Juez y el acusador, siendo la misma persona y el mismo órgano, principio hoy desterrado en la legislación española.

- Plena libertad del Juez en la búsqueda de las pruebas, principio hecho desaparecer en la actualidad.
- El investigado no tenía ningún derecho para promover pruebas, principio también rechazado por nuestras leyes; y
- Prisión provisional del investigado, que hoy se considera como excepción bajo determinados presupuestos.

3) *La apuesta por la dignidad del ser humano: Acusatorio formal, mixto o reformado*

Muchos países europeos, entre ellos España, adoptaron siguiendo a Francia un modelo de enjuiciamiento criminal mixto, basado en una mezcla de caracteres inquisitivos y acusatorios, en función de las diferentes fases del proceso penal. El siglo XIX europeo fue testigo de la evolución legislativa que transformó el proceso penal inquisitivo del Antiguo Régimen en el proceso penal acusatorio formal o mixto, que es de origen francés (*Code d'instruction criminelle* de 1808), de gran influencia en los procesos penales de la Europa continental, v.gr., en Alemania, Italia o España (nuestra Ley de Enjuiciamiento Criminal, de 1882, todavía está vigente).

Sus características principales fueron:

- Las funciones de acusar y de juzgar están separadas: Juzga el órgano jurisdiccional y acusa un órgano público, el Ministerio Fiscal, y a su lado si lo desea, dependiendo de sistemas pues hay algunos que atribuyen en monopolio al Ministerio Público la acción penal, el ofendido por el delito, o incluso el no ofendido por el delito. Esta modalidad pretende corregir el principio del sistema acusatorio puro con base en el cual solamente los particulares tenían derecho de acción.
- Principio acusatorio: Rige en toda su extensión el principio clave «no puede existir juicio sin acusación», puesto que no puede haber juicio oral sin que lo pida al menos uno de los acusadores, siendo la alternativa necesariamente el sobreseimiento.
- División en dos fases del proceso: La primera es la de investigación del delito, sus circunstancias y quién lo ha podido cometer, sirviendo sus actuaciones para meritar si se le acusa por ello o no; y otra para juzgarlo, practicándose las pruebas que demuestren su culpabilidad o inocencia. Pues bien, la primera fase, la de investigación quedaría sometida a las características más importantes del principio inquisitivo, y la de juicio o vista, a las del acusatorio.

En algunos países de la Europa continental, como Francia o España, y parcialmente Portugal, de la fase sumarial conoce un Juez, el llamado Juez de Instrucción (hoy desaparecido con ese nombre, pero no la instrucción judicial). Por tanto, el Ministerio Fiscal no es la autoridad competente para instruir, como ocurre ya en Alemania o en Italia y en todos los países anglosajones. Del juicio conoce en todos los casos un Juez, con o sin Jurado (o Escabinato).

- La vista o acto del juicio oral se rige por los principios de oralidad, publicidad y contradicción: La idea fundamental es que el tribunal dicte la sentencia con base en las aportaciones que en este acto se realicen, y no en la fase de investigación. Para hacerla efectiva, ha entendido el legislador que el principio que mejor se acomodaba a ella era el de oralidad y los que de él se derivan.
- Connatural al sistema acusatorio formal es el juicio con Jurado: Así se entendió históricamente en la Europa continental, aunque en unos países se evolucionó pronto hacia el modelo de Escabinato (Francia, Alemania o Italia), y en otros como en España sencillamente se suspendió a principios del siglo pasado hasta nueva orden (su restablecimiento ha ocurrido en 1995). Pero hoy debe ser discutible afirmar que el Jurado es esencial al sistema acusatorio formal, pues se dice que basta con los caracteres anteriormente citados. En nuestra opinión, es una institución que refuerza notablemente al sistema de enjuiciamiento criminal, pues significa la participación del pueblo en el único Poder en que hasta ahora le es negado, el Judicial, por tanto, en el ejercicio de la función jurisdiccional de juzgar y hacer ejecutar lo juzgado, derivada de la potestad jurisdiccional, pero ciertamente su inexistencia no viola los principios esenciales de ese sistema.

4) El peso de las partes: El sistema anglosajón adversarial

El cuarto sistema de enjuiciamiento criminal es el anglosajón, siendo su modelo principal el proceso penal federal de los Estados Unidos de Norteamérica. Hoy se considera el modelo a seguir porque representa fielmente dos de las características más importantes del proceso penal que debe ser el propio de un país democrático:

1) El sometimiento del sistema de enjuiciamiento criminal adversarial al principio acusatorio; y

2) La incardinación en el procedimiento que regula ese sistema de un verdadero principio de oralidad, siendo su máxima expresión el juicio oral y público.

La doctrina y jurisprudencia norteamericanas defienden este sistema de enjuiciamiento criminal por encima de cualquier otro, con base en los dos siguientes razonamientos:

- Las partes están en mejores condiciones en un sistema «adversarial» de aportar hechos e información que un investigador oficial en un sistema inquisitivo y, por tanto, con toda seguridad dado su propio interés aportarán todas las pruebas relevantes que funden su acusación o defensa y sirvan para determinar la condena o absolución, es decir, para convencer al Jurado de la culpabilidad o inocencia del acusado; y
- Que al no estar el juzgador involucrado ni en los hechos ni en su desarrollo, el sistema adversarial favorece una aproximación a la prueba bastante objetiva, no contaminada, porque carece de prejuicios antes de la decisión, lo que no ocurre en el sistema inquisitivo en donde sería posible, al menos teóricamente porque esto es muy discutible hoy, una aportación de hechos y pruebas por los jueces, además de su investigación.

El sistema «adversarial» representa además un valor superior a cualquier otro por su consideración de la dignidad de las personas, lo que conlleva que atacante y atacado, Ministerio Público y acusado, sean tratados en el proceso como iguales.

Finalmente, en el sistema «adversarial» se desarrollan mejor y más adecuadamente los derechos y garantías consagrados en la Constitución (en USA, particularmente en la *Bill of Rights*), que tienen aplicación en los procesos penales federales y estatales en USA, y más especialmente en el juicio, la parte más regulada. Por eso el juicio, la vista en donde se practican las pruebas, y el Juez con el Jurado, cuando efectivamente tenga lugar, que es realmente en muy pocos casos, adquiere por la inmediación los materiales fácticos y las pruebas necesarias para su decisión, es el centro del sistema, la piedra angular del mismo, sometido a los principios de oralidad y publicidad, los únicos procedimentalmente aptos en el sistema «adversarial»,

Este sistema es de origen inglés, habiendo formado parte del *English common law*, pues este proceso se forma con la costumbre (*Common Law*) y un conjunto de leyes medievales, que le van dando forma hasta lo que es en la actualidad. Su substrato fundamental en los orígenes fue el Derecho romano. Destaca la *Magna Charta Libertatum* (1215). La constitucionalización del proceso se produce a partir del siglo XVII como consecuencia de la pugna entre el Rey y el Parlamento, ganada por éste. Destacamos la *Petition of Rights* de 1628, la *Habeas Corpus Act* de 1679 y el *Bill of Rights* de 1689, las tres leyes clave.

Con esa herencia de la madre patria inglesa, se recibe el sistema adversarial de enjuiciamiento criminal en los futuros Estados Unidos. Así como el proceso penal inglés se sustentó en el principio del debido proceso legal, normativizado ya en el siglo XIII, en USA la tradición ha incorporado un segundo principio clave para entender ese sistema en su conjunto, no escrito, denominado *Fairness.*

A) El principio: «Due Process of Law»

El concepto articulador nuclear del sistema adversarial es el principio del proceso legalmente debido («*Due Process of Law*»). Actúa como un principio general del Derecho norteamericano.

Se reconoce en dos Enmiendas de la Constitución, en la V y en la XIV. La primera forma parte de la *Bill of Rights*, que incluye el derecho fundamental a un juicio justo (aspecto nuclear del *Due Process of Law* procesal), incorporado a la misma dos años y medio después de su entrada en vigor; la segunda se incorporó en 1868, precisando el ámbito territorial establecido en ella con el alcance que en cada momento histórico la jurisprudencia le otorgue y las leyes establezcan.

¿Qué se pretendió al introducir este concepto en la Constitución? La firme convicción de los estados de que la Constitución reconociera a todos los ciudadanos de la incipiente nación un principio, no sólo procesal, que limitara los campos de actuación de las administraciones, tanto las federales como las estatales, en sus intervenciones cuando esté en juego su vida, su libertad o su propiedad.

B) La regla: «Fairness»

Pero el proceso debido tampoco basta para explicar las esencias del sistema, porque es preciso conocer los límites en los que esta, para nosotros y sin duda por ser tan distinta, fascinante articulación se mueve. Esos límites se ajustan a una regla que sólo aparentemente parece clara: La equidad o *Fairness*, que se compone en su aplicación procesal en la necesidad de proceder y juzgar de manera justa, así como en la necesidad de imparcialidad del juzgador.

Ni la Constitución USA, ni la *Bill of Rights* se refieren a *Fairness.* El Tribunal Supremo Federal de los Estados Unidos de América ha dicho con toda claridad que la exigencia básica de un *Due Process of Law* es un juicio *fair*, ante un tribunal *fair.* La *Fairness* se desdobla en un complejo contenido, que podemos agrupar en dos grandes temas:

- El derecho de las partes a un juicio justo (*Fair Trial*), sobre todo del acusado, lo que implica como características sustanciales del mismo los siguientes derechos y garantías: El reconocimiento del principio de igualdad, dar a conocer en la acusación todos los hechos criminales imputados, no ocultar pruebas, no poner obstáculos a la defensa, cumplir con las normas y con las instrucciones que dé el Juez, desarrollar el procedimiento conforme a reglas equilibradas, derecho al Gran Jurado (con matices), cosa juzgada y prohibición de la doble incriminación, prohibición de la autoincriminación, derecho al juicio público y sin dilaciones, derecho a ser juzgado en el lugar del hecho, derecho a ser informado de la acusación, derecho a interrogar a los testigos de cargo, derecho a obtener testigos de descargo, derecho a ser defendido por abogado, etc., etc. Es decir, obsérvese, los derechos reconocidos en las Enmiendas V y VI, o sea, el *Fair Trial* es en realidad el concepto que recoge prácticamente todas las garantías y derechos del acusado en los Estados Unidos, porque obliga a proceder respetando el principio de igualdad y digamos también que a proceder con buena fe.

- El derecho a un tribunal neutral (*Fair Court*), lo que implica como característica sustancial la independencia e imparcialidad del Juez (y del Jurado), es decir, que sea un árbitro neutral e independiente, por tanto, que no tengan ninguna vinculación con las partes, ni tampoco interés alguno con el objeto del proceso.

5) Nuevos marcos teóricos y la necesidad de una armonización

Vistos los diferentes sistemas, en los últimos años un sector importante de la doctrina se ha planteado marcos teóricos que buscan explicar los sistemas procesales penales de una forma alternativa a lo expuesto en los epígrafes anteriores. En otras palabras, se ha planteado la posibilidad de explicar un sistema procesal penal sin utilizar la dicotomía inquisitivo-acusatorio.

Estos intentos suelen provenir de la (escasísima) doctrina norteamericana que conoce el sistema legal continental europeo, generalmente por haber nacido o estudiado el autor en Europa. Ellos no consideran que el sistema adversarial sea el mejor, ni tampoco que los sistemas europeos sean inquisitivos, como predican la inmensa mayoría de los autores ingleses y estadounidenses erróneamente. Al contrario, pretenden afrontar las diferencias construyendo modelos alternativos que faciliten primero una explicación distinta del papel del Estado en la persecución del crimen y, quizás, como meta de futuro, una armonización del proceso penal, en definitiva, que el sistema de enjuiciamiento criminal propio de un Estado de Derecho sea prácticamente el mismo en todos los países democráticos del mundo.

Estas teorías, en las que no podemos entrar, también pueden aportar luz al funcionamiento del sistema de justicia, sobre todo en el contexto de las reformas procesales recientes. Pero estamos muy lejos de caminar juntos aún. En Europa no lo hemos conseguido y apenas se puede citar como un buen intento la creación de la Fiscalía Europea, con competencias muy limitadas y no estando de acuerdo todos los estados que conforman la Unión Europea. Los estados son reacios a ceder soberanía en materia de Derecho Penal y, por ende, de Derecho

Procesal penal, porque entienden que al adaptarse esos derechos nacionales mejor a sus características histórico-político-jurídico-económico-culturales se pueden defender mejor. Un craso error, hoy en día en el que la globalización impone una imparable homogeneización normativa.

IV. LA LECRIM VIGENTE EN ESPAÑA

La Ley de Enjuiciamiento Criminal española data de 1882. Naturalmente, ha sido modificada en numerosísimas ocasiones, sobre todo tras la Constitución democrática española de 1978.

Consta de 999 artículos, 9 disposiciones adicionales, 1 transitoria y 1 disposición final, estructurados en 7 Libros, que contienen a su vez capítulos. El diseño básico del proceso se contiene en el Libro II (sumario, arts. 259 a 648), y en el Libro III (Juicio oral, arts. 649 a 749).

Responde en esencia a un esquema ya superado, el proceso penal acusatorio formal o mixto, antes explicado, con muchas modernizaciones que en general han creado más confusión que claridad y no han conseguido descargar al Poder Judicial de su enorme sobrecarga, siendo intolerable hoy la insoportable duración de los procesos penales, especialmente de la instrucción (un promedio de 5 años). Esto implica además que se persiga a toda costa que el juicio no se desarrolle completamente, favoreciendo instituciones que permitan llegar a acuerdos entre acusadores y acusados, lo que implica en el fondo una desnaturalización del propio proceso penal, al privatizarlo. Por ello ha habido muchos intentos de derogarla y aprobar una LECRIM totalmente nueva, destacando los de 2011, 2013 (ambos fracasados por cuestiones políticas), y ahora 2020 (de incierto futuro, también por razones políticas).

En ese manual consideraremos como guía básica los principios, las instituciones y el procedimiento del proceso penal por delitos originario de la LECRIM, hoy el proceso penal por delitos más graves, por ser el mejor regulado y base de los demás. Sin embargo, el más practicado en nuestra realidad es el proceso abreviado, en cualquiera de sus dos modalidades.

Nuestras explicaciones de la LECRIM serán procesales y no procedimentales. Por tanto, sin despreciar el procedimiento, siempre importante en tanto en cuanto implica garantías para las partes, contemplaremos el proceso ante todo desde sus instituciones.

V. POLÍTICA CRIMINAL Y DOGMÁTICA PROCESAL PENAL

Antes de entrar en materia sin embargo conviene responder a una pregunta clave: ¿Cómo se construye un proceso? Recodemos que estamos ante una creación artificial, el proceso no existe en la realidad, sino que partiendo de ella el estado (gobierno y legislador) lo diseña y regula atendiendo a diversos fundamentos y criterios, en íntima relación con el delito que ha decidido castigar, que sí existe en la realidad. Esos fundamentos están anclados en la Política Criminal y en la Dogmática. Sin ellos, el resultado es incierto, impredecible y más que seguramente completamente ineficiente e ineficaz.

- El gobierno y el legislador deben configurar el proceso ante todo considerando exigencias políticas (de alta política, no de política partidista), a partir de la Política Criminal. La Política Criminal no es una ciencia política, sino una ciencia penal, más cercana a la Criminología que al Derecho penal al no ser normativa, consistente en el conjunto de principios, extraídos de la investigación empírica del delito y de la pena, que orientan la actividad del Estado en su lucha contra el crimen. Por eso la Política Criminal es la parte de la política jurídica del estado que atiende al Poder Judicial.

Su finalidad principal es explicar los fines del sistema penal y los límites que tiene el *ius puniendi* del Estado, de manera que, con los instrumentos que le son propios proponga soluciones para los problemas sociales que en el ámbito del Derecho penal se susciten. Su fin último es por tanto la defensa de la sociedad, manteniendo la paz social y logrando la convivencia pacífica entre los ciudadanos que la conforman. Pero no a cualquier precio, puesto que la lucha contra la criminalidad en la actualidad sólo puede tener lugar en el marco del Estado de Derecho.

Traducido al Derecho procesal penal deberíamos hablar de Política Procesal Penal, o de Política Judicial penal, pero sería un error y no sólo lingüístico (el Poder Judicial no hace política), porque el análisis de la delincuencia debe incluir el de su enjuiciamiento. Es mejor pensar, por ello, que la expresión Política Criminal engloba tanto al Derecho penal sustantivo como al Derecho procesal penal.

El problema, y grave, que tiene el Derecho Procesal Penal con la Política Criminal es que o no existe, o es imperceptible, o al menos no se nota su existencia. Nadie la ha visto, los distintos gobiernos no saben lo que es o actúan como si no lo supieran y, en definitiva, carecemos de rumbo interpretativo de las necesidades sociales, para saber en qué está fallando el Derecho procesal penal y cambiar la situación. Por consiguiente, la Política Criminal está en la nube y el resultado que cabe esperar son leyes defectuosas, poco duraderas y que suelen crear más problemas que resuelven.

- En segundo lugar, teniendo claro qué es la Política Criminal y su estado en la realidad actual, debemos afirmar que no puede ignorarse la necesaria interacción que debe existir entre el Derecho penal y el Derecho procesal penal, pues todos los cambios de relevancia que se producen en el Derecho penal, deben repercutir forzosamente en el Derecho procesal penal.

El Derecho procesal penal y el Derecho penal tienen además un marco de referencia del que carecen el Derecho procesal civil y el Derecho privado. Ese marco de referencia viene dado por el hecho de que el Derecho penal únicamente puede ser cumplido y satisfecho a través del proceso penal, mientras que en el ámbito privado el cumplimiento de las leyes se realiza mayoritaria y usualmente fuera y sin necesidad del proceso. Esto lleva indefectiblemente a la obligatoriedad de tener que marchar juntos de la mano el Derecho penal sustantivo y el Derecho procesal penal.

Al estar en juego la libertad de un ser humano, el marco de referencia tiene un refuerzo basado en la dignidad humana, que hace a ambos Derechos más conjuntados que en los demás órdenes jurisdiccionales con relación a sus derechos materiales básicos. Ese refuerzo no es otro que el Estado de Derecho, pues si el Derecho penal tiene como obligación la represión de conductas delictivas, el Derecho procesal penal tiene como obligación el enjuiciamiento justo (el proceso debido anglosajón, es decir, el propio de una democracia de acuerdo con sus principios constitucionales) y garantizar la libertad del inocente, respetando la dignidad de la persona acusada.

La realidad sin embargo es muy otra en los procesos penales de las democracias de corte occidental, no sólo de la española. Si nos fijamos bien, observamos que el Derecho penal va por un lado y el Derecho procesal penal por otro. Varias razones se dan:

a) La primera razón es la aparente falta de base dogmática del Derecho procesal penal. Si dogmática es conocimiento de lo esencial para construir un sistema jurídico concreto, el Derecho penal va muy por delante del Derecho procesal penal, porque el Derecho penal acoge como intangibles sus rígidos principios, mientras que el Derecho procesal penal los va modificando en función de las circunstancias, porque atiende a la práctica y afronta las soluciones pragmáticamente.

b) La segunda razón es la constatación de problemas propios muy graves que impiden al Derecho procesal penal pensar en cosas distintas, es decir, en adaptarse dogmáticamente al Derecho penal.

La Dogmática exige interpretación, sistematización y crítica. Ante la falta de credibilidad entre la ciudadanía de la Justicia penal, la sobrecarga ocupa un lugar prioritario, y reducirla o eliminarla es por ello una prioridad, no conseguida a pesar del aluvión de reformas al respecto que hemos tenido desde 1978. Y en la interpretación, sistematización y crítica de esa sobrecarga se nota la falta de Dogmática jurídico-procesal penal. No se piensan las reformas, se reacciona en caliente y sólo cuenta la venta política del producto.

c) La tercera razón es el realismo práctico que nos invade y ata. Nos dedicamos a apagar fuegos, se produzcan donde se produzcan y sea cual fuere la causa del incendio, de manera que somos caldo adecuado para la improvisación, no para el estudio y el conocimiento, lo que hace si no imposible, sí muy difícil un análisis dogmático del proceso penal.

En resumen, no sólo no tenemos una Política Criminal real, claramente identificable, sino que también carecemos de una Dogmática jurídico-procesal penal que nos permita la construcción de un proceso penal sólidamente estructurado, coherente con ella.

- El resultado de todo ello es, en efecto, que el Derecho procesal penal, al contrario que el Derecho penal, no se expande, sino que se reduce, se contrae, se aleja de una construcción dogmática amplia e integradora para ceñirse exclusivamente a resolver problemas concretos, cuya gravedad no se discute, pero que carecen de un hilo conductor común, carecen de sistema.

Se puede decir que la única y máxima preocupación de nuestra Justicia es la sobrecarga judicial y sus consecuencias. Es la causa principal por la que nuestro proceso penal está tan alejado de la Política Criminal y por la que, y no sólo por ello, carece de Dogmática Jurídica, viviendo en el más absoluto pragmatismo, obligado sin duda por la misma.

Esa sobrecarga y sus consecuencias son la única y máxima preocupación de nuestros gobiernos y de nuestro poder legislativo, y sobre ella giran prácticamente todas las grandes reformas penales habidas en nuestra democracia que no se han limitado al desarrollo procesal penal de un derecho fundamental concreto previsto por nuestra Constitución.

CAPÍTULO II
PRESUPUESTOS PROCESALES Y OBJETO

Lección 2ª

LA COMPETENCIA PENAL

JUAN LUIS GÓMEZ COLOMER

SUMARIO: I. EXTENSIÓN Y LÍMITES DE LA JURISDICCIÓN ESPAÑOLA EN EL ORDEN PENAL; 1) Criterios de atribución; 2) Tratamiento procesal; II. LA COMPETENCIA GENÉRICA PENAL; III. LOS CRITERIOS DE ATRIBUCIÓN; 1) Objetivo; 2) Funcional; 3) Concreciones; 4) La competencia objetiva ordinaria; 5) Territorial; A) El lugar del delito; B) Los fueros subsidiarios; C) El domicilio de la víctima; IV. TRATAMIENTO PROCESAL; V. OTRAS POSIBLES ALTERACIONES EN LA FIJACIÓN DEFINITIVA DE LA COMPETENCIA; EN ESPECIAL, LA CONEXIÓN PENAL.

I. EXTENSIÓN Y LÍMITES DE LA JURISDICCIÓN ESPAÑOLA EN EL ORDEN PENAL

Los tribunales españoles no pueden asumir el conocimiento de cualquier delito que se produzca, ni siquiera cuando el autor o la víctima sea español. Por eso la LOPJ fija los límites de la jurisdicción penal española en su art. 23, completado por los anticuados arts. 46 y 47 LECRIM.

1) Criterios de atribución

La LOPJ establece en lo penal diferentes criterios para fijar la jurisdicción española en el conocimiento de una causa por delito. El principio básico es que sobre todo delito cometido en España tiene jurisdicción un tribunal español, pero con matices fundados en los siguientes criterios:

- *Universalidad:* La LOPJ reconocía en un primer momento el principio de justicia penal universal o de persecución mundial del delincuente, en virtud del cual los tribunales españoles podían conocer de cualquier delito realizado en el mundo, independientemente de la nacionalidad de sus autores y del lugar de su comisión, si bien el principio adquiría relevancia jurídica tratándose de los delitos más espantosos, como genocidio, lesa humanidad o terrorismo.

La práctica del mismo en los crímenes más graves, todos ellos competencia de la AN, que llevó sin duda a desmesuras quijotescas y, sobre todo, a situaciones de singularidad mundial (entre otras, SSTC 237/2005, de 26 de septiembre, caso genocidio Guatemala; y 227/2007, de 22 de octubre, caso genocidio China), ha obligado a matizar en una primera reforma el mismo, aplicándolo sólo en caso de que esté acreditado que el autor del delito esté en España, o que la víctima sea española, o que exista algún punto de conexión relevante con España y, además, esto es clave en la reforma, siempre que otro país competente o un tribunal internacional no haya iniciado ya un proceso penal sobre los mismos hechos (art. 23.4 LOPJ, reformado por la LO 1/2009, de 3 de noviembre, reforma aprobada para impedir la mayor parte de casos competenciales por los que España fue alabada internacionalmente en su lucha contra la impunidad internacional más grave).

Una segunda reforma operada por la LO 1/2014, de 13 de marzo (declarada íntegramente constitucional por la STC 140/2018, de 20 de diciembre, que en particular afirma la constitucionalidad de la restricción del principio de universalidad de la jurisdicción), ha ido más allá, restringiendo todavía más el criterio de universalidad, porque aunque se amplíe el listado de delitos cometidos en el extranjero y se adapte a los convenios internacionales (art. 23.2 y 4 LOPJ), lo cierto es que su persecución en España se condiciona en general a querella del MF o de la víctima, que debe ser española, y dirigirse contra un investigado que se encuentre en España. En particular, cada delito tiene ahora requisitos propios de perseguibilidad derivados de la vigencia de un convenio internacional al respecto.

Pero no resuelve todos los problemas, pues esta reforma podría impedir, por ejemplo, la persecución por la AN en aguas internacionales del narcotráfico si en el barco no hay españoles ni su destino es España, un tema muy sensible en nuestro país al ser lugar de tránsito ideal de la droga que se canaliza desde América y África a Europa. La no persecución de determinados delitos tan graves pondría en una situación difícil a sus víctimas. Por eso el TS ha dicho que en este caso la jurisdicción española sí es competente, resolviendo todas las dudas (S TS 592/2014, de 24 de julio, RA 3690).

Finalmente, una tercera reforma en este tema, la actualmente vigente, operada por la LO 4/2014, de 11 de julio (sólo cuatro meses después que la anterior), amplía los requisitos para perseguir determinados delitos en España, sólo por querella del ofendido o del Fiscal, haciendo más difícil que conozca la jurisdicción española (art. 23.4 y 6 LOPJ), indicando expresamente y por qué razones esos delitos no serán perseguibles en España si se dan los casos previstos en el nuevo art. 23.5 LOPJ. El sobreseimiento opera ahora para todas las causas sin excepción hasta que se acredite el cumplimiento de los nuevos requisitos (DT-única LO 4/2014). En términos jurídicos estrictos, esta reforma significa que el principio de Justicia universal puede considerarse en España un mero tema residual, puramente conceptual (y así lo confirman los casos *Falun Gong*, STC 10/2019, de 28 de enero; *Tíbet*, SSTC 23/2019, de 25 de febrero y 35/2019, de 25 de marzo; y *Couso*, STC 80/2019, de 17 de junio).

- *Exclusividad:* La jurisdicción española conoce en exclusiva de los delitos cometidos en territorio español, lo que incluye los cometidos en buques y aeronaves de pabellón español, salvo que tratados internacionales en vigor en nuestro país dispongan lo contrario (art. 23.1 LOPJ).

- *Generalidad:* Siempre que no estemos ante un supuesto de aplicación del principio de justicia universal o de criterios de exclusividad, los tribunales españoles tienen jurisdicción en los siguientes casos: 1) Tratándose de hechos punibles cometidos por españoles naturales o nacionalizados en el extranjero siempre que se den las circunstancias del art. 23.2 LOPJ (reformado por la LO 4/2014), por ejemplo, existencia de denuncia o querella de parte; y 2) De los hechos punibles muy graves cometidos por españoles o extranjeros fuera del territorio español enumerados en el art. 23.3 LOPJ (por ejemplo, delitos contra el rey, o rebelión).

2) Tratamiento procesal

El presupuesto procesal de jurisdicción penal es controlable de oficio por el tribunal en cualquier momento cuando quede acreditada su falta, o a instancia de la parte mediante el instrumento competencial de la declinatoria en el trámite de artículos de previo pronunciamiento (art. 666, 1ª LECRIM), o en cualquier otro momento procesal previo según la jurisprudencia mediante un escrito específico al tratarse de una cuestión de orden público procesal. No olvidemos que su falta provoca la nulidad del proceso conforme al art. 238, 1° LOPJ).

II. LA COMPETENCIA GENÉRICA PENAL

La competencia en el orden penal no presenta ninguna variación en cuanto al concepto de la misma estudiado para el proceso civil. Las diferencias son, obviamente, de contenido, e importantes. En este sentido, la competencia penal aparece como un presupuesto procesal relativo al órgano jurisdiccional ya en el primer artículo de la LECRIM (a relacionar con el art. 117.3 CE, recuérdese), pues además de la exigencia del principio de legalidad procesal, se requiere que el juez que haya dictado la sentencia sea el competente.

Según la LOPJ, tienen competencia los siguientes órganos jurisdiccionales del orden penal:

a) A nivel del Tribunal de Instancia (TI): Los Jueces y Juezas de Paz (JPaz); Sección Única, Civil y de Instrucción del Tribunal de Instancia o Sección de Instrucción del Tribunal de Instancia (TISecU o TISecI); Sección de Violencia sobre la Mujer del Tribunal de Instancia (TISecVM); Sección de Violencia contra la Infancia y la Adolescencia del Tribunal de Instancia (TISecVIA); Sección de lo Penal del Tribunal de Instancia (TISecP); Sección de Menores del Tribunal de Instancia (TISecM); y Sección de Vigilancia Penitenciaria del Tribunal de Instancia (TISecVP).

b) A nivel de la Audiencia Nacional: Sección de Instrucción del Tribunal Central de Instancia (TCISecI); Sección de lo Penal del Tribunal Central de Instancia (TCISecP); Sección de Menores del Tribunal Central de Instancia (TCISecM); Sección de Vigilancia Penitenciaria del Tribunal Central de Instancia (TCISecVP); y la Audiencia Nacional.

c) También tienen competencia penal: Las Audiencias Provinciales (AP), los Tribunales Superiores de Justicia (TSJ) de las Comunidades Autónomas y el Tribunal Supremo (TS). También tiene competencia penal el Tribunal del Jurado (TJ) que, aunque órgano especial, debe ser considerado aquí.

No existe como órgano jurisdiccional autónomo el Juzgado de Guardia, ya que éste puede ser cualquier tribunal que tenga competencias para instruir causas penales. No obstante, extrañamente se le atribuye una competencia objetiva como si fuera un órgano judicial propio, dictar sentencia de conformidad en el proceso penal especial para el enjuiciamiento rápido de determinados delitos y en el proceso penal ordinario por delitos leves.

Dado que, como ya sabemos, el orden civil es subsidiario (art. 9.2 LOPJ), los tribunales del orden jurisdiccional penal tienen atribuido el conocimiento de las causas y juicios criminales, con excepción de los que correspondan a la jurisdicción militar (art. 9.3 LOPJ).

El orden penal queda deferido, por tanto, y básicamente, a la competencia para el enjuiciamiento de los delitos tipificados como tales por el CP o las leyes penales especiales o complementarias, con exclusión de las previstas en la legislación militar, conforme al art. 1 LECRIM o normativa procesal ordinaria o especial fuera de ella, que así lo establezcan expresamente.

III. LOS CRITERIOS DE ATRIBUCIÓN

Ha llegado el momento, una vez sabemos que a un asunto individualizado se extiende la jurisdicción española, y que su conocimiento genérico corresponde al orden jurisdiccional penal, de precisar por qué vías se llega a la atribución concreta de una causa penal a un tribunal que tiene competencia para ello. Pues bien, partiendo de los conceptos generales expuestos en el tomo I de esta obra y al igual que veíamos en el orden civil, no hay aquí tampoco ninguna variación, puesto que los criterios de atribución son el objetivo, el funcional y el territorial.

1) Objetivo

La atribución de una causa penal objetivamente viene determinada por la ley con base en un criterio cualitativo, según quién sea el investigado, y en otro cuantitativo o material, a saber, que se trate de un delito.

La determinación legal de la competencia objetiva de los órganos jurisdiccionales penales parte del art. 14 LECRIM (muy reformado en 2025), que atribuye la competencia objetiva «general» a unos concretos órganos jurisdiccionales del orden penal contemplados por la LOPJ, salvo que la Constitución y las leyes la atribuyan a jueces y tribunales determinados.

En la redacción originaria del art. 14 (núms. 2° y 4°) LECRIM, el sistema significaba en punto a los delitos atribuir la competencia para la instrucción a la TISecU o a la TISecI, y para la cognición y fallo a la AP, a través del proceso ordinario por delitos, puesto que era el único para enjuiciar estos hechos punibles. Hoy, este sencillo esquema se ha ampliado extraordinariamente.

2) Funcional

La competencia funcional de los órganos jurisdiccionales penales no presenta ninguna variación conceptual respecto a lo que ya conocemos para el proceso civil. Por motivos pedagógicos, igual que hicimos en este proceso, expondremos también juntas a continuación la determinación particular de las competencias objetiva y funcional penales más relevantes (dejando fuera otras competencias que también tienen).

3) Concreciones

COMPETENCIA OBJETIVA Y FUNCIONAL Órganos jurisdiccionales penales más relevantes		
Órganos unipersonales	➢ Sección Única, Civil y de Instrucción del Tribunal de Instancia ➢ Sección de Instrucción del Tribunal de Instancia	✓ Instruye causas por delitos más graves y menos graves ✓ Instruye, conoce y falla causas por delitos leves
	➢ Sección de Violencia sobre la Mujer del Tribunal de Instancia	✓ Instruye causas por delitos específicos contra la mujer
	➢ Sección de Violencia contra la Infancia y la Adolescencia del Tribunal de Instancia	✓ Instruye causas por delitos específicos contra niños/as y adolescentes

COMPETENCIA OBJETIVA Y FUNCIONAL Órganos jurisdiccionales penales más relevantes		
	➢ Sección de lo Penal del Tribunal de Instancia	✓ Conoce y falla causas por delitos menos graves (penados hasta 5 años prisión)
	➢ Sección de Vigilancia Penitenciaria del Tribunal de Instancia	✓ Controla la ejecución de penas privativas de libertad
	➢ Sección de Menores del Tribunal de Instancia	✓ Conocen y fallan causas contra menores.
Órganos colegiados	➢ Audiencia Provincial	✓ Conoce y falla causas por delitos menos graves y graves (más de 5 años pena prisión) ✓ Conoce de la apelación en causas por delitos menos graves y leves
	➢ Tribunal del Jurado	✓ Conoce y falla de determinados delitos
	➢ Tribunal Superior de Justicia	✓ Conoce y falla causas contra aforados autonómicos y altas personalidades de la CA
	➢ Audiencia Nacional (con Sección de Instrucción del Tribunal Central de Instancia; Sección de lo Penal del Tribunal Central de Instancia; Sección de Menores del Tribunal Central de Instancia; y Sección de Vigilancia Penitenciaria del Tribunal Central de Instancia).	✓ Conoce y falla causas por delitos muy graves de ámbito estatal
	➢ Tribunal Supremo	✓ Conoce y falla los recursos de casación y revisión

Combinando, por lo que hace referencia a la competencia objetiva, el criterio cualitativo (aforamiento), con el criterio cuantitativo o material (que además de tomar en cuenta que sea delito atiende a la gravedad de la pena fijada legalmente), y añadiendo la competencia funcional, resulta el siguiente esquema, yendo de menor a mayor grado en la jerarquía jurisdiccional, y teniendo en cuenta que se pretenden destacar sus competencias más importantes, sin ánimo de exhaustividad:

➢ *Jueces y juezas de Paz:* Al haber sido suprimidas las faltas por la LO 1/2015, de 30 de marzo, los JPaz, que eran competentes para conocer de casi todas ellas, no tienen ya ninguna competencia penal objetiva (a pesar del art. 100.2 LOPJ, reformado en 2025), porque de los delitos leves conocen hoy o la TISecU o la TISecI, o la TISecVM, o finalmente la TISecVIA, en función del delito leve cometido si fuese leve, es decir, siempre jueces y juezas profesionales. Pero jurídicamente, la puerta para que los JPaz conozcan de delitos leves en el futuro está abierta. Únicamente les resta conocer en la actualidad sólo de los actos de conciliación en materia criminal (arts. 278 y 804 LECRIM), una competencia irrelevante.

- *Sección Única, Civil y de Instrucción del Tribunal de Instancia (TISecU), o Sección de Instrucción del Tribunal de Instancia (TISecI)*: La competencia más importante de estas secciones, de carácter funcional, es instruir todas las causas por delito cuyo enjuiciamiento corresponda a las AP, a la TISecP y al TJ (arts. 88.1, a) LOPJ y 14, 2º LECRIM), salvo en violencia de género y delitos contra menores y adolescentes. Conocen, por tanto, del procedimiento preliminar judicial, tanto en el proceso penal ordinario por delitos más graves (sumario), como en el proceso penal ordinario abreviado (diligencias previas), en el proceso penal ordinario por delitos leves si hubiese instrucción (juicios por delito leve), en el proceso penal especial para el enjuiciamiento rápido de determinados delitos (diligencias urgentes) y en el proceso penal especial ante el Tribunal del Jurado. También conocen del proceso por aceptación de decreto y del proceso por decomiso autónomo (art. 88.1, h) LOPJ), así como de los procedimientos de revisión de medidas por modificación de circunstancias, se supone que en materia de violencia de género (art. 88.1, h) LOPJ). Estando en funciones de guardia pueden dictar sentencia de conformidad en los términos de los arts. 14, 3º y 801 LECRIM (art. 88.1, b) LOPJ).

También conocen y fallan de los juicios por delito leve (arts. 88.1, c) LOPJ, 14, 1º, y 973.1 LECRIM).

Igualmente son competentes para la ejecución de medidas de embargo y de aseguramiento de pruebas en procesos penales de la UE, de acuerdo con el art. 88.1, g); para la emisión y ejecución de instrumentos de reconocimiento mutuo de resoluciones penales de la Unión Europea que les atribuya la ley (art. 88.1, g) LOPJ); autorizan el internamiento de extranjeros, controlan el desarrollo del mismo y conocen de sus quejas, así como el funcionamiento de la salas de inadmisión de las fronteras (arts. 88.2 LOPJ, 62 y ss., LExt de 2000 y DA 4ª LO 2/2009, de 11 de diciembre); y tienen otras competencias no penales en función de la garantía jurisdiccional de determinados derechos (*habeas corpus*, y, en su caso, recursos en punto al beneficio de asistencia jurídica gratuita, pero ya no conocen de la entrada administrativa en domicilios, pues esa competencia ha pasado a los Jueces de los Contencioso-Administrativo);

Debe simplemente recordarse que la LO 2/2002, de 6 de mayo (en relación con el art. 598-9ª LOPJ) tratándose de las actividades del Centro Nacional de Inteligencia, atribuyeron la autorización para las entradas y registros y la intervención de las comunicaciones a un magistrado del Tribunal Supremo.

- *Sección de Violencia sobre la Mujer del Tribunal de Instancia:* Creado el Juzgado de Violencia sobre la Mujer por la LO 1/2004, de 28 de diciembre, de Medidas de Protección Integral contra la Violencia de Género (art. 89 LOPJ), como órgano mixto, es decir, con competencias civiles y penales, la nueva TISecVM que lo sustituye le atribuye en lo penal las materias fijadas en el art. 89.5 LOPJ y en el art. 14.1 y 5 LECRIM; básicamente de la instrucción de procesos penales por los delitos, más graves, graves, menos graves y leves, especificados en esa norma cuya víctima sea una mujer y se haya producido un acto de violencia de género; y la adopción de órdenes de protección, salvo que sean competencia del Juez de Guardia. Corresponde también a las TISecVM dictar sentencia de conformidad con la acusación en los casos establecidos por la ley (art. 89.5, e) LOPJ). Los posibles conflictos competenciales con los tribunales con competencia en materia de familia se regulan en el art. 49 bis LEC, y con las demás secciones penales con competencia para instruir en el art. 89.7 LOPJ.
- *Sección de Violencia contra la Infancia y la Adolescencia del Tribunal de Instancia*: La nueva TISecVIA se ocupa de la instrucción de los procesos por los delitos enumerados en los arts. 89 bis.5 LOPJ y art. 14.6 LECRIM, cometidos contra niños/as y adolescentes. Como ocurre con la sección en materia de violencia contra la mujer, acabada de estudiar, sólo instruye y nunca conoce y falla. Aunque la ley afirma que es competente para todos los delitos cometidos contra niños/as y adolescentes con violencia o intimidación, especifica algunos delitos en los que esa violencia está implícita o en los que no hay violencia alguna. Básicamente se trata de homicidios, aborto, tortura, contra la identidad sexual, trata de seres humanos, etc. Otras competencias funcionales se recogen en el art. 89 bis.5 (medidas cautelares, sentencia de conformidad, etc.).

Si el delito cometido contra un niño/a o adolescente puede ser competencia también de la TISecVM (art. 89 bis.7 LOPJ), esta sección será la competente.

- *Sección de Instrucción del Tribunal Central de Instancia:* La relación existente entre la TISecU y la TISecI y la AP es, salvadas las distancias, prácticamente la misma que la que hay entre la TCISecI y la AN, teniendo en cuenta que en este órgano jurisdiccional no se incardina ningún TJ, añadiéndose la competencia para conocer del proceso especial («expediente») de extradición pasiva, conforme a la Ley 4/1985, de 21 de marzo; para tramitar los expedientes de ejecución de la orden europea de detención y entrega, de extradición pasiva y las solicitudes de información entre los servicios de seguridad de los estados de la Unión Europea; y para la emisión y ejecución de instrumentos de reconocimiento mutuo de resoluciones penales de la Unión Europea que les atribuya la ley (art. 95, a) LOPJ).

- *Sección de lo Penal del Tribunal de Instancia:* El Juzgado de lo Penal ha sido sustituido por la TISecP. Fue creado por la LO 7/1988, de 28 de diciembre, con el único fin de conocer y fallar en los procesos penales abreviados, instruidos por el JI (hoy la TISecU o la TISecI), e introducidos en nuestro ordenamiento igualmente por aquellas normas y por la Ley 10/1992, siempre y cuando no deba fallar la AP o el TJ. Esa es su única competencia objetiva (art. 90.3 LOPJ y 14-3º LECRIM). Conocen funcionalmente del reconocimiento y ejecución de las resoluciones que impongan sanciones pecuniarias transmitidas por las autoridades competentes de otros Estados miembros de la Unión Europea, cuando las mismas deban cumplirse en territorio español (art. 90.4 LOPJ); y de la emisión y ejecución de instrumentos de reconocimiento mutuo de resoluciones penales de la Unión Europea que les atribuya la ley (art. 90.5 LOPJ). También pueden conocer del proceso por decomiso autónomo (art. 90.4 LOPJ).
- *Sección de lo Penal del Tribunal Central de Instancia:* El paralelismo entre la TISecU o la TISecI y la TISecP JI es exactamente el mismo entre la TCISecI y la TCISecP, por lo que ésta tiene las mismas competencias que la TISecP, referidas a los delitos contemplados en el art. 65 LOPJ, y las demás que le señalen las leyes (arts. 95, b) LOPJ y 14.3 LECRIM. Está incardinado en la AN.
- *Sección de Vigilancia Penitenciaria del Tribunal de Instancia:* La competencia fundamental de la TISecVP, de acuerdo con los arts. 76 LGP y 92.1 LOPJ, desarrollados por el Reglamento Penitenciario (RD 190/1996, de 9 de febrero, muchísimas veces modificado), es ejercer las funciones pre vistas en la LGP en materia de ejecución de las penas privativas de libertad y medidas de seguridad.
- *Sección de Vigilancia Penitenciaria del Tribunal Central de Instancia:* La LO 5/2003, de 27 de mayo, creó el Juzgado Central de Vigilancia Penitenciaria, incardinado en la Audiencia Nacional, con jurisdicción en toda España. Hoy es la TCISecVP, encargado de cumplir con sus funciones propias de acuerdo con la Ley, cuando se trate de delitos competencia de la Audiencia Nacional (art. 95, d) LOPJ).
- *Sección de Menores del Tribunal de Instancia:* Las TISecM conocen de los hechos cometidos por personas mayores de 14 años y menores de 18 tipificados como delito en el Código Penal o en las leyes penales especiales, así como de sus responsabilidades civiles (arts. 91.2 LOPJ y 2 LO 5/2000, de 12 de enero, reguladora de la Responsabilidad Penal de los Menores).
- *Sección de Menores del Tribunal Central de Instancia:* También existe una sección de menores en la Audiencia Nacional (TCISecM), que hace el mismo

papel que la relación entre la sección TISecM y la AP (art. 95, c) LOPJ). Sus competencias se definen en dicho precepto.

- *Audiencias Provinciales*: Es uno de los órganos penales más importantes. Su competencia básica se centra «ratione materiae» en las causas por delito, a excepción de las que la ley atribuye al conocimiento de las TISecP o de otros tribunales previstos en la LOPJ (arts. 82 LOPJ, 1º, 14-4º y 790 LECRIM), o del TJ (art. 1 LJ). Por tanto, conocen y fallan en el proceso penal ordinario por delitos más graves y en el proceso penal abreviado cuando no es competencia del JPe. No tienen ninguna competencia objetiva en el proceso penal especial ante el TJ, pero pueden conocer del proceso por decomiso autónomo (art. 82.1-6º LOPJ).

Funcionalmente debemos destacar el conocimiento del recurso de apelación que se interponga contra las resoluciones de la TISecU o TISecI o de la TISecP de la provincia (arts. 82.1, 2º LOPJ, y 790.1 LECRIM), de la TISecVM y de la TISecVIA (hay posibilidad de Secciones especializadas, art. 82 bis LOPJ) contra las de la TISecM y de la TISecVP que no sean competencia de la Audiencia Nacional (art. 82.1, 3º y 4º LOPJ).

- *Tribunales Superiores de Justicia*: La Sala de lo Civil y Penal de los TSJ, actuando como órgano jurisdiccional penal, tiene competencia objetiva para conocer de las causas contra los diputados autonómicos por delitos cometidos en el territorio de su respectiva Comunidad Autónoma (v.gr., el art. 12.3, II EA Comunidad Valenciana); contra los miembros del gobierno autónomo, incluido al Presidente (v.gr., el art. 19 EA Comunidad Valenciana); y contra jueces, magistrados y miembros del Ministerio fiscal, por delitos cometidos en el ejercicio de su cargo en la CA, siempre que esta atribución no corresponda al TS (art. 73.3, b) LOPJ). También pueden conocer del proceso por decomiso autónomo (art. 73.3, e) LOPJ).

Conocen del recurso de apelación contra determinados autos o resoluciones equivalentes dictados por la AP en fase de juicio oral (art. 846 bis a) LECRIM; así como contra la sentencia del TJ incardinado en la AP (art. 846 bis a) II LECRIM).

La LO 41/2015, de 5 de octubre, con base en la LO 19/2003, de 23 de diciembre, generaliza finalmente la apelación en nuestro proceso penal, pues la Sala de lo Civil y Penal (funcionando como Sala de lo Penal) de los TSJ conoce de los recursos de apelación contra las sentencias de las Audiencias Provinciales y Audiencia Nacional en primera instancia (art. 846 ter y 847 LECRIM).

De esta manera se reduce la sobrecarga de trabajo del Tribunal Supremo y se cumple mejor con las previsiones del art. 14.5 PIDCP, pues en el parecer de la ONU nuestro sistema no era acorde con él (Resolución de 20 de julio de 2000 del Comité de Derechos Humanos, entre otras muchas posteriores contra España), a pesar de que con ello se cometió un grave error de interpretación por este órgano internacional, pues nuestro sistema casacional bastaba hasta ahora para cumplir lo previsto en el Pacto.

- *Audiencia Nacional*: Órgano dogmáticamente muy discutido (sobre su ajuste a la CE, v. STC 199/1987, de 16 de diciembre), conoce fundamentalmente de los delitos más graves que se pueden cometer en España, como los que afectan a la Corona y Altos Organismos de la Nación, a la forma de Gobierno (entre los que se incluyen los delitos de rebelión desórdenes públicos agravados —antes, sedición—, siempre que no haya aforados al TS, por ser delitos contra la forma de Gobierno, A AN de 31 de octubre de 2017, JUR 2017|276230, caso referéndum ilegal en Cataluña), falsificaciones, delitos monetarios, defraudaciones, cometidos por la criminalidad organizada, tráfico de drogas, determinados contrabandos y otros fraudes, previstos en el art. 65, 1°, a) a g) LOPJ; los delitos cometidos fuera del territorio nacional (art. 65, 1°, e) LOPJ), incluida la extensión de la competencia a los delitos conexos a ellos (art. 65-1°, e), II LOPJ); los delitos de mutilación genital femenina, de tráfico ilegal o inmigración clandestina de persona y los delitos de terrorismo, sin duda su competencia más conocida (DT LO 4/1988, de 25 de mayo, ahora en relación con los arts. 571 y ss. CP, y también art. 14 del Convenio núm. 196 del Consejo de Europa de 16 de mayo de 2005 para la prevención del terrorismo).

Conoce finalmente de los recursos respecto a los instrumentos de reconocimiento mutuo de resoluciones penales en la Unión Europea que les atribuya la ley, y la resolución de los procedimientos judiciales de extradición pasiva, sea cual fuere el lugar de residencia o en que hubiese tenido lugar la detención del afectado por el procedimiento (art. 65.4 LOPJ, modificado por la LO 6/2014, de 29 de octubre). También pueden conocer del proceso por decomiso autónomo (art. 65.7 LOPJ).

En lo funcional, conoce de los recursos previstos en el art. 65, 5° LOPJ y de los recursos contra resoluciones dictadas por la sección TISecVP (art. 65, 6° LOPJ).

En 2003 se creó en la AN una nueva Sala, la Sala de Apelación (art. 64.1 LOPJ), la cual adquiere la competencia funcional exclusiva de conocer de los recursos de apelación contra las resoluciones de la sección de lo Penal.

- *Tribunal Supremo*: Cúspide de la organización del Poder Judicial ordinario (art. 123.1 CE), conoce su Sala II básicamente del recurso de casación penal y del proceso de revisión penal (art. 57.1, 1° LOPJ).

Por su importancia debemos destacar igualmente su competencia para conocer del enjuiciamiento y fallo por delito cometido por una de las Altas Autoridades y demás personas aforadas enumeradas en el art. 57.1-2° LOPJ; y del enjuiciamiento y fallo de las causas contra magistrados de la AN o de un TSJ (art.

57.1-3° LOPJ). También conoce del enjuiciamiento y fallo de las causas dirigidas contra la Familia Real contemplada en el art. 55 bis LOPJ.

Funcionalmente es de notar igualmente la competencia de dicha Sala para conocer del recurso de casación contra las sentencias del TSJ dictadas en apelación del proceso penal especial ante el TJ (art. 847 LECRIM, en relación con el art. 57-4° LOPJ).

- *Tribunal del Jurado*: Tiene competencia objetiva para conocer del enjuiciamiento de los siguientes delitos, esté incardinado en la Audiencia Provincial, en el Tribunal Superior de Justicia o en el Tribunal Supremo (aunque en estos dos últimos casos el criterio personal de aforado es el que los hace entrar en juego, si bien el TS ha decidido, en contra de la LJ, que el Jurado no enjuicie a aforados en única instancia para no vulnerar en su entender la Constitución), y sea cual fuere la pena que les corresponda (art. 1.1 y 2 LJ, en relación con el art. 83.2 LOPJ, teniendo en cuenta que ya no conoce del delito de incendios forestales, de acuerdo con la DF-3ª LO 1/2015, de 30 de marzo):

  1. Delitos contra las personas, a saber, delitos de homicidio previstos en los arts. 138 a 140 (Título I, «del homicidio y sus formas», del Libro II «Delitos y sus penas» del CP, reformados en 2015), que son el homicidio y el asesinato (art. 1.2 LJ).
  2. Delitos cometidos por los funcionarios públicos en el ejercicio de sus cargos: El CP de 1995 los ha reducido a los siguientes tipos, enmarcados en el Libro II, Título XIX («Delitos contra la Administración Pública») y Título XX («Delitos contra la Administración de Justicia») Arts. 413 a 415 (infidelidad en la custodia de documentos), arts. 419 a 426 (cohecho), arts. 428 a 430 (tráfico de influencias), arts. 432 a 434 (malversación de caudales públicos), arts. 436 a 438 (fraudes y exacciones ilegales), arts. 439 a 440 (negociaciones prohibidas a funcionarios), y art. 471 (infidelidad en la custodia de presos), muchos de ellos modificados en 2015.
  3. Delitos contra el honor: Son los previstos en los arts. 205 a 210 del CP de 1995 (Título XI del Libro III, modificados en parte en 2015), pero ni tenían ni tienen ningún desarrollo de momento, pues el art. 1.1 LJ no se concreta luego en el art. 1.2 LJ.
  4. Delitos de omisión del deber de socorro: Arts. 195 y 196 del CP de 1995 (Título IX del Libro II).
  5. Delitos contra la inviolabilidad del domicilio: Arts. 202 a 204 del CP de 1995 (Capítulo II, Título X del Libro II, modificados en parte en 2015), reguladores del allanamiento de morada.

6. Delitos contra la libertad: El TJ conoce del delito de amenazas (art. 1.2, 9) LJ), que se corresponde con el art. 169-1° CP de 1995 (Capítulo II, Título VI del Libro II).

También se extiende la competencia objetiva a los delitos conexos, al concurso ideal y al delito continuado (art. 5.2 y 3 LJ, y STS 683/2017, de 18 de octubre, RJ 2017\4522). Sorprendentemente el TJ puede conocer de cualquier otro delito, si en conclusiones definitivas las partes calificasen los hechos como constitutivos de un delito de los no atribuidos a su conocimiento, pues entonces no hay transformación de procedimiento adecuado ni alteración de la competencia objetiva (art. 48.3 LJ).

4) La competencia objetiva ordinaria

El anterior esquema, ilustrativo de la competencia objetiva y funcional más importante de los órganos jurisdiccionales penales, no es útil de cara a la práctica si no tomamos en consideración además los supuestos normales, cambiando la óptica del análisis. Se trata de la llamada competencia objetiva ordinaria, que nos dice de qué delitos va a conocer cada tribunal, y cuál es el procedimiento adecuado según la penalidad establecida por el CP, excluyendo los supuestos específicos (aforamientos y conexiones, básicamente, por un lado, y Jurado por otro).

En este sentido las reglas son aparentemente muy sencillas (arts. 14-3°, I y 757 LECRIM): De los delitos castigados hasta 5 años de prisión, conoce la TISecP por el proceso abreviado, o por el proceso penal especial para el enjuiciamiento rápido de determinados delitos; de los delitos castigados entre 5 y 9 años de prisión, conoce la AP por el proceso abreviado; y de los delitos castigados con más de 9 años de prisión conoce la AP por el proceso por delitos más graves. La fijación de la competencia se hace en abstracto, es decir, en función de la cantidad de pena señalada al delito por el CP, y no por la pena concreta solicitada por la acusación (STS de 4 de mayo de 1998, RA 2747). Respecto a delitos castigados con penas no privativas de libertad, es competente también la TISecU o TISecI. Para el enjuiciamiento de las personas jurídicas se estará a la pena legalmente prevista para la persona física (art. 14 bis LECRIM).

No obstante, las particularidades tienen aquí ciertas complicaciones que deben detallarse:

- Delitos leves, castigados con penas no privativas de libertad entre un día y un año; y la pena de multa hasta tres meses (arts. 13.3 y 4, y 33.4 CP y 14.1 LECRIM).

Es competente para instrucción, conocimiento y fallo, la TISecU o TISecI, también en funciones de Juez de Guardia.

- Delitos graves y menos graves, castigados con penas privativas de derechos, inhabilitaciones, suspensiones, trabajos en beneficio de la comunidad o de localización permanente desde 3 meses hasta 8 años, multas de más de 3 meses, o prisión de 3 meses a 5 años (arts. 13.2 y 33.3 CP):

Hay que distinguir de acuerdo con la LECRIM dos posibilidades:

Primera. Delitos no rápidos:

a) Competencia para instrucción: La TISecU o TISecI del partido en el que el delito se haya cometido, la TISecVM, o la TISecVIA del lugar del domicilio de la víctima (arts. 88.1, a), 89.5, a), 89 bis.5 LOPJ, 14-2° y 15 bis LECRIM).

b) Competencia para conocimiento y fallo: La TISecP de la provincia en que el delito se haya cometido, o de la circunscripción de la TISecVM, o la TISecVIA (arts. 90.3 LOPJ, 14.3 y 14.5, d) y 14.6, II.b) LECRIM).

c) Procedimiento adecuado: El proceso penal abreviado (Diligencias Previas: arts. 757 y ss. LECRIM).

Segunda. Delitos rápidos, castigados con pena privativa de libertad hasta 5 años o cualesquiera otras penas, bien sean únicas, conjuntas o alternativas cuya duración no exceda de 10 años, cualquiera que sea su cuantía, siempre que el proceso penal se incoe en virtud de atestado policial y que la Policía Judicial haya detenido a una persona y la haya puesto a disposición del Juzgado de Guardia o que, aún sin detenerla, la haya citado para comparecer ante el Juzgado de Guardia por tener la cualidad de denunciado en el atestado policial, y además concurra cualquiera de las circunstancias previstas en el art. 795.1 LECRIM:

a) Competencia para instrucción: La TISecU o TISecI en funciones de guardia del partido en el que el delito se haya cometido (Diligencias Urgentes: Arts. 87.1, LOPJ, 14-2° y 797 LECRIM).

b) Competencia para conocimiento y fallo: La TISecP de la provincia en que el delito se haya cometido (arts. 90.3 LOPJ, 14-3° y 803 LECRIM).

c) Procedimiento adecuado: El proceso penal especial para el enjuiciamiento rápido de determinados delitos (arts. 795 y ss. LECRIM).

- Delitos graves y menos graves castigados con penas graves y menos graves de naturaleza distinta a las privativas de libertad, cualquiera que sea su cuantía pero de duración inferior a 10 años, bien sean únicas, conjuntas o alternativas, que no deban tramitarse por el proceso penal especial para el enjuiciamiento rápido de determinados delitos de acuerdo con el art. 795.1 LECRIM:

a) Competencia para instrucción: la TISecU o TISecI del partido en el que el delito se haya cometido, la TISecVM, o la TISecVIA del lugar del domicilio de la víctima (arts. 88.1, a) LOPJ, 14-2º y 15 bis LECRIM, en relación con los arts. 13.2 y 33.3 CP).

b) Competencia para conocimiento y fallo: La TISecP de la provincia en que el delito se haya cometido (arts. 90.3 2 LOPJ, 14-3º y 757 LECRIM).

c) Procedimiento adecuado: El proceso penal abreviado (arts. 757 y ss. LECRIM).

➢ Delitos graves, castigados con penas de prisión permanente revisable o de cinco a nueve años, o bien con cualesquiera otras penas de distinta naturaleza, bien sean únicas, conjuntas o alternativas, cualquiera que sea su cuantía o duración (arts. 13.1 y 33.2 CP, y 757 LECRIM):

a) Competencia para instrucción: La TISecU o TISecI del partido en que el delito se haya cometido, la TISecVM, o la TISecVIA del lugar del domicilio de la víctima (arts. 88.1, a) LOPJ, 14-2º y 15 bis LECRIM).

b) Competencia para conocimiento y fallo: La Audiencia Provincial (arts. 82.1-1º LOPJ, 14-4º y 757 LECRIM).

c) Procedimiento adecuado: El proceso penal abreviado (arts. 757 y ss. LECRIM).

➢ Delitos graves castigados con penas de prisión permanente revisable o de nueve a quince años, prisión de quince a veinticinco años, o prisión de hasta treinta años (arts. 13.1, 33.2, y 76 CP):

a) Competencia para instrucción: La TISecU o TISecI del partido en que el delito se haya cometido, la TISecVM, o la TISecVIA del lugar del domicilio de la víctima (arts. 88.1, a) LOPJ, y 14-2º LECRIM).

b) Competencia para conocimiento y fallo: La Audiencia Provincial (arts. 82.1-1º LOPJ y 14-4º LECRIM).

c) Procedimiento adecuado: El proceso penal ordinario por delitos más graves (Sumario ordinario: Arts. 259 y ss. LECRIM).

5) Territorial

La distribución de la competencia desde el punto de vista territorial se opera en la ley con base en el «forum commisii delicti», es decir, el lugar de comisión del delito, estableciéndose asimismo unos fueros subsidiarios provisionales para cuando no conste aquél.

A) El lugar del delito

Salvo en aquellos órganos jurisdiccionales penales que tengan competencia en todo el territorio nacional (la AN y el TS), o competencia para enjuiciar delitos cometidos en el extranjero (la AN, art. 65.1, e) LOPJ), y dejando fuera el caso especial del TJ (aunque sigue los criterios de la LECRIM, v. art. 5.4 LJ), respecto a los demás, la regla general en orden a la competencia territorial penal viene dada por el art. 14 LECRIM, que consagra el denominado fuero del lugar de comisión del delito, es decir, es tribunal competente el de la circunscripción en que se hubiera cometido el hecho punible. El problema es que no siempre es fácil determinar el lugar en que se cometió el delito, por lo que la LECRIM se ha visto obligada a dictar normas de actuación hasta tanto conste. El tema no es sólo procesal, pues también materialmente interesa conocer el lugar del delito, y sobre este punto se desarrollaron varias teorías (de la actividad, del resultado y ecléctica o de la ubicuidad). No vale la pena entrar en ellas, porque del art. 23 LOPJ se deduce, acogiendo la tendencia de la jurisprudencia del TS, que el delito se comete donde se consuma, ya que los extranjeros que delinquen en España son enjuiciados aquí (v. S 23 de abril de 1949, RA 514; y S TC 75/1984, de 27 de junio). Claro es que no sirve la teoría del resultado cuando el delito produce efectos en sitios diversos, o en caso de estar ante un delito continuado o permanente, supuestos que han tenido que ser resueltos con carácter especial (v., por ejemplo, S TS 26 de enero de 1970, RA 452). También en caso de delitos en la red y sus espacios virtuales de comunicación y encuentro (v. STS núm. 547/2022, de 2 de junio. RJ 2022\3414).

B) Los fueros subsidiarios

No constando el lugar del delito, la LECRIM establece en su art. 15 cuatro fueros subsidiarios:

1. El del lugar en donde se hayan descubierto pruebas materiales del delito;
2. El del lugar en que haya sido detenido el presunto culpable;
3. El del lugar de residencia del presunto culpable; y
4. El del cualquier lugar en donde se hubieran tenido noticias del delito.

Además, la competencia territorial subsidiaria es meramente provisional, puesto que en cuanto conste el lugar de comisión, el que esté conociendo debe inhibirse y remitir los detenidos y las actuaciones al competente (art. 15, III, LECRIM).

C) El domicilio de la víctima

La LO 1/2004, de 28 de diciembre, de Medidas de Protección Integral contra la Violencia de Género, ha establecido un fuero específico. En efecto, tratándose de delitos de violencia de género, cuya instrucción o conocimiento corresponda a la TISecVM, la competencia territorial vendrá determinada por el lugar del domicilio de la víctima, sin perjuicio de la adopción de la orden de protección, o de medidas urgentes del artículo 13 de la presente Ley que pudiera adoptar el Juez del lugar de comisión de los hechos (art. 15 bis LECRIM).

IV. TRATAMIENTO PROCESAL

La competencia se configura en el proceso penal como presupuesto procesal, por lo que tiene el carácter de indisponible en todos sus criterios, por tanto, en el objetivo, el funcional y el territorial. En el proceso civil, recuérdese, es disponible generalmente la competencia territorial, pudiendo prorrogarse por las partes, pero en el proceso penal esto no sucede, porque el art. 8 LECRIM afirma expresamente que es improrrogable.

Con ello se quiere decir también que en el proceso penal no cabe la sumisión. La consecuencia directa es clara: Es el órgano jurisdiccional quien debe examinar de oficio, en cualquier estado de la causa, su propia competencia objetiva, funcional, y territorial (arts. 19-1° y 2°; y 25 LECRIM). Pero téngase en cuenta que la ley no da a todos los actos relacionados con la competencia el mismo valor, puesto que, por ejemplo, una sentencia del JP no impide perseguir posteriormente el mismo hecho como delito, o si el JP condena por delito, la firmeza del fallo no puede sanar la nulidad de la sentencia (v. el art. 238-1° LOPJ).

Cabe, por supuesto, la denuncia de la incompetencia por las partes, si bien sujeta a un plazo preclusivo: El acusador particular (y el popular), antes de formular su primera petición después de personado en la causa (art. 19-5° LECRIM); el investigado, dentro de los tres días siguientes a aquél en que se les comunique la causa para calificación (art. 196°), puesto que el medio es la declinatoria, a proponer como artículo de previo pronunciamiento (art. 666-1ª). En cualquier caso, la no denuncia de parte no significa nunca que entre en juego la sumisión tácita, sino tan sólo la preclusión de la posibilidad impugnatoria.

V. OTRAS POSIBLES ALTERACIONES EN LA FIJACIÓN DEFINITIVA DE LA COMPETENCIA; EN ESPECIAL, LA CONEXIÓN PENAL

Recordemos que la alteración de la competencia por plantearse una cuestión de competencia penal (por declinatoria o por inhibitoria, ésta última sólo en lo penal) ha sido estudiada en el tomo I de esta obra, al igual que el reparto de negocios, aunque en este caso no estamos ante norma competencial alguna. Ahora debe analizarse una alteración importante de la competencia penal, debida a una norma fundada en la conexión procesal (equivalente, salvadas las distancias, a la institución de la acumulación estudiada en el tomo II, dedicado al proceso civil).

En efecto, la LECRIM sienta en su art. 17.1 la regla de que cada delito de que conozca la autoridad judicial será objeto de un sumario, pero a continuación excepciona los delitos conexos, pues éstos deben comprenderse en un solo proceso, siempre y cuando la investigación y la prueba en conjunto de los hechos resulte conveniente para su esclarecimiento y la determinación de las responsabilidades procedentes. Pero si a pesar de ello existe una excesiva complejidad o dilación para el proceso, se enjuician por separado. Esta es la norma española para evitar los últimos procesos «monstruo» (procesos penales con muchos encausados, varios delitos y por tanto con enorme cantidad de documentos), que hemos tenido y seguimos teniendo en España La conexión entendida en sentido estricto o material (diversidad de delitos culpándose a una sola persona o a varias), puede ser determinante tanto de jurisdicción (competencia genérica), como de competencia objetiva y territorial (conexión procesal). Ambas conexiones son inseparables, una no puede existir sin la otra, para no romper la continencia de la causa. La ley no se ocupa de los delitos conexos sino a tales efectos, olvidando, después de establecer el efecto más importante de la acumulación, a saber, el enjuiciamiento en un único proceso (art. 17.1), la forma de hacerlo efectivo o de impugnarlo, además de establecer una regla específica para un incidente de la ejecución en el art. 988 LECRIM (v. lección 25ª de este tomo). La acumulación tiene repercusión en la competencia cuando cada uno de los delitos, de perseguirse por separado, correspondería a un órgano distinto.

Es la propia LECRIM la que nos dice cuándo existe conexión en su art. 17:

- *Comisión simultánea* (art. 17.2-1°): Son delitos conexos los cometidos por dos o más personas reunidas. Se supone, ante el silencio de la ley que la comisión debe ser simultánea y que esas personas deben venir sujetas a diversos órganos jurisdiccionales ordinarios o especiales, o que puedan estarlo por la naturaleza del delito. Pero, obsérvese, si esas personas presuntas autoras no están sometidas a diversos jueces y tribunales, también se produce la conexión, aunque no se altera la competencia;
- *Comisión bajo acuerdo* (art. 17.2-2°): Son también conexos los delitos cometidos por dos o más personas en distintos lugares o tiempos, si hubiera precedido acuerdo para ello;
- *Comisión mediata* (art. 17.2-3°): Son delitos conexos los cometidos como medio para perpetrar otros o facilitar su ejecución;
- *Comisión para impunidad* (art. 17.2-4°): También se consideran legalmente delitos conexos los cometidos para procurar la impunidad de otros delitos;
- *Por decisión de la ley* (art. 17.2-5°): Los delitos de favorecimiento real y personal y el blanqueo de capitales respecto al delito antecedente. Es una causa

de conexidad nueva en nuestro Derecho Procesal, impuesta por la realidad práctica;

- *Comisión de daños recíprocos* (art. 17.2-6°): Los cometidos por diversas personas cuando se ocasionen lesiones o daños recíprocos. Causa también nueva; y
- *Comisión análoga* (art. 17.3): Los delitos que no sean conexos pero que hayan sido cometidos por la misma persona y tengan analogía o relación entre sí, cuando sean de la competencia del mismo órgano judicial, podrán ser enjuiciados en la misma causa, a instancia del Ministerio Fiscal, si la investigación y la prueba en conjunto de los hechos resulta conveniente para su esclarecimiento y la determinación de las responsabilidades procedentes, salvo que suponga excesiva complejidad o dilación para el proceso. Es un matiz de la causa ya existente, que no se quiso asumir para el Tribunal del Jurado (art. 5.2 LJ), aunque ello no siempre haya sido posible.

En caso de delitos conexos con delitos de violencia de género, conoce también la TISecVM, siempre que la conexión tenga su origen en alguno de los supuestos previstos en los números 3° y 4° del artículo 17 (art. 17 bis LECRIM). Es decir, la conexión sólo será admisible si se funda en la comisión mediata, o en la comisión para impunidad. Nada se dice en la ley respecto a delitos contra la infancia y la adolescencia que son conexos.

La LECRIM también determina en su art. 18.1 los fueros competenciales existiendo conexión de delitos. En este sentido, son jueces y tribunales competentes, por su orden, para conocer de las causas por delitos conexos:

A) *Fuero principal de la gravedad de la pena* (art. 18-1°): Conoce el órgano jurisdiccional del territorio en que se haya cometido el delito al que esté señalada pena mayor;

B) *Fuero subsidiario temporal* (art. 18-2°): Si los delitos tienen señalada igual pena en las leyes, conoce el órgano jurisdiccional que primero hubiera comenzado las actuaciones; y

C) *Fuero supletorio de la orden* (art. 18-3°): Si las causas hubieran comenzado al mismo tiempo, o no constara qué órgano empezó antes, conoce el órgano jurisdiccional que la AP o el TS, en sus casos respectivos, designen.

Cuando se trate de comisión bajo acuerdo, el art. 18.2 establece un fuero específico con preferencia sobre los anteriores: El fuero de la sede de la Audiencia Provincial, siempre que los distintos delitos se hubieren cometido en el territorio de una misma provincia y al menos uno de ellos se hubiera perpetrado dentro del partido judicial sede de la correspondiente AP. Asume la competencia, por tanto, el órgano jurisdiccional correspondiente de la capital de provincia.

Lección 3ª

LAS PARTES ACUSADORAS

ELENA MARTÍNEZ GARCÍA

SUMARIO: I. UNA DISTINCIÓN PREVIA: PARTE PROCESAL CIVIL Y PARTE PROCESAL PENAL; II. CLASIFICACIÓN; III. EL MINISTERIO FISCAL; 1) Introducción; 2) La posición y naturaleza del Ministerio Fiscal; 3) Su papel en la fase de instrucción; 4) Su papel en el juicio oral; 5) Capacidad y legitimación del Ministerio Fiscal; 6) La Fiscalía Europea; IV. LAS PARTES ACUSADORAS; 1) El ejercicio de la acción por la víctima como acusación particular; A) Requisitos subjetivos; B) Requisitos de actividad; 2) El ejercicio de la acción por la acusación popular; A) Requisitos subjetivos; B) Requisitos objetivos; C) Requisitos de actividad; 3) El ejercicio de la acción por el acusador privado; V. EL EJERCICIO DE LA ACCIÓN CIVIL: EL ACTOR CIVIL.

I. UNA DISTINCIÓN PREVIA: PARTE PROCESAL CIVIL Y PARTE PROCESAL PENAL

El derecho penal ha sido aplicado en el caso concreto de forma muy diferente según las etapas históricas y políticas, como se ha visto. Ello ha derivado en un modelo de proceso penal, tal y como lo conocemos en España, con sus individualidades que le hacen diferente frente a los países vecinos. En esta línea, podemos entender también la panoplia de posibilidades que nos ofrece el proceso penal español en materia de partes acusadoras y acusadas y así comprender, por ejemplo, el acierto que supone permitir a cualquier persona poder litigar por el restablecimiento del orden público, como víctima, perjudicado, acción popular y como Ministerio Público. A tal fin en las siguientes líneas vamos a exponer sus diferencias como partes, su carácter contingente o necesario, su naturaleza penal o civil —según el objeto de tutela de que se trate— e, igualmente, la posible pluralidad de partes dentro de una misma posición activa o pasiva.

Procedemos, pues, a entender y fijar, en primer lugar, quiénes pueden ser las partes acusadoras, con el fin de lograr ese *actus trium personarum* en que consiste el proceso, especialmente el penal, porque con ello queda así configurada la base principal del denominado sistema acusatorio. Como elemento previo para su comprensión, afirmamos que la delimitación de quién puede ser parte acusadora penal se rige por criterios diversos a los del proceso civil.

1.– No podemos hacer una asimilación previa en el concepto de parte entre el proceso civil y el proceso penal. La diversidad de intereses que se protegen en uno y otro proceso hacen imposible dicha identificación.

Recapitulando, en el proceso civil se tutela el ordenamiento privado y los intereses de esta naturaleza; así, en virtud de los principios de autonomía de la voluntad y las relaciones derivadas de la propiedad, parte será aquel sujeto que pretende la tutela jurisdiccional de sus derechos e intereses que afirma como legítimos y aquella persona o personas frente a la que se solicita la tutela; queda, por tanto, en manos de ésta la *oportunidad* de accionar o no la tutela de sus derechos en un proceso civil. Contrariamente, en el proceso penal se tutelan intereses públicos afectados por el quebrantamiento de dicho orden social, y la naturaleza del *ius puniendi* del Estado hace difícil que podamos entender como partes, simplemente, a la persona dañada en sus bienes jurídicos protegidos y a la persona que ha quebrantado el orden público, dado que la *necesidad* de reestablecer dicho orden impide dejar solo en manos de éstas su tutela, sino que la Ley ha creado otras partes de igual importancia en el proceso penal, tales como el Ministerio Fiscal o el Acusador popular. Es decir, ni el ofendido ni el perjudicado por el delito son titulares de un derecho subjetivo a que el autor del mismo se le imponga una pena. Por esta razón, la aplicación del derecho penal ha sido asumida en exclusiva por el Estado, de modo que los particulares (persona física o jurídica) no tienen un derecho subjetivo a penar. Sólo tiene derecho a penar el Estado y se trata, antes bien, de una potestad y deber, que debe cumplirse de conformidad con el principio de legalidad y de forma no discrecional. Por tanto, ese ofendido o perjudicado lo que sí tiene es un derecho subjetivo formal a accionar la tutela y restablecimiento del orden público quebrantado, para que el Estado inicie una averiguación del delito y la persecución de su autor y, a continuación, pueda pasar a convertirse en parte acusadora.

2.– Por estos motivos en el proceso penal usamos la acepción de parte formal, en el sentido de que parte es quien actúa en el proceso penal solicitando al órgano jurisdiccional determinadas actuaciones, alegando, proponiendo prueba etc., con independencia de su relación jurídica material con el fondo del proceso. Ello hace que en el proceso penal encontremos como partes acusadoras al acusador particular, el acusador popular, el Ministerio Fiscal, el acusador privado y el actor civil y, como partes acusadas, el sujeto o sujetos acusado o acusados y las partes responsables civiles del delito.

3.– Esta diversidad de principios y naturalezas jurídicas en estos objetos de tutela civil y penal se evidencia dentro del propio proceso penal, donde además de la solicitud de persecución de delito, se puede pedir la reparación civil del daño producido. Ello afectará a las posibles legitimaciones, así como al procedimiento y el futuro pronunciamiento sobre los hechos delictivos y la pretensión civil.

II. CLASIFICACIÓN

La posición que ocupan las partes en el proceso puede ser activa o pasiva, según sea parte acusadora o acusada, respectivamente.

En el lado activo serán partes «acusadoras» en el proceso penal tanto el acusador particular, el acusador popular, el Ministerio Fiscal, como el acusador privado. Repárese en el hecho de que en este proceso penal se puede también interponer pretensión civil y ello no cambia su denominación, dado que el objeto penal predomina y de ahí que sigamos hablando de parte acusadora y acusada. Sin embargo, utilizaremos una nomenclatura diferente para designar a la parte cuando ésta accione exclusivamente una pretensión civil —y no se constituya como parte penal—, pasando a denominarse en este supuesto, como se verá, «actor civil».

Frente a este lado activo, encontramos como parte acusada, a la persona contra quien se dirige el proceso, que recibe diferentes denominaciones tales —según el momento procesal en el que se encuentre— como investigado, procesado, encausado, acusado o condenado y, por lo que a la responsabilidad civil derivada del delito se refiere, puede tenerla el acusado (art. 116 CP) o una tercera persona (v. Lecc.4).

En función de la naturaleza contingente (no necesaria) u obligatoria (necesaria), la intervención de las partes es muy diferente. Qué duda cabe que sin lado pasivo o acusado no puede haber proceso. El lado activo es muy diferente:

1. Encontramos que en los delitos públicos (perseguibles de oficio) el Ministerio Fiscal es parte necesaria, mientras que la víctima y el perjudicado o la acción popular, según se verá, son contingentes o no necesarias en su presencia, como parte para poder actuar el derecho en el caso concreto.
2. En aquellos delitos perseguibles solo a instancia de parte (delitos privados) es parte necesaria la presencia del acusador privado.
3. Una tercera categoría de delitos son los semiprivados o semipúblicos, en los que es imprescindible la denuncia de la víctima, pero acto seguido puede ejercitar la acción el Ministerio Fiscal, como si de un delito público a partir de ese momento se tratara.
4. Por lo que se refiere a la acusación penal, ésta es siempre un elemento necesario del proceso penal; contrariamente, la pretensión civil, puede ser contingente o no necesaria, es decir, puede acumularse al proceso penal, pero también puede renunciarse o reservarse la acción para un momento posterior, una vez obtenida la sentencia. Por esta razón, los sujetos que intervienen como partes penales y civiles no tienen por qué coincidir. Si el acusador decide, por tanto, acumular la pretensión civil al proceso penal,

entran en juego en dicho proceso los denominados responsables civiles, que se verán en el tema 4.

Por último, cabe recordar que también el proceso penal puede tener pluralidad de partes, es decir, que en él encontremos que intervienen diferentes sujetos en cada posición procesal, activa o acusadora y pasiva o acusada. A este respecto cabe señalar:

a) En el lado activo, encontramos la posibilidad de que cualquier persona, ofendida o no por el delito pueda ser parte acusadora, junto al Ministerio Fiscal que no ostenta, por tanto, el monopolio en la acción; solo se exceptúa de esta regla los casos relativos a delitos privados, sólo perseguibles a instancia de parte ofendida. Se trataría, por tanto, de un fenómeno de pluralidad de partes que constituye un litisconsorcio *cuasinecesario,* porque si bien su presencia en el proceso no es obligatoria, los efectos que generen una eventual sentencia, producen la eficacia de cosa juzgada extensible a todos los sujetos litisconsortes, participaran o no en el proceso.
b) Por otro lado, según se verá en la lección siguiente, la parte pasiva constituida por uno o varios acusados, en cualquier nivel de participación en el crimen, formarán parte de una única posición procesal —la acusada—, aunque pueden responder de diferente forma según sea su grado de participación o hechos conexos cometidos y enjuiciados en este proceso.
c) Finalmente, señalar que también la acción civil y la responsabilidad de esta naturaleza, admiten pluralidad de partes.

III. EL MINISTERIO FISCAL

El Ministerio Fiscal es personal colaborador de la Justicia, según afirmábamos en el Tomo I (Parte General) y lo definíamos como aquel que coopera con la Administración de Justicia, pero no se encuentra subordinado a los tribunales; carece, por tanto, de potestad jurisdiccional y no depende ni funcional ni orgánicamente de los órganos jurisdiccionales.

1) Introducción

Sus orígenes se remontan al siglo XIX, durante la Monarquía absoluta, creado para defender el Fisco y fiscalizar a los jueces. Llegada la Revolución se rompe el modelo inquisitivo del Antiguo Régimen, donde el juez concentraba en sus manos la labor de acusar y juzgar, pasando a ser una figura determinante del proceso penal el Ministerio Fiscal como parte acusadora. Hoy nuestro proceso penal se basa en un sistema acusatorio formal o sistema mixto y, a tal fin, se legitima a la figura del Ministerio Fiscal y a las demás partes acusadoras.

El MF hoy es un órgano constitucional del Estado, cuya principal función es promover la acción de la justicia en defensa de la legalidad, de los derechos de la ciudadanía y del interés público tutelado por la Ley (art. 124 CE). Es un órgano de naturaleza administrativa, al servicio de la política criminal fijada por el Gobierno de la Nación. Una de sus principales misiones es la de garantizar el principio acusatorio y con ello también la imparcialidad del juzgador. Pensemos que no se puede abrir la fase de enjuiciamiento o un juicio oral sin la petición de una parte y la parte afectada en sus intereses no siempre está garantizada en su personación en los procesos, pues —por raro que parezca— la víctima puede no querer accionar y está en su derecho. La función del Ministerio público o Fiscal es clara, por tanto, porque sin proceso (y no puede haberlo sin petición de parte) no hay imposición de pena (art. 25 CE).

Junto a esta función *acusadora,* también debe de *defender* los derechos de los ciudadanos en juicio, debiendo velar por evitar un proceso indebido y que se abra un juicio oral contra una persona inocente, por la razón de que no existe pruebas suficientes para justificar una acusación. Qué duda cabe, que en estos casos debe archivarse la causa y este sujeto investigado sigue siendo inocente y ya no sufrirá «pena de banquillo», incompatible con nuestra Constitución.

Se regula en el art. 124 de la CE, los arts. 435 y 541 de la LOPJ y Estatuto Orgánico del Ministerio Fiscal aprobado por Ley 50/1981 de 30 de diciembre y RD 355/2022, de 3 de mayo, por el que se aprueba el Reglamento del Ministerio Fiscal.

2) La posición y naturaleza del Ministerio Fiscal

Tanto en el art. 124 CE, los artículos citados de la LOPJ, el EOMF o Reglamento del Ministerio Fiscal, se delimita la institución del Ministerio Fiscal, sus funciones y principios de actuación. La CE establece su regulación en el Título rubricado «Del Poder Judicial» y el art. 2 del EOMF establece que está integrado en el Poder Judicial con «autonomía funcional». Pero realmente esto no es así, su autonomía no sólo es funcional, sino también orgánica. Aunque su posición en el proceso no es jurisdiccional —dado que se trata de un órgano que se ubica en el poder ejecutivo y depende de él—, actúa en el ámbito de la Administración de Justicia representando los intereses públicos del Estado en el proceso penal, defendiendo al inocente y velando por el cumplimiento de las garantías del proceso y la independencia judicial. En este sentido, se entiende que el Fiscal General del Estado, que es el superior jerárquico de todos los fiscales en España, es nombrado a propuesta del Gobierno por el Rey.

En España, hoy por hoy, no reside la instrucción en manos del Ministerio Fiscal, como sí ocurre en la mayoría de países de nuestro entorno, donde los procesos penales tienen un desdoblamiento de figuras entre el «Fiscal instructor» y el «Juez de Garantías». A este último le corresponde revisar esta fase instructora o de investigación llevada a cabo por Fiscalía, así como garantizar el respeto de los derechos fundamentales durante dicha fase. Esta estructura novedosa ha sido introducida en nuestro ordenamiento a través del desarrollo de la denominada Fiscalía Antifraude Europea para la investigación de los delitos contra los intereses financieros de la Unión Europea. Véase la LO 9/2021, de 1 de julio, sobre la creación de la Fiscalía Europea. Véase la LO 9/2021, de 1 de julio, sobre la creación de la Fiscalía Europea y su nuevo Reglamento interno de funcionamiento de 21 de enero 2021 (v. Lecc. 5 y 9 Tomo I y en este mismo apartado).

Respecto a los principios que informan su actuación, el MF actúa bajo el principio de unidad de actuación y dependencia jerárquica, así como los principios de legalidad y de imparcialidad objetiva respecto a los intereses públicos que debe defender e imparcialidad subjetiva en el caso concreto. En caso de no compartir una orden o circular puede ponerlo de manifiesto ante el Fiscal Jefe superior jerárquico, pudiendo este último trasladar el caso a otro Fiscal de esa Fiscalía.

3) Su papel en la fase de instrucción

El papel del Ministerio Fiscal en esta fase es, principalmente, el de investigar el crimen, pero no el único. En este sentido:

a) Le corresponde ejercitar la acción penal (art. 105 LECRIM y arts. 3.4 y 5 EOMF), fruto del principio de oficialidad, con la excepción de los delitos perseguidos a instancia de parte (delitos privados), que requieren querella del ofendido (actor privado) o en los casos de los delitos semipúblicos (también denominados semiprivados), que exigen denuncia del ofendido, dejando a partir de ese momento la puerta abierta a que el MF presente querella de oficio. Esta denuncia se presenta, por tanto, como un requisito de procedibilidad.

b) Igualmente, corresponde al MF el ejercicio de la acción civil derivada del delito, salvo en caso de que la parte ofendida se la reserve para hacerlo en un futuro proceso civil o renuncie a ella, a tenor del art. 108 LECRIM.

c) En tercer lugar, sobre su papel en la instrucción, la ley le encomienda la «inspección» de dicha fase (arts. 306.II y 319 LECRIM), que realmente no es tal porque no existe un criterio de subordinación y, por tanto, de control de lo que hace el Juez, sino que se reduce al hecho de que el MF debe constituirse como parte y poder alegar, solicitar actos de investigación, con el privilegio de ser una parte «especial» a la que el Juez de instrucción debe de darle conocimiento de la existencia de la incoación de la instrucción, porque tiene acceso a los autos procesales y a la fase de investigación y, por tanto, juega con ventaja respecto a cualquier otra parte del proceso (art. 308).

d) También podemos afirmar que el MF realiza una función preinstructora, dado que a tenor del artículo 773 LECRIM, puede realizar las averiguaciones necesarias para la constatación de la existencia de un delito, debiendo cesar en dicha función tan pronto tenga la certeza de la existencia del mismo o conozca de la asunción de la causa por parte de un juez instructor.

e) Realmente estamos ante la figura de un garante del futuro juicio oral, de que todo lo que ocurra en la fase instructora asegure que ningún inocente se vaya a sentar en el banquillo y que todas las investigaciones realizadas y las fuentes de prueba aportadas al proceso sean lícitas y suficientes como para abrir el juicio oral. Es un defensor de la legalidad, que impulsa el procedimiento (art. 105 LECRIM).

4) Su papel en el juicio oral

Es en esta fase donde fiscalía adopta su más notable relevancia. El principio acusatorio adopta su plenitud, precisamente, al manifestar el Ministerio Fiscal si existen pruebas de cargo o descargo, para abrir el juicio oral o, por el contrario, se debe de archivar la causa (arts. 3.4 y 6 EOMF).

Podemos afirmar que en el acceso a la información que consta en los autos procesales, hay cierto desequilibrio entre las partes, tanto en lo referido a las fuentes de prueba como a la averiguación del estado de la tramitación del proceso durante la fase de instrucción; ello *a priori* podría perjudicar al acusado, por eso el principio de presunción de inocencia toma todo su esplendor en este momento, como situación protegida constitucionalmente para contrarrestar, precisamente, la desigualdad del acusado en esta situación de investigación, frente al órgano jurisdiccional y el Ministerio Fiscal. Por tanto, debe de actuar con objetividad, como acusador, pero también como defensor, según los deberes constitucionalmente establecidos.

Para acabar y con el fin de entender que el Ministerio Fiscal es una parte especial, debemos traer brevemente a colación que en el art. 282 de la LECRIM se establece que corresponde a la policía judicial la investigación del delito y, por tanto, al aseguramiento de las fuentes de prueba que sirvan a la misma (v. Lecc.7). Es decir, la policía judicial debe «auxiliar» a los jueces y fiscales en dicha averiguación de los hechos acaecidos, aunque podemos afirmar sin reparos que, en la práctica, la ejecutan ellos, pero siempre bajo la supervisión judicial o fiscal, según el momento procesal en el que se encuentre dicha investigación. Un último aspecto muy relevante a tener en cuanta en torno a la función del MF, es entender que en el ejercicio de la acción penal éste queda sujeto al principio de legalidad, sin que pueda atender a criterios de oportunidad en su actuación, de modo que desde que tiene conocimiento de un hecho delictivo perseguible de oficio, debe de actuar acusando al margen de cualquier otro tipo de consideración política o circunstancias del investigado (art. 105 LECRIM).

- Sin embargo, si acudimos al proceso penal de menores encontramos un proceso con connotaciones diferentes para el Ministerio Fiscal, donde puede decidir el archivo de la causa, la conciliación del menor agresor con la víctima o la falta de interés público en la persecución de los hechos delictivos. Todo ello por la especial naturaleza del sujeto activo del delito, a saber, un menor de edad, y el interés del Estado en su protección (arts. 16, 18, 19 LORPM).
- Se introduce con ello, criterios de oportunidad en su actuación. Mediante este principio se reconoce al titular de la acción penal (Ministerio Público) la facultad de disponer, bajo determinadas circunstancias, de su ejercicio con independencia de que se haya acreditado la existencia de un hecho punible cometido por un autor determinado.

Por todas estas razones, Fiscalía no puede entenderse simplemente como una parte más del proceso, sino que es una parte muy especial por las potestades que tiene constitucional y legalmente encomendadas.

5) Capacidad y legitimación del Ministerio Fiscal

Sobre la capacidad y legitimación del MF en el proceso penal, carece de sentido su planteamiento porque el principio de unidad y dependencia del poder ejecutivo, le habilitan para el ejercicio de sus funciones (arts. 124 CE, 1, 3.4 y 5 EOMF, 105 LECRIM), donde es la ley quien le legitima para actuar en juicio.

6) La Fiscalía Europea

En nuestro sistema procesal irrumpe una novedad importante, introducida por la LO 9/2021, así como el desarrollo de su reglamento de procedimiento interno (cit.) que dibuja unas nuevas perspectivas para el futuro diseño de la LECRIM. Como dijimos en el Tomo I, con exclusividad para los delitos europeos contra el fisco, el Fiscal europeo delegado asume las funciones de investigación y promoción de la acción penal; ello ha conllevado la necesaria creación de una autoridad judicial nacional, configurada con el estatus de auténtico tercero imparcial, que se encargue de velar por la salvaguardia de los derechos fundamentales (Juez de garantías). Esta figura es nueva también en nuestro ordenamiento.

Las funciones de la Fiscalía Europea serán las de investigar y, en su caso, acusar a los autores de los delitos contra los intereses financieros de la Unión. Por su lado, constituye un límite para esta Fiscalía, y corresponderá al Juez de garantías autorizar las diligencias de investigación restrictivas de derechos fundamentales, acordar las medidas cautelares personales cuya adopción esté reservada a la autoridad judicial, asegurar la fuente de prueba personal ante el riesgo de pérdida de la misma, autorizar el secreto de la investigación y su prórroga, acordar la apertura del juicio oral o disponer el sobreseimiento, resolver las impugnaciones contra los decretos del Fiscal europeo delegado y, por último, adoptar las medidas de protección de testigos y peritos que procedan a instancia del Fiscal europeo delegado.

Cabe señalar que los Fiscales europeos delegados no podrán dar instrucciones a los miembros del Ministerio Fiscal español. No obstante, podrán requerir su colaboración para la práctica de actuaciones concretas, dirigiéndose a tal efecto a la Fiscalía General del Estado (art. 5). Sobre las comunicaciones electrónicas en estos procedimientos de naturaleza europea, téngase en cuenta la Directiva (UE) 2023/2843 sobre la digitalización de la cooperación judicial y el Reglamento (UE) 2023/2844 sobre la digitalización de la cooperación judicial y del acceso a la justicia en asuntos transfronterizos, que modifica numerosa normativa europea para adaptarla a la tecnología de la comunicación allí regulada.

IV. LAS PARTES ACUSADORAS

El proceso penal español se caracteriza, frente a otros sistemas basados en el monopolio en el ejercicio de la acción penal, por la importante posibilidad de coexistencia de varias partes simultáneamente en el ejercicio de dicha acción, a saber, acusador particular, acusador popular, actor privado, actor civil y, la ya analizada, fiscalía.

1) El ejercicio de la acción por la víctima como acusación particular

La víctima, persona física o jurídica, es quien sufre *directamente* los daños y perjuicios ocasionados por la comisión del delito y que se puede constituir como parte activa en el proceso penal, solicitando el castigo del responsable. Por su lado, es parte perjudicada quien sufre daños *indirectos* (valga como ejemplo, en caso de un homicidio, claramente la parte perjudicada es la familia o herederos del fallecido). En ambos casos nos encontramos ante la denominada «acusación particular». A tenor del art. 110 LECRIM, su fundamento está basado en el propio derecho a la tutela judicial efectiva de los derechos e intereses legítimos ex art. 24.1 CE, es decir, actúa por derecho (procesal) propio o legitimación ordinaria, y ello significa que puede mantener su acción incluso ante el abandono de la misma por parte de fiscalía. Como novedad, la reciente STS 331/2023, de 10 de mayo (*Tol 9572774*), permite a los nietos de una persona vulnerable viva, ejercer la acción penal y civil si un descendiente directo cometió el delito contra la persona ascendiente vulnerable, de conformidad con el Estatuto de la víctima del delito 4/2015, de 27 de abril.

Este derecho a ser parte lo tienen tanto las personas físicas como jurídicas, españolas o extranjeras, mayores o menores de edad, tengan o no residencia legal tal y como establece la Ley 4/2015, de 27 de abril del Estatuto de la Víctima del Delito (vid. lecc. 5ª).

A) Requisitos subjetivos

Los requisitos de capacidad para ser parte, de capacidad procesal y legitimación para víctima y perjudicado son idénticos a los establecidos en el proceso civil:

a) Las personas físicas podrán accionar cuando se encuentren en pleno ejercicio de sus derechos civiles y se acudirá al fenómeno de representación procesal cuando no estén en disposición de tener este pleno ejercicio (art. 102.1 LECRIM).

- ➢ La víctima directa podrá ejercitar acción penal como parte acusadora particular.
- ➢ Por su lado, a tenor del 109 bis, es víctima indirecta y puede ejercitar la acción penal en caso de muerte o desaparición de la víctima a consecuencia de un delito, su cónyuge no separado legalmente o de hecho y por los hijos de ésta o del cónyuge no separado legalmente o de hecho que en el momento de la muerte o desaparición de la víctima convivieran con ellos; también se puede ejercitar por la persona que hasta el momento de la muerte o desaparición hubiera estado unida a ella por una análoga relación de afectividad y por los hijos de ésta que en el momento de la muerte o desaparición de la víctima convivieran con ella; por sus progenitores y parientes en línea recta o colateral dentro del tercer grado que se encontraren bajo su guarda, personas sujetas a su tutela o curatela o que se encontraren bajo su acogimiento familiar. En caso de no existir los anteriores, podrá ser ejercida por los demás parientes en línea recta y por sus hermanos, con preferencia, entre ellos, del que ostentara la representación legal de la víctima.
- ➢ Especial importancia tiene la LO 8/2021, de 4 de junio de protección integral de la infancia y adolescencia, para los casos de víctimas y personas perjudicadas menores de edad, por la especial tutela de sus dere-

chos por la Oficina de Atención a la víctima del delito competente. De no personarse en el expediente y no hacer renuncia expresa ni reserva de acciones civiles, el Ministerio Fiscal las ejercitará por ellos.

- Igualmente, se debe detener en cuenta los ajustes razonables necesarios para dar apoyo en el ejercicio de sus derechos a las personas con limitaciones de capacidad Véase el artículo 109 de la LECRIM para la declaración de la persona ofendida o perjudicada.
- Cuando se trate de víctimas de violencia de género, violencia sexual, de trata de seres humanos o cuando sean víctimas menores de edad o con discapacidad, todas ellas podrán intervenir desde los lugares en donde se encuentren recibiendo atención, asesoramiento o protección, siempre que se aseguren las condiciones adecuadas para su intervención e identificación (art. 258 bis).

b) Lo mismo ocurre con las personas jurídicas, su capacidad requiere de este fenómeno jurídico procesal de representación; pensemos, por ejemplo, en una asociación de usuarios de banca, es decir, cada una de las personas que integran esta entidad jurídica podrían accionar individualmente como parte de un proceso penal, pero nos encontraríamos ante un proceso colectivo, donde la Ley legitima a la persona jurídica como tal para accionar en el proceso en representación de todos sus integrantes dañados. Para que estas personas jurídicas ejerciten la acción penal, el art. 109 LECrim exige que siempre eso sea autorizado por la víctima del delito. En caso de personas jurídicas, se debe identificar la persona física que actúa en su nombre, indicando su relación con la persona jurídica (art. 265 LECRIM).

c) Para la determinación de la legitimación, la LECRIM alude tanto al sujeto ofendido (víctimas directas) como también a las personas perjudicadas (víctimas indirectas porque han sufrido únicamente las consecuencias dañosas de un hecho delictivo, aunque nos sean titulares del bien). En ambos casos, se actúa por legitimación ordinaria.

e) También las Administraciones públicas y el Estado pueden ser acusadores particulares, desde el momento que tienen titularidad de bienes susceptibles de ser dañados. En este sentido el Estado actuará a través del Ministerio Fiscal defendiendo los intereses públicos del Estado.

f) En último lugar, las uniones sin personalidad, sociedades irregulares, patrimonios autónomos, en cuanto también pueden ser ofendidos por un delito, podrán constituirse en acusadores particulares, de conformidad con las normas sobre su capacidad de la LEC y por legitimación ordinaria. En este caso, se debe de identificar a la persona física que actúa en su nombre, indicando su relación con el ente sin personalidad (art. 265 LECRIM).

B) Requisitos de actividad

La persona ofendida por un delito puede ser parte a través de dos vías. La primera es presentando directamente una querella (art. 270.1 LECRIM); la segunda, es personándose en la causa ya iniciada y mostrándose parte, a partir del denominado «ofrecimiento de acciones» (art. 109 LECRIM) y siempre antes del trámite de calificación de la causa (para el proceso ordinario véase arts. 642, 643 y 649 LECRIM y para el abreviado arts. 782.2.a) y 783.2 LECRIM). «Si se personasen una vez transcurrido el término para formular escrito de acusación podrán ejercitar la acción penal hasta el inicio del juicio oral adhiriéndose al escrito de acusación formulado por el Ministerio Fiscal o del resto de las acusaciones personadas» (art. 109 bis).

Para que dicho «ofrecimiento» se dé, la LECRIM incorpora el deber de la policía de informar al ofendido en la fase de denuncia sobre los derechos que tiene incluido el derecho a ser parte en el proceso, dado que la simple denuncia no te convierte en parte procesal. Igualmente, podrá ser informado por el LAJ sobre su derecho a mostrarse parte en la causa y a renunciar o no a la restitución de la cosa, la reparación del daño o la indemnización del perjuicio causado por el hecho punible. Así mismo le informará de los derechos recogidos en la legislación vigente, pudiendo delegar esta función en personal especializado en la asistencia de víctimas. El art. 771 LECRIM dispone que debe ser informado:

a) Sobre su derecho a ser parte en la causa sin necesidad de presentar una querella a través del «ofrecimiento de acciones» (arts. 109 y 110 LECRIM).
b) A nombrar un abogado/a de confianza o del turno de oficio
c) A tomar conocimiento de lo actuado hasta entonces en la causa, a partir de su personación como parte.

Esta misma información volverá a dársela el Letrado de la Administración de Justicia en la primera comparecencia judicial como ofendido o perjudicado (art. 776.1 LECRIM). En este mismo sentido vid. la Ley 4/2015, de 27 de abril del Estatuto de la Víctima del Delito (Lección 5ª). El artículo 109 LECRIM ha sido reformado para desarrollar los pormenores que conlleva la integración de la capacidad de la persona que necesita de medios específicos para leer, entender, etc. por tenerla limitada.

2) *El ejercicio de la acción por la acusación popular*

En España tenemos una figura única, un indubitado derecho constitucionalmente otorgado a la ciudadanía, inexistente en ningún otro ordenamiento, como es la denominada acusación popular (art. 125 CE). Nos encontramos ante un sujeto, persona física o jurídica, que sin ser víctima ni perjudicado, puede accionar el proceso penal, con ciertas limitaciones y especificidades, si la comparamos con la parte que puede actuar por legitimación ordinaria (víctima o perjudicado), o por legitimación extraordinaria como es la intervención del Ministerio fiscal.

La justificación de esta figura es la cotitularidad en el orden público que tenemos toda la ciudadanía, una defensa de los intereses sociales, no determinada por un poder público sino por la sociedad; ello tiene todo el sentido cuando se observe que el Ministerio Fiscal se desvía de alguna forma de la defensa de los intereses generales reales de la sociedad. Pensemos en procesos donde no hay víctima o, habiéndola, ésta no quiere ejercer su acción; la no persecución del delito por fiscalía supondría el archivo de la causa, de ahí que tenga mucho sentido esta figura a la que nos referimos.

La figura se remonta a la Constitución de las Cortes de Cádiz en 1812, pero no se reguló de forma permanente en nuestro proceso hasta 1882 en la Ley de Enjuiciamiento Criminal.

A) Requisitos subjetivos

De esta forma, la CE atribuye el ejercicio de la acción penal a cualquier ciudadano español, no al extranjero, que no sea directamente ofendido o perjudicado por el delito, que cumpla los requisitos marcados por la Ley (arts. 125 CE, 101 y 270 LECRIM y 19.1 LOPJ). Este «ciudadano español» (o europeo) puede ser persona física o jurídica. De hecho, lo común es que éstas últimas sean las que litigan como acusación popular, asociaciones sin ánimo de lucro, en cuyos estatutos se fija esta finalidad u objeto de litigación para la defensa de unos concretos intereses (STC 241/92, de 21 de diciembre, entre otras; arts. 109 bis. 3 LECRIM y 22 CE). Es difícil que un particular tenga el interés y la capacidad económica suficientes para litigar por restablecer el orden público en un proceso en el que no se han dañado sus propios intereses, por esta razón si se hiciera una interpretación restrictiva del derecho de asociación (22 CE) en relación al derecho a ejercitar la acción popular (art. 125 CE), la relevancia práctica de esta parte tan especial, sería inexistente. Se trata, pues, de un supuesto de legitimación extraordinaria, donde es la Ley quien habilita a cualquier tercero interesado para que ejercite una acción propia, se persone como parte actora, dirija el proceso penal y ejerza el *ius accusandi.*

De esta forma, no tienen legitimación a tenor de los arts. 102 y 103 de la LECRIM:

a) El que no goce de plenitud de derechos civiles, con arreglo a la legislación civil. Obsérvese que el menor de edad o la persona con capacidad limitada siempre podrá acudir a juicio a través de su representante legal y por legitimación ordinaria, lo que le hace incompatible con esta legitimación extraordinaria;

b) El que hubiere sido condenado dos veces por sentencia firme como autor del delito de denuncia o querella calumniosa;

c) Los Jueces y Magistrados; sin embargo, sí podrán ejercitar acción penal ante delitos cometidos contra personas o bienes de su cónyuge, ascendientes, descendientes, hermanos consanguíneos o uterinos o afines. En los supuestos citados en las letras a y b podrán ejercitar, además, la acción penal por delitos cometidos contra las personas que tienen bajo su guarda legal. Por último, obsérvese, que nada se dice del Ministerio Fiscal, lo que sí le habilita para ejercitar este tipo de acciones, sin representar entonces los intereses públicos del Estado;

d) Los cónyuges entre sí, salvo por los delitos cometidos contra los hijos;

e) Los ascendientes, descendientes y hermanos consanguíneos o uterinos o afines entre sí.

B) Requisitos objetivos

La acción popular encuentra aquí algunas limitaciones. En primer lugar, para la personación en un proceso como acción popular debe de tratarse de un delito público, es decir, queda fuera de su ámbito el delito privado por la razón de que solo se puede ser parte el sujeto ofendido; sin embargo, en el supuesto de delitos semipúblicos la iniciación del proceso depende de la voluntad del ofendido y solo entonces podrán ser parte el MF y la acusación popular.

Junto a esta restricción, otro matiz o límite viene impuesto por el hecho de que no puede ejercitar la acción civil derivada del delito ni instar a la condena en costas, por la razón de que actúa por legitimación extraordinaria y porque ese resarcimiento económico se encuentra fuera de su interés en litigar por el bien común de la sociedad y de la justicia. Además, debe de recordarse que queda fuera de su ámbito de aplicación el proceso penal de menores o el ámbito jurisdiccional militar.

C) Requisitos de actividad

Para ejercitar acción popular es imprescindible la interposición de una querella por dicha parte (arts. 270 y 761 LECRIM), acompañada de la oportuna postulación mediante abogado y procurador y del depósito de la fianza exigida por el órgano jurisdiccional (en previsión de posibles perjuicios por accionar por daños que no son propios, evitando así riesgos de litigación abusiva).

Jurisprudencialmente se ha desarrollado un criterio de actuación adicional importante, destinado a excepcionar la necesidad de la presentación de querella, cuando se va a mantener una posición idéntica a la de las partes ya personadas en el proceso; de otro modo, no hace falta la presentación de la misma, aunque sí el ofrecimiento de fianza suficiente al órgano jurisdiccional, cantidad que debe de ser adecuada al patrimonio del querellante [STC 326/1994 (*Tol 82730*)].

La admisión de la querella le convierte al acusador popular en parte a todos los efectos como si fuera un acusador particular. Es verdad que ha habido una jurisprudencia del Tribunal Supremo bastante confusa sobre la cuestión relativa a si esta parte tan especial puede o no sostener la acción de perseguir el crimen y la apertura del juicio oral, cuando fiscalía decide no solicitar la incoación del proceso penal y acusar (STS 8/2010 de 20 de enero RJ2010/1268). Solo echando un vistazo a los casos mediáticos comprobamos que, normalmente la entidad o asociación que se persona como acción popular, posee un sesgo ideológico contrario al del gobierno (que actúa los intereses generales a través del ministerio fiscal). A pesar de esta gruesa línea jurisprudencial del Tribunal Supremo en contra de permitir a la parte acusadora popular actuar, cuando el representante público (MF) solicite el archivo de la causa, en nuestra opinión, debe reivindicarse poder mantener su carácter autónomo en el ejercicio de la acción, siempre que en la propia querella se acredite que no existe interés particular y espurio en la litigación, sino que se defienden los intereses generales en favor de la justicia y la sociedad (art. 109 bis 3 LECRIM).

3) El ejercicio de la acción por el acusador privado

En nuestro Código penal hay un único delito privado perseguible sólo a instancia de la víctima perjudicada, como es la calumnia e injuria sin publicidad contra particulares *ex* art. 215 CP. En estos casos queda vetada la intervención del MF y se exige la querella del ofendido, así como el mantenimiento de la acción por éste durante todo el proceso (art. 278 LECRIM) y, en caso de haber sido vertidas en juicio, además se añade la exigencia de la autorización del Juez, a modo de requisito de «procedibilidad» para actuar procesalmente (art. 279 LECRIM).

Al ser un delito privado, la autonomía de la voluntad rige como si estuviéramos en al ámbito privado y del derecho civil, de modo que puede darse una conciliación entre las partes (278 y 804 LECRIM) o, incluso, renunciar a la acción (art. 106, 107 y 112 LECRIM) o puede que tenga virtualidad el perdón del ofendido (arts. 130.4 y 215 CP), salvo para los casos en los que en el proceso hubiere menores o incapaces, pues en estos supuestos hará falta la aprobación judicial de dicho perdón para que pueda llegar a tener virtualidad.

En conclusión, las normas civiles sobre capacidad y legitimación le son de aplicación, de modo que solo tiene legitimación para ejercitar la acción penal el ofendido por la calumnia e injuria y, si no estuviera en pleno ejercicio de sus derechos civiles, debería actuar en su nombre quien supla su incapacidad (art. 215.1 CP).

V. EL EJERCICIO DE LA ACCIÓN CIVIL: EL ACTOR CIVIL

De todo ilícito penal se deriva una responsabilidad civil (art. 100 LECRIM). La pretensión civil derivada de un hecho delictivo (de restitución, reparación o indemnización de los perjuicios materiales y morales, art. 110 CP) la dirige la parte actora o demandante en el mismo proceso penal (acumulación de procesos) o en un proceso civil posterior (v. Lecc. 6 sobre el objeto del proceso).

A la interposición de esta pretensión civil derivada del hecho punible, tienen derecho tanto la parte *víctima* directa del delito, como la parte *perjudicada* indirectamente por haber sido menoscabada en su patrimonio por la acción delictiva; pero como se indicaba al inicio de esta lección, en sentido estricto, la LECRIM desarrolla una configuración del «actor civil» con una peculiaridad clara: se denomina como tal a aquel que no ha sido parte (civil) —persona física o jurídica— en el proceso penal (arts. 320, 651 y 735 de la LECRIM).

En resumen, pueden ejercitar acción civil:

a) Mediante la presentación de una *querella* por parte del ofendido o perjudicado (acusador particular) en la que ejercita acción civil acumulada a la penal. Especial mención requiere, en el caso del acusador privado, que exclusivamente podrá ejercitar acción civil en la querella.

b) Mediante el *ofrecimiento de acciones* por el LAJ (art. 108 y 109 LECRIM) la víctima y/o el perjudicado —es decir el acusador particular— pueden decidir entre ejercitar la acción civil junto a la penal, o bien renunciar o reservar la acción civil para un futuro proceso civil a ejercitar una vez obtenida la sentencia penal en cuestión (art. 112.1 LECRIM). No obstante, renunciado a ejercer la acción civil, si las consecuencias del delito son más graves de las que se preveían en el momento de la renuncia, o si la renuncia pudo estar condicionada por la relación de la víctima con alguna de las personas responsables del delito, se podrá revocar la renuncia al ejercicio de la acción civil por resolución judicial, a solicitud de la persona dañada o perjudicada y oídas las partes, siempre y cuando se formule antes del trámite de calificación del delito. Dado que estamos en el ámbito del derecho patrimonial y privado se hace absolutamente necesario que la renuncia a este derecho se haga en su caso de una manera clara y terminante (art. 110

LECRIM). Recuérdese aquí lo dicho sobre las personas con necesidades de integración de su capacidad (art. 109 LECRIM).

c) En tercer lugar, puede que el acusador particular no ejercite la acción penal y solo desee ejercitar la civil *a posteriori*, en este caso, se reserva la acción para actuar como *actor civil*. No es lo común, pero legalmente es posible (art. 110 LECRIM). Lo mismo le ocurre al perjudicado.

d) Por su lado, el *Ministerio Fiscal* tiene el deber de ejercitar conjuntamente la acción penal y civil *ex* art. 108 y 773 LECRIM, «pero si el ofendido renunciare expresamente su derecho de restitución, reparación o indemnización, el Ministerio Fiscal se limitará a pedir el castigo de los culpables». El MF actúa, entonces, no como representante de los intereses de las partes actoras titulares de este derecho a la restitución, reparación o indemnización, sino por legitimación extraordinaria fijada por ley.

   - Si el MF ha procedido a ejercer acción civil, ya no puede ejercitarla la acusación particular.
   - Al contrario, si el MF desistiera de su acción penal, y no hubiera acusación particular personada, deberá ponerlo en conocimiento de las víctimas y perjudicados para que puedan ejercer estos las acciones civiles que le correspondan ante la jurisdicción civil.

De esta forma, el *actor que ejercita pretensión civil, en cualquiera de sus formas,* deberá cumplir los requisitos de capacidad y legitimación propios del proceso civil y requiriendo la postulación propia del proceso penal en el que se encuentre, pudiendo personarse en cualquier momento hasta el trámite de calificación o formulación del escrito de acusación, sin que se retrotraigan las actuaciones (art. 110). Hasta entonces, una vez personado, puede en fase de instrucción solicitar a las acciones que convengan en la investigación para esclarecer sus pretendidos derechos reparatorios (art. 320 y 589 y ss LECRIM). Igualmente le corresponde presentar su escrito de calificación a los únicos efectos civiles (art. 650.II y 651. II LECRIM), practicando la calificación definitiva tras la prueba en este mismo sentido (arts. 732 y 735 LECRIM).

Si se ejercitase sólo la acción civil, que nace de un delito de los que no pueden perseguirse sino en virtud de querella particular, se considerará extinguida desde luego la acción penal (art. 112.3 LECRIM).

Lección 4ª

LAS PARTES ACUSADAS Y LOS RESPONSABLES CIVILES

SILVIA BARONA VILAR

SUMARIO: I. CONCEPTO. UNA ACLARACIÓN NECESARIA; II. PERSONA FÍSICA COMO PARTE ACUSADA; 1) Capacidad y legitimación; 2) Postulación; III. PERSONA JURÍDICA COMO PARTE ACUSADA; 1) Fundamento del reconocimiento de responsabilidad de la persona jurídica; 2) Capacidad y legitimación; A) Exenciones de responsabilidad; B) Exclusiones por motivos subjetivos (tipo de persona jurídica); 3) Postulación; IV. PERSONA ELECTRÓNICA COMO PARTE ACUSADA; V. DERECHOS DE LA PARTE PASIVA DEL PROCESO PENAL. DERECHO DE DEFENSA Y DERECHOS CONSECUENCIA; 1) Derecho de defensa; 2) Derechos consecuencia; VI. AUSENCIA DEL INVESTIGADO-ACUSADO; 1) Regulación en el proceso ordinario; A) Ausencia: requisitoria y declaración de rebeldía; B) Extradición activa; 2) Ausencia del acusado en el proceso abreviado y en los juicios rápidos; 3) Ausencia del acusado en el proceso por delito leve; 4) Rebeldía de la persona jurídica; VII. RESPONSABLE CIVIL EN EL PROCESO PENAL; 1) Responsable civil directo; 2) Responsables civiles subsidiarios; 3) Capacidad y legitimación del responsable civil.

I. CONCEPTO. UNA ACLARACIÓN NECESARIA

La existencia del proceso penal necesita de dos partes: la acusadora y la acusada o parte pasiva del proceso. Ahora bien, la delimitación de quién es parte acusada en el proceso penal se rige por criterios diversos de los concurrentes en un proceso civil.

1.– En primer lugar, en materia penal puede iniciarse la actividad de investigación sin delimitación subjetiva pasiva. Puede haberse iniciado por denuncia o querella o de oficio por conocimiento de la posible existencia de hechos con caracteres de delito con desconocimiento inicial del posible responsable de los mismos. Será función de la fase de investigación averiguarlo, a efectos de identificación del sujeto pasivo del proceso. Contra él se formulará, en el momento procesal oportuno, la acción penal. Si finalizada la investigación no se conoce la identidad de los autores, cómplices o encubridores, el proceso penal no podrá continuar, procediéndose a su archivo por sobreseimiento provisional (arts. 641, 2º y 779.1, 1º).

2.– En segundo lugar, la plural denominación del «sujeto pasivo» del proceso penal puede generar confusión. La LECRIM emplea —tras haber desaparecido el término «imputado»— diversas nociones en su articulado: denunciado, querellado, investigado, inculpado, procesado, acusado, encausado, condenado, reo, etc. Denominaciones que responden a criterios que habitualmente —aunque no siempre— vienen a identificar al sujeto pasivo en distintos momentos procesales.

- Denunciado es el sujeto frente al que se presenta una denuncia.
- Querellado es aquel frente al que se ha presentado una querella.
- Sospechoso es aquel sobre el que concurren indicios, posibilidades, de haber participado en la comisión de un hecho delictivo, pero no es parte procesal.
- Detenido es aquel frente al que se ha adoptado esta medida precautelar.
- Procesado es la denominación que se da en el proceso ordinario por delitos graves a quien queda afecto al proceso mediante auto de procesamiento (art. 384). En los otros procesos no existe procesamiento, aun cuando existe afección al proceso (lo que venía denominándose como imputación), esto es, sometimiento al proceso con carácter general.
- Investigado es la denominación que se otorga a la parte pasiva en la primera fase del procedimiento, quedando afectado al proceso como tal, en cuanto se le atribuye la posible comisión de los hechos delictivos que delimitan objetivamente el proceso penal. Ha venido a sustituir al «imputado».
- Preso preventivo es sobre quien se ha adoptado la medida cautelar de prisión provisional.
- Encausado o acusado es la persona contra la que se ha formulado formalmente acusación, ya en las calificaciones (en el ordinario por delitos graves) o ya en los escritos de acusación (en el abreviado). Esta denominación es la que se mantendrá en la fase de juicio oral.
- Condenado es quien es declarado culpable de la comisión de los hechos delictivos. Será la sentencia —título ejecutivo— la que otorga este «status» de condenado. Si, por el contrario, aun manteniendo la investigación, imputación y acusación, el proceso finaliza mediante una sentencia absolutoria, el sujeto pasivo pasará a la condición de «absuelto», con los derechos que la legislación procesal le otorga, en su caso.
- Reo es el término que se emplea para denominar a la persona que está cumpliendo la condena impuesta en la sentencia dictada al finalizar el proceso.

3.– La parte procesal se configura, según la LECRIM, desde que a la persona se le considera «investigada». El investigado es parte procesal a todos los efectos, tanto negativos como positivos (respecto de los derechos que le asisten). La autoridad judicial le participará su condición de investigado, en relación con las actuaciones que se están siguiendo por los hechos delictivos y su posible participación en los mismos.

4.– Fue a partir del S. XIX cuando el proceso penal se nucleó en torno al sujeto pasivo, convirtiéndose en su protagonista. Dejaba de ser «cosa» (se descosificó) para ser persona, sujeto con y de derechos.

5.– El investigado y el acusado como partes pasivas del proceso penal pueden ser personas físicas o personas jurídicas. Durante siglos la responsabilidad penal era solo reprochable a las personas físicas, si bien la evolución de la criminalidad, los nuevos *modus operandi* y protagonistas en la misma propiciaron una corriente doctrinal que permitió en las legislaciones la incorporación de la responsabilidad penal de las personas jurídicas.

II. PERSONA FÍSICA COMO PARTE ACUSADA

1) Capacidad y legitimación

La parte contra la que se formula la acción penal en el proceso ha sido históricamente la persona física viva. Así, tiene capacidad para ser parte en el proceso penal la persona física viva, lo que supone que, si una persona fallece, no se transmite a los herederos, extinguiéndose tanto la acción penal (art. 115 LECRIM) como la responsabilidad penal (art. 130.1 CP).

Tiene capacidad procesal quien, además de comprender y ser consciente de la investigación y acusación contra ella formulada, puede ejercitar los derechos procesales como parte. No existe, sin embargo, una identificación entre la falta de capacidad procesal y la inimputabilidad penal a que se refiere el artículo 20 CP, en cuanto se puede ser inimputado en algún caso y tener capacidad procesal. En este sentido, podemos considerar:

1º) El menor de dieciocho años (art. 19 CP): Puede actuar válidamente en el proceso, comprender la investigación y acusación e intervenir solicitando la inhibición de los órganos que conocen de la causa a favor de los TISecM (art. 779.1.3 LECRIM).

2º) En caso de anomalía o alteración psíquica, intoxicación plena y grave alteración de la conciencia de la realidad (supuestos de inimputabilidad en el art. 20.1, 2 y 3 CP), adolecen de la posibilidad consciente de participar en el proceso como sujeto de derechos. No significa que no puedan comparecer ejercitando su derecho defensa, precisamente para poder sostener una posición de inimputabilidad que aboque al sobreseimiento o a la sentencia absolutoria. Ahora bien, deben diferenciarse dos estados que ofrecen soluciones procesales diversas:

- Si la persona comete el delito bajo estas condiciones de alteraciones psíquicas y se comienza la investigación contra ella, con el debido informe médico, se debe proceder a finalizar la investigación con auto de sobreseimiento libre, debido a su exención de responsabilidad criminal (art. 637.3 LECRIM), pese a que en la jurisprudencia se ha venido exigiendo —ex art. 101 del CP— la apertura del juicio oral, al requerir sentencia aplicando la medida de internamiento para tratamiento médico o educación especial en un establecimiento adecuado, o cualquier otra de las medidas del art. 96 CP (inhabilitación profesional, expulsión del territorio nacional de extranjeros, libertad vigilada, custodia familiar, privación del derecho a conducir, o privación del derecho a tenencia y porte de armas). La apertura del juicio oral —y no sobreseimiento— es absurdo si se acreditó desde el inicio el estado de enfermedad mental del sujeto pasivo y, por ello, su inimputabilidad.

- Si la situación psíquica del sujeto pasivo fuera sobrevenida tras la comisión del delito podrá: a) Ordenarse el archivo de las actuaciones hasta que el investigado recobre su estado mental (art. 383 LECRIM); b) Si se produce durante el juicio oral, provocará la suspensión de éste (art. 746.5). En ambos casos, podrá adoptarse alguna de las medidas anteriormente expuestas.

Tiene legitimación toda persona que queda afectada como parte pasiva, como investigada-acusada en el proceso penal, sin perjuicio de que pueda perder la legitimación cuando se retira la afección (imputación) o la acusación contra ella, de manera que pudo tener legitimación y perderla. La sentencia absolutoria no supone, sin embargo, que la persona absuelta no tenía legitimación —la tenía—, sino que no se ha probado la culpabilidad del legitimado sujeto pasivo del proceso penal.

Los privilegios que comportan la inmunidad e inviolabilidad de aquellas personas que por el ejercicio de su cargo (diputados, senadores, fiscales, jueces, defensor del pueblo, diputados de las Asambleas legislativas de las Comunidades Autónomas, etc.) establecen condiciones para efectuar la afección procesal de las mismas (investigación-acusación) se convierten en impedimentos u obstáculos —por diversas razones históricas y políticas consagradas en la Constitución y en los estatutos de Autonomía— para su afección procesal —salvables eso sí— y, por ende, para ser parte pasiva del proceso penal (v. lecc. 27ª).

2) Postulación

En el proceso penal el sujeto pasivo precisa de procurador y abogado, para la representación procesal y la asistencia y defensa técnica, con los siguientes matices:

1º) Los arts. 17.3 y 24.2 CE consagran el derecho fundamental a la asistencia letrada, en relación con la LO 5/2024, de 11 de noviembre, del derecho de defensa. Cuando el sujeto pasivo no nombre abogado, se le nombrará de oficio. Es deber del Estado proporcionar a todo sujeto del proceso un abogado defensor, sea persona física o persona jurídica.

2º) La representación procesal de la parte pasiva del proceso penal se asume por el procurador (arts. 438 LOPJ y 5 EGPT); no forma parte del derecho fundamental de asistencia letrada. No es preceptiva la intervención del procurador —pese a serlo el abogado— en la asistencia al detenido o al preso preventivo. Será preceptiva cuando el investigado-acusado deba presentar escrito de defensa (art. 768) frente a la acusación formulada contra él; si no se nombra por la persona interesada, se procederá a su nombramiento de oficio (art. 784.1). Hasta el momento procesal en que se efectúe el nombramiento del procurador, el abogado defensor tiene habilitación legal para representar a su defendido (art. 768).

3º) La asistencia técnica al sujeto pasivo del proceso es imprescindible para el desarrollo de las actuaciones (postulación) y debe efectuarse a través de abogado, salvo las excepciones legalmente establecidas. Por tanto, es —además de parte integrante del derecho de defensa— presupuesto procesal de parte, de manera que no es posible avanzar procesalmente si la parte no se halla asistida por letrado.

Este presupuesto procesal y derecho fundamental del sujeto pasivo encuentra, sin embargo, excepciones:

- En el procedimiento por delitos leves (v. lecc. 26ª) se establece como regla general la innecesariedad de intervención de abogado y procurador. Excepción a esta regla general es el art. 967.1, II (delitos leves que lleven aparejada pena de multa mínimo de 6 meses), aplicándose las reglas de preceptividad de abogado-procurador.

- En las actuaciones que *exigen* la intervención-presencia del sujeto pasivo o porque son propiamente actos de autodefensa. En algunos la comparecencia y participación del sujeto pasivo es imprescindible, como sucede con las declaraciones propias (art. 385), actos tendentes a su reconocimiento o identificación (arts. 368 y ss.), a careos (art. 451), declaraciones posteriores (art. 400), conformidad (arts. 655 y 689), hacer uso del derecho a la última palabra (art. 739). En otros, *pueden* hacerse por el sujeto pasivo o por abogado y procurador: por ejemplo, el nombramiento de peritos (arts. 350, 356 y 471), o su recusación (art. 469), la proposición de determinadas diligencias (art. 396), etc.

III. PERSONA JURÍDICA COMO PARTE ACUSADA

La incorporación de la responsabilidad penal de las personas jurídicas en España se produce con la aprobación de la LO 5/2010, de 23 de junio (art. 31 bis CP).

1) Fundamento del reconocimiento de responsabilidad de la persona jurídica

Se produce el reconocimiento de esta posible responsabilidad de las personas jurídicas y, por ende, de su posible incorporación al proceso penal como parte acusada, debido al aumento de su protagonismo en el tráfico económico nacional e internacional. Asistimos a un escenario económico en el que el fenómeno societario o corporativo iba monopolizando las relaciones jurídicas económicas, provocando una difuminación de la persona física-comerciante individual por estos entes ya no tan abstractos, que vienen configurados legalmente tanto en lo que a su constitución se refiere como en su propia disolución o extinción. La irrupción de multinacionales y organizaciones financieras potentes ha favorecido no solo un despliegue económico sin fronteras, sino también abusos, corrupción, falsedades contables, delitos contra el medio ambiente, amén de otras modalidades de criminalidad económica que escapan de la concepción clásica de la misma. Nuevos protagonistas, nuevos delitos y nuevas formas de actuación han favorecido reformas legislativas penales y procesales penales, a la búsqueda de respuestas que el viejo paradigma de Justicia Penal no ofrecía.

Poco a poco se fue aceptando —no sin sus detractores—, la responsabilidad penal de estas personas jurídicas. Tradicionalmente la responsabilidad penal de las personas jurídicas se negaba sustentándose en tres argumentos: 1°) Las sociedades no poseen capacidad de acción; 2°) No tienen capacidad de culpabilidad; 3°) Carecen de capacidad de sufrir penas, lo que llevaba a los sistemas clásicos a castigar solo como autores a las personas físicas.

La realidad socioeconómica global y sus consecuencias han propiciado reformas en todos los sectores del ordenamiento jurídico, también en el penal. Hemos asistido a un cambio en la concepción de la titularidad de los derechos, que pasa de lo individual a lo social, apareciendo lo supraindividual, la sociedad, el colectivo, el grupo, y, en suma, la persona jurídica como titular de los derechos, con capacidad de actuación. Así, frente a la teoría decimonónica de la preeminencia de la persona física, en la que se defendía el brocardo *societas delinquere non potest,* se ha ido reconociendo en la política criminal y en el ámbito legislativo la responsabilidad penal de las personas jurídicas.

No se trata, en absoluto, de afirmar que antes las personas jurídicas no eran responsables de sus actuaciones —existía responsabilidad civil, administrativa, etc.—. Ahora se reconoce que las personas jurídicas pueden ser no solo autoras de la comisión de un delito, sino también ser directos responsables penales y, por ende, sujetos pasivos del proceso penal como investigados-imputados-acusados del mismo.

Son ya numerosos los ordenamientos jurídicos —cada uno con sus específicos matices— que reconocen esta responsabilidad penal de las personas jurídicas: entre otros, Inglaterra, Escocia, Irlanda, Holanda, Dinamarca, Noruega, EEUU, Canadá, Japón, Australia, Bélgica, Francia, Suiza, España. Frente a la mayor apertura de los modelos anglosajones e incluso algunos asiáticos como Japón, en los que se atribuye desde mediados del Siglo XIX su responsabilidad penal respecto de cualquier tipo de delito —aunque con incidencia mayor en la delincuencia económica—, en los modelos continentales existen, con diversos matices, *numerus clausus* subjetivo-objetivo respecto de esta responsabilidad directa de las personas jurídicas.

En suma, la delincuencia organizativa y económica, en la que tiene un mayor protagonismo la persona jurídica, por los medios que emplea, por la trascendencia de los bienes jurídicos que lesiona o pone en peligro, por afectar a una mayor parte de la población, entre otras, ha propiciado la consolidación legislativa de una serie de tipos penales económicos que permiten la persecución penal de los hechos delictivos en los que pudieren estar implicadas redes empresariales, nacionales e internacionales, y, en suma, personas jurídicas. Esto las convierte en partes pasivas del proceso penal.

2) Capacidad y legitimación

Las personas jurídicas pueden ser investigadas, imputadas, acusadas y condenadas desde la LO 5/2010, lo que significa que poseen capacidad para ser parte penal, y posterior capacidad procesal y legitimación pasiva potencial para sostener un proceso penal como parte y por ello responsable directo de los hechos que haya podido realizar. Con anterioridad eran las personas físicas que las representaban las que asumían su capacidad delictiva y capacidad para ser parte procesal.

El artículo 31 bis CP establece esta responsabilidad, que coexiste con la de la persona física. Ahora bien, para condenar a una persona jurídica no se exige declaración previa de culpabilidad de las personas físicas. Es un modelo de responsabilidad directa de las personas jurídicas, ya por hecho propio, ya por los hechos cometidos por las personas físicas como consecuencia del defecto de su organización. Se requiere:

1) Que el hecho delictivo se lleve a cabo «en nombre o por cuenta y en beneficio directo o indirecto» de la persona jurídica, por parte de alguna persona física que represente a aquélla o por aquellos que, actuando in-

dividualmente o como integrantes de un órgano de la persona jurídica, están autorizados para tomar decisiones en nombre de la persona jurídica u ostentan facultades de organización y control dentro de la misma;

2) Que la comisión del delito tenga su origen en no haberse ejercido sobre las personas físicas «el debido control atendidas las concretas circunstancias del caso» (una suerte de *¿culpa in vigilando?)*. Las empresas han diseñado para ello un plan, *corporate compliance o compliance programs*, conocidos en el ámbito empresarial como sistema de control, de prevención y de gestión más o menos amplio.

Habrá que atender, en primer lugar, al significado penal de «persona jurídica». El artículo 31 bis CP no delimita qué deba entenderse por tal (norma penal en blanco). Se requiere:

1) Que tengan reconocimiento de personalidad jurídica, excluyéndose las que no lo tienen, aun cuando pudieren tener apariencia de tal.
2) Que cuenten con «potencialidad suficiente» para afectar bienes jurídicos que están protegidos por la norma penal.
3) Que posea capacidad económica para, en su caso, hacer frente a la consecuencia jurídico-penal sobre la que se asienta el modelo actual establecido, esto es, la pena de multa.

En todo caso, el legislador español reconoce límites a la responsabilidad penal directa de las personas jurídicas, que pueden dar lugar a la exención de responsabilidad, o a su exclusión por motivos subjetivos.

A) Exenciones de responsabilidad

La persona jurídica quedará exenta de responsabilidad si se cumplen las siguientes condiciones (art. 31 bis 2 y 3 CP):

1) El órgano de administración haya adoptado y ejecutado con eficacia, antes de la comisión del delito, modelos de organización y gestión que incluyen medidas de vigilancia y control idóneas para prevenir delitos o para reducir de forma significativa el riesgo de comisión;
2) La supervisión del funcionamiento y del cumplimiento del modelo de prevención haya sido confiada a la persona jurídica con poderes autónomos de iniciativa o control o bien tenga encomendada la función supervisora de la eficacia de los controles internos de la misma. En las de pequeñas dimensiones, pueden asumirse estas funciones por el órgano de administración;
3) Los autores individuales hayan cometido el delito eludiendo fraudulentamente los modelos de organización y de prevención;

4) No se haya producido omisión o ejercicio insuficiente de sus funciones de supervisión, vigilancia y control por parte del órgano respecto del n 2).

Si estas circunstancias solo pueden acreditarse parcialmente no habrá exención, pero sí posible atenuación de la pena. Las circunstancias atenuantes de la responsabilidad penal de las personas jurídicas son (art. 31 quater CP): confesión de la infracción a las autoridades, colaboración en la investigación aportando pruebas, reparar o disminuir el daño causado por el delito, y haber establecido, antes del comienzo del juicio oral, medidas eficaces para prevenir y descubrir los delitos que en el futuro puedan cometerse.

B) Exclusiones por motivos subjetivos (tipo de persona jurídica)

El art. 31 quinquies CP establece que quedan excluidas de esta responsabilidad: el Estado, las Administraciones Públicas territoriales e instituciones, los Organismos Reguladores, las Agencias y Entidades Públicas Empresariales, las organizaciones internacionales de derecho público, aquellas que ejerzan potestades públicas de soberanía o administrativas, o cuando se trate de Sociedades mercantiles públicas o presten servicios de interés económico general. Esta limitación no será aplicable cuando el juez o tribunal aprecie que se trata de una forma jurídica creada por sus promotores, fundadores, administradores o representantes con el propósito de eludir una eventual responsabilidad penal.

3) Postulación

El artículo 119 LECRIM establece que la persona jurídica investigada-imputada-procesada deberá, por un lado, designar un representante de la misma para comparecencia —a quien se le informará de los hechos que se imputan a la persona jurídica— así como Abogado y Procurador para el ejercicio de la defensa y la representación procesal. Si no lo designa Abogado y Procurador, se les designará de oficio.

La comparecencia se practica con el representante voluntario designado por la persona jurídica imputada acompañada de abogado. Si no comparece al acto el representante, se determinará la práctica del mismo con el Abogado de la entidad. En esta comparecencia el Juez informará al representante o, en su caso, al Abogado designado, de los hechos imputados a la entidad, pero sin recibir declaración, facilitándose por escrito la información o bien mediante entrega de una copia de la denuncia o de la querella presentada contra ella. Si el representante de la persona, directivos, personas físicas, han sido igualmente coimputados, debería nombrarse a persona diversa, aun cuando no existe una norma que así lo señale.

En todo caso, la persona física que actúa designada por la entidad no es parte en sentido estricto en el proceso, sino que es representante físico de la persona jurídica. En consecuencia, no puede ser detenido ni adoptarse en su contra medida cautelar personal o patrimonial derivada de la responsabilidad penal que se reprocha a la persona jurídica que representa.

El art. 120 establece que, para los supuestos legalmente previstos en los que se requiera la presencia del imputado para la práctica de diligencias de investigación o de prueba anticipada, la misma se entenderá con el representante de la persona jurídica o con el Letrado designado.

El Procurador ha venido ejerciendo aquí un interesante protagonismo, dado que su designación permite sustituir el domicilio a efectos de notificaciones por aquél, de modo que todos los actos de comunicación que se lleven a cabo se realizarán a través del Procurador, incluidos aquellos que la Ley considera de carácter personal (art. 119.1, d), salvo en aquellos supuestos en que se esté obligado a emplear medios electrónicos o cuando se opte por el empleo de los mismos (Vid. Lecc. 16 y 17 Tomo I).

IV. PERSONA ELECTRÓNICA COMO PARTE ACUSADA

La irrupción de la inteligencia artificial en las sociedades tecnológicas está incorporando un nuevo *modus operandi* en numerosas profesiones. Han aparecido máquinas que complementan la labor de los humanos y otras que sustituyen la acción humana. Asistimos a la proliferación de aplicaciones móviles, software, sistemas asistenciales computacionales y hasta robots que realizan funciones en el mundo del asesoramiento económico, en la producción en masa, en la medicina, en el sector de hostelería, en el mundo educativo, etc.

Las actuaciones realizadas por estos artefactos pueden provocar disfuncionalidades, pero también hechos que pueden ser considerados reprochables penalmente (por ejemplo, los automóviles sin conductor, los trenes sin conductor o incluso el uso y manejo de drones, además de las máquinas que realizan autónomamente operaciones quirúrgicas con resultado lesivo o incluso muertes). Hasta el momento la responsabilidad de estos artefactos sigue siendo de persona física (diseñadores, programadores, comercializadores, etc.), si bien comienza a plantearse tanto en España como en el seno de la Unión Europea, la necesidad de establecer un marco jurídico adecuado para regular cuestiones como la protección de la privacidad, la desinformación, la propiedad intelectual de los materiales utilizados para el entrenamiento de estos modelos, además de referirse a la clasificación de los riesgos (inaceptable, alto, limitado y mínimo) que la inteligencia artificial puede provocar en la seguridad, la salud y los derechos fundamentales de las personas, determinando, en consecuencia obligaciones para proveedores y usuarios. Ejemplo de ello es la Artificial Intelligence Act (Reglamento de Inteligencia Artificial (UE) 2024/1689, de 13 de junio). La posible intervención de estos artefactos y su posible consecuencia suscita dudas acerca de una posible exigencia de responsabilidad, abriendo el debate que, en su día se planteó en torno a la responsabilidad directa de la persona jurídica frente a la persona jurídica. El primer paso podría ser naturalizarlo como «personas electrónicas» (aun con muchos detractores), para, atribuida la personalidad, pueda caminarse hacia la posible regulación de la responsabilidad directa de los mismos en todos los ámbitos posibles: civil, laboral, fiscal, penal etc.

V. DERECHOS DE LA PARTE PASIVA DEL PROCESO PENAL. DERECHO DE DEFENSA Y DERECHOS CONSECUENCIA

El derecho a la tutela judicial efectiva (art. 24 CE) ampara el ejercicio de la acción penal y los derechos que la parte pasiva del proceso penal tiene para ejercitar su defensa, incluyendo en todo caso el derecho a un proceso sin dilaciones indebidas, a que se dicte una resolución congruente y fundada en Derecho por el juez o la jueza ordinario e imparcial predeterminado por la ley, así como la invariabilidad de las resoluciones firmes y a su ejecución en sus propios términos, así como utilizar los medios de prueba pertinentes y al proceso público con todas las garantías, sin que, en ningún caso, pueda producirse indefensión (art. 3.2 LO 5/2024). Así, el derecho de defensa del detenido-investigado-procesado-preso preventivo-acusado-condenado integra un conjunto de derechos que dan contenido a aquél y que encuentran su fundamento legal y constitucionalmente. La regulación específica para cada «status» del sujeto pasivo puede acarrear dispersión normativa, si bien debe considerarse que el núcleo del derecho de defensa y la asistencia de letrado debe ser el eje del reconocimiento de la persona-sujeto pasivo del proceso. Son los arts. 24.2 y 17.3 CE (este último referido a la asistencia de abogado al detenido y preso) el marco constitucional del reconocimiento de este derecho de parte: deber del Estado de integrarlo para que exista proceso, de modo que si el sujeto pasivo no actúa con asistencia de letrado no puede haber proceso, de ahí que se reconozca el derecho a la asistencia jurídica gratuita (art. 118.1, e LECRIM cumpliendo los requisitos establecidos), que ha quedado reforzado por la LO 5/2024, de 11 de noviembre, del derecho de defensa.

1) Derecho de defensa

Es una garantía procesal (presupuesto de integración de la capacidad de postulación) y un derecho. Las reformas de la LECRIM de 2015 supusieron un fortalecimiento de las garantías procesales, incorporando derechos específicos que en el seno de la UE han venido exigiéndose. De particular interés son las Directivas 2010/64/UE sobre el derecho a interpretación y traducción en los procesos penales; la 2012/13/UE sobre el derecho a la información en el proceso penal; la 2012/29/UE por la que se establecen normas mínimas sobre derechos, apoyo y protección de las víctimas de delitos; la 2013/48/UE sobre el derecho a la asistencia de letrado en los procesos penales; o la 2016/343 por la que se refuerzan determinados aspectos de la presunción de inocencia y el derecho a estar presente en el juicio. Y queda reforzado por el art. 6.3, c del CEDH de 1950 y los arts. 47.II en relación con el 48.2 de la Carta de los derechos fundamentales de la UE, además de la Recomendación (UE) 2023/681 de la Comisión de 8 de diciembre de 2022, sobre los derechos procesales de las personas sospechosas o acusadas sometidas a prisión provisional y sobre las condiciones materiales de reclusión.

Los artículos 118, 119 y 120 (estos últimos respecto de la persona jurídica) y 520 a 527 LECRIM, referidos a status diversos del sujeto afecto al proceso penal son el marco legislativo de este derecho de defensa, garantizando la calidad de la asistencia letrada (art. 8 LO 5/2024).

1º) Desde el punto de vista formal, este derecho implica que el sujeto podrá designar como abogado a un letrado de su confianza (art. 118.III y 767). De no hacerlo, se le nombrará de oficio. Es un derecho irrenunciable, de manera que la designación es imperativa (sea de confianza o de oficio). Cuestión diversa es la inexistente obligatoriedad de asistencia técnica en el proceso por delito leve o para la realización de determinadas actuaciones, que no exigen preceptiva intervención del letrado. En estos casos, el TC ha venido considerando que, aun cuando no es preceptiva, si la parte solicita su designación, deberá garantizarse.

2º) En el supuesto de persona jurídica el derecho de defensa se realiza a través de un representante designado que actuará junto con el abogado (o solo aquel si reúne ambas condiciones). Los arts. 119 y 120 establecen que cuando se impute un hecho delictivo a una persona jurídica, deberá realizarse una comparecencia (art. 775) en la que se informa al imputado de los hechos que se le atribuyen, para lo cual, señala el artículo 119, se requerirá a la entidad para que designe un representante, así como Abogado y Procurador.

3º) Desde el momento procesal a partir de la cual este derecho de asistencia técnica es necesario hay que distinguir:

- Si ha habido detención o prisión de persona física: Desde el momento en que se produce ésta (arts. 520.2, c LECRIM en relación con art. 17.3 CE, STC 103/2022, de 12 de septiembre).
- Si no ha habido detención o prisión: Desde que se produce cualquier actuación que suponga afección-imputación debe llevar a que el juez

de instrucción requiera a la parte para que nombre abogado de confianza o, en su caso, se le designe de oficio (en el ordinario, arts. 118.I, c, y IV; 384.IV; y 652.II; habría que considerar los arts. 767 y 784 para el abreviado). Y finalizará con la terminación del proceso con resolución firme.

4º) La titularidad de este derecho es del sujeto pasivo. Su ejercicio se puede llevar a cabo por su letrado o por el mismo (supuestos de autodefensa). El abogado de oficio no podrá excusarse de la defensa alegando que la posición jurídica del investigado-acusado es insostenible, a diferencia del proceso civil.

5º) El contenido de esta asistencia letrada es el de la estrategia procesal que van a desplegar los abogados (junto con el sujeto pasivo, sea persona física o jurídica) para asesorar a su cliente y conseguir desvirtuar los elementos de imputación y cargo que permitan bien alcanzar el sobreseimiento y archivo de las actuaciones o bien la sentencia absolutoria. Las estrategias dependerán del tipo de persona de que se trate, las circunstancias concurrentes, la debilidad o fortalecimiento de la presunción de inocencia, el momento y status en que se encuentre (sobre la asistencia del detenido y preso, vid. lecc. 13ª), etc. Cada vez más, los despachos de abogados emplean herramientas algorítmicas en la conformación de esta estrategia.

El plan de defensa implica una estrategia procesal: por ejemplo, preparar las declaraciones y actuaciones personalísimas de su defendido; participar y oponerse a cuanto sea solicitado por la acusación; trabajar para generar la duda razonable de la culpabilidad, basar la defensa en la justificación de causas de exclusión de responsabilidad o la búsqueda de atenuantes de la pena, valorar la posible participación en procedimientos de justicia restaurativa, entre otras. La capacidad y buen manejo de estas herramientas son el núcleo fundamental de la estrategia de defensa. Es por ello de vital importancia el examen y consulta con la debida antelación de las actuaciones que se vayan desplegando en el procedimiento penal.

6º) Una manifestación de esa estrategia procesal puede ser la autodefensa, que supone la intervención personal y directa del sujeto pasivo en determinadas actuaciones (algunas de ellas expuestas *supra*). Es una manifestación de derecho a defenderse por sí mismos (art. 6.3 CEDH; 14.3 PIDCP).

7º) La estrategia comunicativa abogado-parte pasiva se desarrolla de forma confidencial (art. 118.4 LECRIM). Esta confidencialidad permite la entrevista reservada del abogado con su cliente, tanto si está privado de libertad como si no lo está y queda amparada por el derecho al secreto de las comunicaciones, que solo de forma limitada en el tiempo y bajo motivos fundados podría restringirse o limitarse (ad extensum, STS 79/2012, de 9 de febrero, por la que se condena a Baltasar Garzón, al restringir el derecho de defensa vulnerando este derecho al secreto de las comunicaciones con el abogado).

2) Derechos consecuencia

Más allá de la consideración del derecho de defensa como derecho a la asistencia letrada desde la detención policial, hay que considerar una serie de derechos (regulados de manera dispersa en la LECRIM, respecto del detenido, preso preventivo, o en los textos internacionales de derechos humanos, v. lecc. 13ª, así como en el art. 3 de la LO 5/2024, de 11 de noviembre, del derecho de defensa) que forman parte igualmente del sentido ontológico de defensa del sujeto pasivo del proceso y que deberá conocer debidamente la parte pasiva, para defenderse.

1º) El derecho a ser informada la parte de su situación (art. 6 LO 5/2024). Por ejemplo, art. 520.2 bis, el detenido-preso preventivo-investigado, de los hechos que se le imputan, plazo de posible privación de libertad, motivos, y de los derechos que le asisten; el art. 118.1 a LECRIM se refiere al derecho a ser informado de los hechos que se le atribuyen, así como cualquier cambio relevante en el objeto de investigación y de los hechos que se le imputan. Una información que debe ser realizada en lenguaje comprensible y accesible (art. 9 LO 5/2024, que se refiere al derecho a un lenguaje claro).

2º) Derecho a guardar silencio, no declarando si no quiere; a no contestar alguna o algunas de las preguntas que le formulen o a manifestar que sólo declarará ante el juez y a no confesarse culpable. Reconocido en el art. 118.1 g y h LECRIM, así como en art 7 de la Directiva 2016/343 por la que se refuerzan determinados aspectos de la presunción de inocencia y el derecho a estar presente en el juicio.

3º) Derecho de comunicación con el exterior: en caso de privación de libertad, se ponga en conocimiento del familiar o persona que desee, sin demora injustificada, esta situación y el lugar de custodia en que se halle en cada momento, o a comunicarse telefónicamente con un tercero. Los extranjeros tendrán derecho a comunicarse con la Oficina Consular de su país, y si es menor de edad se notifica de oficio al Cónsul. Tendrán derecho a mantener comunicación con estas autoridades consulares.

4º) Derecho a ser asistido gratuitamente por un intérprete (art. 118.1 f, así como la Directiva 2017/64/UE sobre el derecho a interpretación y traducción en los procesos penales y el art. 11 LO 5/2024), cuando no comprenda o no hable castellano o la lengua oficial de actuación, o de personas sordas o con discapacidad auditiva, así como de otras personas con dificultades del lenguaje.

5º) Derecho a ser reconocido por el médico forense o su sustituto legal y, en su defecto, por el de la institución en que se encuentre, o por cualquier otro dependiente del Estado o de otras Administraciones Públicas.

6º) Derecho a que las actuaciones que se realicen por medios electrónicos, se lleven a cabo con todas las garantías de su derecho de defensa (art. 12 LO 5/2024).

VI. AUSENCIA DEL INVESTIGADO-ACUSADO

La presencia o ausencia del sujeto pasivo en la fase de investigación o en la fase de juicio implica efectos jurídicos diferentes, y la regulación que se efectúa en función del tipo de procedimiento también presenta diferencias.

Por un lado, es indudable que durante la investigación se van a desarrollar numerosas actuaciones que no van a requerir la presencia del investigado (basta pensar en aquellas actuaciones que se realizan sin conocimiento de éste, como la interceptación de comunicaciones); otras, sin embargo, por el carácter personalísimo, requieren de su presencia o, en su caso, la de su letrado, que le asiste en el derecho de defensa.

Por otro, en la fase de juicio oral la presencia del acusado es garantía de sus derechos, tanto del derecho de defensa per se, como del derecho a no ser condenado sin ser oído en juicio, de manera que el juicio no puede desarrollarse ni dictarse sentencia sin la presencia del acusado, salvo las excepciones que se establecen en relación con determinados procesos.

1) Regulación en el proceso ordinario

Asumiendo que el investigado-acusado debe estar presente como derecho de parte y también como deber, siempre que sea llamado a presencia judicial deberá comparecer, permaneciendo a disposición de la autoridad judicial. Son diversas las situaciones que pueden plantearse.

A) Ausencia: requisitoria y declaración de rebeldía

1.– Que se le notifique la citación para comparecer y no fuere hallado en su domicilio y se ignore su paradero o no tiene domicilio conocido: se procederá por requisitoria, que se enviará al Sistema de Registros Administrativos de Apoyo a la Administración de Justicia (SIRAJ), ordenándose a las Fuerzas y Cuerpos de Seguridad del Estado y a la Policía Autonómica con competencias en seguridad pública la localización del sujeto y la puesta a disposición del órgano jurisdiccional (especialmente arts. 512, 835 y 836 LECRIM). Y, esta requisitoria se remite a los jueces de instrucción en cuyo territorio hubiere motivos para sospechar que se halla la persona y, en todo caso, el SIRAJ remitirá la información para su publicación en el Tablón Edictal Judicial Único (art. 512 y 838). Es por ello un acto de doble función: por un lado, el emplazamiento de la parte y, por otro, la orden a la policía de búsqueda del no compareciente (ausente).

En el caso de las personas jurídicas, sólo se le llamará por requisitoria, en los términos expuestos, cuando no haya sido posible su citación para la primera comparecencia por falta de domicilio social conocido. Se publicará con los datos de la entidad, delito que se le imputa y la obligación de comparecer día y hora en la sede judicial ante el órgano que conoce de la causa, en el BOE y, en su caso, en el BO Registro Mercantil o en cualquier otro periódico o diario oficial relacionado con la naturaleza, el objeto social o las actividades de ente imputado (art. 839 bis LECRIM).

2.– Transcurrido el plazo, si la persona física o jurídica no comparece, se le declarará rebelde, mediante auto (arts. 834, 839 y 839 bis). Los efectos que produce esta declaración de rebeldía son diversos según la fase del procedimiento en la que se produzca:

- En la fase de investigación, el sumario continuará hasta que se declare concluso «suspendiéndose después su curso y archivándose los autos» (art. 840). Se elevan los autos al tribunal superior quien aprobará, previa instrucción del MF y de los acusadores, el auto de conclusión junto a la declaración de rebeldía (arts. 622 y ss.). Se produce la suspensión procesal.
- En la fase de juicio oral la declaración de rebeldía supone la suspensión del juicio —no existe juicio sin acusado— y el archivo de los autos (art. 841). A diferencia de esta solución legal de las personas físicas, en el caso de que fuere persona jurídica el juicio continuará, aunque no hubiere sido hallada, hasta su conclusión (art. 839 bis 4).
- En cualquiera de los supuestos anteriores, si comparece el declarado rebelde de forma voluntaria o es encontrado por la policía (en todo caso con comparecencia por abogado y procurador), el Juez o Tribunal abrirá nuevamente la causa para continuarla según su estado (art. 846 LECRIM).
- Si tras dictarse y notificarse la sentencia en la Audiencia, el acusado se ausenta pendiente casación, no se suspende el curso del recurso, continuándose hasta sentencia firme (art. 845).

B) Extradición activa

Cuando el investigado-acusado se halle en paradero conocido en el extranjero, el juez español que conoce de la causa, de oficio o a instancia de parte, podrá solicitar al Gobierno de España que solicite la extradición de la persona al país en el que se encuentra (art. 23 LOPJ).

- La extradición activa se regula en los artículos 824 a 833 LECRIM, además de por los Tratados o Convenios bilaterales o multilaterales suscritos entre España y el país al que se va a reclamar. En caso de inexistencia de tratado o convenio, el art. 827 LECRIM permite fundar la petición de extradición en el principio de reciprocidad. Estas normas internacionales suelen regular tanto la extradición activa como la pasiva; en esta última el país receptor es España (se regula por la Ley 4/1985, de 21 de marzo).
- Con la extradición activa se despliegan dos actuaciones:
  - Por un lado, la petición judicial a través de auto por el que se acuerda pedir la extradición, concurriendo los requisitos legales y convencionales (arts. 828 y 829); contra este auto cabe plantear recurso de apelación si fue dictado por un juez de instrucción (arts. 829 y 830). Esta petición se dirige al Ministerio de Justicia, por medio de la Presidencia de la Audiencia o del TS, salvo que el juez pudiera solicitarlo directamente en razón de Tratado (arts. 831 y 833 LECRIM y 276 LOPJ). En caso de la Orden europea de detención y entrega las comunicaciones se efectúan directamente por los órganos implicados, sin que medie instancia política alguna.
  - Por otro, la decisión del Gobierno de España de plantear la solicitud de extradición.

El 13 de junio de 2002 se aprobó la Decisión Marco del Título VI del Tratado de la UE (funcionando desde 2004), relativa a la Orden de detención europea y a los procedimientos de entrega entre los estados miembros de la UE. Su finalidad es suprimir la exigencia de extradición para personas que eluden la justicia después de haber sido condenadas por sentencia firme y acelerar los procedimientos de extradición relativos a las personas sospechosas de haber cometido delito. Es una modalidad de extradición europea, sobre la base de la colaboración y confianza recíprocas (v. lecc. 27ª).

2) Ausencia del acusado en el proceso abreviado y en los juicios rápidos

En el procedimiento abreviado, en determinados casos, y en los juicios rápidos, se permite por la LECRIM que pueda realizarse el juicio oral con ausencia del acusado. Se distinguen dos situaciones en relación con la pena solicitada por la acusación:

1.– Si la pena solicitada por la acusación excede de dos años de privación de libertad o si, siendo de otra naturaleza, excede de seis años, o se trata de pena de multa cualquiera que sea su cuantía o duración, deberá procederse a dictar requisitoria en los términos expuestos para el llamamiento y búsqueda del acusado. Si no es encontrado por la policía o no comparece, se le declara en rebeldía, con suspensión y archivo (art. 784.4).

2.– Si la pena es igual o inferior a las señaladas anteriormente, incluso cuando tratándose de penas privativas de libertad la suma total de las penas solicitadas no exceda de cinco años (art. 787.1, II b): podrá realizarse el juicio oral en ausencia del acusado (art. 787). Se requieren los siguientes requisitos:

- En la primera comparecencia del investigado ante el órgano de instrucción se le debe haber requerido para que designe domicilio en España, al que se harán las notificaciones o una persona que pueda recibirlas en su nombre. Asimismo, el juez le advertirá personalmente que las citaciones realizadas al domicilio o persona designados por el sujeto permitirán la realización del juicio oral en su ausencia, en caso de que no comparezca (art. 775).
- El Abogado defensor estará presente en el juicio oral, sea de confianza o de oficio, cuando el juicio se celebre en ausencia.
- La ausencia del acusado debe ser injustificada. Si existe justificación, el tribunal sentenciador deberá pronunciarse sobre la misma y si la estima justificada —suficiente— podrá fijar nuevo señalamiento.
- En caso de ausencia no justificada el juicio oral se desarrollará siempre que exista solicitud de alguna de las partes acusadoras y audiencia del abogado defensor.

Si finalizado el juicio oral y dictada sentencia condenatoria, el acusado ausente comparece o es hallado, se le notifica la sentencia, contra la que podrá plantearse anulación, en el plazo de diez días (art. 793).

3) Ausencia del acusado en el proceso por delito leve

Con carácter general, el juicio puede celebrarse en ausencia del acusado, siempre que conste su debida citación y que el juez, de oficio o a instancia de parte, no considere necesaria su declaración (art. 971).

Se considera como causa justificada de ausencia que el acusado resida fuera de la demarcación judicial, de manera que no existe obligación de acudir al juicio, pudiendo hacer alegaciones por escrito para defenderse y, en su caso, apoderar, al abogado o procurador para que las presente en el acto (las alegaciones) (art. 970). Esto no impide, obviamente, que quiera comparecer voluntariamente y declarar oralmente en el juicio.

4) Rebeldía de la persona jurídica

La situación es diversa en cuanto a las personas jurídicas. Éstas no pueden fugarse, ni pueden ser objeto de búsqueda y captura. Surgen algunas dudas en el supuesto de incomparecencia de los representantes-personas físicas. En algunos ordenamientos jurídicos se ha establecido la ficción de que la incomparecencia de la persona jurídica, a través de la no presentación de la persona física que le representa, comporta una incomparecencia procesal, con sus efectos, esto es, se permite la continuación del proceso en su ausencia, no librándose en ningún caso de una posible condena y de una posterior ejecución de la misma.

En nuestro ordenamiento jurídico no existe norma que ampare esto, de manera que la incomparecencia de la persona jurídica no afecta al normal desarrollo de la investigación (actos de investigación, prueba anticipada, etc.), ni impide en ningún caso la celebración de la vista, que se llevará a cabo con la presencia de abogado y de procurador. Si no se pudo citar a la persona jurídica a la comparecencia, por falta de un domicilio social conocido, se procederá a citarle mediante requisitoria (art. 839 bis LECRIM). Si transcurre el plazo sin comparecer, se le declarará rebelde, continuando hasta su conclusión (art. 839 bis.4).

VII. RESPONSABLE CIVIL EN EL PROCESO PENAL

La pretensión civil derivada de la comisión del hecho delictivo (de restitución, reparación o de indemnización de los perjuicios materiales y morales, art. 110 CP, v. Lecc. 6ª) se dirige frente al responsable civil. Puede serlo el mismo investigado-acusado (directa) u otra persona que se convierte en parte civil en el proceso penal (subsidiarios).

1) Responsable civil directo

- Son demandados civiles directos por hecho propio los autores o cómplices si de los hechos delictivos se derivaren daños y perjuicios (art. 116 CP).
- Si los autores o cómplices son varios, será el tribunal el que, en su caso, determinará la calidad y cantidad por la que cada uno de ellos debe responder civilmente.
- Son también responsables civiles directos aquellos terceros no responsables criminalmente que se encuentren en alguna de las siguientes situaciones:

1º) Hubieren participado en los efectos de un delito por título lucrativo: están obligados a la restitución de la cosa o al resarcimiento del daño hasta la cuantía de su participación (arts. 122 CP y 615 LECRIM).

2º) Las aseguradoras de las responsabilidades pecuniarias, hasta el límite de la indemnización legalmente establecida o pactada convencionalmente (art. 117 CP).

3º) En los supuestos de exención de responsabilidad criminal por anomalía o alteración psíquica o por alteración de la conciencia de la realidad (art. 20.1 y 3 CP) son responsables civiles los autores de los hechos delictivos y quienes ejerzan su apoyo legal o de hecho, siempre que medie culpa o negligencia de éstos, sin perjuicio de la posible responsabilidad civil directa que pudiera corresponder a los inimputables (art. 118.1, 1ª CP).

4º) En caso de estado de necesidad (art. 20.5) serán responsables civiles directos las personas a cuyo favor se haya realizado el acto, en proporción al perjuicio que se les hubiere evitado, si fuera estimable o, en otro caso, en la que el Juez o Tribunal establezca según su prudente arbitrio (art. 118.1, 3 CP).

5º) En caso de miedo insuperable (art. 20.6 CP), responderán quienes hayan causado el miedo y, en su defecto, los que ejecutaron los hechos (art. 118.1, 4º CP).

- En caso de exención de responsabilidad penal se dicta sentencia absolutoria, con pronunciamiento sobre la pretensión civil acumulada ejercitada (art. 119 CP). Si se dicta auto de sobreseimiento continuará el juicio a efectos de esta pretensión civil (art. 782.1), salvo exención de responsabilidad por legítima defensa o por obrar en cumplimiento de deber o ejercicio de un derecho, oficio o cargo (art. 20.1, 2, 3, 5 y 6 CP), al tratarse de causas de justificación que convierten la conducta en lícita.

2) Responsables civiles subsidiarios

Los responsables civiles subsidiarios intervienen por insolvencia del responsable directo. No son responsables penales, lo que supone que la pretensión civil de responsabilidad, acumulada a la penal, se dirige frente a una parte distinta de la parte penal. No es ni el investigado ni el acusado. Son responsables civiles subsidiarios (arts. 120 y 121 CP):

1º) Los curadores con facultades de representación plena que convivan con la persona a quien se presta apoyo, siempre que haya culpa o negligencia por su parte.

2º) Las personas naturales o jurídicas titulares de editoriales, periódicos, revistas, radio, televisión o cualquier otro medio de difusión escrita, hablada o visual, por los delitos cometidos empleando los medios de los que sean titulares, salvo cuando se trate de delitos de calumnia e injuria, en que la responsabilidad civil es solidaria (art. 212 CP).

3º) Personas naturales o jurídicas, en delitos cometidos en sus establecimientos, cuando se hayan infringido los reglamentos de policía o disposiciones de autoridad relacionadas con el hecho punible cometido, de manera que éste no se hubiera producido sin dicha infracción.

4º) Personas naturales o jurídicas dedicadas a industria o comercio, por los delitos cometidos por sus empleados o dependientes, representantes o gestores en el desempeño de sus obligaciones o servicios.

5º) Los titulares de vehículos susceptibles de crear riesgos para terceros, por delitos cometidos por sus dependientes o representantes o personas autorizadas a usarlos.

6º) El Estado, la Comunidad Autónoma, la provincia, la isla, el municipio y demás entes públicos responden subsidiariamente de los daños causados por los penalmente responsables de los hechos delictivos cometidos por autoridad, agente, contratados o funcionarios públicos, en el ejercicio de sus cargos o funciones, siempre que la lesión sea consecuencia directa del funcionamiento de los servicios públicos que les estuvieren confiados (art. 121 CP). Concurren dos tipos de responsabilidad: por un lado, la responsabilidad subsidiaria de la administración para reparar los daños causados por el funcionario público; y por otro, la responsabilidad patrimonial derivada del funcionamiento anormal de los servicios públicos (art. 106.2 CE), responsabilidad objetiva directa. No es posible la duplicidad indemnizatoria. Son excluyentes.

En los supuestos de reparación a las víctimas de violencias sexuales, es posible la denominada «reparación simbólica» por parte de los poderes públicos, a través del reconocimiento de la violencia y declaraciones institucionales que restablezcan la dignidad y reputación de las víctimas siempre desde un enfoque reparador integral transformados (art. 57 LO10/2022, de 6 de septiembre, de garantía integral de la libertad sexual).

3) Capacidad y legitimación del responsable civil

No existe regla especial en cuanto a la capacidad y postulación del responsable civil. Se aplican las mismas normas que en el proceso penal al que se acumula la pretensión civil. Deben considerarse algunas matizaciones en relación con la legitimación:

1°) En responsabilidad civil directa de investigado-acusado: la legitimación civil coincide con la penal. Es a la vez investigado-acusado y responsable civil.

2°) Cuando es un tercero, directo o subsidiario, la legitimación no es directa. Los arts. 615 a 619 y 621 regulan un incidente que permite cuestionar esta legitimación (no la pretensión de responsabilidad civil); podrá replantearse de nuevo en el juicio oral (art. 621). Bien a instancia del actor civil (art. 615 en relación con el ordinario) o bien también de oficio (abreviado, art 783.2), podrá dictarse auto exigiéndole que garantice la obligación reparatoria (bien prestando fianza o, en su caso, mediante embargo de bienes).

Lección 5ª

LA VÍCTIMA

ANDREA PLANCHADELL GARGALLO

I. LA NECESARIA REFERENCIA AL PAPEL DE LA VÍCTIMA EN EL PROCESO PENAL

En nuestro ordenamiento jurídico, la víctima ostenta una posición reforzada en tanto que se encuentra legitimada para ejercer la acusación (acusador particular, arts. 109 y 109 bis LECRIM y privado, art. 104 LECRIM) en similares condiciones a las del Ministerio Fiscal, quien no ejerce, por tanto, el monopolio en el ejercicio de la acción penal. Ahora bien, dicha facultad, de gran trascendencia para la víctima, no implica que el ejercicio de la acusación sea la única forma en la que ésta pueda participar en el proceso penal ni que el único papel relevante que pueda tener en dicho proceso sea el de acusador particular o privado, tal y como se pone de manifiesto en el Estatuto de la Víctima del delito de 2015. Este texto no se centra exclusivamente en la víctima que ejercita la acción penal, convirtiéndose en parte del proceso, sino también en aquélla que no siendo parte del proceso sí quiere tener en él cierta participación.

El Est.Vict. se aprueba como consecuencia de la necesidad de adaptar la legislación española en materia de víctimas a la legislación europea tras la aprobación de la Directiva 2012/29/UE del Parlamento Europeo y del Consejo de 25 de octubre de 2012, por la que se establecen Normas mínimas sobre los Derechos, el Apoyo y la Protección de las Víctimas de Delitos (Directiva 2012, a partir de este momento). Esta preocupación por el papel de la víctima en el proceso penal, que aparece reflejada en las recientes reformas acaecidas en España —en gran parte debido a las exigencias europeas— es una manifestación más del replanteamiento respecto al papel del proceso penal y su función en las sociedades actuales. Ahora bien, este interés por la víctima no es nuevo, pues ya en el Congreso de la Sociedad Internacional de Criminología, celebrado en Jerusalén en el año

1973, se sientan las bases para el reconocimiento de la victimología y sus fines, entre otras interesantes conclusiones; y ello sin perjuicio de las aportaciones doctrinales en la materia desde los años cuarenta.

Si bien tradicionalmente el proceso penal se ha entendido como un instrumento de realización del *ius puniendi* del Estado, y sigue siéndolo, lo cierto es que actualmente dicho proceso debe configurarse también como un medio para garantizar derechos y valores, pero no sólo del encausado, sino también de la víctima del delito, a la que debe igualmente tomarse en consideración y «proteger»; debiendo ambas funciones convivir pacíficamente. Así, sin menoscabar los derechos y garantías reconocidos a los imputados, es necesario prever los cauces específicos para asegurar no sólo la efectiva reparación o resarcimiento de las víctimas, sino también para su recuperación moral y evitar su victimización secundaria.

II. EL CONCEPTO DE VÍCTIMA EN EL ESTATUTO DE LA VÍCTIMA DEL DELITO

El Estatuto establece, por primera vez en un texto legal nacional, un concepto «unitario» de víctima del delito «más allá de su consideración procesal», reconociéndolo así en la propia Exposición de Motivos. Se trata de un concepto aplicable a la víctima de «todo tipo de delito», para seguidamente distinguir entre víctimas directas e indirectas, con especial mención también a las víctimas con necesidades especiales y, lo que es muy importante, al margen de su posición procesal. Es decir, si ha decidido o no participar en el proceso ejerciendo la acción penal y sin distinguir, como se venía haciendo, entre categorías de víctimas atendiendo al delito sufrido (víctimas de terrorismo, de delitos sexuales, de accidentes de tráfico, etc.). El art. 2, concretamente, establece el siguiente concepto de víctima:

1) Víctima directa se considera a «toda persona física que haya sufrido un daño o perjuicio sobre su propia persona o patrimonio, en especial lesiones físicas o psíquicas, daños emocionales o perjuicios económicos directamente causados por la comisión de un delito».

2) Víctima indirecta es «en los casos de muerte o desaparición de una persona que haya sido causada directamente por un delito, salvo que se tratare de los responsables de los hechos: 1. El cónyuge no separado legalmente o de hecho y a los hijos de la víctima o del cónyuge no separado legalmente o de hecho que en el momento de la muerte o desaparición de la víctima convivieran con ellos; la persona que hasta el momento de la muerte o desaparición hubiera estado unida a ella por una análoga relación de afec-

tividad y a los hijos de ésta que en el momento de la muerte o desaparición de la víctima convivieran con ella; a sus progenitores y parientes en línea recta o colateral dentro del tercer grado que se encontraren bajo su guarda y a las personas sujetas a su tutela o curatela o que se encontraren bajo su acogimiento familiar. 2. En caso de no existir los anteriores, a los demás parientes en línea recta y a sus hermanos, con preferencia, entre ellos, del que ostentara la representación legal de la víctima».

Se establece pues, aparentemente, un concepto amplio de víctima, que comprende toda persona física que sufra un delito, e independientemente del daño físico, moral o material padecido. Ahora bien, tras este vasto concepto, se detectan inmediatamente dos exclusiones importantes. En primer lugar, se excluye expresamente de la consideración como víctima, siempre según el Estatuto, a «terceros que hubieran sufrido perjuicios derivados del delito», modalidad a la que sí alude la Directiva 2012, en su artículo 19. La segunda exclusión afecta a las personas jurídicas pues el art. 2 se refiere explícitamente a las personas físicas; exclusión si cabe aún más llamativa si tenemos en cuenta el auge que la problemática de la responsabilidad penal de las personas jurídicas ha alcanzado en nuestro país en los últimos años, pues éstas pueden ser responsables de un delito, pero no víctimas del mismo.

La consideración de víctima, aunque no se diga claramente, no se condiciona a que se identifique o no al presunto responsable del hecho delictivo, se le haya detenido, acusado o condenado, pues se es víctima del delito y, lo que es más importante, el reconocimiento de sus derechos o de ciertos derechos no puede supeditarse a existencia de un imputado o acusado. Tampoco depende de la nacionalidad de la víctima ni de la legalidad de su situación, pues se aplica a todas las víctimas de delitos cometidos o que puedan ser perseguidos en España.

Pese a esta detallada definición, debemos advertir que tanto la Ley de Enjuiciamiento Criminal como el Código Penal siguen haciendo mayoritariamente referencia al ofendido o perjudicado por el delito; considerando ofendido o agraviado a quien sufre directamente el daño físico o psíquico causado por la comisión del delito, «titular del bien jurídico protegido por la norma penal bajo la cual la acción u omisión objeto del proceso se subsume; en otras palabras, es el titular del bien jurídico lesionado o puesto en peligro por el delito» (Montero Aroca) y perjudicado quien padece el perjuicio civil que se deriva de ese hecho ilícito, es decir, quien sufre en su esfera patrimonial o moral los daños, pudiendo o no coincidir ambas figuras.

III. EL CONTENIDO DEL ESTATUTO. DERECHOS DE LAS VÍCTIMAS

El Est.Vict., como afirma en su propia Exposición de Motivos, nace con «vocación de ser el catálogo general de los derechos, procesales y extraprocesales, de todas las víctimas de delitos...», reconociéndoles un amplio conjunto de derechos. Así, desde una perspectiva general, y de forma similar a la Directiva 2012, en su art. 3 reconoce a toda víctima el derecho a la protección, información, apoyo, asistencia, atención y reparación, así como a la participación activa en el proceso penal y a recibir un trato respetuoso, profesional, individualizado y no discriminatorio desde su primer contacto con las autoridades o funcionarios, durante la actuación de los servicios de asistencia y apoyo a las víctimas y, en su caso, de justicia restaurativa, a lo largo de todo el proceso penal y por un período de tiempo adecuado después de su conclusión, con independencia de que se conozca o no la identidad del infractor y del resultado del mismo». Estos derechos son desarrollados y concretados a lo largo del texto sin depender, y creemos que es importante decirlo, de su posición en el proceso, cobrando así la víctima una dimensión extraprocesal más amplia.

1) Derechos básicos de las víctimas

Tras la genérica proclamación del art. 3, el Título I reconoce lo que denomina los derechos básicos (arts. 4 a 10) para referirse a:

1.– El derecho a entender y ser entendido en las actuaciones penales, que se extiende a cualquier actuación que deba llevarse a cabo desde la interposición de la denuncia y durante todo el proceso penal, incluyendo la información previa a la interposición de la denuncia (art. 4). Se reconoce aquí el derecho de la víctima a comunicarse con las autoridades policiales, fiscales y judiciales desde los primeros momentos del proceso; derecho cuya efectividad depende de una adecuada información.

2.– Obviamente, el segundo derecho básico debe ser el derecho a la información en el primer contacto con las autoridades competentes (art. 5): Información que debe facilitársele adaptada a sus circunstancias y condiciones personales y la naturaleza del delito cometido, así como a los daños y perjuicios sufridos, y en un lenguaje claro y comprensible. Sin duda estamos ante otro derecho fundamental, en tanto que se refiere a la información a recibir en los momentos iniciales tras la comisión del delito y que puede ser muy útil para determinar la conducta posterior de la víctima a lo largo del proceso (a dicha información se refiere expresamente la LECRIM en los arts. 282 y 771, con referencia a la Policía Judicial, 773 para el Ministerio Fiscal y 776, respecto del Letrado de la Administración de Justicia). La información aquí regulada se refiere a:

a) Medidas de asistencia y apoyo disponibles, sean médicas, psicológicas, o materiales. Dentro de estas últimas se incluirá, cuando resulte oportuno, la información sobre las posibilidades de obtener un alojamiento alternativo.

b) Derecho a denunciar y, en su caso, el procedimiento para interponer la denuncia y derecho a facilitar elementos de prueba a las autoridades encargadas de la investigación.

c) El procedimiento para obtener asesoramiento y defensa jurídica y, en su caso cómo obtenerlo gratuitamente.

d) Posibilidad de solicitar medidas de protección y, en su caso, procedimiento para hacerlo.

e) Indemnizaciones a las que pueda tener derecho, así como el procedimiento para reclamarlas.

f) Servicios de interpretación y traducción disponibles.

g) Ayudas y servicios auxiliares para la comunicación disponibles.

h) Procedimiento por medio del cual la víctima puede ejercer sus derechos en el caso de que resida fuera de España.

i) Recursos que puede interponer contra las resoluciones que considere contrarias a sus derechos.

j) Datos de contacto de la autoridad encargada de la tramitación del procedimiento y procedimiento para comunicar con ella.

k) Servicios de justicia restaurativa disponibles, en los casos en que sea legalmente posible.

l) Supuestos en los que pueda obtener el reembolso de los gastos judiciales y, en su caso, procedimiento para reclamarlo.

m) Derecho a ser notificado de las resoluciones a las que se refiere el artículo 7.

Esta información debe ser constante y actualizada en las distintas fases del procedimiento para que la víctima pueda ejercitar efectivamente sus derechos; abarcando tanto las comunicaciones orales como escritas de las distintas autoridades que intervienen en el proceso. Igualmente se prevé que dicha información se facilite también a la persona designada por la víctima para acompañarle durante el proceso.

Estos derechos deben considerarse atendiendo a la reforma operada en la LECRIM por el Est.Vict., la Directiva 2010/64/UE, de 20 de octubre de 2010, relativa al derecho a la interpretación y traducción en los procesos penales y la Directiva 2012/13/UE, de 22 de mayo de 2012, relativa al derecho a la información en los procesos penales. La Ley 15/2022, de 12 de julio, integral para la igualdad de trato y la no discriminación, destaca la trascendencia de la información, así como del adecuado asesoramiento a las víctimas de toda forma de discriminación por cualquiera de las causas previstas dicha norma (por ejemplo, por razón de por razón de nacimiento, origen racial o étnico, sexo, religión, convicción u opinión, edad, discapacidad, orientación o identidad sexual, expresión de género, enfermedad o condición de salud, estado serológico y/o predisposición genética a sufrir patologías y trastornos); con especial incidencia en su accesibilidad para menores de edad o personas con discapacidad. En estos supuestos, dicha información y asesoramiento también corresponde, junto con la que deban realizar otros operadores jurídicos, a la Autoridad Independiente para la Igualdad de Trato y la No Discriminación. De forma similar, se incide en la información en la Ley Orgánica 10/2022, de 6 de septiembre, de garantía de la integridad sexual. También la reciente reforma por RD-L 6/2023, insiste en el empleo de un lenguaje fácil y comprensible adaptado a las necesidades de las personas con discapacidad que participen en el proceso, en este caso como víctimas (art. 109 LECRIM).

3.– Derechos de la víctima como denunciante (art. 6 Est.Vict. y art. 284 LECRIM); concretándose en el derecho a obtener un resguardo escrito, que podrá estar validado mediante un certificado digital, de la presentación de la denuncia en el que consten, al menos, sus elementos esenciales, y a la asistencia lingüística gratuita y a la traducción escrita del resguardo de presentación de la denuncia, cuando no entienda o no hable una lengua que tenga carácter oficial en el lugar en el que se presenta la denuncia. Téngase en cuenta que con la reforma de diciembre de 2024 la denuncia puede presentarse telemáticamente (art. 266 LECRIM) y quedará en el expediente electrónico.

Estos derechos deben ponerse en relación con el derecho a la información, en particular en lo referido a la información que debe facilitarse por la Policía, quien —lógicamente— será, en el común de los casos, la primera autoridad con la que se tiene contacto. El art. 5. 4 de la Ley 15/2022 reconoce, expresamente, a las víctimas de toda forma de discriminación el derecho a recibir asesoramiento jurídico gratuito en el momento inmediatamente previo a la interposición de la denuncia.

4.– Derecho a recibir información sobre la causa penal (art. 7). Es innegable la importancia que para la víctima tiene la información constante sobre la causa penal y sus pormenores; información que alcanza a los siguientes aspectos: La fecha, hora y lugar del juicio (arts. 659, 785 y 791. 2 LECRIM) y el contenido de la acusación planteada, notificándosele, además, las siguientes resoluciones:

a) La resolución por la que se acuerde no iniciar el procedimiento penal.

b) Los autos de sobreseimiento y archivo, en la forma prevista en los arts. 636 y 779 LECRIM.

c) La sentencia que ponga fin al procedimiento, sea en primera instancia o consecuencia de un recurso.

d) Las resoluciones que acuerden la prisión o la posterior puesta en libertad del infractor, así como la posible fuga del mismo.

e) Las resoluciones que acuerden la adopción de medidas cautelares personales o que modifiquen las ya acordadas, cuando hubieran tenido por objeto garantizar la seguridad de la víctima.

f) Las resoluciones a que se refiere el artículo 13 (participación de la víctima en ejecución a la que posteriormente nos referimos).

A estos aspectos, debe añadirse también la información sobre la celebración de la audiencia preliminar, en el caso del procedimiento abreviado, y de su contenido (art. 785 Lecrim).

Asimismo, se le facilitará, cuando lo solicite, información relativa a la situación en que se encuentra el procedimiento, salvo que ello pudiera perjudicar el correcto desarrollo de la causa.

La importancia de esta información a la víctima que no ha querido ser parte del proceso es fundamental, ya que va a tener información puntual de la marcha del proceso que le afecta, pero en el que no ha querido involucrarse como parte. De esta forma, no sólo le permite «estar informada», sino que cuando esté previsto hará posible que pueda recurrir ciertas decisiones del órgano jurisdiccional.

5.– El art. 8 bajo el título «Período de reflexión en garantía de los derechos de la víctima» establece la prohibición para los abogados y procuradores de dirigirse a las víctimas de daños masivos para ofrecerles sus servicios; de forma que sea la víctima quien elija a su abogado libremente en ciertas situaciones, generalmente muy mediáticas.

6.– El art. 9 regula el derecho a la traducción e interpretación, que comprende los siguientes derechos:

a) Ser asistida gratuitamente por un intérprete que hable una lengua que comprenda cuando se le reciba declaración en la fase de investigación por la Sección competente del Tribunal de Instancia, el Fiscal o funcionarios de la policía, o cuando intervenga como testigo.

b) A la traducción gratuita de las resoluciones previstas en el art. 7.1 y el art. 12; traducción que debe incluir un resumen del fundamento de la resolución adoptada.

c) A la traducción gratuita de la información que resulte esencial para el ejercicio de los derechos previstos en el título II.

d) A ser informada, de forma que comprenda, de la fecha, hora y lugar de la celebración del juicio. Para la segunda instancia debe atenderse, en este sentido, a lo establecido en el art. 791. 2 LECRIM.

El derecho comprende, por tanto, la presencia de un intérprete gratuito, cuando la víctima tenga que declarar; y la traducción gratuita, para la presentación o recepción de escritos, concretamente los establecidos en los arts. 7.1 y 12, siendo, por tanto, más limitado este derecho que el primero.

La asistencia puede prestarse por videoconferencia o cualquier medio de telecomunicación, salvo que se acuerde, por la autoridad procedente, su presencia física. Por último, se prevé que la traducción escrita por documentos podrá ser sustituida por un resumen oral de su contenido en una lengua que comprenda, cuando se garantice de este modo igualmente la equidad del proceso.

Nuevamente es obligada la referencia a la Directiva 2010/64/UE, de 20 de octubre de 2010, relativa al derecho a la interpretación y traducción en los procesos penales y la Directiva 2012/13/UE, de 22 de mayo de 2012, relativa al derecho a la información en los procesos penales, que han modificado la LECRIM en la materia (arts. 398 y 762-8ª), así como lo previsto en el art. 231 de la Ley Orgánica del Poder Judicial.

7.– El art. 10 regula el derecho a acceder de forma gratuita y confidencial a los servicios de asistencia y apoyo facilitados por las Administraciones Públicas, así como a los que se presten en las Oficinas de Asistencia a las Víctimas; derecho extensible a sus familiares, si bien no especifica qué familiares concretos. El contenido exacto de este derecho y cómo se hará efectivo, más allá de la actual actuación de las Oficinas de Asistencia a la Víctima reguladas en los arts. 27 y ss., se completa con lo previsto en el Real Decreto 1109/2015, de 11 de diciembre, por el que se desarrolla la Ley 4/2015, de 27 de abril, del Estatuto de la víctima del delito, y se regulan las Oficinas de Asistencia a las Víctimas del Delito. Es importante destacar la importancia que la previsión de una asistencia no sólo jurídica, sino también psicológica y social, es decir una «asistencia integral», puede tener para prevenir la victimización, muy particularmente en el caso de las víctimas especialmente vulnerables. Precisamente, esa asistencia integral es uno de los aspectos más relevantes de la Ley Orgánica 10/2022, en que se incide en su Título IV, y también se recalca por dos recientes Directivas, la 2024/1712, de 13 de junio, por la que se modifica la Directiva y la 2011/36/UE relativa a la prevención y lucha contra la trata de seres humanos y a la protección de las víctimas; y la Directiva 2024/1385, de 14 de mayo, sobre la lucha contra la violencia contra las mujeres y la violencia doméstica.

2) *Derecho de participación de la víctima en el proceso penal*

Sin negar el papel clave que para la víctima puede jugar el reconocimiento de su derecho a ser parte acusadora, derecho que se presenta como seña distintiva de la legislación española, el art. 11 Est.Vict. reconoce también una participación muy concreta que no depende de que la víctima haya decidido ejercer la acción penal. Es en el desarrollo de estos derechos distintos al ejercicio de la acción donde encontramos el giro de la legislación española. Hasta ahora, el legislador español parecía entender que, como a la víctima se le permitía ejercer la acción penal y civil al mismo nivel que el Ministerio Fiscal, no era necesario reconocerle nada más en el proceso, pero ¿y si la víctima no quería ejercer la acción penal ni civil? Pues lo cierto es que quedaba completamente al margen de la situación procesal y las vicisitudes del proceso en que se juzgaba el delito que había sufrido. La Directiva, como texto base, y el Estatuto de la Víctima dan ese paso más al entender que la víctima, aunque no ejerza la acción penal, no puede quedar al margen del proceso penal. Así, siguiendo nuevamente lo previsto en la Directiva 2012, le reconoce los siguientes derechos:

1.– El derecho a comparecer ante las autoridades encargadas de la investigación para aportarles las fuentes de prueba y la información que estime relevante para el esclarecimiento de los hechos (art. 11, b); y ello, independientemente de su fundamental papel como testigo llegado el momento del juicio. Este derecho implica que la víctima que haya decidido no ser parte, o que no haya tomado aún una decisión sobre hasta qué punto se va a implicar en el proceso, pueda «colaborar con la investigación desde su punto de vista, de manera que sea más eficaz para garantizarle en el futuro una adecuada restitución, reparación e indemnización por los daños físicos, psíquicos y morales sufridos» (Gómez Colomer). Esta comparecencia podrá hacerse telemáticamente en los términos del art. 258 bis. 3 LECRIM.

2.– Derecho a que se le comunique la decisión de sobreseimiento de la investigación (arts. 636 y 779 LECRIM). Estamos ante otro derecho fundamental para que la víctima se sienta «escuchada» dentro del proceso, informándosele de una de las decisiones más importantes que se adoptan en el mismo y dándole la oportunidad de recurrirla sin personarse en el proceso.

El art. 12 del Estatuto establece el ámbito subjetivo de esta comunicación; completándose con lo previsto en el art. 636 LECRIM respecto la forma de practicarla. El sobreseimiento se comunicará a las víctimas directas del delito que hubieran denunciado los hechos, así como al resto de víctimas directas de cuya identidad y domicilio se tuviera conocimiento; comunicación que se practicará en la dirección de correo electrónico y, en su defecto, por correo ordinario a la dirección postal o domicilio que hubieran designado en la solicitud prevista en el artículo 5.1.m) del Est.Vict. Respecto a las víctimas indirectas previstas en el art. 2.b) del Est.Vict., en caso de muerte o desaparición, la comunicación se practicará de igual forma, siempre que su identidad y dirección de correo electrónico o postal fuera conocida. En estos supuestos, el Tribunal, podrá acordar, motivadamente, prescindir de la comunicación a todos los familiares cuando ya se haya dirigido con éxito a varios de ellos o cuando hayan resultado infructuosas cuantas gestiones se hubieren practicado para su localización. Excepcionalmente, en el caso de ciudadanos residentes fuera de la Unión Europea, si no se dispusiera de una dirección de correo electrónico o postal en la que realizar la comunicación, se remitirá a la oficina diplomática o consular española en el país de residencia para que la publique.

La importancia de esta posibilidad se acrecienta cuando se introduce el principio de oportunidad a favor del Ministerio Fiscal, en estos momentos sólo en el supuesto de delitos leves.

3.– Derecho a participar en la ejecución (art. 13): A la víctima, sea o no sea parte, se le va a permitir recurrir una serie de decisiones adoptadas por la Sección de Vigilancia Penitenciaria del Tribunal de Instancia en fase de ejecución de sentencia; fase en la que el olvido de la víctima era aún más evidente que en el resto de las fases del proceso. Entre las decisiones dictadas que se le comunicarán, podemos citar el auto por el que se autoriza la posible clasificación del penado en tercer grado, siempre y cuando la víctima lo sea de un catálogo de delitos concretos o el que acuerda que los beneficios penitenciarios, los permisos de salida, la clasificación en tercer grado y el cómputo de tiempo para la libertad condicional se refieran al límite de cumplimiento de la condena, y no a la suma de las penas impuestas, cuando la víctima lo fuera por alguno de los delitos relacionados en el supuesto anterior.

Se trata de la posibilidad para la víctima de ser oída a través de la concesión de un recurso concreto antes de que, en la ejecución de la pena impuesta, se dicten resoluciones judiciales que puedan afectar a sus derechos al conceder al condenado algún beneficio o ponerlo en libertad, contribuyendo —se entiende— a su victimización o suponiendo un riesgo para su seguridad.

El art. 13, además, permite a la víctima, sin ser parte del proceso, interesar que se impongan al sujeto en libertad condicional medidas o reglas de conducta que se consideren necesarias para garantizar su seguridad, si el delito por el que se le hubiere condenado pudiere crear una situación de riesgo para la víctima (piénsese la importancia de esta medida en delitos que afectan a víctimas vulnerables, como las de violencia de género o menores). Igualmente, es posible que la víctima, en su recurso, pueda proporcionar al Tribunal información para que tome la decisión más acertada para tomar las decisiones que se relacionan en este artículo.

Si bien no podemos entrar en estas páginas en un análisis crítico de este derecho, si consideramos importante indicar que la inclusión y posibles beneficios del mismo no está exento de críticas o, al menos, de reparos por entender que puede provocar un efecto no deseado, esto es, la utilización por la víctima de este recurso con una mera finalidad vindicativa y la posible privatización de la ejecución de las penas.

4.– Derecho al reembolso de los gastos necesarios para el ejercicio de sus derechos y las costas procesales que se le hubieren causado con preferencia respecto del pago de los gastos que se hubieran causado al Estado cuando se imponga en la sentencia de condena su pago y se hubiera condenado al acusado, a instancia de la víctima, por delitos por los que el Ministerio Fiscal no hubiera formulado acusación, o tras haberse revocado la resolución de archivo por recurso interpuesto por la víctima (art. 14), y ello haya sido o no parte del proceso.

5.– Fundamental en España va a ser la posibilidad para la víctima de acceder a los servicios de justicia restaurativa en los términos en que se establece tanto en el art. 15 Est.Vict., como en la Disposición adicional novena en la LECRIM, introducida por la Ley Orgánica 1/2025. Sin perjuicio de su tratamiento más detallado en este mismo tomo, el Estatuto se centra particularmente en las condiciones o requisitos que deben darse para acudir a esta justicia restaurativa, enfocándose la LECRIM más en los principios, procedimiento y efectos.

6.– Las víctimas podrán presentar solicitudes de reconocimiento del derecho de asistencia jurídica gratuita ante el funcionario o autoridad que les facilite la información a que se refiere la letra c) del art. 5.1, siendo éste quien la trasladará al Colegio de Abogados correspondiente, evitándole a la víctima trámites burocráticos (art. 16).

7.– El art. 17 prevé que las víctimas residentes en España puedan presentar ante las autoridades españolas denuncias correspondientes a hechos delictivos que hubieran sido cometidos en el territorio de otros países de la Unión Europea. Si las autoridades españolas no tuvieran jurisdicción para dar curso a la denuncia, lo remitirán directamente a la autoridad competente sin que la víctima deba «preocuparse».

8.– Las víctimas tienen derecho a que se les devuelva, sin demora y en la forma prevista en la LECRIM, los bienes restituibles de su propiedad que hubieran sido incautados en el proceso, salvo cuando se considere que su conservación es imprescindible para el desarrollo del proceso.

3) Derecho de las víctimas a la protección

En el Título III del Estatuto se contemplan una serie de derechos de clara finalidad tuitiva, pues van dirigidos todos ellos a la adecuada protección de las víctimas mientras está en marcha un proceso penal, con especial atención a la fase de investigación; medidas que sin duda alguna deben servir para evitar o disminuir las consecuencias de la victimización secundaria. Precisamente por ello, se trata de un conjunto de derechos que son predicables a favor de la víctima que es parte y la que no lo es, siendo especialmente interesantes para esta última. Se trata, en concreto, de los siguientes derechos:

1.– Derecho a la protección física (art. 19 Est.Vict. y art. 282 LECRIM): Las autoridades y funcionarios encargados de la investigación, persecución y enjuiciamiento de los hechos delictivos están obligados a adoptar las medidas necesarias para garantizar a la víctima y sus familiares el respecto a su propia vida, su integridad física y psíquica, su libertad, seguridad, libertad e indemnidad sexuales, su intimidad y dignidad; con especial atención a los casos en que la víctima, directa o indirecta, debe testificar en juicio. Medida que, si ya de por sí es trascendente, más aún lo es en el caso de las víctimas vulnerables, que por sus especiales circunstancias exigen un plus de protección.

En cuanto a las actuaciones concretas que se pueden llevar a cabo para cumplir con esta finalidad tuitiva, el Estatuto remite a lo previsto en la LECRIM, lo que se traduce principalmente en la adopción de medidas como la orden de alejamiento o la orden de protección (arts. 544 bis y 544 ter LECRIM, respecto de las que la Ley Orgánica 10/2022 incide en la utilización de dispositivos telemáticos para controlar su cumplimiento). Con idéntica función, el art. 258 bis. 3 obliga a garantizar que la declaración de ciertas víctimas vulnerables (violencia de género, violencia sexual, trata de seres humanos, menores de edad o con discapacidad) se puede realizar de forma telemática. Estas previsiones deben completarse con lo previsto en el art. 25 del Estatuto, al que posteriormente nos referimos.

2.– Derecho a que se evite el contacto entre víctima e infractor (art. 20): Estamos ante una medida de protección que bien podría tener cabida en la anterior, si bien el legislador ha querido destacar su especial trascendencia, vinculándola además con la propia fase de investigación. Implica que víctima e infractor no entren en contacto en las dependencias policiales o judiciales, si bien podría extenderse a otros espacios en que pudieran encontrarse durante el desarrollo del proceso más allá de los cubiertos por la posible orden de alejamiento dictada. Para la efectividad de este derecho podrá hacerse uso también de tecnologías de la comunicación y debe completarse con lo previsto en la LO 19/1994, de 23 de diciembre, de protección de testigos y peritos en causas criminales y con establecido en los arts. 448 y 707 LECRIM.

3.– Protección de la víctima durante la investigación penal (art. 21): Se impone a las autoridades y funcionarios encargados de la investigación penal velar, evitando que se perjudique la eficacia del proceso, porque a la víctima se le reciba declaración cuando resulte necesario y sin dilaciones indebidas; y, además, se haga el menor número de veces posibles y únicamente cuando resulte necesario para los fines de la investigación penal. Complementariamente, en estas declaraciones las víctimas podrán estar acompañadas por su representante procesal, representante legal (en su caso) y por una persona de su confianza y elección. Igual acompañamiento se puede dar en cualquier otra diligencia en que deba intervenir, salvo que motivadamente se resuelva lo contrario por el funcionario o autoridad encargado de su práctica. En cuanto a la posible realización del reconocimiento médico, éste debe llevarse a cabo cuando resulte imprescindible para los fines del proceso, reduciéndose los mismos al menor número posible.

4.– Derecho a la protección de la intimidad (art. 22): Los Tribunales, Fiscales y demás autoridades y funcionarios encargados de la investigación penal, así como todos aquellos que de cualquier modo intervengan o participen en el proceso, adoptarán, de acuerdo con lo dispuesto en la ley, las medidas necesarias para proteger la intimidad de todas las víctimas y sus familiares; debiendo poner especial cuidado en impedir que se difunda cualquier tipo de información que permita la identificación de las víctimas menores de edad o con discapacidades necesitadas de especial protección. La LO 8/2021, de 4 de junio, de protección integral a la infancia y la adolescencia frente a la violencia (también conocida como Ley Rhodes), modificando La LO 1/1996, de 15 de enero, de Protección Jurídica del Menor, contiene una prohibición específica de los desnudos en las pruebas para determinar la edad y reitera expresamente la obligación del respeto al honor, a la intimidad y a la propia imagen de la víctima y sus familiares, incluso en el caso de fallecimiento del menor, requiriéndose autorización expresa de los progenitores para la difusión de cualquier imagen.

En la efectividad de todas estas medidas de protección, así como del verdadero ejercicio del conjunto de derechos que se reconocen a la víctima, las Oficinas de Asistencia a las Víctimas están llamadas a jugar un papel fundamental, de ahí que el Título IV del Estatuto dedique el Capítulo I a dichos organismos (arts. 27 a 29, que incluye la valoración de las circunstancias particulares de las víctimas, especialmente con referencia al art. 23.2, para determinar qué medidas de apoyo o asistencia pueden ser más adecuadas). Debemos añadir las previsiones al respecto contenidas en la LECRIM, concretamente lo establecido en los arts. 301 bis, que se refiere a la adopción, de oficio o a instancia de parte, de cualquiera de las medidas previstas en el número 2 del art. 681 cuando se considere adecuada para proteger la intimidad de la víctima o respecto a la misma o su familia. El art. 681 contempla la prohibición de la divulgación o publicación de información relativa a la identidad de la víctima, datos que puedan facilitar su identificación o de aquellas circunstancias personales que hubieran sido valoradas para resolver sobre sus necesidades de protección y a la prohibición de la obtención, divulgación o publicación de imágenes de la víctima o de sus familiares. Estas medidas convivirán con la tradicional declaración de que todas o algunas de las sesiones del juicio oral se celebren a puerta cerrada. El art. 682 se refiere a la posibilidad de limitar —con idéntica finalidad tuitiva— el acceso de los medios de comunicación audiovisuales a las sesiones del juicio oral y prohibir que se graben todas o algunas de sus sesiones. El art. 709 faculta al Presidente del Tribunal a evitar las preguntas innecesarias sobre la vida privada de la víctima, salvo cuando se considere que responder a las mismas es importante para la valoración de los hechos.

IV. BREVE REFERENCIA A LAS VÍCTIMAS VULNERABLES

El Estatuto de la Víctima, complementado obligatoriamente por la LECRIM, presta específica atención a las denominadas víctimas vulnerables, respecto a las que se entiende que las particulares características que en ellas concurren, las hacen más susceptibles de victimización secundaria y secuelas varias derivadas del delito y, por ende, merecedoras de especial protección.

En el Estatuto, pese a su detalle en otros aspectos, no encontramos un concepto de víctimas vulnerables o con necesidades especiales de protección, si bien contamos con suficientes referencias en importantes textos internacionales, entre ellos la Directiva 2012. De estos documentos, podemos entender que estamos ante víctimas que, en atención a ciertas circunstancias (edad, razones sociales o culturales, situación de minusvalía o incapacidad), por la gravedad y naturaleza del delito del que hayan sido objeto (por ejemplo, su especial naturaleza violenta), son susceptibles de sufrir de forma más severa los efectos de victimización, lo que exige que deban ser objeto de un estudio, valoración y tratamiento específico (menores, personas con capacidad modificada judicialmente, mujeres, víctimas de ciertos delitos como la trata, víctimas de cualquier forma de discriminación, violencia sexual, etc).

Para estas víctimas el Estatuto —sin perjuicio de las normas específicas que les sean aplicables— prevé un régimen específico asistencial y jurídico, basado en el trato individualizado, cuya finalidad principal es su tutela; pero también su reparación y recuperación como ser humano. En este sentido, el legislador ha extremado el conjunto de medidas de protección para las víctimas especialmente vulnerables, de forma que a tal fin confluyen medidas generales previstas para toda víctima del delito, a las que se ha hecho referencia en los epígrafes anteriores; medidas específicas para esta modalidad de víctima, que indicamos a continuación; debiendo añadir, además, las previstas legalmente para categorías de víctimas concretas, por ejemplo, terrorismo, delitos sexuales y violentos, violencia de género, menores y adolescentes víctimas de cualquier forma de violencia, víctimas de cualquier forma de discriminación, etc. Por ejemplo, la recientemente aprobada Ley Orgánica 10/2022, regula específicamente el derecho a la reparación de las víctimas de delitos sexuales y el RD-L 6/2024 modifica el art. 109 LECRIM para que ante personas con discapacidad que participen en el proceso se adapte a sus especiales circunstancias la forma de facilitar la información. Este conjunto de medidas tiene como finalidad principal asegurar la libertad, la vida y la integridad física y psíquica de las víctimas y sus familiares; y neutralizar los riesgos de represalias, intimidación y victimización secundaria.

1) Medidas de protección aplicables a toda víctima vulnerable

En la regulación de estas medidas, el Estatuto, creemos que acertadamente, distingue entre la fase de investigación y la fase de enjuiciamiento dentro del proceso penal:

1.– En la fase de investigación se prevé, concretamente, que:

a) Se les reciba declaración en dependencias especialmente concebidas y adaptadas a tal fin (dependencias que hoy no existen todavía en la mayoría de las sedes de los Tribunales, como la cámara de Gessell, o en sedes policiales).

b) Evitar el contacto visual entre la víctima y el agresor. Es tal la importancia de esta medida, que se reitera en fase de enjuiciamiento.

c) Que dichas declaraciones se tomen por profesionales con formación especial para reducir o limitar los perjuicios a la víctima, así como en perspectiva de género, o que la declaración se tome por la autoridad competente, pero con ayuda de estos profesionales. La especialización y formación para las Fuerzas y Cuerpos de Seguridad se destaca especialmente en las Leyes Orgánicas 8/2021 y 10/2022.

d) Que todas las tomas declaración a una misma víctima sean realizadas por la misma persona, salvo que pueda perjudicar el desarrollo del proceso o tomarse declaración por el Fiscal o Tribunal.

e) Que la toma de declaración, cuando se trate de alguna de las víctimas a que se refieren los apartados 3º y 4º del apartado 2 del art. 23 y las víctimas de trata con fines de explotación sexual, se lleve a cabo por una persona que, además de cumplir con la especialización a que se refiere la letra c), sea del mismo sexo que la víctima cuando ésta así lo solicite, salvo que pueda perjudicar de forma relevante el desarrollo del proceso o deba tomarse la declaración por el Fiscal o Tribunal.

f) En la toma de declaración deben evitarse las preguntas relativas a la vida privada de la víctima salvo que el Juez o Tribunal dispongan lo contrario. Previsión esta que también se reproduce en la fase de enjuiciamiento.

2.– En la fase de enjuiciamiento las medidas se refieren a:

a) Evitar el contacto visual entre la víctima y el agresor.

b) Garantizar que la víctima pueda ser oída sin estar presente en la sala de vistas, haciendo uso a tal fin de los avances tecnológicos disponibles, lo que llevará a exigir su previsión cuando no existan. El recién incorporado artículo 258 bis LECRIM, al que ya nos hemos referido, prevé que, salvo excepción apreciada por el Tribunal, se tome declaración telemática a las víctimas de determinados delitos con un alto grado de victimización.

c) Medidas para evitar que se formulen preguntas relativas a la vida privada de la víctima salvo que el Tribunal dispongan lo contrario, también aplicables a la fase de investigación.

d) Celebrar de la vista oral sin presencia de público, aunque sí pueden estar presentes personas que acrediten un especial interés en la causa.

3.– Por último, dentro de este amplio catálogo de medidas, se prevén también aquéllas que tienen como finalidad su protección, en atención a su condición de testigo:

a) Medidas de protección a que se refiere el artículo 2 de la Ley Orgánica 19/1994, de 23 de diciembre, de protección a testigos y peritos en causas criminales.

b) Que no consten en las diligencias que se practiquen su nombre, apellidos, domicilio, lugar de trabajo y profesión, ni cualquier otro dato que pudiera servir para su identificación, pudiéndose utilizar para ésta un número o cualquier otra clave.

c) Que comparezcan para la práctica de cualquier diligencia utilizando cualquier procedimiento que imposibilite su identificación visual normal.

d) Que se fije como domicilio, a efectos de citaciones y notificaciones, la sede del órgano judicial interviniente, el cual las hará llegar reservadamente a su destinatario.

e) Igualmente, como ya hemos indicado, podrá hacerse acompañar por su representante legal y por una persona de su elección durante la práctica de estas diligencias, que podría ser su abogado, salvo que, en este último caso, motivadamente, se resuelva lo contrario por la Sección competente para la instrucción del Tribunal de Instancia para garantizar el correcto desarrollo de la misma (art. 433, III LECRIM). Si además se trata de un menor de edad o persona con capacidad judicialmente modificada se puede ordenar por el Tribunal que la declaración se lleve a cabo con intervención de expertos, que incluso podrían preguntarle (art. 433, IV LECRIM).

Todas estas medidas son renunciables por la víctima.

2) *Medidas de protección aplicables a determinadas víctimas vulnerables*

El art. 26 del Estatuto reconoce un conjunto de medidas de protección que son aplicables, de manera exclusiva, a menores y a personas con discapacidad necesitadas de especial protección, y víctimas de violencias sexuales y cuya finalidad es, en general, evitar o limitar que el desarrollo de la investigación y celebración del juicio genere perjuicios añadidos a la víctima, pero respecto de una tipología de víctima del delito que se considera más vulnerable. Estas medidas deben completarse, para los menores y adolescentes, con las previstas por la Ley Orgánica 8/2021 y para las víctimas de violencias sexuales con las previsiones de la Ley Orgánica 10/2022. Así, de este conjunto normativo, al que debe añadirse las modificaciones introducidas por estos textos en la LECRIM, destacan las siguientes medidas de protección:

a) Preconstitución de la declaración de la víctima: Se encuentra prevista en el art. 449 ter LECRIM, para el caso de los menores de catorce años o de la persona con discapacidad necesitada de especial protección víctimas de delitos de una especial afección a dichos sujetos, concretamente los delitos de homicidio, lesiones, contra la libertad, contra la integridad moral, trata de seres humanos, contra la libertad e indemnidad sexuales, contra la intimidad, contra las relaciones familiares, relativos al ejercicio de derechos fundamentales y libertades públicas, de organizaciones y grupos criminales y terroristas y de terrorismo. Esta previsión, que obliga —como regla general— a preconstituir la prueba en estos supuestos, es de especial relevancia práctica para el cumplimiento de los fines de protección y reparación integral pretendidos por la LO 8/2021. La práctica de esta prueba se desarrollará conforme a lo prevenido en el art. 449 bis LECRIM.

   En el momento de reproducir dicha declaración (arts. 714 y 730 LECRIM), se podrá acordar la intervención del testigo menor de edad o con discapacidad, excepcionalmente, cuando sea interesada por alguna de las partes y se considere necesaria en resolución motivada. Si se trata de una persona con discapacidad, debe asegurarse que la grabación audiovisual cuenta con los apoyos necesarios de accesibilidad.

b) Recepción de la declaración por medio de expertos. En caso de menores de catorce años y personas con discapacidad, el art. 449 ter, prevé que la audiencia se practique expresamente a través de equipos psicosociales para apoyar al Tribunal de manera interdisciplinar e interinstitucional, recogiendo el trabajo de los profesionales que hayan intervenido anteriormente y atendiendo a las circunstancias concretas de las mismas. Así, las preguntas de las partes, o aclaraciones sobre las respuestas a las mismas, se trasladarán —previa admisión por el tribunal— a través de los expertos. Esta declaración, como luego veremos, será grabada.

   Igualmente, se podrá recabar del perito un informe dando cuenta del desarrollo y resultado de dicha audiencia.

c) Representación de la víctima en el proceso (investigación y juicio) por un defensor judicial designado para los menores por el Tribunal, de oficio o a instancia del Ministerio Fiscal, en caso de conflicto de intereses entre la víctima y sus representantes legales o con uno de los progenitores, no encontrándose el otro en condiciones de ejercer adecuadamente sus funciones de representación y asistencia. A estos supuestos debe añadirse los casos en que la víctima no esté acompañada o se encuentre separada de quienes ejerzan la patria potestad o cargos tutelares.

d) Además, nuevamente en el supuesto de menores de edad o personas con capacidad modificada judicialmente, el art. 544 ter. 7 y 544 quinques LECRIM autoriza la adopción de medidas de protección de carácter civil como la atribución del uso y disfrute de la vivienda familiar, determinar el régimen de guarda y custodia, régimen de visitas, comunicación o estancia, el régimen de prestación de alimentos o cualquier otra que se considere oportuna para apartarles de un peligro o evitarles perjuicios.

   Si habiéndose dictado una orden de protección de contenido penal, concurrieren indicios de que los menores o las personas con discapacidad han presenciado, sufrido o convivido con las formas de violencia a que se refiere el art. 1 de la LO 8/2021, se suspenderá, de oficio o a instancia de parte, el régimen de visitas, estancia, relación o comunicación del inculpado con los menores que de él dependan, salvo que, a instancia de parte, se considere, previa evaluación de la relación paternofilial, contraproducente para el interés del menor.

e) Conforme al art. 707, II LECRIM, la declaración de los testigos menores de edad o con discapacidad necesitados de especial protección, se llevará a cabo evitando la confrontación visual de los mismos con el inculpado, cuando se considere necesario para impedir o reducir los perjuicios que para ellos puedan derivar del desarrollo del proceso o de la práctica de la diligencia. Para ello, podrá utilizarse cualquier medio tecnológico, incluida la posibilidad de que los testigos sean oídos sin estar presentes en la sala mediante la utilización de tecnologías de la comunicación accesible. Como ya hemos indicado, el nuevo art. 258 bis LECRIM, permite que se tome declaración telemática a las víctimas menores e incapaces, salvo que el Tribunal considere necesaria su declaración presencialmente.

f) Se excluye la no obligación de denunciar de los ascendientes, descendientes del delincuente y parientes colaterales hasta el segundo grado inclusive, en los delitos contra la vida, homicidio delito de lesiones de los arts. 149 y 150 CP, de un delito de maltrato habitual previsto en el art. 173.2 CP, de un delito contra la libertad o contra la libertad e indemnidad sexual o de un delito de trata de seres humanos y la víctima del delito sea una persona menor de edad o una persona con discapacidad necesitada de especial protección (art. 261. 2 LECRIM).

g) De forma similar, los testigos estarán obligados a declarar cuando tengan atribuida la representación legal o guarda legal de hecho de la víctima menor de edad o con discapacidad necesitada de especial protección, cuando se trate de delitos graves en que el testigo sea mayor de edad y la víctima menor de edad o persona con discapacidad necesitada de especial protección.

h) Particularmente en el caso de víctimas de algún delito contra la libertad sexual, se aplicarán en todo caso las medidas expresadas en las letras a), b) y c) del artículo 25.1 (declaración en dependencias adecuadas, toma de declaración por persona del mismo sexo y por la misma persona).

V. VALORACIÓN INDIVIDUALIZADA DE LA VÍCTIMA

La referencia a la necesidad de evaluación individual de la víctima es loable, pues la protección específica que se le dispense dependerá del resultado de la misma. Esto significa que su estatuto concreto de protección se irá adaptando a sus necesidades reales y puntuales, así como a la fase procesal en que nos encontremos, pues es evidente que las necesidades de la víctima son distintas en cada una de ellas.

A tal fin, deben tomarse en consideración los siguientes elementos concretos (art. 23):

a) Las características y circunstancias personales de la víctima y, en particular, si se trata de una persona con discapacidad o si existe una relación de dependencia entre la víctima y el supuesto autor del delito; y si se trata de víctimas menores de edad o de víctimas necesitadas de especial protección o en las que concurran factores de especial vulnerabilidad.

b) La naturaleza del delito y la gravedad de los perjuicios causados a la víctima, así como el riesgo de reiteración del delito. Se valorarán especialmente las necesidades de protección de las víctimas de los delitos enumerados en el artículo.

c) Las circunstancias del delito, en particular si se trata de delitos violentos.

La evaluación debe realizarse en primer lugar por los funcionarios de la policía y, en su caso, por el Ministerio Fiscal (art. 773.2 LECRIM). Posteriormente, aún dentro de la fase de investigación, corresponderá a la Sección del Tribunal de Instancia competente para la instrucción (Sección Única, Civil y de Instrucción del Tribunal de Instancia; Sección de Instrucción o de Violencia sobre la Mujer del Tribunal de Instancia), y ya en fase de juicio oral, a la Sección del Tribunal de Instancia o al Tribunal competente para el mismo. Llama la atención que no se haga referencia a las Oficinas de Asistencia de las Víctimas, pero creemos evidente que éstas puedan llevarla a cabo, dado el papel fundamental que están llamadas a cumplir en la protección, asesoramiento y acompañamiento de la víctima, de hecho, así se reconoce en los arts. 9, 19.11 y 30 del Real Decreto 1109/2015, regulando con detalle esta posibilidad.

En cuanto al procedimiento, la ley establece las siguientes previsiones:

a) La valoración de las necesidades de protección de la víctima incluirá siempre la de aquéllas que hayan sido manifestadas por ella con esa finalidad, así como la voluntad que hubiera expresado.

b) La víctima podrá renunciar a las medidas de protección que hubieran sido acordadas de conformidad con los artículos 25 y 26.

c) En el caso de las víctimas que sean menores de edad o personas con discapacidad necesitadas de especial protección, su evaluación tomará en consideración sus opiniones e intereses.

d) Los servicios de asistencia a la víctima solamente podrán facilitar a terceros la información que hubieran recibido de la víctima con el consentimiento previo e informado de la misma.

e) Cualquier modificación relevante de las circunstancias en que se hubiera basado la evaluación individual de las necesidades de protección de la víctima, determinará una actualización de la misma y, en su caso, la modificación de las medidas de protección que hubieran sido acordadas.

Lección 6ª

EL OBJETO DEL PROCESO

JUAN LUIS GÓMEZ COLOMER

SUMARIO: I. EL OBJETO DEL PROCESO PENAL; 1) Concepto, características y relevancia; 2) La incidencia de la calificación jurídico-penal; II. LOS ELEMENTOS IDENTIFICADORES DEL OBJETO DEL PROCESO; 1) El hecho criminal imputado; A) Fijación legal y actos procesales de formación; B) La identidad del hecho y las teorías sobre su identificación; 2) La persona acusada; III. LA CONEXIÓN DE OBJETOS; IV. EL OBJETO DEL PROCESO CIVIL ACUMULADO; 1) Restitución de la cosa; 2) Reparación del daño e indemnización de perjuicios.

I. EL OBJETO DEL PROCESO PENAL

1) Concepto, características y relevancia

El sistema de enjuiciamiento criminal español permite acumular al proceso penal un proceso civil, lo que significa que un procedimiento puede tener, y de hecho la situación normal es que tenga, dos objetos diferentes, que han de estudiarse en esta misma lección, pero que también deben deslindarse perfectamente. Punto de partida clarificador es igualmente que el concepto y elementos que configuran el objeto del proceso civil (estudiados en el tomo II de esta obra), poca ayuda nos van a brindar para hallar los correlativos del proceso penal, salvo en el general de entender por objeto del proceso (terminología alemana y española), el «thema decidendi» o la materia (terminología italiana) fundamental a resolver por el órgano jurisdiccional en la sentencia, según su sentido técnico más depurado.

En efecto, recordemos, el objeto del proceso civil viene constituido por la pretensión interpuesta por la parte demandante, configurada decisivamente a la luz de los principios de oportunidad y dispositivo. Esa pretensión contiene el asunto jurídico fundamental sobre el que el actor pide la sentencia al juez.

Sin embargo, en el proceso penal, en el que rigen los principios de necesidad y oficialidad, las partes, sin que evidentemente quede excluida su actividad, no tienen el monopolio sobre la configuración y proposición del objeto del proceso, con lo que la pretensión ni tiene, ni puede tener un papel decisivo.

Si los principios de necesidad y oficialidad significan que debe abrirse por el órgano jurisdiccional, de oficio o a instancia de un órgano público (insistimos, sin que cambie las cosas el que la parte particular realice un acto de iniciación), un proceso penal en el momento conste la existencia de un delito, y el hecho punible, en cuanto acción humana, tiene que haber sido cometido por una persona, el objeto del proceso penal no puede ser más que, con las precisiones que más adelante hacemos, y en principio, el hecho criminal imputado a una persona, elementos que determinan la extensión de la investigación y cognición judicial.

El objeto del proceso penal se caracteriza por su relación con el derecho de acción, en tanto en cuanto iniciado el proceso por la parte, bien obligatoriamente (Ministerio Fiscal), bien voluntariamente (por cualquiera de los acusadores no públicos: particular, popular o privado), a través de la correspondiente querella, se proporciona al órgano judicial el hecho que debe ser investigado por revestir los caracteres de criminal (delito), pues el art. 277-4º LECRIM obliga a la parte a expresar una relación circunstanciada del hecho ejecutado, conclusión a la que se llega igualmente si el proceso se ha iniciado de oficio o mediante denuncia, pues ante la comunicación del hecho criminal (arts. 259, 262, I, y 264 LECRIM, para la denuncia; arts. 308, 318, 638, III, LECRIM, y 195 LOPJ, para la iniciación de oficio), la querella del Fiscal es insoslayable (arts. 124.1 CE; 105.1, 271 y, a contrario, 761 LECRIM), aunque en la práctica no sea siempre así.

Admitida a trámite la querella (o la denuncia, con la precisión anterior), el proceso incoado tiene ya su objeto, aunque luego resulte por resolución definitiva su negación, y ello ha sido consecuencia del ejercicio del derecho de acción. Pero éste conlleva (y la interposición de la acusación en la calificación provisional conllevará posteriormente) otros varios contenidos y, por tanto, afecta a otras instituciones, que nada o muy poco tienen que ver con el objeto del proceso, que estudiaremos oportunamente en este mismo tomo.

El objeto del proceso penal se caracteriza también por su *inmutabilidad,* pues no es posible cambiarlo ni eliminarlo, ni la actividad de las partes puede pretenderlo; y por su *indisponibilidad,* tanto desde un punto de vista fáctico, pues el hecho comprende todos los actos preparatorios, accesorios, particulares o posteriores, como del jurídico, pues el proceso considera el hecho desde todos los puntos de vista jurídicos posibles.

Por otra parte, determinar el objeto del proceso resulta fundamental, sola o conjuntamente, para la mejor comprensión de varias instituciones procesales penales:

- El hecho criminal sirve para determinar la *extensión y límites de la jurisdicción española* frente a la extranjera en el orden penal, pues se asumen el criterio de territorialidad («comisión del delito en territorio español»), y los principios de persecución de todos los hechos punibles que atenten contra los intereses fundamentales del Estado, y de persecución universal del hecho punible, sin consideración a la nacionalidad del investigado (v. arts. 21 y 23 LOPJ).

- El hecho criminal aprovecha igualmente para fijar la *competencia penal genérica,* pues los órganos jurisdiccionales penales enjuician los hechos que la ley penal repute delito (v. art. 9.3 LOPJ).
- La naturaleza del hecho criminal y la calidad de la persona imputada sirven para determinar la *competencia objetiva,* tanto cuantitativa («ratione materiae», a saber, si es delito), como cualitativamente («ratione personae», a saber, si hay aforamientos).
- El hecho criminal determina los fueros, principal («lugar de comisión del delito») y subsidiarios («lugar donde…»), que determinan la *competencia territorial* del órgano jurisdiccional (v., fundamentalmente, arts. 14 y 15 LECRIM).
- El hecho criminal sirve para fijar el presupuesto procesal de la legitimación, en tanto determinados delitos únicamente pueden ser perseguidos previa denuncia o querella del ofendido, además de aprovechar para hallar con precisión los conceptos de «ofendido» y «perjudicado».
- La naturaleza del hecho criminal y la calidad de la persona determinan asimismo *la clase de proceso,* ordinario o especial, que debe seguirse contra el investigado, al igual que su procedimiento adecuado.
- De gran trascendencia, que trataremos específicamente como cuestión aparte en esta misma lección, el hecho criminal y su conexión con otros hechos igualmente punibles lleva, bajo determinados presupuestos, a la *acumulación* de procesos penales.
- Finalmente, de suma importancia también, la determinación del hecho criminal y de la persona imputada ponen de relieve si en las calificaciones definitivas se ha producido una *variación sustancial* del objeto del proceso respecto a las calificaciones provisionales, modificación prohibida, como veremos en la lección 16ª. Igualmente, si se ha producido una variación sustancial entre la sentencia y la acusación, es decir, si existe correlación entre ambos actos (congruencia).

Pero la relevancia jurídica de la determinación del objeto del proceso adquiere sus mayores cotas cuando se ponen en relación dos procesos, puesto que la constatación de si existe *litispendencia* o *cosa juzgada,* y, por tanto, de si el segundo proceso debe ser evitado por darse cualquiera de esos dos presupuestos procesales, únicamente es posible comparando los objetos de ambos procesos, el pendiente o simultáneo en un caso y el fenecido en otro, y viendo si son los mismos, es decir, si se dan las identidades objetivas y subjetivas exigidas por la ley para su concurrencia.

2) La incidencia de la calificación jurídico-penal

Es afirmación común de la doctrina que la calificación jurídico-penal del hecho no tiene relevancia para la determinación del objeto penal del proceso penal, de la misma manera que tampoco es elemento esencial del objeto del proceso civil, en donde la calificación jurídica únicamente tiene influencia, pero relativa por la vigencia del principio «iura novit curia», en la causa de pedir o fundamento de la pretensión.

Según esta opinión, ello es así porque si bien es verdad que un mismo hecho puede ser calificado jurídicamente de varias maneras (por ejemplo, la muerte violenta de una persona puede ser delito de asesinato, delito de homicidio, u homicidio imprudente), de ahí no se tiene que deducir necesariamente que haya tantos objetos cuantas posibilidades.

Esto no debe significar, sin embargo, que la calificación jurídica del hecho sea absolutamente irrelevante en cualquier caso, pues tiene incidencias muy concretas en todos aquellos supuestos en los que el hecho es importante jurídicamente, aunque, y de ahí vienen quizás los problemas, no juega ningún papel precisamente cuando la identificación del hecho viene exigida con mayor fuerza, es decir, cuando se discute la litispendencia o la cosa juzgada.

Por tanto, hay que establecer los límites justos, que en lo penal exige unos criterios interpretativos muy rígidos, de la incidencia o no de dicha calificación en la determinación del objeto del proceso penal:

- En este sentido, y en primer lugar, la calificación jurídica incide ya en la decisión sobre si se incoa el proceso penal o no, en el siguiente sentido: Solamente pueden formar el objeto del proceso penal aquellos hechos o actos que la ley penal toma en consideración como delito. Por eso, en otro caso, no ha lugar al proceso que carezca «desde el principio» de objeto, archivándose la denuncia (art. 269 LECRIM), o inadmitiéndose la querella (art. 313, I LECRIM), que reflejen unos hechos que no son indubitadamente constitutivos de delito.
- Hecha la anterior precisión, hay que decir en segundo lugar que la calificación jurídica del hecho punible incide también en los casos relevantes anteriormente considerados, pues hay que tenerla en cuenta, es cierto que de una manera meramente aproximativa y a veces intuitiva, para la determinación de la extensión y límites de la jurisdicción española, de la competencia penal genérica, de los criterios objetivo y territorial de atribución de la competencia, de la legitimación, de la clase de proceso y procedimiento adecuado, de la acumulación y, sobre todo, para ver si existe variación sustancial del objeto entre la acusación y la sentencia.

Esta última cuestión es problemática, pues se aduce como argumento fundamental que prueba evidente de que la calificación jurídica no juega ningún papel esencial en la determinación del objeto del proceso penal, es que el órgano jurisdiccional no está vinculado por la calificación que hagan las partes en su acusación definitiva, así como tampoco por la pena, ni en clase ni en cantidad, que se pida en virtud de dicha calificación, pues siempre puede desvincularse, para imponer la pena que él considere justa conforme a la calificación que estime correcta, utilizando el art. 733 LECRIM.

Aunque a la lección 16ª nos tenemos que remitir para un tratamiento más profundo de estas cuestiones, hay que decir ahora que esto es verdad con matices en el proceso penal ordinario por delitos más graves, pero ya no en el proceso penal abreviado, en el que el art. 789.3 prohíbe al órgano jurisdiccional imponer pena que exceda de la más grave de las acusaciones, o condenar por delito distinto cuando éste conlleve una diversidad de bien jurídico protegido o mutación sustancial del hecho enjuiciado, salvo que alguna de las acusaciones haya asumido la tesis de desvinculación del tribunal.

Ello demuestra, entre otras cosas, que no es un argumento definitivo, pues en un proceso la calificación jurídica incide y en otro no.

- Finalmente, en donde la calificación jurídico-penal del hecho punible no puede ser en absoluto esencial, es más, en donde ni siquiera se puede tomar en consideración, es a la hora de determinar si existe litispendencia o cosa juzgada, concretamente, al analizar la identidad objetiva identificando el hecho.

En efecto, por razones de estricta justicia, en combinación con el principio «non bis in idem», una persona que esté siendo enjuiciada o que ya haya sido condenada o absuelta, no puede volver a serlo simplemente porque se cambie la calificación jurídica siendo el hecho el mismo. Por ejemplo, fue absuelta por parricidio, se abre un proceso posterior en su contra por homicidio. Esto lo impide la identidad objetiva de la litispendencia y de la cosa juzgada, que convierten en autoridad únicamente los hechos esenciales enjuiciados. Lo contrario sería permitir tantas acusaciones reiteradas cuantas posibles calificaciones jurídicas permita el hecho (ante la muerte violenta, acusación por parricidio, por asesinato, por homicidio o por infanticidio), posibilidad que repugna a los más elementales principios del proceso penal propio de un Estado de Derecho.

Por ello, a nuestro juicio, teniendo en cuenta todos estos elementos y circunstancias, se podría superar formalmente el problema indicando que el elemento esencial determinante del objeto del proceso penal es el «hecho criminal imputado», porque con ello se toman en consideración tanto todos los supuestos en los que la calificación jurídica que hace el Derecho penal material tiene incidencia, como aquéllos en los que no tiene ninguna («hecho criminal»), pero que en cualquier caso hay que reflejar por estar un proceso, o uno de los dos, pendiente, resultado del descubrimiento de un hecho que reviste los caracteres de delito, del que es responsable una persona a la que se le reprocha la acción cometida («investigado»).

II. LOS ELEMENTOS IDENTIFICADORES DEL OBJETO DEL PROCESO

El objeto de un proceso penal concreto, pendiente o fenecido, debe ser identificado por los elementos esenciales que lo componen, no sólo para que el juez pueda saber exactamente qué tiene que resolver (absolución o condena) en la sentencia, sino también, y precisamente, para poder determinarlo en los casos relevantes citados.

Conforme a lo hasta ahora expuesto, esos elementos fundamentales del objeto del proceso penal son, desde el punto de vista objetivo, el hecho criminal imputado, y desde el punto de vista subjetivo, la persona acusada.

1) El hecho criminal imputado

A) Fijación legal y actos procesales de formación

Nuestra LECRIM no da ninguna definición del hecho criminal imputado, objeto del proceso penal, a diferencia de lo que ocurre en otras legislaciones.

Ello no quiere decir, sin embargo, que el hecho criminal imputado no se tome en consideración por la ley, fundamentalmente cuando regula los actos de iniciación, los actos de investigación, los actos de prueba y la sentencia, es decir, todos los actos procesales de formación del objeto del proceso, como no podría ser menos.

En efecto, el proceso penal sirve para esclarecer y enjuiciar un hecho criminal producido, imputado a una persona, y así lo hace en sus diversas etapas:

- En el procedimiento preliminar (sumario o diligencias previas), se pretende poner de manifiesto, en primer lugar, la existencia objetiva del hecho; en segundo lugar, la toma en consideración por el Derecho Penal de ese hecho, es decir, si se trata de un hecho punible o no; y, por último, desde el punto de vista subjetivo, si ese hecho puede ser imputado razonablemente a una persona (v. el fundamento legal, incompleto, que proporciona el art. 299 LECRIM).
- Los actos que lo conforman demuestran la anterior afirmación sin resquicio alguno: La existencia del hecho se comunica, dejando de lado el su-

puesto excepcional de iniciación de oficio por el juez, por la denuncia o querella; y la investigación sobre su existencia y presunto autor se lleva conforme a las diligencias previstas en el Título V del Libro II LECRIM, con las modificaciones para el proceso abreviado del art. 762 LECRIM.

- Si se admite la fase intermedia, sin entrar en polémicas, con relación al hecho se quiere impedir en los actos que la conforman la continuación del proceso si el hecho no ha existido, o si no es punible; también, pero con relación al aspecto subjetivo, si no es posible la imputación. A ello responde el sobreseimiento (v. arts. 637, 645, 779.1, 1ª y 782 LECRIM). En caso contrario, se entra en la fase en la que el hecho va a quedar definitivamente delimitado y formado.
- Así es, determinado y constatado el hecho y la persona del acusado, la fase de juicio oral sirve para realizar el análisis final del hecho punible y de sus consecuencias jurídicas, produciéndose el fallo de culpabilidad o inocencia en relación con el hecho criminal enjuiciado, con expresión, en su caso, de la pena a cumplir, siempre que concurran los presupuestos procesales exigidos, en los que tanta influencia, piénsese en la litispendencia o en la cosa juzgada, tienen los elementos esenciales del objeto del proceso penal (v. art. 666 LECRIM).

Por ello, de concurrir esos presupuestos, la acusación delimita, a la vista de las anteriores investigaciones objetivas y subjetivas, el hecho criminal a enjuiciar y la persona del acusado (arts. 650-1ª a 5ª y 781.1 LECRIM); que no es posible variar en calificaciones definitivas, salvo que se haya calificado el hecho punible con manifiesto error, en cuyo caso el órgano jurisdiccional puede desvincularse en principio (art. 733 LECRIM). La sentencia, por congruencia, debe ser correlativa con el hecho criminal que motivó la investigación y la acusación, frente a la misma persona acusada (art. 742 LECRIM).

De modo que tenemos que la fijación a través de los diversos actos procesales de formación del objeto del proceso penal, que afecta tanto al aspecto objetivo como al subjetivo, pero que reviste mayor complejidad respecto al primero de ellos, se hace definitivamente en la sentencia. O, si se prefiere, es elemento esencial del objeto del proceso penal el hecho criminal investigado y acusado que ha fundamentado el fallo condenatorio o absolutorio de la sentencia firme.

B) La identidad del hecho y las teorías sobre su identificación

Es fácilmente colegible, llegados a estos extremos, que las mayores dificultades que presenta el estudio del elemento esencial objetivo del hecho no son teóricas, o al menos no lo deberían ser, sino prácticas, pues giran en torno a su identificación en el caso concreto, v.gr., cuando se discute, en el juicio oral o en impugnación, si se ha producido una variación sustancial en los hechos, o cuando se discute la litispendencia o la cosa juzgada. Entonces se hace necesaria la comparación, y para comparar bien hay que tener el hecho perfectamente identificado.

Al respecto se han formulado diversas corrientes de opinión, en concreto, la llamada teoría naturalista, con dos variantes, y la teoría normativista. Lo esencial de cada una de ellas puede entenderse del siguiente modo:

- *Teoría naturalista:* Llamada así porque considera el hecho sin aplicación de ninguna regla, y por tanto, de ninguna valoración jurídica, considerando que la identidad surge del propio acaecer natural. Presenta dos modalidades a su vez, según intervenga la voluntad o no:

1. Para la primera de ellas, el objeto del proceso penal no es el hecho como viene afirmado por la acusación o la sentencia, sino una parte de la vida del acusado, un acaecer real en el que ha tenido intervención.

El hecho se identifica entonces por lo que el acusado hizo (o no hizo), en un lugar y en un tiempo concretos (unidad espacial y temporal). Sólo así es posible reducir a la unidad la pluralidad de elementos fácticos que integran un acaecer real.

Pero esta formulación es difícilmente aceptable, entre otras razones, porque existen casos en los que no concurriendo la unidad espacial-temporal, hay sin embargo unidad de hecho (disparo el lunes, muerte del herido el viernes siguiente); o no siendo el modo de participación el mismo, hay unidad de hecho (acusado como autor, se le condena como cómplice).

2. Para la segunda variante de la teoría naturalista, es la voluntad lo que permite identificar ese acaecer real, de modo que el hecho es el mismo siempre que la voluntad del acusado haya sido la misma.

El problema es que la voluntad interna es muy difícil de probar y, además, da igual para que el hecho sea el mismo que haya sido cometido dolosa que imprudentemente.

- *Teoría normativista:* Para esta teoría, el hecho no viene configurado exclusivamente por criterios naturales, sino también y principalmente por criterios jurídicos. Según ella, el objeto del proceso es el acaecer real reducido a una configuración unitaria, atendiendo al modo como el legislador penal configura las unidades de la conducta humana a las que llama delito.

La identificación del hecho es posible, en esta posición doctrinal, cuando coinciden elementos esenciales en cualquiera de las unidades jurídicas en las que un acaecer humano puede ser reducido. Por ello, el hecho es el mismo cuando exista identidad parcial en los actos de ejecución concretos. Por ejemplo, acusado de lesiones, se condena al autor por tentativa de homicidio.

Presenta, sin embargo, la dificultad, al ser un trasplante en el proceso de la teoría penal del concurso de delitos, de no explicar satisfactoriamente ni la participación, ni el encubrimiento (cuando sea delictivo), porque, por ejemplo, al no ser la misma actividad la del autor que la del encubridor, al acusado como autor del hurto de una cosa, no se le podrá condenar como receptador de ese hecho punible.

Por ello, se intenta buscar el contenido material del injusto como elemento común que permita abarcar la participación y el encubrimiento, ya que, en el ejemplo puesto, el interés jurídico lesionado es el mismo.

A la vista de esta evolución, y teniendo en cuenta los avances de la doctrina alemana, la única posibilidad de identificar perfectamente el hecho es tomar casuísticamente todos y cada uno de los tipos de la legislación penal, y describir los elementos esenciales de la acción material que los conforman.

Ante la imposibilidad de poder efectuar esto en un manual, sólo queda recoger las características esenciales que permiten identificar al hecho criminal imputado, objeto del proceso penal, partiendo de las teorías anteriores. Así, estaríamos ante el mismo hecho, de acuerdo con la mejor doctrina, a efectos de congruencia, litispendencia o cosa juzgada:

1°) Cuando, en el sentido expresado por la teoría normativista, exista identidad, total o parcial, en los actos de ejecución que recoge el tipo penal; y

2°) Cuando, aun sin darse la anterior identidad, el objeto material del delito, es decir, el bien jurídico protegido, sea el mismo.

2) La persona acusada

El segundo elemento identificador del objeto del proceso no es objetivo, como podría deducirse terminológicamente del propio concepto que estamos tratando, sino subjetivo, y ello no es ninguna contradicción, porque es la persona acusada. Y lo es porque, adquirida la fuerza de cosa juzgada por la sentencia, la persona que en ella haya resultado absuelta o condenada es absolutamente inescindible del hecho criminal por el que, habiendo sido acusada, ha resultado finalmente declarada inocente o culpable, de manera que la parte subjetiva no se puede comprender sin la objetiva, ni a la inversa.

Incluso, con mayor precisión, de todos los posibles autores de un hecho punible, únicamente se da la identidad subjetiva respecto a la persona que efectivamente fue acusada en el proceso penal, con independencia de que el resultado final haya sido condenatorio o absolutorio.

Que únicamente pueda ser el acusado y no el acusador es indubitado, porque quién sea el acusador no juega ningún papel. La razón fundamental es que en nuestro Derecho la acción penal es pública (arts. 125 CE, 19.1 y 20.3 LOPJ, 101 y 270 LECRIM), lo que significa que pueden ejercerla voluntariamente todos los españoles, ofendidos o no por el delito, y todos los extranjeros ofendidos por el delito, o cualquiera de ellos indistintamente, con lo cual da exactamente igual quién haya ejercido en definitiva su derecho de acción penal.

Por lo que toca al Ministerio fiscal, que está obligado a querellarse, es un órgano que actúa por sus representantes, siendo indiferente cuál de todos ellos acuse en el caso concreto (arts. 124.1 CE, 435.1 LOPJ, 1 y 3 EOMF, 105 y 271 LECRIM).

La consecuencia práctica es clara también: Discutiéndose si ha habido variación subjetiva sustancial, o el aspecto subjetivo de la litispendencia o cosa juzgada, da exactamente igual quién es o fue el querellante o acusador. No se toma en consideración su persona, ni pasa a cosa juzgada en su momento (salvo en delitos privados).

III. LA CONEXIÓN DE OBJETOS

En el proceso penal, la acumulación de procesos contra el mismo acusado, o los mismos acusados, no es en principio posible, porque «cada delito del que conozca la Autoridad judicial será objeto de un sumario» (art. 17.1 LECRIM). Es decir, cada hecho punible da lugar a un único proceso penal. La única excepción, según esa norma en su párrafo segundo, se da en caso de conexión, porque «...los delitos conexos serán investigados y enjuiciados en la misma causa cuando la investigación y la prueba en conjunto de los hechos resulte conveniente para su esclarecimiento y la determinación de las responsabilidades procedentes salvo que suponga excesiva complejidad o dilación para el proceso», aspecto ya tratado en este mismo tomo al estudiar la competencia.

Las razones por las que se permite la conexión son claras: Se cumple satisfactoriamente con el principio de economía procesal al unificar los procedimientos en uno; se impide la ruptura de la continencia de la causa; se evita la posibilidad de sentencias contradictorias; y se facilita la aplicación de las reglas materiales del concurso.

La conexión (acumulación de procesos en terminología procesal civil), significa la existencia de varios delitos imputados a una sola persona o a varias. Es esencial, pues, para que se produzca la conexión, la concurrencia de varios hechos punibles, independientemente de cuántas personas los hayan podido cometer, pues da exactamente igual que sea una o diez. Por otro lado, que un solo hecho criminal haya sido cometido por varios autores (la llamada conexión objetiva), para nada afecta a la unidad de delito, no existiendo, por tanto, conexión, sino sólo acumulación.

La LECRIM ha precisado cuándo existe conexión en su art. 17, y su art. 18 nos indica el órgano jurisdiccional competente en caso de delitos conexos (v. lecc. 2ª de este tomo). Pero también significa, y de ahí su análisis ahora, una variedad de objetos penales a tratar en un mismo procedimiento y a resolver en una misma sentencia. El art. 17 bis, para casos penales de violencia de género, es a estos efectos irrelevante.

Nada dice la ley sobre el régimen jurídico de la conexión, salvo el efecto fundamental recogido en el citado art. 17 (recordemos, la formación de un único sumario), de donde hay que deducir además que todos los sujetos pasivos deben ser sometidos a una sola causa y enjuiciados en una misma sentencia, si bien ésta puede tener diversos contenidos según los acusados. Pero olvida cuestiones tan importantes como el modo de hacer efectiva la conexión, o el de impugnarla, aunque sí establece reglas específicas en la ejecución (art. 988 LECRIM).

Respecto al primer punto, habría que decir que la conexión, en cuanto repercute en la competencia, debe ser vigilada de oficio por el órgano jurisdiccional, sin que por ello quede impedida lógicamente la actividad de las partes. Se echa en falta en nuestro Ordenamiento, sin embargo, una norma que faculte expresamente al Ministerio fiscal para pedir la reunión de procesos por conexión, o, incluso, para separarlos si entiende que no existe, como ocurre por ejemplo en el alemán (§§ 3 y 13 StPO), con lo que quedaría mejor asegurada «ab initio» la finalidad principal prevista en el art. 17.

En cuanto a los medios de impugnación, habrá que estar a las normas generales sobre los remedios y recursos contra las resoluciones de los órganos jurisdiccionales (arts. 216 y ss. LECRIM).

IV. EL OBJETO DEL PROCESO CIVIL ACUMULADO

Partiendo, como sabemos, de la permisividad de acumular al proceso penal uno civil, estudiadas ya las partes civiles del proceso penal (el actor civil y el responsable civil), y determinados sus presupuestos de capacidad y legitimación, así como su régimen jurídico específico, y dejando las cuestiones, procedimentales o no, relativas al tratamiento de la responsabilidad civil y medidas correspondientes durante el procedimiento preliminar, el juicio oral y la ejecución para lecciones posteriores, toca ahora fijarnos en las respectivas peticiones de ambos, es decir, en el objeto del proceso civil acumulado al penal. En este sentido, en cuanto estamos ante un proceso civil, el concepto de objeto del proceso es el mismo que veíamos en el tomo II de esta obra y recordábamos al principio. Se trata, consiguientemente, de la pretensión y de la resistencia.

El contenido de esta pretensión es casi siempre patrimonial. Sin embargo, ésta no es la única particularidad importante que se da con relación a ellas en nuestro sistema de enjuiciamiento criminal, pues además quedan limitadas las pretensiones civiles que en el proceso penal pueden interponerse acumuladamente a la penal.

Así es, de todas las consecuencias jurídico-civiles que se pueden producir a causa del daño derivado de la comisión de un hecho punible en cuanto acción ilícita (v. art. 1089 CC), la ley penal (arts. 109 a 115 CP, 100 y 650, II LECRIM) solamente considera que pueden acumularse en el proceso penal tres: La restitución de la cosa, la reparación del daño causado y la indemnización de perjuicios derivados de la comisión de ese hecho. En realidad, como veremos enseguida, se trata sólo de dos pretensiones, pues las dos últimas tienen el mismo contenido.

En nuestra opinión, permitir la acumulación de un objeto penal y de otro civil en un mismo procedimiento tiene la evidente ventaja de la economía procesal, pues se resuelven dos objetos interrelacionados en un solo procedimiento, de ahí que en la práctica se vea con buenos ojos la acumulación. Contribuye igualmente a evitar decisiones contradictorias. Pero también tiene el grave inconveniente de obligar a nuestros jueces y magistrados a utilizar, aplicar y manejar una doble mentalidad y técnica jurídicas al mismo tiempo, pues deben investigar, probar y juzgar penal y civilmente en la misma causa. Esta opción, que es por ello discutible, ronda el absurdo cuando por mor de las circunstancias se tiene que desarrollar un proceso penal para dictar un pronunciamiento únicamente civil (v.gr., en caso de conformidad del acusado con la pena pero no con la responsabilidad civil, v. art. 695 LECRIM y lección 17ª en este mismo tomo).

Estas pretensiones no prescriben, porque la ejecución de los pronunciamientos civiles de una sentencia penal condenatoria firme puede continuar hasta la completa satisfacción del acreedor, según previene el art. 570 LEC, sin que le sea de aplicación ni la prescripción, ni la caducidad (STS núm. 607/2020, de 13 de noviembre, RJ 2020\5361).

Las pretensiones indicadas tienen el siguiente contenido:

1) Restitución de la cosa

Prevista en el art. 110-1º CP, es la pretensión procedente cuando el ofendido por el delito o el perjudicado por él, quiere que le sea devuelta la cosa robada, hurtada o apropiada por el autor del delito, porque desea dejar las cosas como estaban antes de la comisión del hecho punible de desapoderamiento. Ejemplo típico: Robo o hurto de un reloj de oro, o de joyas.

El régimen jurídico principal de la restitución se fija en el art. 111. Aunque el CP no lo prevea expresamente, es frecuente en la práctica que la cosa sea hallada, pasando a formar parte de las piezas de convicción, que deben ser devueltas a su legítimo propietario, o cosas equivalentes si se trata de bienes, como el dinero, que son fungibles. El art. 111 se fija más en el supuesto cuando la cosa está en poder de tercero, pues aunque sea adquirente de buena fe debe entregarla, sin perjuicio de sus derechos de repetición e indemnización (art. 111.1), por la vía exclusivamente jurisdiccional civil, con la única excepción de que el bien sea irreivindicable de acuerdo con las Leyes (art. 111.2). La irreivindicabilidad se da, por ejemplo, en los casos de posesión de buena fe de un bien mueble por tercero (art. 464 CC, que consagra como título la posesión de buena fe), o de bienes inmuebles (art. 34 Ley Hipotecaria), o de adquisición de bienes muebles o dinero prevista en los arts. 85 (los bienes adquiridos en establecimiento abierto al público), 86 (la moneda con que se paga la compra), 545 (títulos al portador), 559 y 560 (valores hurtados o robados o extraviados) del Código de Comercio.

Es posible una restitución de la cosa con la obligación añadida de reparar los daños materiales, es decir, con la segunda pretensión que vemos enseguida, en caso de que se hayan producido efectivamente (v.gr., el reloj de oro robado tiene un golpe que le impide funcionar, al collar le faltan varias perlas), cuya cuantía exacta es fijada por el juez o tribunal, de acuerdo con el art. 111.1, primera frase CP.

2) Reparación del daño e indemnización de perjuicios

Como han demostrado la doctrina y la jurisprudencia más solventes, se trata de la misma pretensión, aunque los arts. 110, 112 y 113 CP sigan optando por dividirla. Quizás la única diferencia sea conceptual, pues se pide reparar el daño, mientras que se solicita indemnizar el perjuicio, pero en ambas se considera el objeto de la misma obligación de reparación, atendidos los arts. 1902 y ss. CC, reguladores de la responsabilidad extracontractual.

Mediante ella, establecida con carácter general en el art. 110-2° y 3° CP, se pide al órgano jurisdiccional, ante la imposibilidad de restituir las cosas objeto del delito, que el autor repare e indemnice el daño patrimonial o moral producido por el hecho punible.

La pretensión de reparación consiste en responder, a ser posible matemáticamente, del coste del daño producido en la cosa con ocasión de la ejecución del hecho punible, tanto el daño emergente, como el lucro cesante. El CP dispone, sin embargo, en su art. 112, que fue novedad en nuestro Derecho, introducida para favorecer una mejor reparación de la víctima, que la forma de respuesta puede consistir en «obligaciones de dar, de hacer o de no hacer que el Juez o Tribunal establecerá atendiendo a la naturaleza de aquél y a las condiciones personales y patrimoniales del culpable, determinando si han de ser cumplidas por él mismo o pueden ser ejecutadas a su costa», permitiendo sobre todo el precepto una reparación efectiva de los daños producidos, que en su caso, es decir, frente al incumplimiento de la sentencia en este punto por parte del condenado, abre mejores perspectivas si hay patrimonio para la ejecución, aunque a partir de ahí el texto resulte excesivamente general e inespecífico.

Pero el art. 112 no dice que la valoración del daño patrimonial se hará con base en criterios no únicamente económicos, a saber, el precio de la cosa y el grado de afección del agraviado (piénsese que no es lo mismo perder un dedo de la mano izquierda un abogado diestro, que un pianista), aunque es de suponer que estos temas caben perfectamente en el amplio art. 115.

La indemnización de daños y perjuicios afecta tanto a lo patrimonial como a lo moral, y está relacionada no sólo los que se hubieran causado al agraviado, sino también a sus familiares o a terceros (art. 113). Ello comprende los delitos de terrorismo, los delitos de tráfico, los delitos dolosos violentos y contra la libertad sexual, y los delitos de caza.

Ha sido siempre un problema cuantificar las indemnizaciones, aunque ahora para casos concretos y con el carácter de mínimos viene fijada legalmente. Ello por la inseguridad jurídica producida por los diferentes criterios de los tribunales a la hora de fijar las cuantías de indemnización en estos casos. Hasta 1999 la doctrina consolidada indicaba que los baremos recogidos en las diferentes normas de referencia no eran vinculantes, sino orientativos. Pero la STS de 5 de julio de 1999 (RJ\1999\5818) inició un cambio a favor de ni siquiera considerar esos baremos como mínimos, no quedando limitado el órgano jurisdiccional en ningún sentido, siendo propio de la potestad jurisdiccional fijar el quantum indemnizatorio que se piense apropiado en cada caso. Sin embargo, la STC 181/2000, de 29 de junio, consideró que el sistema tasado o de baremo vinculaba a los órganos jurisdiccionales en todo lo que atañese a la apreciación y determinación de la responsabilidad civil, doctrina que corroboró el TS (S de 20 de diciembre de 2000, RJ\2000\10652), y así se sigue manteniendo desde entonces (STC 222/2004, de 29 de noviembre).

Un tema importante es el de las indemnizaciones a las víctimas de delitos, cuando el autor del delito sea declarado insolvente: Se regula mediante normas propias internas de los Estados miembros de la UE (v. para España el art. 5.1, e) Estatuto de la Víctima del Delito de 2015), pero no en todos los casos, y lo que es más grave, de manera totalmente diferente. Deben tenerse en cuenta el Convenio Europeo sobre Indemnización a las Víctimas de Delitos Violentos, de 24 de noviembre de 1983 y la Directiva 2004/80/CE del Consejo de Europa, de 29 de abril de 2004, sobre indemnización a las víctimas de delitos, en relación con la Directiva 2012/29/ UE del Parlamento Europeo y del Consejo de 25 de octubre de 2012, por la que se establecen normas mínimas sobre los derechos, el apoyo y la protección de las víctimas de delitos, y por la que se sustituye la Decisión marco 2001/220/JAI del Consejo.

Los baremos que se aplican son los regulados para casos de accidentes de circulación, con las correcciones atingentes necesarias, ahora específicamente previstos y con todo detalle por la Ley 35/2015, de 22 de septiembre, actualizados en 2018 (Resolución de 31 de enero de 2018, BOE del 14 de febrero). El CP establece también diferentes reglas. Destaquemos que:

- El órgano jurisdiccional debe fijar en la sentencia, motivadamente, las bases que fundan la cuantía exacta de los daños a reparar o a indemnizar (art. 115). Un ejemplo típico de fijación de bases: La futura operación quirúrgica del perjudicado será costeada en función del importe económico a que asciendan los honorarios de los médicos, la factura de la clínica y el costo de los medicamentos, añadiéndose 60 euros por cada día de baja del paciente.
- La cuantía exacta se puede fijar en la propia sentencia, o diferirla para la ejecución (art. 115 «in fine»), como ya venía ocurriendo en la práctica.
- Norma novedosa importante, si la propia víctima del delito, es decir, el actor civil, hubiera contribuido con su conducta a la producción del daño o perjuicio sufrido, el órgano jurisdiccional discrecionalmente podrá moderar el importe de su reparación o indemnización (art. 114). Con ello se recoge la jurisprudencia que, sobre todo en materia de tráfico, ha aplicado el principio de la compensación de culpas, o más exactamente la concurrencia de culpas.

La obligación de reparar el daño moral surge en ocasiones de la propia ley, pudiendo hacerse en algunos casos en especie, supuestos que han sido notablemente ampliados por el CP. Así ocurre en los: 1) Delitos contra la libertad sexual (art. 193); 2) Delitos de calumnias e injurias (arts. 214 y 216); 3) Delito de incumplimiento de obligaciones alimenticias (art. 227.3); 4) Delito de insolvencia punible (art. 260.3); 5) Delitos contra la propiedad intelectual (art. 272.1); 6) Delitos contra las propiedades intelectual e industrial, contra el mercado y contra los consumidores (art. 288); 7) Delitos sobre ordenación del territorio (art. 319.3); y 8) Delitos sobre el patrimonio histórico (arts. 321, II y 324, II).

Hay que seguir contando con otros tres supuestos de obligaciones legales de reparación de los daños cometidos por el delito, regulados fuera del CP:

- El auto de sobreseimiento libre por inexistencia del hecho o inexistencia del hecho punible, puede, de un lado, expresar que la formación de la causa no perjudica a la reputación de los investigados; de otro, y en su caso, reservar a instancia de éstos o de oficio el derecho a perseguir al querellante como calumniador (art. 638 LECRIM, en relación ahora con los arts. 205 a 207 y 211 a 216 CP);

- La indemnización fijada legalmente para los supuestos de delitos de terrorismo la asume directamente el Estado, que se subroga en la titularidad del derecho de crédito nacido de la sentencia que declare la responsabilidad civil hasta el límite de la indemnización satisfecha, gozando del derecho de repetición (de acuerdo con las previsiones que cada año establece la Ley Presupuestos Generales del Estado); y
- La indemnización prevista para las víctimas de los delitos dolosos violentos y contra la libertad sexual, igualmente citada, que también asume directamente el Estado.

CAPÍTULO III
LA FASE PRELIMINAR

Lección 7ª

LA INSTRUCCIÓN DEL PROCESO: SU ESTRUCTURA ESENCIAL

JUAN LUIS GÓMEZ COLOMER

I. CONCEPTO DE PROCEDIMIENTO PENAL PRELIMINAR

Con fundamento constitucional parcial (en el art. 117.3 CE), puede dividirse el proceso penal en tres fases (llamadas a su vez procesos) distintas: *Fase de declaración*, en la que tras el desarrollo de una investigación del hecho criminal y la constatación de existencia de responsabilidad criminal suficiente para enjuiciar a una persona (subfase de procedimiento preliminar), se la acusa ante un tribunal pidiendo su condena (subfase de juicio oral), decidiendo el juez mediante resolución fundada (subfase de sentencia); *fase de ejecución*, en la que se ejecuta lo juzgado dando cumplimiento al fallo condenatorio de la sentencia; y *fase cautelar*, no prevista de modo directo en la CE, pero necesaria al tener que asegurar personas y bienes para que, si un día se dicta sentencia condenatoria, ésta se pueda ejecutar. La reforma operada en la LECRIM en 2002, sin mencionarlo expresamente, permite inferir que una nueva fase del proceso penal, previa a todas las indicadas, toma cuerpo formalmente en nuestro Derecho, la *fase policial*, en la que la Policía Judicial asume el papel casi exclusivo de investigar el delito. Aunque se ciña de momento al proceso abreviado (arts. 769 a 772), y al proceso especial para el enjuiciamiento rápido de determinados delitos (art. 796), se confirma la progresiva «anglosajonización» del proceso penal español y se eleva a categoría de legal que la investigación del crimen en la práctica realmente es función policial y no fiscal, ni mucho menos judicial.

Iniciamos pues, ahora y con esta lección, el proceso de declaración. En este sentido, hay que decir que vamos a centrarnos en las instituciones propias del proceso penal ordinario por delitos más graves, al ser el mejor regulado por la LECRIM (el originario por delitos, recordemos), sin prescindir de las referencias oportunas a los demás procesos, sobre todo al abreviado.

El proceso penal comienza, en su fase de declaración, por una etapa o subfase inicial, llamada de investigación o procedimiento preliminar, o, más sencillamente, de instrucción.

Realmente, el proceso penal comienza de verdad cuando se formula una acusación contra una persona determinada por un hecho criminal concreto. Pero para poder llegar a este punto, se requiere previamente realizar una serie, a veces muy complicada, de actos, principalmente de investigación, tendentes a averiguar las circunstancias del hecho y la personalidad de sus autores, que fundamenten así la posterior acusación, dado que lo normal es que el delito se cometa en secreto, que se procure evitar su descubrimiento y que no se conozca desde el principio quién lo ha podido realizar.

El procedimiento preliminar está formado, pues y en principio, por el conjunto de «actuaciones encaminadas a preparar el juicio y practicadas para averiguar y hacer constar la perpetración de los delitos con todas las circunstancias que puedan influir en su calificación, y la culpabilidad de los delincuentes, asegurando sus personas y las responsabilidades pecuniarias de los mismos» (art. 299 LECRIM).

Esas actuaciones son los actos de investigación, básicamente, y las diligencias procesales que haya que tomar para que el proceso pueda desarrollarse adecuadamente y que el juicio pueda tener lugar, como son los actos de iniciación, las medidas cautelares, la prueba anticipada, la imputación, los actos de comunicación, etc. Los más importantes son los actos de investigación y a ellos dedicaremos las lecciones 7ª a 11ª.

Legalmente, el procedimiento preliminar se denomina «sumario» en el proceso penal ordinario por delitos más graves, «diligencias previas» en el proceso penal abreviado y «diligencias urgentes» en el proceso penal para el enjuiciamiento rápido de determinados delitos.

1) Funciones

La declaración del art. 299 LECRIM no es, sin embargo, del todo exacta, pues el procedimiento preliminar cumple diversas funciones:

a) Preparar el juicio oral, fundamentando la acusación y la defensa respecto de una persona concreta por un hecho criminal determinado que se le atribuye. Esta función, que para la LECRIM es la principal (art. 299: «...encaminados a preparar el juicio...»), se cumple plenamente en todos aquellos supuestos en los que al sumario o procedimiento preliminar siga efectivamente la fase de juicio oral.

b) Impedir que llegue a abrirse el juicio oral: La realización del juicio oral contra una persona concreta y por un hecho determinado sólo debe producirse cuando del resultado de la primera fase se desprenda la existencia de indicios que permitan llegar a la conclusión provisional de que es conveniente la celebración de ese juicio. La que se ha denominado «pena de banquillo», es decir, el hacer que una persona llegue a sufrir un juicio, con todos los inconvenientes que ello le supone, sólo se justifica si antes se han acreditado los indicios. El juicio oral no se abre sólo porque lo pidan los acusadores, sino cuando un órgano judicial decide que hay elementos suficientes para esa apertura.

De estas funciones se deduce también que el contenido del procedimiento preliminar es muy variado: a) Actos que implican el ejercicio de la acción penal (querella), y de iniciación del proceso (denuncia); b) Actos de investigación, y, en su caso, de prueba anticipada; c) Actos de imputación (auto de procesamiento, básicamente); d) Actos cautelares (prisión y libertad provisionales, fundamentalmente); y e) Otras diligencias.

2) Naturaleza jurídica

El tema de la naturaleza jurídica del procedimiento preliminar es polémico en la doctrina española. En resumen, un sector doctrinal entiende que estamos ante actividad administrativa (ya que hay actos del Juez que son administrativos, porque intervienen órganos no jurisdiccionales como la Policía Judicial, y porque ninguna de sus decisiones tiene el carácter de definitiva, sino que son revocables); y otro sector opina que es actividad jurisdiccional; no faltando quienes piensan que tiene carácter mixto. En nuestra opinión, el procedimiento preliminar tiene naturaleza jurisdiccional por el fundamental argumento siguiente: Con base únicamente en el sumario se puede resolver la absolución o condena, tanto penal como civil, del acusado, por ejemplo, cuando se conforma con la pena solicitada en la calificación provisional, pues entonces no hay juicio oral.

3) Principios que lo rigen

Esta primera fase está en principio caracterizada por principios del sistema inquisitivo, pero, o bien se aplican a aspectos concretos del procedimiento, o bien no se dan en toda su pureza, hallándose influidos por los opuestos principios del sistema acusatorio. De entre ellos, hay que señalar los siguientes:

a) La *escritura de las actuaciones procesales*: Varios preceptos de la LECRIM hacen referencia al principio de la escritura (arts. 315, 450, etc.).

b) *El carácter reservado* (antes llamado *secreto*) de las actuaciones que forman el procedimiento preliminar viene impuesto por el art. 301 LECRIM, si bien debe tenerse en cuenta que hay que distinguir diversos matices previstos en ese precepto y en el art. 302 (v. STS 432/2023, de 5 de junio, JUR 2023\256941).

c) *Iniciación de oficio*: Este carácter es netamente inquisitivo, pero ciertamente dura poco tiempo, ya que inmediatamente el Juez haya incoado el sumario, debe ponerlo en conocimiento del Ministerio Fiscal, para que éste se constituya en parte (arts. 303, I y 308 LECRIM). Por tanto, se puede decir que, a pesar de la terminología legal, el proceso penal español nunca se inicia de oficio. El principio acusatorio no permite otra solución.

4) Piezas

El procedimiento preliminar está formado por tres piezas necesarias y una eventual:

a) *Pieza principal*: Se forma con el auto de incoación del sumario o de las diligencias previas, y en ella se comprenden las diligencias encaminadas a la averiguación del delito y a la participación del investigado, con todas las circunstancias relevantes para su calificación, terminando con el auto de conclusión del sumario.

b) *Pieza de situación personal*: En esta pieza se hacen constar todas las diligencias relativas a la prisión o libertad provisionales del investigado, así como las fianzas correspondientes a estas medidas cautelares (art. 544 LECRIM).

c) *Pieza de responsabilidad civil*: Aquí constan todas las diligencias sobre fianzas y embargos decretados para asegurar las responsabilidades pecuniarias del investigado, como multas, costas y responsabilidad civil (art. 590 LECRIM), o para declarar la insolvencia.

d) *Pieza de responsabilidad subsidiaria*: Esta pieza es eventual, pero sólo se forma cuando es responsable civil un tercero no investigado penalmente (art. 619 LECRIM).

En los procesos abreviados se pueden formar más piezas separadas, si existe conexión y varios investigados, pero es posible un enjuiciamiento separado, con el fin de agilizar los trámites (art. 762-6ª LECRIM).

5) Clases en función del órgano competente

Nuestra LECRIM no ha dado el paso todavía para hacer competente para la instrucción al Ministerio Fiscal, siguiendo el sistema anglosajón y de acuerdo con nuestros modelos tradicionales europeos que ya lo han hecho (Alemania e Italia). Por ello, sigue siendo competente un Juez, que se llamaba Juez Instructor, pero que desde 2025 está incardinado o en la TISecU o en la TISecI (art. 303, I LECRIM, entre otros). Pero en algunos casos sí instruye el Fiscal (art. 773.2 LECRIM), tema sobre el que la jurisprudencia se ha pronunciado en reiteradas ocasiones (sobre su valor probatorio, v. la STS 432/2023, de 5 de junio, JUR 2023\256941).

II. ACTOS DE INICIACIÓN

El procedimiento preliminar sólo se puede iniciar o por denuncia o por querella. Ya hemos explicado que no es posible iniciarlo de oficio. Nos centramos, por tanto, en estos dos actos procesales de iniciación, regulados con detalle en nuestra LECRIM.

Conviene tener en cuenta antes, sin embargo, que muchos de los actos que a partir de ahora se van a considerar, sin perjuicio de su tratamiento específico, van a poder realizarse mediante presencia telemática, de acuerdo con el art, 258 bis LECRIM, introducido por el RD-L 6/2023. Ello afecta particularmente a comparecencias, declaraciones, audiencias y vistas, sin perjuicio de que en algunos casos fijados por ese precepto, la comparecencia física del investigado sea inexcusable.

1) La denuncia

A) Concepto

La denuncia es un acto procesal por el que una persona emite una declaración de conocimiento, que proporciona al titular del órgano jurisdiccional la noticia de un hecho que reviste los caracteres de delito. Es, por tanto, la manera idónea según la ley de transmitir la *notitia criminis.*

B) Características generales

Su regulación se encuentra, fundamentalmente, en los arts. 259 a 269 LECRIM, y tiene como características generales las siguientes:

a) La denuncia es una afirmación, no una petición.

b) Quien denuncia es en principio ajeno al proceso, limitándose a comunicar un hecho, sin que se entienda por esto mismo que es parte en el proceso penal (aunque sin duda será llamado como testigo si se limita a denunciar).

c) La denuncia es un acto responsable, razón por la cual quien denuncia un hecho delictivo adquiere responsabilidades, si actúa intencionadamente de manera no adecuada.

C) Forma

La denuncia puede ser escrita u oral, en incluso, lo que no es frecuente, por medio de mandatario (arts. 266, 267 y 265 LECRIM). Puede interponerse electrónicamente, pero no en todos los casos (v. art. 266, modificado por la LO 1/2025). Debe tener el contenido fijado en el art. 265.2, modificado también por el RD-L 6/2023. Como veremos en esta misma lección, el atestado de la Policía Judicial equivale a denuncia (arts. 297 LECRIM y S TC 49/1986, 23 abril). En la práctica el funcionario de Policía redacta por escrito la denuncia que le está comunicando verbalmente el ofendido por el hecho punible o un tercero.

D) Voluntariedad y obligatoriedad de la denuncia y exenciones

La denuncia se formula por un sujeto frente a un destinatario. Esto es importante, puesto que la persecución de determinados delitos se vincula al requisito previo de la denuncia.

Es sujeto activo de la denuncia, en general, quien tenga conocimiento de la comisión de un delito. Es tratado por la LECRIM en función de los requisitos de perseguibilidad que ella misma u otra Ley establezcan:

1.– Hechos punibles perseguibles previa denuncia del ofendido: Existen delitos que únicamente pueden perseguirse previa denuncia del ofendido u otra persona relacionada con él (parientes próximos, representantes legales, guardadores de hecho, o incluso el MF si son agraviados menores, incapaces o personas absolutamente desvalidas). Esto significa que el proceso penal únicamente puede iniciarse si el ofendido por el delito, o persona allegada a él, denuncia los hechos ante el sujeto destinatario, que veremos más adelante.

Requieren previa denuncia de la parte ofendida muchos delitos. Por ejemplo: Delitos de reproducción asistida inconsentida (art. 161.2 CP), los delitos de agresiones sexuales, acoso o abusos sexuales (art. 191 CP), si bien en ellos cabe también querella del Ministerio Fiscal, en los términos señalados en dicho artículo; los delitos de descubrimiento y revelación de secretos (art. 201 CP); los de abandono de familia e impago de alimentos (art. 228 CP); delito de daños por imprudencia grave en cuantía superior a 80.000 euros (art. 267, II CP); delitos contra la propiedad intelectual, la propiedad industrial, el mercado y contra los consumidores (art. 287.1 CP); delitos societarios (art. 296.1 CP), en los términos del número 2 del mismo artículo; delito de acusación falsa, potestativo (art. 456.2 CP); delito de denuncia falsa, potestativo (art. 456.2 in fine CP); etc.

La denuncia de los ofendidos por estos delitos es en todo caso un derecho, no una obligación. Por tanto, depende de ellos que se inicie el proceso penal contra el presunto autor. Denunciándose los hechos en estos casos, además de cumplir con un derecho propio, se está poniendo de manifiesto una afirmación, requisito del inicio del proceso penal.

En determinados casos la denuncia puede comportar consecuencias muy negativas para el denunciante, de ahí que se establezca una protección ulterior, sobre cuya eficacia siempre existen dudas (por ejemplo, para los denunciantes, informantes, de corrupción en el ámbito europeo, v. Directiva (UE) 2019/1937, de 23 de octubre; LO 2/2023, de 20 de febrero; y RD 1101/2024, de 29 de octubre).

2.– Hechos punibles perseguibles de oficio: En todos los demás delitos, su persecución se realiza de oficio. La denuncia se configura aquí como una obligación, con exenciones.

Tienen el deber de denunciar quienes hayan presenciado los hechos criminales (art. 259 LECRIM), y quienes tengan conocimiento de los mismos por razón de su cargo, profesión u oficio (art. 262 LECRIM), así como quienes, en general, tengan el conocimiento de la comisión de hechos punibles (deber general de denunciar: art. 264, I LECRIM). En caso de violencia ejercida sobre menores de edad, los arts. 15 a 17 y 19 LO 8/2021 prevén una situación especial, pues establecen la obligación de comunicar a la Policía, a la Fiscalía o a la autoridad judicial los hechos que tienen a quienes adviertan indicios de tal violencia. Aunque la ley hable de comunicación, en realidad estamos técnicamente ante una denuncia.

Pero están exentos del deber de denunciar:

a) En función de la capacidad: Los impúberes y quienes no gocen del pleno uso de su razón (art. 260 LECRIM);

b) En función del parentesco con el autor del hecho punible: El cónyuge del delincuente no separado legalmente o de hecho o la persona que conviva con él en análoga relación de afectividad, y los ascendientes y descendientes del delincuente y sus parientes colaterales hasta el segundo grado inclusive (art. 261 LECRIM). No rige esta excepción del deber de denunciar cuando se trate de los delitos enumerados en el precepto y la víctima del delito sea una persona menor de edad o una persona con discapacidad necesitada de especial protección (es importante la S TS núm. 389/2020, de 10 julio, RJ 2020\2672);

c) En función del cargo o profesión: Los abogados y procuradores del autor-cliente (art. 263 LECRIM, en relación con el art. 437.2 LOPJ), y los sacerdotes de la religión católica que sepan de él por confesión (según el Código de Derecho Canónico y el art. 263 LECRIM); y

d) En función del objeto del delito: Están exentos del deber de denunciar los Jueces, Fiscales y Jefes de la Policía Judicial encargados de vigilar el tráfico de drogas, que decidan permitir su circulación o entrega en España o a través del territorio nacional, atendidos los fines de la investigación, la importancia del delito, el descubrimiento de los delincuentes y los efectos de su vigilancia, con comunicación a la Fiscalía Especial para la prevención y represión del tráfico ilegal de drogas y, en su caso, al juez con competencias para instruir (art. 263 bis LECRIM) (v. lección siguiente sobre este punto desde otra perspectiva).

En virtud de estas normas, toda autoridad o profesional que por el medio que sea (v.gr., la televisión), conozca de la existencia de un hecho punible, tiene obligación de denunciarlo, incluido el Ministerio Fiscal, bajo sanción (art. 262 LECRIM).

En caso de que el propio autor denuncie los hechos (autodenuncia), la denuncia es admisible, independientemente de los beneficios a que pueda acogerse el denunciante (por ser atenuante el arrepentimiento espontáneo según el art. 21, 4ª CP). La denuncia anónima también se admite por la jurisprudencia, pero obligando al instructor a reforzar el criterio de verosimilitud del hecho delictivo comunicado (SS TS núm. 676/2019 de 23 enero. RJ 2020\415; y núm. 35/2020 de 6 febrero, RJ 2020\298). Por ejemplo, se admite sin ser prueba o indicio como notitia criminis, que exige una investigación policial, pero es insuficiente para acordar una intervención telefónica (STS 235/2024, de 11 de marzo, *Caso «AUSBANC - Manos Limpias»*, JUR\2024\92871).

Cuando el denunciante anónimo revele hechos punibles contra la Unión Europea (contra sus intereses financieros, corrupción, etc.), goza de una protección especial frente a represalias, fijada por la citada Ley 2/2023, de 20 de febrero, reguladora de la protección de las personas que informen sobre infracciones normativas y de lucha contra la corrupción (que incorpora la Directiva (UE) 2019\1937, de 23 de octubre de 2019).

Finalmente, en ningún caso es necesario identificar a la persona denunciada, porque lo importante es dar parte de hechos delictivos, pero si se conoce, deberá expresarse su nombre en la denuncia.

E) Órganos receptores

El destinatario de la denuncia puede ser un órgano judicial o un órgano distinto, dado que las denuncias se pueden presentar ante el Juez, generalmente el que esté en funciones de Guardia (arts. 259, 262, I y 264 LECRIM), ante el Ministerio Fiscal (art. 259, 262, I y 264 LECRIM), y la Policía Judicial (Policía Nacional, Guardia Civil y Policía Local: arts. 262, I y 264 LECRIM; art. 445.1, a) LOPJ). Lo usual es la presentación de la denuncia ante la Policía. Si la denuncia se presenta ante la Fiscalía, debe tenerse en cuenta que ésta tiene un plazo de 6 meses, prorrogable en ciertos casos, para decidir, practicando investigaciones propias, si sigue adelante o no (art. 5.2 EOMF de 1981), lo que puede afectar a la prescripción del delito cuando los plazos sean breves. Esa actividad de investigación de la fiscalía es constitucional, pues resulta imprescindible para decidir si se inicia el proceso penal o no (STC 59/2023, de 23 de mayo).

F) Efectos

La denuncia, en tanto en cuanto es un acto procesal, produce determinados efectos, que afectan tanto al denunciante como al proceso penal, o, por mejor decir, al órgano jurisdiccional:

a) Respecto al denunciante: Formulada la denuncia, el denunciante ha cumplido con su deber y no queda obligado, en consecuencia, a sostener la acción penal, es decir, a presentarse como parte en el proceso querellándose contra el autor, ni a probar los hechos que acaba de denunciar (art. 264, I «in fine» LECRIM). La Ley le protege, además, especialmente, porque a pesar de que denunciar un hecho criminal sea un deber, con la denuncia se puede incurrir en un riesgo personal (v. el art. 464 CP).

   No obstante, y en sentido contrario, si la denuncia hubiera sido realizada con dolo (voluntad de dañar injustamente a otra persona), el denunciante queda sometido a responsabilidad (delitos de denuncia falsa, art. 456 CP; o de simulación de delito, art. 457 CP).

b) Respecto al órgano jurisdiccional: Tiene la obligación de investigar el hecho denunciado, y también el órgano administrativo que la hubiera recibido (v.gr., la Policía Judicial), incluso antes de dar parte al Juez (art. 269 LECRIM), además de comunicar la misma al MF y a los sujetos denunciados en su caso, lo que les convierte en investigados (art. 118, II LECRIM).

Sólo si los hechos no revisten caracteres de delito o la denuncia resulta manifiestamente falsa, se archivará (art. 269 LECRIM).

También se interrumpe la prescripción, dados los mismos requisitos que con la querella (v. inmediatamente).

2) *La querella*

A) Concepto y diferencias con la denuncia

La querella es también un acto procesal que inicia el proceso penal, consistente en una declaración de voluntad dirigida por una persona al órgano jurisdiccional competente para la instrucción de la causa, por medio de la cual, además de proporcionar a aquél la *notitia criminis*, se ejercita la acción en el proceso penal, constituyéndose el querellante en parte actora (particular, popular o privada) del proceso penal. Se regula en los arts. 270 a 281 LECRIM.

De este simple concepto, se desprenden claras diferencias con la denuncia, aunque tengan en común el ser ambos actos de iniciación. La fundamental consiste precisamente en que a través de la querella se ejerce el derecho de acción procesal, esto es, el derecho de acudir a los órganos jurisdiccionales penales, convirtiéndose su titular en parte. Sin embargo, en la querella no se interpone también la pretensión, porque para poder pedir algo, la imposición de una pena, se requiere una investigación completa antes. La pretensión se interpondrá en el escrito de acusación (calificaciones provisionales, v. lecc. 16ª).

Existen más diferencias, que conviene remarcar: 1ª) La querella contiene una declaración de voluntad; mientras que la denuncia es sólo una declaración de conocimiento. 2ª) La querella constituye un derecho; la denuncia un deber, generalmente. 3ª) La querella debe presentarse ante el Juez competente; la denuncia ante cualquier autoridad de las anteriormente vistas. 4ª) La querella se formula siempre por escrito y cumpliendo determinados requisitos formales; la denuncia puede ser verbal o escrita, y no tiene formalismo alguno. 5ª) En la querella se proponen diligencias; en la denuncia no; etc.

La querella se convierte así en un acto esencial del proceso penal, en tanto en cuanto es necesario para convertirse en parte acusadora en el proceso penal. Ello es particularmente relevante para el Ministerio Fiscal, órgano estatal encargado de ejercer la acusación pública en este proceso (arts. 124.1 CE, 435.1 LOPJ, 271 LECRIM y art. 3.4 EOMF).

Sin embargo, ya desde hace tiempo el legislador quiere facilitar el acceso a la cualidad de parte acusadora sin necesidad de interponer querella, por dos razones básicamente: 1º) Porque los ofendidos por el delito pueden adquirir la condición de parte acusadora particular una vez ya iniciado el proceso sin necesidad de querella, respondiendo afirmativamente al ofrecimiento de acciones que en tal sentido les haga el órgano jurisdiccional (basta un simple escrito pidiéndolo: arts. 109, 110, 642 y 643 LECRIM); y 2º) Porque en los procesos penales abreviados el legislador dice expresamente que no es necesario (art. 761.2 LECRIM). Esto es equivocado, y acabará con ello perdiendo totalmente su sentido la querella, que por los requisitos y contenido que tiene es de vital importancia para el correcto actuar del órgano jurisdiccional en la fase de investigación.

En la práctica, sin embargo, el MF no se querella siempre, aun siendo obligatorio para él (impuesta en el RD-ley 13 junio 1927, a pesar de la claridad de los arts. 105 y 271 LECRIM,) puesto que si el proceso ya ha sido iniciado mediante denuncia o querella de acusador particular o popular, el MF se muestra parte en la causa mediante un simple escrito, llamado de personación, y no mediante la querella, que es la institución prevista por la Ley específicamente para alcanzar ese fin. El argumento es que, iniciado el proceso penal, el MF es parte ya por obligación de la Ley y, por tanto, no le hace falta querellarse. Pero esta interpretación va en contra de lo dispuesto clarísimamente en la LECRIM, como veremos inmediatamente.

B) Requisitos formales

El análisis de esta rica institución exige considerar además los sujetos, los presupuestos, la forma, los documentos que deben acompañarla y los efectos:

1.– Sujetos: Hay que distinguir a su vez entre sujeto activo, sujeto pasivo y destinatario:

a) Sujeto activo: Conviene a su vez observar la clasificación de los delitos en públicos, semipúblicos y privados, que hemos visto resulta fructífera para diversas instituciones procesales:

1) En los delitos perseguibles de oficio (públicos), sujeto activo de la querella pueden ser tanto el MF (éste en todo caso), como el ofendido por el delito, sea español o extranjero (actor particular), o el no ofendido por el delito español (actor popular), según los arts. 101, 105, 270 y 271 LECRIM, 19.1 LOPJ y 3.4 y 5 EOMF, partiendo del art. 125 CE).

2) En los delitos perseguibles previa denuncia del ofendido (semipúblicos), sujeto activo de la querella pueden ser, una vez consta la denuncia previa, el MF (en todo caso), y el ofendido por el delito (arts. 104, 105, 270 LECRIM, y los correspondientes del CP en donde se establece el requisito previo de la denuncia, antes citados). No parece admisible que se pueda querellar el no ofendido por el delito, porque la ley supedita la persecución de los delitos semipúblicos a la voluntad de los ofendidos.

3) En los delitos perseguibles previa querella del ofendido (privados), únicamente éste o los autorizados expresamente en cada caso por el CP pueden querellarse (arts. 104, I LECRIM y 215.1 CP). En todo caso queda excluido el MF, salvo en los casos previstos expresamente en el art. 105 LECRIM.

Hoy únicamente exigen querella previa del ofendido los delitos de injuria y calumnia contra particulares (art. 215 CP), a tramitar conforme a los arts. 804 LECRIM.

No todo el mundo puede sin embargo querellarse. En general hay que tener en cuenta respecto a los sujetos activos de la querella las restricciones absolutas y relativas a la legitimación fijadas por la LECRIM, tanto por razón de falta de capacidad (art. 102-1°), por razones de prevención (art. 102-2°), o por razón del cargo judicial (art. 102-3°), así como por razones de parentesco (art. 103). V. la lecc. 3ª, ap. V-1).

b) Sujeto pasivo: Es el querellado, que debe precisarse en la querella del modo mejor posible (art. 277, II-3° LECRIM). Si no se identifica de alguna manera, la querella debe admitirse ello no obstante igualmente (porque el art. 313, I LECRIM nada dice al respecto), y practicarse las diligencias de investigación necesarias (v. arts. 368 y ss. LECRIM).

c) Sujeto destinatario: La querella tiene que presentarse ante el juez competente (art. 272 LECRIM, con las particularidades fijadas en sus párrafos segundo y tercero y en el art. 273, para las actividades de prevención de quien quiera querellarse por un delito cometido «in fraganti» o que no deja huellas), pues de no ser así se inadmitirá (art. 313, I LECRIM), aunque valga entonces como denuncia.

2.– Presupuestos: Hay que distinguir a su vez también diversos presupuestos, que están en función, según la Ley y la Jurisprudencia de los siguientes extremos:

a) Querella por cualquier delito en general: Se exige que los hechos tengan apariencia de delito (art. 313, I LECRIM, «a contrario sensu»), constituir fianza si la querella se presenta por persona distinta del ofendido, sus parientes más próximos o representantes, o por asociaciones de víctimas y personas jurídicas no autorizadas (arts. 280 y 281 LECRIM, con la precisión del art. 20.3 LOPJ y la Jurisprudencia del TC, v. su S 62/1983, 11 julio); y que el querellante acredite mediante la residencia en territorio español que está sometido a la competencia del órgano jurisdiccional (art. 274, I LECRIM).

La no necesidad de depositar fianza se amplió respecto a los delitos de asesinato u homicidio en 2015 al reformarse el art. 281 LECRIM, además de a la persona vinculada con el difunto por una análoga relación de afectividad, a las asociaciones de víctimas y a las personas jurídicas a las que la ley reconoce legitimación para defender los derechos de las víctimas siempre que el ejercicio de la acción penal hubiera sido expresamente autorizado por la propia víctima.

b) Querella por delito perseguible previa querella del ofendido: Se exige también que los hechos tengan apariencia de delito, que el querellante acredite mediante la residencia en territorio español que está sometido a la competencia del órgano jurisdiccional, pero el requisito de la fianza se sustituye por el del acto de conciliación (art. 278 LECRIM), único caso en que se reconoce esta forma autocompositiva de resolver los conflictos intersubjetivos en el proceso penal.

c) Querella por injuria o calumnias causadas en juicio: Se exige también que los hechos tengan apariencia de delito, y que el querellante acredite mediante la residencia en territorio español que está sometido a la competencia del órgano jurisdiccional, pero el requisito de la fianza (o el del acto de conciliación) se sustituye por el de la licencia del Juez o Tribunal que hubiera conocido de las respectivas causas (arts. 279 LECRIM y 215.2 CP), ya que éste puede actuar más objetivamente respecto a frases ofensivas que se hayan podido producir en el juicio.

3.- Forma: La querella es un acto procesal de parte escrito, firmado por el Abogado y el Procurador del querellante, cuyo contenido formal viene fijado en el art. 277 LECRIM: Identificación del órgano jurisdiccional ante quien se presenta; identificación del querellante y su representación; identificación en la medida de lo posible del querellado; relación circunstanciada de los hechos criminales; fijación de la relevancia penal de los hechos (pero sin acusar a nadie y sin pedir pena alguna, aunque sí imputando los hechos al querellado); diligencias que deben practicarse para la comprobación de los hechos en el entender de la parte; peticiones relativas a medidas cautelares personales, en su caso; peticiones relativas a la responsabilidad civil, también en su caso; firmas necesarias; y la petición (suplico) de que se admita la querella, se practiquen las diligencias solicitadas y se acuerden las demás peticiones formuladas.

4.- Documentos que deben acompañarse a la querella: El querellante debe acompañar con carácter general a su querella el poder del Procurador y el bastanteo del Letrado. Pero también, según el objeto de la querella, la certificación negativa del acto de conciliación, la licencia del órgano jurisdiccional (ambas anteriormente vistas), o los documentos objeto del hecho punible si se poseen y se trata de delitos de falsedad documental (arts. 309 y ss. CP).

C) Efectos

Efectos de la presentación de la querella: Finalmente, la querella produce efectos muy importantes, tanto si se admite como si se inadmite:

a) Si la querella se admite a trámite, se producen los siguientes efectos:

1°) Se constituye en parte procesal actora el querellante (particular si es el ofendido por el delito, popular si no lo es, privada si se trata de delitos perseguibles sólo mediante su querella), entendiéndose con él a partir de ahora todas las diligencias y actos del proceso.

El querellante parte en el proceso penal puede desistir de la acción en cualquier momento de la causa, pero si es el ofendido por el delito en delitos públicos y semipúblicos, queda sometido a posibles responsabilidades (art. 274, II LECRIM), y si lo es por delito privado, el proceso termina (art. 275 LECRIM). En caso de muerte del querellante, los herederos pueden continuar el proceso en función de que cumplan con lo prevenido en el art. 276 LECRIM.

2º) El juez competente debe ordenar la práctica de todas las diligencias pedidas en la querella, salvo que las considere contrarias a las leyes, innecesarias o perjudiciales (arts. 311, I y 312 LECRIM).

3º) La admisión a trámite de la querella debe ponerse en conocimiento del querellado, el cual, si no había sido detenido anteriormente por la Policía o por el propio Juez, adquiere desde entonces la condición de encausado, gozando de los derechos previstos en el art. 118 LECRIM.

4º) La prescripción del delito se interrumpe en los términos del art. 130-6º CP. Por tanto, admitida a trámite la querella por auto en el plazo previsto en esa norma, la prescripción del delito opera desde la fecha de la misma.

b) Si la querella, al contrario, no se admite a trámite, se producen también unos efectos muy concretos, pero antes hay que considerar las causas legales de inadmisión:

1ª) Que los hechos no sean constitutivos de delito (art. 313, I LECRIM).

2ª) Que el Juez no sea competente (art. 313, I LECRIM).

3ª) Que la querella sea presentada por un incapaz (con base en los arts. 102 a 104 y 312 LECRIM); y

4ª) Que la querella no reúna los requisitos establecidos en el art. 277 LECRIM (art. 312 LECRIM).

Muchos de estos defectos son subsanables, por lo que devuelta la querella a la parte, ésta debe proceder a rectificar los errores y volver a presentarla ante el juez competente. Pero en caso de que no lo fueran o la parte no los subsanara, no debe olvidarse que en ella, aunque defectuosamente, se han descrito unos hechos que constituyen delito, por lo que se transmite una *notitia criminis* al órgano jurisdiccional, que debe actuar en consecuencia, es decir, incoar el proceso penal correspondiente si es competente y no lo hubiera hecho ya, y si no lo es, ponerlo en conocimiento del MF para que se querelle ante quien lo sea.

La inadmisión se efectúa por medio de auto, que es apelable (art. 313, II LECRIM), no cabiendo ningún recurso contra la resolución del órgano jurisdiccional competente para la apelación. Dado que puede significar la negación del derecho de acción (art. 24.1 CE), a mi juicio estaría abierta la posibilidad de recurrir en amparo ante el TC (pero v. las precisiones que establecen las SSTC 148/1987, 28 noviembre y 191/1989, 16 noviembre, así como la STS 432/2023, 5 junio, JUR 2023\256941). En cualquier caso, debe practicarse una mínima actividad investigadora (STC 1/1985, 9 enero), y motivar la inadmisión (S TC 196/1988, 24 octubre).

Los efectos específicos de la inadmisión son: La reanudación de nuevo de la prescripción del delito; la inexistencia de litispendencia; y la imposición de las costas al querellante si ha actuado con temeridad o mala fe (art. 240-3° LECRIM).

III. LAS PARTES EN LA INSTRUCCIÓN

Las funciones que realiza el Fiscal en el procedimiento preliminar ya han sido estudiadas, y las de la Policía Judicial las veremos a continuación en esta misma lección.

Hemos de referirnos ahora a la intervención de las demás partes acusadoras y a la del investigado, pero con carácter general, puesto que en particular la iremos viendo oportunamente en lecciones posteriores.

1) *Las partes acusadoras no públicas*

Así, todas las partes tienen las posibilidades siguientes:

a) Proponer la práctica de las diligencias que estimen oportunas (arts. 302, 311, I y 776.3 LECRIM), como consecuencia del principio de contradicción y del derecho de defensa, si bien su realización efectiva depende de que sean admitidas por el Juez, que puede rechazarlas si las considera inútiles o perjudiciales.

b) Conocer las actuaciones del procedimiento preliminar (art. 302, I LECRIM), como consecuencia del principio de contradicción, salvo que esté declarado el secreto, como hemos apuntado antes.

c) Intervenir en todas las diligencias que se practiquen en el procedimiento preliminar (art. 302, I LECRIM), también como consecuencia del principio de contradicción.

2) Investigado o encausado (imputado)

Ello es particularmente importante para el detenido, pues tiene ya desde el momento de la detención derecho a la defensa técnica pre-procesalmente y una vez iniciado el proceso penal (arts. 17.3 y 24.2 CE, y arts. 118, 520 y 775, II LECRIM, v. lecc. 4ª y 13ª), aunque el investigado goza también de otros derechos durante esta primera fase del proceso penal español, que iremos viendo oportunamente.

No debe olvidarse tampoco la vigencia en el proceso penal español del principio de investigación oficial, por lo que el Juez puede practicar de oficio todas las diligencias que considere necesarias para alcanzar los fines propios del procedimiento preliminar, sin necesidad de que se lo pidan las partes (v. los arts. 315, II, y 777.1 LECRIM).

3) Sobre el derecho de defensa del investigado o encausado

El derecho constitucional de defensa del investigado o encausado ha sido expuesto en su concepto general en la lección 4ª de este volumen. Toca ahora entrar en su desarrollo ordinario, bajo la protección máxima que dispensa el art. 24 CE, realizado fundamentalmente por los arts. 118 y 520 LECRIM, sin olvidar la LO 5/2024, de 11 de noviembre, del Derecho de Defensa, en parte redundante.

La ley contempla el derecho de defensa desde dos perspectivas complementarias: A) El ejercicio del derecho a la defensa técnica a partir de la imputación; y b) El ejercicio del derecho a la defensa técnica en la detención policial, fiscal y judicial, o en la prisión. Pero, aunque se trate de dos preceptos distintos, ambos se complementan y no presentan diferencias apreciables en cuanto a lo que es una regulación enormemente detallada, quizás la que más en nuestro entorno jurídico, a veces redundante y confusa.

A) Defensa técnica tras imputación

1º) El derecho de defensa nace para la persona cuando es investigada (v. apartado V de esta misma lección), entendido este término en sentido amplio, es decir, según la ley, cuando se le comunique la existencia del hecho, haya sido objeto de detención o de cualquier otra medida cautelar o se haya acordado su procesamiento, debiendo ser informada una vez admitida a trámite la denuncia o querella o cualquier acto procesal que implique imputación, que se le debe comunicar inmediatamente (art. 118.5 LECRIM).

Debe ser además instruida expresamente sobre el contenido de su derecho de defensa por la autoridad que haya imputado, teniendo en cuenta su edad, su grado de madurez, discapacidad y cualquier otra circunstancia personal de la que pueda derivar una modificación de la capacidad para entender el alcance de la información que se le facilita (art. 118.1 LECRIM).

2º) El contenido del derecho de defensa tras la imputación es complejo, pues viene integrado a su vez por varios derechos, de acuerdo con ese mismo precepto y el art. 3.3 LODef:

a) Derecho a ser informado de los hechos que se le atribuyan, así como de cualquier cambio relevante en el objeto de la investigación y de los hechos imputados. Esta información será facilitada con el grado de detalle suficiente para permitir el ejercicio efectivo del derecho de defensa (v. también art. 6 LODef).

b) Derecho a examinar las actuaciones con la debida antelación para salvaguardar el derecho de defensa y en todo caso, con anterioridad a que se le tome declaración (v. también art. 6.1, II LODef).

c) Derecho a actuar en el proceso penal para ejercer su derecho de defensa de acuerdo con lo dispuesto en la ley, principalmente su derecho a ser oída (v. también art. 3.3 LODef).

d) Derecho a designar libremente abogado, sin perjuicio de lo dispuesto en el apartado 1 a) del artículo 527 (a tener en cuenta la S TEDH de 18 de enero de 2022, *caso Atristain*). V. art. 5 LODef.

e) Derecho a solicitar asistencia jurídica gratuita, procedimiento para hacerlo y condiciones para obtenerla (v. art. 4.4 LODef).

f) Derecho a la traducción e interpretación gratuitas de conformidad con lo dispuesto en los artículos 123 y 127 (v. también art. 11 LODef).

g) Derecho a guardar silencio y a no prestar declaración si no desea hacerlo, y a no contestar a alguna o algunas de las preguntas que se le formulen (v. art. 10, p) LODef).

h) Derecho a no declarar contra sí mismo y a no confesarse culpable. La información a que se refiere este apartado se facilitará en un lenguaje comprensible y que resulte accesible (v. art. 3.3 LODef).

i) Añadamos para finalizar el derecho a un lenguaje claro (art. 9 LODef).

3º) Ejercicio del derecho: El derecho de defensa se ejercerá sin más limitaciones que las expresamente previstas en la ley. Implica exactamente la asistencia letrada de un abogado de libre designación o, en su defecto, de un abogado de oficio. El imputado (investigado o encausado) podrá comunicarse y entrevistarse reservadamente con su abogado, incluso antes de que se le reciba declaración por la policía, el fiscal o la autoridad judicial, sin perjuicio de lo dispuesto en el artículo 527 y que estará presente en todas sus declaraciones, así como en las diligencias de reconocimiento, careos y reconstrucción de hechos (art. 118.2 LECRIM). El letrado está obligado a realizar una defensa efectiva, pues en caso contrario podría declararse nulo el juicio (ex argumentación de la S TS 649/2023, de 5 de septiembre, RJ 2023\4646). V. también art. 8 LODef.

4º) Redundantemente, el art. 118.3 vuelve a disponer que: «Para actuar en el proceso, las personas investigadas deberán ser representadas por procurador y defendidas por abogado, designándoseles de oficio cuando no los hubiesen nombrado por sí mismos y lo solicitaren, y en todo caso, cuando no tuvieran aptitud legal para hacerlo. Si no hubiesen designado procurador o abogado, se les requerirá para que lo hagan o se les nombrará de oficio si, requeridos, no los nombrasen, cuando la causa llegue a estado en que se necesite el consejo de aquéllos o haya de intentar algún recurso que hiciese indispensable su actuación».

5º) Las comunicaciones entre investigado o encausado y abogado son reservadas según el art. 118.4 LECRIM y el art. 16 LODef. Se acoge así la doctrina sentada por el *caso Garzón* (STS 79/2012, de 9 de febrero), pero no sin excepciones (Auto TS de 6 febrero 2019, *caso Lezo*).

El TEDH, en su S de 24 de mayo de 2018, caso *Lambert v. Francia*, ha determinado que la interceptación por la Policía de documentos de un abogado con sus clientes detenidos, viola el art. 8 del CEDH.

B) Defensa técnica tras detención o prisión

Regulada en el larguísimo art. 520, su contenido esencial es, en lo que atañe estrictamente al derecho de defensa y de acuerdo con el art. 520.2 y la LODef (a la que nos remitimos para evitar reiteraciones), el siguiente:

1º) Derecho del detenido o preso a ser informado por escrito, en un lenguaje sencillo y accesible (reiterado por el art. 520.2 bis), en una lengua que comprenda y de forma inmediata, de los hechos que se le atribuyan y las razones motivadoras de su privación de libertad (art. 520.2 LECRIM). También se le informará del plazo máximo legal de duración de la detención hasta la puesta a disposición de la autoridad judicial y del procedimiento por medio del cual puede impugnar la legalidad de su detención. La información se adaptará a la edad del detenido o preso, su grado de madurez, discapacidad y cualquier otra circunstancia personal de la que pueda derivar una limitación de la capacidad para entender el alcance de la información que se le facilita (art. 520.2 bis).

2º) Ese derecho genérico de defensa se detalla en concreto en los siguientes derechos derivados, de acuerdo con el mismo art. 520.2 LECRIM:

a) Derecho a guardar silencio no declarando si no quiere, a no contestar alguna o algunas de las preguntas que le formulen, o a manifestar que sólo declarará ante el juez.

b) Derecho a no declarar contra sí mismo y a no confesarse culpable.

c) Derecho a designar abogado, sin perjuicio de lo dispuesto en el apartado 1.a) del artículo 527 y a ser asistido por él sin demora injustificada. En caso de que, debido a la lejanía geográfica no sea posible de inmediato la asistencia de letrado, se facilitará al detenido comunicación telefónica o por videoconferencia con aquél, salvo que dicha comunicación sea imposible.

d) Derecho a acceder a los elementos de las actuaciones que sean esenciales para impugnar la legalidad de la detención o privación de libertad.

e) Derecho a que se ponga en conocimiento del familiar o persona que desee, sin demora injustificada, su privación de libertad y el lugar de custodia en que se halle en cada momento. Los extranjeros tendrán derecho a que las circunstancias anteriores se comuniquen a la oficina consular de su país.

f) Derecho a comunicarse telefónicamente, sin demora injustificada, con un tercero de su elección. Esta comunicación se celebrará en presencia de un funcionario de policía o, en su caso, del funcionario que designen el juez o el fiscal, sin perjuicio de lo dispuesto en el artículo 527.

g) Derecho a ser visitado por las autoridades consulares de su país, a comunicarse y a mantener correspondencia con ellas.

h) Derecho a ser asistido gratuitamente por un intérprete, cuando se trate de extranjero que no comprenda o no hable el castellano o la lengua oficial de la actuación de que se trate, o de personas sordas o con discapacidad auditiva, así como de otras personas con dificultades del lenguaje.

La LECRIM establece particularidades al respecto para cuando no haya intérprete y su derecho a obtener la declaración por escrito.

i) Derecho a ser reconocido por el médico forense o su sustituto legal y, en su defecto, por el de la institución en que se encuentre, o por cualquier otro dependiente del Estado o de otras Administraciones Públicas.

j) Derecho a solicitar asistencia jurídica gratuita, procedimiento para hacerlo y condiciones para obtenerla.

3º) Según el art. 520.5 LECRIM, «el detenido designará libremente abogado y si no lo hace será asistido por un abogado de oficio. Ninguna autoridad o agente le efectuará recomendación alguna sobre el abogado a designar más allá de informarle de su derecho.

La autoridad que tenga bajo su custodia al detenido comunicará inmediatamente al Colegio de Abogados el nombre del designado por el detenido para asistirle a los efectos de su localización y transmisión del encargo profesional o, en su caso, le comunicará la petición de nombramiento de abogado de oficio.

Si el detenido no hubiere designado abogado, o el elegido rehusare el encargo o no fuere hallado, el Colegio de Abogados procederá de inmediato al nombramiento de un abogado del turno de oficio.

El abogado designado acudirá al centro de detención con la máxima premura, siempre dentro del plazo máximo de tres horas desde la recepción del encargo. Si en dicho plazo no compareciera, el Colegio de Abogados designará un nuevo abogado del turno de oficio que deberá comparecer a la mayor brevedad y siempre dentro del plazo indicado, sin perjuicio de la exigencia de la responsabilidad disciplinaria en que haya podido incurrir el incompareciente».

4º) La asistencia del abogado consistirá según el art. 520.6 LECRIM en:

a) Solicitar, en su caso, que se informe al detenido o preso de los derechos establecidos en el apartado 2 y que se proceda, si fuera necesario, al reconocimiento médico señalado en su letra i).

b) Intervenir en las diligencias de declaración del detenido, en las diligencias de reconocimiento de que sea objeto y en las de reconstrucción de los hechos en que participe el detenido. El abogado podrá solicitar al juez o funcionario que hubiesen practicado la diligencia en la que haya intervenido, una vez terminada ésta, la declaración o ampliación de los extremos que considere convenientes, así como la consignación en el acta de cualquier incidencia que haya tenido lugar durante su práctica.

c) Informar al detenido de las consecuencias de la prestación o denegación de consentimiento a la práctica de diligencias que se le soliciten.

Si el detenido se opusiera a la recogida de las muestras mediante frotis bucal, conforme a las previsiones de la Ley Orgánica 10/2007, de 8 de octubre, reguladora de la base de datos policial sobre identificadores obtenidos a partir del ADN, el juez de instrucción, a instancia de la Policía Judicial o del Ministerio Fiscal, podrá imponer la ejecución forzosa de tal diligencia mediante el recurso a las medidas coactivas mínimas indispensables, que deberán ser proporcionadas a las circunstancias del caso y respetuosas con su dignidad (v. lecc. 10ª, ap. VII).

Téngase en cuenta la STC 135/2014, de 8 de septiembre y el Acuerdo de Sala General del TS de 24 de septiembre de 2014, rectificado, que en su párrafo I dispone: «La toma biológica de muestras para la práctica de la prueba del ADN con el consentimiento del imputado, necesita la asistencia de letrado, cuando el imputado se encuentre detenido y en su defecto autorización judicial».

Pero exigir asistencia letrada para prestar el consentimiento sobre muestras no abandonadas es en el fondo un error jurídico, porque la toma de muestras no vulnera ningún derecho fundamental del investigado ya que no estamos ni ante un interrogatorio ni ante un reconocimiento de identidad, aunque para prevenir posibles complicaciones la autorización judicial debe ser siempre exigible, sino que es en verdad un elemento objetivo para la práctica de una prueba pericial. La STS núm. 685/2010, de 7 de julio (RJ 2010\7322), produjo el cambio de rumbo que optó por un garantismo exacerbado en perjuicio de una efectividad, controlada judicialmente, de la persecución penal.

d) Entrevistarse reservadamente con el detenido, incluso antes de que se le reciba declaración por la policía, el fiscal o la autoridad judicial, sin perjuicio de lo dispuesto en el artículo 527.

5º) Carácter reservado de las comunicaciones: Las comunicaciones entre el investigado o encausado y su abogado tendrán carácter confidencial en los mismos términos y con las mismas excepciones previstas en el apartado 4 del artículo 118 (art. 520.7 LECRIM).

6º) Excepciones al derecho de defensa técnica: El detenido o preso podrá renunciar a la preceptiva asistencia de abogado si su detención lo fuere por hechos susceptibles de ser tipificados exclusivamente como delitos contra la seguridad del tráfico, siempre que se le haya facilitado información clara y suficiente en un lenguaje sencillo y comprensible sobre el contenido de dicho derecho y las consecuencias de la renuncia, pudiendo el detenido revocar su renuncia en cualquier momento (art. 520.8 LECRIM). El TC exige que la Policía dé esa información por escrito al detenido, en la que constarán los datos objetivos de la detención, si no se le ha dado conocimiento verificable de la parte del atestado correspondiente (STC 21/2018, de 5 de marzo).

7°) Sobre el derecho de defensa del declarado rebelde, v. STC 24/2018, de 5 de marzo, que cambia la jurisprudencia anterior.

8°) Es importante tener en cuenta, finalmente, la Directiva (UE) 2016/343 del Parlamento Europeo y del Consejo, de 9 de marzo de 2016, por la que se refuerzan en el proceso penal determinados aspectos de la presunción de inocencia y el derecho a estar presente en el juicio.

IV. LA ACTUACIÓN EN ESTA FASE DE LA POLICÍA JUDICIAL

El concepto y organización de la Policía Judicial, han sido estudiados en el tomo I de esta obra. Toca ahora explicar sus funciones en el proceso penal, analizar sus actuaciones principales y el valor de sus actos.

El cometido general de la Policía Judicial es el de ser auxiliares de los órganos jurisdiccionales y de la Fiscalía en la averiguación de los delitos y descubrimiento de sus responsables (art. 126 CE, art. 547 LOPJ y art. 282 LECRIM), quedando obligados a seguir las instrucciones que reciban de ellos (art. 283, I, LECRIM).

Ello significa que su actuación comienza inmediatamente sean requeridos, aunque todavía no se haya incoado formalmente el proceso penal correspondiente (ya se aportarán luego a la causa esas actuaciones), teniendo asimismo la obligación de participar a la autoridad judicial la comisión de un delito público, a través de lo que se llama diligencias de prevención (art. 284), que consideraremos en este mismo apartado.

El comienzo de su tarea puede provenir de una de estas tres fuentes: 1) Por propia iniciativa al llegar a su conocimiento la existencia de unos hechos que pueden constituir un delito público (art. 284.1 LECRIM); 2) Cumpliendo las órdenes del órgano jurisdiccional que está efectuando ya un procedimiento preliminar; y 3) Por orden del Ministerio Fiscal (art. 287 LECRIM).

Las partes tienen derecho a una investigación del crimen suficiente y eficaz, lo que atañe especialmente a la Policía (SS TC 87/2020, de 20 de julio y 34/2022, de 7 de marzo, y otras posteriores), pero esa investigación es reservada, no teniendo derecho el investigado a conocer la investigación policial (ni tampoco la fiscal, en su caso), salvo en lo que afecte a su derecho de defensa (S TS núm. 312/2021, de 13 de abril, RJ 2021\1765).

Las funciones de más trascendencia son las que realiza la Policía Judicial en el primero de los supuestos indicados, que son las llamadas diligencias de prevención. Esa labor genérica termina cuando hayan completado las diligencias (art. 284.2 LECRIM), o cuando se presente el Juez competente (art. 286 LECRIM), que asumirá la dirección de la investigación, sin perjuicio de las que le puedan ser ordenadas a lo largo del procedimiento preliminar judicial (v. inmediatamente).

Téngase en cuenta que la actuación de la Policía Judicial viene limitada por el art. 297, III LECRIM a observar estrictamente las formalidades legales en cuantas diligencias practiquen, y se abstendrán bajo su responsabilidad de usar medios de averiguación que la ley no autorice.

Según el art. 2 LOFCS son miembros de las mismas:

1°) Las Fuerzas y Cuerpos de Seguridad del Estado dependientes del Gobierno de la nación (Policía Nacional y Guardia Civil);

2°) Los Cuerpos de Policía dependientes de las CCAA (Policía Autonómica); y

3°) Los Cuerpos de Policía dependientes de las Corporaciones Locales (Policía Local).

Según el RD 769/1987, de 19 de junio, las funciones de la Policía Judicial corresponden a todos los miembros de las Fuerzas y Cuerpos de Seguridad, cualquiera que sea su naturaleza y dependencia (art. 1), constituyendo la Policía Judicial en sentido estricto las Unidades Orgánicas previstas en el art. 30.1 LOFCS (art. 7), integradas por miembros del Cuerpo Nacional de Policía y de la Guardia Civil.

1) Funciones

La cuestión más importante estriba en determinar exactamente las funciones de la Policía Judicial que tienen incidencia procesal penal, al hilo de lo dispuesto en los arts. 547 y 549 LOPJ (y en el art. 28 RD 769/1987). Podríamos seguir la siguiente clasificación:

a) Con relación a los delincuentes (arts. 767, 770, 771 y 772.2 LECRIM, 20.2 LOSC de 1992): 1°) Averiguar quiénes son los responsables del delito; y 2°) En su caso, detenerlos y ponerlos a disposición judicial tras la realización de las diligencias pertinentes. Destaca aquí la medida de retención para identificación, regulada en el art. 20 LOSC de 1992.

b) Con relación al delito: Averiguar las circunstancias de su comisión (v. los arts. 569, IV, 770, 777 y 796 LECRIM). Las posibilidades son muchas y giran fundamentalmente en torno a los actos de investigación.

c) Realización de actos de auxilio (arts. 770-1°, 772.1 y 796 LECRIM): 1°) Auxiliar al Juez y al Fiscal en cuantas actuaciones deban realizar fuera de su sede y requieran la presencia policial; 2°) Realizar citaciones; y 3°) Realizar cualquier otra actuación en que sea necesaria su cooperación o auxilio y lo ordenen el Juez o el Fiscal.

d) Actos de ejecución: 1°) La realización material de las actuaciones que exijan el ejercicio de la coerción y ordenasen el Juez o el Fiscal; y 2°) La garantía del cumplimiento de las órdenes y resoluciones del Juez o del Fiscal.

e) Con relación a la víctima del delito (arts. 771, 796 y 964.1 LECRIM): 1°) Proporcionarle auxilio médico, en su caso; y 2°) Instruirle de sus derechos. Téngase en cuenta en general para los temas de auxilio, información, instrucción de derechos y protección de las víctimas de delitos, el Estatuto de la Víctima de 2015.

f) Como testigos (arts. 297, 717 y 772.2 LECRIM): Al tener sus actuaciones valor procesal de denuncia, aunque no sólo como veremos inmediatamente, comparecen como testigos en el proceso penal.

2) Las diligencias de prevención

Las diligencias de prevención son las primeras que hay que practicar una vez descubierto el hecho criminal: Dar protección a los ofendidos y perjudicados por el delito, a sus familiares o a otras personas, consignar las pruebas del mismo que puedan desaparecer, recoger y poner en custodia cuanto conduzca a su comprobación y a la identificación del delincuente, y detener en su caso a los sospechosos (art. 13 LECRIM).

La ejecución de las primeras diligencias significa, en ciertos casos de gran trascendencia social y que requieren una actuación urgente, la adopción de determinadas medidas cautelares, no sólo penales, pues también pueden tener naturaleza civil. Eso sucede con la protección procesal penal de las víctimas de la violencia de género, pudiéndose decretar en concreto las previstas en el art. 544 bis, o en el art. 544 ter. Es importante resaltar que su competencia es exclusivamente judicial, por tanto, en ningún caso puede la Policía Judicial proceder a su imposición.

La práctica de estas diligencias obliga a comunicar la comisión del delito a la autoridad judicial o fiscal inmediatamente, salvo que se perjudique la propia investigación (arts. 284 y 295 LECRIM).

Téngase en cuenta que el aseguramiento (detención) del presunto autor de los hechos, y el auxilio a las víctimas del delito, son diligencias prioritarias para la Ley, de manera que únicamente pueden practicarse otras cuando estas dos, en su caso, estén cumplidas (art. 366 LECRIM).

Sobre la práctica en concreto de las diligencias, conviene tener en cuenta los siguientes aspectos:

a) La obligación de practicar las diligencias de prevención surge para la Policía Judicial en el momento tengan noticia de la comisión de un hecho punible (art. 4 RD 769/1987, de 19 de junio).

b) La práctica de las diligencias de prevención cesa cuando se haga cargo de la investigación la autoridad judicial, o el Fiscal encargado de las actuaciones, a quienes se hará entrega de todo lo practicado, incluyendo los efectos intervenidos, poniendo a su disposición las personas detenidas si las hubiere (art. 5 RD 769/1987, de 19 de junio); y

c) Muy importante: No habiéndose incoado sumario o diligencias previas, el jefe de los miembros de la Policía Judicial es exclusivamente el Fiscal, por lo que sólo a él deben dar cuenta de las investigaciones practicadas, sin perjuicio de ejecutar las que les ordene (art. 20 RD 769/1987, de 19 de junio).

Tratándose de diligencias de prevención practicadas por la Policía Local, esta función, necesaria tras la presentación de las correspondientes denuncias por los ciudadanos por hechos delictivos, o por conocimiento propio, consiste en realizar las diligencias que el caso aconseje y que tengan carácter urgente, y, tanto si se han completado como si no, dar parte inmediatamente a la Comisaría del Cuerpo Nacional de Policía o al puesto de la Guardia Civil autorizado más cercano. En caso de que se haya practicado una detención, deberá entregar la Policía Local al detenido inmediatamente a la Policía Nacional o a la Guardia Civil.

Finalmente, qué tipo de diligencias pueden practicarse. La respuesta es muy sencilla, puesto que, dado que el acto de investigación a realizar depende fundamentalmente del hecho delictivo concreto producido, y dado que el art. 13 LECRIM establece las diligencias con carácter abierto, se pueden ejecutar todas las conducentes al buen fin de la investigación (v. art. 299 LECRIM), salvo que su autorización esté reservada exclusivamente al Juez o al Fiscal.

No obstante, la Ley clasifica las actuaciones, sin perjuicio de que para el proceso abreviado y para el proceso especial para el enjuiciamiento rápido de determinados delitos los arts. 770 y 796 establezcan disposiciones específicas, en cinco grupos, cuyo orden seguimos:

a) *Dar protección a los perjudicados*: No sólo está pensando el legislador en posibles consejos jurídicos a la víctima del delito, sino y más fundamental en realizar las actuaciones físicas que permitan a ésta hacer que la situación se recupere, cese o quede protegida frente al peligro del delito. Por ejemplo, llevarla a su domicilio o a un hospital, recoger sus pertenencias, evitar la continuación de la agresión, etc. La protección comprende también a los familiares de los ofendidos o perjudicados e, incluso, a otras personas.

b) *Consignar las pruebas del delito que puedan desaparecer*: Actuación totalmente necesaria, puesto que la prueba va a servir para convencer al juez el día del juicio oral si el acusado es culpable o inocente (art. 741, I, LECRIM). Su pérdida podría significar sin duda el fracaso del proceso y la impunidad del delincuente. Así, el miembro de la Policía Judicial deberá anotar todos los testigos que hayan presenciado el hecho, los elementos que requieran una actuación posterior de carácter pericial, etc.

c) *Recoger y poner en custodia cuanto conduzca a la comprobación del delito (piezas de convicción)*: Los miembros de la Policía Judicial deben asegurar también aquellos objetos que sean las piezas de convicción del delito, como el arma homicida, la droga, los documentos contables, etc., que sirven para que el órgano jurisdiccional se forme una idea exacta de cómo han ocurrido los hechos (arts. 438 y 712 LECRIM).

d) *Identificar al delincuente*: Si no es posible directamente, leyendo su documentación personal, las actuaciones a practicar permiten incluir la toma de huellas dactilares, descripción de testigos, etc.

e) *Detener al presunto autor*: Posibilidad permitida con carácter general por el art. 492 LECRIM, que es una medida cautelar personal.

f) Específicamente, aunque la ley le atribuya competencia al juez, sin duda alguna lo puede practicar también la Policía por razones de urgencia, se admiten como primeras diligencias en los delitos cometidos a través de internet, del teléfono o de cualquier otra tecnología de la información o de la comunicación, las medidas cautelares consistentes en la retirada provisional de contenidos ilícitos, en la interrupción provisional de los servicios que ofrezcan dichos contenidos o en el bloqueo provisional de unos y otros cuando radiquen en el extranjero (art. 13, II LECRIM).

3) El atestado policial

La especialización técnica de la Policía Judicial actual, que la ha convertido realmente en una Policía Científica, hace que sus actuaciones tengan un contenido muy rico desde el punto de vista procesal, tanto que su valor, a efectos sobre todo probatorios, puede ser decisivo en la fundamentación de las sentencias de condena.

No siendo sin embargo ni autoridad judicial ni fiscal, la LECRIM, anticuada en este tema, no ha previsto que la documentación policial relativa a actos de investigación penal, que hoy es ciertamente compleja, tiene diferente valor y alcance. De ahí que la jurisprudencia, tanto la del TS como la del TC, hayan precisado estas cuestiones.

El atestado policial es el documento que contiene la investigación (entendida como conjunto y no como unidad) realizada por la Policía respecto a un hecho aparentemente criminal, sea de la naturaleza que sea. En principio tiene valor de denuncia, según el art. 297, I, LECRIM, pero esta declaración legal es decir bien poco.

Los atestados pueden tener muy diversos orígenes o fundamentos, pero si tomamos como ejemplo el atestado policial que se levanta con ocasión de un accidente de tráfico cuyo conductor presenta signos externos evidentes de alcoholemia (delito de conducción de vehículo de motor bajo la influencia de bebidas alcohólicas del art. 379 CP), por ser el de más frecuente utilización práctica quizás, podemos extraer un contenido homogéneo importante a estos efectos.

Este contenido, que en España puede incluir además un parte resumen a efectos estadísticos, e información complementaria en diferentes idiomas ante el carácter cosmopolita de nuestro país, tiene indudablemente diferente valor. Por ello, la jurisprudencia ha precisado las siguientes cuestiones:

a) El atestado tiene valor de denuncia, como hemos indicado, de manera que cumple la función de ser acto de iniciación del proceso penal (declaración que ha formulado el TC desde su Sentencia 31/1981, de 28 de julio, y ha reiterado luego constantemente).

b) Para que el acto de iniciación pueda llegar a tener consecuencias probatorias es necesario que el miembro de la Policía Judicial que lo redactó declare como testigo en el juicio oral ante el tribunal sentenciador, reiterándolo y ratificándolo. El policía es así en el proceso penal testigo (S TC 173/1985, de 16 de diciembre; y SS TS de 10 de diciembre de 1986, RA 7873; y de 18 de enero de 1988, RA 300, entre otras muchas); pero carece en principio de valor probatorio el testimonio de referencia prestado ante la Policía, según la STS núm. 264/2016, de 4 de abril (RJ\2016\1225). También carecen de valor probatorio las diligencias policiales realizadas sin contradicción, por regla general [STS 500/2017, de 30 de junio (RJ 2017\3578)].

   No se trata de que el atestado se convierta en medio de prueba en el juicio oral, sino de que los hechos constados en él pueden llegar a entrar en el juicio oral por medio de la declaración del policía como testigo, que es cosa muy diferente y por ese camino pueden llegar a tener consecuencias probatorias. Naturalmente esos hechos han de haber sido antes afirmados por las partes.

c) En cuanto al contenido estricto de los atestados, la importantísima S TS de 23 de enero de 1987 (RA 450), ha hecho las siguientes distinciones:

   1ª) Cuando se trata de opiniones o apreciaciones de la Policía (por ejemplo, su parecer de cómo han ocurrido los hechos), de las declaraciones de los investigados, aunque se les haya instruido de sus derechos constitucionales y hayan gozado de la asistencia de Abogado, de declaraciones de testigos, de diligencias de identificación o de reconocimiento, en rueda o fuera de ella, o de otras diligencias semejantes, efectivamente, no se les puede atribuir por sí solas otro valor que el de *meras denuncias*, aunque luego si el policía declara como testigo en el juicio oral debe estarse al valor probatorio de este medio de prueba;

2ª) Cuando se trata de dictámenes o de informes emitidos por Gabinetes de los que actualmente dispone la Policía, tales como los de dactiloscopia, identificación, análisis químicos, balísticos y otros análogos, tendrán, al menos, *valor de dictámenes periciales*, aunque deban ser ratificados en presencia judicial, durante las sesiones del juicio oral y con la posibilidad de que las partes puedan dirigir observaciones u objeciones o pedir aclaraciones a los miembros de los referidos Gabinetes; y algunas pericias de la Policía Científica explicando el modus operandi criminal, están teniendo una gran relevancia en la lucha contra la criminalidad organizada. Se habla entonces de «periciales de inteligencia» y su admisibilidad probatoria es indiscutible (STS núm. 134/2016, de 24 de febrero, RJ\2016\2172).

3ª) Finalmente, tratándose de diligencias objetivas y de resultado incuestionable, como la aprehensión «in situ» de los delincuentes, los supuestos en que éstos sean sorprendidos en situación de flagrancia o de cuasi flagrancia, la ocupación y recuperación de los efectos e instrumentos del delito, armas, drogas o sustancias estupefacientes, efectos estancados o prohibidos, entrada y registro en lugar cerrado y lo que se hallara durante el transcurso de los mismos, siempre que mediara asentimiento del morador o del que tiene derecho a excluir, o de otros supuestos semejantes, el valor que debe atribuírsele es el de *verdaderas pruebas* (documentales o periciales, añadimos nosotros, sin perjuicio de la testifical del agente), sometidas como las demás al principio de libre valoración establecido en los arts. 717 y 741, I, LECRIM.

4) Las declaraciones ante la Policía Judicial

La jurisprudencia ha tenido ocasión igualmente de pronunciarse acerca del valor probatorio que tienen las declaraciones formuladas por los investigados ante la Policía Judicial, particularmente cuando luego no son ratificadas por éstos en el acto del juicio, e incluso son negadas.

El principio general parte de la necesidad de practicar las diligencias de referencia rodeadas de todas las garantías establecidas por el art. 17 CE y la legislación ordinaria (art. 520 LECRIM fundamentalmente, y en particular con la presencia del Abogado defensor, STC 31/1981, de 28 de julio).

Para que dichas declaraciones alcancen el valor de prueba tienen que ser ratificadas por el posteriormente acusado en el acto del juicio oral, y así poder el órgano jurisdiccional formar su convicción libremente, tanto en lo relativo a su ratificación en sentido estricto, como si el acusado niega o se contradice respecto a lo declarado ante la Policía o el propio Juez, ya que en este último caso el tribunal debe realizar una apreciación conjunta sobre todas las declaraciones producidas (doctrina sentada por el TC en sus SS 80/1986, de 17 de junio; y 217/1989, de 21 de diciembre, entre otras muchas).

La clave de esta interpretación se basa en que el acusado, de un lado, haya sido interrogado con respeto íntegro a todos sus derechos constitucionales y, en segundo lugar, que tenga oportunidad el día del juicio oral de explicar la rectificación o retractación de su declaración, naturalmente con vigencia del principio de contradicción (SS TC 161/1990, de 19 de octubre; y 80/1991, de 15 de abril).

No obstante, nos parece que siendo la única prueba realizada en el proceso, la retractación o negación en el acto del juicio de la declaración ante la Policía no puede llevar más que a la absolución, puesto que sólo el segundo acto es probatorio y nunca el primero, y conforme al art. 741, I, LECRIM la convicción judicial se forma con base en la actividad probatoria y no a la sumarial o policial, sin perjuicio de infringir el principio de la presunción de inocencia, al no existir mínima actividad probatoria de cargo, según la conocida doctrina del TC al respecto. No obstante, la revelación de datos ante la Policía que únicamente puede conocer el investigado declarante, sí debería ser valorable como prueba aunque luego se retracte, si tal declaración fue hecha con todas las garantías que la ley prevé. Y, por supuesto, deberían ser igualmente valorables como prueba en lo que afecten a otros participantes (coacusados), aunque luego se retracte.

El Acuerdo de la Sala II en Pleno no Jurisdiccional de 3 de junio de 2015, que deroga el Acuerdo de 28 de noviembre de 2006, relativo al valor de la declaración del investigado en sede judicial, al haber perdido su validez como consecuencia de la STC 68/2010, de 18 de octubre, no admite ni una sola excepción. En su virtud: «Las declaraciones ante los funcionarios policiales no tienen valor probatorio... Sin embargo, cuando los datos objetivos contenidos en la autoinculpación son acreditados como veraces por verdaderos medios de prueba, el conocimiento de aquellos datos por el declarante evidenciado en la autoinculpación puede constituir un hecho base para legítimas y lógicas inferencias. Para constatar, a estos exclusivos efectos, la validez y el contenido de la declaración policial deberán prestar testimonio en el juicio los agentes policiales que la presenciaron».

El TS admite el valor probatorio de las declaraciones realizadas ante la Policía que hayan sido hechas voluntariamente (libre y espontáneamente), siempre que los policías se ratifiquen en el acto del juicio oral (STS 597/2017, de 24 de julio, RJ 2017\3989).

V. LA IMPUTACIÓN

Imputar en sentido procesal penal es reprochar judicialmente a una persona la comisión de un hecho punible, existiendo cierto grado de probabilidad de que efectivamente ella sea el autor.

La LECRIM, sin embargo, y esto se ve claro en las últimas reformas de la misma (desde la CE), entiende también por imputar el reproche inicial implícito a una persona cuando se realiza un acto procesal que la vincula sospechosamente con el proceso penal (sentido amplio).

Esto significa que, según la Ley, pueden existir actos que materialmente signifiquen imputación, y actos que sólo lo sean formalmente.

Antes de seguir adelante, conviene decir que la imputación, en sentido amplio o formal, es un concepto necesario en el proceso penal, porque de eso se trata en el proceso: Imputar para, después de la investigación, confirmar si se acusa, que es un grado más, o no, y en caso de que se acuse, condenar, que es el grado máximo de reproche a una conducta, o absolver. Siendo ello así, la condición de investigado se adquiere ya desde la mera detención policial, y no digamos desde la detención judicial y desde la prisión provisional de una persona, que se ha llamado hasta 2015 y por esto mismo «imputado». Esto es lo que ocurre en todos los procesos (v. arts. 118 y 520 LECRIM), y así ha sido confirmado por la S TC 135/1989, 19 julio.

Pero en nuestro Derecho histórico, la imputación se ha considerado siempre un acto formal, que debía estar rodeado de determinadas garantías por las consecuencias que conllevaba y que exigía determinados presupuestos. Este acto se ha concretado, y sigue en vigor, aunque sólo en el proceso penal ordinario por delitos más graves, en el auto de procesamiento (art. 384 LECRIM).

La coexistencia de estos dos conceptos de imputación ha producido graves efectos legales, sobre todo de entendimiento de lo que significa realmente la institución, que en la regulación legal se traducen en que el auto de procesamiento únicamente se mantenga en el proceso penal por delitos más graves, al lado de los demás cauces para la imputación, lo que en realidad significa una progresiva desvalorización; mientras que en los procesos abreviados, en los procesos rápidos y en los procesos por delito leve la imputación se entiende exclusivamente en sentido lato.

Consecuentemente, debemos distinguir los procesos en donde existe un acto de imputación formal, de aquellos en donde no existe.

1) El procesamiento

La concreción máxima de la imputación formal en el proceso penal ordinario por delitos más graves, y sólo hoy en este proceso como hemos dicho, se realiza en el procesamiento, que se dicta por medio de auto y se regula básicamente en el larguísimo art. 384 y en el art. 384 bis LECRIM. El procesamiento, institución típicamente española, es el acto formal más importante del órgano jurisdiccional por el que se imputa (reprocha) a una persona determinada la comisión del hecho que, revistiendo caracteres de delito, constituye el objeto de la instrucción, y que atribuye, mientras no sea revocado, a esa persona la condición de parte en el proceso, con todos los derechos, posibilidades, cargas, deberes y sujeciones correspondientes a dicha condición. Es una institución prácticamente en desuso, ante el escaso desarrollo de ese proceso en nuestra realidad práctica.

2) *Procesos sin imputación formal*

Los procesos sin acto de imputación formal, es decir, sin auto de procesamiento, son los dos abreviados, el proceso especial para el enjuiciamiento rápido de determinados delitos y el proceso por delitos leves. El procesamiento fue suprimido por el legislador sin explicación alguna cuando introdujo los procesos rápidos.

Respecto a estos procesos, la imputación lata se produce cuando se adopta cualquier medida cautelar personal sobre una persona, por ejemplo, la detención policial, si procede. En caso de que no se haya dictado ninguna medida cautelar en su contra, ni esté «indiciado» por mor del art. 779.1-4ª, que exige su previa declaración antes de que tenga lugar el juicio oral (v. SSTS núm. 794/2021 de 20 octubre, RJ 2021\5406, y 432/2023, de 5 de junio, JUR 2023\256941), no cabe duda que el «status» de imputado (investigado) se alcanza con el escrito de acusación (arts. 775, 779.1-5ª, 784, 795.4 y 962, I LECRIM), que puede desaparecer inmediatamente si el juez considera que no concurren indicios racionales de criminalidad contra el acusado por el MF o las partes particulares (arts. 779.1-1ª y 783.1 LECRIM).

VI. TERMINACIÓN DEL PROCEDIMIENTO PRELIMINAR

Una vez que el juez que tenga las competencias para instruir haya practicado las actuaciones que a su juicio son necesarias para el buen éxito del procedimiento preliminar, es decir, cuando estime que la instrucción se halla completa, deberá hacer la declaración de estar el sumario o las diligencias previas, según el tipo de proceso, conclusas.

Esta declaración de terminación se hace mediante resolución motivada y en forma de auto, llamado por este mismo, auto de conclusión del procedimiento preliminar (sumario/diligencias previas/diligencias urgentes/ diligencias leves).

Vamos a fijarnos aquí en el proceso penal ordinario por delitos más graves, dejando para las lecciones oportunas el análisis de los procesos penales abreviados y demás. Pues bien, en el proceso ordinario por delitos más graves hay que distinguir entre la conclusión del sumario por el instructor, y la aprobación de aquélla por la Audiencia Provincial.

1.– Conclusión del sumario: Los pasos a dar son los siguientes:

a) Cuando se hubieren practicado todas las diligencias ordenadas de oficio o a instancia de parte, y el juez considere que no es necesario practicar otras, dictará auto de conclusión del sumario (art. 622, I LECRIM), pudiendo pedir a continuación el MF la remisión a la AP de lo actuado (art. 622, II LECRIM).

b) Una vez dictado el auto de conclusión, el juez que tenga las competencias para instruir puede considerar el hecho punible sólo delito, porque las faltas se han suprimido en 2015, aunque el art. 624 no haya sido modificado, lo que nos obliga a entenderlo derogado tácitamente en este punto. Por ello, si el juez considera que el hecho es delito, remitirá las actuaciones, junto con las piezas de convicción recogidas al Tribunal juzgador (art. 622, I «in fine» LECRIM). También deberá expresar el instructor, al hacer la remisión a la AP, los recursos de apelación en un efecto que haya pendientes (art. 622, IV «ab initio» LECRIM). Y, asimismo, deberá poner en conocimiento de la AP los cambios de domicilio de los testigos que así se la hubieren participado (art. 447 LECRIM).

c) El auto de conclusión del sumario se notificará al querellante particular, si lo hubiere, aun cuando sólo tenga el carácter de actor civil, emplazándoles para que comparezcan ante la respectiva AP en el plazo de 10 días, o en el de 15 si el emplazamiento fuese ante el TS. También se le comunicará el auto al MF cuando la causa verse sobre delito en que tenga intervención por razón de su cargo (art. 623 LECRIM).

2.– Aprobación o revocación del auto de conclusión: Recibidos los autos y piezas de convicción por la AP, el Presidente mandará pasarlos al Ponente por el tiempo que falta para cumplir el término del emplazamiento, abriendo antes los pliegos y demás objetos cerrados y sellados que hubiere remitido el juez (art. 626, I LECRIM).

De esta apertura se extenderá acta por el letrado de la administración de justicia, en la cual se hará constar el estado en que se hallasen (art. 626, II LECRIM).

Cumplida la disposición del art. 626, si hubiera pendiente de resolución algún recurso de apelación en un efecto, se suspenderán las actuaciones hasta que se resuelva, con las siguientes consecuencias: a) Si se estima el recurso, se revocará el auto de conclusión y se devolverá el sumario al juez, con testimonio del auto resolutorio de la apelación, expresando las diligencias que hayan de practicarse (art. 622, IV «in fine» LECRIM); b) Si el recurso se desestima, en cuanto que la resolución en que así se acuerde sea firme, continuará la sustanciación de la causa conforme a los artículos 627 y s. (art. 622, IV LECRIM).

Idénticamente debe procederse si hubiera pendientes recursos de queja interpuestos en el plazo de la apelación. Tratándose de recursos de queja interpuesto fuera de plazo, sólo en este momento pueden resolverse y determinar los efectos que procedan (v. art. 235, II LECRIM).

Si no existen esos recursos, o se desestiman, se pasan los autos para instrucción a las partes acusadoras, por un plazo mínimo de 3 días y máximo de 10, según el volumen del proceso, pero primero al MF si la causa versa sobre delito en el que deba tener intervención (art. 627, I LECRIM). El plazo puede prorrogarse al doble si excede de mil folios la causa (art. 627, II LECRIM).

Al entregar la causa dispondrá el Tribunal lo conveniente para que el MF o el querellante en su caso, puedan examinar la correspondencia, libros, papeles y demás piezas de convicción sin peligro de alteración de su estado (art. 629 LECRIM).

Las partes, al devolver los autos, acompañarán un escrito manifestando alguno de los siguientes extremos:

a) Pedir la confirmación del auto de conclusión (art. 627, III). En este caso, las partes vienen además obligadas a pronunciarse bien por el sobreseimiento de cualquier clase, bien a solicitar la apertura del juicio oral (art. 627, IV LECRIM).

b) Pedir la revocación del auto de conclusión del sumario (art. 627, III «in fine» LECRIM). La solicitud de revocación del auto puede fundarse en alguno de estos motivos: 1°) En que no se han realizado determinados actos de investigación relevantes para el objeto de la instrucción; 2°) En la falta de adopción de medidas cautelares procedentes; y 3°) En la falta de procesamiento de determinada persona (art. 384, VI LECRIM).

Devuelta o recogida la causa del último que la tuviera en su poder, el Tribunal dictará auto confirmado o revocando el del juez (art. 630):

1°) Si fuese confirmado el auto declarando terminado el sumario, el Tribunal resolverá, dentro del tercer día, respecto a la solicitud del juicio oral o de sobreseimiento (art. 632 LECRIM).

2°) Si se revocase el auto de conclusión del sumario, se mandará hacer llegar de nuevo los autos al juez que los hubiese remitido, expresando las diligencias que hayan de practicarse (art. 631, I), devolviéndose también las piezas de convicción que el Tribunal considere necesarias para la práctica de las nuevas diligencias (art. 632, II LECRIM).

Las AP deben tener facultades para revocar de oficio el auto de conclusión. A pesar de que la cuestión ha sido muy discutida, no cabe duda que rige el principio de investigación oficial. En donde no debe caber ya ninguna duda es en la necesidad de oír al procesado sobre la conclusión del sumario (arts. 118, I y 302, I).

Lección 8ª

LOS ACTOS DE INVESTIGACIÓN

JUAN LUIS GÓMEZ COLOMER

SUMARIO: I. CONCEPTO DE ACTOS DE INVESTIGACIÓN; II. CLASES; III. EL NÚCLEO ESENCIAL DE LA INVESTIGACIÓN; IV. LA DETERMINACIÓN DEL DELITO Y DE SUS CIRCUNSTANCIAS; V. LA PERSONALIDAD DEL PRESUNTO AUTOR Y DEMÁS CARACTERÍSTICAS PROPIAS; VI. DURACIÓN DE LA INSTRUCCIÓN; VII. TÉCNICAS POLICIALES ESPECÍFICAS DE INVESTIGACIÓN EN LA LUCHA CONTRA LA CRIMINALIDAD ORGANIZADA; 1) Circulación o entrega vigilada de drogas, estupefacientes y otras sustancias; 2) Policías ocultos; A) El agente encubierto persona física; B) El agente encubierto informático.

I. CONCEPTO DE ACTOS DE INVESTIGACIÓN

Las diligencias o actos de investigación son las actuaciones que se realizan en el procedimiento preliminar (sumario, diligencias previas, urgentes o leves) para descubrir los hechos criminales que se han producido y sus circunstancias, y la persona o personas que los hayan podido cometer, de manera que una vez investigado todo ello quede preparado el juicio oral o, en su caso, tenga que terminar el proceso penal por sobreseimiento.

El problema inicial que plantea el estudio de los actos de investigación es que son prácticamente coincidentes con los actos de prueba, y ello a pesar de que ambas instituciones son distintas porque cumplen finalidades muy diversas. La claridad conceptual exige tener en cuenta que:

1º) El acto de investigación se dirige a averiguar o descubrir algo que se desconoce; el acto de prueba se dirige a verificar la verdad de una afirmación de hecho realizada por la parte.

2º) El acto de investigación se realiza en el procedimiento preliminar; el acto de prueba, salvo los casos de prueba anticipada, en el juicio oral.

3º) La fundamental diferencia consiste en la distinta función que cumplen en el proceso: El acto de investigación, aunque da resultados no ciertos sino probables, puede fundar las resoluciones interlocutorias que es preciso ir dictando en el procedimiento preliminar para que el proceso penal avance (por ejemplo, con base en esos actos se decide si se dicta auto de procesamiento, o si se abre el juicio oral); estos actos no sirven para fundar la sentencia sobre la culpabilidad o inocencia del acusado. Los actos de prueba son los que sirven para determinar la convicción del juzgador sobre la existencia del hecho punible y la participación en él del acusado, de modo que la presunción de inocencia ha de ser desvirtuada precisamente en el juicio oral y por los actos de prueba.

4°) También existen diferencias por la forma de ejecutarlos, pues el acto de investigación puede practicarse sin contradicción si la investigación así lo exige (v.gr., por estar declarado el secreto del art. 302 LECRIM); mientras que los actos de prueba se deben practicar siempre con audiencia de todas las partes.

5°) No se olvide tampoco la Orden Europea de Investigación en Materia Penal (OEI, Directiva 2014/41/CE del Parlamento Europeo y del Consejo, de 3 de abril de 2014, traspuesta mediante Ley 3/2018, de 11 de junio), cuyos objetivos son facilitar y agilizar la obtención y transmisión de pruebas entre los distintos Estados miembros de la UE, permitiendo llevar a cabo actos de investigación en estado distinto a aquél en el que se lleve la investigación.

II. CLASES

Los actos de investigación son de diferentes clases, aunque en realidad se pueden considerar desde dos puntos de vista distintos:

a) Actos que se dirigen a buscar y adquirir las fuentes de la investigación: Se trata de la entrada y registro en lugar cerrado, registro de libros y papeles, detención y apertura de la correspondencia escrita y telegráfica, la interceptación de las comunicaciones telefónicas y telemáticas, y todos los demás modernos medios de investigación basados en la utilización de altas tecnologías (captación y grabación de comunicaciones orales mediante la utilización de dispositivos electrónicos; utilización de dispositivos técnicos de captación de la imagen, de seguimiento y de localización; registro de dispositivos de almacenamiento masivo de información; y registros remotos sobre equipos informáticos), y

b) Actos que proporcionan por sí mismos las fuentes de investigación: Son la inspección ocular, declaraciones de testigos, careos, informe pericial, documentos, identificación del investigado, e injerencias corporales (v.gr., ADN).

Una aclaración inicial también, al hilo del derecho fundamental a utilizar los medios de prueba pertinentes para su defensa (art. 24.2 CE): Deben admitirse, aunque ese precepto se refiera a la prueba, todos los medios de investigación que la mente humana considere como tales, estén regulados o no específicamente por la Ley. No hay por tanto tasación legal de los actos de investigación, siendo sus únicos límites el respeto a los derechos fundamentales de las personas, su adecuación a los fines del proceso penal, y su pertinencia, utilidad y no perjudicabilidad respecto a los hechos criminales concretos que han dado origen a la causa y a la personalidad de los investigados.

Los actos de investigación son ordenados por el Juez que tenga la competencia para instruir, bien de oficio, bien a instancias del Ministerio Fiscal o de otras partes acusadoras y del investigado (arts. 311, I, y 777.1 y 2, y 776.3 LECRIM), teniendo en cuenta que el Juez puede ser otro en caso de diligencias de prevención o urgentes, o existiendo causa justificada (arts. 13 y 310 LECRIM). Una vez incoado el procedimiento preliminar judicial todos los actos de investigación han de ser ordenados por el Juez, aunque en ocasiones la ejecución material del acto pueda confiarse a la Policía Judicial, pero siempre teniendo en cuenta que entonces la Policía actúa bajo la inmediata dependencia del Juez; no es la Policía la que realiza el acto, es el Juez aunque utilizando a la Policía.

Otro criterio de clasificación de los actos de investigación atiende a si por medio de ellos se puede producir o no una limitación de derechos fundamentales, de modo que:

1º) Existen actos de investigación que comportan limitación de los derechos fundamentales relativos (por ejemplo, la entrada y registro del domicilio, que limita el derecho del art. 18.2 CE a la inviolabilidad del domicilio), debiendo distinguirse entonces entre actos realizados con vulneración de los requisitos constitucionales (art. 11.1 LOPJ) o con vulneración de los requisitos sólo legales (art. 238 LOPJ). Son llamados doctrinalmente actos garantizados.

2º) Otros actos de investigación no afectan a los derechos fundamentales (la declaración de un testigo por ejemplo), por lo que sólo debe estarse al cumplimiento de los requisitos legales. Se trata de los actos no garantizados, que serán analizados en la lección siguiente.

Finalmente, dentro de cada diligencia estudiaremos su regulación legal, objeto y práctica, siguiendo el orden previsto en la LECRIM. Previamente hay que recordar y tener en cuenta, sin embargo, las tres siguientes consideraciones:

1) Que, como sabemos, la LECRIM da en su art. 13 un concepto de diligencias de investigación urgentes o de prevención;

2) Que, independientemente de lo anterior, la LECRIM obliga a practicar, en caso de que sean procedentes, dos actos de investigación antes que cualquier otro: La inspección ocular y los actos con relación al cuerpo del delito (art. 366); y

3) Que no existe en ningún caso autorización para practicar actos de investigación con violación de los derechos fundamentales, es decir, ilícitos o prohibidos (art. 11.1 LOPJ).

Para la solicitud y práctica de actos de investigación en otros estados de la Unión Europea, que se consideran necesarios para procesos llevados en España, y viceversa, hay que estar a la Ley 23/2014, de 20 de noviembre, que incorpora la Orden Europea de Investigación en materia penal, creada por la Directiva 2014/41/CE, de 3 de abril de 2014, del Parlamento Europeo y del Consejo (arts. 186 a 223).

III. EL NÚCLEO ESENCIAL DE LA INVESTIGACIÓN

Cada delito requiere de unos específicos y concretos actos de investigación, pero la ley no puede, ni debe, regular todos los actos de investigación posibles. Debe atenerse a un criterio de realidad pragmática en el que las reglas mínimas de actuación estén claras. Es evidente que investigar un asesinato y un robo requieren actividades de instrucción distintas, aunque algunas puedan ser comunes, por ejemplo, la búsqueda de testigos. También lo es que no se puede aspirar a que todos los actos de investigación practicados resulten exitosos. Modestamente, se debe aspirar a favorecer el núcleo esencial de la investigación, es decir, a que los actos que se ordenen vayan al fondo de la cuestión, a saber, el delito cometido y su autor.

Esa realidad, máxime en los tiempos actuales en los que el enorme desarrollo tecnológico lleva la investigación del crimen a cotas de complejidad nunca vistas, teniendo en cuenta los avances del Derecho comparado, nos ayuda a explicar el núcleo esencial de la investigación en los siguientes términos:

1°) Los actos a practicar por el Juez o por el Fiscal, o incluso por las propias partes en lo que legalmente puedan, deben ser los pertinentes para demostrar los hechos o negarlos.

2°) Los actos de investigación exigibles no se pueden limitar, dependen del hecho punible cometido.

3°) Los actos de investigación que no se van a utilizar en el juicio no deberían estar sujetos a restricciones legales.

4°) La Ley sólo debe regular los actos de investigación que suponen injerencia en los derechos fundamentales del investigado y aquellos que serán medio de prueba en el juicio oral.

No debe confundirse investigación rápida o mínima, que las leyes intentan favorecer para agilizar los procesos, con investigación adecuada. Por ello, todos los investigados tienen derecho a una investigación suficiente, como veremos oportunamente.

A veces es la propia ley la que nos ayuda a orientar la investigación. Esto sucede, por ejemplo, en materia de investigación de crímenes contra la libertad sexual, cuando se establecen pautas de actuación a desarrollar por una policía y fiscalía especializadas, preocupándose de las medidas de protección más apropiadas para las víctimas (arts. 43 a 49 LO 10/2022, de 6 de septiembre, de garantía integral de la libertad sexual).

IV. LA DETERMINACIÓN DEL DELITO Y DE SUS CIRCUNSTANCIAS

La determinación del delito y sus circunstancias es averiguar el objeto material del delito, es decir, cómo ha sido cometido (acción preparatoria y acción ejecutoria) y qué ha sucedido (objeto material de esas acciones, el resultado dañino personal o real producido). En España se denomina a ese objeto «cuerpo del delito».

La LECRIM dedica el Capítulo II del Título V de su Libro II (arts. 334 a 367) al «Cuerpo del Delito». A pesar de la antigüedad de su contenido y de la falta de adaptación a los tiempos actuales de la realidad criminalística, sólo algunos pocos preceptos han sido modificados en los últimos tiempos.

Debemos decir inicialmente que la LECRIM no regula la escena del crimen como un todo institucionalizado, que es por donde habría que empezar hoy, porque delimitada legalmente su existencia, sería más fácil asegurar una buena investigación de lo sucedido.

La escena del crimen es el lugar, abierto, cerrado, o en cualquier forma imaginable, en el que se ha producido el delito. Para la Criminalística y, en menor medida para la Victimología, se ha convertido en una institución importantísima, porque una buena técnica policial aplicable a cada clase de crimen lleva a una investigación adecuada, lo que es siempre paso necesario para encontrar a su autor y con ello proteger y reparar a la víctima. Lo más importante es aplicar una buena técnica de investigación y saber descubrir los vestigios dejados por el criminal y atender a los hallazgos que se produzcan de manera adecuada. Delimitar de inmediato la escena del crimen es condición necesaria para el éxito de toda investigación, comenzando acto seguido su labor la policía científica. Los errores más importantes que se han cometido en procesos penales con fracasos clamorosos en la historia procesal penal mundial, se han producido en la escena del crimen. Por eso las normas legales, si las hubiere y su redacción lo permitiera, y si no las técnicas policiales de investigación, deben atender ante todo a la conservación de todos los objetos, huellas, vestigios y restos biológicos que se encuentren en la escena del crimen, para su pertinente análisis pericial y posterior información al Juez y a las partes.

No olvidemos nunca que las 24 horas siguientes a la comisión del delito son clave para averiguar qué pasó y quién lo pudo cometer, y en esas 24 horas el análisis de la escena del crimen es una de las principales actuaciones a desarrollar por la Policía Judicial.

La denominación cuerpo del delito, de rancio abolengo en nuestro país, significa lo que la ley quiere que signifique, pero ello no nos sujeta a que mantengamos una realidad hoy inexistente.

Cuerpo del delito es en sentido estricto la persona o cosa objeto del delito. En su art. 334 la LECRIM, sin embargo, al afirmar que «el Juez instructor ordenará recoger en los primeros momentos las armas, instrumentos o efectos de cualquiera clase que puedan tener relación con el delito y se hallen en el lugar en que éste se cometió, o en sus inmediaciones, o en poder del reo, o en otra parte conocida», incluye en este concepto los instrumentos o medios utilizados para la comisión del mismo (que en realidad son las piezas de convicción), y también los indicios, es decir, las cosas o hechos que pueden contribuir a esclarecer el hecho (v. la importante S TS 6 febrero 1982, RA 633), lo que nos obliga a hacer una distinción un tanto compleja a la hora de estudiar la ejecución de esta diligencia.

La LECRIM distingue las diligencias con relación al cuerpo del delito en sentido estricto, con relación a las piezas de convicción e indicios, y unas disposiciones comunes a ambas investigaciones.

a) La persona o cosa del delito: Hay que distinguir a su vez según se trate de una persona fallecida o lesionada o cosa:

   1º) Si es una persona muerta, aparte de proceder a una descripción detallada de su estado y circunstancias, y especialmente de todas las que tuviesen relación con el hecho punible (art. 335, I LECRIM), hay que identificar en primer lugar el cadáver por medio de testigos, si los hay (arts. 340 a 342 LECRIM).

   En el caso especial de accidente mortal en vía férrea, hay que estar al art. 354 LECRIM. La autopsia para casos de muerte violenta se regula en el art. 343. Su práctica, regulada en el art. 353, ha quedado totalmente obsoleta.

   2º) Si es una cosa, la LECRIM, además de la descripción regulada en el art. 335, I, prevé alguna medida en atención a la naturaleza del delito (v.gr., si se trata de falsificación de documentos públicos en poder de la Administración, según el art. 335, si hubiere imprescindible necesidad de tenerlos a la vista para su reconocimiento pericial y examen por parte del Juez o Tribunal, el LAJ los reclamará a las correspondientes

Autoridades, sin perjuicio de devolverlos a los respectivos Centros oficiales después de terminada la causa).

También se preocupa la ley de determinar la preexistencia del objeto en los casos de delitos contra la propiedad (art. 364 LECRIM), y su valor (art. 365).

Como regla general, durante la tramitación del procedimiento preliminar está prohibida toda reclamación del propietario de la cosa pidiendo su entrega (art. 367 LECRIM), a los efectos de poder dar cumplimiento en su caso a lo que dispone el art. 127 CP respecto al decomiso de bienes.

Pero hay matices y en algún caso contradicciones al respecto:

1°) La persona afectada por la incautación podrá recurrir en cualquier momento la medida ante el juez (art. 334, III LECRIM). Si el propietario acabamos de ver no puede reclamar sus bienes, ¿en quién se está pensando? Sólo puede tratarse de terceros, pero la norma no es clara, salvo en que el tercero no necesita abogado para interponer el recurso reclamando el bien.

2ª) Los efectos que pertenecieran a la víctima del delito serán restituidos inmediatamente a la misma, salvo que excepcionalmente debieran ser conservados como medio de prueba o para la práctica de otras diligencias, y sin perjuicio de su restitución tan pronto resulte posible. Los efectos serán también restituidos inmediatamente cuando deban ser conservados como medio de prueba o para la práctica de otras diligencias, pero su conservación pueda garantizarse imponiendo al propietario el deber de mantenerlos a disposición del Juez o Tribunal. La víctima podrá, en todo caso, recurrir esta decisión conforme a lo dispuesto en el párrafo anterior (art. 334, IV LECRIM).

b) Los instrumentos del delito: Con relación al cuerpo del delito en sentido amplio (piezas de convicción), la LECRIM establece la necesidad de su recogida y descripción (art. 334), con la particularidad del secuestro de los moldes y ejemplares de prensa si se trata de delito cometido por medio de la imprenta (arts. 816, I LECRIM). Se recogerán de tal forma que se garantice su integridad y el Juez acordará su retención, conservación o envío al organismo adecuado para su depósito (art. 338 LECRIM). Las piezas de convicción se guardan por el juez, o por la institución adecuada, debidamente sellados y custodiados, de acuerdo con el RD 2.783/1976, 15 octubre, sobre depósitos judiciales, conservación y destino de las Piezas de Convicción y el RD 467/2006, de 21 de abril, por el que se regulan los depósitos y consignaciones judiciales en metálico, de efectos o valores.

Pero los instrumentos peligrosos, como drogas, pueden destruirse, guardándose muestras suficientes y dejando expresa constancia en autos (art. 338 LECRIM). La razón es que debe tenerlos el órgano jurisdiccional competente para el juicio oral a su disposición, cuando comience éste y a efectos de una correcta práctica de la prueba (art. 688, I LECRIM), y, en su caso, de la ejecución de la consecuencia accesoria de decomiso (arts. 127 a 127 octies CP, introducidos en 2015).

En caso de ser necesarios análisis químicos para determinar el medio de comisión del hecho punible (piénsese en asesinato por envenenamiento, arts. 356 a 363 LECRIM, más preocupados por los honorarios que por otra cosa y que en buena parte han quedado anticuados).

Un caso especial es el del ADN: «Siempre que concurran acreditadas razones que lo justifiquen, el juez podrá acordar, en resolución motivada, la obtención de muestras biológicas del sospechoso que resulten indispensables para la determinación de su perfil de ADN. A tal fin, podrá decidir la práctica de aquellos actos de inspección, reconocimiento o intervención corporal que resulten adecuados a los principios de proporcionalidad y razonabilidad». (art. 363, II LECRIM).

c) Disposiciones comunes: La LECRIM regula una serie de disposiciones en las que se prevé la intervención de peritos (arts. 336 y 339) y testigos (art. 337), que ayuden a esclarecer el modo de comisión de los hechos, tanto técnicamente como por haberlos presenciado. El investigado y su defensor pueden asistir a la ejecución de estas diligencias.

El informe pericial es necesario cuando esté indicado para apreciar mejor la relación con el delito, de los lugares, armas, instrumentos y efectos a que dichos artículos se refieren, haciéndose constar por diligencia el reconocimiento y el informe pericial. También es imprescindible para explicar la desaparición del cuerpo del delito, o sobre las pruebas de cualquiera clase que en su defecto se hubiesen recogido.

La declaración testifical es necesaria cuando en el acto de describir la persona o cosa objeto del delito, y los lugares, armas, instrumentos o efectos relacionados con el mismo, estuvieren presentes o fueren conocidas personas que puedan declarar acerca del modo y forma con que aquél hubiese sido cometido, y de las causas de las alteraciones que se observaren en dichos lugares, armas, instrumentos o efectos, o acerca de su estado anterior.

Finalmente, la LECRIM dedica unos preceptos a qué debe hacerse con todos aquellos bienes puestos a disposición judicial, embargados, incautados o aprehendidos en el curso de un proceso penal, a los que llama «efectos judiciales» (art. 367 bis).

El problema es determinar si se destruyen o se venden y la decisión se establece en los arts. 367 bis a 367 septies LECRIM. Las reglas son las siguientes:

1ª) A efectos de liberar espacio en los tribunales, y también de evitar posibles peligros ante la naturaleza de los efectos intervenidos (droga, por ejemplo), puede decretarse la destrucción de los efectos judiciales, dejando muestras suficientes y cumpliendo determinados requisitos previstos en la norma. No sólo se prevé esto en relación con delitos contra la salud, sino también respecto a efectos intervenidos en relación con la comisión de delitos contra la propiedad intelectual e industrial (artículo 367 ter LECRIM).

2ª) En cambio, si se trata de efectos de lícito comercio, pueden venderse sin esperar al pronunciamiento o firmeza del fallo, y siempre que no se trate de piezas de convicción o que deban quedar a expensas del procedimiento, en cualquiera de los casos previstos por la norma, básicamente si son perecederos, han sido abandonados por su propietario o el costo de mantenerlos es demasiado elevado. La venta se hará a través de la Oficina de Recuperación y Gestión de Activos, salvo que concurra alguna de las siguientes circunstancias: 1ª) Esté pendiente de resolución el recurso interpuesto por el interesado contra el embargo o decomiso de los bienes o efectos; 2ª) La medida pueda resultar desproporcionada, a la vista de los efectos que pudiera suponer para el interesado y, especialmente, de la mayor o menor relevancia de los indicios en que se hubiera fundado la resolución cautelar de decomiso; o 3ª) Cuando el bien de que se trate esté embargado en ejecución de un acuerdo adoptado por una autoridad judicial extranjera en aplicación de la Ley de reconocimiento mutuo de resoluciones penales en la Unión Europea, su realización no podrá llevarse a cabo sin obtener previamente la autorización de la autoridad judicial extranjera (artículo 367 quáter).

La Oficina de Recuperación de Activos se ha regulado administrativamente por el RD 948/2015, de 23 de octubre. La Orden JUS/188/2016, de 18 de febrero (BOE del 20), ha determinado el ámbito de actuación, la entrada en funcionamiento operativo de la Oficina de Recuperación y Gestión de Activos y la apertura de su cuenta de depósitos y consignaciones.

3ª) Las modalidades de realización se regulan en el art. 367 quinquies LECRIM, a saber: a) La entrega a entidades sin ánimo de lucro o a las Administraciones públicas; b) La realización por medio de persona o entidad especializada; c) La subasta pública. Siempre previa audiencia al Ministerio Fiscal y a los interesados. El producto de la realización de los efectos, bienes, instrumentos y ganancias se aplicará principalmente a los gastos que se hubieran causado en la conservación de los bienes y en el procedimiento de realización de los mismos, y la parte sobrante se ingresará en la cuenta de consignaciones del tribunal, quedando afecta al pago de las responsabilidades civiles y costas que se declaren, en su caso, en el procedimiento.

4ª) Es posible también utilizar provisionalmente los bienes o efectos decomisados cautelarmente en los siguientes casos: a) Cuando sea más rentable que la realización anticipada, o no se considere procedente la realización anticipada de los mismos; b) Cuando se trate de efectos especialmente idóneos para la prestación de un servicio público. La Oficina de Recuperación y Gestión de activos resolverá sobre ello (artículo 367 sexies).

5ª) Finalmente, la Oficina de Recuperación y Gestión de activos, puede encargarse si el juez lo decide de la localización, la conservación y la administración de los efectos, bienes, instrumentos y ganancias procedentes de actividades delictivas cometidas en el marco de una organización criminal. Su organización y funcionamiento se determinarán reglamentariamente (artículo 367 septies).

V. LA PERSONALIDAD DEL PRESUNTO AUTOR Y DEMÁS CARACTERÍSTICAS PROPIAS

En segundo lugar, la LECRIM regula en su capítulo III del Título V del Libro II la personalidad del presunto autor y otras características propias de incidencia procesal, bajo la denominación: «De la identidad del delincuente y de sus circunstancias personales» (arts. 368 a 383).

Las diligencias de identificación del investigado y de determinación de sus circunstancias personales afectan al aspecto subjetivo de la investigación. Su finalidad es, obviamente, comprobar la participación de los autores del hecho punible y averiguar su responsabilidad criminal, a efectos de que, constatadas, se les pueda acusar una vez abierto el juicio oral. Se trata por tanto de averiguar en un primer paso quién ha podido ser el autor del delito y si puede ser enjuiciado, y en un segundo paso si puede ser acusado.

La LECRIM establece en cuanto a la ejecución de esta medida diversas actuaciones, relativas tanto a la identificación del inculpado, como a la determinación de su capacidad y de sus circunstancias subjetivas:

a) Identificación del investigado o encausado: La LECRIM regula una serie de disposiciones para conocer quién ha podido cometer los hechos punibles, y, una vez conocido, identificarlo perfectamente.

En el primer sentido, los que dirijan cargo contra alguna persona tienen que identificarla, incluso a través de la llamada diligencia en «rueda» (prolijamente prevista por los arts. 368 a 372); en el segundo, si una vez conocida no es posible saber sus datos personales (nombre completo y apellidos, DNI, estado civil y, en su caso, domicilio y teléfono), ello se averiguará por cualquier medio que resulte apropiado (arts. 373 y 374).

Para cumplir con lo prevenido en las disposiciones anteriores, se permite la utilización de medios criminalísticos como la fotografía, las grabaciones de cámaras de seguridad (STS núm. 134/2017, de 2 de marzo), la antropometría y la dactiloscopia, así como cualquier otro moderno que permita la identificación completa del sujeto (por ejemplo, el grupo sanguíneo).

b) Determinación de la capacidad del investigado o encausado: No todos los autores de hechos punibles tienen capacidad para ser enjuiciados criminalmente por ellos. Según el Derecho Penal material, no pueden ser condenados ni el menor de 18 años de edad (art. 19 CP, en relación con el art. 1.1 LRPM), ni el que sufra enajenación o trastorno mental transitorio (art. 20-1° CP), ni el que tenga gravemente alterada la conciencia de la realidad por sufrir alteración en la percepción desde el nacimiento o la infancia (art. 20-3° CP).

Son necesarias, consecuentemente, una serie de diligencias para, en caso de duda, fijar la edad y grado de discernimiento del investigado. A las primeras, aunque parezca que en teoría hoy no deba representar problema alguno determinar con exactitud la edad de una persona, se refieren los arts. 375 y 376 LECRIM; a las segundas, los arts. 380 a 383 LECRIM.

La capacidad mental o discernimiento del investigado se determina, una vez se observen indicios en él estando detenido o preso, por su observación médica para elaborar un informe pericial (art. 381).

Si la demencia sobreviniera después de cometido el delito, concluso que sea el sumario se mandará archivar la causa por el Tribunal competente hasta que el procesado recobre la salud, disponiéndose además respecto de éste lo que el Código Penal prescribe para los que ejecutan el hecho en estado de demencia (art. 383 LECRIM, en relación con los arts. 20 y 60 CP).

Una observación importante a este respecto hay que hacer, pues el requisito de la capacidad del encausado, en caso de enajenación mental (o por emplear la terminología médico-psiquiátrica moderna, en caso de trastorno mental, transitorio o no), tiene tratamiento distinto: Si el delito se comete en estado de trastorno mental, el sujeto es inimputable, pero se celebra el juicio, absolviéndole y ordenando como regla general la medida de seguridad de internamiento en hospital psiquiátrico (v. art. 20-1° CP). Pero si el sujeto comete el delito estando sano y luego deviene trastornado mental, el proceso se suspende hasta que sane (art. 383 y 991 a 994 LECRIM).

c) Determinación de las circunstancias subjetivas del inculpado: Finalmente, es sabido que el CP tiene en cuenta la conducta anterior del autor de los hechos punibles, v.gr., para agravar la pena del reincidente (art. 22-8ª CP). Por esta razón, la LECRIM establece la posibilidad de que el juez pueda pedir informes del inculpado a las autoridades municipales, o preguntar a conocidos del mismo (arts. 377 y 378). El juez debe pedir también al Registro Central de Penados, sito en el Ministerio de Justicia (v. Real Decreto 95/2009, de 6 de febrero, por el que se regula el Sistema de registros administrativos de apoyo a la Administración de Justicia), los antecedentes penales de la persona imputada (art. 379). Para el proceso abreviado v. el art. 762-10ª LECRIM.

VI. DURACIÓN DE LA INSTRUCCIÓN

En 2015 una reforma del art. 324 LECRIM contempló una previsión obligatoria de duración del procedimiento preliminar, distinguiendo entre causas no complejas (6 meses como máximo), y complejas (18 meses como máximo), en ambos casos con posibilidad de prorrogar por igual plazo o uno inferior a instancias del Ministerio Fiscal y previa audiencia de las partes.

Ante el demostrado imposible cumplimiento de esta norma, y a instancias sobre todo de la Fiscalía General del Estado (Circular núm. 5/2015, de 13 de noviembre, sobre los plazos máximos de la fase de instrucción), bajo la justificación de no favorecer por más tiempo la impunidad de delincuentes por comisión de graves y muy graves delitos, se ha reformado dicho precepto en 2020, estableciendo un criterio temporal más amplio, pero manteniendo al mismo tiempo la prohibición de una duración ilimitada de la fase de investigación del proceso penal, que ya no se basa en si la causa es compleja o no.

Ahora se establece un plazo general de 12 meses, que opera como máximo, pero prorrogable, a instancia de las partes acusadoras (oídas las demás partes), o de oficio, por períodos iguales o inferiores a 6 meses, sin decirse durante cuántos períodos puede ser ello posible (art. 324.1, II). La jurisprudencia ha dicho taxativamente que no es posible subsanar ese límite: El exceso y superación del plazo sin prórroga acordada dentro de él determina la nulidad de las diligencias llevadas a cabo y todo lo que de ello se deriva (SS TS núm. 455/2021, de 27 de mayo, RJ 2021\2804; y 176/2023, de 13 de marzo, JUR 2023\198552).

En el fondo podríamos estar ante otra norma a modificar otra vez en poco tiempo, pues en la práctica podría ser manifiesto muy pronto que es imposible igualmente poder cumplir con estos plazos (instrucciones aparentemente sencillas duran generalmente de 3 a 4 años, según las fuentes estadísticas judiciales anuales), que no sólo podrían llevar a la impunidad de grandes delincuentes, sino que también y en el fondo operan en contra del inocente, pues cuanto más se alargue la instrucción, peor para él (la FGE sigue siendo crítica con esta disposición, v. Circular 1/2021, de 8 de abril).

VII. TÉCNICAS POLICIALES ESPECÍFICAS DE INVESTIGACIÓN EN LA LUCHA CONTRA LA CRIMINALIDAD ORGANIZADA

La criminalidad organizada se ha convertido en un auténtico problema de Estado. Los modernos medios de comunicación e información, altamente tecnológicos, hacen que la lucha contra ella requiera de instrumentos legales cada vez más agresivos. Los que afectan a dispositivos o técnicas muy específicas serán analizados en la lección 10ª, por reunir unas características especiales. Ahora trataremos dos que afectan específicamente a la policía, diseñados para que puedan cumplir con su trabajo más acertadamente: La exención de denunciar cuando conozcan del delito de tráfico de estupefacientes y la utilización del agente encubierto para enfrentarse desde dentro de la organización a los crímenes más graves que nuestra sociedad conoce hoy.

1) Circulación o entrega vigilada de drogas, estupefacientes y otras sustancias

El artículo 263 bis LECRIM tiene como meta principal, aparentemente, establecer una exención del deber de denunciar a la autoridad policial, puesto que ha descubierto un delito y tiene en sus manos el objeto material del mismo. Su ubicación permite llegar a esta conclusión, pues se regula en la denuncia, a continuación de la exención del deber de denunciar del abogado, si bien expresamente no se dice nada al respecto.

Sin embargo, ello es pura apariencia, puesto que, en realidad, quizás con defectuosa técnica y desde luego mal ubicado sistemáticamente, se trata de un arma muy eficaz si se emplea correctamente para luchar contra una de las modalidades de criminalidad organizada que más daño hace desde siempre, el narcotráfico.

La idea es permitir que la droga circule desde el punto de colecta hasta el punto de destino, de manera que podamos tener todos los cabos atados y podamos capturar y detener a todos los que forman la cadena delictiva, desde el miembro más modesto hasta los grandes jefes.

La lucha contra el narcotráfico es internacional. Por eso esta norma forma parte de un complejo mucho más amplio, en concreto la Convención de

Naciones Unidas de Viena de 1998, y el Convenio de Schengen de 1985, sobre permisividad de la entrega vigilada de estupefacientes, que intentan favorecer la investigación de hechos relacionados con el narcotráfico, sin perjuicio de dirigir la lucha contra la criminalidad organizada en general. Un problema clave es que los resultados que se obtengan se vean ratificados por el proceso penal, evitando absoluciones escandalosas o impunidades flagrantes.

Por ello, de acuerdo con el art. 263 bis. 1, no sólo se lucha contra el narcotráfico, sino también contra estos delitos: Fabricación, transporte o distribución de materiales de cualquier tipo, aptos para la producción de sustancias alucinógenas (art. 371 CP); adquisición, conversión o transmisión de bienes de origen delictivo (art. 301 CP); tráfico de especies amenazadas o protegidas de la flora o la fauna (arts. 332 y 334 CP); falsificación, introducción o expedición de moneda falsa (art. 386 CP); alteración, reproducción o falsificación de tarjetas de crédito o cheques de viaje (art. 399 bis CP); y tráfico y depósito de armas (arts. 566, 568 y 569 CP).

a) Autorización: El juez con competencias para instruir y el Ministerio Fiscal, así como los Jefes de las Unidades Orgánicas de Policía Judicial, centrales o de ámbito provincial, y sus mandos superiores puedan autorizar la circulación o entrega vigilada de drogas tóxicas, estupefacientes o sustancias psicotrópicas, así como de otras sustancias prohibidas (arts. 263 bis.1). Esta medida deberá acordarse por resolución fundada, en la que se determine explícitamente, en cuanto sea posible, el objeto de autorización o entrega vigilada, así como el tipo y cantidad de la sustancia de que se trate. Para adoptar estas medidas se tendrá en cuenta su necesidad a los fines de investigación en relación con la importancia del delito y con las posibilidades de vigilancia. El Juez que dicte la resolución dará traslado de copia de la misma a quien oficie como Decano de su jurisdicción, el cual tendrá custodiado un registro de dichas resoluciones (art. 263 bis. 1).

La entrega vigilada se autorizará caso por caso y, en el plano internacional, se adecuará a lo dispuesto en los tratados internacionales. Los Jefes de las Unidades Orgánicas de la Policía Judicial centrales o de ámbito provincial o sus mandos superiores darán cuenta inmediata al Ministerio Fiscal sobre las autorizaciones que hubiesen otorgado de conformidad con el apartado 1 de este artículo y, si existiese procedimiento judicial abierto, al Juez competente (art. 263 bis.3).

b) Delimitación de la vigilancia: Se entenderá por circulación o entrega vigilada la técnica consistente en permitir que remesas ilícitas o sospechosas de drogas tóxicas, sustancias psicotrópicas u otras sustancias prohibidas, los equipos, materiales y sustancias a que se refiere el apartado anterior, las sustancias por las que se haya sustituido las anteriormente mencionadas, así como los bienes y ganancias procedentes de las actividades delictivas tipificadas en los arts. 301 a 304 y 368 a 373 del Código Penal, circulen por territorio español o salgan o entren en él sin interferencia obstativa de la autoridad o sus agentes y bajo su vigilancia, con el fin de descubrir o identificar a las personas involucradas en la comisión de algún delito relativo a dichas drogas, sustancias, equipos, materiales, bienes y ganancias, así como también prestar auxilio a autoridades extranjeras en esos mismos fines (art. 283 bis.2).

c) Garantías: La interceptación y apertura de envíos postales sospechosos de contener estupefacientes y, en su caso, la posterior sustitución de la droga que hubiese en su interior se llevarán a cabo respetando en todo momento las garantías judiciales establecidas en el ordenamiento jurídico, con excepción de lo previsto en el art. 584 LECRIM (art. 263 bis.4).

Por tanto, al configurarse como una excepción al deber de denunciar, la Policía puede realizar el seguimiento sin temor alguno a que se le impute un delito.

2) *Policías ocultos*

A) El agente encubierto persona física

Una segunda técnica policial de investigación de los delitos más graves es la utilización de un policía para que se infiltre en el grupo criminal organizado y desde dentro coadyuve a su desarticulación. Esta figura ha sido avalada por la jurisprudencia (por ejemplo, STS núm. 746/2022, de 21 de julio, RJ 2022\4980; y STC 87/2024, de 4 de junio).

La utilización de una tercera persona que ayuda a la Policía a descubrir el delito sin ser testigo debe ser tan vieja como el mismo crimen. Al lado de soplones y delatores, que a cambio de protección o de dinero dan el chivatazo para facilitar a la policía la averiguación de ciertos hechos o de quién los ha podido cometer, o ambas cosas a la vez; y de miembros de la propia banda que colaboran con la Policía a cambio de impunidad, permaneciendo ocultos hasta el desenlace final, llamado testigo de la corona u hombre de confianza, aunque también arrepentido, por la tremenda importancia de sus confesiones y las enormes consecuencias procesales de sus declaraciones (la lucha contra la Mafia en Italia lo demuestra, así como contra el terrorismo en Alemania, España e Italia, v. STC 87/2024, de 4 de junio); existe la persona oculta, encubierta, el investigador policial infiltrado que, consciente de su papel, se juega la vida diariamente mientras recaba y transmite información. La LECRIM sólo regula este tercero, aunque la admisibilidad del primero y del segundo y su validez como testigos debe estar fuera de toda duda.

Y lo regula específicamente, en el art. 282 bis LECRIM, no sólo para delimitar su actuación, sino sobre todo para protegerlo, para que sepa en todo momento qué puede hacer y qué no puede hacer. De hecho, ningún funcionario de la Policía Judicial podrá ser obligado a actuar como agente encubierto, por tanto, es absolutamente voluntario. Y no se olvide tampoco que en la mayor parte de las ocasiones su actuación va a tener lugar cuando el proceso penal formalmente todavía no ha comenzado.

El problema es por tanto la criminalidad organizada. El art. 282 bis.4 LECRIM, para que no haya duda alguna, nos da un concepto de criminalidad organizada (en redundancia con el art. 570 bis.1, II CP, que da otro), no perfecto ni completo, pero que sirve de guía.

A los efectos señalados en el apartado 1 de este artículo, se considerará como delincuencia organizada la asociación de tres o más personas para realizar, de forma permanente o reiterada, conductas que tengan como fin cometer alguno o algunos de los delitos siguientes:

- Delitos de obtención, tráfico ilícito de órganos humanos y trasplante de los mismos, previstos en el artículo 156 bis del Código Penal.
- Delito de secuestro de personas previsto en los artículos 164 a 166 del Código Penal.
- Delito de trata de seres humanos previsto en el artículo 177 bis del Código Penal.
- Delitos relativos a la prostitución previstos en los artículos 187 a 189 del Código Penal.
- Delitos contra el patrimonio y contra el orden socioeconómico previstos en los artículos 237, 243, 244, 248 y 301 del Código Penal.
- Delitos relativos a la propiedad intelectual e industrial previstos en los artículos 270 a 277 del Código Penal.
- Delitos contra los derechos de los trabajadores previstos en los artículos 312 y 313 del Código Penal.
- Delitos contra los derechos de los ciudadanos extranjeros previstos en el artículo 318 bis del Código Penal.
- Delitos de tráfico de especies de flora o fauna amenazada previstos en los artículos 332 y 334 del Código Penal.
- Delito de tráfico de material nuclear y radiactivo previsto en el artículo 345 del Código Penal.
- Delitos contra la salud pública previstos en los artículos 368 a 373 del Código Penal.

- ➢ Delitos de falsificación de moneda, previsto en el artículo 386 del Código Penal, y de falsificación de tarjetas de crédito o débito o cheques de viaje, previsto en el artículo 399 bis del Código Penal.
- ➢ Delito de tráfico y depósito de armas, municiones o explosivos previsto en los artículos 566 a 568 del Código Penal.
- ➢ Delitos de terrorismo previstos en los artículos 572 a 578 del Código Penal.
- ➢ Delitos contra el patrimonio histórico previstos en el artículo 2.1.e de la Ley Orgánica 12/1995, de 12 de diciembre, de represión del contrabando.

a) Delimitación del ámbito de actuación: Tratándose de investigaciones que afecten a actividades propias de la delincuencia organizada, el juez competente o el Ministerio Fiscal dando cuenta inmediata al Juez, podrán autorizar a funcionarios de la Policía Judicial, mediante resolución fundada y teniendo en cuenta su necesidad a los fines de la investigación, a actuar bajo identidad supuesta y a adquirir y transportar los objetos, efectos e instrumentos del delito y diferir la incautación de los mismos.

   También podrá autorizarse la obtención de imágenes y la grabación de las conversaciones que puedan mantenerse en los encuentros previstos entre el agente y el investigado, aun cuando se desarrollen en el interior de un domicilio.

b) Protección de la identidad: La identidad supuesta será otorgada por el Ministerio del Interior por el plazo de seis meses prorrogables por períodos de igual duración, quedando legítimamente habilitados para actuar en todo lo relacionado con la investigación concreta y a participar en el tráfico jurídico y social bajo tal identidad.

   La resolución por la que se acuerde deberá consignar el nombre verdadero del agente y la identidad supuesta con la que actuará en el caso concreto. La resolución será reservada y deberá conservarse fuera de las actuaciones con la debida seguridad.

c) Transmisión de la información: La información que vaya obteniendo el agente encubierto deberá ser puesta a la mayor brevedad posible en conocimiento de quien autorizó la investigación. Asimismo, dicha información deberá aportarse al proceso en su integridad y se valorará en conciencia por el órgano judicial competente.

d) Declaración como testigos: Los funcionarios de la Policía Judicial que hubieran actuado en una investigación con identidad falsa de conformidad a lo previsto en el apartado 1, podrán mantener dicha identidad cuando testifiquen en el proceso que pudiera derivarse de los hechos en que hubieran intervenido y siempre que así se acuerde mediante resolución judicial motivada, siéndole también de aplicación lo previsto en la Ley Orgánica 19/1994, de 23 de diciembre, v. *infra*.

e) La actividad del agente encubierto y los derechos fundamentales: Cuando las actuaciones de investigación puedan afectar a los derechos fundamentales, el agente encubierto deberá solicitar del órgano judicial competente las autorizaciones que, al respecto, establezca la Constitución y la Ley, así como cumplir las demás previsiones legales aplicables.

f) La inimputabilidad: Es lo más importante. El agente encubierto estará exento de responsabilidad criminal por aquellas actuaciones que sean consecuencia necesaria del desarrollo de la investigación, siempre que guarden la debida proporcionalidad con la finalidad de la misma y no constituyan una provocación al delito. Para poder proceder penalmente contra el mismo por las actuaciones realizadas a los fines de la investigación, el Juez competente para conocer la causa deberá, tan pronto tenga conocimiento de la actuación de algún agente encubierto en la misma, requerir informe relativo a tal circunstancia de quien hubiere autorizado la identidad supuesta, en atención al cual resolverá lo que a su criterio proceda.

Por tanto, el agente encubierto está exento del deber de denunciar inmediatamente los hechos que conozca, siendo decisión suya la extensión del seguimiento de la actividad criminal del grupo, no puede ser imputado si comete algún delito, siempre que el delito cometido guarde proporcionalidad con los hechos y la investigación en curso (no está autorizado a matar), no está exento de solicitar autorización al juez si va a realizar una interceptación telefónica, por ejemplo (lo que puede ser problemático, debiendo bastar una autorización general con dación de cuentas posterior), y tiene obligación de declarar como testigo bajo identidad supuesta y protegido. El testigo de referencia del art. 710 LECRIM puede tener aquí plena aplicación.

B) El agente encubierto informático

En 2015 se ha añadido (art. 282 bis. 6 y 7) que el juez con competencias para instruir podrá autorizar a funcionarios de la Policía Judicial para actuar bajo identidad supuesta en comunicaciones mantenidas en canales cerrados de comunicación con el fin de esclarecer alguno de los delitos a los que se refiere el apartado 4 de este artículo o cualquier delito de los previstos en el artículo 588 ter a). El agente encubierto informático podrá intercambiar o enviar por sí mismo archivos ilícitos por razón de su contenido y analizar los algoritmos asociados a dichos archivos ilícitos si tiene autorización específica para ello.

Una eficacia especial en la práctica de esta técnica (el uso de un apodo por la Policía científica) se puede dar en la persecución de los delitos de pedofilia del art. 189 CP. No dispone la ley prevenciones acerca de la comparecencia en juicio como testigo de este «agente especial».

Para los supuestos de colaboración internacional europea en materia de investigaciones encubiertas, hay que estar al art. 19 del Segundo Protocolo Adicional al Convenio Europeo de Asistencia Judicial en Materia Penal de Estrasburgo 2001 (BOE del 1 de junio de 2018).

Fuera de Europa, sobre suplantación de personalidad por agente encubierto, simulando ser otro usuario en la red, en persecución de delito de pornografía infantil, v. STS núm. 173/2018, de 11 de abril (RJ|2018|1584).

Lección 9ª

LOS ACTOS DE INVESTIGACIÓN NO GARANTIZADOS

JUAN LUIS GÓMEZ COLOMER

SUMARIO: I. ACTOS DE INVESTIGACIÓN SUJETOS A LEGALIDAD ORDINARIA; II. DOCUMENTOS; III. DECLARACIÓN DE TESTIGOS; 1) En general; 2) El testigo; 3) La práctica de la diligencia de declaración testifical; 4) La diligencia testifical periférica; 5) Impugnabilidad de la veracidad de un testigo; IV. CAREOS; V. INFORMES PERICIALES; 1) En general; 2) El perito; 3) La práctica de la diligencia de informe pericial; 4) En especial, periciales complejas; VI. INSPECCIÓN OCULAR.

I. ACTOS DE INVESTIGACIÓN SUJETOS A LEGALIDAD ORDINARIA

Iniciamos el tratamiento de los concretos actos de investigación regulados en la LECRIM, y alguno fuera de ella. Primero estudiaremos en esta lección los no garantizados, y en las dos lecciones siguientes los garantizados.

La distinción es puramente dogmática, pero muy plástica. La ley no los cataloga así, pero lo cierto es que determinados actos que se realizan en la investigación del delito requieren de una cobertura legal específica porque pueden afectar en su ordenación y ejecución a derechos fundamentales del investigado regulados en la Constitución, mientras que en otros la legalidad ordinaria, es decir, la fijada por la ley, básicamente la LECRIM, es su regulación principal y en muchos casos prácticamente única.

A los actos regulados en la legislación ordinaria que no tienen una protección constitucional específica los denominaremos actos no garantizados, mientras que a los que sí la tienen les llamaremos actos garantizados, que veremos en las dos lecciones siguientes.

Fijándonos en esta lección en los actos no garantizados, debe indicarse ante todo que la ley regula como tales los cinco siguientes: Documentos, testigos, peritos, inspección ocular y careos (con los matices que veremos).

Pero antes de continuar dos aclaraciones: 1ª) Muchos actos de investigación son también actos de prueba. Por ejemplo, declaración de testigos (prueba testifical) e informe de peritos (prueba pericial). Ya hemos dicho en lecciones anteriores que en el primer caso fundan la apertura o no del juicio oral, mientras que en el segundo fundan la condena o absolución del acusado.

El problema no es sin embargo esa distinción, por otra parte muy clara, sino la regulación que hace la LECRIM en ambos caos, pues el legislador, en vez de regular en un título separado los actos de investigación que no son prueba pero que pueden afectar a derechos fundamentales (y en otro la prueba, indicando en caso de coincidencia cuándo una era acto de investigación y cuándo era prueba), o, mucho mejor, en vez de regular con detalle sólo la prueba en una única regulación, lo que ha hecho es regularla dos veces, dando preeminencia a su ordenación, regulación y práctica en la fase de investigación. Esto significa en la práctica, a pesar de los deseos en contra del propio legislador y de la mucha jurisprudencia que lo ratifica, que el defensor sabe que se lo juega todo en favor de su cliente en la fase de procedimiento preliminar, y no en la fase de juicio oral, como debería ser, porque lo que verdaderamente pesa es la diligencia.

Los defensores saben muy bien en España que de nada sirve que se afirme, lo que es técnicamente correcto, que lo que vale de verdad es el resultado probatorio obtenido en la práctica de la prueba en el juicio oral ante el juez sentenciador, si en el sumario no te han permitido aportar hechos claros sobre tu inocencia a través de las correspondientes diligencias, o no te han dejado acreditar como víctima también a través de las diligencias correspondientes que hay delito, que hay autor y que por tanto está fundada la acusación.

2ª) Que el acto de investigación sea de los no garantizados no quiere decir que esté fuera o al lado de la Constitución, en absoluto. Muchos actos de investigación no garantizados están protegidos parcialmente por la Constitución, por ejemplo, si se deniega una pregunta a la defensa que considera pertinente respecto a un testigo de la acusación, o si no es citada para la práctica de la prueba pericial. Por tanto, el desarrollo ordinario que efectúa la ley, que es lo principal en estas diligencias, no escapa en algunos casos del control constitucional, que por la propia regulación debe hacer el propio juez y si no lo hace, el mecanismo de la protesta abre la vía del recurso para resolverlo ante un tribunal ordinario antes de llegar al TC.

II. DOCUMENTOS

La LECRIM no regula como diligencia de investigación la documental. Sí la menciona como prueba en la Sección Cuarta (ubicada en el Capítulo III del Título III del Libro III), titulada «De la prueba documental y de la inspección ocular»; ¡ni siquiera merece una sección propia!), y únicamente en el art. 726: «El Tribunal examinará por sí mismo los *libros, documentos, papeles* y demás piezas de convicción que puedan contribuir al esclarecimiento de los hechos o a la más segura investigación de la verdad».

La falta de regulación es un error, aunque de la propia ley podemos extraer explicaciones que permiten de alguna manera amortiguar sus efectos negativos.

a) En primer lugar, toda la causa tramitada en la que constan las actuaciones practicadas en el procedimiento preliminar forma en sí misma un expediente documental, llamado sumario, diligencias previas, diligencias urgentes o diligencias leves. Muchas veces es inabarcable por su extensión, complejísimo por la cantidad de delitos conexos y responsables afectados, con numerosas piezas, e inarchivable por falta de espacio. Pero es un documento, un complejo documental si se prefiere.

Ese documento lo tiene ante sí el tribunal que vaya a conocer del juicio oral y dictar la sentencia porque pasa a él desde el tribunal que instruya para estudio por el Ponente si es colegiado cuando se abre el juicio oral (arts. 622, I, 626 y 627 LECRIM). Se notifica para examen de las partes (art. 629 LECRIM). Pero no es una prueba documental todavía, porque para que lo sea se tienen que leer ante el tribunal y las partes aquellas páginas que se designen y así se admitan en virtud del art. 730 LECRIM.

Sólo esas páginas y documentos leídos constituyen prueba documental y no todo lo actuado en el sumario. La jurisprudencia exige por ello que sean las partes las que manifiesten específicamente en sus escritos de acusación qué documentos deben «leerse» en el juicio oral, prohibiendo una remisión a la lectura de toda la causa. Esos documentos son la prueba documental.

b) Pero en el proceso preliminar también presentan las partes en numerosas ocasiones documentos concretos. A ellos se refiere muy ocasionalmente la LECRIM, básicamente para regular su admisión. Y aquí está el problema, porque la práctica española entiende mal la cuestión esencial que detrás del documento inadmitido puede existir.

Muchas veces se inadmite el documento por no considerarse pertinente, pero indicando a la parte, con fundamento en el art. 785.1 LECRIM, que a pesar de que no existe recurso, la parte a quien perjudique la decisión puede reproducir su petición al inicio de las sesiones del juicio oral, momento hasta el cual podrán incorporarse a la causa los informes, certificaciones y demás documentos que el Ministerio Fiscal y las partes estimen oportuno y el Juez o Tribunal admitan.

Pero en otras ocasiones lo admite y el documento nunca debió ser admitido porque es nulo. Y entonces, si la parte lo impugna recurriendo en (reforma y) apelación, se le dice que no es admisible el recurso (ni tampoco la queja que pueda interponer), porque ya tendrá tiempo de plantear el tema ante el juez competente cuando se abra el juicio oral.

Esta última actuación, que es legalmente correcta, es sin embargo perversa y debe corregirse cuanto antes por el legislador o por la jurisprudencia porque vulnera el derecho de la parte a la prueba a la tutela judicial efectiva y le produce indefensión (art. 24.1 y 2 CE), sobre todo a la víctima acusadora particular. Y lo es cuando con base en el documento que nunca debió admitirse, entre otras diligencias, se dicta auto de sobreseimiento libre o provisional, porque entonces nunca podrá plantear la parte a quien perjudicó la admisión y el posterior sobreseimiento, en el juicio oral.

La impugnación de un documento nulo debe hacerse inmediatamente sea admitido por la parte a quien perjudique en el propio desarrollo del procedimiento preliminar, y el juez debe admitir la reforma o el tribunal la apelación sin esperar a que se abra el juicio oral si lo considera como tal, expurgándolo del proceso. Es absurdo que un documento nulo sirva para decretar el sobreseimiento y no se admita su impugnación para poder abrir el juicio oral. Y no sólo absurdo, es inconstitucional.

También constituyen prueba documental los documentos que las partes aporten con el recurso de apelación (arts. 231 y 766.3 LECRIM), así como no conviene olvidar el fundamental papel que pueden jugar los documentos en el recurso de casación (art. 849 LECRIM).

c) A veces un informe técnico, que es prueba pericial es transformado por mor de la ley en prueba documental, erróneamente, pero así se debe valorar (v. art. 788.2 LECRIM).

d) El TS se refiere últimamente a prueba documental «sugestiva», por ejemplo, la documentación que revela las condiciones de trabajo de las prostitutas en un burdel, para otorgarle valor probatorio de cargo conjuntamente con las demás que prueben el tipo penal (S TS 270/2016, de 5 de abril (RJ\2016\3058).

e) Finalmente, existen otros documentos específicos que habrá que tener en cuenta para cada caso, que no constituyen ni diligencia de investigación ni prueba en el sentido que aquí estamos tratando. Por ejemplo, traducciones (art. 123 LECRIM), o documentos registrales necesarios en la prevención, detección, investigación o enjuiciamiento de infracciones penales graves, así como en la lucha contra el blanqueo de capitales, los delitos subyacentes conexos y la financiación del terrorismo (por ejemplo, del Fichero de Titularidades Financieras, LO 9/2022, de 28 de julio).

En otras ocasiones el documento es el objeto material del delito, y por tanto, no es ni diligencia de investigación ni prueba tampoco, sino requisito de admisión de la querella a trámite, lo que ocurre por ejemplo en las falsificaciones (v. art. 335 LECRIM).

Y existen casos muy determinados en los que el documento «prueba» algo, por ejemplo, la causa de recusación (arts. 469 y 470 LECRIM), o del artículo de previo pronunciamiento alegado (arts. 668 a 672 LECRIM), pero en estos casos no estamos verdaderamente ni ante diligencias de investigación ni ante pruebas, porque lo que se discute no afecta ni a si se debe abrir el juicio oral o no, ni al fondo del asunto, sino a presupuestos procesales.

III. DECLARACIÓN DE TESTIGOS

1) En general

La segunda diligencia a considerar es mixta, de naturaleza personal y material, porque la declaración del testigo exige considerar tanto la figura del testigo, que es la fuente de prueba, como la declaración que emite, que es el medio de prueba (de investigación aquí). Se regula con amplitud enorme en los arts. 410 a 450 LECRIM.

Ni que decir tiene que las consideraciones conceptuales relacionadas con el testigo y la declaración testifical deben ser sustancialmente las mismas tanto en el proceso civil como en el proceso penal. Decimos esto porque definir qué es un testigo, qué se pretende con la prueba y qué valor sociológico tiene en la realidad, deben darse por explicados ya en la tomo II (proceso civil) de esta obra.

Pero aún así, hay matices. El primero es que así como en el proceso civil la prueba reina es la documental, en el proceso penal es la testifical, pero atendida la práctica secular en el mundo de esta prueba, no olvidemos que «prueba testifical, prueba demonial», o que «testimonio, prueba del demonio», y por ello debemos estar atentos a sus peligros y manera de conjurarlos la ley.

Conviene recordar que testigo es toda aquella persona que no es parte en la causa, que ha presenciado el hecho criminal (visto, oído o conocido de referencia), mientras que la diligencia mediante la cual las percepciones sensoriales del testigo se aportan al procedimiento preliminar es la declaración testifical en dicha fase.

2) El testigo

La LECRIM dedica unas cuantas normas a la figura del testigo, partiendo de la obligación de testificar que tienen todas las personas que hayan presenciado o conocido los hechos (art. 410), bajo fuertes sanciones en caso contrario (arts. 420 y 429, II: multa hasta 5000 € y, de persistir, delito del art. 463.1 CP).

Todos los que residan en territorio español, nacionales o extranjeros, que no estén impedidos, tendrán obligación de concurrir al llamamiento judicial para declarar cuanto supieren sobre lo que les fuere preguntado si para ello se les cita con las formalidades prescritas en la Ley.

a) La capacidad para ser testigo no tiene prácticamente límites, puesto que en el proceso penal cualquier persona, sea cual fuere su edad y circunstancias, puede ser testigo, a no ser que sea un incapaz física o psíquicamente (art. 417-3º).

b) El deber de testificar no es, sin embargo, siempre exigible, puesto que existen personas que están exentas o son incompatibles. En algunos casos este auténtico privilegio es más que discutible, porque vulnera directamente el principio de igualdad del art. 24 CE, es innecesario y además no existe parangón alguno con los países que son nuestro modelo jurídico.

Existen dos grupos de personas exentas del deber de testificar, según se les exima tanto de concurrir como de declarar, o sólo de concurrir:

1) Personas exentas de la obligación de concurrir y de declarar:

   1. Por razones de Estado: El Rey, la Reina, sus consortes, el Príncipe Heredero y los Regentes (art. 411, I).

   2. Por razones de Derecho Internacional: Los Agentes Diplomáticos acreditados en España y demás personal previsto en los tratados, incluyendo familiares (art. 411, II).

   3. Por razón del parentesco con el investigado: El cónyuge y parientes más próximos (art. 416-1º), aunque pueden declarar si lo desean (art. 416-1º, II), con fundamento en el art. 22.2, II CE y en la Ley Orgánica 2/1997, de 19 de junio, reguladora de la cláusula de conciencia de los profesionales de la información:

   No existe dispensa de la obligación de declarar en los cinco casos del art. 416.1 LECRIM. Destaca la protección a la mujer víctima de violencia de género que se haya personado como parte acusadora particular en la causa contra su agresor, porque entonces tiene obligación de declarar, tanto en la fase preliminar como en el juicio oral. Se recoge así la doctrina del TS fijada en dos Acuerdos de Pleno no Jurisdiccional, con fecha 23 de enero de 2018 (con los matices de la importante STS núm. 205/2018, de 25 de abril, en caso de retirada de la víctima personada como acusación particular):

   «1.– El acogimiento, en el momento del juicio oral, a la dispensa del deber de declarar establecida en el artículo 416 de la LECRIM, impide rescatar o valorar anteriores declaraciones del familiar-testigo aunque se hubieran efectuado con contradicción o se hubiesen efectuado con el carácter de prueba preconstituida»; y

   «2.– No queda excluido de la posibilidad de acogerse a tal dispensa (416 LECRIM) quien, habiendo estado constituido como acusación particular, ha cesado en esa condición» (sobre la dispensa v. también lo indicado en la lecc. 7ª, ap. II-1).

Hay que estar atentos a la Directiva (UE) 2024/1385 del Parlamento Europeo y del Consejo, de 14 de mayo de 2024, sobre la lucha contra la violencia contra las mujeres y la violencia doméstica (arts. 14 y 15).

4. Por tener obligación de guardar secreto: El abogado del investigado (art. 416-2°); sus traductores e intérpretes (art. 416-3°, introducido por la LO 5/2015, de 27 de abril) los religiosos de cualquier culto (art. 417-1°); y, en su caso, los funcionarios públicos (art. 417-2°).

2) Personas exentas de la obligación de concurrir pero no de declarar, en donde se distingue a su vez entre:

1. Personas que declaran informando por escrito: Los demás miembros de la Familia Real y un listado de altos cargos políticos y judiciales. Curiosamente, estos altos cargos gozan del privilegio tanto si están en activo como si ya han cesado en sus cargos (art. 412.4), y además, incluso si declaran sobre temas que no han conocido por su cargo (art. 412.3).

2. Personas que declaran en su despacho oficial o en la sede del órgano del que son miembros: Las enumeradas en el art. 412.5 LECRIM.

c) Personas que son incompatibles para ser testigos: Aunque la LECRIM nada diga al respecto, es obvio que tanto el juez y los funcionarios del MF, como las partes acusadoras o acusadas y sus defensores, tienen incompatibilidad para ser testigos en la causa concreta.

No obstante, hay que hacer una precisión importante aquí. Sabemos que el concepto de parte en el proceso penal no es un concepto material, y que quien no es ni Juez, ni parte, es tercero a efectos procesales, como por ejemplo los testigos. Pero existen casos en los que el ofendido por el delito es la única persona que ha presenciado los hechos. Piénsese en los delitos de violación, determinados robos con violencia, o en caso de accidente de tráfico grave.

Pues bien, en el caso de que el ofendido no ejerza la acción penal, no hay ningún problema: Comparece en la causa como testigo (de cargo). Pero si decide ejercer la acción penal como acusador particular, además de testigo es parte, con lo cual se plantea el problema de qué naturaleza, qué régimen jurídico y que valor tendrá su declaración.

Para la jurisprudencia, el testigo-parte es perfectamente admisible, y sus declaraciones son acto de investigación sumarial, y después en el juicio oral, prueba (v. SS TS 20 mayo 1991, RA 3721; y 24 abril 1992, RA 3451). De modo, y así se hace en la práctica, que puede declarar (telemáticamente dados los términos del art.

258 bis.3 LECRIM) bajo juramento y puede ser interrogado por todas las demás partes, valorándose libremente por el Juez sus declaraciones.

Una problemática especial se plantea en los casos en los que la víctima es mujer y lo es de un delito de naturaleza sexual, o de acoso laboral o de tratos vejatorios. La jurisprudencia no duda del valor probatorio de su declaración como única testigo directa de los hechos, pero exige determinados requisitos (coherencia, persistencia en la incriminación, credibilidad, corroboración periférica mediante dictámenes médico-forenses, etc.) para su consideración de testimonio de cargo suficiente para enervar la presunción de inocencia (v. SS TS núm. 303/2016, de 12 de abril, RJ\2016\1579; y 342/2016, de 21 de abril, RJ\2016\1839).

El testigo, en determinados casos (v.gr., delitos de terrorismo), está protegido frente a posibles actos de venganza o represalias (Ley Orgánica 19/1994, de 23 de diciembre, de protección a testigos y peritos en causas criminales). En la práctica esta protección resulta notablemente insuficiente, a juicio de todos los que intervienen en el proceso penal, especialmente de la propia Fiscalía (v S TS núm. 296/2019, de 4 junio, RJ 2019\2869).

3) La práctica de la diligencia de declaración testifical

La LECRIM establece en cuanto a la ejecución de esta medida varias disposiciones de interés, que permiten distinguir los siguientes apartados:

1°) Iniciación: La necesidad de interrogar a los testigos surge normalmente de la denuncia o de la querella, por constar en ellas personas que han presenciado los hechos, o de cualquier otra diligencia del procedimiento preliminar, por la misma razón, y se ejecuta citando a su presencia el juez a los mismos para la comprobación o averiguación del delito y del delincuente (art. 421 LECRIM).

2°) Citación: La citación de los testigos se realiza conforme a las normas generales (arts. 426, en relación con los arts. 166 a 182 y 661 LECRIM), aunque es posible una citación personal inmediata donde son encontrados (art. 430, I), e incluso verbalmente si existe urgencia (art. 430, II), pudiendo realizar citaciones la Policía Judicial (art. 431). No hay inconveniente alguno, si se sabe de la existencia de testigos o se sospecha pero no son conocidos, de proceder a citarlos el LAJ por cualquier modo efectivo (v.gr., prensa, radio o televisión, con base en el art. 432).

3°) Comparecencia del testigo: El testigo comparece generalmente en la sede del órgano jurisdiccional para declarar, aunque existen excepciones, además de las vistas en casos de exenciones (v. arts. 412 y 413), de urgencia (art. 430, III), o de enfermedad (art. 419, supuestos éstos dos últimos en los que es el juez quien va al domicilio del testigo), o de residencia en otro lugar del territorio nacional (arts. 422 y 423), o en el extranjero (art. 424, acudiéndose en estos supuestos a instrumentos de cooperación judicial nacional e internacional, v. arts. 427 a 429 por ejemplo), etc.

4º) Juramento: Los testigos mayores de edad penal (hoy 18 años, antes de la reforma 14) tienen obligación de decir todo lo que supieren respecto a lo que les fuese preguntado y de ser veraces (art. 433, II). El Juez les advertirá sobre las responsabilidades penales en que pueden incurrir si no cumplen con dichos deberes, y les tomará juramento conforme al art. 434).

Es válida la promesa en sustitución del juramento, conforme a la Ley de 24 noviembre de 1910, el art. 16 CE, garantizador de la libertad religiosa, y el art. 5-3º Ley 44/1967, 28 junio. El juramento se regula en el art. 433, II.

5º) Declaración: El testigo declara separadamente de los demás y en secreto, es decir, sin publicidad, estando presentes el juez y el LAJ, además del MF y las partes personadas si lo desean (art. 435), y, salvo los casos vistos anteriormente, en forma oral (art. 437). Se prevé también la posibilidad de intérprete para testigos extranjeros que no sepan español (arts. 440 y 441), y la asistencia especial al sordomudo (art. 442). Hoy la declaración se puede realizar telemáticamente dados los requisitos del art. 258.3 LECRIM.

Cuando el testigo es la víctima, el Estatuto Jurídico de la Víctima del Delito ha introducido variantes importantes hasta ahora inexistentes en el art. 433, III a V, en esencia, la posibilidad de hacerse acompañar por una persona de su elección, que sean interrogados por expertos si son menores de edad (con matices, v. S TS núm. 579/2019, de 26 de noviembre (JUR\2019\332209), o personas con la capacidad modificada judicialmente, y que se grabe la comparecencia.

En primer lugar, el testigo responde a las preguntas llamadas «generales de la Ley» (datos de identificación personal, parentesco y antecedentes penales: art. 436, I LECRIM).

A continuación, relata los hechos que conoce sin interrupción, respondiendo después a las preguntas que le formule el juez (art. 436, II LECRIM). La ley dice que el Juez dejará al testigo narrar sin interrupción los hechos sobre los cuales declare, y solamente le exigirá las explicaciones complementarias que sean conducentes a desvanecer los conceptos oscuros o contradictorios. Después le dirigirá las preguntas que estime oportunas para el esclarecimiento de los hechos.

Pero en la práctica no es así, debido a un mal entendimiento del principio de investigación oficial. Primero hace todas las preguntas que considera oportunas el juez que instruya y luego permite a la parte que ha presentado al testigo hacer las que considere convenientes, que a la vista de lo ya interrogado suele dejar muy poco margen; finalmente pregunta la otra parte. El Fiscal no suele acudir en muchos tribunales de España al interrogatorio testifical, en contra de su obligación, sobre todo si hay acusación particular. Debería exigírsele responsabilidad por ello, ya que al abogado defensor sí se le sanciona si incumple sus obligaciones. Al fin y a la postre el Fiscal es parte. El Juez debería por ello interrogar el último, para desvanecer los conceptos oscuros o contradictorios, o formular preguntas que no se han hecho y debieron hacerse. Ello respetaría mucho más el sistema adversarial hacia el que paulatinamente nos dirigimos, en el que el juez nunca interroga, y nos alejaría del juez inquisitivo que tantas veces se critica. Si el cambio de instrucción del Juez al Fiscal implica mantener esta misma actitud, poco ganamos con el cambio.

El interrogatorio se puede producir también en el lugar de los hechos (art. 438).

Los testigos declararán de viva voz, sin que les sea permitido leer declaración ni respuesta alguna que lleven escrita, aunque pueden consultar algún apunte o memoria que contenga datos difíciles de recordar, pudiendo dictar las contestaciones por sí mismo (artículo 437).

No se pueden formular al testigo preguntas de cuya respuesta pueda resultar una imputación en su contra (art. 418, en relación con el art. 24.2 CE). Para que ello fuera posible el Juez tendría que cambiar el *status* de testigo a investigado y nombrarle abogado de oficio si no lo designa el mismo investigado. Tampoco se le pueden formular preguntas comprometidas para sus parientes, según el mismo precepto, cuyo párrafo segundo ha devenido inconstitucional por el derecho a no declarar contra sí mismo.

Tampoco se le pueden formular preguntas capciosas, ni ejercer coacción, engaño, promesa ni artificio alguno para obligarle o inducirle a declarar en determinado sentido (art. 439).

Los testigos extranjeros que necesiten intérprete y traducción por no entender el idioma español se sujetan al régimen de los arts. 440 y 441 LECRIM. Es posible su declaración por videoconferencia o conferencia telefónica (arts. 9 y 10 del Segundo Protocolo Adicional al Convenio Europeo de Asistencia Judicial en Materia Penal de Estrasburgo 2001 (BOE del 1 de junio de 2018, STS núm. 200/2017, de 27 de marzo). En caso de ser sordo, hay que estar al art. 442 LECRIM.

6º) Obligaciones respecto al juicio oral: Al término de su declaración, el juez hará saber al testigo su obligación de comparecer en el juicio oral, para lo cual deberá quedar sometido al Tribunal (arts. 446 y 447). Ello, porque entonces el acto de investigación deja de ser tal para convertirse en acto de prueba, que fundará la sentencia de absolución o condena.

Si no puede comparecer justificadamente el día fijado para el juicio oral, se le toma declaración con plenas garantías y bajo contradicción, pues entonces es un acto de prueba anticipada (art. 448). Lo mismo sucede en caso de peligro inminente de muerte (art. 449).

7º) Documentación: Las declaraciones de los testigos se hacen constar en la causa por escrito (art. 445), siendo leídas por los declarantes (art. 443), y firmadas por el juez y el testigo, bajo la autorización del LAJ (art. 444), sin que puedan existir tachaduras, aunque sí se pueden salvar equivocaciones (art. 450).

8º) Declaración testifical preconstituida: La reforma operada en la LECRIM por la LO 8/2021 ha introducido en el proceso penal la prueba testifical preconstituida. El fin principal es proteger a la mujer víctima de violencia de género, a los menores de edad y a las personas con discapacidad, no en todos los casos, pero sí en cuestiones penales de gran repercusión para estas personas, enumeradas en el art. 449 ter, I. La ley establece el procedimiento para preconstituir la prueba testifical. Los problemas más graves, garantizar el principio de contradicción para que no se convierta la declaración en un fraude y la búsqueda de la verdad (veracidad del testigo), se intentan resolver legalmente mediante la obligatoriedad de asistencia en la práctica de la declaración, al menos, del defensor del acusado (art. 449 bis, II). La ley se preocupa también de cuestiones técnicas (art. 449 bis III). Finalmente, se regula con detalle su introducción, visionado y lectura en el juicio oral para que adquiera la naturaleza de prueba y pueda ser valorada por el juez (arts. 703 bis, 707, 730, 777.3 y 788.2). Una declaración testifical personal de la mujer, menor o persona con discapacidad en el acto del juicio oral, no está en ningún caso sin embargo totalmente excluida (art. 703 bis, III).

4) La diligencia testifical periférica

A veces y en determinados casos, para demostrar que se puede abrir el juicio oral porque hay delito y autor, la acreditación debe hacerse mediante una testifical indirecta, es decir mediante la declaración de un testigo que no ha presenciado los hechos pero que sabe que los hechos han existido y quién los ha podido cometer.

Esta diligencia, llamada periférica, es una modalidad de la diligencia o prueba de referencia o de *testes de auditur*, de indiscutible admisión en el proceso penal español (STC núm. 146/2003, de 14 de julio, SS TS núm. 1135/2000, de 23 de junio, RJ\2000\5789), y núm. 343/2013, de 30 de abril, JUR\2013\152612) y a las que ellas se remiten).

El FD-2° de esta última nos dice clarísimamente que:

«Ahora bien nuestro sistema procesal admite de manera expresa la figura del testigo de referencia, al referirse el art. 710 LECRIM, siendo aquél la persona que no proporciona datos obtenidos por la percepción directa de los acontecimientos, sino la versión de lo sucedido obtenida a través de manifestaciones o confidencias de terceras personas.

...En definitiva las manifestaciones que realizó en su día la víctima o testigo directo de los hechos objeto de acusación debe ser necesariamente objeto de contradicción por el acusado o por su Letrado en el interrogatorio del juicio oral, y por ello no se puede inferir que el principio de inmediación permite sustituir un testigo directo por otro de referencia, pero no obstante la testifical de referencia sí puede formar parte del acervo probatorio en contra del reo, siempre que no sea la única prueba de cargo sobre el hecho enjuiciado y siempre con independencia de la posibilidad o no de que el testigo directo puede deponer o no en el juicio oral. El testigo de referencia podrá ser valorado como prueba de cargo —en sentido amplio— cuando sirva para valorar la credibilidad y fiabilidad de otro testigo —por ejemplo testigo de referencia que sostiene sobre la base de lo que le fue manifestado por un testigo presencial, lo mismo o lo contrario, o lo que sostiene otro testigo presencial que si declara en el plenario—, o para probar la existencia o no de corroboraciones periféricas —por ejemplo, para coadyuvar a lo sostiene el testigo único—.

Ello no obsta, tampoco, para que el testigo de referencia puede valorarse, como cualquier otro testigo, en lo que concierne a hechos objeto de enjuiciamiento que haya apreciado directamente y a hechos relativos a la validez o fiabilidad de otra prueba».

Pero la práctica judicial española es por regla general reacia a ello, exigiendo siempre testigos directos, cuando debería ser absolutamente favorable a su admisibilidad, sobre todo en aquellos delitos en los que es muy difícil que haya testigos o los que hay están todos contaminados por depender económicamente o en lo profesional del investigado o encausado, como los de violencia de género y en general aquéllos en los que la víctima es una mujer (agresión sexual, acoso laboral, trato vejatorio o degradante, etc.). En otro caso, de no admitirse estos puntos la impunidad de semejantes seres humanos quedaría casi garantizada.

5) Impugnabilidad de la veracidad de un testigo

Las advertencias que realizábamos al principio, una vez conocida la regulación legal, siguen vigentes. El testigo puede ser subjetivo, manipulable, codicioso, egocéntrico, temeroso, es en definitiva un ser humano y tiene los mismos defectos y las mismas virtudes que cualquier otra persona. La manera de corregir adecuadamente su mendacidad, o por mejor decir, la infracción de su deber de decir verdad, no es sólo multando o amenazando con una pena, sino persiguiendo eficazmente el falso testimonio.

Hay países en los que mentir al tribunal es considerado casi un sacrilegio y las penas por ello son durísimas (*Contempt of Court*, penas de cárcel, por ejemplo, en Estados Unidos), y se persigue siempre toda mentira ante cualquier tribunal.

En España no es así (el perjurio se pena en los casos más graves con prisión de hasta tres años, pero generalmente se impone una multa, art. 458 CP), con lo que el testigo, preparado en forma adecuada por el abogado del investigado (o de la acusación, que nadie es inocente en este tema), sabe que, aunque diga mentira, prácticamente nada le va a pasar por ello.

Por eso la prueba testifical no es fiable en nuestro país, al menos no es su característica general. Una máxima de la experiencia irrefutable nos dice que en aquellos casos en los que los testigos del investigado o bien dependen económica y profesionalmente de él, o bien pueden resultar dañados por él, tienden a no decir verdad y, por tanto, los jueces no pueden aceptar en principio como creíbles sus declaraciones.

El problema es entonces, en la fase de procedimiento preliminar, cómo poner de manifiesto la falta de veracidad del testigo. En nuestra opinión, inmediatamente declare y se ponga en evidencia su mendacidad, la parte a quien perjudique la declaración debe comunicar al juez los hechos y datos en que se funda.

La prueba sobre la prueba testifical debe ser admisible, no como tacha, pues la LECRIM no las ha previsto, sino como tachabilidad, es decir, como impugnabilidad.

La práctica española, equivocadamente también, suele inadmitir esos escritos en los que se denuncia la mendacidad de un testigo y los recursos correspondientes si se interponen, con el argumento de que la LECRIM no ha previsto las tachas y que ya podrá la parte a quien interese poner estos extremos de manifiesto en el juicio oral, para que él órgano sentenciador lo valore. Pero, ¿y si no hay juicio oral porque con base en la declaración falsa de un testigo se ha acordado el sobreseimiento?

Es el mismo caso que veíamos con la prueba documental nula admitida en el sumario. La denuncia de falta de veracidad de un testigo debe ser admitida sin duda alguna por los jueces instructores españoles y, cuando tengan que valorar si deciden sobreseer o abrir el juicio oral, que sepan que un testigo ha sido impugnado («tachado») por una parte y por tanto, que tienen que entrar a valorar si sus argumentos son aceptables antes de tomar esa decisión procesal.

IV. CAREOS

Regulados en los arts. 451 a 455 LECRIM, no estamos en realidad ante una diligencia de investigación directa, sino ante una diligencia de comprobación.

Por careo se entiende colocar cara a cara a dos o más personas, preferiblemente para la ley sólo a dos personas. El careo se produce entre testigos, entre investigados, y entre testigos e investigados, cuando por sus declaraciones se observen hechos contradictorios o discordantes, con el fin de averiguar quién dice la verdad (art. 451 LECRIM).

El careo se realiza ante el juez que instruya la causa, leyendo el LAJ a los testigos o a los investigados las declaraciones que han realizado en donde se deduzcan las contradicciones, y pidiéndoles, tras recordarles que siguen bajo juramento y las posibles sanciones, que se ratifiquen en ellas o que varíen lo que consideren conveniente, manifestando el Juez las contradicciones que resulten en dichas declaraciones, e invitando a los careados para que se pongan de acuerdo entre sí, de todo lo cual se levanta acta, a firmar por todos (arts. 452 y 453 LECRIM). El juez no permitirá ningún insulto o amenaza (art. 454 LECRIM).

La LECRIM cataloga al careo como un acto de investigación y comprobación subsidiario, pues no se practicarán careos salvo que sea imprescindible para comprobar la existencia del delito o la culpabilidad de alguno de los investigados. Tampoco se practicarán careos con testigos que sean menores de edad, salvo que el Juez lo considere imprescindible y no lesivo para el interés de dichos testigos, previo informe pericial (art. 455 LECRIM).

V. INFORMES PERICIALES

1) En general

La diligencia de investigación pericial reúne las mismas características que la testifical, pues es una prueba mixta, personal y material, en la que el perito es la fuente de investigación y el informe pericial el medio de investigación.

Se regula ampliamente como diligencia de investigación en los arts. 456 a 485 LECRIM.

También los conceptos estudiados en la prueba pericial civil nos sirven para la penal, pues la finalidad que se persigue con esta diligencia es exactamente la misma: Suplir la falta de conocimientos no jurídicos del juez mediante un experto en la materia en discusión.

En este sentido, recodemos que el perito es un tercero, es decir, una persona ajena al proceso, que posee unos conocimientos científicos, técnicos o artísticos especializados que el Juez no tiene, sea título profesional o no, y que los vierte en el mismo tras haberlos aplicado a estudiar los hechos u otros elementos objeto de la investigación. La diligencia de informe pericial es el medio para aportar los conocimientos del perito. Es, claramente en nuestra opinión, un profesional que presta ayuda a un juez para que tome la decisión con justicia.

Por eso el art. 456 LECRIM nos dice que el Juez acordará el informe pericial cuando, para conocer o apreciar algún hecho o circunstancia importante en el sumario, fuesen necesarios o convenientes conocimientos científicos o artísticos.

2) El perito

El perito puede ser una persona física o jurídica, titulada o no (art. 457), aunque se prefieren los primeros (art. 458).

Son peritos titulares los que tienen título oficial de una ciencia o arte cuyo ejercicio esté reglamentado por la Administración. Son peritos no titulares los que, careciendo de título oficial, tienen, sin embargo, conocimientos o prácticas especiales en alguna ciencia o arte.

El perito se diferencia del testigo, como regla general, por no haber presenciado los hechos (en caso de que el testigo poseyera esos conocimientos especializadas a que hacíamos referencia, estaríamos ante la figura conocida como «testigo-perito») y, además, porque el perito es elegido y el testigo no, y porque emite un informe o dictamen, por el que cobra, mientras que el testigo, que es indemnizado, relata lo percibido por él que ha sucedido.

El perito debe ser imparcial en la elaboración de su dictamen y en la formulación de sus conclusiones.

El nombramiento de dos o de uno (v. *infra*) se comunica a los peritos oficialmente (arts. 460 y 461), siendo para el perito obligatorio acudir al llamamiento (art. 462), bajo sanción (art. 463).

Por ello, una vez nombrados por el juez, deben ser comunicados sus nombres a las partes (art. 466 LECRIM), que pueden recusarlos si entienden que concurre causa legítima para ello (arts. 219-5° LOPJ, 464 y 468 LECRIM), por el procedimiento establecido en los arts. 469 y 470 LECRIM), y siempre que el objeto de la pericia no pueda reproducirse en el juicio oral (art. 467 LECRIM), dado que entonces en realidad estamos ante prueba pericial anticipada.

Las partes, tanto el actor particular como el investigado, tienen derecho a nombrar a sus propios peritos, uno por cada parte, y si hay pluralidad de partes se pondrán de acuerdo, y a su costa (art. 471). Manifestarán al juez el nombre y acreditación del perito (art. 472), resolviendo el juez sobre su aceptación en la forma determinada en el artículo 470 para las recusaciones (art. 473).

Una vez nombrado el perito oficial (el que no está propuesto por la parte), y si no ha sido recusado, tiene 3 deberes legales:

1. Acudir al llamamiento judicial para peritar, es decir, deber de comparecencia, como ya hemos visto *supra*.
2. Jurar o prometer todos los peritos (los públicos y los privados), antes de comenzar la diligencia, proceder bien y fielmente en sus operaciones y de no proponerse otro fin más que el de descubrir y declarar la verdad (art. 474).
3. Peritar (art. 463 LECRIM), es decir, proceder al examen de la persona o del objeto a peritar, conforme a las claras y determinadas instrucciones que habrá cursado el juez, elaborando el informe y las conclusiones correspondientes (art. 475 LECRIM).

Como contraprestación, tiene derecho a honorarios (art. 465 LECRIM)

El perito, como veíamos con el testigo, en determinados casos (v.gr., delitos de terrorismo), está protegido frente a posibles actos de venganza o represalias (Ley Orgánica 19/1994, de 23 de diciembre, de protección a testigos y peritos en causas criminales).

3) La práctica de la diligencia de informe pericial

La LECRIM establece en cuanto a la ejecución de esta medida las siguientes normas:

a) El informe pericial se solicita por el juez cuando para conocer el hecho criminal, se necesiten conocimientos científicos, técnicos o artísticos, como sabemos (art. 456).

b) El reconocimiento pericial se hace por 2 peritos nombrados por el juez, y, si no es posible, por uno sólo (art. 459). En los procesos abreviados el perito es sólo uno (arts. 785-7ª y 793.5 LECRIM). Pero si el objeto de la pericia no puede reproducirse en el juicio oral (prueba anticipada), cada parte tiene derecho a nombrar a un perito a su costa (art. 471 LECRIM), que trabajará conjuntamente con los designados oficialmente.

c) El acto pericial es presidido por el juez, asistido por el LAJ, aunque para la práctica de la autopsia puede delegar en un miembro de la Policía Judicial (art. 477), pudiendo concurrir las partes, incluido el inculpado, si estamos ante prueba pericial anticipada (art. 476). Nada impide que el perito elabore su informe en su estudio, despacho o clínica particular, y de hecho así se hace en la práctica.

d) La LECRIM establece también una serie de disposiciones por si acaso fueran necesarias operaciones previas a la pericia.

e) El contenido posible del informe pericial viene fijado en el art. 478 (v. también la Instrucción 6/1988, de 12 de diciembre, de la Fiscalía General del Estado).

f) El juez y las partes pueden preguntar y formular las observaciones que consideren pertinentes, así como pedir las aclaraciones necesarias, constando en la diligencia, formando parte las contestaciones de los peritos de su informe. (art. 483).

g) Finalmente, en caso de discrepancias entre los peritos, el juez procederá a nombrar otro si su número fuese par, repitiéndose las operaciones si fuera posible (art. 484).

4) En especial, periciales complejas

La diligencia de investigación psiquiátrica o psicológica, la del ADN y la de los servicios de inteligencia, presentan características muy relevantes en el proceso penal. La segunda será tratada en la lección siguiente. Nos vamos a detener ahora brevemente en la primera y en la tercera.

Cuando para averiguar determinados hechos que afectan a la personalidad de una parte en el proceso penal, sea el investigado, sea la víctima, se hace necesaria una diligencia psiquiátrica o psicológica, la jurisprudencia, que la admite (v. SSTS núm. 1031/2006, de 31 de octubre, RJ|2006|7119); núm. 1031/2006, de 31 octubre, RJ\2006\7119); y, sobre todo, la núm. 480/2012, de 29 mayo, RJ\2013\2293, y sentencias en ella referidas), manifiesta una cierta prevención hacia ella, incluso aunque haya sido realizado el informe por el médico forense o un psiquiatra o psicólogo público, calificándola como «prueba de corroboración». Como consecuencia de esta jurisprudencia, la práctica judicial española, que como no podría ser de otra manera, también la admite, indiscutiblemente respecto a las víctimas, tiene argumentos para restarle credibilidad, sobre todo si las pruebas de cargo no son todo lo verosímiles que deberían ser, algo débiles o muy difíciles de obtener. Aunque el informe pericial afirme que la víctima dice verdad y que el causante de su daño es el investigado, la práctica puede prescindir de ello sin problema alguno. Lo que no puede hacer es prescindir de ella si existen pruebas de cargo, y por eso se le denomina de corroboración.

Si el psiquiatra o el psicólogo son públicos, la diligencia debería tener un mayor valor y ser prueba principal, y admitirse además en todos los casos en los que los resultados que se obtengan ayuden al esclarecimiento de los hechos.

La prueba del perfil psicológico del autor de delitos de violencia de género, del agresor sexual, del acosador laboral, del maltratador o de quien causa tratos denigrantes y vejatorios, que nada tiene que ver con el Derecho Penal de autor, sino con el hecho punible causado por una persona probablemente con un comportamiento psicológico ya manifestado antes, debe ser por ello admisible siempre, ya que el conocimiento de su historial mental puede ser de una gran ayuda para la decisión final, al menos como indicio de cargo.

En cuanto al informe de los servicios secretos (pericial de inteligencia), por ejemplo, sobre el *modus operandi* de determinados grupos de criminalidad organizada, el TS la considera una prueba pericial periférica, puesto que su fin es ofrecer al juez y a las partes una explicación detallada de la práctica de esas asociaciones de delincuentes, a valorar por el tribunal en la sentencia (S TS 134/2016, de 24 de febrero, RJ\2016\2172, *caso Piratas de Somalia*).

VI. INSPECCIÓN OCULAR

La inspección ocular es en el proceso penal lo que el reconocimiento judicial es en el proceso civil. Se regula en los arts. 326 a 333 LECRIM.

La diligencia de inspección ocular se practica por el juez que instruya la causa. Mediante este acto de investigación, el Juez realiza una comprobación personal del lugar de los hechos, observando lo ocurrido y describiéndolo, además de recoger los vestigios, restos y huellas del delito. Todo ello tiene lugar en principio en la escena del crimen.

La LECRIM establece en cuanto a la ejecución de esta medida las siguientes normas:

a) Si el hecho punible ha dejado huellas, deben recogerse (arts. 326 y 328 LECRIM).

b) Si las huellas o vestigios han desaparecido, el juez deberá averiguar el porqué (art. 330 LECRIM).

c) Si el hecho no ha dejado huellas, el juez debe hacer constar por otros medios la ejecución del delito y sus circunstancias (art. 331 LECRIM).

d) En general, el juez deberá describir además todo aquello que pueda tener relación con el hecho (art. 326, II LECRIM), y si es conveniente deberá también dejar constancia gráfica de todo, elaborando un croquis, cuando fuere conveniente para mayor claridad o comprobación de los hechos, consistente en levantar un plano del lugar suficientemente detallado, o en hacer el retrato de las personas que hubiesen sido objeto del delito, o la copia o diseño de los efectos o instrumentos del mismo que se hubiesen hallado (art. 327 LECRIM, muy superado hoy por las nuevas tecnologías, que son las que se aplican).

e) Para ayudar al juez en la interpretación y averiguación de los hechos, éste puede también consultar «in situ» a los testigos del mismo (art. 329 LECRIM), e incluso consultar el parecer de peritos (art. 328 «in fine» LECRIM).

f) Derechos del investigado: El art. 333 LECRIM garantiza su derecho de asistencia, conjuntamente con su abogado defensor, si lo desea, pudiendo hacer en el acto las observaciones que estimen pertinentes, las cuales se consignarán por diligencia si no fuesen aceptadas.

De todo lo practicado se levantará acta, firmada por las personas a las que se refiere el art. 332 LECRIM, acta muy importante por las diferentes valoraciones que puede contener, unas de apreciación subjetiva del instructor, otras constataciones objetivas de las que ningún tribunal puede prescindir, a valorar libremente.

Finalmente, la inspección ocular puede significar la reconstrucción del hecho. Esta útil forma de inspección, muy practicada en la realidad judicial penal española, se apoya en el art. 331 LECRIM, pero no se regula específicamente por la Ley. De ahí que cuando se adopte, la reconstrucción debe hacerse tomando las medidas necesarias para que el hecho se reproduzca tal y como se supone que se produjo.

Lección 10ª

LOS ACTOS DE INVESTIGACIÓN GARANTIZADOS

JUAN LUIS GÓMEZ COLOMER

SUMARIO: I. CONSTITUCIÓN E INVESTIGACIÓN DEL CRIMEN; II. DECLARACIONES DEL INVESTIGADO; 1) En general; 2) Declaración indagatoria; 3) Práctica del interrogatorio; 4) La «confesión» del investigado; 5) Casos especiales; III. DILIGENCIA DE ENTRADA Y REGISTRO EN LUGAR CERRADO; 1) Requisitos; A) Presupuestos generales; B) Presupuestos especiales; 2) Práctica; A) Medidas de aseguramiento del acto; B) Órganos y personas que intervienen en su práctica; C) Forma de practicar el acto; D) Hora de la diligencia; E) Documentación del acto; IV. DILIGENCIA DE REGISTRO DE LIBROS Y PAPELES; V. DILIGENCIA DE DETENCIÓN Y APERTURA DE LA CORRESPONDENCIA ESCRITA Y TELEGRÁFICA; 1) Presupuestos; 2) Detención de la correspondencia; 3) Apertura y examen de la correspondencia postal; 4) Utilización de los resultados probatorios; VI. DILIGENCIA DE FILMACIÓN DE LUGARES PÚBLICOS; VII. INTERVENCIONES CORPORALES DIRECTAS.

I. CONSTITUCIÓN E INVESTIGACIÓN DEL CRIMEN

Decíamos en la lección anterior que determinadas diligencias de investigación, así como determinadas pruebas, tienen una protección ulterior establecida por la Constitución. Su esencia radica en que en una democracia el legislador quiere que la lucha entre el Estado, cuya función principal en este punto es perseguir el delito y castigar al delincuente para garantizar la paz social puesta en peligro por él, y el investigado sospechoso de haber cometido ese delito, sea limpia, justa y ecuánime, no estableciendo más limitaciones a sus derechos que las exigidas por la propia naturaleza del Derecho Penal y del proceso penal, y en todo caso autorizadas por un juez. Son las diligencias de investigación que conforman los llamados actos garantizados, a estudiar en esta lección y en la siguiente.

La clave consiste en equilibrar jurídicamente y en la realidad práctica la tremenda lucha que ese campo de tensiones produce, casi siempre en desventaja inicial para el investigado, que es inocente mientras no se demuestre lo contrario.

El juego de la protección es muy parecido: La ley no puede permitir, ni la práctica derivada de ella tampoco, para mantener ese equilibrio, que un derecho fundamental del acusado, o de la víctima (acusación particular), o del actor popular, sea vulnerado por la aplicación de una norma procesal, porque entonces la balanza se desequilibra y gana el Estado ilegítimamente, por quebrar la Constitución. Por tanto, la ley hace depender su extensión y aplicabilidad, y con ello su eficacia, de su propio ajuste constitucional. Si la vulneración se produce, no es válido el acto o trámite procesal realizado, pues la protección constitucional lo convierte en nulo.

El Tribunal Supremo Federal alemán dijo en una conocida sentencia de 14 de junio de 1960, cuando la jurisprudencia de la Corte Suprema de los Estados Unidos de América empezaba a difundirse regularmente por Europa, que «no es un principio de la ley procesal penal que tenga que averiguarse la verdad a cualquier precio».

Ello nos lleva a la prueba prohibida, que no debe estudiarse aquí, sino en las lecciones dedicadas a la prueba. Ahora deben estudiarse los actos garantizados y cómo ha previsto la ley que se practiquen sin afectar al juicio justo, al proceso con todas las garantías.

Una observación general antes de entrar en ellos. Quizás estemos ante la cuestión más delicada del proceso penal en su fase preliminar hoy, porque los intereses en juego están engordando en forma exagerada las tensiones naturales. La lucha contra la criminalidad organizada, el problema penal más grave de nuestra sociedad hoy (narcotráfico, terrorismo, mafias, trata de mujeres, pornografía infantil, cibercriminalidad, etc.), está desbordando a la Policía, no siempre preparada técnicamente para luchar adecuadamente contra ella. Esto hace que muchas veces se quiera acortar el camino pasando por encima de las garantías constitucionales. Se ha llegado a proponer incluso para estos criminales un Derecho Penal y un proceso penal distinto, menos garantista y más autoritario (Derecho Penal del Enemigo). Si no vigilamos el desarrollo, podríamos regresar a épocas que jamás deben volver.

La clave del éxito no está en recortar los derechos de los investigados, sino en preparar mejor a la policía y especializar a nuestros fiscales y jueces en esta lucha contra el crimen organizado. Una potenciación de la acción particular (la de la víctima), convirtiéndola en una especie de fiscal privado, sobre todo si acaba investigando el fiscal público, no debería tampoco descartarse, ni una acción popular mejorada. También pueden ser admisibles restricciones a los derechos constitucionales en ciertos casos, pero sólo excepcionalmente y por tiempo limitado. Sin embargo, el derecho de defensa nunca debería ser objeto de restricciones.

<table>
<tr><td rowspan="6">ACTOS DE INVESTIGACIÓN GARANTIZADOS CLÁSICOS</td><td>➢ declaraciones del investigado</td></tr>
<tr><td>➢ diligencia de entrada y registro en lugar cerrado</td></tr>
<tr><td>➢ diligencia de registro de libros y papeles</td></tr>
<tr><td>➢ diligencia de detención y apertura de la correspondencia escrita y telegráfica</td></tr>
<tr><td>➢ diligencia de filmación de lugares públicos</td></tr>
<tr><td>➢ intervenciones corporales directas</td></tr>
</table>

ACTOS DE INVESTIGACIÓN GARANTIZADOS BASADOS EN LAS NUEVAS TECNOLOGÍAS	
	➢ intervención de las comunicaciones telefónicas y telemáticas
	➢ captación y grabación de comunicaciones orales mediante la utilización de dispositivos electrónicos
	➢ utilización de dispositivos técnicos de captación de la imagen, de seguimiento y de localización
	➢ registro de dispositivos de almacenamiento masivo de información
	➢ registros remotos sobre equipos informáticos
	➢ análisis del ADN en caso de delitos graves para inscripción en una base de datos policiales

II. DECLARACIONES DEL INVESTIGADO

1) En general

La declaración o interrogatorio del investigado en el procedimiento preliminar se regula en los arts. 385 a 409 LECRIM.

Las diligencias de declaración del investigado no han de entenderse únicamente como actos de investigación, pues giran en torno al derecho fundamental a no declarar contra sí mismo y al derecho fundamental a no confesarse culpables, reconocidos ambos en el art. 24.2 CE. Por ello, su naturaleza es mixta, puesto que la declaración del investigado es también un acto de defensa.

La declaración del investigado es un acto (de investigación y defensa) necesario del procedimiento preliminar, en el momento conste su persona en la causa, pues es inmediatamente citado para declarar (v. art. 486 a 488 LECRIM, que contemplan al mismo tiempo una medida cautelar, la de citación para ser oído, en la que no entramos aquí).

El Juez, de oficio o a instancia del Ministerio fiscal o del actor particular, hará que los investigados presten cuantas declaraciones considere convenientes para la averiguación de los hechos, sin que ni el acusador privado ni el actor civil puedan estar presentes al interrogatorio, cuando así lo disponga el Juez instructor (art. 385). En la práctica no obstante se cita a todas las partes, con lo que deja de tener sentido ese interrogatorio personalizado que parece que quiere el legislador.

2) Declaración indagatoria

La primera declaración que se toma al investigado, dentro de las 24 horas de haber sido detenido o llamado a comparecencia ante el Juez, independientemente de que haya sido interrogado o no por el MF o por miembros de la Policía Judicial (art. 386 LECRIM), se llama en la práctica por motivos históricos indagatoria. En ella se formulan las preguntas llamadas «generales de la Ley», es decir, las que llevan a su identificación completa, a conocer sus antecedentes penales y a si conoce el motivo de su detención (art. 388 LECRIM).

3) Práctica del interrogatorio

Las preguntas que se le hagan en todas las declaraciones que hubiere de prestar se dirigirán a la averiguación de los hechos y a la participación en ellos del investigado y de las demás personas que hubieren contribuido a ejecutarlos o investigado. Las preguntas serán directas, lo que significa que no se le puede interrogar en forma capciosa o sugestiva (art. 389, I y II).

La prohibición constitucional específica se manifiesta en que:

1°) Se prohíbe la tortura (art. 15 CE) y cualquier género de coacción, amenaza o reproche (art. 389, II y III).

Hasta tal punto son importantes estas disposiciones, que su violación constituye un caso de prueba prohibida o ilícita al que nos referíamos al principio de esta lección, es decir, inutilizable por el Tribunal, que da lugar además a responsabilidades penales de quienes la practicaron así.

2°) El investigado tiene derecho constitucional a callarse, incluso a mentir, puesto que no incurre en responsabilidad alguna por hacerlo, aunque hablar de derecho a mentir es un concepto que al Estado de Derecho, que regula un proceso penal justo, no puede satisfacer, pero si declara a las preguntas que tengan relación con los hechos (art. 389 LECRIM), su exculpación debe ser recogida por el Juez (arts. 2 y 396 LECRIM).

El investigado puede declarar todas las veces que el juez quiera, el MF o las partes los soliciten, o incluso él mismo (arts. 385 y 400 LECRIM). Si incurre en contradicciones o se retracta de una declaración anterior, será interrogado sobre el móvil de sus contradicciones y sobre las causas de su retractación (art. 405 LECRIM).

Las llamadas declaraciones libres o espontáneas del investigado detenido ante la Policía no están cubiertas por el derecho a no declarar, pero no constituyen prueba (ni directa, ni de corroboración, ni preconstituida), ni pueden ser incorporadas a un atestado con la firma del detenido. Tampoco es válida la citación de los agentes policiales que escucharon como testigos esas declaraciones, aunque si, por contraste con otros medios de prueba, se consideran verdaderas, pueden ser llamados a declarar en el juicio oral (Acuerdo del Pleno no Jurisdiccional de la Sala II del TS de 3 de junio de 2015; STS núm. 739/2018, de 6 de febrero). Su intercambio entre países de la UE puede ser también posible (art. 11 del Segundo Protocolo Adicional al Convenio Europeo de Asistencia Judicial en Materia Penal de Estrasburgo 2001 (BOE del 1 de junio de 2018).

En ningún caso podrán hacerse al investigado cargos ni reconvenciones, ni se le leerá parte alguna del sumario más que sus declaraciones anteriores si lo pidiera, a no ser que el Juez hubiese autorizado la publicidad de aquél en todo o en parte.

En la declaración se consignarán íntegramente las preguntas y las contestaciones (art. 401). El interrogado puede leer la declaración (art. 402), que no podrá contener tachaduras o enmiendas (art. 403), siendo firmada la diligencia por todos los asistentes (art. 404).

Las declaraciones de los coimputados (co-investigados) son en principio válidas, aunque el juez debe tener una cierta prevención. La jurisprudencia fija requisitos estrictos para declararla como prueba válida de cargo (v., por ejemplo, la S TS núm. 296/2019 de 4 junio. RJ 2019\2869).

4) La «confesión» del investigado

Finalmente, un dato importante: A pesar del texto del art. 406, I LECRIM («La confesión del procesado no dispensará al Juez de instrucción de practicar todas las diligencias necesarias a fin de adquirir el convencimiento de la verdad de la confesión y de la existencia del delito»), en el proceso penal español no existe la confesión (del modo a como se entiende en el proceso civil, o en el lenguaje común), porque aunque «confiese» los hechos, el juez debe continuar con la investigación, sin perjuicio de interrogar inmediatamente al investigado «confeso» para que explique todas las circunstancias del delito y cuanto pueda contribuir a comprobar su confesión, si fue autor o cómplice, y si conoce a algunas personas que fueren testigos o tuvieren conocimiento del hecho (art. 406, II).

Dicho de otra manera: Si la «confesión» del investigado es el único acto de investigación y, luego, la única «prueba», aunque resulte absolutamente creíble, el Tribunal debe absolver, porque en el proceso penal no hay ninguna prueba cuya valoración esté tasada legalmente y porque, en definitiva, significa que el Estado ha fracasado en la investigación, ya que ha sido incapaz de demostrar la culpabilidad del sospechoso por otros medios.

La «confesión» del inculpado no es por tanto una verdadera confesión, sino una admisión de los hechos. Las consecuencias de ello se traducen en una condena (o absolución) pactada y se estudiarán al tratar la conformidad del acusado en la lecc. 17ª.

5) Casos especiales

La LECRIM prevé finalmente determinadas particularidades en cuanto a la declaración de los investigados:

1ª) Si está incomunicado, rigen las normas de la prisión incomunicada aplicables, a saber los arts. 506 al 511 (art. 407, aunque no todos esos preceptos resultan aplicables hoy), no leyéndosele los fundamentos del auto de incomunicación cuando fuere notificado (art. 408), se supone que tanto si la incomunicación se ordena judicialmente tras la declaración, como si ya estuviera acordada evitando que se entere de los fundamentos de ella durante la declaración, pues el precepto no es claro.

2ª) Dispone el art. 409 que para recibir declaración al investigado menor de edad no habrá necesidad de nombrarle «curador». Pero esta norma no puede estar vigente, porque los menores de edad no están sujetos a la LECRIM y porque la ley apropiada para ellos hoy sí prevé la asistencia de la representación salvo excepciones (art. 17.2 LRPM).

3º) Cuando se haya procedido a la imputación de una persona jurídica, se tomará declaración al representante especialmente designado por ella, asistido de su Abogado. La declaración irá dirigida a la averiguación de los hechos y a la participación en ellos de la entidad imputada y de las demás personas que hubieran también podido intervenir en su realización. A dicha declaración le será de aplicación lo dispuesto en los preceptos del presente Capítulo en lo que no sea incompatible con su especial naturaleza, incluidos los derechos a guardar silencio, a no declarar contra sí misma y a no confesarse culpable. No obstante, la incomparecencia de la persona especialmente designada por la persona jurídica para su representación determinará que se tenga por celebrado este acto, entendiéndose que se acoge a su derecho a no declarar (art. 409 bis).

4º) No regulado por la LECRIM, pero existente en la realidad, es el uso de modernísimos medios técnicos para comprobar la veracidad de la declaración del investigado o encausado, quien en ocasiones solicita él mismo la utilización de estas técnicas para demostrar que es veraz. Se trata de pruebas periciales científicas que tienen carácter instrumental. La línea jurisprudencial actual tiende a su rechazo.

El método más conocido es el llamado detector de mentiras, máquina de la verdad o «polígrafo», pero también existe el método electroencefalográfico de detección de actividad cerebral, que aplica estímulos externos a las ondas cerebrales para que produzcan respuestas mediante las que se pueda deducir si el sujeto miente o no (conocido como Test P-300). La jurisprudencia niega validez a esta prueba, no sólo por carecer de regulación y por no estar acreditada una alta fiabilidad, sino también porque en absoluto puede sustituir al Juez en su función de valorar la prueba (S TS núm. 833/2010, de 29 de septiembre, RJ\2010\7641), además de estar afectados los derechos constituciones del investigado a no declarar contra sí mismo y a no confesarse culpable.

Pero estas pruebas, sobre todo la segunda por ser más fiable, son admisibles si son aceptadas libremente por el investigado.

III. DILIGENCIA DE ENTRADA Y REGISTRO EN LUGAR CERRADO

La diligencia de entrada y registro en lugar cerrado se regula en los arts. 545 a 572 LECRIM. En general, la entrada y registro en lugar cerrado es el acto de investigación consistente en la penetración en un determinado recinto aislado del exterior, con la finalidad de buscar y recoger fuentes de investigación, o la propia persona del investigado (arts. 546 y 550 LECRIM). Son dos diligencias en una, pero íntimamente unidas, pues se entra en el lugar cerrado para registrarlo. Y cumple dos fines claramente diferenciados: Asegurar pruebas y piezas de convicción (pruebas físicas), para que estén a disposición de las partes (sobre las que previamente habrán preparado su acusación y defensa) y del órgano jurisdiccional el día del juicio oral, y detener al presunto culpable que se sospecha que se encuentra dentro del domicilio.

En un sentido especial (tratándose de domicilios) supone la limitación del derecho constitucional de inviolabilidad de domicilio, justificada por el cumplimiento de determinados fines del proceso penal. El art. 18.2 CE dispone que «el domicilio es inviolable. Ninguna entrada o registro podrá hacerse en él sin consentimiento del titular o resolución judicial, salvo en caso de flagrante delito».

1) Requisitos

Para que el acto de entrada y registro en lugar cerrado se verifique de acuerdo con la ley deben concurrir determinados requisitos. Téngase en cuenta que la entrada y registro sin atenerse a estas condiciones puede constituir delito (arts. 202 a 204 CP).

Se consideran supuestos especiales de entrada y registro los que afectan o tienen lugar en caso de estado de excepción (LO 4/1981, de 1 de junio), de delito flagrante, de delitos de terrorismo, o de entradas y registros efectuados por la Policía sin orden judicial persiguiendo a delincuentes sospechosos de haber cometido delitos muy graves (art. 553 LECRIM).

Como acto de investigación procesal penal la entrada y registro ha de ser precedida por determinados requisitos, que, a su vez, pueden ser generales o especiales, según la cualidad del lugar cerrado en el que haya de entrarse.

A) Presupuestos generales

Son que se tengan indicios de que en el lugar se encuentra el investigado, o de que hay efectos o instrumentos del delito, o libros, papeles u otros objetos que puedan servir para su descubrimiento o comprobación (art. 546 y art. 550 LECRIM, en lo que le afecta de la remisión); y auto del juez competente para instruir acordando la práctica del acto (arts. 564, II, y 566, I, LECRIM).

El auto es la forma que ha de adoptar la resolución del Juez, pero no siempre resulta necesario, puesto que el registro y previa entrada pueden efectuarse mediando sólo consentimiento o autorización de la persona interesada, como veremos con base en el fundamento constitucional antes indicado.

B) Presupuestos especiales

Hay que distinguir entre edificios o lugares públicos oficiales, no oficiales, religiosos, de particulares y asimilados, o cualificados por normativa internacional. A todos ellos se refiere la LECRIM en sus arts. 547 y ss.

Realmente los importantes son los domicilios de particulares, esto es, el edificio o lugar cerrado, o la parte de él destinada principalmente a la habitación de cualquier español o extranjero residente en España y de su familia.

Para éstos los presupuestos son:

1°) Consentimiento del interesado, conforme se previene en el art. 18.2 CE (art. 550 LECRIM), el cual puede presumirse si no alega derecho a la inviolabilidad del domicilio (art. 551 LECRIM). La jurisprudencia ha establecido matices al respecto, por ejemplo, el cónyuge puede prestar consentimiento si reside en el domicilio (S TS núm. 401/2020 de 17 julio. RJ 2020\2787).

2°) Si se niega, sólo puede procederse a la entrada, notificándose en el acto o dentro de las 24 horas siguientes el auto motivado que ordena el allanamiento de morada, que deberá contener las circunstancias del art. 558 (arts. 550, in fine, y 566 LECRIM).

Como la persona jurídica ya puede delinquir en nuestro ordenamiento jurídico, también puede ser registrado su domicilio. El problema es que el domicilio se suele predicar de las personas físicas o individuales. La persona moral o jurídica no dispone de una morada en la que pueda hacer lo que desee, es decir, no tiene derecho a la privacidad, derecho que es exclusivo de la persona física. Pero a veces esto puede ser discutible si en el domicilio de la empresa se guardan documentos esenciales para su existencia, por ejemplo, un secreto industrial. El TC ya había entrado en esta materia extendiendo la protección del art. 18.2 CE a las personas jurídicas (STS 137/1985, de 17 de octubre, FJ 3). Por eso el art. 554-4° LECRIM intenta resolver esta cuestión definiendo el domicilio de las personas jurídicas. Antes de ello, la propia jurisprudencia lo ha ampliado indicando que es domicilio a los efectos de la diligencia de entrada y registro, entre otros lugares, las sedes de algunas asociaciones (v.gr., de partidos políticos), los despachos profesionales (v.gr., de abogados), y las sedes de los medios de comunicación (SS TC 144/1987, de 23 de septiembre; 211/1992, de 30 de noviembre; y 171/1997, de 14 de octubre. También S TS 89/2022, de 4 febrero, RJ 2022\800). En el caso específico de los medios de comunicación se fundamenta porque en sus sedes se desarrollan los derechos a la libertad de expresión y a comunicar y recibir libremente información. Se resuelve así jurisprudencialmente un tema conflictivo, pues no era hasta entonces nada claro que la protección se debiera extender también, por ejemplo, a una sociedad anónima.

El presupuesto fundamental, pues, es el de la resolución judicial motivada. De la doctrina constitucional se desprende claramente que en la resolución el tribunal debe manifestar, escueta o ampliamente, que la decisión adoptada responde a determinados hechos punibles que deben ser investigados en un proceso penal incoado, de manera que el auto debe expresar en base a qué razones considera necesario el tribunal la entrada y registro en el domicilio (STC 176/1988, de 4 de octubre; y STS de 23 de junio de 1992, RA 5831).

Al tratarse de la limitación de un derecho fundamental, el presupuesto constitucional es el principio de exclusividad jurisdiccional. La limitación del derecho sólo puede acordarse por un Juez y, con fines de investigación penal, ha de existir proceso penal incoado.

La determinación en casos muy particulares, además de lo indicado antes, de lo que deba entenderse por domicilio no siempre está clara y ha dado lugar a una profusa jurisprudencia que ha atendido a las habitaciones de hotel (sí es domicilio), a los vehículos (con distinción entre simples automóviles y caravanas, SS TS de 19 de julio de 1993, RA 6149; de 11 de febrero de 1994, RA 691; de 17 de enero de 1997, RA 56; y de 29 de enero de 2001, RA 405), a los departamentos del tren, a los camarotes de los buques, etc. *Vide* los razonamientos de la STC 10/2002, de 17 de enero, que declara la inconstitucionalidad del art. 557 LECRIM.

2) *Práctica*

La LECRIM establece en cuanto a la ejecución de esta medida las siguientes normas:

A) Medidas de aseguramiento del acto

Acordada la entrada y registro, se han de adoptar las medidas adecuadas para que no se frustre el fin del acto, es decir, medidas que tiendan a evitar la fuga de la persona buscada o la sustracción de los objetos que se buscan.

Estas medidas deben adoptarse:

1ª) Antes de que empiece la práctica del acto («medidas de vigilancia», art. 567 LECRIM).

2ª) Cuando se suspenda temporalmente la práctica del acto, de acuerdo con los presupuestos de los arts. 570 y 571 LECRIM (expiración del día y no consentimiento del interesado, salvo en el supuesto de los arts. 546 y 550), las medidas a adoptar consisten en cerrar y sellar el local o los muebles aún no registrados, previniéndose a los que se hallasen en el lugar de que no levanten los sellos ni violenten las cerraduras, bajo la responsabilidad que establece el art. 365 CP (art. 570 LECRIM).

B) Órganos y personas que intervienen en su práctica

1º) Competente para decretar y realizar la entrada y registro es el Juez, quien puede encomendar determinadas actividades materiales a las autoridades o agentes de la Policía Judicial (art. 563, I LECRIM).

2º) Según el art. 569 LECRIM, deben presenciar el acto del registro las siguientes personas: 1) El LAJ, que puede ser sustituido si así lo autoriza el Juez, por quien legalmente puede sustituirlo, debiendo documentarse posteriormente el acto (art. 569, IV; STS 29 enero 1991, RA 455); 2) El interesado y, subsidiariamente, la persona que le represente. Si no quisiere concurrir y no nombrase representante, se hará a presencia de un individuo de su familia mayor de edad, y si no la hubiere, a presencia de dos testigos, vecinos del mismo pueblo. Si el interesado es el investigado, y está disponible (v.gr., por estar detenido), debe concurrir igualmente según la jurisprudencia, aunque no su abogado (STS 14 noviembre 1992, RA 9661).

La resistencia de estas personas a presenciar el registro puede dar lugar a la responsabilidad por delito de desobediencia grave a la autoridad (art. 556 LECRIM).

C) Forma de practicar el acto

La forma de practicar la entrada y registro en cada caso concreto es un problema de técnica de investigación, que debe resolverse según las circunstancias del caso, pero la LECRIM da unas normas generales a tener en cuenta:

1ª) Cumplidos los requisitos previos a la entrada, puede procederse a efectuarla incluso con el auxilio de la fuerza (art. 568 LECRIM).

2ª) Deben evitarse las inspecciones inútiles, procurando no importunar al interesado más de lo necesario, adoptándose precauciones para no comprometer su reputación, y respetando sus secretos si no interesan a la instrucción (art. 552 LECRIM).

3ª) El Juez recogerá los instrumentos y efectos del delito, los libros, papeles y demás cosas de interés para el sumario. Los libros y papeles serán foliados, sellados y rubricados por los que hubieran asistido al registro (art. 574 LECRIM).

D) Hora de la diligencia

Influye la circunstancia de ser de día o de noche cuando el registro se practique en edificios públicos o en domicilios:

1º) Tratándose de edificios o lugares públicos, el registro puede practicarse, indistintamente, durante el día o durante la noche (art. 546 LECRIM).

2º) Tratándose de domicilios, la entrada se realizará de día y sólo puede efectuarse durante la noche si lo hace necesario la urgencia del caso (arts. 184.1 LOPJ y 550 LECRIM). En los casos normales, si llega la noche antes de la terminación del registro, éste deberá suspenderse, salvo que el interesado o su representante consientan la continuación o la haga necesaria la urgencia (art. 570, I LECRIM). Por último, la circunstancia de que pueda practicarse o continuarse de noche ha de expresarse en el auto (art. 558 LECRIM).

E) Documentación del acto

El letrado de la administración de justicia extenderá diligencia de la entrada y registro en lugar cerrado, la cual contendrá los siguientes extremos: 1) Personas que hubieren practicado el registro; 2) Personas que lo hubieren presenciado; 3) Incidentes ocurridos; 4) Horas en que empezó y terminó; 5) Relación del registro por el orden en que se hizo; y 6) Los resultados obtenidos (art. 572 LECRIM). El acta correspondiente será firmada por todos los concurrentes (art. 569, IV LECRIM).

Si no hubieran aparecido las personas u objetos buscados ni otros indicios sospechosos, se expedirá certificación del acta a la parte interesada si la reclamase (art. 569, VI, LECRIM).

IV. DILIGENCIA DE REGISTRO DE LIBROS Y PAPELES

La diligencia de registro de libros y papeles se regula en los arts. 573 a 578 LECRIM. A través de este acto de investigación del procedimiento preliminar se pretende recoger toda aquella documentación que o bien constituya el objeto del delito, o bien sirva para esclarecer los hechos criminales que han dado lugar a la causa, teniendo en cuenta la protección constitucional operada por el art. 18.3 CE.

La LECRIM distingue a estos efectos diferentes clases de libros y papeles.

a) *Libros y papeles en general*: La Ley no da norma alguna especial para el registro de libros y papeles en general, porque entiende que la diligencia de entrada y registro de un lugar cerrado puede tener como finalidad también la de registrar libros, documentos o papeles (v. arts. 574 a 576 LECRIM).

b) *Libros y papeles contables*: El presupuesto de la diligencia es que existan indicios graves de que de ésta resultará el descubrimiento o comprobación de algún hecho o circunstancia importante de la causa (art. 573 LECRIM).

c) *Archivos y documentos consulares*: Tratándose de cónsules honorarios, los archivos y documentos consulares son inviolables, a condición de que, en las oficinas, están separados de los documentos de otra índole (art. 61 Convención de Viena de 1961).

d) *Libros y documentos notariales, y de los Registros de la Propiedad, Civil y Mercantil*: De acuerdo con el art. 578 LECRIM, si el libro que haya de ser objeto del registro fuese el protocolo de un Notario, se procederá con arreglo a lo dispuesto en la Ley del Notariado. Si se tratase de un libro del Registro de la Propiedad, se estará a lo ordenado en la Ley Hipotecaria. Y si se tratase de un libro del Registro civil o mercantil, se estará a lo que se disponga en la Ley y Reglamento relativos a estos servicios. Por consiguiente, el precepto se remite a lo que dispongan esas normas particulares. Lo más destacado es que los libros no pueden ser sacados de la oficina correspondiente, debiendo ser examinados en ella (salvo en algún caso el desglose).

V. DILIGENCIA DE DETENCIÓN Y APERTURA DE LA CORRESPONDENCIA ESCRITA Y TELEGRÁFICA

La diligencia de intervención de las comunicaciones privadas del investigado en forma de correspondencia escrita (por ejemplo, postal) o telegráfica, se regula en los arts. 579 a 588 LECRIM. Estamos igualmente ante una limitación al derecho fundamental del art. 18.3 CE: «Se garantiza el secreto de las comunicaciones y, en especial, de las postales, telegráficas y telefónicas, salvo resolución judicial».

El secreto de las comunicaciones, por tanto, es en general un derecho fundamental de las personas. Sin embargo, no es absoluto y puede ser necesaria una actividad judicial encaminada a detener, abrir y examinar la correspondencia privada, si hubiere indicios de obtener por estos medios el descubrimiento o la comprobación de un hecho o circunstancia importantes de la causa (art. 579.1 LECRIM).

Esa correspondencia es el fax, el burofax, el giro, el telegrama y cualquier forma prevista en el art. 3.3 de la Ley 43/2010, de 30 de diciembre, del servicio postal universal, de los derechos de los usuarios y del mercado postal, que entiende por comunicación «la comunicación materializada en forma escrita sobre un soporte físico de cualquier naturaleza, que se transportará y entregará en la dirección indicada por el remitente sobre el propio envío o sobre su envoltorio, aclarando que la publicidad directa, los libros, catálogos, diarios y publicaciones periódicas no tendrán la consideración de envíos de correspondencia.

En cualquier caso, debe tenerse en cuenta que, aun siendo necesario limitar este derecho, la detención y apertura de la correspondencia, sin el cumplimiento de los requisitos que la ley establece, constituye delito (art. 535 CP).

La LECRIM se refiere a la detención y apertura de correspondencia privada postal y telegráfica, pero al final de este apartado deberemos interrogarnos también acerca de la posibilidad de investigar cualquier otro tipo de comunicación. En cualquier caso, debe tenerse en cuenta que el derecho fundamental es el secreto mismo de la comunicación, sin referencia a cuál sea su contenido; es decir, no se trata de proteger la intimidad, sino el secreto, y por eso se dice que el derecho tiene contenido formal (STC 70/2002, de 3 de abril y 281/2006, de 9 de octubre; y STS de 20 de febrero de 2007, RA 3181).

Si la correspondencia está abierta o se puede leer sin operación alguna, no tiene lugar la protección constitucional y puede utilizarse en el proceso sin problema alguno, de acuerdo con la jurisprudencia constante del TS.

La apertura de correspondencia escrita y telegráfica no es admisible en cualquier investigación criminal, sino sólo en alguno de los casos previstos taxativamente por el art. 579.1, a saber, que se trate de:

1° Delitos dolosos castigados con pena con límite máximo de, al menos, tres años de prisión.

2° Delitos cometidos en el seno de un grupo u organización criminal.

3° Delitos de terrorismo.

La LECRIM establece en cuanto a la ejecución de esta medida las siguientes normas:

1) Presupuestos

Los presupuestos de la detención y apertura de la correspondencia son tres:

1°) Que se trate de correspondencia privada postal o telegráfica que el investigado remita o reciba.

2°) Que haya indicios de obtener por estos medios el descubrimiento o comprobación de algún hecho o circunstancia importante de la causa.

3°) Auto motivado del Juez que determine, por la designación de nombres de remitentes o destinatarios u otras circunstancias concretas, la correspondencia que deba ser detenida y examinada o los telegramas de los que haya que entregar copias (art. 583 LECRIM).

En cuanto a la autorización judicial, se establece en el art. 579.2 a 5 LECRIM que:

1. El plazo será de hasta tres meses, prorrogable por iguales o inferiores períodos hasta un máximo de dieciocho meses,
2. La restricción constitucional afecta a la observación de las comunicaciones postales y telegráficas del investigado, así como de las comunicaciones de las que se sirva para la realización de sus fines delictivos.
3. En caso de urgencia y tratándose de lucha contra la criminalidad organizada, la autorización judicial se difiere, siendo competente para adoptarla en primer término, el Ministro del Interior o, en su defecto, el Secretario de Estado de Seguridad, quien la comunicará inmediatamente al Juez para que la ratifique o alce en un plazo máximo de setenta y dos horas desde que fue ordenada la medida.
4. Sin ese carácter de urgencia, no se requerirá autorización judicial en los siguientes casos:
   a) Envíos postales que, por sus propias características externas, no sean usualmente utilizados para contener correspondencia individual sino para servir al transporte y tráfico de mercancías o en cuyo exterior se haga constar su contenido.

b) Aquellas otras formas de envío de la correspondencia bajo el formato legal de comunicación abierta, en las que resulte obligatoria una declaración externa de contenido o que incorporen la indicación expresa de que se autoriza su inspección.

c) Cuando la inspección se lleve a cabo de acuerdo con la normativa aduanera o proceda con arreglo a las normas postales que regulan una determinada clase de envío.

Se recoge así la casuística jurisprudencial que se ha visto obligada a aclarar en números casos si se está o no ante una exención al requisito del control jurisdiccional previo (v. la propia S TC 281/2006, citada).

5. La solicitud y las actuaciones posteriores relativas a la medida solicitada se sustanciarán en una pieza separada y secreta, sin necesidad de que se acuerde expresamente el secreto de la causa.

2) *Detención de la correspondencia*

Por detención de correspondencia ha de entenderse la simple retención de la misma para su ulterior examen por las personas que determine la ley (SSTS de 23 de febrero de 1994, JUR\1994\3016; y de 8 de marzo de 1999, RJ\1999\1954).

La detención de la correspondencia sólo puede decretarla el juez, pero la realización física de la detención puede encomendarse por el órgano jurisdiccional, y así es generalmente por razones de eficacia. En efecto, según el art. 580 LECRIM pueden materialmente detener la correspondencia, previo auto motivado del instructor: a) El Juez o Jueza de Paz (art. 563, al que se remite el art. 580, I); b) La Policía Judicial (art. 563, al que se remite el art. 580, I); c) El administrador de Correos y Telégrafos o Jefe de la oficina donde la correspondencia pueda hallarse (art. 580, II LECRIM); d) Pero, en caso de estado de excepción, la única autoridad competente es la gubernativa (art. 18.1 LO 4/1981).

La correspondencia detenida y, tratándose de telegramas, las copias de los mismos, deberá ser remitida al juez (arts. 581 y 582 LECRIM).

3) *Apertura y examen de la correspondencia postal*

Esta regulación no se aplica a la telegráfica, que, por razones técnicas, es siempre abierta. Con referencia a la postal deben estudiarse los sujetos que intervienen en la apertura y examen, la forma de practicar la diligencia, y la documentación:

1°) Sujetos, en donde debe distinguirse a su vez: 1) Sujeto facultado para abrirla y examinar el contenido es únicamente el juez que instruya la causa (art. 586, I LECRIM), no cabiendo delegación en la policía; 2) Sujetos que pueden o deben presenciar el acto: a) El investigado, que debe ser citado para presenciar el acto, pudiendo concurrir por sí mismo o nombrar representante, por ejemplo, un abogado (art. 584 LECRIM). Si no quisiera hacerlo o estuviere en rebeldía, se abrirá y examinará igualmente (art. 585 LECRIM); b) El LAJ, para documentar fehacientemente el acto (art. 588 LECRIM).

2°) Forma: La forma de practicarse la apertura y el examen viene recogida en los tres párrafos del art. 586 LECRIM. La correspondencia que careciera de interés para la causa será entregada en el acto al investigado o a su representante, o a alguien de su familia mayor de edad si estuviere en rebeldía, y si no hay nadie a quien entregarlo, lo conserva el Juez hasta que aparezca (art. 587 LECRIM).

3°) Documentación: El LAJ extenderá diligencia de lo que hubiera ocurrido en el acto, que será firmada por él, el Juez y los asistentes (art. 588 LECRIM).

4) Utilización de los resultados probatorios

Dos previsiones contiene el art. 579 bis LECRIM:

a) La primera hace referencia a la utilización de la información obtenida en un procedimiento distinto, disponiendo que los resultados de la detención y apertura de la correspondencia escrita y telegráfica podrán ser utilizados como medio de investigación o prueba en otro proceso penal distinto a aquél en el que se ordenó la medida. El testimonio de particulares basta para acreditar la legitimidad de la injerencia. Debe informarse si las diligencias continúan declaradas secretas, a los efectos de que tal declaración sea respetada en el otro proceso penal, comunicando el momento en el que dicho secreto se alce.

   Se trata de una previsión importante, pues hasta ahora no se sabía muy bien qué hacer al respecto, dado que la jurisprudencia se ha ocupado más de precisar qué debe entenderse por correspondencia, si sólo la postal, incluyendo evidentemente los paquetes postales en ella, o cualquier tipo de comunicación escrita, lo que parece también claro.

En la actualidad los problemas de la detención de la correspondencia no se refieren propiamente a las cartas, ni a los telegramas, sino a los paquetes postales, y sobre ellos existe una compleja jurisprudencia relativa, primero, a qué es paquete postal (no lo es, por ejemplo, el equipaje de un viajero) y, luego, a la distinción entre paquetes propiamente dichos (subdistinguiendo cuando viajan con «etiqueta verde», que no gozan de la protección de la correspondencia, por lo que pueden ser abiertos por la aduana) y mercancías en régimen de contrato de transporte (S TS de 2 de junio de 1997, RA 4551).

b) La segunda, quizás desubicada, hace referencia al descubrimiento casual, con ocasión de la apertura de la correspondencia escrita y telegráfica se supone, de una prueba. En este caso, se requiere autorización judicial para continuar con la investigación a partir de esta prueba evaluando el marco en el que se produjo el hallazgo casual y la imposibilidad de haber solicitado la medida en su momento. Pero nada más añade la ley, lo que deja en el aire muchas cuestiones.

VI. DILIGENCIA DE FILMACIÓN DE LUGARES PÚBLICOS

La LO 4/1997, de 4 de agosto, permite que las Fuerzas y Cuerpos de Seguridad filmen y graben mediante videocámaras lo que ocurre en lugares públicos, como calles o plazas, sean abiertos o cerrados (art. 1.1). Esta posibilidad, indiscutiblemente de carácter preventivo, está directamente pensada para proteger la seguridad ciudadana, erradicar la violencia callejera y garantizar la seguridad pública, incluso en materia de circulación vial, pero puede convertirse en un acto de investigación si, como consecuencia de la filmación, se detecta la comisión de un delito, o coadyuva al descubrimiento de su autor. Están en juego los derechos constitucionales a la intimidad y a la propia imagen (art. 18.1 CE), de manera que no se trata de una medida rutinaria o intrascendente.

Este último aspecto es el que nos interesa. Hasta dicha LO, nada disponían las leyes españolas. Fue la jurisprudencia, y en concreto la del TS, la que sentó las bases de autorización de las filmaciones videográficas y obtención de fotos, particularmente en su importantísima Sentencia de 6 de mayo de 1993 (RA 3854), que distinguió entre filmaciones de lugares públicos y privados.

Partiendo de la idoneidad del medio para averiguar los hechos criminales, el TS entendió que las filmaciones y fotografías obtenidas por la Policía desde puestos de vigilancia públicos, es decir, situados en la calle o en lugares públicos, en donde se hacía el seguimiento de personas que pudieran estar relacionadas con el hecho que es objeto de la investigación, eran perfectamente ajustadas a derecho.

La LO 4/1997 ha recogido la jurisprudencia en lo esencial, estableciendo medidas de persecución penal y actuaciones de carácter administrativo, intentando respetar al máximo los derechos fundamentales implicados (art. 2).

La instalación de videocámaras se autoriza, previo informe favorable de una comisión presidida por un Magistrado (art. 3.1), que es vinculante si estima que podrían violarse los criterios de autorización del art. 4 (art. 3.3), por la autoridad administrativa (el Delegado del Gobierno, art. 3.2), mediante resolución motivada (art. 3.4), que es recurrible administrativamente (art. 11).

La importancia práctica de la ley, que afecta directamente a la Policía Judicial, es que por motivos de urgencia máxima, o de imposibilidad de obtener la autorización, ésta puede instalar videocámaras móviles, dando cuenta en el plazo de 72 horas al máximo responsable provincial de las FCS (art. 5.2, III).

La utilización de videocámaras o de cualquier otro aparato análogo (art. 1.2), estará presidida por el principio de proporcionalidad, en su doble versión de idoneidad y de intervención mínima (art. 6).

Si el resultado de la investigación, es decir, la grabación concreta de imagen y sonido, muestra apariencia de delito, hay que dar parte inmediatamente a la autoridad judicial, en todo caso, en el plazo máximo de 3 días, remitiéndole la Policía el correspondiente atestado (escrito o verbal), que incluirá el soporte original íntegro de la filmación (art. 7.1), que aunque nada diga esta LO al respecto tiene indiscutiblemente al menos valor de denuncia, pudiendo convertirse en prueba si en el acto del juicio oral declaran los agentes que la realizaron, y, por tanto, siendo elemento probatorio suficiente para obtener una condena penal.

El tratamiento de la filmación se quiere por la LO que sea absolutamente reservado (art. 7.2 y 3), debiendo ser de conocimiento público su instalación si son videocámaras fijas, aunque sin decir el lugar exacto de su emplazamiento (art. 9.1). El propietario del edificio está obligado a autorizar su colocación si ha sido seleccionado por la Policía (DA 6ª).

Pero cuando la grabación videográfica pueda afectar al espacio privado de la intimidad de una persona, como sería el caso de su domicilio, sólo puede realizarse si previamente ha sido autorizada por el Juez competente, o consentida por el interesado (art. 6.5).

Las filmaciones no se destruyen mientras sean objeto de investigación o de prueba en un proceso penal (art. 8.1), pudiendo los interesados pedir su visionado o cancelación, bajo determinados presupuestos (art. 9.2).

Téngase en cuenta, y lo tratamos en la lección siguiente, el art. 588 quinquies a) LECRIM, introducido en 2015, sobre captación de imágenes en lugares o espacios públicos, que complementa ahora estas previsiones.

VII. INTERVENCIONES CORPORALES DIRECTAS

El art. 15 CE reconoce a todos el derecho fundamental a la vida y a la integridad física y moral. Sin embargo, la integridad física puede verse afectada por determinadas medidas de investigación criminal, generalmente además no reguladas por la Ley en forma expresa, por ejemplo, cuando son necesarios reconocimientos corporales para averiguar las circunstancias del delito y la posible responsabilidad de sus autores.

Sorprende de manera muy negativa esta falta de regulación en tema tan importante como delicado, sobre todo teniendo en cuenta la ingente cantidad de reformas procesales que se han producido desde la aprobación de nuestra CE.

En estos casos, convendría fijar una serie de presupuestos, acordes con la naturaleza de derecho fundamental, que en todo caso no dejan de ser una opinión personal del autor de estas páginas.

Concretamente, los actos de investigación que significan injerencias a la integridad corporal deberían: 1°) Ser acordados exclusivamente mediante auto del juez, salvo que el titular del derecho preste su consentimiento, en cuyo caso pueden ser acordados por el MF o la Policía Judicial; 2°) Ser practicados por personas expertas o profesionales (v.gr., la Guardia Civil de Tráfico, el Médico Forense u otro médico cualificado, etc.); 3°) En tanto en cuanto puedan reconducirse a actividades periciales, deberán ser de aplicación las normas previstas para este acto de investigación; y 4°) En ningún caso se debe acordar la medida cuando haya peligro grave para la salud.

Dicho esto, las diligencias pueden ser muy variadas:

a) Extracciones de sangre (v.gr., en delitos contra la libertad sexual, arts. 178 y ss. CP).

b) Análisis de líquidos humanos (saliva, semen, orina, etc.), y punciones pulmonares o medulares.

   Merece destacarse aquí la toma de muestras para averiguar el ADN de una persona. Esta diligencia o prueba será tratada en varios lugares de este volumen (derecho de defensa, acto de investigación garantizado para inscripción en base de datos policial, etc.).

   El ácido desoxirribonucleico (ADN, o DNA en sus siglas en inglés) es una huella o vestigio de naturaleza biológica que permite averiguar un hecho criminal y sus circunstancias, así como su posible autor o autores. Se descubrió en 1953 y se utilizó procesalmente por vez primera en Inglaterra en 1985 (*caso Enderby*). Forma parte de las llamadas pruebas científicas.

   Esta prueba (en realidad, acto de investigación), afecta a varios derechos constitucionales del investigado (integridad física, intimidad, a no declarar contra sí mismo, defensa). Como puede practicarse solo a efectos meramente identificadores y también de archivo (nunca del ADN codificante) en una base de datos específica, los derechos fundamentales afectados pueden variar. La S TJUE de 26 de enero de 2023 (asunto C-205/21), es contraria a la recopilación de datos biométricos y biológicos (ADN) de los ciudadanos que hayan cometido algún delito doloso, salvo que se acredite que es estrictamente necesario. No habiendo justificación previa, se vulnera el derecho a la protección de datos de los ciudadanos.

La LECRIM la regula muy parcialmente en los arts. 326, 363 y 778.3, así como en su DA 3ª. La LO 10/2007, de 8 de octubre ha regulado la base de datos policial sobre identificadores a partir del ADN. La legislación europea sobre el tema es ya muy amplia, destacando el Tratado de Prüm de 2005.

La práctica de la prueba la inicia la Policía científica tomando las muestras, huellas, restos o vestigios biológicos; y se desarrolla por un equipo técnico forense altamente cualificado integrado en un laboratorio oficial. El control de la cadena de custodia juega aquí un papel fundamental. No es una prueba documental como dice la ley, sino pericial, que se valora libremente por el juzgador conforme a los límites jurisprudenciales establecidos para estas pruebas por la jurisprudencia.

Es una prueba que puede ser practicada en algunos casos sin abogado defensor, por ejemplo, cuando esas huellas o vestigios están abandonados o cuando consienta el propio investigado; también puede ejecutarse en contra de la voluntad del investigado mediando autorización judicial (v. art. 520.6, c)-II LECRIM y lección 7ª, ap. III).

Téngase en cuenta que según el Acuerdo de Sala General del TS de 24 de septiembre de 2014, párrafo I: «...es válido el contraste de muestras obtenidas en la causa objeto de enjuiciamiento con los datos obrantes en la base de datos policial procedentes de una causa distinta, aunque en la prestación del consentimiento no conste la asistencia de letrado, cuando el acusado no ha cuestionado la licitud y validez de esos datos en fase de instrucción».

c) Radiografías, electrocardiogramas o encefalogramas.

d) Tactos vaginales o anales (v.gr., en delitos contra la salud pública, arts. 359 y ss. CP; v. Instrucción 6/1988 FGE, en Memoria 1989, pág. 605).

e) Reconocimientos corporales (v.gr., en delitos de aborto, arts. 144 y ss. CP, LO 2/2010, de 3 de marzo).

f) Tests psiquiátricos o psicológicos.

g) Tests de alcoholemia y de estupefacientes en delitos contra la seguridad del tráfico.

Consideración especial merece el llamado test de alcoholemia para comprobar la comisión del delito de conducción de vehículo de motor bajo la influencia de bebidas alcohólicas (art. 379.2 CP), no sólo por su utilización práctica, sino por ser uno de los pocos actos que tienen regulación legal (v. art. 14 del Real Decreto Legislativo 6/2015, de 30 de octubre, por el que se aprueba el texto refundido de la Ley sobre Tráfico, Circulación de Vehículos a Motor y Seguridad Vial —LTraf—, y arts. 20 a 28 Real Decreto 1428/2003, de 21 de noviembre, BOE del 23, por el que se aprueba el Reglamento General de Circulación —Rto. LTraf—).

Su ejecución corresponde a la Policía Judicial (Guardia Civil de Tráfico y, en ocasiones, Policía Local), conforme a las normas previstas en la LECRIM, la LTtraf y a las técnicas policiales apropiadas. Es muy importante al respecto la Circular FGE 2/1986, de 14 de febrero, sobre la prueba de la alcoholemia como integradora del tipo definido en el art. 340 bis, a) CP (Memoria FGE 1987)

El TC, que admite la validez de este medio de investigación (y de prueba), entendiendo que no viola derecho fundamental alguno, ha exigido especiales garantías para que el test pueda en su día convertirse en prueba, y fundamentar de este modo la posible sentencia de condena.

Así, el posible infractor, que está obligado a someterse al test una vez es requerido para ello en el control policial correspondiente, tiene derecho a ser informado de que puede someterse a un segundo examen trascurrido un tiempo, y a análisis de sangre, y, en todo caso tiene derecho de defensa, sobre todo si el control implica detención policial (v. STC 40/2024, de 11 de marzo), y a que los miembros de la Policía Judicial que realizaron el test se ratifiquen luego en el juicio oral (v. SSTC 100/1985, 3 octubre; 145/1987, 23 septiembre; 3/1990, 15 enero; y STS núm. 210/2017, de 29 de marzo, RJ 2017\1313, entre otras). Finalmente, debe quedar fuera de toda duda que, en caso de inconsciencia del investigado, la extracción de sangre requiere sin excepción alguna autorización judicial, dada la imposibilidad de prestar su consentimiento el afectado en un sentido o en otro.

Lección 11ª

LOS ACTOS DE INVESTIGACIÓN GARANTIZADOS BASADOS EN LAS NUEVAS TECNOLOGÍAS

JUAN LUIS GÓMEZ COLOMER

I. CARACTERÍSTICA GENERAL: LIMITACIÓN DE DERECHOS CONSTITUCIONALES

Como veíamos al principio de la lección anterior, la LECRIM recoge una serie de actos de investigación garantizados, denominados así por estar tutelados expresamente por la Constitución, de forma tal que si no se practican con plenas garantías, sobre todo para el investigado, serán nulos y carecerán de los efectos jurídicos que con su ejecución se pretendían.

La diferencia es que en esta lección, con excepción de dos actos, la interceptación telefónica y el análisis del ADN, vamos a estudiar actos de investigación que fueron absolutamente novedosos cuando se introdujeron en 2015 en nuestra LECRIM. Esa novedad no quiere decir que no se practicaran antes algunos de ellos ya, pero con base jurisprudencial en algún caso incierta y sin una exigente regulación legal, que por fin nos llegó.

La interceptación telefónica también ha sido reformada por esta ley, para adaptarla a la exigente realidad jurídica actual ante los defectos de la regulación hasta ahora vigente.

Tres observaciones previas a su estudio:

1ª) La justificación de su introducción es plausible si se considera la protección de la sociedad frente a la altísima preocupación social que causan las nuevas formas de delincuencia, que utilizan todos los avances tecnológicos para cometer sus horribles crímenes, frente a los que la sociedad está en principio atónita y después indefensa. Como dice la EM de la LO 13/2015: «Los flujos de información generados por los sistemas de comunicación telemática advierten de las posibilidades que se hallan al alcance del delincuente, pero también proporcionan poderosas herramientas de investigación a los poderes públicos». Se trata por tanto de utilizar las mismas herramientas, las que proporciona la alta tecnología de la que disfrutamos en la actualidad, para luchar eficazmente contra esa delincuencia, casi siempre organizada.

2ª) Algunos de los nuevos actos de investigación tecnológicos representan un nivel de agresión en la esfera personal y privada del ciudadano sospechoso de haber cometido el delito tan alto, que parecen hacernos decir que un nuevo Estado marcadamente policial podría estar pergeñándose.

Ante este panorama, al Estado no le ha quedado más remedio, para luchar con eficacia contra la nueva delincuencia tecnológicamente avanzada, que ponerse a su altura con los mismos medios para contrarrestarla, aunque para conseguirlo tenga que afectar a la vida privada de las personas. El problema es que al criminal le da igual vulnerar derechos constitucionales de los ciudadanos, pero al Estado democrático ello no le puede ser indiferente. Y aquí precisamente es donde se encuentra el principal problema de las medidas que vamos a estudiar a continuación.

No debemos exagerar, pero tampoco dejar de estar atentos, pues el garantismo procesal en España ha alcanzado una cota una vez restablecida la democracia, tras décadas de ausencia, que vale la pena mantener en favor del juicio «justo» o con todas las garantías, siendo admisibles matices en donde ese nivel presente fisuras, justificadas bajo estrictos requisitos, que puedan afectar a derechos de la ciudadanía honesta.

Es cierto que todos los países democráticos están reaccionando de la misma manera y todos tienen en alguna forma como actos de investigación los que ahora se han incorporado a la legislación española. La lucha contra la criminalidad organizada (definida por el art. 570 bis.1, II CP y por el art. 282 bis.4 LECRIM) y los horribles crímenes que comete parecen justificar este nivel superior de control policial y judicial que estos actos representan.

3ª) La cuestión jurídica se centra por tanto en hallar el equilibrio exacto entre la exigencia de tutelas específicas por la sociedad en peligro y los derechos del ciudadano investigado o sospechoso de haber cometido un crimen de esa naturaleza, siempre inocente hasta la sentencia de condena. Es la propia LO 13/2015 la que proporciona lo que a su juicio son instrumentos esenciales de ese equilibrio, a saber, el reconocimiento de unos principios rectores y la exigencia de cumplimiento de unos requisitos garantistas, a tratar en el apartado siguiente, que reafirmen a un tiempo el Estado de Derecho y la eficacia de la persecución de esos delitos.

II. DISPOSICIONES COMUNES A LOS MODERNOS ACTOS DE INVESTIGACIÓN TECNOLÓGICOS

El Capítulo IV del Título VIII del Libro II regula en sus arts. 588 bis a) a 588 bis k), bajo el epígrafe «Disposiciones Comunes», esos principios y garantías a los que hacíamos referencia.

Los principios rectores y garantías constitucionales y ordinarias de los actos de investigación tecnológicos ahora normativizados, son fruto de la más avanzada jurisprudencia constitucional y ordinaria de nuestros más altos tribunales en los últimos años (V. Circular FGE 1/2019). Se aplican a todos ellos y tienen como finalidad común determinar primero, y poder controlar después, que la resolución jurisdiccional de limitación de los derechos fundamentales a través de estas medidas es legítima, está fundamentada y es procedente.

Se trata de los siguientes principios (art. 588 bis a):

1) De naturaleza constitucional

El acto de investigación únicamente se puede practicar si se ha autorizado previamente por el Juez Instructor mediante auto. En este sentido, la ley dispone que durante la instrucción de las causas se podrá acordar alguna de las medidas de investigación reguladas en el presente capítulo siempre que medie autorización judicial dictada con plena sujeción a los principios de especialidad, idoneidad, excepcionalidad, necesidad y proporcionalidad de la medida.

A) Principio de idoneidad

Servirá para definir el ámbito objetivo y subjetivo y la duración de la medida en virtud de su utilidad.

La LECRIM regula con detalle el requisito de la autorización judicial, por ser sin duda el más importante y el que permite el control de los demás presupuestos:

La solicitud se regula en el art. 588 bis b): El Juez competente para la instrucción podrá acordar las medidas reguladas en este capítulo de oficio, lo que es novedad, o a instancia del Ministerio Fiscal o de la Policía Judicial. Cuando el Ministerio Fiscal o la Policía Judicial soliciten del juez una medida de investigación tecnológica, la petición habrá de contener:

1º La descripción del hecho objeto de investigación y la identidad del investigado o de cualquier otro afectado por la medida, siempre que tales datos resulten conocidos.

2º La exposición detallada de las razones que justifiquen la necesidad de la medida, así como los indicios de criminalidad que se hayan puesto de manifiesto durante la investigación previa a la solicitud de autorización del acto de injerencia.

3º Los datos de identificación del investigado o encausado y, en su caso, de los medios de comunicación empleados que permitan la ejecución de la medida.

4º La extensión de la medida con especificación de su contenido.

5º La unidad investigadora de la Policía Judicial que se hará cargo de la intervención.

6º La forma de ejecución de la medida.

7º La duración de la medida que se solicita.

8º El sujeto obligado que llevará a cabo la medida, en caso de conocerse.

De acuerdo con el art. 588 bis c), el juez autorizará o denegará la medida solicitada mediante auto motivado, oído el Ministerio Fiscal. Esta resolución se dictará en el plazo máximo de veinticuatro horas desde que se presente la solicitud. Siempre que resulte necesario para resolver sobre el cumplimiento de alguno de los requisitos expresados en los artículos anteriores, el Juez podrá requerir, con interrupción del plazo a que se refiere el apartado anterior, una ampliación o aclaración de los términos de la solicitud. La resolución judicial que autorice la medida concretará al menos los siguientes extremos:

a) El hecho punible objeto de investigación y su calificación jurídica, con expresión de los indicios racionales en los que funde la medida.

b) La identidad de los investigados y de cualquier otro afectado por la medida, de ser conocido.

c) La extensión de la medida de injerencia, especificando su alcance, así como la motivación relativa al cumplimiento de los principios rectores establecidos en el artículo 588 bis a.

d) La unidad investigadora de Policía Judicial que se hará cargo de la intervención.

e) La duración de la medida.

f) La forma y la periodicidad con la que el solicitante informará al Juez sobre los resultados de la medida.

g) La finalidad perseguida con la medida.

h) El sujeto obligado que llevará a cabo la medida, en caso de conocerse, con expresa mención del deber de colaboración y de guardar secreto, cuando proceda, bajo apercibimiento de incurrir en un delito de desobediencia.

El complejo contenido de esta resolución parece buscado de propósito, para que los Jueces abandonen prácticas viciosas de autorizar injerencias en derechos fundamentales de los ciudadanos de manera rutinaria, con carácter genérico o en forma poco motivada.

El acto de investigación acordado está sujeto al control previsto en el art. 588 bis g): La Policía Judicial informará al juez del desarrollo y los resultados de la medida, en la forma y con la periodicidad que éste determine y, en todo caso, cuando por cualquier causa se ponga fin a la misma.

B) Investigación ya iniciada de un concreto delito (principio de especialidad)

El principio de especialidad exige que una medida esté relacionada con la investigación de un delito concreto. No podrán autorizarse medidas de investigación tecnológica que tengan por objeto prevenir o descubrir delitos o despejar sospechas sin base objetiva. Con ello se quieren prohibir expresamente las diligencias con carácter prospectivo, es decir, las que sin relación con un caso concreto se adoptan para buscar pruebas por si acaso hubiera algo (una diligencia de «peinado» por ejemplo).

C) Necesidad del acto de investigación

Es decir, en aplicación de los principios de excepcionalidad, idoneidad y especialidad sólo podrá acordarse la medida:

a) Cuando no estén a disposición de la investigación, en atención a sus características, otras medidas menos gravosas para los derechos fundamentales del investigado o encausado e igualmente útiles para el esclarecimiento del hecho, o

b) Cuando el descubrimiento o la comprobación del hecho investigado, la determinación de su autor o autores, la averiguación de su paradero, o la localización de los efectos del delito se vea gravemente dificultada sin el recurso a esta medida.

D) Principio de proporcionalidad

Las medidas de investigación reguladas en este capítulo solo se reputarán proporcionadas cuando, tomadas en consideración todas las circunstancias del caso, el sacrificio de los derechos e intereses afectados no sea superior al beneficio que de su adopción resulte para el interés público y de terceros. Para la ponderación de los intereses en conflicto, la valoración del interés público se basará en la gravedad del hecho, su trascendencia social o el ámbito tecnológico de producción, la intensidad de los indicios existentes (v. sobre ello, la importante STS 432/2023, de 5 de junio, JUR 2023\256941), y la relevancia del resultado perseguido con la restricción del derecho.

Obsérvese por tanto que los únicos criterios para decidir si estamos ante una medida proporcionada ya no son la gravedad del hecho ni la trascendencia social del mismo, sino que se aumentan y adaptan mejor a la realidad.

La concurrencia de los principios de exclusividad jurisdiccional, idoneidad, especialidad, necesidad y proporcionalidad, hace que la medida a adoptar sea legítima desde el punto de vista constitucional. Y no menos importante, el respeto a los mismos garantiza que tanto la medida como los resultados obtenidos serán prueba válida y lícita a efectos de la acusación o la defensa.

E) Duración

El tiempo de vigencia de la medida se fija en el art. 588 bis e): Las medidas reguladas en el presente capítulo tendrán la duración que se especifique para cada una de ellas y no podrán exceder del tiempo imprescindible para el esclarecimiento de los hechos. La medida podrá ser prorrogada, mediante auto motivado, por el Juez competente, de oficio o previa petición razonada del solicitante, siempre que subsistan las causas que la motivaron. Transcurrido el plazo por el que resultó concedida la medida, sin haberse acordado su prórroga, o, en su caso, finalizada ésta, cesará a todos los efectos.

La solicitud de prórroga, conforme al artículo 588 bis f), se dirigirá por el Ministerio Fiscal o la Policía Judicial al Juez competente con la antelación suficiente a la expiración del plazo concedido. Deberá incluir en todo caso:

a) Un informe detallado del resultado de la medida; y

b) Las razones que justifiquen la continuación de la misma.

En el plazo de los dos días siguientes a la presentación de la solicitud, el Juez resolverá sobre el fin de la medida o su prórroga mediante auto motivado. Antes de dictar la resolución podrá solicitar aclaraciones o mayor información. Concedida la prórroga, su cómputo se iniciará desde la fecha de expiración del plazo de la medida acordada.

2) De naturaleza ordinaria

A) Secreto

La solicitud y las actuaciones posteriores relativas a la medida solicitada se sustanciarán en una pieza separada y secreta, sin necesidad de que se acuerde expresamente el secreto de la causa (art. 588 bis d).

Algo obvio, porque si el interceptado sabe que le están grabando no dirá nunca nada que tenga relevancia penal en su contra.

B) Extensión a terceros

De acuerdo con el art. 588 bis h), podrán acordarse las medidas de investigación reguladas en los siguientes capítulos aun cuando afecten a terceras personas en los casos y con las condiciones que se regulan en las disposiciones específicas de cada una de ellas.

Esto significa, por poner un ejemplo concreto, que la diligencia de investigación de interceptación no busca intervenir el teléfono del titular o propietario sólo, sino también el de cualquier usuario que sea en estos momentos tercero procesal. Lo importante por tanto es el teléfono o medio de comunicación.

C) Utilización de la información obtenida en un procedimiento distinto y descubrimientos casuales

El uso de las informaciones obtenidas en un procedimiento distinto y los descubrimientos casuales se regulan con arreglo a lo dispuesto en el artículo 579 bis (art. 588 bis i).

En cuanto al primer supuesto, frecuente en la práctica, la norma recoge el Acuerdo no jurisdiccional adoptado en Sala General, por el Pleno de la Sala Segunda del Tribunal Supremo de 26 de mayo de 2009, en el sentido de ser prueba utilizable en otro proceso. El descubrimiento casual lo trataremos *infra* en esta misma lección.

D) Cese de la medida

El art. 588 bis j) dispone que el Juez acordará el cese de la medida cuando desaparezcan las circunstancias que justificaron su adopción o resulte evidente que a través de la misma no se están obteniendo los resultados pretendidos, y, en todo caso, cuando haya transcurrido el plazo para el que hubiera sido autorizada.

E) Destrucción de los registros

Finalmente, es posible la destrucción de los registros originales electrónicos, según el art. 588 bis k), dado el interés legítimo del ciudadano investigado en que no se conserven más allá de lo previsto legalmente: Una vez que se ponga término al procedimiento mediante resolución firme, se ordenará el borrado y eliminación de los registros originales que puedan constar en los sistemas electrónicos e informáticos utilizados en la ejecución de la medida.

Se conservará una copia bajo custodia del LAJ. Se acordará la destrucción de las copias conservadas cuando hayan transcurrido cinco años desde que la pena se haya ejecutado o cuando el delito o la pena hayan prescrito, o se haya decretado el sobreseimiento libre o haya recaído sentencia absolutoria firme respecto del investigado, siempre que no fuera precisa su conservación a juicio del tribunal. Los tribunales dictarán las órdenes oportunas a la Policía Judicial para que lleve a efecto la destrucción contemplada en los anteriores apartados.

3) Medidas de aseguramiento

Aunque no vienen reguladas en las Disposiciones comunes acabadas de estudiar, creemos que es mejor su estudio ubicándolas sistemáticamente ahora, porque afectan a todos los actos de investigación que vamos a estudiar a continuación y tienen también incidencia constitucional.

Dispone el Capítulo X del Título VIII del Libro II bajo la denominación «Medidas de aseguramiento», art. 588 octies, relativo a la orden de conservación de datos, ciertas actuaciones de prevención.

Esencialmente se trata de que el Ministerio Fiscal o la Policía Judicial pueda requerir a cualquier persona física o jurídica la conservación y protección de datos o informaciones concretas incluidas en un sistema informático de almacenamiento que se encuentren a su disposición hasta que se obtenga la autorización judicial correspondiente para su cesión con arreglo a lo dispuesto en los artículos precedentes.

Con ello se evita incurrir en una vulneración constitucional (ejecutar sin orden judicial) y en una pérdida o extravío casi seguro de los datos a efectos de la posible investigación criminal.

III. LA INTERVENCIÓN DE LAS COMUNICACIONES TELEFÓNICAS Y TELEMÁTICAS

La antigüedad de la LECRIM impidió que se previera y regulara la posibilidad de tomar conocimiento, para los fines del proceso penal, de comunicaciones privadas que se efectúan a través de medios distintos al correo y telégrafo, como el teléfono, el télex, el fax, el correo electrónico y cualquier forma de mensajería instantánea a través de la red (Skype, FaceTime, Signal, Twitter, Facebook, SMS, MMS, WhatsApp, Messenger, Telegram, etc.).

Por ello, la LO 13/2015, reformó profundamente el acto de investigación meritado, que pasa a denominarse «Interceptación de las comunicaciones telefónicas y telemáticas». Se trata de un desarrollo específico y muy relevante en el ámbito del proceso penal del derecho al secreto de las comunicaciones consagrado en el art. 18.3 de la Constitución (v. Circular FGE 1/2019).

La medida afecta a todos los medios de comunicación posibles a través del teléfono o telemáticamente (tanto los conocidos hoy como los que en el futuro puedan incorporarse al mercado). Como puede suponerse fácilmente, todos los ciudadanos, en calidad de usuarios, somos susceptibles de ella ante la utilización masiva de los mismos.

Por interceptación debe entenderse tomar conocimiento la autoridad judicial o la policial por su delegación de comunicaciones telefónicas (verbales), en cualquiera de los medios posibles, o telemáticas (escritas), igualmente sea cual fuere el programa utilizado, mediante el uso de aparatos configurados técnicamente para ello, entre dos o más personas que desconocen la interceptación y que se encuentran separadas entre sí.

La limitación del derecho formal al secreto de la comunicación exige la concurrencia de unos requisitos, que pueden clasificarse en constitucionales y de legalidad ordinaria, produciendo esta distinción importantes consecuencias.

1) Los requisitos constitucionales

La importancia de atribuir a un requisito naturaleza constitucional radica en que el desconocimiento del mismo supone la aplicación del art. 11.1 de la LOPJ, con lo que no surtirán efecto las pruebas obtenidas, directa o indirectamente, vulnerando el derecho del art. 18.3 CE, además de abrirse la posibilidad del amparo constitucional.

A) Exclusividad jurisdiccional

En nuestro derecho la limitación del derecho al secreto de las comunicaciones sólo puede decretarla un órgano dotado de potestad jurisdiccional; no se admiten limitaciones del derecho que provengan de la autoridad administrativa. Se prevé como sabemos con carácter general en el art. 588 bis c) y así lo confirma para este acto concreto el art. 588 ter d) LECRIM.

B) Resolución judicial

La resolución judicial debe ser motivada y, por tanto, es un auto. Dispone el art. 588 ter d)-1 que, para que sea posible obtener esa autorización deberá solicitarse al Juez previamente por escrito, que deberá contener, además de los requisitos mencionados en el artículo 588 bis b), los siguientes:

a) La identificación del número de abonado, del terminal o de la etiqueta técnica,

b) La identificación de la conexión objeto de la intervención, o

c) Los datos necesarios para identificar el medio de telecomunicación de que se trate.

El apartado 2 de esa norma fija la posible extensión de la medida:

a) El registro y la grabación del contenido de la comunicación, con indicación de la forma o tipo de comunicaciones a las que afecta.

b) El conocimiento de su origen o destino, en el momento en el que la comunicación se realiza.

c) La localización geográfica del origen o destino de la comunicación.

d) El conocimiento de otros datos de tráfico asociados o no asociados pero de valor añadido a la comunicación. En este caso, la solicitud especificará los datos concretos que han de ser obtenidos.

Pero (ap. 3 del precepto), y aquí puede venir uno de los problemas a los que hacíamos referencia al principio de esta lección, en caso de urgencia, cuando las investigaciones se realicen para la averiguación de delitos relacionados con la actuación de bandas armadas o elementos terroristas y existan razones fundadas que hagan imprescindible la medida prevista en los apartados anteriores de este artículo, podrá ordenarla el Ministro del Interior o, en su defecto, el Secretario de Estado de Seguridad. Esta medida se comunicará inmediatamente al Juez competente y, en todo caso, dentro del plazo máximo de veinticuatro horas, haciendo constar las razones que justificaron la adopción de la medida, la actuación realizada, la forma en que se ha efectuado y su resultado. El Juez competente, también de forma motivada, revocará o confirmará tal actuación en un plazo máximo de setenta y dos horas desde que fue ordenada la medida.

En caso de necesidad, la medida puede ser prorrogada según el art. 588 ter h), que es norma especial para esta medida. Para fundamentar la solicitud de la prórroga, la Policía Judicial aportará, en su caso, la transcripción de aquellos pasajes de las conversaciones de las que se deduzcan informaciones relevantes para decidir sobre el mantenimiento de la medida. También el Juez, antes de dictar la resolución, podrá solicitar aclaraciones o mayor información, incluido el contenido íntegro de las conversaciones intervenidas.

De estas normas cabe deducir que:

1º) No existen autorizaciones: Cuando el art. 18.3 CE dice que por resolución judicial puede limitarse el derecho al secreto de las comunicaciones, no está diciendo que la autoridad judicial pueda autorizar a la Policía para que sea ésta la que limite el derecho, sino que lo dispuesto en la norma es que la limitación queda comprendida en el ámbito estricto de la actuación de los jueces y tribunales (con la excepción del Ministerio del Interior vista, por razones de urgencia y por los delitos indicados).

Entre las autoridades administrativas excluidas de la posibilidad de decretar la limitación del secreto de las comunicaciones se encuentra también el Ministerio Fiscal; éste, en sus diligencias, no puede acordar la intervención.

2º) Proceso penal incoado: La interceptación que restringe el derecho al secreto de la comunicación privada sólo puede decretarse si existe un proceso penal ya abierto, pues la limitación misma sólo puede justificarse en la existencia de indicios de responsabilidad criminal. Esto supone que la práctica judicial de acordar la intervención en las llamadas diligencias indeterminadas carece de respaldo constitucional (a pesar de que el TS ha admitido esa práctica hasta ahora, S TS de 22 de enero de 1998, RA 148), ya que no hay posibilidad de que el ciudadano investigado pueda ejercer su derecho de defensa, ni de que su ejecución pueda ser controlada por nadie externo (v.gr., el MF).

3°) Competencia: Si la intervención ha de decretarse en proceso penal abierto, la consecuencia es que la competencia corresponde al juez que está realizando el sumario o diligencias previas o urgentes, etc.

Debe añadirse que:

a) El auto es necesario tanto para decretar la intervención como para prorrogarla.

b) Aunque la jurisprudencia ha admitido hasta ahora la utilización de modelos impresos (S TS de 2 de febrero de 1998, RA 414), ello supone la negación misma de lo que es una verdadera motivación. Con la reforma de 2015, es imposible que puedan seguir usándose legalmente, pero la S TJUE de 16 de febrero de 2023 (asunto C-349/21, HYA y otros), parece admitir motivaciones generales, no individualizadas.

c) También se ha admitido hasta la fecha jurisprudencialmente la llamada motivación por remisión, esto es, entender que el auto está motivado cuando las razones de la decisión se encuentran en la solicitud de la policía o del Fiscal, a la que se remite el auto (v. STC 49/1999, de 5 de abril). Tras la reforma de 2015 tampoco es posible seguir utilizando esta «comodidad».

d) La verdadera motivación exige que el auto explique los indicios de responsabilidad criminal que justifican una limitación tan grave de un derecho fundamental; se trata de que existan hechos concretos desde los que pueda razonablemente concluirse que se ha cometido un delito (lo que excluye las meras conjeturas y, sobre todo, la pesquisa, es decir, el salir a la búsqueda de un delito, de cualquier delito), que ha de sospecharse razonablemente que ha sido cometido por persona determinada. Por ello es obvio que el auto debe expresar cuál es el número del teléfono a intervenir.

e) La ley impone un deber de colaboración con el Juez, el Fiscal y la Policía a todos los prestadores de servicios de telecomunicaciones, de acceso a una red de telecomunicaciones o de servicios de la sociedad de la información, así como a toda persona que de cualquier modo contribuya a facilitar las comunicaciones a través del teléfono o de cualquier otro medio o sistema de comunicación telemática, lógica o virtual, bajo secreto, para que este acto de investigación se pueda practicar, pudiendo incurrir en delito de desobediencia en caso contrario (art. 588 ter e).

f) Finalmente, la jurisprudencia debe ir matizando los diversos casos que la realidad nos hagan dudar. Por ejemplo, acceder a la agenda del teléfono móvil de una persona exige autorización judicial, salvo que fundadamente se acrediten razones de urgencia (STS núm. 204/2016, de 10 de marzo, RJ\2016\1114).

C) La prohibición del exceso

Con esta expresión se está haciendo referencia jurisprudencialmente a dos requisitos de contenido constitucional:

1º) Necesidad de la medida: Supone que la intervención telefónica tiene que ser el único medio por el que puede descubrirse la existencia del delito o de sus circunstancias o, por lo menos, el medio por el que se sacrifican menos los derechos fundamentales del investigado (recordemos que es un principio rector, fijado en el art. 588 bis a)-5).

En último caso la necesidad tiene que referirse a que los otros posibles medios de investigación de un determinado delito y de una concreta persona no ofrecen garantías de alcanzar la finalidad perseguida. Por ello es por lo que a veces se habla, no de necesidad, sino de subsidiariedad.

2º) Proporcionalidad de la misma: El principio viene fijado ahora por el art. 588 ter a), al disponer que la autorización para la interceptación de las comunicaciones telefónicas y telemáticas solo podrá ser concedida cuando la investigación tenga por objeto alguno de los delitos a que se refiere el artículo 579.1 de esta ley o delitos cometidos a través de instrumentos informáticos o de cualquier otra tecnología de la información o la comunicación o servicio de comunicación.

Por tanto, se trata de los delitos graves y más graves, siguiendo la tendencia europea a no permitir la interceptación en cualquier caso. Se acaba así con la perturbadora idea de permitir la medida, con base en la naturaleza del delito, tanto por lo que se refería a la pena del mismo, como a su trascendencia social (v. SS TC 166/1999, de 27 de septiembre; y 167/2002, de 18 de septiembre). Ahora el criterio es puramente objetivo, salvo para los delitos dolosos, en los que se opta por el valor cuantitativo de la pena (tres años de prisión), lo que permite que muchos delitos menos graves caigan dentro del requisito.

Pero la S TJUE (Gran Sala) C-207/16, de 2 de octubre de 2018, que resuelve una cuestión prejudicial planteada por un juez de Tarragona, permite el acceso de la autoridad pública a datos que identifican a los titulares de las tarjetas SIM activadas con un teléfono sustraído en caso de delitos no graves (penalidad inferior a 5 años), en consonancia con lo dispuesto en el art. 15.1 de la Directiva 2002/58/ CE, de 15 de julio de 2002, a efectos de prevenir, investigar, descubrir y perseguir delitos en general.

D) Especialidad

Si la medida de intervención telefónica tiene que ser necesaria y si ha de ser proporcionada, es obvio que en el auto decretándola han de especificarse los indicios, el delito que de los mismos se desprende y la persona que aparece como sospechosa de ser la autora del mismo. Por eso la reforma recoge este contenido, entre otros datos, en el art. 588 bis c).3, configurado como requisito general de todos los actos, a cuyo contenido habrá que añadir el propio de esta medida tratado aquí.

La cuestión más grave que se presenta en la práctica es la del descubrimiento de hechos casuales o «descubrimiento inevitable», esto es, el que al estar investigando un delito y a una persona determinada, se intervenga una conversación por la que se conoce otro delito con autor diferente. La solución jurisprudencial no era clara, pero se admitía que el Juez podía inmediatamente, por medio de auto, bien ampliar el objeto de la investigación en el mismo procedimiento preliminar, bien proceder a incoar nuevo procedimiento. La adquisición de resultados de investigación mediante pruebas ilícitas o ilegalmente obtenidas, que de otra manera lícita o legal se habrían obtenido necesariamente, es constitucionalmente válida según nuestra jurisprudencia (S TS de 8 de febrero de 2000, RA 291), pero esta doctrina debe ser analizada con sumo cuidado por los evidentes peligros que entraña a la vista del art. 588 bis i), párrafo II, en relación con el art. 579 bis LECRIM.

E) Contradicción

Las partes tendrán acceso a las grabaciones, puesto que a la causa únicamente interesa el contenido directamente relacionado con el hecho criminal investigado, lo que sucederá, de acuerdo con el art. 588 ter i)-1 y 2, una vez alzado el secreto y expirada la vigencia de la medida de intervención. Para ello, se les entregará copia de las grabaciones y de las transcripciones realizadas. Si en la grabación hubiera datos referidos a aspectos de la vida íntima de las personas, solo se entregará la grabación y transcripción de aquellas partes que no se refieran a ellos. La no inclusión de la totalidad de la grabación en la transcripción entregada se hará constar de modo expreso.

Frente a ello las partes pueden, una vez examinada la grabación, solicitar la inclusión en las copias de aquellas comunicaciones que entienda relevantes y hayan sido excluidas. El juez, oídas o examinadas por sí esas comunicaciones, decidirá sobre su exclusión o incorporación a la causa. No está prevista una audiencia para ello, y es obvio que las partes también pueden pedir la exclusión de contenidos, aunque tampoco esté previsto.

F) Protección de terceros

El art. art. 588 ter i)-3 ordena al Juez notificar a las personas intervinientes en las comunicaciones interceptadas el hecho de la práctica de la injerencia y se les informará de las concretas comunicaciones en las que haya participado que resulten afectadas, salvo que sea imposible, exija un esfuerzo desproporcionado o puedan perjudicar futuras investigaciones. Si la persona notificada lo solicita se le entregará copia de la grabación o transcripción de tales comunicaciones, en la medida que esto no afecte al derecho a la intimidad de otras personas o resulte contrario a los fines del proceso en cuyo marco se hubiere adoptado la medida de injerencia.

G) Duración limitada

A pesar de que el art. 18.3 de la CE no contiene referencia expresa al plazo de duración de la intervención, la prohibición de intervenciones ilimitadas en el tiempo ha de entenderse integrada en el requisito de la proporcionalidad, y por eso era necesario que la ley de desarrollo fijara un plazo de duración.

Ello es confirmado por el art. 588 ter g), con el matiz siguiente: «La duración máxima inicial de la intervención, que se computará desde la fecha de autorización judicial, será de tres meses, prorrogables por períodos sucesivos de igual duración hasta el plazo máximo de dieciocho meses».

Obsérvese que esta norma altera el régimen general previsto en los arts. 588 bis e) y 588 bis f), que fijan la duración temporal no en concreto, sino en abstracto en función de lo que cada medida en particular necesite, manteniendo la posibilidad de prórroga.

El plazo que fije el Juez ha de entenderse como máximo, por lo que la necesidad de motivación, por un lado, exige que desde los indicios se diga en el auto el porqué de la duración que se acuerda, plazo que ha de fijarse, por otro lado, atendido el requisito de la proporcionalidad. Se trata, por tanto, no ya sólo de que no pueden existir intervenciones telefónicas ilimitadas, algo *contra legem* hoy sin duda alguna, sino de que el límite temporal concreto que se acuerde por el Juez ha de estar motivado y ser proporcional.

2) Los requisitos de legalidad ordinaria

La explicación de los requisitos de legalidad ordinaria requiere distinguir entre aquéllos que afectan a la fase de instrucción y aquellos otros que determinan cómo se practica la prueba en el juicio oral. En la instrucción la medida de intervención telefónica puede ser un acto de investigación, por medio del que se pretende averiguar la perpetración del delito, con todas sus circunstancias, y el autor del mismo, pero la medida ha de realizarse de modo que tienda también a preparar el juicio oral, descubriendo fuentes de prueba y, a veces, preconstituyendo prueba. Lo que nos importa aquí no es tanto el acto de investigación, como la forma de realizar la intervención para que pueda llegar a surtir efectos probatorios en el juicio oral.

A) El llamado control judicial

La exclusividad jurisdiccional supone que la medida es decretada sólo por el juez y que al mismo corresponde la ejecución de la misma. Razones prácticas, con todo, aconsejan que la actividad física de la escucha y de la grabación se encomiende a la Policía Judicial, si bien debe tenerse en cuenta que ésta actúa en todo caso bajo las órdenes directas del Juez. Consiguientemente no se trata de que el Juez «controle» a la Policía en una actividad propia de ésta, sino de que aquél se auxilie de ésta (v. S TC 9/2011, de 28 de febrero). Ese auxilio supone, entre otras cosas, que el Juez debe dar las instrucciones necesarias sobre cómo se realiza la intervención.

El art. 588 ter f) establece por ello que la Policía Judicial pondrá a disposición del Juez, con la periodicidad que éste determine y en soportes digitales distintos, la transcripción de los pasajes que considere de interés y las grabaciones íntegras realizadas. Se indicará el origen y destino de cada una de ellas y se asegurará, mediante un sistema de sellado o firma electrónica avanzado o sistema de adveración suficientemente fiable, la autenticidad e integridad de la información volcada desde el ordenador central a los soportes digitales en que las comunicaciones hubieran sido grabadas.

B) Selección de las conversaciones

Entregadas todas las cintas en el tribunal, el Juez debe proceder a seleccionar las conversaciones atinentes a la causa, distinguiendo:

1°) Exclusión de las grabaciones de conversaciones entre personas no investigadas: Dado que es posible que al intervenir un teléfono se hayan grabado conversaciones entre personas no investigadas, el Juez debe excluir esas conversaciones, con lo que se está respetando el derecho al secreto de las comunicaciones y a la intimidad de esas personas.

Pero hay que tener en cuenta que el art. 588 ter c) dispone que podrá acordarse la intervención judicial de las comunicaciones emitidas desde terminales o medios de comunicación telemática pertenecientes a una tercera persona siempre que:

a) Exista constancia de que el sujeto investigado se sirve de aquella para transmitir o recibir información, o

b) El titular colabore con la persona investigada en sus fines ilícitos o se beneficie de su actividad.

También podrá autorizarse dicha intervención cuando el dispositivo objeto de investigación sea utilizado maliciosamente por terceros por vía telemática, sin conocimiento de su titular.

2º) Exclusión de las conversaciones no atinentes a la causa: Aún en el caso de que las conversaciones grabadas se hayan mantenido por personas investigadas, deben excluirse las conversaciones que no guarden relación los hechos investigados. Esta exclusión debe hacerse con contradicción, esto es, dando oportunidad a las partes de que tomen conocimiento de las conversaciones y de que digan qué afecta a la causa y qué no, aunque habrá de decidir el Juez.

C) Necesidad de oír en el juicio oral lo grabado

Si la verdadera fuente de prueba son las cintas grabadas de las conversaciones intervenidas, éstas se convertirán en medio de prueba mediante su audición en el juicio oral. La jurisprudencia suele decir que se trata del medio de prueba documental, pero es dudoso que así sea, pues estamos ante un medio de representación de hechos pasados por medio del sonido. Así las cosas, la necesidad de que se oigan las cintas es evidente, pues el único sistema de que el Tribunal, las partes y el público puedan acceder el conocimiento de esos hechos es oír lo que los representan.

3) Datos electrónicos de tráfico o asociados

Finalmente, deben tenerse en cuenta disposiciones técnicas que facilitan enormemente el acceso, la utilización y archivo de las conversaciones grabadas, en consonancia con el criterio fijado por la Ley 25/2007, de 18 de octubre, de conservación de datos relativos a las comunicaciones electrónicas y a las redes públicas de comunicaciones, en relación con la Ley 9/2014, de 9 de mayo, General de Telecomunicaciones.

a) Ámbito: El art. 588 ter b) dispone que los terminales o medios de comunicación objeto de intervención han de ser aquellos habitual u ocasionalmente utilizados por el investigado. Y añade que, además de acceder a las comunicaciones a través de esos aparatos, se puede acceder a los datos electrónicos de tráfico o asociados al proceso de comunicación, así como a los que se produzcan con independencia del establecimiento o no de una concreta comunicación, en los que participe el sujeto investigado, ya sea como emisor o como receptor, y podrá afectar a los terminales o los medios de comunicación de los que el investigado sea titular o usuario. También podrán intervenirse los terminales o medios de comunicación de la víctima cuando sea previsible un grave riesgo para su vida o integridad. El apartado 3 del precepto define qué son los datos electrónicos de tráfico o asociados.

Obsérvese que la autorización judicial por tanto no sólo debe referirse a las conversaciones que se produzcan desde un terminal o terminales o desde medios de comunicación concretos, sino también a los datos electrónicos de tráfico o asociados al proceso de comunicación, es decir, que no sólo se graban las conversaciones de un teléfono, por ejemplo, sino que también se puede exigir de la operadora que diga dónde está el teléfono o el usuario investigado en el momento de producirse la interceptación (localización geográfica).

La red utilizada puede ser tanto pública (GSM, WiFi), como privada (por ejemplo, las redes TOR, que favorecen el anonimato de quienes las usan).

La posibilidad de intervenir teléfonos o medios de comunicación de la víctima, no siendo la persona investigada por tanto, es una medida cautelar o de protección, por lo que está fuera de lugar en este acto de investigación.

b) Datos electrónicos de tráfico o asociados en poder del prestador del servicio: De acuerdo con el art. 588 ter j), los datos electrónicos conservados por los prestadores de servicios o personas que faciliten la comunicación en cumplimiento de la legislación sobre retención de datos relativos a las comunicaciones electrónicas o por propia iniciativa por motivos comerciales o de otra índole (se trata de la Ley 25/2007, cit., cuya vigencia parcial hoy se discute conforme a lo explicado), y que se encuentren vinculados a procesos de comunicación, solo podrán ser cedidos para su incorporación al proceso con autorización judicial, mediante el procedimiento fijado en el apartado 2 del precepto.

   No es claro qué deba entenderse por dato vinculado a un proceso de comunicación. Será la jurisprudencia la que vaya abriendo o cerrando espacios. El listado de llamadas debe serlo desde luego y por ello ha de estar protegida la entrega de los listados telefónicos de sus clientes por parte de las compañías telefónicas a la Policía. Si no existe el consentimiento de sus titulares, debe requerirse autorización judicial (v. S TC 123/2002, de 20 de mayo; y S TS núm. 7/2014, de 22 de enero, RJ 2014\887).

c) Identificación mediante IP (art. 588 ter k). Cuando en el ejercicio de las funciones de prevención y descubrimiento de los delitos cometidos en Internet, los agentes de la Policía Judicial tuvieran acceso a una dirección IP (uno de los datos a conservar conforme al apartado anterior, porque permite identificar al titular o usuario del terminal) que estuviera siendo utilizada para la comisión algún delito y no constara la identificación y localización del equipo o del dispositivo de conectividad correspondiente ni los datos de identificación personal del usuario, solicitarán del Juez de Instrucción que requiera de los agentes sujetos al deber de colaboración según el artículo 588 ter e), la cesión de los datos que permitan la identificación y localización del terminal o del dispositivo de conectividad y la identificación del sospechoso.

d) La identificación de los terminales mediante captación de códigos de identificación del aparato o de sus componentes, por ejemplo, el IMEI, se regula en el art. 588 ter l), cuando en el marco de una investigación no hubiera sido posible obtener un determinado número de abonado y éste resulte indispensable a los fines de la investigación. No requiere autorización judicial, practicando la Policía la identificación mediante el uso de tecnología especial. Tampoco la obtención del PIN de un móvil (STS núm. 551/2016, de 22 de junio, RJ\2016\3527).

e) Finalmente, la identificación de titulares o terminales o dispositivos de conectividad se regula en el art. 588 ter m), cuando el Ministerio Fiscal o la Policía Judicial necesiten conocer la titularidad de un número de teléfono o de cualquier otro medio de comunicación, o, en sentido inverso, precisen el número de teléfono o los datos identificativos de cualquier medio de comunicación.

IV. CAPTACIÓN Y GRABACIÓN DE COMUNICACIONES ORALES MEDIANTE LA UTILIZACIÓN DE DISPOSITIVOS ELECTRÓNICOS

La LECRIM, regula la «Captación y grabación de comunicaciones orales mediante la utilización de dispositivos electrónicos», en sus arts. 588 quáter a), a 588 quáter e). En realidad, va más allá, pues también permite la captación de imágenes. Constituye igualmente un desarrollo específico en el ámbito del proceso penal del derecho al secreto de las comunicaciones del art. 18.3, pero no sólo, pues también está afectado el derecho a la inviolabilidad del domicilio del art. 18.2 y del derecho a la privacidad (intimidad y propia imagen) del art. 18.1 de la Constitución.

La razón para introducir esta medida se funda en la experiencia que ha proporcionado la persecución de determinados delitos hasta ahora, en los que captar lo que están hablando dos personas en un lugar público o abierto (incluso dentro de un coche) con medios técnicos resulta imprescindible para su esclarecimiento (v. Circular FGE 3/2019; y STC 99/2021, de 10 de mayo).

Como hay un evidente peligro de extralimitación, la LECRIM limita la procedencia del acto de investigación a encuentros concretos que vaya a mantener el investigado, debiéndose identificar con precisión el lugar o dependencias sometidos a vigilancia. En otras palabras, no se legitiman autorizaciones de captación y grabación de conversaciones orales con carácter general o indiscriminadas.

1) *Autorización*

De acuerdo con el art. 588 quáter a), es posible la grabación de las comunicaciones orales directas en los siguientes términos: Podrá autorizarse la colocación y utilización de dispositivos electrónicos que permitan la captación y grabación de las comunicaciones orales directas que se mantengan por el investigado, en la vía pública o en otro espacio abierto, en su domicilio o en cualesquiera otros lugares cerrados. Los dispositivos de escucha y grabación podrán ser colocados tanto en el exterior como en el interior del domicilio o lugar cerrado.

Pero si fuese necesaria la entrada en el domicilio o en alguno de los espacios destinados al ejercicio de la privacidad para la instalación de los correspondientes dispositivos, la resolución habilitante habrá de extender su motivación a la procedencia del acceso a dichos lugares.

Adicionalmente, la escucha y grabación de las conversaciones privadas se podrá complementar con la obtención de imágenes cuando expresamente lo autorice la resolución judicial que la acuerde. Obsérvese que no se regula la grabación entre particulares (v.gr., con cámara oculta), por lo que habrá que estar a la S TS núm. 793/2013, de 28 de octubre, que en principio admite su validez (con matices, S TS núm. 875/2021, de 15 de noviembre, RJ 2021\5128).

Con ello queda afectado no sólo el investigado sino también todo su entorno familiar.

2) *Presupuestos*

Son de acuerdo con el art. 588 quáter b) los siguientes:

1°) La utilización de los dispositivos a que se refiere el artículo anterior ha de estar vinculada a comunicaciones que puedan tener lugar en uno o varios encuentros concretos del investigado con otras personas y sobre cuya previsibilidad haya indicios puestos de manifiesto por la investigación.

2°) Solo podrá autorizarse cuando concurran los requisitos siguientes:

a) Que los hechos que estén siendo investigados sean constitutivos de alguno de los siguientes delitos:

1° Delitos dolosos castigados con pena con límite máximo de, al menos, tres años de prisión.

2° Delitos cometidos en el seno de un grupo u organización criminal.

3º Delitos de terrorismo.

b) Que pueda racionalmente preverse que la utilización de los dispositivos aportará datos esenciales y de relevancia probatoria para el esclarecimiento de los hechos y la identificación de su autor.

El contenido de la resolución judicial, además de las exigencias reguladas en el artículo 588 bis c), deberá contener una mención concreta al lugar o dependencias, así como a los encuentros del investigado que van a ser sometidos a vigilancia (art. 588 quáter c).

3) Control

En cumplimiento de lo dispuesto en el artículo 588 bis g, la Policía Judicial pondrá a disposición de la autoridad judicial el soporte original o copia electrónica auténtica de las grabaciones e imágenes, que deberá ir acompañado de una transcripción de las conversaciones que considere de interés.

El informe identificará a todos los agentes que hayan participado en la ejecución y seguimiento de la medida (art. 588 quáter d).

4) Consecuencias del cese de la medida

De acuerdo con el art. 588 quáter e), cesada la medida por alguna de las causas previstas en el artículo 588 bis j), la grabación de conversaciones que puedan tener lugar en otros encuentros o la captación de imágenes de tales momentos exigirán una nueva autorización judicial.

V. UTILIZACIÓN DE DISPOSITIVOS TÉCNICOS DE CAPTACIÓN DE LA IMAGEN, DE SEGUIMIENTO Y DE LOCALIZACIÓN

Acto regulado en la LECRIM, bajo el título «Utilización de dispositivos técnicos de captación de la imagen, de seguimiento y de localización», arts. 588 quinquies a) a art. 588 quinquies c). Puesto que se trata de un acto de investigación a practicar en lugares públicos, debe ser puesto en relación con el acto de filmación en lugares públicos estudiado en la lecc. 10ª. Constituye igualmente otro desarrollo específico en el ámbito del proceso penal del derecho al secreto de las comunicaciones del art. 18.3 de la Constitución, pero también queda afectado el derecho a la privacidad (intimidad y propia imagen) del art. 18.1 de la Constitución (v. Circular FGE 4/2019).

1) Objeto

La captación de imágenes en lugares o espacios públicos (cámaras callejeras de videovigilancia), y seguimiento o localización de personas (por ejemplo, los sistemas de geolocalización de posicionamiento global o GPS) queda sujeta a los requisitos establecidos en el art. 588 quinquies a): La Policía Judicial podrá obtener y grabar por cualquier medio técnico imágenes de la persona investigada cuando se encuentre en un lugar o espacio público, si ello fuera necesario para facilitar su identificación, para localizar los instrumentos o efectos del delito u obtener datos relevantes para el esclarecimiento de los hechos. La medida podrá ser llevada a cabo aun cuando afecte a personas diferentes del investigado, siempre que de otro modo se reduzca de forma relevante la utilidad de la vigilancia o existan indicios fundados de la relación de dichas personas con el investigado y los hechos objeto de la investigación. Téngase en cuenta, finalmente, las disposiciones técnicas para grabación de imágenes y sonido por las Fuerzas y Cuerpos de Seguridad previstas en los arts. 15 a 18 de la LO 7/2021, de 26 de mayo, de protección de datos personales tratados para fines de prevención, detección, investigación y enjuiciamiento de infracciones penales y de ejecución de sanciones penales.

Al amparo de este acto de investigación, vulnera el derecho constitucional a la inviolabilidad del domicilio y el derecho constitucional a la intimidad la utilización de prismáticos, que ciertamente no graban imágenes, por la Policía desde un lugar público para observar lo que ocurre en un domicilio, aunque las ventanas estén abiertas o las cortinas despasadas; al igual que el uso de drones con la misma finalidad de intrusión virtual. En ambos casos, a falta del consentimiento del interesado, se requiere autorización judicial expresa (v. S TS núm. 329/2016, de 20 de abril, RJ 2016\1691, FD 2). El garaje tampoco es espacio público (S TC 92/2023, de 11 de septiembre).

Igualmente, la STC 25/2019, de 28 de febrero, prohíbe la utilización periodística de la cámara oculta en cuanto que constituye una grave intromisión ilegítima en los derechos fundamentales a la intimidad personal y a la propia imagen, aunque su utilización podrá excepcionalmente ser legítima cuando no existan medios menos intrusivos para obtener la información.

2) Autorización

La utilización de dispositivos o medios técnicos de seguimiento y localización requiere autorización judicial, siempre que sea necesaria y proporcionada, autorización que deberá especificar el medio técnico que va a ser utilizado (art. 588 quinquies b).

Los prestadores, agentes y personas a que se refiere el artículo 588 ter e) están obligados a facilitar al Juez, al Ministerio Fiscal y a los agentes de la Policía Judicial designados para la práctica de la medida la asistencia y colaboración precisas para facilitar el cumplimiento de los autos por los que se ordene el seguimiento, bajo apercibimiento de incurrir en delito de desobediencia.

Cuando concurran razones de urgencia que hagan temer razonablemente que, de no colocarse inmediatamente el dispositivo o medio técnico de seguimiento y localización, se frustrará la investigación, la Policía Judicial podrá proceder a su colocación, dando cuenta a la mayor brevedad posible, y en todo caso en el plazo máximo de veinticuatro horas, a la autoridad judicial, quien podrá ratificar la medida adoptada o acordar su inmediato cese en el mismo plazo. En este último supuesto, la información obtenida a partir del dispositivo colocado carecerá de efectos en el proceso.

3) Duración

El art. 588 quinquies c)-1 establece una duración específica, apartándose del criterio del art. 588 bis e): Así, este acto de investigación tendrá una duración máxima de tres meses a partir de la fecha de su autorización. Excepcionalmente, el Juez podrá acordar prórrogas sucesivas por el mismo o inferior plazo hasta un máximo de dieciocho meses, si así estuviera justificado a la vista de los resultados obtenidos con la medida.

4) Uso

De acuerdo con el art. 588 quinquies c)-2 y 3, la Policía Judicial entregará al Juez los soportes originales o copias electrónicas auténticas que contengan la información recogida cuando éste se lo solicite y, en todo caso, cuando terminen las investigaciones. La información obtenida a través de los dispositivos técnicos de seguimiento y localización a los que se refieren los artículos anteriores deberá ser debidamente custodiada para evitar su utilización indebida.

VI. REGISTRO DE DISPOSITIVOS DE ALMACENAMIENTO MASIVO DE INFORMACIÓN

El «Registro de dispositivos de almacenamiento masivo de información», se regula en los arts. 588 sexies a) a art. 588 sexies c) LECRIM. Estamos ante otro desarrollo específico en el ámbito del proceso penal del derecho al secreto de las comunicaciones del art. 18.3 de la Constitución. También quedan afectados indiscutiblemente el derecho a la protección de datos del art. 18.4 y el derecho a la privacidad (intimidad y propia imagen) del art. 18.1 de la Constitución. Ante esta complejidad dogmática se habla modernamente del «derecho al propio entorno virtual» (S TS núm. 342/2013, de 17 de abril (RJ 2013\3296), como derecho de nueva generación integrador de todos los citados en estos supuestos.

Se cubre un vacío legal importante con la aprobación de este acto de investigación. Para la EM de la LO 13/2015, esta reforma descarta cualquier duda acerca de que esos instrumentos de comunicación y, en su caso, almacenamiento de información son algo más que simples piezas de convicción. De ahí que se haya fijado una exigente regulación respecto del acceso a su contenido (v Circular FGE 5/2019).

1) Autorización judicial

El largo art. 588 sexies c) dispone que:

1. La resolución del juez mediante la que se autorice el acceso a la información contenida en los dispositivos a que se refiere la presente sección, fijará los términos y el alcance del registro y podrá autorizar la realización de copias de los datos informáticos. Fijará también las condiciones necesarias para asegurar la integridad de los datos y las garantías de su preservación para hacer posible, en su caso, la práctica de un dictamen pericial.
2. Salvo que constituyan el objeto o instrumento del delito o existan otras razones que lo justifiquen, se evitará la incautación de los soportes físicos que contengan los datos o archivos informáticos, cuando ello pueda causar un grave perjuicio a su titular o propietario y sea posible la obtención de una copia de ellos en condiciones que garanticen la autenticidad e integridad de los datos.
3. Cuando quienes lleven a cabo el registro o tengan acceso al sistema de información o a una parte del mismo conforme a lo dispuesto en este capítulo, tengan razones fundadas para considerar que los datos buscados están almacenados en otro sistema informático o en una parte de él, podrán ampliar el registro, siempre que los datos sean lícitamente accesibles por medio del sistema inicial o estén disponibles para este. Esta ampliación del registro deberá ser autorizada por el Juez, salvo que ya lo hubiera sido en la autorización inicial. En caso de urgencia, la Policía Judicial o el fiscal podrán llevarlo a cabo, informando al juez inmediatamente, y en todo caso dentro del plazo máximo de veinticuatro horas, de la actuación realizada, la forma en que se ha efectuado y su resultado. El Juez competente, también de forma motivada, revocará o confirmará tal actuación en un plazo máximo de setenta y dos horas desde que fue ordenada la interceptación.

4. En los casos de urgencia en que se aprecie un interés constitucional legítimo que haga imprescindible la medida prevista en los apartados anteriores de este artículo, la Policía Judicial podrá llevar a cabo el examen directo de los datos contenidos en el dispositivo incautado, comunicándolo inmediatamente, y en todo caso dentro del plazo máximo de veinticuatro horas, por escrito motivado al Juez competente, haciendo constar las razones que justificaron la adopción de la medida, la actuación realizada, la forma en que se ha efectuado y su resultado. El Juez competente, también de forma motivada, revocará o confirmará tal actuación en un plazo máximo de 72 horas desde que fue ordenada la medida.
5. Las autoridades y agentes encargados de la investigación podrán ordenar a cualquier persona que conozca el funcionamiento del sistema informático o las medidas aplicadas para proteger los datos informáticos contenidos en el mismo que facilite la información que resulte necesaria, siempre que de ello no derive una carga desproporcionada para el afectado, bajo apercibimiento de incurrir en delito de desobediencia.

Esta disposición no será aplicable al investigado o encausado, a las personas que están dispensadas de la obligación de declarar por razón de parentesco y a aquellas que, de conformidad con el artículo 416.2, no pueden declarar en virtud del secreto profesional.

2) *Motivación especial*

Se requiere, según el art. 588 sexies a)-1 para acordar este acto de investigación una motivación individualizada, consistente en que el Juez extienda su razonamiento a la justificación, en su caso, de las razones que legitiman el acceso de los agentes facultados a la información contenida en tales dispositivos.

3) *Límites de acceso*

Se fijan dos:

1º) La simple incautación de cualquiera de los dispositivos a los que se refiere el apartado anterior, practicada durante el transcurso de la diligencia de registro domiciliario, no legitima el acceso a su contenido, sin perjuicio de que dicho acceso pueda ser autorizado ulteriormente por el Juez competente (art 588 sexies a)-2.

2º) En caso de acceso a la información de dispositivos electrónicos incautados fuera del domicilio del investigado, el art. 588 sexies b) dispone que la exigencia prevista en el apartado 1 del artículo anterior será también aplicable a aquellos casos en los que los ordenadores, instrumentos de comunicación o dispositivos de almacenamiento masivo de datos, o el acceso a repositorios telemáticos de datos, sean aprehendidos con independencia de un registro domiciliario. En tales casos, los agentes pondrán en conocimiento del Juez la incautación de tales efectos. Si éste considera indispensable el acceso a la información albergada en su contenido, otorgará la correspondiente autorización (v. STS 432/2023, de 5 de junio, JUR 2023\256941).

VII. REGISTROS REMOTOS SOBRE EQUIPOS INFORMÁTICOS

Los arts. 588 septies a), a 588 septies c) LECRIM regulan los «Registros remotos sobre equipos informáticos». Es la última de las medidas de investigación tecnológica introducidas en 2015 fundada en el art. 18.3 de la Constitución, sin perjuicio de poder quedar afectados también el derecho a la protección de datos del art. 18.4 y el derecho a la privacidad (intimidad y propia imagen) del art. 18.1 de la Constitución.

Con la aprobación de este acto de investigación se cubre otro vacío legal importante, adaptando nuestra legislación a las más avanzadas en Europa. Se trata de utilizar programas informáticos (*software*) altamente sofisticados que se introducen desde centros de control policial en el ordenador u ordenadores estáticos o portátiles (*laptop*), tabletas, teléfonos móviles, etc., en cuanto aparatos que almacenan datos del investigado, con el fin de extraer cualquier tipo de información que en él se contenga válida a efectos de investigación de un crimen.

Se comprende inmediatamente que estamos ante una medida altamente agresiva, puesto que utilizar la llamada técnica del «gusano informático» para espiar ordenadores ajenos, es en el fondo tener acceso a toda la vida virtual del investigado, quien ciertamente se ampara en el anonimato que proporciona Internet para cometer sus crímenes, por lo que habrá que estar muy atentos a las prevenciones que hicimos al comienzo de esta lección. Por eso el legislador quiere reforzar el ámbito objetivo de la medida, para lo que se han acotado con un listado *numerus clausus* los delitos que la pueden habilitar, y limitar la duración temporal, lo que en estos momentos no sabemos aún si será suficiente.

1) Presupuestos

De acuerdo con el art. 588 septies a)-1, el Juez competente podrá autorizar la utilización de datos de identificación y códigos, así como la instalación de un software, que permitan, de forma remota y telemática, el examen a distancia y sin conocimiento de su titular o usuario del contenido de un ordenador, dispositivo electrónico, sistema informático, instrumento de almacenamiento masivo de datos informáticos o base de datos, siempre que persiga la investigación de alguno de los siguientes delitos:

a) Delitos cometidos en el seno de organizaciones criminales.

b) Delitos de terrorismo.

c) Delitos cometidos contra menores o personas con capacidad modificada judicialmente.

d) Delitos contra la Constitución, de traición y relativos a la defensa nacional.

e) Delitos cometidos a través de instrumentos informáticos o de cualquier otra tecnología de la información o la telecomunicación o servicio de comunicación.

Obsérvese que la ley, una vez autorizado el acceso al dispositivo de almacenamiento de datos, por ejemplo, al ordenador estático que tiene en su casa el investigado, permite rastrear cualquier elemento del sistema, cualquier programa, cualquier dato, cualquier base de datos, cualquier texto, etc., contenido en él. Todo es por tanto objeto de investigación.

Sorprende por ello que se incluyan muchos delitos que ni siquiera podrían llegar a ser menos graves, a la vista del tenor literal de los apartados c) y e) del precepto. Sería de desear por el principio de proporcionalidad una mayor precisión de esos delitos.

2) Contenido del auto

El art. 588 septies a)-2 obliga a que la resolución judicial que autorice el registro especifique:

a) Los ordenadores, dispositivos electrónicos, sistemas informáticos o parte de los mismos, medios informáticos de almacenamiento de datos o bases de datos, datos u otros contenidos digitales objeto de la medida.

b) El alcance de la misma, la forma en la que se procederá al acceso y aprehensión de los datos o archivos informáticos relevantes para la causa y el software mediante el que se ejecutará el control de la información.

c) Los agentes autorizados para la ejecución de la medida.

d) La autorización, en su caso, para la realización y conservación de copias de los datos informáticos.

e) Las medidas precisas para la preservación de la integridad de los datos almacenados, así como para la inaccesibilidad o supresión de dichos datos del sistema informático al que se ha tenido acceso.

Finalmente, (ap. 3), cuando los agentes que lleven a cabo el registro remoto tengan razones para creer que los datos buscados están almacenados en otro sistema informático o en una parte del mismo, pondrán este hecho en conocimiento del Juez, quien podrá autorizar una ampliación de los términos del registro.

3) Deber de colaboración

El art. 588 septies b) obliga a colaborar con la Justicia a los prestadores de servicios y personas señaladas en el artículo 588 ter e), y a los titulares o responsables del sistema informático o base de datos objeto del registro, para la práctica de la medida y el acceso al sistema. Asimismo, están obligados a facilitar la asistencia necesaria para que los datos e información recogidos puedan ser objeto de examen y visualización. Las autoridades y los agentes encargados de la investigación podrán ordenar a cualquier persona que conozca el funcionamiento del sistema informático o las medidas aplicadas para proteger los datos informáticos contenidos en el mismo que facilite la información que resulte necesaria para el buen fin de la diligencia. Deben guardar secreto y están sujetos a responsabilidad.

Esta disposición no será aplicable al investigado o encausado, a las personas que están dispensadas de la obligación de declarar por razón de parentesco, y a aquellas que, de conformidad con el artículo 416.2, no pueden declarar en virtud del secreto profesional (recuérdese lo dicho con relación a los sacerdotes de la religión católica).

4) Duración

La medida tendrá una duración máxima de un mes, prorrogable por iguales períodos hasta un máximo de tres meses (art. 588 septies c).

VIII. ANÁLISIS DEL ADN EN CASO DE DELITOS GRAVES PARA INSCRIPCIÓN EN UNA BASE DE DATOS POLICIALES

En diversos lugares de este manual, la diligencia o prueba del análisis del ADN ha sido o va a ser tratada, porque de acuerdo con su regulación vigente afecta a diversas instituciones procesales. Ahora nos fijamos sólo en la utilización de este medio tecnológicamente tan avanzado para configurar una base de datos de delincuentes ya condenados muy peligrosos. En este sentido, según el art. 129 bis CP, mal ubicado porque es una norma procesal, si se trata de condenados por la comisión de un delito grave contra la vida, la integridad de las personas, la libertad, la libertad o indemnidad sexual, de terrorismo, o cualquier otro delito grave que conlleve un riesgo grave para la vida, la salud o la integridad física de las personas, cuando de las circunstancias del hecho, antecedentes, valoración de su personalidad, o de otra información disponible pueda valorarse que existe un peligro relevante de reiteración delictiva, el Juez o Tribunal podrá acordar la toma de muestras biológicas de su persona y la realización de análisis para la obtención de identificadores de ADN e inscripción de los mismos en la base de datos policial. Únicamente podrán llevarse a cabo los análisis necesarios para obtener los identificadores que proporcionen, exclusivamente, información genética reveladora de la identidad de la persona y de su sexo.

Si el afectado se opusiera a la recogida de las muestras, podrá imponerse su ejecución forzosa mediante el recurso a las medidas coactivas mínimas indispensables para su ejecución, que deberán ser en todo caso proporcionadas a las circunstancias del caso y respetuosas con su dignidad.

Se trata por tanto de un acto de investigación, tomar muestras del ADN del ya condenado, que se puede acordar coactivamente tratándose de uno de los delitos fijados en el párrafo primero del precepto, para introducir los identificadores resultantes en una base de datos policial que, en caso de futuros delitos, facilite la identificación correspondiente.

CAPÍTULO IV

EL CONSENTIMIENTO Y LA EVITACIÓN DEL JUICIO

Lección 12ª

JUSTICIA PENAL NEGOCIADA

SILVIA BARONA VILAR

SUMARIO: I. EL CONSENTIMIENTO Y EL CONSENSO EN LA JUSTICIA PENAL; 1) Una mirada a la Historia. Obstáculos al consentimiento. Excepciones; 2) Motivos de la incorporación del consentimiento y del consenso en el proceso penal; 3) Manifestaciones del principio del consenso y su vinculación con el principio de oportunidad; II. CONCILIACIÓN EN LOS PROCEDIMIENTOS SEGUIDOS POR INJURIAS Y CALUMNIAS CONTRA PARTICULARES; III. LA CONFORMIDAD DEL ACUSADO; IV. JUSTICIA RESTAURATIVA. ÉNFASIS EN LA MEDIACIÓN PENAL; 1) Fundamento y significado. El movimiento restaurativo; 2) Instrumentos restaurativos; 3) Características generales; A) En relación con el procedimiento restaurativo; B) En relación con los sujetos: como mínimo, trilogía subjetiva; 4) Principios informadores del procedimiento restaurativo; A) La voluntariedad; B) La confidencialidad; C) Principio de oficialidad; D) Principios referidos a las partes: igualdad y contradicción, buena fe y lealtad procesal, así como neutralidad de los terceros integrantes del equipo restaurativo; E) Principio de gratuidad; 5) Integración y efectos procesales del procedimiento restaurativo y del acuerdo alcanzado; 6) Ámbito objetivo y subjetivo de la mediación; A) Límites objetivos; B) Límites subjetivos.

I. EL CONSENTIMIENTO Y EL CONSENSO EN LA JUSTICIA PENAL

El consentimiento y su integración en formas consensuadas puede provocar desviaciones o alteraciones en el proceso penal, tanto en la fase inicial preinvestigadora o investigadora como previa al juicio oral o en el mismo. Los efectos jurídicos serán diversos según el momento en que se planteen, debiendo estar permitidas legalmente las posibles salidas o los consensos en el ordenamiento para que se produzcan aquéllos.

1) Una mirada a la Historia. Obstáculos al consentimiento. Excepciones

La aceptación e incorporación de manifestaciones de Justicia Penal negociada no han sido pacíficas. La consolidación del modelo de proceso penal de Justicia Penal no permitía plantear manifestaciones de consentimiento ni del consenso. Los principios de necesidad y oficialidad e incluso el de legalidad suponían un gran obstáculo a la participación del investigado-acusado y, por supuesto, de la víctima en una posible negociación del proceso o de la consecuencia jurídico-penal. La respuesta a este modelo se encuentra en la Historia.

Si en sus orígenes existía un único cauce procesal para plantear y resolver disputas civiles y penales, fue paulatinamente emergiendo a lo largo de la Historia

—con gérmenes en la civilización griega y romana—, una necesidad de configurar no solo dos cauces procesales, sino dos maneras de actuar procesalmente con diversos protagonistas. Fue en la Edad Media (especialmente en el S. XIII) cuando se presenta la bifurcación entre lo público y lo privado, también en los sistemas procesales, siendo absolutamente trascendental la inspiración religiosa que incorporó, por un lado, la identificación de hecho reprochable u ofensa social con la idea de pecado (paralelismo Iglesia-Estado), presentándose la pena como una suerte de exigencia de justicia, muy similar al castigo divino, y, por otro, influyó en el *modus operandi* procesal el sistema canónico inquisitivo. La influencia de la Iglesia y sus principios de obediencia y autoridad casaban a la perfección con el régimen político de la monarquía absoluta, con la política represiva y las respuestas retributivas a quienes infringían las normas. Buenos ingredientes para diseñar un procedimiento penal, basado en la actuación de oficio, bajo maneras inquisitoriales, con acción pública, para castigar los crímenes de interés público (las afrentas más graves contra la sociedad). Y todo ello adobado con una formación jurídica desde las Universidades europeas (de creación papal), en las que los docentes eran canónigos, gente de la Iglesia, la clase culta, que conocía el latín, idioma en el que se enseñaban las asignaturas universitarias.

El Humanismo, la Revolución francesa, la Ilustración, trajeron las nuevas ideas, abandonándose el tiempo entre tinieblas. Aparecieron los grandes pensadores (John Locke, Voltaire y Rousseau, o Hobbes), y grandes obras que diseñaron el «contrato social», en el que los ciudadanos ceden parte de su libertad al poder estatal a cambio de seguridad del poder estatal a los ciudadanos. En este escenario se concibió el monopolio del Estado de penar y configuró las penas, aflictivas, intimidantes y ejemplarizantes, como una expiación del delito. Con esas premisas el consentimiento tenía poco protagonismo en el modelo penal.

Un modelo de justicia hegemónica o lo que denominamos el *paradigma de justicia,* caracterizado por una visión paternalista y ética del Derecho Penal y un proceso penal, basado en la idea de orden público (*desde y hacia* lo público), con una función de defensa de los individuos frente al poder punitivo del Estado. El reconocimiento del *ius puniendi* estatal se estructuraba sobre sus principios: legalidad, responsabilidad penal o culpabilidad (principio de personalidad, principio del acto, dolo o culpa y el principio de imputación personal), principio de lesividad o de protección de bienes jurídicos, principio de subsidiariedad o Derecho Penal como la *ultima ratio,* principio de proporcionalidad de la pena, prohibición de la analogía en materia penal, principio de igualdad de trato y la humanización de las penas. Y el sistema procesal penal, sus protagonistas, los trámites, las partes, la prueba etc, se regulan a través de las normas procesales, garantizadoras del derecho a la tutela judicial efectiva penal. El proceso se convirtió en instrumento para determinar tanto la culpabilidad como la inocencia, un derecho de la ciudadanía; los imputados dejaban de estar «cosificados», eran sujetos con garantías y derechos, y se abandonaba la idea del proceso como un medio represivo de venganza social o política.

En esta visión de la Justicia penal el consentimiento se entendía como un *corpus alienum*, debido a los principios de necesidad y de legalidad, que vienen a determinar que la existencia de un hecho aparentemente delictivo exigía la puesta en marcha de la actividad jurisdiccional, no siendo admisibles actos de oportunidad; y una vez iniciado el proceso, no puede acabar por actos discrecionales, sino mediante sentencia. Estos principios, limitantes de la disponibilidad y del consentimiento, no significaban, empero, una absoluta negación del consentimiento del sujeto pasivo o de la víctima.

Por ejemplo, en el proceso penal medieval la confesión del acusado era el método para conseguir la condena, mediante tortura, no concurriendo verdadero consentimiento; en la originaria LECRIM de 1882 se regulaba la conformidad del acusado para los delitos graves, sentida como un «elemento extraño» del modelo procesal penal; igualmente, el perdón del ofendido, por la influencia religiosa, favoreció su incorporación, si bien sus contornos fueron diversos según los países y los momentos (así, en la Francia del S. XVI la posibilidad del perdón se dirigía a conseguir la conmiseración del monarca, no de la víctima, mientras que en España el perdón se vinculó a los ofendidos y solo respecto de hechos perseguibles a instancia de parte, en los que podía concurrir una cierta disponibilidad).

2) Motivos de la incorporación del consentimiento y del consenso en el proceso penal

A finales del S. XX y en el S. XXI el consentimiento y el consenso han asumido mayor protagonismo en el proceso penal. Las razones del mayor protagonismo son diversas.

- Razones sociales: La globalización ha incorporado valores nuevos (eficacia y eficiencia), y protagonistas nuevos (*lobbies* económicos, *holdings* financieros y bancarios) que han inspirado una nueva manera de actuar en todos los ámbitos de la sociedad; una sociedad con una enorme complejidad social, desconcierto, desencanto, reducción o minimización de las políticas sociales, crisis, sobrevaloración del consumo, las masas, la emergencia de la industria de la cultura, el culto a lo efímero, a lo estético, un aumento del fanatismo, la xenofobia, la islamofobia, la aporofobia, etc.
- Causa (cambios sociales)-efecto (transformación del Derecho Penal): El Derecho Penal crece incesablemente, tanto en cuanto a nuevos tipos penales y nuevas y sofisticadas regulaciones de la criminalidad, cuanto en la incorporación de bienes jurídicos protegidos, en sujetos responsables, en

nuevas consecuencias jurídicas, etc., que han inundado tribunales y han generado enormes problemas en el proceso penal: en investigación (con la necesidad de incorporar medios nuevos acordes a la sociedad digital y tecnológica), en materia probatoria, en el *modus operandi* tecnológico, etc. Asistimos a una imparable expansión del derecho penal que pasa de ser la *ultima* a la *prima ratio*, que lo ha transformado en un Derecho Penal «gendarme» o Derecho penal de la seguridad, empapando a la sociedad de una idea de que el derecho penal es una «aspirina» social, y frustrando las expectativas ciudadanas ante un aumento imparable de violencia, delitos, más inseguridad, más miedo y más segregación.

- Necesaria «deconstrucción» del modelo procesal penal. Con ese nuevo re-pensamiento de la Justicia penal también se ha cuestionado en ciertas esferas la función del proceso penal para permitir el desarrollo de las tres funciones del Derecho Penal —prevención general, resocialización del delincuente y restaurativa—, resultando frustrante su inoperatividad en muchos casos.

La inflación penal provoca que las causas se multipliquen, con mayores dificultades en investigación y prueba, los macroprocesos se eternicen y la sofisticación delictiva favorezca las dificultades probatorias. El proceso penal diseñado para una sociedad del S. XIX, pese a las continuas reformas que arrastra, no solo sufre, sino que agoniza. Las modificaciones del proceso penal son de diversa naturaleza: incorporación de nuevas actuaciones de investigación o adaptación de las normas existentes a la realidad interpretada por el TEDH, TJUE, TC o TS, e incluso cambios en las reglas probatorias; reestructuración de procesos penales, alteración de algunas instituciones o reducción de plazos para alcanzar mayor celeridad, reformulación de funciones de los protagonistas del proceso penal, reforzando el papel de las víctimas, y con todo ello, la potenciación de instituciones de justicia penal negociada. En suma, asistimos a un periodo de mudanza procesal, con continuas reformas, que inciden en el fortalecimiento del principio de oportunidad y el principio del consenso.

El resultado de este retrato penal lleva a la inoperancia del modelo penal liberal, fundamentado en el principio de legalidad y en el de necesidad, permitiendo que razones de oportunidad adelanten la persecución penal, la suspendan, la interrumpan o renuncien a ella, y que se permita que el consentimiento, la voluntad de los sujetos que intervienen en el proceso e incluso la víctima, aun cuando no se haya personado en la causa, tengan efectos procesales.

3) Manifestaciones del principio del consenso y su vinculación con el principio de oportunidad

La incorporación de manifestaciones del principio de oportunidad es ya una constante en la mayor parte de los ordenamientos jurídicos. Permite modular la aplicación de la legalidad en los procesos, bien por razones de interés público, bien por interés o por consenso de las partes. Se ha justificado su incorporación en criterios como favorecer el derecho a un proceso sin dilaciones indebidas, la reparación a las víctimas, limita o evita los efectos criminológicos de determinadas penas cortas, permite la resocialización del condenado, favorece la adaptación de la legislación penal a cada caso concreto, generando un mayor acercamiento del sistema a las personas valorando en su caso si por escasa lesión social puede ser proporcionado no instar o continuar la persecución de determinados hechos delictivos, entre otros. Es por ello que aun cuando no es lo mismo la oportunidad que el consenso, en ciertos casos la manifestación de la oportunidad se consigue por la voluntad de la partes. Una voluntad que ha venido integrándose en el sistema jurídico penal dando lugar a la Justicia negociada, en la que el consenso, los acuerdos y pactos han introducido una manera de actuar y unos efectos procesales diversos.

Fruto de este consenso, aceptado desde la oportunidad en el proceso penal, pueden considerarse como manifestaciones:

- La conciliación penal preceptiva en el procedimiento penal seguido por calumnias e injurias contra particulares sin publicidad.
- La conformidad del acusado respecto de la acusación (Plea-bargaining anglosajón; Absprache alemán; Applicazione della pena su richiesta delle parti italiano, etc.), que permite aceptar la pena solicitada por el fiscal, tras una negociación, obteniendo una «rebaja» de la consecuencia jurídico-penal que le correspondería por el delito acusado. Y con consecuencias procesales visibles: se produce celeridad, acortamiento de trámites, derivación a salidas procesales, que permiten llegar a la sentencia y fijar el contenido del título ejecutivo por el valor del consentimiento de los sujetos implicados.
- Posibilidad de *diversion:* permite sustituir la pena privativa de libertad por otra; la suspensión de la pena, el indulto o la amnistía, el posible perdón del ofendido, la concesión de libertad condicional por motivos laborales, culturales u ocupacionales, etc., ya en fase de ejecución de la condena.
- La incorporación de la reparación en el proceso penal como pena (alternativa o sustitutiva) además de cómo instrumento condicional de obtención de beneficios. Muy especialmente, tras la reforma de la LECRIM, que

ha permitido la terminación del proceso por sobreseimiento cuando se produzca la reparación.

- Los procedimientos de justicia restaurativa, especialmente la mediación penal, como procedimiento complementario del proceso, que permite el diálogo y la comunicación de víctima y victimario.

Algunas se hallan ya consolidadas en la práctica, como sucede con la conformidad; otras, como la mediación y los procedimientos restaurativos, se presentan como un buen procedimiento de estrecha colaboración y directa imbricación con el proceso penal, aun cuando presentan aun un largo recorrido, si bien se ha producido un importante avance con la aprobación de la LO 1/2025, de 2 de enero, que propulsa, también en materia penal, el papel del consentimiento en el proceso, y lo hace ampliando la conformidad del acusado y regulando la Justicia restaurativa en el proceso penal.

II. CONCILIACIÓN EN LOS PROCEDIMIENTOS SEGUIDOS POR INJURIAS Y CALUMNIAS CONTRA PARTICULARES

En los mal llamados «delitos privados», perseguibles a instancia de parte se exige, como requisito de procedibilidad, la certificación de haber celebrado acto de conciliación entre el querellante u ofendido con el querellado, o de, al menos, haberlo intentado sin efecto (art. 804 LECRIM) (vid. lecc. 27ª). Su fundamento se halla en la naturaleza jurídica de los hechos, vinculados a intereses privados y, por ende, se asume como más adecuado el consenso y, en su caso, la posible reparación satisfactoria que evite el proceso penal. Su razón de ser es evitar el proceso.

III. LA CONFORMIDAD DEL ACUSADO

No es una institución nueva. Se regulaba en las legislaciones procesales (en la LECRIM de 1882 en los arts. 655 y 688 para el proceso ordinario), si bien en la práctica era más una ilusión que una realidad, por los límites establecidos en la determinación de la pena. La influencia del sistema americano en las legislaciones europeas y las bondades que la institución presenta han afianzado esta institución negocial con una enorme proyección práctica.

La conformidad del acusado es una modalidad de justicia negociada en la que intervienen el acusado y el acusador (Ministerio Público) con una aceptación de la pena a cambio de una posible reducción de la misma, con consecuencias procesales, terminación del proceso, sentencia consensuada, no práctica de prueba y un largo etcétera. Es una manifestación del principio de oportunidad, otorgando un importante valor al consentimiento.

Este principio de oportunidad se ha justificado en las legislaciones procesales de forma diversa, pero en todas ellas se han ido incorporando: *plea-bargaining* americano entre acusación y defensa, declaración de culpabilidad del acusado a cambio de una reducción de cargos y de la pena; en Alemania el *Absprache*, que acepta una manifestación de la oportunidad regulada en la StPO, amén de favorecer incluso en los supuestos de escasa lesión social producida por el delito que se pudiere solicitarse sobreseimiento por falta de interés público en la persecución penal; en Italia, primero el *patteggiamento*, y posteriormente la *applicazione della pena su richiesta delle parti*, ofrecen esa justicia negociada penal, todo y que se viene sosteniendo que, en ciertos casos, y para evitar los efectos criminógenos de las penas cortas privativas de libertad, se pudiera oportunamente proceder a sustituir la pena privativa de libertad por otra (multa, por ejemplo), sin olvidar el *accord amiable* francés que permite llegar a un acuerdo entre el acusador y el acusado, con la participación del juez, para finalizar el proceso penal con una condena consensuada, o la *suspensão provisória do processo* portuguesa, que permite, en ciertos casos, que el acusado reconozca los hechos y acepte una pena o medida, evitando la celebración del juicio.

En España, tras el escepticismo inicial, pese al texto de la LECRIM de 1882 (arts. 655 y 688), se incorporó la conformidad en la reforma de 1988, tanto en el trámite de formulación del escrito de acusación como la conformidad en el acto del juicio oral, incorporando la posibilidad igualmente del reconocimiento de hechos en la fase de investigación en el procedimiento abreviado. Se establece el régimen jurídico en la LO 1/2025, de 2 de enero, eliminando el límite de pena que existía anteriormente para poder alcanzar un acuerdo, además de incorporar algunas reformas procedimentales que la agilizan (v. lecc. 17ª sobre régimen jurídico de la misma).

Las «bondades» de la conformidad para todos, fiscales, jueces, acusados, abogados defensores, presupuesto público, etc., han venido favoreciendo el uso de la conformidad allende los límites legales, pese a su aparente oportunidad reglada, con la aquiescencia de todos los sujetos del proceso. Se presenta como un premio negociado, un premio que el Estado otorga al acusado consistente en la disminución de la pena y otras ventajas de carácter secundario, cuando éste, con su consentimiento, renuncia a ciertos derechos procesales, entre ellos la prueba, favoreciendo la solución anticipada de la causa penal. Y en los últimos años, con la posible participación igualmente de la voluntad de la víctima.

IV. JUSTICIA RESTAURATIVA. ÉNFASIS EN LA MEDIACIÓN PENAL

Hace algunas décadas se cuestionaba en la doctrina la mediación penal y se restringía o negaba en las legislaciones. Las razones que se argüían para mantener esta posición eran las de considerar que los postulados de la justicia penal no permitían incorporar una institución como la mediación penal, negándose a tal efecto su legitimidad. Se entendía que no respondía a los parámetros de la justicia penal paradigmática y que solo el proceso penal era el medio para «hacer» justicia penal, además de que la justicia penal no debía nuclearse sobre las víctimas; se consideraba, asimismo, como una manera de «privatización de la justicia»; se alegaba que podía suponer una vulneración de la presunción de inocencia; y se afirmaba que no existían normas que amparasen estos modelos restaurativos.

Inicialmente, las primeras apariciones de la mediación penal se produjeron en la mayor parte de los países a través de proyectos piloto en materia de responsabilidad penal juvenil, ofreciéndose con ello un *banco de pruebas* para su progresiva incorporación en el modelo penal de adultos. En las primeras manifestaciones restaurativas se ponía en énfasis en el modelo diversionista, en cuanto favorecía al victimario, si bien con el paso del tiempo la progresiva incorporación de los modelos restaurativos se produjo de la mano de los movimientos pro-víctimas. A ellos se deben los cambios legislativos que dotaban de una mayor visibilidad a las víctimas en el proceso penal.

Esta protección de las víctimas se reconoce no solo en los textos nacionales, sino en la agenda política supranacional. Merece especial atención la Directiva 2012/29/UE del Parlamento Europeo y del Consejo de 25 de octubre de 2012, por la que se establecen normas mínimas sobre derechos, apoyo y protección de las víctimas de delitos, que sustituyó a la Decisión marco 2001/220/JAI del Consejo, además de las Recomendación 2018 (8) y 2023 (2) del Comité de Ministros del Consejo de Europa sobre derechos, servicios y apoyo a las víctimas de delito. La Directiva propició modificaciones legales nacionales.

En nuestro país la Ley 4/2015, de 27 de abril del Estatuto de la víctima del delito regula en el artículo 15 los Servicios de justicia restaurativa, referidos esencialmente a la posibilidad, con consentimiento de víctima y de infractor, de acudir —aunque no solo— al procedimiento de mediación, además de favorecer otros procedimientos restaurativos. En España la mediación y otros medios restaurativos tienen expresa regulación en la legislación de menores (desde LO 5/2000, de 12 de enero), cuya experiencia y la de otros países ha permitido que lleve aplicándose como proyectos piloto en adultos, a través de Protocolos y Convenios con el CGPJ. En consecuencia, a pesar de no haber tenido una específica regulación legal de la mediación penal en adultos durante mucho tiempo, se fue produciendo una progresiva incorporación de la mediación penal, en primer lugar, a través de estos proyectos piloto, utilizando medidas de *diversion* (previstos en la LECRIM y CP, aunque no se refieran todavía a la mediación), esto es, vinculando el acuerdo adoptado en mediación a la atenuación o aminoración de la pena y a la incorporación de la reparación y, en su caso, sometimiento a tratamientos educativos o psicológicos del victimario, lo que defendía una justicia restaurativa diversionaria, en beneficio del sujeto pasivo. Y por otro, desde la aprobación de la LO 1/2015 se introduce una visión mucho más amplia, más allá de la mediación penal, dirigida hacia las víctimas también, buscando la oportunidad de comprometerse mutuamente en un diálogo facilitado, algo que va a insistir el Consejo de Europa en sus Recomendaciones (2018)8 y (2023)2, compromiso que puede dar sustento a la eficacia de los acuerdos reparatorios en el proceso penal.

Este cambio de mirada restaurativa, que abandona su finalidad meramente diversionaria y se nuclea en torno al derecho de las víctimas a acceder a servicios de justicia restaurativa con la finalidad de obtener una adecuada reparación material y moral de los perjuicios derivados del delito, se consolida con la aprobación de la LO 1/2025, de 2 de enero, que, en su Disposición Adicional Novena, incorpora la justicia restaurativa.

1) Fundamento y significado. El movimiento restaurativo

La Justicia restaurativa no es una salida del proceso, no puede verse como una manera de buscar una reducción de plazos y de procesos (mirada economicista y eficientista), ni puede tampoco observarse desde un prisma de restricciones o reduccionista, esto es, limitada a supuestos de infracciones de escasa gravedad, entendida como medio para desviar el proceso o sustituir la pena, sin incidir en la tutela de las personas y en su capacidad para acordar la reparación.

La función restaurativa en la justicia penal se fundamenta en la búsqueda de la recomposición de las relaciones sociales. Consiste en un diálogo directo o indirecto entre la víctima y el ofensor, pudiendo implicar también a terceras personas afectadas directa o indirectamente. No es manifestación del principio de oportunidad, sino función de la justicia penal que no siempre ni en todo caso va a ser posible. Pone en valor lo que en la sociedad actual no se valora, lo inmaterial, buscando la dignidad de las personas (víctima-victimario), el respeto del otro y la búsqueda de la desconflictivización social, pero convirtiendo en protagonistas del modelo a víctima-victimario. Ofrece respuestas desde las personas, trabajando el reconocimiento del otro, una buena puesta en práctica del pensamiento de Nuccio Ordine de alcanzar la enorme utilidad de lo «inútil» (entendido en términos inmateriales). Y desde el punto de vista lingüístico, abandona el lenguaje belicista del proceso.

No se trata, en absoluto, de que el delito deje de ser una ofensa social para convertirse en un conflicto individual, la vuelta al interés de la víctima con desaparición del interés social, sino la convivencia de ambos ante la existencia de unos hechos, de una conducta con reproche penal. Para avanzar en este camino ha sido fundamental el movimiento restaurativo, que aboga por una minimización de la violencia y devolviendo cierto protagonismo a la sociedad civil, generando un incremento de confianza en la administración de Justicia.

Tiene la finalidad de obtener una adecuada reparación material y moral de los perjuicios derivados del delito, focalizando la reparación del daño generado a la víctima, sin olvidar la recuperación del ofendido. Esto no se consigue alejándose de los órganos de persecución y condena sino que se pretende trabajar en estos procedimientos las consecuencias del delito que en ocasiones el proceso judicial no alcanza a entender. Esto no afecta al principio de exclusividad de la jurisdicción penal, ni afecta al monopolio estatal del *ius puniendi,* dado que serán, en suma, los tribunales los que van a controlar sus resultados.

En cualquier caso, su fundamento se halla en el consentimiento de las partes, dada esa misión colaborativa y de consenso que busca.

2) *Instrumentos restaurativos*

Son plurales los instrumentos restaurativos, aun cuando el núcleo fundamental se ha venido centrando en la mediación penal. Así es posible hacer referencia, entre otros:

1. **Servicios restaurativos para las víctimas**

   Pueden desplegarse a través de diversas vías, si bien suponen la existencia de mecanismos que permitan ofrecer la adecuada reparación material y moral de los perjuicios derivados del delito. En España se hace referencia a estos servicios de justicia restaurativa con carácter general en el artículo 15 del Estatuto de la víctima del delito, que establece los requisitos para acceder a los mismos. Los servicios restaurativos pueden canalizarse a través de la red de oficinas de las víctimas, y pueden ofrecer asistencia jurídica, como también psicológica, social, etc. El RD 1109/2015, de 11 de diciembre, que desarrolla la Ley de 2015 sobre estatuto de la víctima del delito, regula las Oficinas de asistencia a las víctimas, a las que, entre otras tareas, se encomienda, la promoción de las medidas de justicia restaurativa que sean pertinentes (art. 12), amén de la información sobre las mismas (art. 19.19).

2. **Mediación penal**

   Es un procedimiento extrajurisdiccional entre presunta víctima y presunto victimario, con la intervención de uno o varios mediadores, que facilitan la comunicación entre ellos (en ocasiones es un equipo técnico), pudiendo propiciar un acuerdo que, incorporado al proceso, garantice la función de prevención general, la restaurativa y la de resocialización, en su caso. Su vinculación con el proceso es imprescindible, generando una relación instrumental respecto del mismo. Las experiencias con las que se cuenta en España son en su mayoría de mediación penal, por lo que los otros posibles procedimientos restaurativos se nutren necesariamente de esa experiencia.

3. Conferences y Circles.

Las conferencias tienen su origen en países como Nueva Zelanda y Australia, son dinámicas y sirven para generar un diálogo reparador, sin olvidar el vínculo comunitario, que puede llegar a matizarse, por ejemplo, con el trabajo en beneficio de la comunidad; en ella participan, además de víctima y victimario, las personas más cercanas a ellos como familiares y amigos (no siempre esto es posible). Tiene como objetivo desarrollar entre todas las personas un plan para responder del delito y especialmente reparar. Pueden emplearse no solo en el ámbito penal sino también en un grupo familiar, en las escuelas, en las comunidades o municipios, etc.

En los círculos la participación es plural también dado que, además de la víctima y el victimario, participan familiares y allegados, jueces, policías, abogados, representantes de la comunidad, etc., que trabajan en círculo, pudiendo narrar su experiencia en relación con el delito, y tratando de alcanzar una estrategia de reintegración integral referida no solo a la víctima sino también a las familias, a la comunidad, etc. El origen de estos círculos se encuentra en Canadá, en sus pueblos aborígenes, y tienen una finalidad pacificadora, tratando de alcanzar un acuerdo sobre cómo responder ante el hecho delictivo, cómo reparar el daño, y cómo satisfacer las necesidades de la comunidad. Se entiende como un proceso de reconciliación, indemnización y reparación.

4. Encuentros restaurativos sin consecuencias procesales

Los encuentros restaurativos se desarrollan en situaciones especiales, como se explicará *infra,* y tienen una función restaurativa, si bien sin consecuencias procesales. En ocasiones se pretende restaurar la paz (son los medios reconstructivos), y en otro buscan la restauración interior de las víctimas y sus victimarios ya condenados sin pretensiones ni efectos procesales, simplemente como una suerte de restauración interior para víctimas y condenados.

3) Características generales

A) En relación con el procedimiento restaurativo

- No es un proceso, sino un procedimiento extrajurisdiccional. No se ejerce función jurisdiccional. El proceso se refiere tan solo al ejercicio de juzgar y hacer ejecutar lo juzgado de manera irrevocable. Y aquí se desarrolla un modelo autocompositivo en el que los mediadores, los facilitadores y los terceros neutrales que pueden intervenir no imponen solución reparadora o restaurativa, sino que ésta se alcanza tras el trabajo con las partes.
- Estas actuaciones se canalizan a través de un procedimiento, flexible y con garantías, en cuanto se respeten los derechos de igualdad, contradicción, derecho de defensa o presunción de inocencia, garantizando los principios esenciales de intervención de las partes en cualesquiera modalidad de tutela realmente efectiva de los ciudadanos.
- Y no es una alternativa al proceso, sino un sistema complementario del proceso penal. No se sustituye un modelo por otro, sino que se integra la mediación en el modelo de justicia penal, con una convivencia «más o menos pacífica» de ambos sistemas (*model of cooperation*).

B) En relación con los sujetos: como mínimo, trilogía subjetiva

En la mediación penal y en los demás procedimientos restaurativos intervienen el mediador o los mediadores, o terceros facilitadores, así como la presunta víctima y el presunto victimario como mínimo, aunque existen algunos procedimientos en los que se permite la intervención de una pluralidad de sujetos.

a) Mediador o tercero neutral

- El mediador o tercero neutral puede actuar como tal, de forma individual, o a través del equipo técnico. En cualquier caso, son terceros neutrales e imparciales, que pueden ser expertos en diversas áreas, e intervienen entre las partes para facilitar esa restauración, recuperación, acercamiento, diálogo entre las partes, con intervención de quienes acudan al procedimiento.
- En el estatuto del mediador se determinan las condiciones para serlo (personales, de capacitación y título, registro, etc), además de la exigencia de neutralidad o equidistancia. Esto no implica ser mero espectador; mantiene un papel activo, reuniendo a las partes, suavizando los ánimos encrespados, actuando como guía imparcial de la discusión y asegurando que todos tengan las mismas oportunidades de participar. En la LO 1/2025, de 2 de enero, se establece que mientras no se regule el estatuto jurídico del ter-

cero neutral que intervenga en cualquiera de los MASC y debe entenderse también en ellos los procedimientos restaurativos, hay que estar al estatuto jurídico del mediador.

- Facultades del mediador o tercero neutral:
  1. No iniciar el procedimiento si considera que no va a cumplir sus fines;
  2. Actuar con la debida diligencia, con respeto a los derechos de las partes y con la oportuna flexibilidad que favorezca las bondades del modelo y los fines que pueden cumplirse. Por ejemplo, paralizar el procedimiento si se considera que se está causando algún perjuicio a alguno de los sujetos que van a intervenir o están interviniendo.
  3. Informarse previamente al inicio del procedimiento restaurativo, cuando sea causa de una derivación judicial, del expediente judicial tramitado hasta el momento, lo que facilita el modelo, las herramientas y las técnicas que emplear. Será el órgano judicial el que facilitará el acceso al contenido del procedimiento por parte del equipo de justicia restaurativa encargado.
  4. Fijar la duración de cada una de las sesiones, para ordenar las actuaciones y las técnicas que se empleen, manteniendo en todo caso contacto con quienes participan en el procedimiento.
- Deberes:
  1. Respetar escrupulosamente el principio de confidencialidad.
  2. Actuar de forma neutral en el ejercicio de su función en relación con las partes, e imparcialmente en relación con los sujetos del poder judicial implicados en esta causa.
  3. Desarrollar su actividad en el espacio y durante el tiempo que se les otorgue (o en tiempo legalmente establecido, teniendo en cuenta que la DA 9 LO 1/2025 establece que el plazo no podrá exceder de tres meses prorrogables por un plazo igual), tratando de aproximar a las partes y alcanzar la paz social, a través de consensos que permitan, en su caso, el acuerdo reparatorio y los beneficios para las partes y la sociedad en su conjunto.
  4. Deberá aceptar y respetar los principios fijados en el Código de buenas prácticas del mediador.

b) Presunta Víctima

- El procedimiento restaurativo y en especial la mediación es un instrumento que favorece la integración de la víctima en la tutela penal y se inspira en una voluntad de negociación y de búsqueda de pacificación del conflicto.

- Su participación es absolutamente voluntaria, en la incorporación y en la no continuación. La DA 9ª insiste en la voluntariedad, pudiendo no solo manifestarla al inicio sino que puede revocar el consentimiento en cualquier momento.
- Esta participación no significa sustituir el *ius puniendi del Estado* por un *ius puniendi de las víctimas*. De ser así, las presuntas víctimas ejercitarían su derecho al castigo, produciéndose un trasvase de lo público a lo privado, del deber (derecho) del Estado al derecho del ciudadano, no siendo importante la función de prevención, sino la respuesta de la víctima. Asumir esta sustitución haría desaparecer la función preventiva y retributiva por la restaurativa, justificándose sobre una suerte de deseo de venganza, más o menos controlado, pero de consecuencias atroces.

c) Presunto Victimario

- El tercer componente subjetivo es el presunto victimario. El victimario es la persona presunta autora de los hechos delictivos.
- En relación con los victimarios se ha sostenido que puede el procedimiento restaurativo convivir mal con la presunción de inocencia, en cuanto su participación en el procedimiento no puede significar en absoluto una presunción de culpabilidad, de manera que habrá que establecer salvedades para que no implique una condena sin proceso en los supuestos en que no se haya podido alcanzar el acuerdo.

4) Principios informadores del procedimiento restaurativo

A) La voluntariedad

La iniciación, desarrollo y conclusión de este procedimiento debe partir del presupuesto imprescindible del consentimiento y de la aceptación voluntaria a su sometimiento, debidamente informadas las partes del significado de los derechos que le asisten y sus consecuencias. Esta voluntariedad se refiere tanto a la participación como a la salida del procedimiento. La DA 9ª establece que antes de prestar consentimiento de acudir a este procedimiento las partes serán informadas de sus derechos, de la naturaleza de este y de las consecuencias de su decisión de someterse al mismo. Y asimismo, podrán revocar su consentimiento y apartarse del procedimiento en cualquier momento.

La aceptación voluntaria no puede en absoluto significar ni el reconocimiento de hechos ni de los daños, ni puede implicar consecuencia directa en la culpabilidad del investigado o acusado. No afecta a la presunción de inocencia. Y la negativa a acudir a un procedimiento restaurativo no implicará para ninguna de las partes consecuencia alguna en el proceso penal. En cualquier caso, si las partes no consienten someterse a un procedimiento restaurativo, los servicios restaurativos pondrán inmediatamente esta circunstancia en conocimiento del órgano judicial, que continuará la tramitación del procedimiento penal.

B) La confidencialidad

Es uno de los componentes que naturalizan estos procedimientos, quedando obligados cuantos intervienen. De hecho, se expresa mediante la firma de un acta o documento de confidencialidad.

Se mantiene la posibilidad de que en cualquier momento y por cualquiera de las partes se pueda abandonar el procedimiento restaurativo y volver al proceso penal, sin que en ningún caso pueda tener valor incriminatorio lo informado en confidencialidad por las partes, lógicamente salvo que ambas estuvieren de acuerdo en otorgarle el valor probatorio a ciertas afirmaciones, expresiones o manifestaciones vertidas oral o por escrito por ellas. Lo contrario supondría un claro atentado al derecho a la presunción de inocencia, y provocaría rechazo a participar. El juez o tribunal no tendrán conocimiento del desarrollo del procedimiento de justicia restaurativa hasta que este haya finalizado, en si caso, mediante la remisión del acta de reparación. Esto se refuerza con el hecho de que en mediación penal el mediador nunca podrá ser llamado al proceso ni como testigo ni como perito. Es por ello que se afirma que la buena gestión de la confidencialidad es la garantía de la presunción de inocencia. En todo caso, la decisión de incorporar documentación de la mediación al proceso debe ser bilateral, no unilateral.

C) Principio de oficialidad

El juez o tribunal, valorando las circunstancias del hecho, de la persona investigada, acusada o condenada y de la víctima, podrá, de oficio o a instancia de parte, remitir a las partes a un procedimiento restaurativo, salvo en los casos excluidos por ley. La resolución que acuerde la remisión a los servicios de justicia restaurativa fijará un plazo máximo para su desarrollo, que no podrá exceder de tres meses prorrogables por un plazo igual.

El inicio del procedimiento restaurativo en fase de instrucción no eximirá de la práctica de las diligencias indispensables para la comprobación del delito.

En España en materia de responsabilidad penal de los adultos sigue siendo el Juez el que derivará, si bien en menores es el Fiscal el que puede hacerlo. Para derivar el juez o fiscal deberán solicitar informes previos de manera oral o escrita al Servicio de mediación.

D) Principios referidos a las partes: igualdad y contradicción, buena fe y lealtad procesal, así como neutralidad de los terceros integrantes del equipo restaurativo

Aun cuando no es un proceso, sino un procedimiento, se necesitan dos o más sujetos afectados por el conflicto-hechos delictivos, es decir, víctima o víctimas, presuntas ofendidas por el hecho y afectadas por el mismo, y victimarios, presuntos autores del hecho, a los que se investiga o acusa de aquéllos. Si se tratara de una solicitud del victimario de trabajar solo él con el mediador o el tercero neutral se asemejaría más a una modalidad de terapia que de justicia penal. Esa dualidad de posiciones se vincula a la necesidad de participación de todos (que en algunos casos son multitud), de ser escuchados en el procedimiento y, por tanto, de respetar la contradicción. Lo que conecta con la exigencia de trato igual en el procedimiento, que se encuentra directamente anudado a la exigencia de neutralidad de los mediadores y equipo restaurativo del trabajo equidistante de las partes en todo caso; su tarea será precisamente garantizar estos principios, fomentando la igualdad comunicacional de los participantes.

Las partes deben actuar con la debida lealtad procesal y buena fe. De no ser así, los mediadores y equipo restaurativo lo comunicarán a las autoridades pertinentes. A título de ejemplo, cuando las partes actúen de forma dilatoria y torticera, lo comunicarán a las autoridades pudiendo dar por finalizado el procedimiento e incidiendo en sus costes y gastos.

E) Principio de gratuidad

La regla general debería ser en sede penal la gratuidad de los procedimientos restaurativos, para evitar un tratamiento penal de dos velocidades, favoreciendo a quienes pueden financiarlos. La gratuidad comporta garantía del principio de igualdad de todos los ciudadanos. Excepcionalmente, cabría sostener la onerosidad cuando existieren conductas fraudulentas tendentes a cercenar las ventajas de este procedimiento para generar dilación del proceso penal.

5) Integración y efectos procesales del procedimiento restaurativo y del acuerdo alcanzado

La integración de los diversos instrumentos que avalan jurídicamente la mediación en nuestro ordenamiento jurídico —LO/2000 de responsabilidad penal del menor, los proyectos piloto y la LO/2015 sobre Estatuto de la víctima—, permitieron otorgarle eficacia procesal. En la DA 9ª introducida en la LECRIM a través de la LO 1/2025 ha incorporado la integración y efectos que produce el procedimiento restaurativo y el posible acuerdo alcanzado.

1. El inicio del procedimiento restaurativo no suspende la práctica de las diligencias indispensables para la comprobación del delito.
2. En los casos de procesos por delitos leves se interrumpirá la prescripción de la correspondiente infracción penal por el sometimiento a un procedimiento de justicia restaurativa.
3. Concluido el procedimiento restaurativo: los servicios emitirán un informe sobre el resultado positivo o negativo de la actividad realizada, acompañando, en caso positivo, el acta de reparación con los acuerdos a los que las partes hayan llegado, que estará firmado por las partes personalmente y por sus letrados, si los hubiera. El informe, del que se entregará copia a las partes del procedimiento restaurativo, no debe revelar el contenido de las comunicaciones mantenidas entre las partes ni expresar opinión, valoración o juicio sobre el comportamiento de las mismas durante el desarrollo del procedimiento de justicia restaurativa.
4. Si el procedimiento concluye con acuerdo: el órgano judicial, previa audiencia del Ministerio Fiscal, de las partes personadas y de la víctima del delito, por término de tres días, valorando los acuerdos a los que las partes hayan llegado, las circunstancias concurrentes y el estado del procedimiento, podrá:
   a) Si se tratase de un delito leve, decretar el archivo, a la vista del cumplimiento de los acuerdos alcanzados, de conformidad con lo establecido en el artículo 963 LECRIM.
   b) Si la causa se siguiera por un delito privado o un delito en el que el perdón extingue la responsabilidad criminal, acordar el sobreseimiento del procedimiento y su archivo, dejando sin efecto las medidas cautelares que se hubieren acordado en su caso.
   c) En todos los demás supuestos, hay que distinguir según se incorpore al proceso en fase de investigación o se encuentre ya en juicio:

- si la causa estuviera en el órgano de instrucción, acordará su conclusión y la remisión de la causa al órgano competente para la celebración del juicio de conformidad (según art. 655 y 787 ter de LECRIM).
- si la causa estuviese en el órgano de enjuiciamiento, se seguirá por los trámites del juicio de conformidad. La sentencia de conformidad incluirá los acuerdos alcanzados por las partes.

d) Si el procedimiento restaurativo se ha producido tras la sentencia condenatoria, en cumplimiento de la pena privativa de libertad, podrá resolver sobre la suspensión de la ejecución de la pena privativa de libertad, valorando el resultado del procedimiento restaurativo para el establecimiento de las condiciones, medidas u obligaciones de la suspensión; o, en su caso, sobre el contenido de los trabajos en beneficio de la comunidad»

La experiencia ya extensa de las diversas modalidades de mediación, de los momentos en que podía emplearse y de los efectos que podía producir la pendencia de un procedimiento mediador así como los resultados alcanzados han sido muy ilustrativos y han permitido generar un sustento sólido para adoptar un régimen jurídico adecuado. Se ha posibilitado tanto la mediación pendiente el proceso penal como la mediación *post sententiam*. La mediación *post sententiam* se produce tras la sentencia condenatoria; ya hay título ejecutivo condenatorio. Se requiere una norma habilitante, dados los efectos jurídicos que puede producir, así como quienes serían los sujetos que adquirirían protagonismo desde la derivación a mediación, pasando por la mediación y terminando con la incorporación del acuerdo de mediación en ejecución. La DA 9ª, 8, e) establece esta posibilidad y sus efectos, que se vinculan a la suspensión de la ejecución de la pena privativa de libertad o a una sustitución de la pena privativa de libertad por otra, inclusive la de los trabajos en beneficio de la comunidad. Ahora bien, en el periodo de cumplimiento de la condena se han presentado en algunos países, como en el nuestro (también en Italia o en Irlanda del Norte), la posibilidad de realizar encuentros restaurativos en supuestos de gran gravedad, con condenados por delitos muy graves con condenas de larga duración. En este sentido es posible citar el Proyecto Nanclares con condenados por delito de terrorismo. En estos casos no se desarrollan los encuentros restaurativos con una finalidad resocializadora, sino de restauración; una restauración interior para víctimas y condenados. En otros supuestos, este modelo restaurativo se despliega para lograr la reconstrucción de la paz social, y la reconstrucción también de las víctimas y de la misma sociedad, amén de favorecer la posible reintegración de los integrantes de bandas armadas en la sociedad (Justicia reconstructiva, algo que se ha pretendido en Colombia). No existe norma que lo legitime en España.

6) Ámbito objetivo y subjetivo de la mediación, un debate que continúa

La incorporación de la mediación en el ordenamiento jurídico supuso y hoy supone plantearse si es el procedimiento restaurativo un instrumento procedimental viable en la persecución de cualquier hecho delictivo, fueren quienes fueren las víctimas y los victimarios, o si es necesario determinar un elenco *numerus clausus* de delitos y/o sujetos.

A) Límites objetivos

Algunos datos como la regulación de la mediación en algunos ordenamientos, las experiencias prácticas y los proyectos existentes han ido paulatinamente permitiendo cifrar algunos de estos criterios que se han venido elaborando en el marco de la práctica de la mediación penal, permitiéndonos a estos efectos arrojar resultados de interés (gravedad, empleo o no de violencia, etc). No parece recomendable incluir *numerus clausus*. Las previsiones de fracaso si así se hiciera son grandes. Más recomendables son los protocolos de recomendación de derivación o de su exclusión, como sucede en otros países, como Francia, que ha configurado algunos hechos recomendables (en el ámbito familiar o las infracciones más leves), o en Alemania (se permite tanto en delitos bagatelarios, como para los graves, si bien algunos estados federales han insistido en la gravedad como elemento de permisibilidad, aun cuando en la práctica se configuran en los diversos Estados listas de supuestos convenientes o no), en EEUU, Inglaterra, Países Escandinavos, Australia, Nueva Zelanda, o Canadá no existe elenco cerrado de supuestos para mediación, lo que no supone que la mediación sea posible en cualquier supuesto; es una recomendación de proclividad hacia la mediación.

Podrían considerarse *a priori* como susceptibles de mediación o de otro instrumento restaurativo, sin perjuicio de la valoración caso por caso: los delitos contra el patrimonio, los delitos leves, las lesiones, los delitos contra la libertad como amenazas o coacciones, los delitos contra el honor, como las injurias y calumnias y los delitos contra los derechos y deberes familiares tales como el impago de pensiones, y asimismo cabría pensar en los delitos contra la salud pública, en cuanto cabría hacer referencia a las denominadas reparaciones de naturaleza simbólica o a la comunidad. Ahora bien, esta proclividad no debe implicar aceptabilidad de la mediación en todo caso.

Cuando se manejan criterios, son fundamentalmente:

- La gravedad de los hechos; este criterio se emplea para su exclusión, justificándose en el mayor reproche social de los hechos.
- El criterio del empleo de la violencia en la comisión de los hechos. Supuesto especial es el de la violencia de género. En España, la LO

1/2004, integral de medidas contra la violencia de género, en su artículo 44.5, excluye la mediación, argumentándose al efecto el desequilibrio concurrente entre víctima y victimario, que afecta las respuestas basadas en la comunicación y el diálogo, pudiendo, incluso, en ciertos casos, provocar una victimización secundaria en estas víctimas. Igualmente, queda excluida la mediación en los delitos cometidos con violencia sexual en la LO 10/2022, de 6 de septiembre, al considerar a la víctima especialmente vulnerable.

- Delitos de peligro, en los que los bienes jurídico-penales han dejado de ser solo individuales para convertirse en colectivos, difusos o generales. Los obstáculos para aceptar la mediación no se refieren a la gravedad de estos hechos, sino a la dificultad de delimitar subjetivamente a la víctima en estos delitos de peligro abstractos, al hallarnos ante una víctima innominada o colectiva. Frente a estos argumentos se ha esgrimido la posibilidad de incorporar a la «víctima simbólica» o la «víctima por subrogación», asumiendo por ley que determinadas personas jurídicas pudieren ejercer esa función en el lado de las víctimas, tales como asociaciones en defensa del medio ambiente, o asociaciones dedicadas a la desintoxicación en el caso de drogodependencias, o destinadas a trabajar por la no-violencia.

B) Límites subjetivos

No todas las víctimas ni todos los victimarios pueden participar de este procedimiento. Las razones para unas y otros son diversas.

- Por un lado, en relación con los victimarios, podemos encontrar situaciones complejas que cuestionen la viabilidad de la mediación o del procedimiento restaurativo: la pluralidad de victimarios —habrá que trabajar con mediadores o equipos que manejen herramientas de gestión de la mediación específicas—; los reincidentes o clientes habituales de la Justicia (deberá valorarse caso por caso); la persona jurídica victimaria (si es parte en el proceso, puede serlo en mediación), entre otros.
- Por otro lado, en relación con las víctimas: se cuestiona la bondad de la mediación para las víctimas especialmente vulnerables (menores de edad, personas con discapacidad, o personas con un grado de disminución o con ausencia de autoestima como lo son en muchos casos las mujeres que sufren violencia de género o víctimas de delitos cometidos con violencia sexual); las víctimas personas jurídicas (se salva con la intervención de la persona física que la representa, que deberá tener plena capacidad de decisión, así como posibilidad de aceptar un acuerdo que responda al cum-

plimiento de la función restaurativa); en caso de pluralidad de víctimas se hace más complejo, pero no por ello supone un obstáculo para su viabilidad, y sí se convierte en un mayor reto para los mediadores y los equipos restaurativos que actúan. En este último caso, si el art. 109 bis 2 LECRIM se permite ejercitar la acción penal personándose todos o agrupándose, cabe pensar que esta solución es también posible en los procedimientos restaurativos.

CAPÍTULO V
EL PROCESO CAUTELAR

Lección 13ª

LAS MEDIDAS CAUTELARES

SILVIA BARONA VILAR

SUMARIO: I. LAS MEDIDAS CAUTELARES: CONCEPTO Y CARACTERÍSTICAS; II. FUNCIÓN Y CLASES DE MEDIDAS; 1) Medida coercitiva como género; A) Medidas coercitivas que afectan al derecho de libertad personal; B) Medidas coercitivas que afectan a la integridad personal; C) Medidas coercitivas sobre la propiedad; D) Medidas coercitivas que afectan al derecho a la inviolabilidad del domicilio, comunicaciones y en suma intimidad y privacidad; 2) Medidas precautelares, cautelares, preventivas e interdictivas como especie; III. PRESUPUESTOS. VALORACIÓN MEDIANTE MODELOS ALGORÍTMICOS; IV. LA DETENCIÓN COMO MEDIDA PRECAUTELAR PERSONAL; 1) Concepto; 2) Modalidades de la detención; A) La detención por particulares; B) Detención policial; C) Detención judicial; D) Detención acordada por el Fiscal; 3) Duración de la detención; V. ENTREGA DEL DETENIDO Y ACTUACIONES JUDICIALES; VI. GARANTÍAS Y DERECHOS DEL PRIVADO DE LIBERTAD; 1) Derechos del detenido en la LECRIM; 2) Proceso de *Habeas Corpus;* A) Razón de ser; B) Requisitos.

I. LAS MEDIDAS CAUTELARES: CONCEPTO Y CARACTERÍSTICAS

Las medidas cautelares, en todos los procesos, se justifican siempre en la necesidad de garantizar la tutela de los derechos de la persona durante la pendencia del proceso. Ese factor «tiempo» implica en sí mismo el riesgo de que la sentencia que llegue a dictarse sea inútil, sobre todo si el sujeto pasivo lo ha aprovechado para hacer que la sentencia no pueda ejecutarse. Aparece así la tercera manifestación de la función jurisdiccional, la cautelar, que sirve para asegurar la función de juzgar y la de ejecutar.

Las características de las medidas cautelares son:

1ª) Instrumentalidad: la medida cautelar se justifica sólo con relación a otro proceso, llamado principal, del que tiende a garantizar su resultado.

2ª) Provisionalidad: la medida cautelar no pretende convertirse en definitiva. Por ello, desaparece cuando deja de ser necesaria en el proceso principal.

3ª) Temporalidad: la duración de la medida cautelar es limitada, dado que, por su propia naturaleza, se extingue al desaparecer las causas que la motivaron, si bien, en cuanto afecten a derechos fundamentales, pueden encontrar una limitación temporal máxima, legalmente establecida, aun cuando subsistieran razones para su mantenimiento.

4ª) Variabilidad: la medida cautelar puede ser modificada, e incluso alzada, cuando se altera la situación de hecho que dio lugar a su adopción.

5ª) Jurisdiccionalidad: La decisión cautelar es sólo posible por el órgano jurisdiccional, quien la motivará, como consecuencia de su naturaleza de acto limitativo de derechos.

II. FUNCIÓN Y CLASES DE MEDIDAS

Las medidas cautelares son instrumentos procesales que sirven para otorgar efectividad al proceso y más específicamente a la sentencia que en su día se dicte; son, en suma, garantía porque: 1º) Comportan un aseguramiento de su desarrollo; 2º) Aseguran las personas y los bienes en aras del cumplimiento de la sentencia condenatoria.

Si bien el fundamento de las medidas cautelares en el proceso penal es el de garantizar el cumplimiento efectivo de la sentencia condenatoria, existen supuestos en los que se está justificando la adopción de medidas que, aun cuando se denominan cautelares, se dirigen a otros fines no cautelares, tales como la satisfacción de un sentimiento colectivo de indignación, venganza o inseguridad (medida de prevención general, en el sentido de pretender dar ejemplo para tranquilizar a la sociedad o amedrentar a los posibles delincuentes) o de prevención de posibles futuros delitos cometidos por el inculpado (prevención especial), o incluso medidas específicas destinadas a proporcionar seguridad, estabilidad y protección jurídica a la persona agredida o a su familia (preventivas personales).

El grave problema deriva de confundir la función coercitiva cautelar de estas medidas con otras funciones coercitivas no cautelares, pues no toda coerción supone función cautelar en el proceso penal. Debe, por ello, distinguirse entre la medida coercitiva como género y las clases, como especie.

1) Medida coercitiva como género

Son instrumentos jurídicos que pueden producir una afectación de derechos (a la libertad personal, a la integridad personal, a la propiedad, a la inviolabilidad del domicilio y al secreto de comunicación).

A) Medidas coercitivas que afectan al derecho de libertad personal

1. Medidas precautelares personales: detención.
2. Medidas cautelares personales: prisión provisional, arresto domiciliario, obligación de no salir del territorio nacional, obligación de presentarse ante una determinada autoridad, entre otras, cuando se adoptan para ga-

rantizar la efectividad del proceso y la efectividad del cumplimiento de la sentencia condenatoria y conforman el régimen de la libertad provisional.

3. Medidas preventivas personales: privación provisional del permiso de conducir, orden de alejamiento de la víctima, prisión provisional para evitar la reiteración delictiva, prisión provisional por quebrantamiento de una orden de alejamiento, etc.
4. Medidas interdictivas: suspensión provisional de profesión o cargo público, suspensión de la patria potestad, deber de realizar una determinada actividad social, laboral o profesional, aun cuando se exija el consentimiento del sujeto al que se impone.

B) Medidas coercitivas que afectan a la integridad personal

1. Los actos de investigación de las intervenciones corporales: extracciones de sangre, pruebas de ADN.
2. Los actos preventivos personales como el internamiento en un centro médico u hospitalario especializado.
3. Algunas medidas instrumentales de las cautelares, como la colocación de brazaletes electrónicos que permitan dar debido cumplimiento a la prisión atenuada o al arresto en el propio domicilio. En esta línea se encuentra la propuesta reciente de Cataluña de su incorporación como verdadera medida alternativa a la prisión preventiva la pulsera de geolocalización con GPS, algo que Portugal viene aplicando desde hace dos décadas.

C) Medidas coercitivas sobre la propiedad

1. Pueden configurar verdaderas cautelas que responden a la garantía de la responsabilidad civil derivada del hecho delictivo o a la responsabilidad penal cuando ésta venga exigida por el pago de una multa (fianzas).
2. Medidas cautelares aseguratorias de la prueba: secuestro del material incautado.

D) Medidas coercitivas que afectan al derecho a la inviolabilidad del domicilio, comunicaciones y, en suma, intimidad y privacidad

Entre ellas pueden citarse las diligencias de investigación de la entrada y registro en lugar cerrado, el registro de libros y papeles, la interceptación de las comunicaciones telefónicas y telemáticas, la captación y grabación de comunicaciones orales mediante la utilización de dispositivos electrónicos, la utilización de dispositivos como técnicas de seguimiento, localización y captación de la imagen, el registro de dispositivos de almacenamiento masivo de información y los registros remotos sobre equipo informático; todas ellas con finalidades investigadoras, no cautelares.

2) Medidas precautelares, cautelares, preventivas e interdictivas como especie

El legislador viene otorgando el régimen jurídico de las cautelares a medidas que no lo son.

a) Medidas precautelares: Son aquéllas que, recayendo sobre la persona del imputado, o en su caso del todavía sospechoso, o del que está presuntamente cometiendo un delito *in fraganti*, tienen como fin asegurar la efectividad del proceso que va a iniciarse o ya está incipientemente iniciado, amén de la sentencia que en su día se dicte. El exponente de ellas es la detención.

b) Medidas cautelares: En el desarrollo de la actuación procesal penal pueden adoptarse dos clases de medidas cautelares:

1ª) Medidas cautelares personales: recaen sobre la persona del imputado, con el fin de asegurar la efectividad de la sentencia que en su día se dicte. Son las de mayor trascendencia en cuanto suponen una afectación del derecho a la libertad y a la presunción de inocencia (arts. 17.1 y 24.2 CE), de ahí su carácter de excepcionalidad, así como el sometimiento al principio de legalidad —que no solo implica que la ley es la que configura y establece el régimen jurídico de la tutela cautelar, sino que refleja asimismo la calidad de la norma, a saber, Ley Orgánica— y al principio de proporcionalidad a los intereses pretendidos —necesario equilibrio entre la limitación de estos derechos y los fines de la medida—.

2ª) Medidas cautelares patrimoniales: recaen sobre los bienes o el patrimonio, y pretenden asegurar las responsabilidades pecuniarias que puedan declararse en un proceso penal; responsabilidades pecuniarias que pueden ser de dos tipos:

- Medidas penales: Las que se derivan de la misma responsabilidad penal, tales como el pago de las costas procesales o la pena de multa, entre otros conceptos.
- Medidas civiles: derivan de la responsabilidad civil derivada de la comisión del hecho delictivo, garantizando la efectividad de la resolución condenatoria civil (restitución de la cosa, reparación del daño o indemnización de perjuicios).

Es posible la anotación de cualquier medida cautelar adoptada —en Registro Central, de ámbito nacional, del Ministerio de Justicia—, especialmente de la prisión provisional, su duración máxima y su cesación.

c) Medidas preventivas: La naturaleza no cautelar de éstas se evidencia por la finalidad de prevención a la que se dirigen, ya porque se pretende prevenir la comisión o reiteración de delitos o ya porque se pretende asegurar el control social, la seguridad ciudadana. No son instrumentales del proceso, sino que se sirven del proceso. Han proliferado en los últimos años y se les ha venido vinculando a la tutela cautelar, aunque no sean cautelares.

d) Medidas interdictivas: Afectan y restringen determinados derechos. En ciertos casos se las ha querido vincular a las cautelares, ya por ser la oferta frente a la prisión provisional como medida más gravosa, ya convirtiéndose en una medida anticipatoria de la posible futura sentencia condenatoria que en su día se dicte, como la suspensión del ejercicio de una función pública, o ya para ofrecer respuestas protectoras a las víctimas del proceso.

III. PRESUPUESTOS. VALORACIÓN MEDIANTE MODELOS ALGORÍTMICOS

Las medidas cautelares, las dirigidas a garantizar el cumplimiento efectivo de la sentencia, se asientan en los siguientes fundamentos, a los que la doctrina denomina «presupuestos»:

1ª) *Periculum in mora*, o daño jurídico específico derivado de la duración de la actividad jurisdiccional penal, que puede aprovecharse por el imputado para colocarse en tal situación que frustrare la ulterior efectividad de la sentencia; peligro que puede referirse tanto a la persona como al patrimonio del imputado.

- En las medidas cautelares personales este presupuesto se refleja en el riesgo de fuga del imputado, que se condiciona a la duración del procedimiento y a la gravedad de la pena que comporte el hecho imputado.
- En las medidas patrimoniales, el riesgo de ocultación de la cosa o de insolvencia se hallará implícito.

En los últimos tiempos la irrupción del sistemas algorítmicos (inteligencia artificial) ha provocado la aparición —y empleo especialmente en los países anglosajones— de herramientas que se ofrecen para objetivizar algunos elementos que pueden concurrir para favorecer la decisión judicial cautelar respecto de la concurrencia de riesgos-peligros que pueden justificar la adopción de una u otra medida cautelar (se hace referencia a componentes como antecedentes, nivel de estudios, situación laboral y financiera, situación psíquica o emocional, si convive en familia, si pertenece a banda armada, si tiene antecedentes, si consume alcohol o drogas, algunos rasgos que permiten detectar si tiene carácter pacífico o agresivo, si tiene insuficiencia patrimonial, si es moroso, si es cliente habitual de la justicia —reincidente— o si ha tratado de eludir la acción de la justicia en otros supuestos, etc.). Todos estos elementos incorporados en un software pueden arrojar unos resultados de objetivización de los riesgos o peligros que componen el *periculum in mora* como fundamento de la adopción o denegación de una medida cautelar; se trata de herramientas analíticas predictivas de riesgos, que utilizan técnicas estadísticas, algoritmos de aprendizaje automático e inteligencia artificial para analizar datos históricos y actuales con el objetivo de prever comportamientos probables. Esta evolución algorítmica está teniendo su aplicación en algunos ámbitos como la violencia de género (VioGEN), que arrojan niveles de riesgo de reincidencia, suficientes para que el juez se fundamente en el resultado de la herramienta para tomar la decisión. Hay que mantener el equilibrio de las garantías y los derechos en la adopción de medidas cautelares, por lo que, para evitar cualquier género de desigualdades, discriminaciones, etc., y teniendo en cuenta la posible concurrencia de sesgos en estos programas algorítmicos, han de ser complemento asistencial, que no sustituto de la decisión judicial cautelar.

2ª) *Fumus delicti commissi,* que comporta la probabilidad o verosimilitud de la existencia de un hecho criminal imputado (objeto del proceso), esto es, indicios suficientes que permitan mantener la imputación de un hecho delictivo al sujeto afectado por la medida (medidas personales) o la responsabilidad civil del mismo.

Estos fundamentos deben interpretarse desde la proporcionalidad, que exige un juicio de razonabilidad acerca de la finalidad perseguida y de las circunstancias concurrentes. Una medida desproporcionada o irrazonable, como ha manifestado reiteradamente el TC, no sería propiamente cautelar, sino que tendría un carácter punitivo en cuanto al exceso.

IV. LA DETENCIÓN COMO MEDIDA PRECAUTELAR PERSONAL

Como exponente de las denominadas medidas precautorias se encuentra la detención regulada en los arts. 489 a 501 de la LECRIM.

1) Concepto

La detención es una medida precautelar personal que consiste en la privación breve de libertad, limitada temporalmente, con el fin de poner el sujeto detenido a disposición de la autoridad judicial, quien deberá resolver, atendidas las condiciones legales, acerca de su situación personal: a) manteniendo la privación de libertad por tiempo mayor (prisión provisional); b) adoptando una medida cautelar menos gravosa (libertad provisional con alguna de las obligaciones que configuran el régimen limitativo de la libertad); c) o restableciendo el derecho de libertad en su sentido natural, ante la ausencia de presupuestos.

En todo caso, es una medida con finalidad precautelar, esto es, en conexión con la comisión de un delito y, por ende, con la existencia o futura existencia de una causa penal y de una medida cautelar. Los elementos que van a servir para fundamentar la detención son:

a) La detención es una *medida precautelar*, con las siguientes notas:

   - Instrumentalidad: sólo es posible la adopción de la detención en función de una causa penal. Las posibles privaciones o restricciones de libertad que el ordenamiento jurídico ampara, no vinculadas al *ius puniendi* estatal, no son la medida objeto de nuestro estudio;
   - Provisionalidad: no es predicable de la detención, que alcanza su propio sentido desde el momento de su adopción, sin que pueda ser susceptible de cambio alguno. Se justifica perfectamente con la nota de temporalidad;
   - Temporalidad: es una medida con una duración breve de tiempo;
   - Jurisdiccionalidad: presenta aquí excepciones, en cuanto se permite a los particulares, a la policía y a autoridad judicial distinta del juez de instrucción competente, practicarla, bajo los requisitos legalmente establecidos, lo que implica también la posible exigencia de responsabilidad en el supuesto de incumplimiento de la legalidad aplicable, de modo que es posible plantear un proceso de *habeas corpus*, o exigir responsabilidad penal por la comisión de un delito de detención ilegal, o bien plantear una pretensión civil de resarcimiento.

b) Es una medida *personal*, en cuanto incide sobre el derecho de libertad (art. 17 CE).

c) Determinados sujetos no quedan afectados por el régimen general de la detención, en cuanto gozan de ciertas prerrogativas, quedando condicionada la posibilidad de detención a los supuestos de flagrante delito o por la gravedad del mismo.

Los Diputados y Senadores (art. 71.2 CE), los parlamentarios de las Asambleas legislativas y miembros de los Consejos de Gobierno de las Comunidades Autónomas (según sus Estatutos), el Defensor del Pueblo y sus Adjuntos (art. 6 LO 3/1981, 6 abril), figuras similares a ellos en las Comunidades Autónomas (art. 1.1 Ley 36/1985, 6 noviembre), los magistrados y jueces (art. 398 LOPJ), los miembros de la carrera fiscal (art. 56 EOMF), sólo podrán ser detenidos en caso de flagrante delito o, en su caso, con la autorización previa competente. Régimen especial también se aplica a los Agentes diplomáticos, que no pueden ser detenidos ni arrestados, a los funcionarios consulares, que sólo pueden detenerse cuando se trate de delito grave y con autorización previa, así como a los representantes comunitarios, que gozan de las prerrogativas descritas, salvo que se trate de delito grave o flagrante, o cuando medie autorización previa.

No es detención precautelar la privación de libertad breve para identificación de personas por motivos de seguridad ciudadana (art. 16 LO 4/2015, de protección de seguridad ciudadana). No se funda en una posible imputación, sino en la exigencia de identificación del sujeto. Es una medida de seguridad a la que se continúa denominando (como ya se hiciera en la LO1/1992 «retención policial»).

Se han ampliado peligrosamente los supuestos para la posible retención policial para identificación, en aras del mantenimiento y restablecimiento de la seguridad ciudadana, junto con otras medidas de seguridad tales como la entrada y registro en domicilio y edificios de organismos oficiales, la restricción del tránsito y controles en las vías públicas, las comprobaciones y registros en lugares públicos, los registros corporales externos, etc, que son todos ellos medidas de seguridad. El carácter restrictivo, su exigencia de proporcionalidad respeto a la igualdad e identidad en todos sus sentidos y la necesidad de ser informado de modo inmediato y comprensible de las razones de la exigencia de identificación son exigencias legales, amén de la posibilidad de plantear, si se dan las condiciones legales, una demanda de «habeas corpus».

2) *Modalidades de la detención*

La regulación de esta medida en la LECRIM (arts. 490 a 492) configura varias modalidades de detención, básicamente atendiendo a dos criterios: 1) Por un lado, los sujetos que están facultados para detener; y 2) Por otro, el momento en que se realiza la detención.

Son tres las modalidades previstas: la detención por los particulares (arts. 490 y 491), la detención policial (art. 492), y la detención judicial (arts. 487, 420, 494 y 684.3), sin olvidar que puede practicarse en momentos diversos, configurando su carácter precautelar o su carácter de medida ejecutiva. Así, es posible la detención preprocesal, practicada sin que exista causa pendiente contra el detenido (art. 490.1 y 2, y 492.4), la detención procesal, practicada estando pendiente una causa penal (art. 490.6 y 7, 492.2 y 3), e incluso es posible la detención *post sententiam* (art. 490.3, 4, 5 y 7), una verdadera medida de ejecución. Los presupuestos exigidos en cada una de estas modalidades varían, según la LECRIM:

A) La detención por particulares

Se trata de una *facultad* que asiste a cualquier persona para privar de libertad a otra, siempre que concurra alguno de los supuestos previstos por el legislador, atendido lo dispuesto en el art. 490 («Cualquier persona puede detener»), con el fin de poner a inmediata disposición de la autoridad judicial o policial al detenido. Cualquier otra que pretendiera ser la finalidad podría configurar un delito de detención ilegal del art. 163.4 CP.

Los supuestos en que puede detenerse por particulares se regulan en los números 1 a 7 del art. 490 LECRIM, pudiendo practicarse en varios momentos: antes de que se incoe causa penal, provocada la detención como consecuencia de la supuesta situación de flagrancia (art. 490, núms. 1 y 2); estando pendiente la causa (art. 490, núms. 6 y 7), y la detención tras la finalización del proceso (art. 490, núms. 3, 4, 5 y 7).

Los presupuestos se regulan en el art. 491, atendiendo al momento de la detención:

1. Sin causa pendiente: el *fumus delicti commissi* se halla en la flagrancia en la comisión del hecho delitivo (el particular que detiene a quien está atracando una sucursal bancaria). El *periculum in mora* implica riesgo razonable de que la actuación del detenido podría impedir la efectividad de la sentencia por la fuga u ocultación o destrucción de prueba.
2. Con causa pendiente: el *fumus delicti commissi* —motivos suficientes para entender que el detenido se ha fugado con causa pendiente o se halla en rebeldía—, y el *periculum in mora*, por posible incomparecencia (riesgo de fuga). Por ejemplo, cuando el particular conoce de la fuga del que detiene por orden de búsqueda y captura que lleva a la colocación de carteles con fotos de quienes se han fugado, y el particular procede a su detención cuando considera que está en esa situación.
3. Detención *post sententiam:* es más una medida de ejecución que precautelar. Sus presupuestos se refieren al posible quebrantamiento de una pena privativa de libertad o a una posible situación de rebeldía del condenado. Por ejemplo: detención de quienes se han fugado de un centro penitenciario (quebrantando condena) y han salido en los medios de comunicación.

B) Detención policial

Para su regulación debe estar a los elementos configuradores de esta modalidad de detención establecidos en la LECRIM, además de la Instrucción 1/2024, de la Secretaría de estado de Seguridad, por la que se aprueba el «procedimiento integral de la detención policial», que ha venido a integrar y refundir la normativa e instrucciones dispersas sobre la materia, actualizando sus contenidos, teniendo en cuenta la práctica de las diligencias de la policía judicial durante el tiempo de la detención a que se refiere el art. 771, entre las que se halla la información de derechos al detenido y el ofrecimiento de acciones.

Los elementos configuradores de esta modalidad de detención son:

a) La detención efectuada por la autoridad o agente de la Policía Judicial constituye el ejercicio de un *deber* (art. 492).

b) Este deber ha de cumplirse en los supuestos descritos en el art. 492, sin olvidar el art. 495. Estos supuestos pueden clasificarse en dos grupos:

- Los no específicos: en cuanto se trata de que el detenido se halle en alguno de los siete supuestos del art. 490, que tipifican las situaciones de la detención como «facultad» de los particulares, si bien la intervención policial aquí comportaría un deber, no una facultad. Estos supuestos son:

  1) Cuando el detenido intentaba cometer un delito, en el momento en que iba a cometerlo;

  2) Cuando se tratare de delincuente *in fraganti*;

  3) Cuando el detenido se fugare del establecimiento penal en que se halle extinguiendo condena;

  4) Cuando se fugare de la cárcel en que estuviere esperando su traslación al establecimiento penal o lugar en que deba cumplir la condena que se hubiese impuesto por sentencia firme;

  5) Cuando se fugare al ser conducido al establecimiento o lugar mencionados en el supuesto anterior;

  6) Cuando se fugare estando detenido o preso por causa pendiente;

  7) Cuando se tratare de un procesado o condenado que estuviere en rebeldía.

- Los específicos —regulados como deber policial de detención—, son:

  1) Detención del procesado por delito que lleve aparejada pena superior a tres años; a pesar de que el art. 492 sigue haciendo referencia a «prisión correccional», ésta fue sustituida por prisión menor.

2) Detención del procesado por delito con pena inferior, si sus antecedentes o las circunstancias del hecho hicieren presumir que no comparecerá cuando fuere llamado ante la autoridad judicial, salvo que, a juicio de la citada autoridad, preste en el acto fianza bastante para presumir que comparecerá;

3) Aun cuando el delito lleve aparejada pena inferior a tres años, si concurren las circunstancias siguientes: motivos racionalmente bastantes para creer en la existencia de un hecho delictivo, y que la persona a quien se intenta detener tuvo participación en el mismo;

4) No se podrá detener por la presunta comisión de delitos leves, a no ser que el presunto reo no tuviese domicilio conocido ni diese fianza bastante, a juicio de la autoridad o agente que intente detenerle (art. 495).

c) Esta detención puede producirse en tres momentos: no existiendo causa penal pendiente contra el sujeto detenido (art. 492 núm. 1 en relación con el 490 núms. 1 y 2; y 492 núm. 4); pendiente una causa (art. 492 núm. 1 en relación con el 490 núms. 6 y 7, y el 492 núms. 2 y 3); y finalizada la causa (art. 492 núm. 1 en relación con el 490 núms. 3, 4, 5 y 7).

d) El objeto material de esta detención es más amplio que en la detención por particulares, en cuanto se pretende practicar determinadas diligencias de investigación (reconocimiento en rueda, interrogatorio, entre otras), para o bien ponerlo posteriormente en libertad, o bien a presencia de la autoridad judicial. La detención policial realizada vulnerando la ley puede dar lugar a responsabilidad penal del funcionario por detención ilegal (art. 167 CP).

e) Los presupuestos pueden analizarse partiendo de tres momentos en la adopción:

1°) Detención sin causa pendiente: deben tenerse en cuenta los presupuestos expuestos en la detención por particulares (art. 492 núm. 1 en relación con el 490).

2°) Detención pendiente causa penal, en cuyo caso los presupuestos que confluyen son:

1) *Fumus delicti commissi*: Afectación procesal (por procesamiento o por la existencia de motivos racionalmente bastantes para creer en la existencia del hecho que presenta caracteres de delito y en la participación del detenido en el mismo);

2) *Periculum in mora:* Se refleja en el peligro de fuga. En algunos supuestos (art. 492 núm. 2) la gravedad de la pena (superior a la pena de prisión de seis meses a tres años) es elemento que presume este peligro; en otros, el riesgo de incomparecencia (art. 492 núm.

3), en ponderación con las circunstancias concurrentes atendida la gravedad de la pena (art. 492 núm. 4). En supuestos de delitos leves (art. 495), este requisito quedará delimitado por la ausencia de domicilio conocido del detenido y por la no prestación de fianza exigida, lo que no es sino dos elementos que justifican el posible peligro de fuga.

3º) En las detenciones policiales *post sententiam* no nos hallamos propiamente ante una medida cautelar sino de ejecución, cuyos presupuestos van referidos al quebrantamiento por el condenado de una pena privativa de libertad y a su posible situación de rebeldía.

C) Detención judicial

Las notas que sirven para configurar este tipo de detención son:

a) Consiste en ordenar la privación de libertad de una persona en el curso de una causa penal.

b) Puede decretarse *ex novo* por el órgano judicial (en la incomparecencia sin causa legítima a la citación «cautelar», art. 487, o en la afectación a persona determinada, art. 494, o incluso en los supuestos de detención consecuencia del ejercicio de policía de estrados, art. 684.3) o bien ser la prolongación de una detención realizada por los particulares o por la policía.

c) Los presupuestos que se exigen son:

1º El *fumus delicti commissi,* que comporta la probable responsabilidad penal del sujeto detenido (en el supuesto de la citación derivada de la pretensión de declaración del sujeto para desechar o confirmar una imputación; en el supuesto de la prolongación, para ratificarla), y

2º El *periculum in mora,* riesgo de fuga (incomparecencia sin causa legítima a la citación cautelar) o peligro de indisponibilidad del detenido en los supuestos de prolongación de la detención (peligro de fuga).

D) Detención acordada por el Fiscal

Conforme al art. 5.2 EOMF podrá ordenar la detención en los supuestos en que puede practicar diligencias de investigación.

3) Duración de la detención

Aun cuando se establece que la detención durará el tiempo estrictamente necesario para la realización de las averiguaciones tendentes al esclarecimiento de los hechos (arts. 17.2 CE y 520.1, II LECRIM), la privación de libertad cautelar constitucional y legalmente viene condicionada a unos tiempos de duración.

El art. 496 de LECRIM prevé un límite de veinticuatro horas; el art. 520.1 II, LECRIM, establece que no podrá durar más del tiempo estrictamente necesario y, en todo caso, nunca de duración superior a setenta y dos horas; y el art. 17.2 CE fija el límite máximo en setenta y dos horas. Asumiendo que a la detención por particulares no se le aplica estos plazos, en cuanto deben poner de inmediato a disposición del juez a la persona detenida, en la detención policial debe tenerse en cuenta:

a) El límite de veinticuatro horas del art. 496 supuso originariamente un elemento de difícil integración con los códigos penales y las Constituciones aprobadas en el siglo XX, dado que en éstos se hacía referencia al límite máximo de setenta y dos horas, tanto para delimitar lindes constitucionales como para fijar los elementos del tipo penal de detenciones ilegales.

b) El art. 17.2 CE mantuvo lo que venía siendo una constante en los textos anteriores, dejando claro que este precepto supone la fijación temporal máxima constitucional de la detención, de manera que el legislador ordinario no podría rebasarlo, si bien podría determinar un plazo legal ordinario menor.

   Fuera del marco de legalidad ordinaria es posible encontrar situaciones que pueden suponer una extralimitación de los parámetros constitucionales: el art. 520 bis 1, que, si bien parte del límite de setenta y dos horas de detención, permite la prolongación de la misma «el tiempo necesario para los fines investigadores, hasta un límite máximo de cuarenta y ocho horas», con el cumplimiento de las condiciones marcadas por ley. Se trata de la detención de sujetos pertenecientes a bandas armadas o de elementos terroristas o rebeldes, que se ampara constitucionalmente en el art. 55.2 CE, y que podría justificar una detención de hasta 5 días en aras de la investigación correspondiente a la actuación de estas bandas o elementos terroristas.

   Supuesto también extraordinario es el que se establece en los arts. 16 y 32 de la LO 4/1981, de 1 de junio, sobre estados de alarma, excepción y sitio, que autorizan detenciones de hasta diez días de aquellas personas sobre las que existan sospechas fundadas de que van a alterar el orden público; LO que se ampara en el art. 55.1 CE, si bien la detención deberá comunicarse al juez competente en el plazo de veinticuatro horas y durante la detención podrá el juez, en todo momento, requerir información y conocer personalmente, o mediante delegación en el juez del partido o demarcación donde se encuentre el detenido, la situación de éste.

c) La pluralidad de interpretaciones todavía hoy están presentes. Hay autores que defienden que el límite legal ordinario es el que marca la LECRIM en el art. 496 (veinticuatro horas), si bien otros utilizan el tenor literal del art. 520.1.II, para dar viabilidad a dos posiciones diferentes: «dentro de los plazos establecidos en la presente ley» permitiría argumentar en favor de la pervivencia del plazo de veinticuatro horas del art. 496; por otro lado, el tenor literal de «...y, en todo caso, en el plazo máximo de setenta y dos horas» podría, incluso integrándolo con fundamentos históricos, apoyar la derogación del plazo de veinticuatro horas; opinión ésta última que compartimos, atendida la jurisprudencia del TS, que ha entendido que debe prevalecer el texto constitucional, si bien interpretada desde la doctrina del TC, que insiste en que la detención no debe durar más tiempo del estrictamente necesario, lo que comporta que este plazo es máximo, y como tal debe ser utilizado, evitándose las dilaciones injustificadas.

d) En el supuesto de detención de delincuentes fugados o rebeldes, el art. 500 LECRIM establece que el «Juez a quien se entregue o que haya acordado la detención, dispondrá que inmediatamente sea remitido al establecimiento o lugar donde debiera cumplir condena». Se trata de una detención no cautelar; es una medida de garantía de la ejecución.

V. ENTREGA DEL DETENIDO Y ACTUACIONES JUDICIALES

Detenida una persona, deberá bien ponérsele en libertad o bien entregarla a la autoridad judicial. De ahí que se afirme que la detención es precautelar, es un cauce instrumental previo a la decisión cautelar que pueda adoptarse y que incide en la esfera personal del sujeto pasivo. Deben tenerse en cuenta, sin embargo, diversas situaciones:

a) Si la detención se produjo *antes de que se iniciare proceso alguno*, el detenido se lleva a presencia del juez más próximo al lugar en que se hubiere practicado la detención (art. 496); en caso de pluralidad de jueces, habrá que efectuar la entrega al de guardia. El órgano de Instrucción practicará las primeras diligencias y decidirá sobre la situación personal del detenido: libertad natural, libertad provisional con o sin régimen de obligaciones, o prisión provisional, en el plazo de setenta y dos horas, a contar desde que el detenido le hubiese sido entregado o, si se considerare incompetente, remitirá las diligencias acordadas al respecto y al detenido al órgano que sea competente (art. 499).

b) Si la detención se produce *en el desarrollo de un procedimiento* habrá que distinguir:

1) Que se trate del órgano que está conociendo de la causa: convocará audiencia (art. 505) a celebrar en el plazo más breve posible dentro de las setenta y dos horas siguientes a la puesta del detenido a disposición judicial, debiendo mediar petición de parte acusadora para poder decretar la medida cautelar;

2) Que hubiere sido entregado a órgano distinto del que conoce o hubiere de conocer de la causa, y el detenido no pudiere ser puesto a disposición de este último en el plazo de setenta y dos horas, procederá de acuerdo con el art. 505. No obstante, una vez que el Tribunal de la causa reciba las diligencias, le oirá, asistido de su abogado, tan pronto como le sea posible, y dictará la resolución que proceda.

c) Finalmente, en aquellos supuestos de detención *post sententiam*: el órgano judicial a quien se entregue o que haya acordado la detención, dispondrá que de inmediato sea remitido el detenido al establecimiento o lugar donde debiere cumplir su condena (art. 500).

VI. GARANTÍAS Y DERECHOS DEL PRIVADO DE LIBERTAD

La persona privada de libertad goza de determinadas garantías, que vienen amparadas fundamentalmente en los arts. 17 CE y 520 LECRIM, así como en la LO 5/2024, de 11 de noviembre, del Derecho de Defensa (en esta ley se reiteran los derechos ya consolidados). También en el marco europeo destacan las medidas legislativas armonizadoras relativas al derecho a la interpretación y a la traducción, al derecho a la información de personas investigadas, al derecho de asesoramiento jurídico y justicia gratuita, al derecho de las personas detenidas a comunicarse con sus familiares, con su empleador y con las autoridades consulares, y a las salvaguardas especiales para determinados investigados que fueren especialmente vulnerables. En el año 2015 la legislación española ha adaptado algunos preceptos de la LECRIM a las disposiciones europeas. Merece especial referencia el art. 50 de la L. 23/2014, 20 noviembre, que fue modificado por la L. 3/2018, de 11 de junio, referida a la Orden Europea de Investigación, tomando en cuenta además la Recomendación (UE) 2023/681 de la Comisión de 8 de diciembre de 2022, sobre los derechos procesales de las personas sospechosas o acusadas sometidas a prisión provisional y sobre las condiciones materiales de reclusión.

Desde el punto de vista constitucional se establecen tres grupos de derechos, específicamente referidos al detenido o preso: 1) A ser informado de sus derechos el detenido y de las razones de su detención; 2) A la asistencia de abogado en las diligencias policiales y judiciales; y 3) Al procedimiento de *habeas corpus* para producir la inmediata puesta a disposición judicial de toda persona detenida ilegalmente. Se regulan en los arts. 520 y 527 LECRIM, que delimita el tratamiento no sólo de los detenidos sino también de los presos preventivos, así como a través de la LO 16/1984, de 24 de mayo, reguladora del proceso de *habeas corpus*, modificada por la DF 2ª de la LO 5/2024.

1) Derechos del detenido en la LECRIM

Los arts. 520 a 527 LECRIM establecen el régimen del ejercicio del derecho de defensa, la asistencia de Abogado y del tratamiento de los detenidos y presos preventivos (v. Lecc. 4ª respecto derechos del investigado-acusado). De los mismos es posible tener en cuenta los siguientes derechos reconocidos a quienes se hallan privados de libertad cautelarmente:

a) Derecho a que la privación de libertad (detención o prisión) se practique en la forma que menos perjudique al detenido en su persona, reputación y patrimonio, adoptándose medidas para asegurar el respeto a sus derechos constitucionales al honor, intimidad e imagen en el momento de practicarse, así como en los traslados ulteriores.

   Deberá practicarse sin hacerse uso de la fuerza salvo que sea indispensable, como consecuencia de la resistencia del sujeto y atendida la gravedad del hecho; entendiéndose prohibida la tortura y los tratos inhumanos y degradantes (art. 3 CEDH). E incluso, en relación con los presos preventivos, deberá mantenerse la debida separación entre los preventivos y los penados, con el fin de evitar las consecuencias que podrían derivar de la vida en común de ambos (art. 521).

b) Derechos de información (arts. 520.2 LECRIM, 17.3 CE, 5 y 6 CEDH), la regla general obligatoria es la de que el detenido, en el momento de la detención, de forma inmediata, y en lenguaje comprensible y accesible al destinatario (adaptado a su edad, grado de madurez, discapacidad o cualquier otra circunstancia personal de la que pueda derivar una limitación de la capacidad para entender el alcance de la información que se le facilita, art. 520.2 bis) tiene derecho a ser informado de los hechos que se le imputan; las razones motivadoras de su detención —la inexistencia o la insuficiencia de esta información no le permiten cuestionar fundadamente su privación de libertad (STC 21/2018, 5 marzo, que consideró la Directiva 2012/13/UE, de 22 de mayo, relativa al derecho a la información en los procesos penales, y que propulsó la Circular 3/2018, de 1 de junio, de la Fiscalía General del Estado, permitiendo el acceso del abogado al atestado tanto en cuarteles de la guardia civil como en comisarías)—; del plazo máximo legal de duración de la detención hasta la entrega a autoridad judicial y del procedimiento por el que puede impugnar la legalidad de su detención;

y los derechos que le asisten —pudiendo conservar en su poder la declaración escrita de derechos durante todo el tiempo de la detención—, que son:

1. Derecho a guardar silencio, no declarando si no quiere; a no contestar alguna o algunas de las preguntas que le formulen o a manifestar que sólo declarará ante el juez.
2. Derecho a no declarar contra sí mismo y a no confesarse culpable.
3. Derecho a designar abogado, sin perjuicio de designación de oficio en caso de incomunicación [art. 527.1, a)], y a ser asistido por él sin demora injustificada. La asistencia letrada es imprescindible, desde la detención policial (STC 103/2022, de 12 de septiembre). Por su parte, la decisión judicial de incomunicación debe venir debidamente justificada desde la excepcionalidad marcada legalmente y, en su caso, motivando la adopción de medidas restrictivas de derechos, como puede ser la de ser asistido por un abogado de libre designación, dada la importancia que tiene, a efectos de la preparación de la defensa, trabajar bajo la confianza del abogado designado libremente. La ausencia de esa individualización y contextualización estricta y específica a la vista de los hechos concretos, dando lugar a una incomunicación basada en una sospecha general (por ejemplo, de formar parte de una organización terrorista), no es adecuada al art. 6 del CEDH, como tampoco lo es que la medida se mantenga no solo en la investigación, sino también durante el juicio (STEDH «Caso Atristain contra España» de 18 de enero de 2022).
4. Derecho a acceder a los elementos de las actuaciones que sean esenciales para impugnar la legalidad de la detención o privación de libertad.
5. Derecho a que se ponga en conocimiento del familiar o persona que desee, sin demora injustificada, su privación de libertad y el lugar de custodia en que se halle en cada momento. Los extranjeros tendrán derecho a que las circunstancias anteriores se comuniquen a la Oficina Consular de su país, con las especificidades establecidas en caso de minoría de edad.
6. Derecho a comunicarse telefónicamente, sin demora injustificada, con un tercero de su elección, en presencia de un funcionario.
7. Derecho a ser visitado por las autoridades consulares de su país, a comunicarse y a mantener correspondencia con ellas.
8. Derecho a ser asistido gratuitamente por un intérprete, cuando no comprenda o no hable castellano o la lengua oficial de actuación, o de

personas sordas o con discapacidad auditiva, así como de otras personas con dificultades del lenguaje.

9. Derecho a ser reconocido por el médico forense o su sustituto legal o por cualquier otro dependiente del estado o de otras Administraciones Públicas, de acuerdo con el Protocolo de reconocimiento médico forense a la persona detenida, aprobado por RD 650/2023, de 18 de julio.
10. Derecho a solicitar asistencia jurídica gratuita, procedimiento para hacerlo y condiciones para obtenerla.
11. Derecho a estar separados los unos de los otros, cuidando separación por sexos, edad, reincidentes con no reincidentes, etc. (art. 521).

El reconocimiento de estos derechos encuentra un límite y afectación en los supuestos de incomunicación (art. 527), dado que el legislador ha establecido que podrá ser privado o limitado de estos derechos, el detenido o preso que, de acuerdo con lo dispuesto en el artículo 509 LECRIM, se halle incomunicado, siempre por resolución motivada y bajo control judicial de las condiciones en que la incomunicación se lleva a cabo. En esta situación podrán quedar privados de los siguientes derechos: a) Designar un Abogado de confianza; b) Comunicarse con todas o algunas de las personas con las que tenga derecho a hacerlo, salvo con autoridad judicial, fiscal o forense; c) Entrevistarse reservadamente con su Abogado; y d) Acceder él o su abogado a las actuaciones, salvo a los elementos esenciales para poder impugnar la legalidad de la detención.

En el supuesto de detención en espacios marinos, por la presunta comisión de delitos contemplados en el art. 23.4, d) LOPJ, les serán aplicados los derechos expuestos en cuanto resulten compatibles con los medios personales y materiales existentes a bordo del buque o aeronave que practique la detención, debiendo ser puestos en libertad o a disposición de la autoridad judicial competente tan pronto como sea posible, sin que pueda exceder del plazo máximo de 72 horas. La puesta a disposición judicial podrá realizarse por los medios telemáticos de los que disponga el buque o aeronave, cuando por razón de la distancia o su situación de aislamiento no sea posible llevar a los detenidos a presencia física de la autoridad judicial dentro del indicado plazo (art. 520 ter). Los reconocimientos médicos al detenido o preso a quien se le restrinja el derecho a comunicarse con quienes tiene derecho se realizarán con una frecuencia de al menos dos reconocimientos cada 24 horas, según criterio facultativo (art. 527.3).

2) Proceso de **Habeas Corpus**

El art. 17.4 CE preveía esta institución de *habeas corpus,* condicionando al legislador a regular su desarrollo, configurándola como una vía de tutela jurisdiccional eficaz y rápida frente a los eventuales supuestos de detenciones no justificados legalmente, o que transcurren en condiciones ilegales.

A) Razón de ser

Es una institución que consiste en una comparecencia del detenido ante el Juez, que permite al ciudadano, privado de libertad, exponer sus alegaciones contra las causas de la detención o las condiciones de la misma, con el fin de que el juez se pronuncie acerca de la conformidad a derecho de la detención. Su esencia, y así lo ha venido reiterando el TC español, es que el juez compruebe personalmente la situación de quien pide el control judicial, siempre que la persona efectivamente se encuentre privada de libertad, ofreciéndole una oportunidad de hacerse oír (STC 73/2021, de 18 de marzo, BOE 23.04.2021).

Es una institución de origen anglosajón, con antecedentes en el Derecho histórico español (el denominado «recurso de manifestación de personas» del Reino de Aragón y las posibles remisiones sobre supuestos de detenciones ilegales del Fuero de Vizcaya y otros ordenamientos forales), así como las Constituciones de 1869 y 1876, que, si bien regulaban esta forma de tutela, no le atribuían denominación específica alguna. En estos orígenes respondían a un sistema particularmente idóneo para salvaguardar la libertad personal ante las posibles arbitrariedades de los agentes del poder público.

El cumplimiento del mandato constitucional se llevó a cabo mediante LO 6/1984, de 24 de mayo, reguladora del procedimiento de «*habeas corpus*», que responde fundamentalmente a la necesidad de articular un procedimiento lo suficientemente rápido como para alcanzar la inmediata comprobación judicial de la legalidad y de las condiciones de la detención y suficientemente sencillo como para que sea accesible a todos los ciudadanos. Los principios que configuran este procedimiento (v. la Exposición de Motivos) son:

1º) Principio de agilidad, que lo convierte en un procedimiento extraordinariamente rápido, hasta el punto de que debe finalizar en veinticuatro horas.

2º) Sencillez y carencia de formalismos: Comparecencia verbal; no necesidad de Abogado y Procurador.

3º) Generalidad: Significativa es la pluralidad de sujetos que están legitimados en el mismo, así como el que ningún particular o agente de la autoridad pueda sustraerse al control judicial de la legalidad de la detención de las personas.

4º) Universalidad: Cualquier privación de libertad, no sólo las ejecutadas en el marco de un proceso penal, sin excepción, puede someterse a este control, salvando las privaciones de libertad controladas judicialmente, dado que en este supuesto los mecanismos de control no son este proceso sino los medios de impugnación e incluso el amparo constitucional. La universalidad permite que pueda solicitarse no sólo en los supuestos de detención ilegal sino también en aquélla que, siendo legal, se prolonga ilegalmente o tiene lugar en condiciones ilegales. El art. 1 LO 6/1984 establece que se entiende por personas ilegalmente detenidas.

B) Requisitos

Los requisitos que sirven para configurar el mismo son:

1°) *Competencia:* Es competente el Juez de Instrucción del lugar en que se encuentre la persona privada de libertad, el del lugar en que se produzca la detención, o el del lugar donde se hubieren tenido las últimas noticias del paradero del detenido (art. 2).

2°) *Legitimación*: Lo están el privado de libertad, su cónyuge o persona unida por análoga relación de afectividad, descendientes, ascendientes, hermanos, y, en su caso, respecto de los menores, sus representantes legales, y respecto a las personas con discapacidad con medidas de apoyo judiciales, la persona que prestase su apoyo con facultad de representación específica para este acto concreto. Asimismo, están legitimados el Ministerio Fiscal; el Defensor del Pueblo; el abogado defensor del privado de libertad; y cabe la incoación de oficio por el órgano jurisdiccional competente (art. 3).

3°) *Procedimiento*: Se inicia mediante escrito o comparecencia (art. 4), salvo en los supuestos de iniciación de oficio, con indicación del motivo de solicitud de esta tutela; examinada por el juez la concurrencia de los requisitos que deben concurrir para su tramitación, se da traslado al MF, acordándose, en su caso, auto de incoación del procedimiento (o su denegación), contra el que no cabe recurso alguno (art. 6). Cabe plantear amparo, sin interposición de incidente de nulidad de actuaciones como agotamiento de la vía judicial previa, pudiendo el TC conocer de la solicitud de amparo por vulneración del derecho a la libertad personal mediante el procedimiento de habeas corpus (STC 73/2021, de 18 de marzo de 2021).

En el auto de incoación ordenará la manifestación del sujeto pasivo, y tras oír a ambas partes, con posibilidad de practicar pruebas en el acto, dictará en el plazo de veinticuatro horas, a contar desde que se dictó el auto de incoación, la resolución que proceda.

4°) *Resolución*: Reviste la forma de auto, cuyo contenido (art. 8) puede ser:

a) Estimatoria de la petición, acordándose bien su puesta en libertad si la privación fue ilegal, bien que continúe bajo las condiciones legales aplicables, bien el traslado inmediato a disposición judicial (en el supuesto de transcurso del plazo). Si bien no existe disposición que permita la recurribilidad del auto, podría entenderse que cabe plantear queja sin plazo (al tratarse de auto no apelable de juez de instrucción).

b) Desestimatoria de la petición de habeas corpus: se procederá a archivar las actuaciones en los supuestos de privación de libertad conforme a derecho. En este caso, cabrá amparo directamente, sin interposición de incidente extraordinario de nulidad de actuaciones.

Lección 14ª

MEDIDAS CAUTELARES ESPECÍFICAS

SILVIA BARONA VILAR

SUMARIO: I. PRISIÓN PROVISIONAL; 1) Características; 2) Presupuestos; 3) Modalidades de la prisión provisional; A) Comunicada; B) Incomunicada; C) Prisión provisional atenuada; 4) Duración; 5) Indemnización por prisión provisional; 6) Abono; II. LIBERTAD PROVISIONAL; 1) Características; 2) Presupuestos; 3) Medidas que comportan el régimen de la libertad provisional; III. MEDIDAS DE PROTECCIÓN Y SEGURIDAD DE LAS VÍCTIMAS DE VIOLENCIA DE GÉNERO; IV. PROCEDIMIENTO DE ADOPCIÓN DE LA LIBERTAD Y PRISIÓN PROVISIONAL; V. MEDIDAS CAUTELARES PATRIMONIALES; 1) Clases de medidas; A) Fianza; B) Embargo; C) Anotación preventiva; D) Pensión provisional; E) Intervención inmediata del vehículo; F) Medidas de desarrollo de la orden de protección a las víctimas de violencia doméstica; G) Orden de retirada de contenidos ilícitos, interrupción provisional de los servicios que ofrezcan dichos contenidos web, redes sociales, plataformas, et.), o medida de bloqueo provisional; H) Medida de desalojo y restitución del inmueble objeto de delito de usurpación; I) Medidas contra personas jurídicas; 2) Presupuestos y procedimiento.

I. PRISIÓN PROVISIONAL

La prisión provisional es la medida cautelar personal más gravosa del ordenamiento jurídico, por suponer una privación de libertad del sujeto que la padece, siendo su función la de evitar el riesgo de fuga del encausado y con él, la efectividad del desarrollo del proceso y la ejecución de la sentencia.

1) Características

Regulada en el Capítulo III del Título VI del Libro II (arts. 502 a 519 y 520 a 527) de la LECRIM, las notas características que pueden predicarse de la misma son:

a) Es una *medida cautelar* en la que concurren:

1ª) Instrumentalidad, pues su adopción depende de la concurrencia de una posible imputación; su finalidad es garantizar la persona del encausado en el proceso y en la ejecución;

2ª) Provisionalidad y variabilidad: es revisable en cualquier momento del procedimiento;

3ª) Temporalidad: su duración viene condicionada al cumplimiento de los plazos legales;

4[a]) Jurisdiccionalidad: es competencia exclusiva del juez, aunque se requiera la petición de las partes acusadoras para su adopción.

b) Es una medida cautelar *personal*, dado que, afectando al derecho a la libertad, (art. 17) y al principio de presunción de inocencia (art. 24), incide sobre la persona que la padece, evitándose con ello el riesgo de fuga. En ocasiones, sin embargo, los fines que mueven la prisión provisional son impedir la ocultación o alteración de las fuentes o medios de prueba, o funciones de prevención, desdibujando su verdadera naturaleza, asemejándose a una pena anticipada, o a una medida de seguridad, con quiebra de los más elementales principios constitucionales, en aras a la satisfacción de la opinión pública. El propio TC inexplicablemente está asumiendo como fin constitucionalmente legítimo el de evitar el riesgo de reiteración delictiva, función preventiva innegable.

c) Es una medida *excepcional*, frente a la situación normal de esperar el juicio en estado de libertad. La ley fija taxativamente los supuestos de prisión provisional: sólo se adoptará cuando no existan otras medidas menos gravosas para el derecho a la libertad a través de las cuales puedan alcanzarse los mismos fines que con aquélla art. 502.2).

   Adoptada, existe la obligatoriedad de anotar en un Registro Central, de ámbito nacional, ubicado en el Ministerio de Justicia la adopción de la prisión provisional, su duración máxima y su cesación, con el debido respeto a la confidencialidad. De este modo la posible adopción de la medida, su variabilidad, su alzamiento, quedan registrados.

d) Debe respetar *el principio de proporcionalidad*, referido a la adecuación de la prisión provisional a los fines constitucionalmente legítimos (asegurar el normal desarrollo del proceso y la ejecución del fallo, así como evitar el riesgo de reiteración delictiva), y asimismo debe ser razonable en comparación con la importancia del fin de la medida. Se entiende desproporcionada a los fines pretendidos la adopción de la prisión provisional en la persecución de hechos delictivos castigados con penas privativas de derechos (inhabilitaciones, suspensiones), o con la pena de multa.

2) Presupuestos

El art. 503 LECRIM, delimita los presupuestos necesarios para adoptar las medidas cautelares, cuales son:

a) Fumus delicti comissi: «Que conste en la causa la existencia de uno o varios hechos que presenten caracteres de delito» (art. 503.1, 1°), y la exigencia de probable responsabilidad criminal («motivos bastantes para creer responsable criminalmente del delito a la persona contra quien se haya de dictar el auto de prisión», art. 503.1, 2º).

b) *Periculum in mora*: Este presupuesto fundamentalmente y en abstracto debe venir referido, de acuerdo con la naturaleza cautelar de la prisión provisional, al riesgo de fuga, de manera que esta medida debe servir para asegurar la presencia del encausado en el proceso. Reformulados en 2003 los presupuestos de la prisión provisional, se introdujeron en el art. 503 los fines legítimos que la justifican, sobre los que se había pronunciado el TC. Debe conjurar alguno de los siguientes riesgos: el riesgo de fuga, el riesgo de ocultación, alteración o destrucción de pruebas, el riesgo de reincidencia, o el riesgo de desprotección de las víctimas.

➢ *Riesgo de fuga*. Para valorar este riesgo deberán tenerse en cuenta conjuntamente:

1) La naturaleza del hecho y la gravedad de la pena que pudiere imponerse al encausado, que se valorará: a) Cuando el hecho o los hechos que presenten caracteres de delito lleven aparejada una pena cuyo máximo sea igual o superior a dos años de prisión; b) Cuando lleven aparejada una pena privativa de libertad de duración inferior si el encausado tuviere antecedentes penales no cancelados ni susceptibles de cancelación, derivados de condena por delito doloso (art. 503.1, 1º). Los límites de pena a que se refiere el art. 503.1, 1º no se aplican cuando, a la vista de los antecedentes que resulten de las actuaciones, hubieran sido dictadas al menos dos requisitorias para su llamamiento y busca por cualquier órgano judicial en los dos años anteriores, dado que en este supuesto procederá acordar la prisión provisional al considerar concurrente el riesgo de fuga (art. 503.1, 3º, a), III LECRIM).

2) La situación familiar, laboral y económica del encausado. Si bien motivos familiares (único sustento de la unidad familiar), o laborales (estabilidad laboral como presunción de no fuga) son elementos objetivos, no así parece tan razonable la situación económica del encausado, en cuanto supone desigualdad de trato y un proceso penal para ricos y otro, para pobres. No debe considerarse concurrente el riesgo de fuga por el hecho de que el inculpado no sea nacional o no tenga vínculo en territorio nacional en el que se presume ha cometido el hecho delictivo.

3) La inminencia de la celebración del juicio oral, en particular en los juicios rápidos.

➢ *Riesgo de ocultación, alteración o destrucción de las fuentes de prueba*. Para valorar la existencia de este peligro deberá tenerse en cuenta:

1) La capacidad del encausado para acceder por sí o a través de terceros a las fuentes de prueba o para influir sobre otros encausados, testigos o peritos o quienes pudieran serlo (art. 503.1, 3°, b), III).
2) No puede tratarse de un posible riesgo sin más, sino que se exige un peligro fundado y concreto (art. 503.1, 3°, b), I).
3) No puede inferirse dicho peligro únicamente del ejercicio del derecho de defensa o de falta de colaboración del encausado en el curso de la investigación (art. 503.1, 3°, b), II).

➢ *Riesgo de reiteración delictiva*: Pese a su asunción por el TC, está desnaturalizando la medida, al ponerla al servicio de fines no cautelares, convirtiéndola en una medida de prevención, amén de convertirse en un fin altamente peligroso en cuanto a su valoración y concreción por el órgano jurisdiccional, dado que las circunstancias del hecho y la gravedad de los delitos, o el carácter doloso de los mismos, solo limita en parte la arbitrariedad, pero no la excluye en absoluto. Para valorarlo habrá que tener en cuenta:

1) Las circunstancias del hecho, así como la gravedad de los delitos que se pudieran cometer.
2) Sólo cuando el hecho delictivo encausado sea doloso.
3) Situación especial es aquella que permite, con fundamento en este fin, decretarla, aun cuando el hecho no comporte una pena que se encuadre en los límites generales del art. 503.1, 1° LECRIM, siempre que de los antecedentes del encausado y demás datos o circunstancias que aporte la Policía Judicial o resulten de las actuaciones, pueda racionalmente inferirse que el encausado viene actuando concertadamente con otra u otras personas de forma organizada para la comisión de hechos delictivos o realiza sus actividades delictivas con habitualidad (art. 503.2, III).

➢ Riesgo de *agresión contra los bienes jurídicos de la víctima*, permitiéndose la adopción de la prisión provisional en cumplimiento de este fin: a) Cuando una de las víctimas sea alguna de las personas a que se refiere el art. 173.2 CP (cónyuge, ex cónyuge, persona ligada afectivamente, hijos, pupilos, ascendientes, persona especialmente vulnerable que conviva con el); y b) Sin necesidad de que se den los límites que respecto de la pena establece el art. 503.1, 1°. La seguridad, la estabilidad y la protección jurídica a la persona agredida y a su familia han dado pie a la adopción de una serie de medidas preventivas o asegurativas, incluso prisión provisional, más allá del límite penológico del art. 503.1, 1° LECRIM. La prisión provisional que puede adoptarse no es por incumplimiento de una orden de protección —que posible es—, sino medida que permite paliar los riesgos expuestos. Su finalidad no es cautelar, sino preventiva personal.

3) Modalidades de la prisión provisional

La LECRIM regula tres modalidades de cumplimiento de la prisión provisional: comunicada, incomunicada y atenuada.

A) Comunicada

Es la regla general, y supone la necesidad de que la prisión provisional se practique de forma que menos perjudique al encausado (art. 520), restringiéndose lo menos posible sus derechos (arts. 523 a 526), esto es, el régimen de comunicación oral, mediante el sistema de visitas; la comunicación escrita, a través del respeto a la correspondencia y sus limitaciones; y la comunicación efectuada a través de las vías telefónicas.

B) Incomunicada

Si bien la situación del preso preventivo debe ser, como norma general, al igual que la del detenido, la de la comunicación, puede suceder que obstaculice o no garantice el éxito de la investigación penal. En consecuencia, atendiendo lo que prescribe el art. 509, adaptado a la Directiva 2013/48/CE, de 22 de octubre de 2013, se regirá la incomunicación por las normas siguientes:

1°) Podrá acordarse la incomunicación cuando concurran alguna de las siguientes circunstancias: a) Necesidad urgente de evitar graves consecuencias que puedan poner en peligro la vida, la libertad o la integridad física de una persona, o b) Necesidad urgente de una actuación inmediata de los jueces de instrucción para evitar comprometer de modo grave el proceso penal (peligro de frustración de la investigación penal). No se acordará en atención a la calificación penal de los hechos.

2°) La incomunicación durará el tiempo estrictamente necesario para practicar con urgencia diligencias tendentes a evitar los peligros anteriores, y, en todo caso, no podrá extenderse más allá de cinco días.

Excepcionalmente, cuando la prisión provisional se acuerda por alguno de los delitos a que se refiere el art. 384 bis u otros delitos cometidos concertadamente y de forma organizada por dos o más personas (art. 509.2, I), podrá procederse a la prórroga de la incomunicación por otro plazo no superior a cinco días (art. 509.2). Se limitan las posibilidades de incomunicación, evitándose la indeterminación de la regulación anterior que dejaba abierta las segundas y sucesivas incomunicaciones cuando la causa ofreciere méritos para ello, quedando a la discrecionalidad judicial. En todo caso, no debe olvidarse que el art. 8.1. b) Directiva impone que las privaciones de los derechos garantizados en la mismas deben estar «rigurosamente limitadas en el tiempo».

3°) En todo caso, la resolución judicial que adopte la incomunicación, o en su caso la prórroga, deberá ser auto motivado que deberá recoger los motivos de esta decisión (art. 509.1 y 3), no de forma genérica, sino de acuerdo con las circunstancias y los hechos, así como, en su caso, las medidas a que se refiere el apartado siguiente, que tendrán una duración temporal (STEDH de 18 de enero de 2022, caso Atristain Gorosabel contra España). El juez deberá resolver, en el plazo de 24 horas, acerca de la adopción de las medidas de privación de derecho durante esa incomunicación; resolución motivada que deberá revestir la forma de auto, en el que, en su caso, deberá determinarse la pertinencia o no de acordar el secreto de las actuaciones (art. 527.2).

4°) Podrán adoptarse, caso por caso y de forma individualizada, siempre por resolución motivada y bajo control judicial de las condiciones en que la incomunicación se lleva a cabo, las siguientes medidas durante la incomunicación: a) Que su abogado sea designado de oficio; b) Que no tenga derecho a entrevistarse reservadamente con su abogado; c) Que no se comunique con todas o algunas de las personas que tenga derecho a hacerlo, salvo con la autoridad judicial, el Ministerio Fiscal y el Médico Forense, ni reciba comunicación alguna; d) Que ni él ni su abogado tengan acceso a las actuaciones; e) Que pueda asistir con precauciones a diligencias, si su presencia no desvirtúa el objeto de la incomunicación f) Que mantenga sus efectos si no perturban la incomunicación; g) Que se le reconozca por un segundo médico forense designado por el Juez competente para conocer de los hechos (arts. 527 y 510 LECRIM), pudiendo realizarse estos reconocimientos médicos con una frecuencia de al menos dos reconocimientos cada 24 horas, según criterio facultativo (art. 527.3).

C) Prisión provisional atenuada

El art. 508 LECRIM regula dos modalidades posibles de cumplimiento de la prisión provisional atenuada: la que permite que la misma se verifique en su domicilio, con las medidas de vigilancia que resulten necesarias (art. 508.1), y la que puede cumplirse por quienes se hallan sometidos a tratamiento de desintoxicación o deshabituación a sustancias estupefacientes (art. 508.2).

Hasta 1980 no se introdujo de manera expresa la atenuación de la prisión provisional en nuestra ley. Con anterioridad, la ley de 10 de septiembre de 1931 se incorporó a la LECRIM dos preceptos del Código de Justicia Militar, vigente entonces, si bien lo hizo de forma atípica, por cuanto no incorporó a ningún precepto concreto de nuestra LECRIM esta modalidad. Por la Ley de 22 de abril de 1980 se introduce el art. 505.II, permitiéndose la prisión provisional atenuada cuando por razón de enfermedad del inculpado el internamiento entrañe grave peligro para su salud, restringiéndose con ello las posibilidades de esta atenuación, dado que la Ley de 1931 no limitaba esta posibilidad al estado grave de salud del encausado, sino que se dejaba al criterio razonado del órgano jurisdiccional instructor, atenuar las condiciones de cumplimiento de la prisión provisional, convirtiéndola en arresto domiciliario.

➢ Las notas características de la primera modalidad —arresto domiciliario— son:

  1º) Estamos ante una modalidad de cumplimiento de la prisión provisional. Denominada en otros sistemas como arresto domiciliario (medida cautelar alternativa a la prisión provisional), en España es modalidad de cumplimiento de ésta, como se deriva de su ubicación en la regulación de la prisión provisional y de lo referente al presupuesto de adopción de la misma.

  2º) *Presupuesto*: la concurrencia de grave peligro para la salud del encausado por razón de enfermedad (art. 508), amén de los presupuestos del art. 503 para que pudiera decretarse la prisión provisional.

  3º) En cuanto a la puesta en *práctica* de esta modalidad, se establece: a) Se acordará con la vigilancia que resulte necesaria, sin especificar quien deberá materializar la misma y, con ello, sufragar su gasto (policía, familiar, servicio de vigilancia privado, etc.); y b) El juez o tribunal podrá autorizar que el encausado salga de su domicilio durante las horas necesarias para el tratamiento de su enfermedad, siempre con la vigilancia que se estime oportuna, planteándose, al respecto, la misma cuestión que con anterioridad.

➢ Las notas de la segunda modalidad prisión provisional atenuada son:

  1º) Que el encausado se hallare sometido a tratamiento de desintoxicación o deshabituación a sustancias estupefacientes.

  2º) Que el ingreso en prisión pudiera frustrar el resultado de su tratamiento.

  3º) Que los hechos objeto del procedimiento fueren anteriores al inicio del tratamiento, justificando con ello la posible eficiencia de dicho tratamiento.

4º) Práctica: a) Ingreso en un centro oficial o en una organización legalmente reconocida para continuar el tratamiento; y b) No saldrá del centro sin la autorización del Juez o Tribunal que hubiere acordado la medida.

4) Duración

La gravedad de la prisión provisional ha generado una necesaria conciencia de protección del derecho de libertad del aún no condenado, de modo que se hace indispensable fijar unos máximos legales de duración de la misma. En tal sentido, el art. 17.4 CE proclamaba que «por ley se determinará el plazo máximo de duración de la prisión provisional». En esta misma línea ha contribuido notablemente, en gran medida provocada por su excesiva duración, consecuencia de la dilación indebida de los procesos penales, la jurisprudencia del TEDH insistiendo en la necesidad de que la prisión provisional deberá tener una «duración razonable»; razonabilidad que no puede valorarse sino en cada caso concreto, a tenor de las diversas circunstancias que concurran (gravedad del hecho, riesgo de fuga, entre otras), señalando la Recomendación (UE) 2023/681 de la Comisión de 8 de diciembre de 2022, sobre los derechos procesales de las personas sospechosas o acusadas sometidas a prisión provisional y sobre las condiciones materiales de reclusión, que no debería durar más de lo que se prevé para la pena que podría imponerse.

El desarrollo ordinario del mandato constituyente culminó con el establecimiento de unos plazos máximos de duración de la prisión provisional, que se han ido modificando legalmente. En todo caso, debe entenderse que estamos ante unos plazos máximos, que deberán aplicarse desde la debida razonabilidad y adecuación de los plazos a las concretas circunstancias del caso.

Estos plazos máximos guardan relación directa con las penas que llevan aparejados los hechos delictivos, atendiéndose con ello a la proporcionalidad de la duración en función de la gravedad. Así:

1º) Cuando el hecho lleve aparejada una pena privativa de libertad igual o inferior a tres años, y la prisión provisional se hubiera decretado en virtud de lo previsto en el art. 503.1, 3º, a) y c) (riesgo de fuga y riesgo contra los bienes jurídicos de la víctima) o en el art. 503.2 (riesgo de reiteración delictiva), su duración no podrá exceder de *un año*.

2º) Cuando el delito lleve aparejado una pena privativa de libertad superior a tres años, y la prisión provisional se hubiera decretado en virtud de lo previsto en el art. 503.1, 3º, a) y c) o en el art. 503.2 LECRIM, su duración no podrá exceder de *dos años*.

3º) Es posible la *prórroga* de hasta dos años cuando el delito llevare aparejada una pena privativa de libertad superior a tres años. También es posible la prórroga de hasta seis meses cuando el delito tiene señalada pena igual o inferior a tres años. Se trata en ambos supuestos de una sola prórroga.

4º) Cuando la prisión provisional se hubiere acordado para evitar la ocultación, alteración o destrucción de pruebas relevantes, su duración no podrá exceder de seis meses (art. 504.3, I), si bien cuando se hubiere decretado la prisión incomunicada o el secreto del sumario, si antes del plazo de seis meses se levanta la incomunicación o el secreto, el juez o tribunal deberá motivar la subsistencia del presupuesto de la prisión provisional, en este caso, el de la concurrencia del peligro de ocultación, alteración o destrucción de pruebas (art. 504.3, II).

5º) En el supuesto de que fuere condenado el encausado, la prisión provisional podrá (no significa, por ello, obligatoriamente) prorrogarse hasta el límite de la mitad de la pena efectivamente impuesta en la sentencia, cuando ésta hubiere sido recurrida.

En este supuesto podría plantearse la paradoja de que se tratare de los delitos a los que el CP atribuye la prisión permanente revisable —asesinatos especialmente graves, homicidio del Jefe del estado o de su heredero, de Jefes de Estado extranjeros y en los supuestos más graves de genocidio o de crímenes de lesa humanidad, especialmente en arts. 33.2 y 35 CP—, lo que lleva a una imprecisión temporal de la prisión provisional absolutamente indefinida, con peligroso olvido de los derechos fundamentales de la persona.

Para el *cómputo de estos plazos* habrá que tener en cuenta:

1º) El tiempo que el encausado hubiere estado detenido o sometido a prisión provisional por la misma causa deberá ser tenido en cuenta a efectos del cómputo de los plazos de prisión provisional (art. 504.5, I).

2º) Se excluye del cómputo el tiempo en que la causa hubiere sufrido dilaciones indebidas no imputables a la Administración de Justicia (art. 504.5, II).

3º) La anotación de todo el *iter* en estado de prisión provisional queda reflejado en el Registro Central de medidas cautelares (Disp. Adic. Segunda).

4º) A efectos del cómputo del plazo de prisión provisional debe tenerse en cuenta el tiempo en privación de libertad sufrido en otro país mientras se espera la ejecución de una euro orden o una extradición a España, manteniendo el criterio interpretativo del *favor libertatis* (STC 113/2022, de 26 de septiembre y STC 143/2022, de 14 de noviembre).

La fijación de estos plazos supone que, transcurridos los mismos, el encausado deberá ser puesto en libertad. Surge la duda de qué sucedería si, excarcelado el encausado por el transcurso del tiempo en prisión provisional se decretare alguna de las medidas alternativas como la obligación de comparecencia en el régimen de libertad provisional, y dejare de comparecer, sin motivo legítimo, a cualquier llamamiento del juez o tribunal (art. 504.4). No tiene sentido considerar que cabría decretar de nuevo la prisión preventiva, dado que el plazo que establece el legislador lo es para una privación de libertad durante el proceso. Podría, en su caso, endurecerse la tutela cautelar mediante otras medidas, pero no con la prisión provisional.

Se atribuye carácter de tramitación preferente al procedimiento en el que el encausado se halle en prisión provisional, habiendo transcurrido en dicho estado las dos terceras partes de su duración máxima (art. 504.6). En tal caso, el juez o tribunal que conoce de la causa y el MF comunicarán respectivamente a la Presidencia de la Sala de Gobierno y al Fiscal-Jefe del tribunal correspondiente, esta situación, adoptándose las medidas precisas para imprimir a las actuaciones la máxima celeridad.

5) Indemnización por prisión provisional

La declaración programática de la responsabilidad patrimonial del Estado-juez por el art. 121 CE, por los daños causados con ocasión del ejercicio de la jurisdicción, no hacía expresa referencia a la prisión provisional, si bien la LOPJ incorporó, junto al derecho a una indemnización a cargo del Estado, como consecuencia de error judicial o por daños causados por funcionamiento anormal de la Administración de Justicia (arts. 292 a 297), el supuesto específico de indemnización en materia de prisión provisional, dado que el art. 294.1 LOPJ establece que «tendrán derecho a indemnización quienes, después de haber sufrido prisión preventiva, sean absueltos por inexistencia del hecho encausado o por esta misma causa haya sido dictado auto de sobreseimiento libre, siempre que se le hayan irrogado perjuicios».

El art. 294 solo admitía la indemnización por sentencia absolutoria o auto de sobreseimiento libre por inexistencia del hecho encausado, dejando al margen situaciones injustas de prisión provisional tales como hecho no constitutivo de delito, el preso preventivo exento de responsabilidad criminal (art. 637.2 y 3), que sea condenado a pena no privativa de libertad, o condenado a pena privativa de libertad de menor duración, entre otras. Se trataban de supuestos no cubiertos por la norma, dado que ésta se refería tan solo a la inexistencia objetiva del hecho, dejando fuera la inexistencia subjetiva, provocando una diferencia de trato en relación con la posible pretensión indemnizatoria al reconocerse tan solo el derecho a indemnización a quienes eran absueltos (o se dictaba sobreseimiento) por inexistencia del hecho.

Tras diversas interpretaciones, dispares, tanto de nuestros tribunales como del TEDH (*asunto Puig Panella c/España,* S. 25 abril de 2006; y posteriormente en la S. 13 julio de 2010, *asunto Tendam c/España* y en la S. 16 de febrero de 2016, *asunto Vlieeland Boddy c/ España*), el TC, en STC 85/2019, de 19 de junio, declaró la inconstitucionalidad de los incisos del art. 294.1 LOPJ *por inexistencia del hecho imputado* y *por esta misma causa,* al considerar que los mismos reducían el derecho a ser compensado por haber padecido una prisión provisional acordada conforme a las exigencias constitucionales y legales en un proceso que no concluyó con condena, siendo ello incompatible con los derechos de igualdad y de presunción de inocencia (arts. 14 y 24.2 CE). La selección limitativa de los supuestos a indemnizar no permitía indemnizar a cuantos hubieren sufrido daño por sacrificar su libertad a través de una prisión provisional no seguida de condena, por lo que el derecho indemnizatorio no queda condicionado ya a la inexistencia objetiva.

6) Abono

El tiempo pasado cautelarmente en prisión provisional debe computarse a los efectos de la condena, cuando finaliza el proceso y se dicta una sentencia condenatoria, atendiendo a los arts. 58 y 59 del CP. Así:

1°) Como premisa inicial, el tiempo de privación de libertad sufrido provisionalmente, será abonado en su totalidad por el Juez o Tribunal sentenciador para el cumplimiento de la pena o penas impuestas en la causa en que dicha privación fue acordada (art. 58.1 CP), salvo en cuanto haya coincidido con cualquier privación de libertad impuesta al penado en otra causa, que le haya sido abonada o le sea abonable en ella. En ningún caso un mismo periodo de privación de libertad podrá ser abonado en más de una causa, eliminándose la discusión generada en relación con delitos cometidos por bandas armadas o grupos organizados en los que, en muchos casos, concurren diversas causas contra la o las mismas personas.

2°) Si se impone una pena no privativa de libertad, cabe abonarla también, siendo de criterio del juzgador la manera y la configuración en que la pena impuesta deba ser compensada (art. 59).

3°) En todo caso, se abonará en su totalidad, para el cumplimiento de la pena impuesta, las privaciones de derechos acordadas cautelarmente (art. 58.4).

La naturaleza de esta medida lleva a sostener una interpretación amplia del significado del abono del tiempo en el que una persona ve cercenada su libertad. Es conveniente, por ello, que se compute no sólo el tiempo de prisión provisional, sino también el tiempo que se ha sufrido anteriormente como consecuencia de una detención o de un arresto domiciliario.

II. LIBERTAD PROVISIONAL

Si se asume que la libertad no debe restringirse sino en los límites absolutamente indispensables para asegurar la persona e impedir las comunicaciones que puedan perjudicar la instrucción de la causa, debe proclamarse la excepcionalidad de la prisión provisional, y con ella, la afirmación de que el *status* de libertad debe ser el normal del investigado. A pesar de ello, puede ser necesario constreñir la libertad del inculpado sin que ello comporte una privación, siendo entonces adoptada la medida cautelar de la libertad provisional, o lo que en numerosos ordenamientos jurídicos se denominan como medidas alternativas a la prisión provisional, consideradas como la regla general cuando el delito sea punible con pena de privación de libertad de corta duración o cuando el presunto delincuente sea un menor, y considerando que cuanto mayor sea el abanico de medidas alternativas, es más sencillo considerar la prisión provisional como la excepcionalidad (Recomendación (UE) 2023/681, de la Comisión, de 8 de diciembre de 2022, sobre los derechos procesales de las personas sospechosas o acusadas sometidas a prisión provisional y sobre las condiciones materiales de reclusión).

1) Características

La libertad provisional supone una situación intermedia entre la prisión provisional y el normal estado de libertad del no inculpado. Constituye la alternativa de la prisión provisional a lo largo de todo el proceso, de tal modo que su regulación se ha construido en gran parte con remisiones a la prisión provisional. Se regula en los arts. 528 a 544 LECRIM.

Sus notas características son:

a) Es una *medida cautelar* en la que concurren:

   1ª) *Instrumentalidad*, en cuanto está vinculada a una causa penal;

   2ª) *Provisionalidad y variabilidad*: es revisable en cualquier momento del procedimiento;

   3ª) *Temporalidad*: se extingue cuando cambian los presupuestos que la provocaron;

   4ª) *Jurisdiccionalidad*: la decisión sobre la medida cautelar es competencia exclusiva del órgano jurisdiccional.

b) Es una medida cautelar *personal*, que pretende asegurar el proceso y su normal desarrollo, así como la ejecución de la posible sentencia que, en su día, se dicte.

c) Comporta el *estado normal* del encausado frente a la prisión provisional; es por ello que la regla general debe ser la de esperar el juicio en estado de libertad.

d) Finalmente, como en toda medida cautelar, debe mantenerse el debido respeto al *principio de proporcionalidad.*

2) Presupuestos

Los presupuestos de adopción de la libertad provisional vienen configurados de manera complementaria a los de la prisión provisional, de modo que el art. 529 está determinando que en aquellos supuestos en que, concurriendo el *fumus,* no se haya acordado la prisión provisional, se decretará la libertad provisional.

La interpretación integradora del art. 529 lleva a mantener esta solución, si bien de la literalidad del precepto pudiera incluso pensarse que en toda causa en la que no se adopta la prisión provisional, se decreta la libertad provisional como estado del encausado frente a la situación de estar en situación de libertad natural. Ello no implica mantener la necesaria afección cautelar personal en todo proceso, si bien la realidad forense pone claramente de manifiesto que cuando se procede a la imputación de una persona, la afectación cautelar (sea en la persona o sea en su patrimonio) suelen ir claramente imbricadas, si bien no sería óbice a que en algunos procesos no se decrete medida cautelar alguna y se deje al sujeto sospechoso, encausado o acusado en situación de libertad natural.

a) *Fumus delicti comissi* que conste en la causa uno o varios hechos con caracteres de delito y que aparezcan en la causa motivos bastantes para creer responsable criminalmente del delito a la persona contra quien se haya de dictar el auto cautelar.

b) *Periculum in mora*: El riesgo de afectación del normal desarrollo de la investigación, así como el peligro de fuga del encausado, menos intenso que en la prisión provisional. La remisión que efectúa el art. 539 implícitamente al art. 503 en cuanto se decreta la libertad provisional «cuando no se hubiere acordado la prisión provisional del encausado…», lleva a considerar la pena-gravedad (pena privativa de libertad de duración inferior a dos años), matizada con el cumplimiento de los fines a que se refiere el art. 503.1, 3° y 503.2, que permiten decretar, en cada caso, prisión o libertad provisional.

A título de ejemplo, la situación de estabilidad económica, familiar y laboral puede favorecer la libertad provisional; o cuando el hecho delictivo no sea doloso, aun pudiendo concurrir el riesgo de reiteración delictiva; o cuando, aun concurriendo el riesgo de ocultación, alteración o destrucción de fuentes de prueba relevantes para el enjuiciamiento (art. 503.1, 3°, b), el mismo se pretenda inferir por el ejercicio único del derecho de defensa o de la falta de colaboración del encausado en el curso de la investigación.

Por ello, de los arts. 539 y 503, en relación con el art. 502.2, debe concluirse que la regla general debe ser la libertad provisional y la excepcionalidad, la prisión provisional.

3) Medidas que comportan el régimen de la libertad provisional

A diferencia de otros países, España se vino caracterizando históricamente por el establecimiento de un régimen poco «alternativo» a la prisión provisional, al establecerse un parco elenco de obligaciones que se convierten en el régimen de la libertad provisional. En la actualidad son ya diversas las obligaciones que comportan el régimen de la libertad provisional, que son:

a) *Fianza*: Responde de la comparecencia del inculpado cuando fuere llamado por el juez que conociere de la causa (art. 530). Su naturaleza y régimen jurídico es el mismo que las fianzas establecidas para asegurar las responsabilidades civiles (arts. 591 a 596). En el auto en el que se acuerda, se determinará ésta cualitativa y cuantitativamente (art. 529.2), desde la debida proporcionalidad. Habrá que conjugarse la naturaleza del delito, el estado social y los antecedentes y las demás circunstancias que pudieran influir en el mayor o menor interés de éste para ponerse fuera del alcance de la autoridad judicial (art. 531). Puede ser personal (la fianza en su sentido más puro), pignoraticia o hipotecaria (art. 533 en relación con el 591), recayendo sobre los bienes del inculpado o incluso sobre los de un tercero; e incluso es posible la prestación de garantía personal por entidades bancarias o por compañías aseguradoras (art. 784.5).

   Son los arts. 534 a 538 los que regulan lo relativo a la efectividad y realización de las fianzas. Si no comparece el inculpado, habrá que estar al tipo de fianza para hacerla efectiva, mediante la vía de apremio, declarándose adjudicada al Estado, con la deducción oportuna de las costas.

   La cancelación de la fianza puede producirse: 1) cuando el fiador lo pidiere, presentando al inculpado; 2) cuando éste fuere reducido a prisión; 3) cuando se dictare auto firme de sobreseimiento o sentencia firme absolutoria, presentándose el reo para cumplir condena; 4) por muerte del inculpado (art. 541).

b) *Obligación de comparecencia periódica* (art. 530), en los días señalados en el auto respectivo, y además cuantas veces fuere llamado ante el órgano que conozca de la causa. Los desarrollos tecnológicos pueden permitir que esta obligación pueda efectuarse no necesariamente en la oficina judicial del órgano competente sino en cualquier lugar, inclusive en espacio digital o realizarse a través de quioscos biométricos que permitirían cumplimentar las obligaciones derivadas de la adopción de esta medida.

c) *Anotación preventiva de embargo preventivo o de prohibición de disponer de los bienes*, cuando a juicio del juez o tribunal existan indicios racionales de que el verdadero titular de los mismos es el encausado, haciendo constar así el mandamiento (art. 20, in fine Ley Hipotecaria).

d) *Retención del pasaporte* (art. 530). Es medida complementaria de la obligación de comparecencia periódica. Se incorpora documentalmente al juicio y se le comunica al organismo expedidor.

e) *Privación provisional de usar el permiso de conducir* (art. 529 bis). Aun cuando es una medida coactiva preventiva, permite integrar el *status* cautelar en libertad en los supuestos de comisión de delitos con vehículos de motor.

f) *Prohibición de residencia, acercamiento o comunicación con determinadas personas —orden de alejamiento—* (arts. 544 bis II y III). Son todas ellas medidas de protección a la víctima de homicidio, aborto, lesiones, delitos contra la libertad, de torturas y contra la integridad moral, la libertad e indemnidad sexuales, la intimidad, el derecho a la propia imagen y la inviolabilidad del domicilio, el honor, el patrimonio y el orden socioeconómico (art. 57 CP). No son, sin embargo, verdaderas medidas cautelares, dado que se dirigen a proteger a la víctima de futuras agresiones, de modo que, si bien concurre el presupuesto del *fumus delicti comissi,* no así respecto del *periculum in mora*; de este modo, participan de una finalidad preventiva.

   Para su adopción se tendrá en cuenta la situación económica del inculpado y los requerimientos de su salud, situación familiar y actividad laboral (art. 544 bis, III). Podrá acordarse mediante resolución motivada la utilización de dispositivos telemáticos para el control de su cumplimiento (art. 544 bis, V, incorporado por la DF1ª LO 10/2022, de garantía integral de la libertad sexual). En algunas Comunidades autónomas están considerando las pulseras de geolocalización telemática verdaderas medidas alternativas y no instrumentos de control de medidas, lo que les otorga mayor autonomía, y favorece el cumplimiento y control de las órdenes judiciales.

   El incumplimiento de la medida puede dar lugar, previa audiencia a que se refiere el art. 505, a la adopción de la orden de protección o medida más gravosa, incluida la prisión provisional, teniendo en cuenta la incidencia del incumplimiento, sus motivos, gravedad y circunstancias, sin perjuicio de las posibles responsabilidades que del incumplimiento pudieran resultar.

g) En relación con las *personas jurídicas* es posible adoptar: la clausura temporal de los locales o establecimientos, la suspensión de actividades sociales, la prohibición de realizar actividades específicas, la inhabilitación para obtener subvenciones, la suspensión del procedimiento de disolución o liquidación, la prohibición de realizar transacciones patrimoniales, la intervención judicial (art. 33.7 in fine CP), entre otras. No se establece duración de las mismas, si bien la proporcionalidad debe llevar a que no duren más del tiempo que se impondrían, si fueran penas, caso de declarar responsable a la persona jurídica.

III. MEDIDAS DE PROTECCIÓN Y SEGURIDAD DE LAS VÍCTIMAS DE VIOLENCIA DE GÉNERO

La Ley 27/2003, de 31 de julio, reguladora de la Orden de protección de las víctimas de violencia doméstica (art. 544 ter LECRIM), y posteriormente la LO 1/2004, de 28 de diciembre, de protección integral contra la violencia de género (arts. 61 a 69), introdujeron una serie de medidas, de diversa naturaleza, que responden a un fin de protección de la víctima. No son medidas cautelares, sino —en la mayor parte de los casos— medidas preventivo-represivas o incluso interdictivas en ciertos supuestos. El enfrentamiento entre necesidad social de medidas (administrativas y policiales, a la postre) y garantías constitucionales en el proceso es indudable. En el mismo sentido que el legislador español debemos situar el impulso de estas medidas desde la Unión Europea, a través de la Directiva (UE)2024/1385 del Parlamento europeo y del Consejo, de 14 de mayo de 2024, sobre la lucha contra la violencia contra las mujeres y la violencia doméstica, delimitando en el art. 19 órdenes urgentes de alejamiento, de prohibición o de protección.

- Estas medidas podrán adoptarse de oficio o a instancia de la víctima, sus hijos o personas que convivan con ella, del Ministerio Fiscal o de la Administración especializada. En todo caso, serán adoptadas mediante auto motivado, que justifique la proporcionalidad y necesidad, en un proceso en el que intervenga el Ministerio Fiscal y en el que se respeten los principios de contradicción, audiencia y defensa. Su mantenimiento podrá extenderse tras la sentencia definitiva, durante la pendencia de recursos, constando en la sentencia la necesidad de su mantenimiento.

- Especial referencia merece la denominada *orden de protección*, que confiere a la víctima un estatuto integral de protección. Este estatuto comprenderá una serie de medidas penales, civiles, asistenciales, de protección social, etc. La naturaleza de todas ellas es diversa: cautelares, preventivas, de aseguramiento, pudiendo convivir conjuntamente bajo el estatuto alcanzado de «persona protegida». Esta orden se inscribe en el Registro Central para la protección de las Víctimas de la Violencia de Doméstica, y supone el deber de mantener informada a la víctima de la situación procesal y, en su caso, penitenciaria del agresor.

- Las medidas cautelares penales que pueden adoptarse para proteger especialmente a las víctimas son cualesquiera de las previstas en la legislación procesal criminal, siendo sus requisitos, contenido y vigencia los que se establecen con carácter general en la LECRIM, adoptándose por el juez atendiendo a la necesidad de protección integral e inmediata de la víctima y, en su caso, de las personas sometidas a su patria potestad, curatela, guarda o acogimiento (art. 544 ter. 6). Esto es, cabe la prisión provisional, cuando concurran los presupuestos del art. 503 LECRIM o su alternativa la libertad provisional (art. 529), siendo que en ambos casos los peligros generales se combinan con el específico de la situación de desprotección de la víctima. De forma concreta son diversas las medidas que pueden adoptarse, como la salida obligatoria del domicilio, prohibición de vuelta al mismo, prohibición de residir, prohibición de acercamiento o comunicación a las víctimas, o si se quiere medida de alejamiento, prohibición de toda clase de comunicación, entre otras. Estas medidas podrán acordarse acumulada o separadamente y la fijación de la distancia mínima entre inculpado y persona protegida, en metros o kms, se determinará por el juez, pudiendo emplearse para control medios tecnológicos, pulseras electromagnéticas, chips, etc, algunos todavía no generalizados.

- Por su parte, son posibles medidas de naturaleza civil, incluibles en la orden de protección, tales como la atribución del uso y disfrute de la vivienda, la atribución y forma de ejercer la patria potestad, o suspensión de la misma, régimen de visitas, comunicación y estancia con los menores o personas con la capacidad judicialmente modificada necesitadas de especial protección, prestación de alimentos, así como cualquier disposición que se considera oportuna para apartarles de un peligro o evitarles perjuicios (art. 544 ter, 7). Estas medidas tendrán una vigencia de treinta días, con posibles treinta días más si, a instancia de la víctima o su representante legal se incoa proceso de familia ante la jurisdicción civil. Deberán ser solicitadas por la víctima o su representante legal, o bien por el Ministerio Fiscal cuando existan menores o personas con capacidad judicialmente modificada.

- Además, son posibles otras medidas: destinadas a la protección de datos y limitaciones a la publicidad, o la medida de suspensión del derecho a la tenencia, porte y uso de armas.

- *Presupuestos* para la adopción de estas medidas son: la existencia de indicios fundados en la comisión de un delito de violencia de género, inclusive en los delitos leves, que sea víctima de un delito de violencia de género, y que resulte una situación objetiva de riesgo para la víctima que requiera la adopción de alguna medida de protección.

- *Procedimiento*: se adoptarán las medidas tras una audiencia, que será urgente cuando se desarrolle ante el juez o jueza en servicio de guardia, si bien el órgano de Instrucción podrá adoptar en cualquier momento de la tramitación de la causa medidas del art. 544 bis (art. 544 ter, 4 LECRIM).

IV. PROCEDIMIENTO DE ADOPCIÓN DE LA LIBERTAD Y PRISIÓN PROVISIONAL

La regulación del procedimiento para la adopción de la libertad y de la prisión provisional se efectúa en los arts. 505 a 507 y 539. De la citada regulación se desprende:

- Para adoptar una medida cautelar se necesita, atendidas las circunstancias del caso y la posible concurrencia de los presupuestos, petición de alguno de los concurrentes, de modo que, si ninguna de las partes la instare, acordará necesariamente la inmediata puesta en libertad del encausado que estuviere detenido (art. 505.4 y art. 539.3).
- La petición se formulará en una audiencia, regulada en el art. 505 y a la que se remite el art. 539, cuyas características esenciales son:

  1°) Deberá celebrarse en el plazo más breve posible dentro de las setenta y dos horas siguientes a la puesta a disposición del detenido ante el juez. Este plazo puede plantear dificultades, dado que cuando el detenido se lleva a presencia judicial como consecuencia de requisitoria es probable que no se trate del juez competente. Se resolverá por el no competente *ad cautelam*, y una vez el Juez o Tribunal de la causa reciba las diligencias, oirá al encausado, asistido de su abogado, tan pronto como le fuera posible y dictará la resolución que estime oportuna (art. 505).

  2°) Es un trámite necesario para adoptar la medida cautelar, salvo que el juez considere que debe decretarse la libertad provisional sin fianza (art. 539.1). Si está en marcha la tramitación del procedimiento cualquier cambio cautelar exigirá asimismo la celebración previa de la audiencia, salvo que se pretenda adoptar libertad provisional sin fianza (art. 539 III).

  3°) A esta audiencia deberán asistir el MF, el encausado y su letrado (elegido libremente o designado de oficio); también podrán asistir cuantos se hubieren personado en la causa (art. 505.2).

  4°) En el trámite de la audiencia podrán realizarse alegaciones y proponerse los medios de prueba que pueden practicarse en el acto o, como máximo, dentro de las setenta y dos horas antes indicadas (art. 505.3). El Abogado del investigado tendrá en todo caso acceso a los elementos de las actuaciones que resulten esenciales para impugnar la privación de libertad del mismo (art. 505.3, II).

La prueba se practicará previa solicitud de parte, que se efectúa bien en el inicio de la audiencia o con anterioridad; la decisión sobre su admisión es competencia del juez, que se lleva a cabo en el acto, verbal y motivadamente, y documentándose debidamente en el acta de la audiencia; la negativa podrá atacarse, si bien conjuntamente con el medio de impugnación que se plantee contra el auto de libertad o de prisión. En todo caso, la imposibilidad de practicar prueba no produce la suspensión de la audiencia.

5°) Si por cualquier razón la audiencia no pudiera celebrarse, excepcionalmente el juez o tribunal podrá acordar la prisión provisional siempre que concurran los presupuestos del art. 503, o la libertad provisional con fianza. La decisión quedará, sin embargo, condicionada a que, dentro de las setenta y dos horas siguientes, deba convocarse nuevamente la audiencia, con el fin de confirmar o modificar la citada decisión.

6°) Podrá, en los términos establecidos y garantizados por el art. 258 bis, celebrarse la audiencia mediante presencia telemática, siempre que las oficinas judiciales tengan a su disposición medios técnicos y no quede excluida esta posibilidad en el precepto. El art. 7 del RD-Ley 6/2023 establece que los tribunales, fiscalías, oficinas judiciales y fiscal, utilizarán para el desarrollo de su actividad y ejercicio de sus funciones los medios técnicos, electrónicos, informáticos, puestos a su disposición por la Administración competente, siempre que dichos medios cumplan con los esquemas nacionales de interoperatividad y seguridad, así como la normativa ética, instrucciones de seguridad, y requisitos técnicos fijados por el CTEAJE. De este modo, lo que se preveía como excepción, se potencia en el sistema jurídico español desde esta norma.

- La competencia para decretar la medida cautelar dependerá del momento procedimental en que ésta se adopte:

1°) Cuando no existe aún causa penal: si el detenido es puesto a disposición de un órgano no competente, éste practicará las primeras diligencias (art. 499) decidiendo sobre la situación cautelar del detenido, dentro de las setenta y dos horas máximo, sin perjuicio de la posterior inhibición en favor del competente.

2°) Si la causa se halla en la fase de procedimiento preliminar, será competente el instructor o el que forme las primeras diligencias (art. 502).

3º) En el juicio oral, la adopción podrá decretarla el tribunal competente que conozca de la causa (art. 502), si bien cabría abrir una sumaria instrucción suplementaria (art. 746.6), remitiendo las actuaciones al instructor, quien decidiría la suerte cautelar del acusado.

4º) Si se hallare pendiente del recurso de apelación o de casación, será competente el órgano que conoció de la instancia, como se deriva del art. 861 bis a LECRIM.

- La decisión que se adopte sobre la situación personal del encausado adoptará la forma de auto, cuyas características serán:

  1º) Deberá ser motivado, refiriendo la motivación a las razones por las que la medida se considera necesaria y proporcionada respecto de los fines que justifican su adopción (art. 506.1).

  2º) Excepcionalmente, cuando la causa ha sido declarada secreta, en el auto de prisión se expresarán los particulares del mismo que, para preservar la finalidad del secreto, hayan de ser omitidos de la copia que haya de notificarse; no obstante, en ningún caso se omitirá en la notificación una sucinta descripción del hecho encausado y de cuál o cuáles de los fines se pretende conseguir. Una vez alzado el secreto, se notificará inmediatamente el auto en toda su integridad al encausado (art. 506.2).

  3º) Se pondrá en conocimiento este auto a los directamente ofendidos y perjudicados por el delito cuya seguridad pudiera verse afectada por la resolución (art. 506.3).

  4º) Contra los autos que decreten, prorroguen o denieguen la prisión provisional o acuerden la libertad del encausado podrá ejercitarse recurso de apelación en los términos del art. 766, que gozará de tramitación preferente (art. 544 quáter.2, en relación con personas jurídicas). El recurso deberá resolverse en un plazo máximo de treinta días (art. 507.1).

Situación excepcional en materia de recursos es la que se provoca cuando no se hubiere notificado inicialmente el auto de manera íntegra, en cuanto el recurso podrá interponerse contra el auto íntegro a partir del momento en que éste le sea notificado (art. 507.2).

V. MEDIDAS CAUTELARES PATRIMONIALES

Las medidas cautelares patrimoniales recaen sobre los bienes del encausado, y pretenden asegurar fundamentalmente las responsabilidades pecuniarias «que puedan declararse en el proceso penal» (art. 589 LECRIM). Esas responsabilidades pecuniarias, sin embargo, pueden ser de dos tipos, penales y civiles, en cuanto deriven de la responsabilidad penal (las costas procesales, la pena de multa, entre otros conceptos) o de la responsabilidad civil derivada de la comisión del hecho delictivo, garantizándose con ello la efectividad de las obligaciones civiles contenidas en la resolución condenatoria civil (consistentes en la restitución de la cosa, la reparación del daño o la indemnización de perjuicios). Igualmente, y aun cuando se trata de un procedimiento de decomiso autónomo, que se rige por las normas del juicio verbal (LEC), referido a la solicitud del decomiso de bienes, efectos o ganancias (art. 803 ter e y siguientes LECRIM), se permite la solicitud de medidas cautelares que garanticen la efectividad del decomiso (art. 803 ter l., 1º.h), 2º y 3º LECRIM).

Debe tenerse presente, sin embargo, que no toda medida que recae sobre bienes con finalidad de aseguramiento es cautelar, como sucede, por ejemplo, con la aprehensión de cosas y bienes (arts. 334, 574, entre otros), que es una medida de aseguramiento de la prueba o del cuerpo del delito, de manera que su régimen jurídico es divergente respecto del de las medidas cautelares, lo que no impide que en alguna ocasión alguna de estas medidas pueda llegar a convertirse en cautelar, cuando se pretende garantizar la efectividad de la condena civil acumulada a la penal, consistente en dar determinada cosa.

1) Clases de medidas

Atendido el objeto de estas medidas, se distinguen según se trate de garantizar la condena a restituir (dar) o la condena a una obligación pecuniaria. Entre las primeras se halla *el secuestro u ocupación de bienes o cosas* (arts. 619, 620), que pretende garantizar la restitución de la cosa (arts. 110 y 111 CP), como posible manifestación de la condena civil. Entre las segundas, más comúnmente utilizadas en cuanto garantizan la responsabilidad pecuniaria, pueden citarse la fianza, el embargo, la pensión provisional y la intervención inmediata del vehículo.

A) Fianza

Puede servir la fianza para eludir el embargo. Se decretan ambas en el auto pero alternativamente; si no se presta fianza bastante para asegurar las responsabilidades pecuniarias, se procederá al embargo de bienes suficientes para cubrirlas (art. 589.I).

Esta fianza es una medida cautelar patrimonial diferente, en todo caso, a la fianza como obligación a cumplir en el régimen de la libertad provisional. Y las consecuencias de la no prestación de fianza en ambos casos son diversas: en el caso de la libertad provisional, da lugar a su conversión en prisión provisional, mientras que en la fianza aseguratoria de responsabilidades pecuniarias, se convierte en embargo.

Para determinar su cuantía debe estarse a la posible multa que lleve aparejada el hecho delictivo, el importe probable de las costas y la responsabilidad civil que se derive del delito. Solo podrá hacerse efectiva cuando la sentencia devenga firme, siendo el procedimiento adecuado para ello, la vía de apremio. Se exige un auto del juez que determine la suficiencia de la misma (arts. 596).

La fianza podrá ser personal, pignoraticia o hipotecaria o mediante caución, que podrá constituirse en dinero efectivo, mediante aval solidario de duración indefinida y pagadero a primer requerimiento emitido por entidad de crédito o sociedad de garantía recíproca o por cualquier medio aceptado por el tribunal que garantice la disponibilidad de la cantidad correspondiente (art. 591 LECRIM). Cabe que sea el obligado o un tercero, directo o subsidiario, el que la preste.

B) Embargo

Es medida subsidiaria de la fianza, en cuanto si en el día siguiente al de la notificación del auto en el que se establece la necesidad de prestación de fianza bastante para asegurar las responsabilidades pecuniarias (art. 589) no se prestase, se procederá al embargo de bienes, requiriéndole para que señale los suficientes a cubrir la cantidad que se hubiese fijado para las responsabilidades pecuniarias (art. 597). Se regula, de manera incompleta, en los arts. 597 a 614 LECRIM, entendiéndose aplicable supletoriamente la LEC (art. 614). Son los Tribunales de Instancia Sección Instrucción del lugar donde se encuentren los bienes embargados o los elementos de prueba los competentes para el cumplimiento de la solicitud de embargo (art. 87.1 LOPJ).

C) Anotación preventiva

Se permite la anotación preventiva de la acción civil acumulada a la penal, cuando la estimación de la misma en la sentencia comporte la nulidad, anulabilidad y rescisión de negocios jurídicos relativos a derechos reales inscritos en el Registro de la Propiedad.

D) Pensión provisional

Esta medida cautelar se regula tan sólo para aquellos procesos por hechos derivados del uso y circulación de vehículos a motor. Su finalidad es cubrir la responsabilidad pecuniaria por la comisión del hecho, derivada de la necesaria atención a la víctima y a las personas que estuviere a su cargo (art. 765.1).

El pago de esta pensión se debe realizar anticipadamente; se exige a la compañía aseguradora, pareciendo excluir, de manera inexplicable, la posibilidad de exigir esta pensión cautelar al responsable penal. Así, debe cubrirse por el asegurador, si existiere, hasta el límite del seguro obligatorio, o bien con cargo a la fianza o al Consorcio de Compensación de Seguros, en los supuestos de responsabilidad del mismo. Igual medida podrá acordarse cuando la responsabilidad civil derivada del hecho esté garantizada con cualquier seguro obligatorio. La interposición del recurso no suspenderá esta obligación.

E) Intervención inmediata del vehículo

El art. 764.4° prevé la posibilidad de adoptar la intervención inmediata del vehículo en aquellas causas incoadas por hechos derivados del uso y circulación de vehículos a motor, cuando fuere necesaria para «asegurar las responsabilidades pecuniarias, en tanto no conste acreditada la solvencia del inculpado o del tercero responsable civil». También podrá adoptarse la retención del permiso de circulación del vehículo e incluso la intervención del permiso de circulación, con finalidad preventiva (art. 764.4°, II y III), exigiéndose la comunicación a los organismos administrativos correspondientes.

F) Medidas de desarrollo de la orden de protección a las víctimas de violencia doméstica

El art. 544 ter en la LECRIM permite adoptar medidas no cautelares pero que son de protección de la víctima de violencia doméstica y, en su caso, a los familiares. Entre ellas: atribución del uso y disfrute de la vivienda familiar, determinación del régimen de custodia, visitas, comunicación y estancia con los hijos, prestación de alimentos, etc. (art. 544 ter).

G) Orden de retirada de contenidos ilícitos, interrupción provisional de los servicios que ofrezcan dichos contenidos web, redes sociales, plataformas, et.), o medida de bloqueo provisional

Por un lado, en las causas por delito de enaltecimiento o justificación pública de los delitos de terrorismo y la humillación a las víctimas o sus familiares, regulado en el art. 578 CP, incorpora en el apartado 5° esta orden, así como subsidiariamente la orden a los prestadores de servicios de alojamiento que retiren los contenidos ilícitos en internet, a los motores de búsqueda que supriman los enlaces y a los proveedores de servicios de comunicación electrónicas, que impidan el acceso a los contenidos o servicios ilícitos. Aun cuando el CP atribuye posible naturaleza cautelar, no lo es, sino que es medida preventiva-asegurativa. Y esta medida se incorpora con carácter general en el art. 13 LECRIM, que se refiere a la retirada provisional de contenidos ilícitos, la medida de *interrupción provisional de los servicios que ofrezcan dichos contenidos* (web, redes sociales, plataformas, etc.) o la *medida de bloqueo provisional* de unos y otros cuando radiquen en el extranjero los investigados, cuando se trate de la investigación de delitos cometidos a través de internet, del teléfono o de cualquier otra tecnología de información o de comunicación (art. 13 LECRIM).

H) Medida de desalojo y restitución del inmueble objeto de delito de usurpación

En las causas por delito de usurpación del art. 245.2 CP podrán adoptarse cautelarmente las medidas de desalojo y restitución del inmueble a su legítimo poseedor. Ahora bien, cuando estas medidas afecten a personas vulnerables, personas en situación de dependencia, víctimas de violencia sobre la mujer o menores de edad, es necesario dar traslado a las Administraciones Autonómicas y locales competentes en materia de vivienda, asistencia social, evaluación e información de situaciones de necesidad social y atención inmediata a personas en situación o riesgo de exclusión social, con el fin de que puedan adoptar las medidas de protección que correspondan (DA 7ª de la Ley 12/2023, de 24 de mayo, de derecho a la vivienda).

I) Medidas contra personas jurídicas

Tanto el artículo 33.7 in fine, referido a las personas jurídicas como el art. 129, en relación con las empresas, organizaciones, grupos u otras entidades sin personalidad jurídica, ambas del CP se refieren a diversas medidas cautelares a adoptar contra la persona jurídica, como la clausura temporal de locales o establecimientos, la suspensión de las actividades sociales y la intervención judicial. La medida se acordará previa petición de parte y celebración de vista, a la que se citará a todas las partes personadas (art. 544 quáter LECRIM).

2) Presupuestos y procedimiento

Los presupuestos para adoptar estas medidas se delimitarán según se trate de medida cautelar penal o medida cautelar civil. Así:

a) Fumus boni iuris o *fumus delicti comissi*: Si son medidas cautelares penales se exige la concurrencia de indicios de criminalidad del encausado; si son civiles, se entiende implícito este presupuesto, siempre que no se haya reservado o renunciado la acción civil. Cuando se trata de adoptar medidas civiles sobre terceros se exige que «aparezca indicada la existencia de la responsabilidad civil» (art. 615).

b) Periculum in mora: Se trata de aquellos riegos derivados del posible incumplimiento de la condena, sea penal o sea civil.

En suma, si bien referido solo al procedimiento abreviado (art. 764.2), las normas sobre contenido, presupuestos y caución sustitutoria que se aplican son las de la LEC, creándose dos sistemas diferentes: uno para el ordinario, aplicando directamente la LECRIM, y otro, para el abreviado, y el proceso especial rápido, que se remiten a la específicamente a la LEC.

Concurre contradicción en la regulación procedimental de las mismas en relación con la iniciativa para su adopción. Si se aplica la LEC, se exige a instancia de parte; si se aplican los arts. 505 y 539 LECRIM es posible adoptarlas de oficio, con vulneración del principio de contradicción. En todo caso, se tramitará en pieza separada (art. 590), y se resolverá mediante auto (art. 764.1, para el abreviado), teniendo presente que, si durante el curso del juicio sobrevinieren motivos bastantes para creer que las responsabilidades pecuniarias que pueden exigirse exceden de la cantidad prefijada para asegurarlas, se mandará por auto ampliar la fianza o el embargo (art. 611), o, en su caso, reducirla (art. 612).

CAPÍTULO VI

LA FASE INTERMEDIA

Lección 15ª

LA DECISIÓN SOBRE LA ACUSACIÓN

JUAN LUIS GÓMEZ COLOMER

SUMARIO: I. PERÍODO PREVIO: LA FASE INTERMEDIA; II. LA ALTERNATIVA SOBRE EL ENJUICIAMIENTO; III. EL SOBRESEIMIENTO; 1) Concepto; 2) Clases; 3) Presupuestos del sobreseimiento libre; 4) Presupuestos del archivo provisional; 5) Efectos respectivos; 6) Procedimiento; 7) Medios de impugnación; IV. LOS PRESUPUESTOS PROCESALES; 1) Concepto y tratamiento; A) En el proceso por delitos más graves; B) En los procesos abreviados, en los juicios rápidos y en los juicios sobre delitos leves; 2) Consideración particular de los artículos de previo pronunciamiento; A) Declinatoria de jurisdicción; B) Cosa juzgada; C) Prescripción del delito; D) Amnistía e indulto; E) Falta de autorización administrativa para procesar a un funcionario.

I. PERÍODO PREVIO: LA FASE INTERMEDIA

Entre la finalización de la fase investigación y la formulación de la acusación, la LECRIM no prevé ninguna fase de tramitación procedimental. Sin embargo, tanto la jurisprudencia como la doctrina científica estiman que existe una segunda fase, a la que denominan tradicionalmente fase intermedia, que es posterior a la investigación y previa a la acusación, en la que se resuelven los problemas que o bien impiden que se pueda formular la acusación, o bien permiten eliminar determinados obstáculos para que se pueda formular con plenitud de efectos procesales.

Esa fase creada doctrinalmente comprende, por un lado, en ese sentido, todo lo relativo al sobreseimiento libre o al archivo provisional, y por otro, lo que afecta a subsanar el proceso de una posible falta de presupuestos procesales que impidan el enjuiciamiento, o a confirmar que sí existen y que, en consecuencia, es procedente pasar a la tercera fase procesal, la de juicio oral. En esta lección vamos a estudiarlos.

II. LA ALTERNATIVA SOBRE EL ENJUICIAMIENTO

Para que se abra el juicio oral, la parte acusadora tiene que pedirlo expresamente en nuestro sistema. En caso contrario, debe solicitar el sobreseimiento. Esta alternativa sobre si procede el enjuiciamiento o no, es decir, sobre si debe abrirse el juicio oral o por contra impedirse, viene regulada por la LECRIM, por lo que hace referencia al proceso ordinario por delitos más graves, en un trámite procedimental complejo, y, en parte, superfluo.

En efecto, el proceso ordinario por delitos más graves ha sido articulado de manera que el cumplimiento del principio acusatorio con relación a la apertura del juicio oral, se hace depender de dos actos procesales distintos, que en realidad no pueden separarse. Sabemos a este respecto que el principio acusatorio exige fundamentalmente que una persona distinta de quien tiene la potestad de juzgar formule una acusación contra otra persona («nemo iudex sine actore», «ne procedat iudex ex officio»). La LECRIM hace requisito previo para la formulación de esa acusación que esa misma persona, el acusador, pida la apertura del juicio oral contra la persona que en el procedimiento preliminar aparece como sospechosa de haber cometido el hecho punible. Y, sin embargo, quien pide la apertura del juicio oral es porque está convencido de que va a acusar. ¿Por qué separar entonces ambos actos? ¿No se podría pedir en el mismo escrito de acusación formalmente la apertura del juicio oral?

Esta solución, que es la que correctamente se ha establecido para los procesos abreviados (arts. 780.1, 781.1 y 795.4 LECRIM), no es la que rige para el proceso por delitos más graves, en donde la situación procedimental resulta difícil de entender (ni tampoco en los juicios rápidos, art. 800.1 y 2 LECRIM; ni en los juicios sobre delito leve, aunque aquí la situación es estructuralmente diversa, arts. 963.2 y 969.1).

Así es. Recordemos, una vez el procedimiento preparatorio o preliminar, con revocación o sin ella, ha sido declarado formalmente concluso y aprobado por el tribunal, oídas todas las partes (v. arts. 622 y ss.), la acusación debe solicitar necesariamente la apertura del juicio oral o el sobreseimiento (arts. 627 y 632 LECRIM).

Esta alternativa significa, si la parte acusadora pide la apertura del juicio oral, en estricto entendimiento del principio acusatorio, que el tribunal debe acordarla (art. 645 LECRIM), con la única excepción en el proceso ordinario por delitos más graves de que el hecho no sea constitutivo de delito (art. 637-2º LECRIM), y también en los abreviados y rápidos que no existan indicios racionales de criminalidad contra el acusado (art. 783.1 LECRIM), en cuyo caso procede el sobreseimiento (v. *infra),* alteración del principio suficientemente tutelada por otra parte en caso de que ello ocurra, pues el auto denegatorio correspondiente es resolución recurrible en casación (v. arts. 848, II y 636 LECRIM). Con ello, se asegura la ley de que habrá alguien distinto del juzgador que acusará.

Acto seguido, el tribunal dictará auto de apertura del juicio oral, que es irrecurrible (v., para los procesos abreviados, el art. 783.3 LECRIM, salvo en lo relativo a la situación personal del acusado y el derecho de las partes a reproducir la petición en el juicio oral).

Este auto tiene los siguientes efectos particulares:

- En él se ordenará que la causa pase a las partes para su calificación provisional (v. arts. 633 y 649, I LECRIM y lección siguiente);
- A partir de este momento rige el principio de publicidad para los actos procesales (art. 649, II LECRIM);
- Marca el momento preclusivo para que el ofendido o perjudicado por el delito pueda mostrarse parte acusadora particular en la causa, ejerciendo acciones penales y civiles (art. 110, I LECRIM);
- Particularmente en los procesos abreviados, además de los efectos anteriores, hay que añadir que el auto debe resolver sobre el mantenimiento, revocación o modificación de las medidas cautelares, personales y reales, adoptadas o pedidas (art. 783.2 LECRIM), e indicar a las partes, en su caso, el órgano competente para el conocimiento y fallo de la causa.

Una explicación razonable desde un punto de vista práctico sobre la separación entre apertura del juicio oral y calificación podría ser, quizás, que la ley no quiere que se formule la calificación hasta que no se sepa seguro si el juicio se abre o no. Pero es más fuerte el argumento que considera que quien pide la apertura del juicio es porque ya ha calificado el delito, es decir, que no va a inclinarse por la alternativa del sobreseimiento, lo que hace inútil la separación. La inconveniencia de esta separación se demuestra por el hecho de que, conforme a la ley, quien ha pedido la apertura del juicio oral puede luego perfectamente pedir la absolución.

La otra vertiente de la alternativa consiste en que la parte pida el sobreseimiento, por los motivos y conforme al procedimiento que veremos inmediatamente.

III. EL SOBRESEIMIENTO

1) Concepto

El proceso penal puede terminar sin necesidad de celebrar el juicio, o paralizarse en su tramitación, en caso de que falte algún requisito esencial para que pueda abrirse esta fase o para que continúe adelante la causa. El conjunto de condiciones que pueden dar lugar a ello se agrupan en la institución conocida bajo la denominación «sobreseimiento», pero la ley, que nos obliga pedagógicamente a tratarlo conjuntamente, regula dos cosas muy distintas bajo ese término.

En efecto, la propia justicia y los fines que exige para el proceso penal obligan a poner fin al proceso cuando carece de sentido continuar con él, a saber, cuando no hay comisión de hecho punible o el sospechoso es, sin duda, inocente.

Esto es, en esencia, el sobreseimiento. Pero el proceso debe quedar paralizado cuando no se pueda continuar de momento, a saber, cuando siendo razonable pensar que podría haber delito falten pruebas determinantes sobre el mismo o sobre la autoría, en tanto se buscan y se hallan. A esta institución deberíamos llamarla «archivo» provisional, porque es un supuesto de paralización por suspensión del proceso, que nada tiene que ver con el sobreseimiento.

Pues bien, la ley agrupa todas las causas bajo la denominación común de sobreseimiento, clasificándolo en libre, si el proceso queda impedido en definitiva; y en provisional, si tan sólo se produce la paralización, teniendo en ambos casos como efecto el archivo de la causa.

En este sentido, el sobreseimiento libre es la resolución judicial que pone fin al proceso, una vez concluido el procedimiento preliminar, y antes de abrirse el juicio oral, con efectos de cosa juzgada, equivaliendo a sentencia absolutoria, por no ser posible una acusación fundada, bien por inexistencia del hecho, bien por no ser el hecho punible, bien, finalmente, por no ser responsable criminalmente quien hasta esos momentos aparecía como presunto autor, en cualquiera de sus grados.

El sobreseimiento (archivo) provisional, por contra, es la resolución judicial que paraliza momentáneamente el proceso, no permitiendo la apertura del juicio oral, por faltar elementos fácticos suficientes para formular la acusación contra determinada persona, o no estar a disposición del tribunal el investigado, levantándose la suspensión cuando consten en la causa, o sea habido.

Ante la importancia, pues, de la resolución a tomar, la LECRIM quiso originariamente que en ambos casos fuera competencia funcional del órgano jurisdiccional colegiado que iba a conocer del juicio oral y dictar la sentencia, es decir, de la Audiencia Provincial (art. 632 LECRIM). Así sigue establecido respecto al proceso por delitos más graves. Pero en el proceso abreviado y en el proceso especial para el enjuiciamiento rápido de determinados delitos, la decisión no corresponde a quien va a conocer del juicio oral, sino al propio juez competente para la instrucción (arts. 779.1-1ª, 782, 783.1 y 800 LECRIM), al igual que en el nuevo juicio sobre delitos leves (art. 964.2, a) LECRIM). Finalmente, la resolución en la que se dicta el sobreseimiento, en cualquiera de sus modalidades, es un auto (arts. 142, III, 636 y 779.1 LECRIM).

2) Clases

La ley distingue atendiendo a los sujetos implicados entre sobreseimiento total y parcial, además de entre sobreseimiento libre y provisional (art. 634, I LECRIM).

En efecto, si consideramos los investigados que pueden verse implicados por la resolución, el sobreseimiento puede ser *total* si afecta a todos los investigados en la causa, en cuyo caso se archiva ésta, con las piezas de convicción que no tuvieren dueño conocido, pues si lo tienen hay que estar a lo dispuesto en el art. 635, una vez se hayan practicado las diligencias necesarias para la ejecución de lo mandado (art. 634, III LECRIM); o *parcial,* si no afecta a todos los investigados, lo que significa la apertura del juicio oral contra los no favorecidos por el auto de sobreseimiento (art. 634, II LECRIM).

Pero considerando los motivos y efectos respectivos, el sobreseimiento es *libre* cuando se pone fin al proceso definitivamente por alguna de las causas del art. 637 LECRIM; y *provisional* cuando se paraliza temporalmente el proceso al concurrir alguno de los motivos del art. 641 LECRIM. Esta última clasificación es la más importante y a ella vamos a dedicar nuestra atención a partir de ahora. Por lo dicho *supra,* al sobreseimiento libre, es decir, al verdadero sobreseimiento, vamos a denominarlo simplemente como tal, mientras que al provisional le llamaremos archivo.

3) Presupuestos del sobreseimiento libre

El auto de sobreseimiento libre, en tanto significa la terminación del proceso penal sin necesidad de llegar al juicio oral, exige la concurrencia de unos presupuestos muy concretos, sobre los cuales el órgano jurisdiccional debe tener certeza absoluta de su existencia, o, si se prefiere, el mismo grado de convicción que al dictar sentencia debería tener para absolver. Dichos requisitos se regulan en el art. 637 LECRIM y son:

A) *Inexistencia del hecho:* Procede el sobreseimiento libre «cuando no existan indicios racionales de haberse perpetrado el hecho que hubiere dado motivo a la formación de la causa» (art. 637-1°).

Este motivo atiende a la absoluta convicción del órgano jurisdiccional de que el hecho material que dio origen a la formación de la causa nunca ha existido en realidad.

Ejemplo típico: Se incoa sumario por delito de homicidio y el «muerto» aparece vivo con posterioridad sin haber sido ofendido por ningún delito contra su persona, o se llega a la conclusión de la imposibilidad de que pueda aparecer el «cadáver» porque no puede haber ninguno.

Obsérvese que aquí el juez realiza un juicio exclusivamente fáctico, y razona sin ninguna duda que el hecho (la muerte de una persona) no ha existido.

B) *Inexistencia de hecho punible:* También procede el sobreseimiento libre «cuando el hecho no sea constitutivo de delito» (art. 637-2°).

A diferencia del caso anterior, aquí el hecho existe, pero no es punible, es decir, es atípico, y sobre ello el órgano jurisdiccional tiene igualmente certeza absoluta. La diferencia estriba en que la valoración tiene que ser tanto fáctica como jurídica.

Ejemplo típico: Incoación de procedimiento preliminar por presunta estafa, que tras la investigación resulta ser una mera deuda civil. Por este número habría que sobreseer la causa respecto a aquéllos que, en el momento de despenalizarse un hecho punible, sean imputados por él (como ocurrió respecto a los delitos de adulterio, amancebamiento o aborto, en el momento de aprobarse las respectivas leyes de supresión o mitigación, o con la supresión de las faltas cuyos hechos típicos dejan de ser sancionables).

El motivo de no ser los hechos constitutivos de delito, como dice la ley, no es siempre causa de sobreseimiento, pues, dependiendo de cuándo se acredite este extremo en el proceso tiene una diferente resolución, no siempre rodeada de las mismas garantías, sobre todo por lo que puede significar respecto al derecho de acción del ofendido (v. S TC 148/1987, de 28 de septiembre): Así, si los hechos no son constitutivos de «delito» en el momento de formular la denuncia, la autoridad no la admite a trámite (art. 269 LECRIM); si es en el momento de la querella, el juez también la inadmite (art. 313, I LECRIM y S TC 148/1987, anteriormente citada, que se refiere especialmente a la querella); si es en el momento de dictar sentencia, procede la absolución (v. art. 742, I LECRIM); si resulta la atipicidad con posterioridad, sólo cabría la revisión de la condena con base en el art. 40.1 LOTC, o de la propia ley penal reformadora.

Pero la importancia máxima de esta causa reside en que, como hemos visto *supra,* permite al órgano jurisdiccional en el proceso por delitos más graves, en los procesos abreviados y en los juicios rápidos, desvincularse de la petición de apertura del juicio oral, pudiendo acordar el sobreseimiento de oficio (arts. 645, I, 783.1 y 798.2-1° LECRIM). En todo caso, caben recurso de apelación y recurso de casación si se dan los requisitos de los arts. 766.1, 795.4, 846 ter y 848 LECRIM.

C) *Falta de indicios de responsabilidad criminal:* Finalmente, procede el sobreseimiento libre también «cuando aparezcan exentos de responsabilidad criminal los encausados como autores, cómplices o encubridores» (art. 637-3°).

La redacción del motivo ha quedado hoy superada, porque de lo que se trata en realidad es de la certeza absoluta del órgano jurisdiccional de que faltan indicios racionales de responsabilidad criminal en la persona investigada. La valoración a efectuar, por tanto, además de afectar a los hechos se refiere también, como en el motivo anterior, al derecho.

Pero la cuestión no es nada sencilla cuando se trata de concretar este motivo, ya que en muchos casos la falta de indicios es algo únicamente demostrable tras la práctica de la prueba en el juicio oral y no antes, razón por la que la jurisprudencia ha tenido siempre prevenciones respecto a este motivo, prefiriendo no acogerse a la posibilidad de sobreseimiento y despejar las dudas en el acto de la vista.

En principio, habría que sobreseer por esta causa cuando el investigado no haya participado en el hecho, cuando sea inimputable, cuando falte la culpabilidad o cuando quede excluida la antijuridicidad o la punibilidad de la acción.

Pero el ejemplo típico que habría que citar aquí pone de relieve precisamente las cuitas jurisprudenciales: Si el informe psiquiátrico demuestra, sin lugar a dudas, que el investigado cometió el hecho punible en estado de trastorno mental, al existir certeza sobre la inimputabilidad, no debería hacer falta esperar a la sentencia para absolver e imponer una de las medidas de seguridad del art. 20.1° CP (v.gr., el internamiento en hospital psiquiátrico penitenciario), como se suele hacer en la práctica, con base en el argumento de permitir así un mejor cumplimiento del principio de contradicción en el juicio oral, sino que se podría decretar el sobreseimiento libre al amparo de este número e imponer en el auto dichas medidas. Este modo de proceder, que pensamos que es el más correcto, es para el TS, sin embargo, «un enérgico remedio que sólo con suma cautela se aplica por esta Sala en casos de insólita excepción» (SS 5 de noviembre de 1979, RA 3814; y 20 de octubre de 1982, RA 5663).

No está de más advertir que el cauce procedimental de un motivo que signifique en definitiva falta de responsabilidad criminal, no es el propio del sobreseimiento si está previsto expresamente otro. Por ejemplo, si deja de existir responsabilidad criminal por indulto, hay que estar al procedimiento de los artículos de previo pronunciamiento (v. arts. 130-3° CP y 666-4ª LECRIM, además de lo que decimos *infra)*. Lo cual revela al fin y a la postre una grave deficiencia de la ley, pues a idéntica naturaleza de la causa, el procedimiento debe ser el mismo.

Pero no es la única falla, porque, para terminar, y en los procesos abreviados únicamente, este motivo permite también al juez desvincularse respecto a la petición de apertura del juicio oral, pudiendo decretar el sobreseimiento libre (art. 783.1, I LECRIM), cabiendo contra esta decisión recurso de apelación (v. art. 766.1 LECRIM). Esta perturbadora diferencia de tratamiento respecto al proceso por delitos más graves no tiene justificación alguna en cuestión tan importante, ya que, aunque se pretenda acelerar el procedimiento, la jurisprudencia sigue siendo contraria a absolver sin juicio oral, como ocurría con el anterior motivo. Además, en nuestra opinión se pone en peligro el principio de igualdad y el derecho a la tutela judicial efectiva (arts. 14 y 24.1 CE) desde el punto de vista del acusador, sobre todo de la acusación particular (la víctima).

No son posibles otras causas de sobreseimiento libre, por lo que un sobreseimiento encubierto, por ejemplo, transformando en abreviado un proceso, por entender el tribunal que los delitos requieren este procedimiento adecuado, que debería tramitarse como ordinario, impidiendo así la acusación y pena por delitos más graves, sería anulado en casación (STS núm. 400/2021 de 12 mayo, RJ 2021\2188).

4) *Presupuestos del archivo provisional*

A diferencia del sobreseimiento libre, el sobreseimiento o archivo provisional exige la concurrencia de sus presupuestos sin ese grado de certeza absoluta, bastando únicamente la duda razonable para poder ser acordado. Aquí los motivos afectan únicamente a cuestiones fácticas y probatorias, no a temas jurídicos, produciéndose la paralización por suspensión del procedimiento hasta que sea despejada aquella incerteza. Las causas se regulan en el art. 641 LECRIM:

A) *Dudosa existencia del hecho:* Procede el archivo provisional «cuando no resulte debidamente justificada la perpetración del delito que haya dado motivo a la formación de la causa» (art. 641-1°).

Si se compara con la primera causa de sobreseimiento libre (inexistencia del hecho), el paralelismo y las diferencias son evidentes: Concurre duda razonable, no certeza absoluta, sobre si el hecho ha existido realmente o no.

Esta es la resolución que hay que tomar, por ejemplo, cuando parece que por las circunstancias se ha podido cometer un crimen, el presunto fallecido ha desaparecido sin dejar rastro, pero el cadáver no se encuentra.

B) *Falta de pruebas para la imputación:* Es procedente igualmente el archivo provisional «cuando resulte del sumario haberse cometido un delito y no haya motivos suficientes para acusar a determinada o determinadas personas como autores, cómplices o encubridores» (art. 641-2°).

El paralelismo y las diferencias con la causa tercera de sobreseimiento libre (falta de indicios de criminalidad) son también evidentes, dudándose aquí sobre la participación de los investigados en los hechos o, incluso, no existiendo a disposición judicial un investigado.

Por eso esta es la resolución que hay que tomar cuando, descubierto el crimen y llegado al final de la investigación, no ha podido ser hallado el presunto autor, o se ignora totalmente quién haya podido ser.

En este sentido, y para los procesos abreviados y juicios rápidos, procede el archivo provisional «si, aun estimando que el hecho puede ser constitutivo de delito, no hubiere autor conocido» (art. 779.1-1ª «in fine» y 798.2-1° LECRIM). Debe ser claro que también procede por el motivo del art. 641-1° LECRIM.

Obsérvese, de un lado, que el archivo provisional se decreta cuando existe duda, no cuando existe certeza, pues en este caso procede el sobreseimiento libre, sobre los hechos y la participación de los presuntos responsables. Por este mismo factor psicológico, el archivo debe acordarse siempre que se piense que la práctica de la prueba en el juicio oral no aclarará tan fundamentales dudas, porque lo que falta es precisamente la prueba, o es notoriamente insuficiente y hay que esperar a que se produzca y se traiga a la causa. En caso contrario, si persisten las dudas pero la investigación se ha completado y los elementos probatorios constan ya en la causa, lo que procede es dictar auto de apertura del juicio oral, según sabia máxima fijada por la doctrina del Tribunal Supremo. Al fin y a la postre, para abrir éste tampoco se requiere certeza absoluta ni en cuanto a la condena ni en cuanto a la absolución del acusado, ya que la prueba, a practicar en el acto de la vista, está destinada a despejar estas dudas.

Pero de otro, el archivo o sobreseimiento provisional no es institución pensada para discutir cuestiones jurídicas, sino fácticas, lo que significa que las dudas deben referirse exclusivamente a hechos para acordarlo. En caso de dudas jurídicas, hay que abrir necesariamente el juicio oral, para que tras la práctica de la prueba se despejen definitivamente en la correspondiente sentencia.

En la práctica se cometen sin embargo errores inadmisibles al dictar autos de sobreseimiento provisional porque, aunque los hechos existen y hay investigado en la causa, el Juez cree que no se ha acreditado una circunstancia característica que califica el delito, v.gr., la gravedad en el acoso laboral, o la continuidad de una acción cuando la ley lo exija. Mucho peor si existen dudas sobre dicha circunstancia. Porque lo que debe hacerse, dado que estamos ante una cuestión jurídica, so pena de vulnerar el derecho a la prueba y a la tutela judicial efectiva de la acusación, es abrir el juicio oral y despejar en él con la práctica de la prueba esas dudas.

Tras la exposición de los motivos respectivos, se observan claras *diferencias* entre el sobreseimiento libre y el archivo provisional: 1ª) Las causas de sobreseimiento o archivo provisional son meramente temporales, basadas en dudas, mientras que las de sobreseimiento libre son definitivas, al estar fundadas en la certeza; 2ª) El archivo provisional es un simple aplazamiento del proceso, en tanto no prescriba el delito (v. art. 132.2 CP), mientras que el sobreseimiento libre significa la terminación definitiva del proceso; y 3°) El archivo provisional se funda en motivos de hecho exclusivamente, mientras que el sobreseimiento libre se basa en motivos fácticos y jurídicos.

5) *Efectos respectivos*

La LECRIM distingue los efectos del sobreseimiento según sea libre o provisional, total o parcial. Se puede hablar, no obstante, de efectos comunes y especiales del sobreseimiento, conforme a la mejor doctrina.

1°) *Efectos comunes:* Según el sobreseimiento haya sido total o parcial, son los siguientes:

- *Sobreseimiento total:* Se producen los efectos de archivo de la causa (art. 634, III LECRIM), y se ordena el destino de las piezas de convicción, según tengan dueño conocido (art. 635, IV LECRIM), o no (art. 634, III LECRIM).

Está prevista la pertenencia de la cosa a un tercero, quien puede reclamarla (art. 635, I LECRIM). En caso de decomiso, hay que estar a lo que se explica en las lecciones 7ª y 18ª. También se produce el efecto de cancelación de la prisión provisional y demás medidas cautelares personales o reales (las fianzas y embargos decretados), como lo demuestran, para los procesos abreviados, los arts. 782.1, II y 783.2 LECRIM, ante el silencio de la LECRIM para el proceso por delitos más graves (Memoria FTS de 15 de septiembre de 1902).

Respecto a la conservación y destino de las piezas de convicción hay que estar a lo dispuesto en el RD 2783/1976, de 15 de octubre (BOE del 8 de diciembre), y en la RO de 14 de julio de 1983 (BOE del 21), en la medida que no estén afectados por el art. 338 y concordantes LECRIM.

En los procesos abreviados hay una disposición particular importante, pues el archivo de la causa no se produce para que se pueda establecer qué medida de seguridad se impone, y qué pretensión civil procede, continuando el juicio penal, cuando el sobreseimiento se haya acordado apreciando las causas eximentes primera, segunda, tercera, quinta y sexta del art. 20 CP, supuesto en el que se procederá a la calificación a los efectos de lo dispuesto en esa norma y en el art. 118 CP (art. 782.1, I, extensible por el art. 798.2-1° LECRIM a los juicios rápidos).

- *Sobreseimiento parcial:* El juicio oral debe abrirse respecto a aquellos investigados a los que no favorezca la declaración (art. 634, II LECRIM). Esto significa que la causa no se archiva y que las piezas de convicción permanecen en poder del tribunal. Pero nada obsta a la cancelación de medidas cautelares respecto a los que afecte el sobreseimiento.

2°) *Efectos especiales:* La clasificación que entra en juego ahora afecta al sobreseimiento libre y al archivo provisional.

- *Sobreseimiento libre:* Los efectos despliegan su eficacia con relación a la acusación, a la persona acusada y al propio proceso.

1. En cuanto al acusador, el investigado puede pedir al tribunal que reserve, al declarar el sobreseimiento, el derecho de éste para perseguirlo por calumnia (art. 638, II LECRIM), lo cual puede hacer de oficio también el propio órgano jurisdiccional (art. 638, III LECRIM). Pero los delitos presumiblemente cometidos pueden ser también los de denuncia y acusación falsas (arts. 456, reformado en 2015, y 464 CP), además del propio de calumnia (arts. 205 y ss.).

2. Respecto a la persona acusada, si el sobreseimiento es por el motivo primero o segundo del art. 637, podrá declararse en el auto que la formación de la causa no perjudica a la reputación del investigado (art. 638, I LECRIM). En el caso de que se aprecie el motivo tercero de dicho precepto, hay que estar a lo que dispone el art. 640 LECRIM.

3. El efecto más importante del sobreseimiento libre es el de que sus autos gozan de la cosa juzgada material. La LECRIM no dice nada al respecto, pero desde la Memoria FTS de 15 de septiembre de 1908, la jurisprudencia admite sin vacilaciones la producción de la cosa juzgada, como si de una sentencia absolutoria se tratara. Por ello, quien se vea favorecido por el sobreseimiento libre, no podrá volver a ser enjuiciado por los mismos hechos.

Al suprimirse las faltas en 2015, el art. 639 LECRIM carece de sentido.

- *Sobreseimiento o archivo provisional:* No se produce el efecto de cosa juzgada material, por no ser una resolución de fondo definitiva. Sí se da clarísimamente la paralización por suspensión de la causa penal (y consiguiente archivo provisional de las actuaciones).

Respecto a otros posibles efectos, existe discusión doctrinal ante el silencio de la ley. En nuestra opinión, es igualmente diáfano que hay que resolver la situación personal del investigado, por lo que se deben cancelar al menos las medidas cautelares personales decretadas en su contra, y también, si se sospecha una tardía solución, las cautelares reales. Las piezas de convicción con dueño conocido deben devolverse igualmente, permaneciendo las demás en poder del órgano jurisdiccional.

6) Procedimiento

La petición de sobreseimiento debe realizarla la parte acusadora, tanto en el proceso por delitos más graves como en los procesos abreviados y juicios rápidos, en el escrito en que muestran su acuerdo con el auto de conclusión del sumario o de las diligencias previas o urgentes dictado por el juez (v. arts. 622 y ss. LECRIM), alternativamente a su petición de apertura del juicio oral (arts. 627, IV, 780.1 y 798.1 LECRIM).

La ley no dice nada respecto a la petición de sobreseimiento del investigado. La petición de sobreseimiento realizada por la parte investigada (posibilidad garantizada por la S TC 186/1990, de 15 de noviembre), carece de relevancia jurídica, salvo en lo que pueda contribuir a formar la convicción del órgano jurisdiccional. Pero en la práctica se admite irregularmente que se pueda solicitar incluso antes del momento previsto para que lo pueda hacer la acusación, por tanto, durante la fase de procedimiento preliminar, y se admite, en clara interpretación *contra legem*, que el juez pueda dictar auto de sobreseimiento libre antes de que concluya el sumario o las diligencias previas o urgentes.

Pero la jurisprudencia sí se ha pronunciado cuando la única parte que pide la apertura del juicio oral, en contra del Ministerio Fiscal y de la acusación particular si se hubiera personado (que piden el sobreseimiento), es la acusación popular. Tras el desarrollo de la llamada doctrina *Botín* (S TS 1045/2007, de 17 de diciembre, RJ 2007\8844) y de la doctrina *Atutxa* (S TS 54/2008, de 8 de abril, RJ 2008\1325), que la matiza en forma relevante, pero ambas polémicas porque no se corresponden con el tenor literal de la ley, hoy rige el criterio de que si no existe un interés colectivo protegido por el delito objeto del proceso penal, por afectar a un bien de titularidad colectiva, de naturaleza difusa o de carácter metaindividual, como la seguridad del tráfico jurídico, sin perjuicio de que también pueda existir un perjuicio individual, la petición la acusación popular solicitando la apertura del juicio oral no puede ser aceptada por el Tribunal. Una restricción muy importante que podría poner en cuestión el derecho constitucional de acción (tutela judicial efectiva) del no ofendido por el delito, además de un ataque frontal a la institución de la acción popular.

La tramitación posterior prevista por la ley difiere según el sobreseimiento lo pidan todas las partes personadas, o, distintamente, se pida la apertura del juicio oral sólo por alguna de ellas.

1ª) *Petición del sobreseimiento por todas las partes acusadoras personadas:* Si el MF, el acusador particular y el acusador popular, es decir, todas las partes acusadoras posibles, o todas las que estén personadas (generalmente sólo el MF), piden el sobreseimiento, como consecuencia del principio acusatorio, el órgano jurisdiccional queda inicialmente vinculado, tanto si se ha solicitado el libre como el provisional (arts. 642, II y 643, II LECRIM).

Pero otros principios igualmente importantes despliegan sus efectos sobre el proceso penal, como es el de legalidad, que obliga a la persecución penal del hecho punible. Por ello, si el tribunal considera que la petición no es ajustada a derecho, por entender que los hechos sí han existido, sí son típicos o las personas investigadas sí son responsables, y el MF es el único acusador personado, tiene dos posibilidades para eludir el auto de sobreseimiento:

- Salir en busca del ofendido por el delito y ofrecerle la «acción» penal (art. 642, I LECRIM), es decir, indicarle que, si no se persona y acusa, tendrá que sobreseer (art. 642, II LECRIM), utilizando los actos de comunicación previstos en el art. 643 LECRIM; o
- Si, a pesar de ese ofrecimiento, el ofendido no quiere ejercer su derecho de acción y acusar, el tribunal puede acudir todavía ello no obstante al superior jerárquico del Ministerio fiscal (es decir, al Fiscal Jefe de la AP, del TSJ o del TS, en su caso), con el fin de que resuelva sobre si procede o no formular la acusación, comunicando la decisión al tribunal, con devolución de la causa (art. 644 LECRIM). Si ambas actuaciones, que en la práctica lógicamente se siguen por ese orden sucesivo aunque nada diga la ley al respecto, dan resultado infructuoso, el sobreseimiento es inevitable (arts. 642, II y 643, II LECRIM). Si la respuesta es positiva, se procede como se indica en el apartado siguiente.

En los procesos abreviados el juez puede ofrecer también acciones al ofendido no personado, cuando el MF haya solicitado el sobreseimiento, o, en caso de negativa, acudir, si se discrepa de la petición de la acusación, al superior jerárquico del MF en el tribunal correspondiente, para que decida si procede o no sostener la acusación (art. 782.2 LECRIM). Contestando negativamente al superior, el instructor debe sobreseer.

2ª) *Petición de apertura del juicio oral por alguna parte acusadora personada:* En este supuesto, también como consecuencia del principio acusatorio, sabemos por lo indicado *supra* que el tribunal está obligado a abrir el juicio oral, con la única excepción de que considere que los hechos son atípicos, supuesto en el que puede decretar el sobreseimiento libre (art. 645, I LECRIM), o, además, en los procesos abreviados, si el instructor considera que no existen indicios de criminalidad (art. 783.1 LECRIM). En todos los demás casos de sobreseimiento, libre o provisional, la apertura del juicio es insoslayable (art. 645, II LECRIM).

La primera norma es de difícil interpretación porque supone una posibilidad de desvinculación claramente enfrentada a los postulados del principio acusatorio, difícilmente explicable con base en cualquier otra máxima, aunque se ha intentado relacionarlo con el principio de correlación entre acusación y sentencia. Esto puede significar, en realidad, que los motivos de sobreseimiento de los arts. 637 y 641 no son presupuestos del propio sobreseimiento, sino de la petición del mismo por los acusadores, siendo sus destinatarios los acusadores y no el tribunal, salvo, precisamente, el art. 645, I LECRIM, por lo que el órgano jurisdiccional puede actuar así sin más. Hay también una razón práctica a nuestro juicio: ¿Para qué seguir con el proceso si el tribunal, sabedor ya en grado de certeza absoluta que los hechos son atípicos, va a absolver en la sentencia?

7) Medios de impugnación

La recurribilidad de los autos de sobreseimiento presenta un diferente tratamiento según las clases, los motivos y el proceso ordinario en que se acuerden. Esta complejidad viene motivada fundamentalmente por el desarrollo particular que hace la ley En principio, hoy cabe recurso de apelación (art. 846 ter.1 LECRIM), y posteriormente recurso de casación (art. 636, I LECRIM).

La frase «contra los autos de sobreseimiento sólo procederá, en su caso, el recurso de casación», de esta última norma, ya no es por tanto exacta. Debe interpretarse respecto a la casación ahora así:

1ª) Los *autos de sobreseimiento libre,* que impidan la interposición de la pretensión porque niegan fundamento a la acusación, están sometidos al mismo régimen impugnatorio, tanto en atención a la causa, como en atención al proceso en que se dicten, con algún matiz importante:

- En efecto, en el proceso por delitos más graves, es recurrible tanto en apelación como en casación el auto que sobresea por ser los hechos atípicos o, como dice la ley, no ser constitutivos de delito, es decir, el dictado al amparo de la causa segunda del art. 637 LECRIM, y ahora también el auto que sobresea por no existir indicios racionales de responsabilidad criminal (art. 637-3º LECRIM), de acuerdo con el art. 848 LECRIM, siempre que la causa se haya dirigido contra el encausado mediante una resolución judicial que suponga una imputación fundada.

Existían dudas sobre si este último motivo era recurrible en casación porque es evidente que se ha aplicado una norma jurídica material, y sin embargo no se concedía el recurso. La doctrina se inclinaba por la admisibilidad del recurso en este caso también (y la solución dada para los procesos abreviados así lo confirma, como veremos inmediatamente), porque el sobreseimiento niega aquí la posibilidad de interponer la pretensión penal, es decir, de formular la acusación, y, por tanto, podía afectar al derecho de acción del art. 24.1 CE. Ahora el tema ya está legalmente resuelto a favor de la admisibilidad del recurso.

Pero la exclusión de la casación cuando el sobreseimiento se ha dictado por inexistencia del hecho (art. 637-1º LECRIM) debe seguir siendo evidente, pues entonces no se ha aplicado ninguna norma jurídica, sino que se ha efectuado sólo una valoración fáctica, según dijimos *supra,* y carece de sentido el control en casación, el recurso nomofiláctico por excelencia.

- En cambio, por lo que afecta a los procesos abreviados, tanto la resolución que acuerde el sobreseimiento por la causa segunda, como por la causa tercera del art. 637 LECRIM, son recurribles en apelación ante la AP por aplicación del art. 846 ter.1 LECRIM, pues no hay norma expresa. Pero si el sobreseimiento libre es acordado *ex novo* en apelación por la AP, cabe también casación contra el auto correspondiente, sólo por infracción de ley (STS núm. 202/2018, de 12 de abril).

2ª) No ocurre lo mismo respecto al *auto de sobreseimiento o archivo provisional,* pues contra el dictado en el proceso por delitos más graves no se da recurso alguno, ni el de casación, ni siquiera el de súplica, por no ser resoluciones definitivas y no concederse en la ley expresamente algún recurso contra ellas (art. 848, en relación con el art. 636 LECRIM).

La paradoja reside en la diferencia de tratamiento respecto a los procesos abreviados, en los que sí debe caber recurso de apelación, aunque el sobreseimiento sea provisional, no sólo por quedar comprendido en la declaración general del art. 766.1 LECRIM, sino también, y además, porque en realidad es resolución denegatoria de la apertura del juicio oral (art. 783.3 LECRIM, a contrario).

De acuerdo con los arts. 636, II a VI, y 779.1-1ª, II a VI LECRIM, en todos los casos se comunicará a las víctimas del delito el auto de sobreseimiento, y, en los casos de muerte o desaparición ocasionada por un delito, el auto de sobreseimiento será comunicado de igual forma a las personas a las que se refiere el párrafo segundo del apartado 1 del artículo 109 bis. Excepcionalmente, en el caso de ciudadanos residentes fuera de la Unión Europea, si no se dispusiera de una dirección de correo electrónico o postal en la que realizar la comunicación, se remitirá a la oficina diplomática o consular española en el país de residencia para que la publique. El plazo para recurrir el sobreseimiento empieza transcurridos cinco días desde la comunicación. Las víctimas podrán recurrir el auto de sobreseimiento dentro del plazo de veinte días aunque no se hubieran mostrado como parte en la causa.

IV. LOS PRESUPUESTOS PROCESALES

1) Concepto y tratamiento

En la legislación procesal penal, al igual que en la civil, no existe un tratamiento específico de todos los presupuestos procesales, y el que hay es muy deficiente, distinguiéndose según estemos en el proceso penal ordinario por delitos más graves», o en los abreviados.

A) En el proceso por delitos más graves

En efecto, en el proceso por delitos más graves, la LECRIM ha agrupado algunos de ellos en un acto procesal posterior a la apertura del juicio oral, pero previo a la calificación provisional, dándoles el nombre de *artículos de previo pronun-*

ciamiento (art. 666 y ss.). Estos artículos, o «cuestiones previas», como también se les conoce jurisprudencial y doctrinalmente, recogen algunos presupuestos procesales puros y mixtos, con diferentes consecuencias según su naturaleza.

Los presupuestos procesales que se regulan como artículos de previo pronunciamiento en el art. 666 LECRIM son: 1°) Declinatoria de jurisdicción; 2°) Cosa juzgada; 3°) Prescripción del delito; 4°) Amnistía e indulto; y 5°) Falta de autorización administrativa para procesar a funcionarios. A su estudio particularizado dedicamos la parte final de esta lección, correspondiendo aquí analizar el procedimiento, decisión y efectos.

La antigua denominación legal «artículo de previo pronunciamiento» requiere una breve explicación. En efecto, por «artículo» hay que entender un tema distinto, separado e independiente del de fondo, y por «previo pronunciamiento», a resolver antes de entrar en él, porque de ser estimados impiden precisamente dictar la sentencia. Pero ni todos son artículos en ese sentido, ni todos excluyen definitivamente la sentencia.

Todos los demás presupuestos no previstos como artículos de previo pronunciamiento, deben ser articulados y resueltos conforme a sus propias normas particulares.

Por ejemplo, si a la parte investigada le falta la capacidad procesal por trastorno mental sobrevenido, y no puede, consiguientemente, ser juzgada por carecer de las condiciones psíquicas de aptitud necesaria, o sea, para participar conscientemente en el juicio, el defensor debe plantearlo en el momento se produzca la enfermedad, si no lo acuerda de oficio el órgano jurisdiccional, y éste ordenar la correspondiente diligencia psiquiátrica y, de ser positivo el resultado y su convicción, suspender el proceso hasta que sane (v. arts. 380 a 383 LECRIM).

Precisamente estos casos en los que no está previsto que se tramiten como artículos de previo pronunciamiento (e incluso en este último supuesto, dada la disposición del art. 678 LECRIM), planteaban un problema de resolución concreto cuando se apreciaba su falta una vez abierto el juicio oral y en el momento de dictar sentencia, ya que entonces únicamente procedía la sentencia de fondo, absolutoria o condenatoria (art. 742, I LECRIM), con base en el art. 144 LECRIM, que prohíbe las sentencias procesales o de absolución de la instancia. Esto podía significar tener que absolver injustamente.

Pues bien, ahora el tema ha quedado perfectamente resuelto, pues, el art. 245.1, b) LOPJ, asumiendo la jurisprudencia anterior respecto a esta cuestión, que se inclinaba por un auto declarando la nulidad de actuaciones, nos dice que habrá que dictar un auto, ya que se decide un presupuesto procesal.

Resta por considerar en el tratamiento procesal de los que la ley llama artículos de previo pronunciamiento el procedimiento y, lo que es más importante, los efectos de la decisión.

Procedimentalmente se proponen dentro del plazo de tres días, a contar desde el de la entrega de los autos para la calificación de los hechos (art. 667 LECRIM), significando la propuesta en forma (escrito más documentos) la suspensión del procedimiento (art. 670, II LECRIM, «a contrario sensu»).

Tienen todos ellos un procedimiento común, muy sencillo, pues se proponen todas las cuestiones previas que se estime que concurren en un escrito, al que se acompañará la prueba documental correspondiente, o se pedirá que se reclame (arts. 668 y 670 LECRIM), comunicándolo a las demás partes, que contestarán acompañando los correspondientes documentos también (art. 669 LECRIM). Si el órgano jurisdiccional accede a la reclamación de documentos, se recibe a prueba la cuestión (arts. 670 y 671 LECRIM). Parece, pues, que solamente es admisible la prueba documental (el art. 672, II LECRIM prohíbe expresamente la testifical).

Transcurrido el término de prueba, el órgano jurisdiccional señala día para la vista, en donde las partes informarán si lo desean (art. 673 LECRIM), dictando auto resolviendo la cuestión al día siguiente (art. 674, I LECRIM).

La *decisión* de los artículos de previo pronunciamiento tiene efectos muy importantes en caso de que se estimen los de naturaleza mixta. Pero veamos las dos posibilidades:

a) Si se *desestima* el artículo, la LECRIM distingue a su vez según se haya interpuesto la declinatoria de jurisdicción o no:

   - Desestimada la declinatoria, el órgano jurisdiccional confirmará su competencia, aunque el auto es susceptible de recurso de apelación (v. art. 676, I y III LECRIM). De haberse interpuesto más cuestiones previas, entrará en conocimiento de ellas.

   - No interpuesta la declinatoria, desestimándose cualquiera de las otras, el procedimiento sigue su curso (arts. 676, II, y 677, III LECRIM), dándose un plazo de tres días a la parte para que formule la calificación provisional (art. 679 LECRIM). El auto es irrecurrible (arts. 676, III «in fine» y 677, III LECRIM), pero las partes pueden, como medio de defensa, volver a plantearlas en el juicio oral, excepto las que afecten a la competencia y si estamos ante una causa de la que conoce el Jurado (art. 678 LECRIM).

b) En cambio, la *estimación* del artículo produce efectos muy importantes, dependiendo también de la naturaleza del interpuesto. Sobre ello, hay que estar a las siguientes normas:

   - Si se ha propuesto la declinatoria además de otros artículos, el tribunal resolverá primero sobre ella (art. 674, II LECRIM), como es lógico, pues si se estima incompetente, no puede entrar a resolver las demás él, sino el competente, a quien enviará la causa (art. 674, III LECRIM). Si se estima competente, entonces entrará a conocer de las demás (art. 676, I LECRIM).

- Si estima la cosa juzgada, prescripción del delito, amnistía o indulto, la resolución equivale a un auto de sobreseimiento libre, poniéndose en libertad al investigado preso si ésta es la única causa en su contra (art. 675 LECRIM). En particular y para un caso concreto: La competencia, la tramitación urgente y preferente y el procedimiento para hacer efectiva la amnistía del independentismo catalán se regula en los arts. 9 a 11 LO 1/2024, de 10 de junio, de amnistía para la normalización institucional, política y social en Cataluña. Si el proceso está en marcha, sobreseimiento libre o sentencia absolutoria; si ha terminado, revisión por quien dictó la sentencia de primera instancia, se supone que aplicando los arts. 954 y ss. LECRIM, lo que no va a ser siempre fácil.
- Dado que, como veremos *infra,* la falta de autorización administrativa para procesar a un funcionario carece hoy de contenido, atendida su explicación histórica, el art. 677 LECRIM sería únicamente aplicable en caso de falta de concesión de suplicatorio para proceder contra un parlamentario (autorización que es más legislativa que administrativa).

En todos los casos en que se estime el artículo de previo pronunciamiento cabe recurso de apelación (v. art. 676, III primera frase LECRIM). Pero el órgano competente para conocer de la apelación es distinto, pues si estamos ante el proceso abreviado competencia de la Sección de lo Penal del Tribunal de Instancia (TISecP), conoce la AP de la apelación (art. 766.1,). Pero si del proceso abreviado conoce la AP, o estamos en el proceso penal ordinario por delitos más graves, al haber sido dictado el auto por la propia AP, la apelación es competencia del TSJ (v. el art. 846 bis a), II LECRIM), que es el órgano intermedio entre aquélla y el TS.

B) En los procesos abreviados, en los juicios rápidos y en los juicios sobre delitos leves

En estos procesos la situación es mejor, pues el art. 785 LECRIM, redactado de nuevo en 2025, prevé una *audiencia saneadora,* denominada «audiencia preliminar», a celebrar al inicio del acto de la vista, una vez el letrado de la administración de justicia ha dado lectura a los escritos de acusación y de defensa. Ello no es aplicable a los juicios rápidos en virtud del art. 802.1 LECRIM, reformado también en 2025, lo que resulta sorprendente, porque parece que sí es aplicable en los juicios sobre delitos leves por la remisión general contenida en el art. 969.1 LECRIM a la observancia de «las prescripciones de esta ley en cuanto sean aplicables».

En dicha audiencia, de acuerdo con el art. 785.1, I, las partes pueden «exponer lo que estimen oportuno acerca de la posibilidad de conformidad del acusado o acusados, la competencia del órgano judicial, la vulneración de algún derecho fundamental, la existencia de artículos de previo pronunciamiento, causas de la suspensión de juicio oral, nulidad de actuaciones, así como sobre el contenido, finalidad o nulidad de las pruebas propuestas». También pueden proponer «la incorporación de informes, certificaciones y otros documentos», así como «la práctica de pruebas de las que las partes no hubieran tenido conocimiento en el momento de formular sus escritos de acusación o defensa» (art. 785.1, II).

De modo que, dejando de lado ahora lo relativo a las pruebas, todos los presupuestos procesales relativos al órgano jurisdiccional, a las partes, al procedimiento, a los actos de iniciación y a los efectos del proceso, de carácter puro o mixto, sean o no a efectos legales artículos de previo pronunciamiento, que puedan tener cabida en esas expresiones normativas, por afectar a la competencia, a los derechos fundamentales de las partes, a la prueba, o ser susceptibles de provocar la suspensión del juicio oral, y que no concurran o lo hagan defectuosamente, tienen que ser puestos de manifiesto en esta audiencia preliminar y depurarse, pues de lo contrario no se podrá seguir con el juicio adelante.

La audiencia se convoca de oficio por el tribunal, siendo obligatorio para las partes el concurrir, con mínimas concesiones a la posibilidad de su suspensión (art. 785.2).

La resolución en caso de estimarse la falta de algún presupuesto procesal, o alguna vulneración de derecho constitucional, o que concurre algún artículo de previo pronunciamiento o se entienda que alguna prueba es prohibida, puede ser en primer lugar oral, y si se trata de una cuestión compleja mediante auto (art. 785.3, I).

La resolución sólo es recurrible si la resolución pone fin al procedimiento; en otro caso, sólo se recurrirá reproduciendo la cuestión en el recurso que quepa contra la sentencia, previa protesta (art. 785.3, II).

2) *Consideración particular de los artículos de previo pronunciamiento*

En concreto hay que decir sobre ellos lo siguiente:

A) Declinatoria de jurisdicción

La declinatoria, como instrumento de las partes para plantear una cuestión de competencia territorial (arts. 26 y 45 LECRIM), no es en sentido técnico un artículo de previo pronunciamiento, sino que la LECRIM aprovecha la tramitación procedimental de éstos.

Sin duda por ello la jurisprudencia y la doctrina han extendido el ámbito del artículo, entendiendo que bajo la expresión «declinatoria de jurisdicción» se pueden denunciar también:

1°) La falta del presupuesto de jurisdicción de los tribunales españoles.

2°) La falta del presupuesto de competencia penal genérica.

3°) La falta de competencia objetiva «ratione personae», por estar aforado el investigado. Al haberse suprimido las faltas en 2015, la previsión de los arts. 624, 625 y 798.2-1° *in fine* LECRIM carece de objeto y ya no puede fundar, por tanto, la declinatoria.

4°) La falta de competencia funcional.

5°) Y la falta de competencia territorial, que es en lo que pensó fundamentalmente el legislador.

No puede plantearse, al amparo del art. 666-1ª LECRIM, cuestión prejudicial alguna, porque en ellas no se introduce ninguna discusión sobre presupuestos procesales. De no haberse resuelto en la etapa sumarial, habrá que plantearlas en el acto de la vista, y resolverlas el órgano conforme al art. 10 LOPJ.

B) Cosa juzgada

La cosa juzgada, en tanto efecto principal del proceso, será tratada monográficamente en este mismo tomo (v. lección 21ª). Tan sólo decir ahora que al amparo del art. 666-2° LECRIM puede denunciarse también, dada su naturaleza idéntica, la falta de existencia del presupuesto de litispendencia, en los casos raros en que pueda darse la misma en lo penal.

C) Prescripción del delito

Los plazos de prescripción del delito, o mejor, de la prescripción del derecho de persecución del delito, se regulan en los arts. 131 y 132 CP, tras reputarla su art. 130, 6° causa de extinción de la responsabilidad criminal. Esta naturaleza configura a la prescripción como un presupuesto penal (material), pero también procesal porque el proceso no se ha realizado y sin embargo ha transcurrido el plazo para poder ser enjuiciado el investigado por el hecho punible cometido, es decir, porque impide la celebración del juicio. No prescriben nunca los delitos mencionados en el art. 131.3 CP (lesa humanidad, genocidio, delitos contra las personas y bienes protegidos en caso de conflicto armado y terrorismo con resultado muerte, básicamente). A pesar de ser artículo de previo pronunciamiento, la prescripción se puede alegar en cualquier fase del proceso (STC 11/2004, de 9 de febrero).

Sobre la determinación del momento exacto para su cómputo inicial, que es en donde está el verdadero problema a resolver, la jurisprudencia del TS ha sido en los últimos tiempos demasiado vacilante, con severos correctivos impuestos por el TC (v. el estado de la cuestión en STC 25/2018, de 5 de marzo, y STS 226/2017, de 31 de marzo, RJ 2017\1653).

El art. 132.2 dispone que la prescripción se interrumpe cuando el procedimiento se dirija contra la persona indiciariamente responsable del delito, especificando a continuación que ello sucede cuando el instructor dicta auto, en el procedimiento preliminar o fase de investigación, en el que atribuye la participación de una persona en un hecho delictivo. Si en el proceso no existe auto de procesamiento, esta norma hace necesario a efectos de prescripción un auto específico de imputación o una disposición expresa en alguno de los autos que se dictan en esta etapa, v.gr., el de prisión provisional. Por eso la prescripción de la pena (arts. 130-7°, 133 y 134 CP), no es presupuesto procesal, porque el proceso ya ha finalizado por sentencia firme. Que se abra otra causa por los delitos de quebrantamiento de condena o de evasión de presos (arts. 468 a 471 CP), es completamente indiferente a estos efectos, además de ser un problema distinto.

La reforma, debido a los dislates interpretativos producidos, establece extrañamente un plazo de caducidad previo a la interrupción de la prescripción con el fin de evitar legalismos formales que desnaturalicen la institución: La admisión judicial de una querella o denuncia suspende por 6 meses en caso de delito el cómputo de la prescripción, tras lo que pueden suceder tres cosas:

- Si en esos meses se dicta auto de procesamiento o de imputación contra el denunciado, el querellado o una tercera persona, en el que se ordene la interrupción de la prescripción, se interrumpe la prescripción retroactivamente desde el momento de la fecha de presentación de la querella o denuncia (no de la fecha de admisión judicial);
- Si en esos meses se inadmite a trámite la querella o denuncia, continúa el cómputo del término de prescripción; y
- Si en esos meses el juez competente para la instrucción no dicta ninguna resolución en el sentido aquí considerado, continúa el cómputo del plazo de prescripción.

Por tanto, para interrumpir la prescripción (hoy fijada como mínimo por regla general en 5 años), se requiere indubitadamente una resolución judicial motivada de imputación, autónoma o formando parte de otra decisión judicial, que así lo acuerde. Cualquier otra resolución o actuación procesal de la fase de instrucción, no es suficiente para interrumpir la prescripción.

D) Amnistía e indulto

Estos dos artículos de previo pronunciamiento son también presupuestos mixtos, materiales y procesales, por las mismas razones expresadas anteriormente para la prescripción. En lo material, estamos ante motivos personales de liberación o suspensión de la pena por extinción de la responsabilidad criminal (art. 130-4º CP, que ahora vuelve a prever la amnistía, como hizo el art. 112-3º CP de 1973, porque en 1995 se suprimió. Es dudoso que quepa en nuestro Ordenamiento Jurídico después de la aprobación de la CE, al prohibir los indultos generales su art. 62, i). Por ello, la LO 1/2024, de 10 de junio, de amnistía para la normalización institucional, política y social en Cataluña, no despeja de momento las dudas sobre si es ajustada a la CE o no, porque aunque el TC español haya decidido que la amnistía se ajusta a la CE (STC de 26 de junio de 2025), falta la segura decisión del TJUE al respecto.

Ambos, amnistía e indulto, son manifestaciones del derecho de gracia. La amnistía, en efecto, borra tanto el delito como la pena, con todos sus efectos salvo los relativos a la responsabilidad civil, haya sido juzgado o no el beneficiado por ella.

El indulto, en cambio, únicamente borra la pena impuesta o por imponer, regulándose en el art. 62, i) CE, y en la Ley de 18 de junio de 1870, así como en el Decreto de 22 de abril de 1938. Supuestos particulares a tener en cuenta, a iniciativa del órgano jurisdiccional o de las autoridades penitenciarias, se regulan en los arts. 4.3 y 4.4 CP, así como en el art. 206 Rto. LGP de 1996.

E) Falta de autorización administrativa para procesar a un funcionario

Este artículo de previo pronunciamiento se previó en la Constitución de 1876, que no fue luego desarrollada en este punto, ni ha sido recogido por la Constitución de 1978 ni por ninguna otra norma, por lo que carece de aplicación en la actualidad, salvo que por esta vía pueda aducirse la falta de suplicatorio del parlamentario (v. lección 27ª en este mismo tomo).

CAPÍTULO VII

LA FASE DE ENJUICIAMIENTO: JUICIO ORAL, PRUEBA Y TERMINACIÓN

Lección 16ª

EL JUICIO ORAL: ACUSACIÓN Y DEFENSA

JUAN LUIS GÓMEZ COLOMER

SUMARIO: I. EL JUICIO ORAL EN GENERAL; 1) Estructura; 2) Principios; II. LA ACUSACIÓN; 1) Concepto y naturaleza; 2) Actos acusatorios; A) La calificación provisional; B) La calificación definitiva; III. LA DEFENSA; 1) Concepto; 2) Contenido y efectos; IV. LOS INFORMES FINALES.

I. EL JUICIO ORAL EN GENERAL

Entramos a partir de esta lección en el juicio oral penal. Antes de considerar, sin embargo, los diferentes actos que lo componen, es necesario explicar primero, de un lado, la estructura de esta fase del proceso penal, y de otro, sus principios informadores característicos, tomando como modelo, al igual que hemos hecho en el estudio del procedimiento preliminar, el juicio ordinario por delitos más graves, con anotaciones de los demás procesos.

La denominación «juicio oral» del Libro III LECRIM no es realmente acertada, entre otras razones, porque en sentido también legal, pero más estricto, juicio oral es la subfase de la vista de esta parte del proceso penal, comprendiéndose antes actuaciones que sirven para prepararlo y que son escritas, y porque hay juicios orales que no son penales.

Si a la primera fase la hemos denominado «procedimiento preliminar», a ésta, como ocurre en el proceso penal de la República Federal de Alemania, habría que llamarla «procedimiento principal», ya que es en ella donde se van a proporcionar los materiales con base en los cuales el tribunal dictará la sentencia (art. 741, I LECRIM). Parece, no obstante, aconsejable, por acomodarse la práctica a la terminología de la LECRIM, seguir hablando de juicio oral.

1) Estructura

La fase de juicio oral se inicia con el auto de apertura del juicio oral, dictado por el órgano jurisdiccional competente, a partir del cual todos los actos son públicos (art. 649 LECRIM), y termina con la declaración formal de conclusión de la vista (art. 740 LECRIM), previa a la sentencia. Entre ambos actos se incardinan los artículos de previo pronunciamiento, la acusación y la defensa, los actos de preparación de la vista, y los que la componen, articulados esquemáticamente del siguiente modo:

a) *Artículos de previo pronunciamiento:* Al auto de apertura del juicio oral puede seguir, en su caso, la proposición de artículos de previo pronunciamiento (arts. 666 y 667 LECRIM), que, como hemos visto, significan la paralización del procedimiento hasta que se resuelva sobre ellos. En caso de no proponerse, o de desestimarse, se entra en la siguiente subfase.

b) *Calificaciones provisionales:* A cargo de todas las partes acusadoras y acusadas (arts. 649 a 653 LECRIM). El acusado puede manifestar, principalmente en el proceso abreviado, su conformidad con la calificación.

c) *Actos preparatorios de la vista:* Son los siguientes:

   - En los mismos escritos de calificación provisional, la acusación y la defensa han de proponer los medios de prueba que deseen para demostrar la verdad de sus afirmaciones, conforme a las formalidades establecidas por los arts. 656 y 657, I y II LECRIM.

   - El órgano jurisdiccional competente examinará a continuación y resolverá sobre la admisión de los medios de prueba propuestos (arts. 658 y 659, I a IV LECRIM).

   - En su caso, se puede proponer ahora incidente de recusación de peritos (arts. 662 y 663 LECRIM).

   - En el escrito de calificación provisional, la acusación y la defensa pueden pedir también la práctica anticipada de determinados medios de prueba, a realizar si se aprueba conforme a las formalidades previstas en los arts. 657, III, 718, 719, 720, 725 y 727 LECRIM).

   - En el auto sobre admisión de las pruebas, debe señalar el juez día para la vista o juicio oral en sentido estricto, «teniendo en consideración la prioridad de otras causas y el tiempo que fuere preciso para las citaciones y comparecencias de los peritos y testigos» (art. 659, V LECRIM). Qué duda cabe que tendrá que atender igualmente a la propia complejidad de la causa y dificultades probatorias inherentes a ella.

   En dicho auto ordenará también: 1º) La citación de los peritos y de los testigos (arts. 660 y 661 LECRIM); 2º) La citación de las partes (v. por su importancia, respecto al acusado, el art. 664 LECRIM, cuyo párrafo segundo sanciona la infracción con el recurso de casación); y 3º) La conducción forzosa del acusado preso al lugar del juicio (art. 664, I LECRIM). Un aspecto relevante es la notificación a la víctima, sea o no parte, de este auto, entre otras resoluciones importantes de esta fase procesal.

   - La fecha señalada para la apertura de la vista puede sufrir un aplazamiento en el caso de que «las partes, por motivos independientes de su voluntad, no tuvieran preparadas las pruebas ofrecidas en sus respectivos escritos» (art. 745 LECRIM). Dada la vigencia del principio de aportación de pruebas de oficio (v. art. 729-2º LECRIM y lección 13ª), esta suspensión puede ser acordada por propia iniciativa del tribunal.

- A la vista de los escritos de calificación y de las pruebas propuestas en ellos, el presidente del órgano jurisdiccional puede constituir la sede del tribunal en determinada localidad para celebrar el juicio, poniéndolo en conocimiento del Ministerio de Justicia (art. 665 LECRIM). La norma pretende garantizar el principio de inmediación, pero su utilización práctica es casi nula y menos tras los desarrollos que han constituido la LOPJ y la LDPJ. Hoy, en todo caso, debería ponerse en conocimiento también del Consejo General del Poder Judicial.

d) *Vista:* La vista o juicio oral en sentido estricto, en donde tiene lugar el debate jurídico, compuesto por una o más sesiones, consta de los siguientes actos:

- Comienza el día y horas señalados con la declaración formal de apertura de la misma por el presidente del tribunal (art. 688, I LECRIM).
- En este momento, o en cualquier otro posterior si se dan las circunstancias para ello, es posible, de oficio o a instancia de parte, la declaración del secreto de la vista, a acordar mediante auto (arts. 680 y 682 LECRIM).
- Se practica la audiencia preliminar (en parte, ya estudiada).
- Es posible ahora también, si el proceso es abreviado, o si se trata de un juicio rápido, una nueva conformidad del acusado (art. 785.4, en relación con los arts. 689 a 700 LECRIM).
- A continuación, el LAJ da cuenta del hecho y de la instrucción (art. 701, I LECRIM).
- Sigue la práctica de las pruebas admitidas, conforme al orden legal determinado en el art. 701, II LECRIM, que es susceptible de ser alterado por el presidente si ello fuera conveniente «para el mayor esclarecimiento de los hechos o para el más seguro descubrimiento de la verdad» (art. 701, II LECRIM). Esto permitía (pues hoy es ley), por ejemplo, que el acusado pueda declarar en último lugar al final de la vista, lo que ha sido admitido por la jurisprudencia.
- Una vez practicada la prueba, las partes elevan en su caso a definitivas sus calificaciones provisionales (art. 732 LECRIM).
- En caso de darse los presupuestos exigidos por el art. 733 LECRIM, el presidente puede proponer una nueva tesis jurídica, llamada de desvinculación, haciendo uso de la facultad contenida en ese precepto.

- Siguen los informes de la acusación y defensa (arts. 734 y 737 LECRIM).
- A continuación se concederá la última palabra al acusado (art. 739 LECRIM), manifestación genuina del derecho de autodefensa.
- Por último, el presidente declarará formalmente concluso el juicio para sentencia (art. 740 LECRIM).

2) Principios

Hemos analizado ya, con carácter general, los principios del proceso y los del procedimiento. Se trata ahora de concretarlos en esta fase del juicio penal, que es en donde mayor plenitud alcanzan. Recordemos:

a) *Principios relativos a las partes:* Nada hay que añadir en lo relativo al principio de dualidad de posiciones.

Por lo que hace referencia al principio de contradicción, se garantiza en la ley por la presencia de todas las partes en esta fase, lo que permite ser oídas antes de ser condenadas o absueltas.

El principio de igualdad reviste, en esta fase, su mayor esplendor, pues tanto la acusación como la defensa disponen, considerando cada posición jurídica, de idénticas posibilidades para alegar hechos y proponer pruebas, para atacar y para defenderse (principio de igualdad de armas). Por eso la LECRIM siempre se refiere a las partes, sin distinguir.

b) *Principio acusatorio:* Es calificado como el principio fundamental del proceso penal, exclusivamente propio de él, porque el sistema de enjuiciamiento criminal español se basa en los principios caracterizadores del proceso acusatorio formal o mixto, de origen francés. Pero si atendemos a su verdadero sentido, el verdadero proceso penal sólo puede ser acusatorio, con lo que ya no juega un papel tan relevante estructuralmente. Es más decisivo en cuanto al objeto del proceso y a la división de funciones acusatorias y juzgadoras. En el sistema anglosajón, que lo desconoce como tal, realiza en parte sus cometidos el llamado principio del «debido proceso legal».

c) *Otros principios del proceso:* Del resto de los principios del proceso derivados del de necesidad, el troncal del proceso penal, sólo hay que referirse ahora a los relativos a la prueba, concretamente al de investigación oficial y al de libre apreciación de la prueba.

Que en el proceso penal, en el que se debe tender a la averiguación y fijación de la verdad material o real (v. arts. 701, II y 726 LECRIM), con el matiz de no estar permitido hallarla a cualquier precio y, en todo caso, respetando los principios y las garantías fundamentales fijadas en la Constitución (el principio del proceso debido legal, proceso justo o proceso equitativo, en otros ordenamientos), debe estar posibilitado al tribunal investigar de oficio los hechos y aportar la prueba que considere conveniente, sin estar ni vinculado ni limitado respecto a lo que las partes digan al respecto, está fuera de toda duda razonable. De ahí el art. 729-2º LECRIM, aunque la jurisprudencia interprete, como veremos, esta norma inadecuadamente.

Por otro lado, esos mismos fines exigen que no exista en el proceso penal ninguna prueba cuyo valor esté tasado previamente por la ley. Esta conquista del sistema acusatorio formal llamada libre apreciación de la prueba, consagrada en los arts. 717 y 741 LECRIM, merece por su importancia un tratamiento particularizado en la lección correspondiente, a la que nos remitimos.

d) *Principios del procedimiento:* El principio básico es el de oralidad, de naturaleza constitucional (v. art. 120.2 CE, que se refiere especialmente a los juicios criminales, y los arts. 186, 229.1 y 232 LOPJ). Sus principios derivados se dan igualmente con toda su amplitud (inmediación, concentración y publicidad).

II. LA ACUSACIÓN

1) Concepto y naturaleza

La culminación del principio acusatorio tiene lugar cuando llega el momento en el que hay que proceder a formular la acusación por parte de las personas que, distintamente al juez, puedan realizarla en nuestro Ordenamiento, fundamentalmente por el órgano obligado a su presentación. Ello ocurre en la fase de juicio oral, como acabamos de ver en la lección anterior, una vez la investigación (procedimiento preliminar) ha cumplido uno de sus fines principales, es decir, preparar el juicio (arts. 299 y 777.1 LECRIM), y no existe ninguna causa que lleve al sobreseimiento, o falte algún presupuesto procesal material. Siguiéndose adelante, y habiendo persona investigada, hay que abrir el juicio oral y acusar en un escrito, llamado de calificaciones provisionales en el proceso ordinario por delitos más graves, y propiamente de acusación en los procesos abreviados y juicios rápidos (para la Exposición de Motivos de la LECRIM, «acta de acusación», v. su párrafo XXVI).

El significado de la acusación adquiere así sus cotas más altas. A partir de ahora, el órgano jurisdiccional va a saber exactamente qué opina la parte acusadora sobre los hechos punibles que se han cometido, en qué extensión, con qué consecuencias jurídicas penales y civiles, y quién piensa que es su autor. El encausado, ya acusado, tiene a partir de ahora perfectamente definidos los límites con base en los cuales va a tener que mover su defensa.

La acusación significa también jurídicamente, aunque la Exposición de Motivos de la LECRIM (v. párrafo XIX), la comparó con la demanda civil, lo que no es del todo exacto, la interposición de la pretensión procesal penal, consistente en una petición fundada dirigida al órgano jurisdiccional, para que imponga una pena (u otra consecuencia jurídica del delito, es decir, o una medida de seguridad o una consecuencia accesoria) a una persona por un hecho punible que se afirma que ha cometido. Ello, obviamente, si se admite que la pretensión cabe en el proceso penal, lo que sabemos por el tomo I de esta obra que es discutible. La interposición tiene dos momentos, como corresponde a todo juicio oral, pues se efectúa provisionalmente antes de la práctica de las pruebas, en el escrito de calificación provisional o de acusación, y definitivamente después de practicadas.

La LECRIM no se refiere expresamente en el proceso ordinario por delitos más graves a la pretensión, pero como veremos a continuación, tampoco hace falta.

Mientras no sea posible formular una acusación, en el sentido expresado, carece de base jurídica sostener que la pretensión se interpone conjuntamente con el ejercicio del derecho de acción en la querella, pues es imposible acusar sin investigar antes (por eso el art. 277 LECRIM no contiene ningún elemento de donde se pueda deducir la interposición de la pretensión).

2) Actos acusatorios

La acusación se articula en nuestra LECRIM en dos actos procesales distintos. El primero, llamado como se ha dicho calificación provisional en el proceso ordinario por delitos más graves, y simplemente escrito de acusación en los abreviados y rápidos, nada más abierto el juicio; y el segundo, después de practicada la prueba en el juicio oral, en el que las partes deben calificar definitivamente.

A) La calificación provisional

1. *Procedimiento*: Aunque son varios los procesos que hay que considerar, las diferencias son escasas:

- En el *proceso por delitos más graves,* y una vez acordada la apertura del juicio por el tribunal, éste ordena la entrega de los autos a las partes sucesivamente, para que, en el plazo, que no es común, de cinco días, formulen la calificación provisional (art. 649, I, LECRIM). Son posibles ampliaciones de plazos en función de la complejidad de la causa. En caso de formularse artículo de previo pronunciamiento, y desestimarse, el plazo es de tres días (art. 679 LECRIM).

El orden de entrega de los autos viene fijado legalmente: Primero el fiscal o, en su caso, el acusador privado (art. 649, I, LECRIM), luego el acusador particular si ha concurrido (art. 651, I LECRIM, que hay que extender al acusador popular, en un caso), después el actor civil si lo hubiera (art. 651, II, LECRIM), y, finalmente, el acusado y los responsables civiles (art. 652, I, LECRIM). Con los autos, se permite examinar también las piezas de convicción (art. 654 LECRIM).

➢ En los *procesos abreviados y juicios rápidos,* si el juez de instrucción considera que el hecho punible debe ser enjuiciado por los trámites del proceso abreviado, en la misma resolución ordenará que se dé traslado de las diligencias previas o urgentes, originales o mediante fotocopia, al Ministerio fiscal y a las acusaciones personadas, para que, en el plazo de 10 días, que aquí sí es común, soliciten la apertura del juicio oral formulando escrito de acusación (art. 780.1 LECRIM. V. además la S TC 186/1990, de 15 de noviembre). En los juicios rápidos la acusación se puede formular oralmente si no hay víctima que acuse (art. 800.2 LECRIM).

2. *Contenido:* La acusación provisional comprende un conjunto de actos procesales de diferente naturaleza, relativos a la calificación jurídico-penal de los hechos, a la proposición de prueba (anticipada o no), y, en caso de acumulación, a la pretensión civil. Aquí no vamos a considerar la proposición de prueba, por tratarse específicamente en otra lección.

1°) *La calificación jurídico-penal de los hechos:* La acusación consiste, en primer lugar y fundamentalmente, en la calificación jurídica de los hechos desde el punto de vista del Derecho Penal. El escrito de acusación, o de calificaciones provisionales, cumple con esta exigencia desglosando los diversos componentes. Por ello la parte acusadora, conforme a los arts. 650, I, y 781.1 LECRIM, se limitará a determinar en conclusiones precisas y numeradas:

➢ Los hechos punibles que resulten del sumario.

Aquí hay que comprender no sólo los hechos punibles que sean los más importantes (delito principal), sino también los hechos punibles (delitos) conexos, en su caso (v., por correlación, el art. 142.4ª-5° LECRIM, y, para los procesos abreviados y juicios rápidos, el art. 781.1 LECRIM).

➢ La calificación legal de los mismos hechos, determinando el delito que constituyan.

En relación con lo anterior, la calificación jurídico-penal debe extenderse a los hechos que constituyen el delito principal, y a los que conforman los delitos conexos.

➢ La participación que en ellos hubieren tenido el procesado o procesados (ahora acusados), si fueren varios (autores, cómplices).

Ello incluye, naturalmente, la identificación de esas personas en tanto son sujetos pasivos de la acusación, como lo demuestra la referencia del art. 781.1 LECRIM, frase inicial, para los procesos abreviados (y juicios rápidos), de tanta importancia a la hora de delimitar subjetivamente el objeto del proceso.

- Los hechos que resulten del sumario (procedimiento preliminar) y que constituyan circunstancias atenuantes o agravantes del delito o eximentes de responsabilidad criminal.

Hay que estar a los arts. 20 (circunstancias eximentes), 21 (circunstancias atenuantes) y 22 (circunstancias agravantes) CP, así como en su caso a la circunstancia mixta del art. 23 CP.

- Las penas en que hayan incurrido el procesado o procesados (ahora acusados), si fueren varios, por razón de su respectiva participación en el delito.

La complementación del contenido de la pretensión procesal penal: Se pide en concreto una pena o medida de seguridad contra el acusado.

Recuérdese que el escrito de acusación en los procesos abreviados y juicios rápidos contiene, además y previamente, la petición de apertura del juicio oral ante el órgano que estime competente (art. 781.1 LECRIM, frase inicial).

Las partes acusadoras pueden presentar sobre cada uno de estos puntos dos o más conclusiones alternativas, con el fin de que, si no se admite la primera, pueda serlo alguna de las otras (arts. 653 LECRIM).

Finalmente, no se olvide que el escrito de acusación del Ministerio fiscal debe recoger, por imperativo legal, todas las circunstancias que puedan favorecer a los acusados, en tanto es defensor de la legalidad (arts. 2 y 773 LECRIM, 3.4 y 5 EOMF).

2º) *Actos respecto a la pretensión civil:* En caso de haberse acumulado al proceso penal uno civil, el escrito de acusación también debe contener conclusiones relativas a la pretensión civil, consistentes en expresar, según los arts. 650, II y 781.1 LECRIM, en relación con los arts. 109 y ss. y concordantes CP:

- La cantidad en que aprecien los daños y perjuicios causados por el delito, o la cosa que haya de ser restituida.

  En los procesos abreviados y juicios rápidos, si no es posible determinar la cuantía exacta de la indemnización, habrá que sentar las bases para ello en esta conclusión (art. 781.1, I, en relación con el art. 794.1ª LECRIM).

- ➢ La persona o personas que aparezcan responsables de los daños y perjuicios o de la restitución de la cosa, y el hecho en virtud del cual hubieren contraído esa responsabilidad.

En los procesos abreviados y juicios rápidos se añade la exigencia de concluir igualmente en lo relativo a los pronunciamientos sobre entrega y destino de las cosas y efectos, por un lado, y respecto a la imposición de costas procesales, por otro (arts. 781.1 «in fine» LECRIM).

La pretensión a reflejar aquí, pues, es o la de restitución de la cosa o la de indemnización de daños y perjuicios (o ambas), conforme a lo estudiado en el lugar citado *supra.*

Es de destacar la especial importancia que se atribuye al Ministerio fiscal en este tema en los procesos abreviados y en los juicios rápidos, por el que se ventilan la mayor parte de los delitos cometidos en España, pues debe velar por la protección de los derechos de la víctima y de los perjudicados por el delito interponiendo la pretensión civil (arts. 773.1 «in fine», en relación con los arts. 108 y concordantes LECRIM).

3. Efectos: Además de su significado para el principio acusatorio, es decir, formulación de acusación con petición de pena (y/o medida de seguridad), la acusación provisional despliega sus efectos más importantes con relación al objeto del proceso en el sentido siguiente: Formulada la calificación provisional, no existe posibilidad de variar los hechos esenciales que la fundamentan, ni dirigirse después contra persona distinta de la que se considera partícipe en el hecho criminal. A este efecto se halla particularmente vinculado el órgano jurisdiccional (v. STS 25 mayo 1973, RA 2421).

Este efecto de vinculación, prohibiéndose las variaciones sustanciales, puede decirse que se da también respecto a las identidades objetiva y subjetiva deducidas del procedimiento preliminar, a la hora de formular el acusador particular su calificación provisional, porque ese procedimiento constituye la base del posterior acto acusatorio (v. SSTC 134/1986, de 29 de octubre, 20/1987, de 19 febrero; y SSTS 23 de noviembre de 1983, RA 5686; y 16 de junio de 1987, RA 4953).

Sin embargo, en el proceso ordinario por delitos más graves y concurriendo ciertos requisitos, el tribunal tiene la posibilidad de desvincularse de esa petición, considerado su aspecto objetivo, es decir, el hecho criminal (nunca el subjetivo, ya que la persona acusada tiene que ser siempre la misma), utilizando el art. 733 LECRIM (v. *infra*).

Fuera de ello, es decir, respetando los hechos esenciales y la persona del acusado, la parte acusadora puede modificar después de la prueba en las calificaciones definitivas la cantidad de pena solicitada, incluso la calidad, si considera que el delito es otro (v. art. 732, I LECRIM).

B) La calificación definitiva

El segundo acto procesal acusatorio es la calificación definitiva (arts. 732, 788.3 y 4 y 802.1 LECRIM). Constituye, además, el segundo momento de interposición de la pretensión penal, y en sentido técnico puro, el último, aunque en la práctica los informes finales también se aprovechan para acusar.

Puede ser un acto escrito u oral, según, como veremos enseguida, si se han modificado las calificaciones provisionales o no (art. 732, II LECRIM). De formularse por escrito, el contenido formal es el mismo que el estudiado para las calificaciones provisionales, incluso en la posibilidad alternativa (v. art. 732, III, LECRIM).

La LECRIM no previó cómo proceder si la parte modificaba las conclusiones, por lo que, en la práctica, y así se entiende para el proceso ordinario por delitos más graves, se suspende la vista durante el tiempo necesario para su redacción. Con ello queda garantizado el principio de contradicción y, por tanto, el respeto al derecho de defensa.

En los procesos abreviados, y por extensión en los juicios rápidos, sí que se ha contemplado esta posibilidad garantizadora de esos principios, disponiéndose expresamente un aplazamiento de la sesión, hasta el límite de diez días, a petición de la defensa, con el fin de que pueda aportar los elementos de descargo y probatorios que considere convenientes, conforme al art. 788.4 LECRIM. Esta norma no permite la suspensión en todo caso, sino únicamente cuando el cambio resulte más perjudicial para el acusado, es decir, cuando la acusación modifique en conclusiones definitivas la tipificación penal de los hechos, se aprecie un mayor grado de participación o de ejecución, o circunstancias de agravación de la pena. A la actitud de la defensa, puede seguir a su vez un ulterior cambio de conclusiones de la acusación (art. 788.4 «in fine» LECRIM).

1. Procedimiento: Tanto en el proceso por delitos más graves como en los procesos abreviados y juicios rápidos, las calificaciones definitivas se formulan una vez practicadas las diferentes pruebas admitidas, en el acto de la vista (arts. 732, I, y 788.3 LECRIM).

2. Contenido: Las partes acusadoras pueden optar por una de estas tres posibilidades:

- *Confirmación de la calificación,* elevando a definitivas las calificaciones provisionales. Normalmente se actúa así, lo que suele significar que de poco o nada ha servido la práctica de la prueba (teniendo el acusador la «idea fija» desde la primera calificación, y, quizás, desde los momentos iniciales del procedimiento preliminar), aunque también es la opción a tomar en caso de que la prueba confirme íntegramente los hechos reflejados en la calificación provisional.

- *Retirada de la acusación,* que técnicamente significa pedir el MF o el acusador en su calificación definitiva la absolución del acusado. El problema que se plantea entonces es si, a pesar de ello, el tribunal puede condenar (v. *infra,* en los efectos).
- *Modificación de la calificación provisional:* Esta tercera posibilidad presenta una mayor problemática, porque el objeto del proceso tiene ya unos límites conformados, que no pueden traspasarse tampoco en lo esencial.

Esto significa, además del reconocimiento de que la práctica de la prueba ha servido de algo, que las partes pueden variar todas las conclusiones jurídicas formuladas provisionalmente (v.gr., homicidio por asesinato), así como los hechos no fundamentales, que dependen del caso concreto. Nunca pueden variar lo esencial de los hechos criminales acusados, ni la persona del acusado [v. STS 709/2017, de 27 de octubre (RJ 2017\4819)].

3. Efectos: Difieren según pidan las partes acusadoras la condena o la absolución:

- *Petición de pena:* En principio, el juez o tribunal están vinculados por la calificación definitiva de la parte acusadora, no pudiendo condenar por delito que lleve aparejada una pena más grave que la pena fijada en la ley penal para el delito que las partes acusadoras hayan calificado, pues de lo contrario cabría recurso de casación (artículo 851-4° LECRIM).

Únicamente es posible condenar por delito más grave si el tribunal utiliza, bajo ciertos presupuestos, la tesis de desvinculación del art. 733 LECRIM (v. *lecc. siguiente*).

En cuanto a tipificaciones delictivas distintas, grados de participación y de ejecución, circunstancias modificativas de la responsabilidad criminal, o cualquier otro elemento que pueda influir en la determinación de la concreta duración de la pena, de acuerdo con las disposiciones del CP, no existe, en principio, ninguna vinculación para el órgano jurisdiccional si éste quiere optar por una condena menos grave o la absolución, pero no puede condenar a pena más grave si no somete antes su opinión a la consideración de la acusación, y ésta la acepta.

En los procesos abreviados, y por extensión en los juicios rápidos, la petición de pena puede conllevar un efecto paralizador ulterior, si la calificación del delito obliga a todas las partes acusadoras a pedir una pena que exceda de la competencia objetiva del JPe, pues en este caso, el órgano jurisdiccional se declarará incompetente, dará por terminado el juicio y se remitirán las actuaciones a la Audiencia competente (art. 788.5 LECRIM). Dos observaciones al respecto: 1ª) La resolución es un auto, porque se resuelve el presupuesto procesal de la competencia (art. 245.1, b) LOPJ); y 2ª) El principio de inmediación obliga a realizar el acto de la vista completamente ante la AP.

- *Petición de absolución:* Conforme a lo indicado *supra* la única duda que surge es, pidiendo todas las partes acusadoras la absolución, si ello no obstante el tribunal puede desvincularse utilizando la facultad del art. 733 para condenar. Antes de la CE la mejor doctrina entendía que sí, de acuerdo con lo que sucede en países modelo para nosotros, como Alemania o Estados Unidos, básicamente por no poder sustituir la acusación la actividad de juzgar del órgano jurisdiccional, y porque el tribunal puede condenar *a fortiori,* por la función atribuida al art. 733 en la Exposición de Motivos de la LECRIM (v. párrafo XXVII), dado que si procede la utilización de esa facultad para evitar impunidad parcial (a título más grave), con mayor razón para evitar la total impunidad. Pero tras la Constitución y, sobre todo, el cambio jurisprudencial producido en torno al significado de la tesis de desvinculación, la polémica deja de tener sentido. El órgano jurisdiccional puede someter a debate que en su opinión, por las razones que indique, procede la condena y no la absolución. Pero únicamente podrá proceder efectivamente a condenar, si la acusación reconsidera su postura y asume la tesis judicial.

III. LA DEFENSA

1) Concepto

La defensa es la otra cara de la acusación, exigida por el principio de contradicción (art. 24 CE), y una de las garantías más importantes del proceso penal propio de un Estado de Derecho, desde el punto de vista del investigado. Tiene dos manifestaciones:

1°) La *autodefensa,* es decir, la que ejerce directamente el propio investigado, participando en los actos procesales, presentando escritos o utilizando medios impugnatorios y aportando las afirmaciones y pruebas de descargo que rebatan las tesis de la acusación. La autodefensa únicamente es admisible en los casos permitidos por la Ley. Fuera de éstos, la defensa es técnica y, por tanto, el propio acusado no puede defenderse a sí mismo (SS TC 29/1995, de 6 de febrero; y 11/1997, de 27 de enero), además de no ser conveniente en absoluto para sus intereses. Ni siquiera puede cambiar de Letrado sin restricciones (v. S TS de 10 de noviembre de 2000, RA 9291).

Podemos citar como ejemplos: a) El investigado puede proponer él mismo la recusación del juez estando incomunicado (art. 58 LECRIM); b) Puede pedir él mismo la reposición del auto que eleva la detención a prisión (art. 501 LECRIM); c) Puede proponer diligencias cuando se le reciba declaración en el sumario (art. 396, I LECRIM); y d) Tiene derecho a la «última palabra», al final de la vista del juicio (art. 739 LECRIM).

2º) La *defensa técnica,* a realizar por un abogado en ejercicio sobre las cuestiones jurídicas materiales y procesales a tratar en el proceso penal, en funciones de consejo y asesoramiento, que ya hemos considerado. Nuestro sistema de enjuiciamiento criminal obliga a la defensa técnica, al ser un derecho (y también una garantía) fundamental reconocido por la CE (arts. 17.3 y 24.2), traduciéndose en la necesidad de designar a un abogado de confianza, o, en su defecto, nombrado de oficio, siendo la defensa técnica necesaria desde el primer acto de imputación (arts. 118, 118 bis, 520, 520 ter y 527 LECRIM a complementar hoy con la LODef de 2025; v. con detalle este punto en las lecciones 4ª y 6ª), y por toda la duración del proceso penal, incluida la ejecución (aunque en la práctica respecto a situaciones de defensa de oficio, no se entienda exactamente así, lo cual es, en nuestra opinión, inconstitucional, v. S TC 196/1987, de 11 de diciembre). Para los procesos abreviados, los juicios rápidos y los juicios por delitos leves, v. arts. 767, 768, 796.1-2ª y 962.2 LECRIM.

No debemos olvidar tampoco las mejoras que se han introducido en 2015 en nuestra LECRIM para garantizar el derecho de traducción e interpretación de los investigados o acusados que no hablen español, uno de los contenidos esenciales del derecho de defensa, a la par que un inconveniente frecuente en nuestra estadística judicial (arts. 118 y 520, entre otros; v. igualmente lección 4ª).

La defensa de la persona jurídica se articula específicamente en el art. 787 bis LECRIM, que le permite además de estar defendida por su abogado, estar representada por su procurador y la persona que especialmente designe.

Ya en la primera sentencia del Tribunal Supremo sobre responsabilidad de las personas jurídicas, dictada por el Pleno de la Sala II, con 7 votos particulares sobre 15 (S TS núm. 154/2016, de 29 de febrero, RJ 2016\600), se han puesto de manifiesto las complejidades que esta confluencia de representaciones y defensas puede conllevar, ya que la aparición de conflictos procesales es inevitable, lo que significará una conculcación del derecho de defensa sin duda alguna.

Aquí se trata de explicar a continuación el contenido y efectos de la defensa frente a los diferentes actos acusatorios acabados de considerar.

2) *Contenido y efectos*

El contenido y los efectos de los actos de defensa están en función, pues, de si estamos ante la calificación provisional o la calificación definitiva de la acusación:

1°) *Calificación provisional de la defensa:* Formalmente el escrito de calificación provisional de la defensa es idéntico al de la acusación. Hay que estar, por tanto, al art. 650 (v. art. 652, I, LECRIM) para el proceso por delitos más graves, al art. 784 LECRIM para los procesos abreviados, y a lo indicado *supra*.

Sobre las limitaciones probatorias que parecen establecerse en ese precepto, al permitir sólo las pruebas documental, pericial y testifical, y no, por ejemplo, la de inspección ocular, con los problemas de constitucionalidad que ello conlleva, v. las lecciones dedicadas a la prueba en este mismo tomo.

Pero en cuanto a las actitudes posibles de la defensa, lo que ocurre es que procesalmente su respuesta, una vez se le trasladan los autos para calificación, puede tener otras finalidades, dado que las posibilidades son tres en realidad.

- Proponer artículos de previo pronunciamiento, tanto en el proceso por delitos más graves, como en los procesos abreviados y juicios rápidos (v. arts. 667, 785.1 y 802.1 LECRIM). La formulación de un artículo, independientemente de que una parte acusadora también lo haya hecho valer, excluye momentáneamente la calificación, con el matiz de la audiencia preliminar en los procesos abreviados y rápidos, que debe reemprenderse si se desestima (art. 679 LECRIM).
- En los procesos abreviados y juicios rápidos, conformarse (segunda posibilidad) con la pena más grave solicitada por la acusación, acto llamado de conformidad con el escrito de acusación (v. arts. 784.3, 785.4 a 8, 787 ter, 800.2, I y 801 LECRIM).
- En todos los procesos, presentar la calificación provisional, cuyo contenido material puede ser, a su vez, triple:
  - a) Negar sin mayor explicación los hechos que fundamentan la acusación («negamos las conclusiones primera a última del Ministerio fiscal»). Esta actitud, por desgracia práctica usual, es indudablemente un fraude al cliente defendido de oficio, la mínima expresión del trabajo técnico, y, además, una forma de actuar de probada ineficacia, pues el órgano jurisdiccional conoce perfectamente los límites de la acusación, pero ignora entre qué líneas se mueve la defensa. Además, se pueden negar así cosas absurdas (nombre y apellidos, edad, y los hechos que pueden favorecerle).
  - b) Formular una versión de los hechos distinta, naturalmente orientada al descargo, a la futura absolución o a su condena inferior.
  - c) Admitir los hechos, pero negando su carácter delictivo con base en una distinta calificación jurídica. En cualquier caso, no estamos ante un pro-

ceso civil, por lo que el hecho admitido puede y debe ser sometido a prueba.

La presentación del escrito de defensa por parte del acusado en los procesos abreviados, tiene el efecto de tener que remitir el juez de instrucción todo lo actuado al órgano jurisdiccional competente para el enjuiciamiento, notificándolo a las partes, salvo que se esté ante un caso competencia del TISecP volante, en cuyo caso las actuaciones permanecen en la Oficina Judicial (art. 784.5 LECRIM).

Es importante destacar que la calificación jurídica de la defensa no plantea ningún problema de vinculación al órgano jurisdiccional, como es lógico, por lo que el juez o el tribunal es absolutamente libre de condenar o absolver cuando la defensa pida la absolución, sin que amenace ni tesis de desvinculación ni recurso alguno por este motivo.

Para los procesos abreviados y juicios rápidos, v. art. 784.1, II y 800.6 LECRIM, conforme al cual, si la defensa no presenta su escrito en el plazo señalado para ello no hace falta que lo haga ya, entendiéndose que se opone a la acusación y continuando el procedimiento, pudiendo practicarse la prueba que proponga en el acto del juicio sin posibilidad de suspensión. La pregunta respecto a esto último es qué hechos va a probar si no los ha podido alegar al no presentar el escrito de defensa.

Una vez más, el deseo de juicios rápidos causa verdadera indefensión, porque en el proceso penal español, no así en otros países, el escrito de defensa es necesario siempre, y de hecho en la práctica no pasaba nada si se incumplían los plazos, ante el valor muy superior del art. 24.2 CE. El propio legislador es consciente de esto, porque, y en realidad es absurdo desde el punto de vista técnico, permite alegar a pesar de todo indefensión (art. 784.1, III «in fine» LECRIM).

2°) *Calificación definitiva de la defensa:* Formalmente puede ser por escrito u oral también, según se modifiquen tras la práctica de la prueba por la defensa o no (arts. 732 y 788.3 LECRIM). Qué duda cabe que la defensa tiene más difícil obtener la suspensión del juicio para redactar las nuevas conclusiones tras su modificación, pues entra en juego el principio de prohibición de dilaciones indebidas.

Jurídicamente, tampoco vincula al órgano jurisdiccional, en ningún caso, la petición de absolución que hace el acusado, o de una condena menor. Incluso aunque no lo pida, puede verse favorecido en estos sentidos por la sentencia.

3°) *Calificación del responsable civil:* Formalmente el escrito es igual que el del actor civil. Tan sólo hay que recordar que estamos ante un proceso civil acumulado al penal, por lo que el responsable es aquí el demandado que opone su resistencia (v. art. 652, I LECRIM). Dada la vigencia del principio de oportunidad y los que de él se derivan, caben, con efectos jurídicos plenos de cara a la sentencia, tanto el allanamiento como el reconocimiento o admisión de hechos.

IV. LOS INFORMES FINALES

Los informes finales se regulan en los arts. 734 a 740 para el proceso ordinario por delitos más graves, en el art. 788.3 para los procesos abreviados, extensible a los juicios rápidos por el art. 802.1 LECRIM, y para los juicios sobre delitos leves en el art. 969.1, todos ellos de la LECRIM. Demasiada normativa para un acto procesal de tan restringido significado al lado de los propios de la acusación y defensa.

Primero informa el Ministerio fiscal, luego el resto de acusadores (art. 734, I LECRIM), después el actor civil (art. 735 LECRIM), para finalizar con los defensores de las partes acusada y responsable civil, si la hubiere (art. 736 LECRIM).

Su contenido, salvadas las distancias, puede compararse con las conclusiones del proceso civil (art. 433 LEC), dependiendo, lógicamente, de la posición jurídica de la parte informante.

En los informes, que son siempre orales, las partes expondrán los hechos que consideren probados en la vista, su calificación legal, la participación que en ellos hayan tenido los acusados y la responsabilidad civil que hayan contraído los mismos u otras personas, así como las cosas que sean objeto, o la cantidad en que deban ser reguladas cuando los informantes o sus representantes hayan interpuesto también la pretensión civil (art. 734, II LECRIM), acomodándose a las conclusiones que hayan formulado en definitiva y, en su caso, a la propuesta del juez o del presidente del tribunal con arreglo a lo dispuesto en el art. 733 (art. 737 LECRIM). Claro es que el contenido concreto, insistimos, dependerá de la posición de acusación o de defensa que se ocupe.

En la práctica, sin embargo, se añade un elemento más, puesto que, desde el punto de vista de la parte acusadora, se aprovecha el acto como última oportunidad para reiterar la acusación, es decir, «de facto» es un acto no sólo de crítica de las pruebas practicadas en el juicio y análisis y recapitulación de las tesis jurídicas mantenidas, sino también de acusación.

Una cierta fundamentación legal para ello podía encontrarse antes de 1988 en el art. 738 LECRIM, porque si ya no es posible modificar ningún hecho o concepto con posterioridad a los informes, salvo rectificaciones (v.gr., numéricas), por extensión nada impide la confirmación de la petición de pena por un delito concreto. Pero la finalidad del art. 738 es, en sentido estricto, cerrar la posibilidad precisamente de que errores puramente materiales o numéricos fuercen una aclaración de sentencias posterior, y nada más, con el fin de que el juez tenga absolutamente todos los datos que son necesarios para enjuiciar.

El art. 788.3, II LECRIM, aplicable en los procesos abreviados, ha elevado a norma aquella práctica, porque terminada la fase probatoria, el órgano jurisdiccional pregunta a las partes si ratifican sus conclusiones, y las requiere para que expongan oralmente cuando estimen procedente sobre la valoración de la prueba de los hechos. El informe final es en este proceso, consiguientemente, también la última oportunidad acusatoria del proceso penal, si bien en forma únicamente oral y sin que se pueda modificar la calificación definitiva.

Una vez presentados los informes oralmente, el juez o el presidente del tribunal da al acusado oportunidad de expresar su opinión («última palabra»: art. 739 LECRIM), que debe utilizar en su caso, conforme a ese mismo precepto, con educación y respeto. Es la manifestación más genuina del derecho de autodefensa, última oportunidad que tiene el acusado de convencer al tribunal de su inocencia, mediante su declaración sincera (en algunos casos, problemática, v. *infra*). No conceder este derecho no siempre es causa de nulidad (STS 583/2017, de 19 de julio, RJ 2017\4864).

Acto seguido, el órgano jurisdiccional declara concluso el acto del juicio oral («visto para sentencia»: art. 740 LECRIM), siendo el siguiente acto procesal la sentencia (art. 741 LECRIM).

Lección 17ª

EL JUICIO ORAL: CONFORMIDAD Y DESVINCULACIÓN

JUAN LUIS GÓMEZ COLOMER

SUMARIO: I. LA CONFORMIDAD DEL ACUSADO; 1) Concepto y naturaleza; 2) Clases, régimen jurídico y efectos respectivos; A) Conformidad prestada en el procedimiento preliminar (reconocimiento de hechos en el proceso abreviado que desemboca en diligencias urgentes de juicio rápido); B) Conformidad con el escrito de acusación; C) Conformidad prestada en la audiencia preliminar; D) Conformidad prestada en el acto del juicio oral; E) Conformidad ante el Tribunal del Jurado; F) ¿En caso de delito de violencia de género?; G) Recurribilidad; II. LA TESIS DE DESVINCULACIÓN DEL ÓRGANO JURISDICCIONAL; 1) Concepto y naturaleza; 2) Presupuestos; 3) Efectos; 4) Particularidades en los demás procesos.

I. LA CONFORMIDAD DEL ACUSADO

1) Concepto y naturaleza

La llamada conformidad del acusado en el proceso penal es una institución de naturaleza compleja, en virtud de la cual, en esencia, la parte pasiva, es decir, tanto el acusado como su defensor técnico, aceptan con ciertos límites la pena solicitada por la acusación, o la más grave de las solicitadas si hubiera varios acusadores, procediéndose a dictar sentencia inmediatamente, al hacerse innecesaria la vista. Hemos tratado conceptualmente la institución en la lecc. 12ª.

Recordemos que es un instituto propio, muy antiguo, pero que hoy se ha ampliado notablemente formando una parte esencial de lo que se llama Justicia negociada. En otros ordenamientos, y naturalmente salvadas todas las distancias posibles, sería llamada, por ejemplo, *plea bargaining* (negociación sobre la declaración), *guilty plea* (declaración de culpabilidad), *Absprache* (acuerdos), *patteggiamenti* (convenios), etc. Sobre la negociación acerca de la declaración de culpabilidad en Europa, v. STEDH de 29 de abril de 2014, caso *Natsvlishvili and Togonidze v. Georgia* (apartados 59 y ss.).

Una reforma de 2025 (operada por la LO 1/2025) ha acabado con la idea de que la conformidad era una institución pensada para favorecer a la Justicia y al acusado en caso de delitos menos graves y leves. Se podía pensar así, incluso a veces respecto a los delitos más graves, porque existía un límite en la penalidad fijada en abstracto a partir del cual no era posible, ya que históricamente se fijaba el techo de la conformidad en los 6 años de prisión correccional, luego prisión menor, del proceso originario por delitos. En caso de más de 6 años de pena, la conformidad quedaba excluída, aunque en la práctica hasta 2025 no se respetara.

Hoy, se ha derogado ese límite de penalidad, con lo cual la conformidad es posible en cualquier delito, sea cual fuere su pena, lo que significa que es una institución apta para el proceso penal considerado en su conjunto. Otra cosa distinta es que una modalidad de conformidad deba producirse en un proceso concreto que solamente es posible dada una penalidad. Por tanto, que se pueda producir en el proceso abreviado, no quiere decir que la conformidad quede limitada a 9 años como máximo.

Además de suprimir el tope de penalidad, lo que constituye la novedad más apreciable, la reforma de 2025 ha incorporado a la ley jurisprudencia aclaratoria del TS, ha modernizado buena parte de las normas que se refieren a ella, y ha querido favorecer a la víctima haciéndola sabedora de la negociación, cuando no facilitar su incorporación como parte. No es ajena a la institución la posibilidad de resocialización del que va a ser condenado por haberse conformado, pues al asumir su autoría recibe un menor castigo, lo que con la reforma se va a ver muy aumentado en la práctica, al no existir límite de pena.

En cuanto a la *naturaleza jurídica* de la conformidad del acusado estamos tanto ante un acto dispositivo material y procesal, consecuencia del principio de oportunidad, porque se basa en la determinación por acuerdo de la pena en concreto a imponer, con excepción de lo dispuesto en el art. 801 (v. *infra*), en donde se fija legalmente, como ante un procedimiento especial que acelera trámites, dado que producida se pasa directamente a dictar sentencia.

Precisamente por ser acto dispositivo, el acusado o investigado no tiene derecho a una sentencia de conformidad, sino sólo una facultad o expectativa (el TS lo corrobora, con explicación muy escueta, en su S de 14 de septiembre de 2001, RA 7704).

No estamos ante una institución que afecte al objeto del proceso, pues el hecho criminal es inmutable (v. lecc. 6ª en este mismo volumen y STS 422/2017, de 13 de junio, RJ\2017\2846), sino que por mor de esos principios el procedimiento se ve afectado, pues se produce directamente una aceleración.

2) *Clases, régimen jurídico y efectos respectivos*

El sistema originario de la LECRIM previó dos clases de conformidad, según se produjera en la calificación provisional de la defensa (llamada por esto «conformidad en la calificación» o, ahora, «conformidad con el escrito de acusación», art. 655), o en el inicio de la vista («conformidad en el acto del juicio oral», arts. 688 y ss. LECRIM). La gran reforma que introdujo el proceso abreviado en 1988 mantuvo estas dos conformidades, pero añadió una tercera, que puede ser anterior en el tiempo a estas dos, llamada «reconocimiento de hechos». Sucesivas reformas han mantenido todas ellas, sin modificar los preceptos originarios de la LECRIM, pero no han contribuido en nada a simplificar las cosas, más bien las han complicado innecesariamente, como demostramos a continuación. Para finalizar con las reformas hasta hoy, se ha añadido una clase más de conformidad, la que tiene lugar en la audiencia preliminar (art. 785 LECRIM). A todas ellas debemos añadir la conformidad ante el Jurado y la conformidad en caso de violencia de género. Hasta 6 conformidades distintas, por tanto, se prevén en nuestro ordenamiento jurídico procesal penal.

Ello es un dislate, porque bastaba con regular en un precepto la conformidad, indicando las pocas particularidades existentes según el momento procesal. El propio legislador es consciente de ello, pues repite mucho texto legal al regularla (compárense como prueba de esa afirmación los arts. 655, 785 y 787 ter LECRIM). En realidad, sólo el reconocimiento de hechos merece algún detalle distinto al de la conformidad, porque aquél recae sobre hechos y ésta sobre penas. Estamos por naturaleza ante el mismo instituto por tanto, pero la LECRIM no ha establecido el mismo régimen legal y efectos para cada una de las modalidades de conformidad.

CONFORMIDAD, PRINCIPIO DE OPORTUNIDAD Y JUSTICIA NEGOCIADA	
PROCEDIMIENTO PRELIMINAR Reconocimiento de hechos	➢ Sobre hechos imputados ➢ Procesos abreviados, urgentes y leves ➢ Pena en abstracto hasta 3 años, reducida en 1/3 ➢ Abogado ➢ Pena solicitada en escrito de acusación
ACUSACIÓN Primera conformidad	➢ Pena solicitada en escrito de acusación ➢ Procesos abreviados, urgentes y por delitos leves ➢ Ante la TISecU o la TISecI o quien esté de guardia en cualquier proceso ➢ Sin límite de pena ➢ Abogado ➢ Se dicta sentencia
JUICIO ORAL Audiencia Preliminar Segunda conformidad	➢ Pena solicitada en escrito de acusación ➢ Procesos abreviados, urgentes y por delitos leves. ➢ Juicio oral ha comenzado ➢ Ante la TISecU, la TISecI, AP, TJ, TSJ, AN, TS. ➢ Con el límite de pena de esos procesos hasta 5 o 9 años, pero en la práctica no se respetaba ➢ Abogado ➢ Se dicta sentencia

CONFORMIDAD, PRINCIPIO DE OPORTUNIDAD Y JUSTICIA NEGOCIADA	
JUICIO ORAL Tercera conformidad	➢ Juicio oral ha comenzado ➢ En proceso penal por delitos más graves ➢ Ante TISecP, AP, TJ, TSJ, AN y TS ➢ Sin límite de pena, salvo en Jurado ➢ Abogado ➢ Se dicta sentencia

De esta manera, obsérvese, tenemos que analizar seis conformidades, las primeras cuatro ordenadas cronológicamente, a saber:

a) Reconocimiento de hechos.

b) Conformidad con el escrito de acusación.

c) Conformidad en la audiencia preliminar.

d) Conformidad en el juicio oral.

e) Conformidad en el proceso con jurado.

f) Conformidad en caso de delito de violencia de género.

Ciertamente todas ellas no se dan en el mismo proceso, pero ello, en vez de facilitar su estudio, lo complica. Lo peor es que para salvar lagunas existentes dentro de la propia regulación de la conformidad, se tiene que acudir a normas que no están previstas para una clase, pero sí para otra, con lo cual al final todo depende del intérprete para llegar a consecuencias justas. El legislador ha perdido una gran ocasión de ordenar y sistematizar la conformidad como es debido.

A) Reconocimiento de hechos

Esta primera conformidad tiene lugar en el proceso penal abreviado, desembocando en diligencias urgentes de juicio rápido. Sus normas básicas no han sido modificadas en 2025. En esta clase de conformidad, el investigado, por iniciativa propia tomada durante el desarrollo de la fase de diligencias previas en el proceso abreviado, puede reconocer los hechos que le han sido imputados, siempre que se trate de un hecho punible castigado con pena incluida dentro de los límites previstos en el art. 801 (3 años, art. 779.1-5ª LECRIM).

El delito sin embargo no debe haber dado lugar al proceso penal especial para el enjuiciamiento rápido de determinados delitos, sino al abreviado. Es la pena, considerada en abstracto para ese delito por el CP y siempre dentro de los límites fijados por el art. 801.1-2° y 3° LECRIM, lo único que coincide.

Un primer matiz diferenciador importante aparece de inmediato: Aun siendo «conformidad», el legislador excluye que pueda tener lugar en esta primera modalidad cuando los hechos punibles caigan bajo la competencia objetiva de la

AP o de otro tribunal colegiado, porque por el límite de pena es competente la TISecP (arts. 14-4° y 795 LECRIM).

Para que este reconocimiento sea eficaz se requiere, según el propio art. 779.1-5ª, que el investigado esté asistido de su abogado, por tanto, que éste se muestre de acuerdo también. Como consecuencia de ello, se convoca por el juez inmediatamente a una vista al Ministerio Fiscal y demás partes personadas, a fin de que manifiesten si formulan escrito de acusación con la conformidad del acusado. Estando de acuerdo, unánimemente parece según el tenor del art. 779.1-5ª si además del Fiscal existe acusador particular y/o acusador popular, la consecuencia es que el procedimiento abreviado se transforma en procedimiento para el enjuiciamiento rápido de determinados delitos, aplicándose, en lo que sea procedente, aunque no lo diga la Ley, los arts. 800 y 801 LECRIM.

Queda garantizado expresamente el principio de contradicción para las partes acusadoras que no son el Ministerio Fiscal, pero es un error exigir como parece unanimidad de criterio en la acusación, porque puede ser una traba importante a esta clase de conformidad en la práctica, ya que en definitiva va a depender de la voluntad del acusador particular, es decir, de la víctima.

El *régimen jurídico* y los *efectos* de este reconocimiento de hechos son los siguientes:

1°) El reconocimiento afecta únicamente a los hechos criminales imputados, y no significa en absoluto aceptación de la pena, entre otras razones porque todavía no se ha podido solicitar ninguna, mientras que en las demás clases de conformidad, ésta sí que afecta a las consecuencias jurídicas del delito. Por ello y en teoría, la TISecP podría imponer en nuestra opinión pena menor que la que debería solicitarse posteriormente de seguir el proceso su curso normal, o incluso absolver, pero nunca imponer pena mayor, con el límite de no poder alterar lo esencial de los hechos criminales reconocidos. Sin embargo, ello no es así, puesto que por aplicación del art. 801.2 la TISecP está constreñida legalmente a:

- Reducir la pena privativa de libertad solicitada en un tercio y a continuación ordenar la suspensión de su ejecución o su sustitución por una pena no privativa de libertad, si procede;
- Imponer la pena solicitada reducida en un tercio si no es privativa de libertad.

Que el Juez, titular único de la potestad jurisdiccional, no sea libre para imponer pena menor o incluso absolver constituye un error de sistema importante, producto de un mal entendimiento evidente, otro más, del principio acusatorio (v. *infra*).

2°) El reconocimiento, aunque se da en el proceso abreviado, únicamente es posible si:

- El hecho punible cae dentro del procedimiento adecuado correspondiente al proceso abreviado. Pero la calificación de la acusación debe ser por delito castigado en abstracto con pena de hasta 3 años de prisión, o con otra pena de distinta naturaleza, cualquiera que sea su cuantía o duración, teniendo en cuenta que la pena efectivamente pedida no debe superar los 3 años de prisión, o si hay varias, reducidas todas en un tercio no deben superar los 3 años (art. 801.1-2° y 3° LECRIM); y
- Que se den las demás circunstancias previstas específicamente en el art. 801 LECRIM, salvo, por aplicación expresa del art. 779.1-5°, la consignada en el art. 801.1-1°, ya que es perfectamente posible que existan acusador particular (lo que da por supuesto certeramente el art. 801.4, en contradicción con lo que acaba de prever antes) y popular (no mencionado por la LECRIM) que traen su origen del proceso abreviado.

3°) Se da lugar a un cambio de procedimiento, pasándose directamente del abreviado al especial para el enjuiciamiento rápido de determinados delitos, aplicándose los arts. 800 y 801 según dispone el art. 779.1-5ª.

4°) Siendo varios los investigados, el reconocimiento de hechos debe producirse por parte de todos ellos, conforme al régimen ordinario previsto originariamente por la LECRIM (v. art. 655, IV). En caso negativo, se debe entender que no se ha producido el reconocimiento, a efectos de no dividir el objeto penal del proceso.

5°) No reconociéndose la responsabilidad civil (allanamiento), sobre lo que nada dice el art. 779.1-5ª LECRIM, el cambio al proceso penal especial para el enjuiciamiento rápido de determinados delitos debe comprender también la formulación de la pretensión civil, asimilándose al régimen ordinario previsto por la LECRIM.

B) Conformidad con el escrito de acusación

La segunda variedad de conformidad está relacionada con el escrito de acusación, teniendo dos regímenes jurídicos distintos según estemos en el proceso abreviado o en el proceso especial para el enjuiciamiento rápido de determinados delitos. Al haberse suprimido en 2025 el límite de pena, esta conformidad es ahora también posible legalmente en el proceso penal ordinario por delitos más graves.

a) En el proceso ordinario por delitos más graves y en el proceso abreviado

La segunda posibilidad para que el investigado manifieste su conformidad se produce una vez abierto el juicio oral y formulada la calificación provisional o escrito de acusación (arts. 655 y 781 LECRIM). Se trata lógicamente de un acto que no puede afectar únicamente a los hechos, puesto que ya hay presentada una acusación y, por tanto, de carácter más complejo que la anterior modalidad.

Presenta, a su vez, dos variantes: 1) El acusado se conforma en su escrito de defensa; 2) Posteriormente a la presentación del escrito de defensa pero antes de que comience el juicio oral, el acusado acude a la Fiscalía y manifiesta su conformidad, redactando todas las partes acusadoras, el acusado y su Letrado un nuevo escrito de calificación, que no podrá referirse a hecho distinto ni contener calificación más grave que la primera acusación presentada (art. 784.3, II, en relación con el art. 787 ter.3 LECRIM).

La posibilidad de conformidad en el escrito de calificación provisional de la defensa (escrito de defensa), es la clásica recogida en el art. 655 LECRIM. La conformidad ante el Ministerio público confirma la intencionalidad de introducir en nuestro Ordenamiento una tímida posibilidad de la institución anglosajona del *plea bargaining*, consecuencia del llamado «principio del consenso» por la Circular 1/1989 de la FGE.

El *régimen jurídico* y los *efectos* de ambas posibilidades de conformidad en el escrito de acusación son los siguientes:

1º) La conformidad tiene lugar ante la AP (en su caso TSJ, AN o TS) en el proceso penal por delitos más graves (art. 649 LECRIM) o ante el juez competente para la instrucción, sea competente para el juicio oral la TISecP, sea la Audiencia, ya que los escritos de acusación y de defensa se presentan ante él en el proceso abreviado (arts. 781 y 784.5 LECRIM).

2º) La iniciativa la toma el abogado defensor del acusado, aunque con su aquiescencia (arts. 655.1, éste modificado en 2025, y 784.3, I, en su inicio). Se requieren, pues, además del escrito de defensa correspondiente, que el acusado se ratifique expresamente sobre lo manifestado por su defensor técnico, declaración que debe comprobar el Juez que ha sido prestada libremente y con conocimiento de sus consecuencias (arts. 655.3 y 787 ter.2 LECRIM). Lo que significa que, si no se ratifica el acusado, debe procederse a suspender la tramitación para que designe, o se nombre de oficio, un nuevo abogado, que proceda a redactar el escrito de defensa.

3º) La conformidad es con la pena solicitada por la acusación, o con la más grave de las solicitadas en caso de haber varias, sin más límite temporal que el que corresponde a la competencia objetiva de los procesos ordinario y abreviado.

4º) De los arts. 655.2 y 787 ter.1, II se desprende que no es obligatorio oír a la víctima, sea o no parte pues se hace depender este requisito de que su audiencia, ante el MF, sea posible y necesaria. Es obligatoria «cuando la gravedad o trascendencia del hecho o la cuantía sean especialmente significativos, así como en todos los supuestos en que víctimas o perjudicados se encuentren en situación de especial vulnerabilidad». Ello es criticable, pues se cumple mejor con el Est.Vict si la audiencia es obligatoria en todo caso.

5º) Si el tribunal colegiado o el juez unipersonal están de acuerdo con la conformidad, se eliminan todos los trámites posteriores y se pasa directamente a dictar sentencia por el órgano competente para el enjuiciamiento (art. 655.1, III y 3), quien ello no obstante debería examinar los requisitos de la conformidad y evitar así el posible recurso.

6º) El tribunal dictará sentencia sin que pueda imponer pena mayor que la solicitada, que es la acordada en la conformidad. Para la LECRIM parece claro que la sentencia debe condenar a la pena conformada («dictará sentencia de conformidad con la manifestada por la defensa y el acusado», v. arts. 655.5 y 787 ter.1).

Esta prescripción legislativa no es admisible porque por un error conceptual de lo que el principio acusatorio realmente debe ser (v. apartado dedicado a la tesis de desvinculación en esta misma lección), que se arrastra desde hace prácticamente cuatro décadas, se ataca a la propia potestad jurisdiccional, convirtiendo al Juez en un autómata, imposibilitándole cumplir con su función exclusiva de medir e individualizar la pena y evitar castigos desproporcionados. Lo correcto es que el órgano jurisdiccional pueda imponer entonces la pena que considere procedente, siempre que no exceda de la cantidad conformada, y ello por imposición legal, por tanto, que pueda imponer pena igual a la conformada o inferior, pero también la absolución según la jurisprudencia, en consonancia con el principio que afirma que el tribunal puede absolver siempre (v. SS TS 20 junio 1966, RJ 3210; 7 febrero 1994, RJ 717; y Memoria Fiscalía TS de 1899).

7º) La sentencia de conformidad se dicta oralmente y adquiere firmeza inmediata si las partes manifiestan que no van a recurrirla. Después ya se redactará por escrito y se archivará tal y como dispone la ley (arts. 655.6 y 787 ter.6 LECRIM). La sentencia tiene un contenido específico, según dichas normas: Previa audiencia de las partes, se pronunciará sobre la suspensión de la pena impuesta o su sustitución, cuando proceda; así como sobre los aplazamientos de las responsabilidades pecuniarias.

8º) Es posible que la conformidad prestada carezca de valor, ordenándose la continuación del juicio, en estos casos:

- Si el juez considera que el acusador no ha formulado la calificación procedente, por error, por negligencia o por cualquier otra causa, y cree que los hechos criminales constituyen jurídicamente un título de acusación que conlleve pena de mayor gravedad, o de diferente naturaleza, o que la pena solicitada no es la que legalmente procede (arts. 655.3 y 787 ter.3), debe requerir a la parte que presentó el escrito de calificación más grave para que manifieste si se ratifica o no en él. Si la acusación cambia de opinión y el acusado se conforma de nuevo, se pasa al trámite de dictar sentencia de conformidad el órgano competente para el enjuiciamiento, ordenando la continuación del juicio en caso contrario (arts. 655.1, III y 787 ter. 3);
- El juicio continúa también cuando el juez cree que la conformidad del acusado no ha sido prestada libremente o sin conocimiento de sus consecuencias (arts. 655.3 y 787 ter.4); y
- Finalmente, también ordenará la continuación del juicio cuando el Abogado defensor lo considere necesario y el juez estime fundada su petición (arts. 655.1 y 787 ter.4, II LECRIM).

9º) Igual que en la primera clase de conformidad, la disconformidad de uno de los acusados, siendo varios, obliga a continuar el juicio para todos ellos, incluidos aquellos que se conformaron (art. 655.1, III LECRIM), salvo, como se indicó *supra*, que pueda dividirse el objeto siendo varios los acusados por diversos delitos.

10º) Si no hay conformidad en la responsabilidad civil (allanamiento), pero sí en la criminal, el juicio continúa para discutir únicamente el objeto civil del proceso acumulado (art. 655.4 LECRIM), rigiendo los principios propios de este proceso, y partiendo de la admisión de la responsabilidad criminal.

11º) Tratándose de persona jurídica acusada, los arts. 655.8 y 787 ter.8 LECRIM disponen que la conformidad deberá prestarla su representante especialmente designado, siempre que cuente con poder especial. Puede realizarse con independencia de la posición que adopten las demás personas acusadas y su contenido no vinculará en el juicio que se celebre en relación con éstos.

b) En el proceso penal especial para el enjuiciamiento rápido de determinados delitos

Este proceso penal, especial según su ley introductoria de 2002, pero en realidad ordinario, regula también la conformidad con el escrito de acusación prestada ante el juez en funciones de guardia en los arts. 800.2 y 801 LECRIM, no modificados en 2025.

Las particularidades más llamativas son las siguientes:

1ª) A pesar de que del tenor literal del art. 801.1 pueda deducirse lo contrario, la conformidad prestada por el acusado debe contar con la aquiescencia de su Abogado, que en estos momentos ya debe estar designado o nombrado de oficio, por aplicación supletoria del art. 779.1-5ª de acuerdo con el art. 795.2 LECRIM.

2ª) La conformidad se presta ante el juez en funciones de guardia, órgano competente para la instrucción y para la preparación del juicio oral de este proceso (falla la TISecP, art. 800.3, I LECRIM). Las actuaciones realizadas por la Policía Judicial y contenidas en el atestado, así como las diligencias urgentes practicadas por el propio Juez con la participación activa del Fiscal, tienen que estar ya concluidas, porque es necesario que se haya abierto el juicio oral y presentado la acusación formal por el Ministerio Fiscal y, en su caso, demás acusadores, dada la ubicación sistemática del precepto.

3ª) Los requisitos de la conformidad en este proceso especial son más estrictos que en el abreviado, cuando debería ser al revés, ya que lo que se pretende ante todo es un juicio rápido, y nada más rápido que evitar que suceda el juicio oral. Afectan a los siguientes extremos recogidos en el art. 801.1:

- No debe existir más acusación que la del Fiscal, presentada en tiempo y forma (pero el art. 801 permite después en su núm. 5 que haya acusación particular, lo cual es una clara contradicción en nuestra opinión, a resolver a favor de permitir la participación de todos los acusadores de acuerdo con el art. 125 CE);
- Los hechos deben haber sido calificados como delito castigado con pena de prisión de hasta 3 años, con pena de multa cualquiera que sea su cuantía, o con otra pena de distinta naturaleza, cuya duración no exceda de 10 años;
- Si se pidió pena de prisión, la pena efectivamente solicitada no debe exceder de 3 años, y si se pidieron varias, tampoco debe ser la petición superior a 3 años sumadas todas ellas, para que con la reducción del tercio se queden en 2 años, de acuerdo en parte con el modelo italiano;

Obsérvese en consecuencia que la operatividad práctica de la conformidad en este proceso se reduce a menos de la mitad de los supuestos temporales posibles (sobre cinco años de prisión límite objetivo, sólo procede si el delito está castigado con hasta 3 años y únicamente, además, si efectivamente se piden tres o menos), mientras que en el abreviado es posible por su límite máximo (9 años). ¿Por qué? No lo sabemos, quizás para que entren dentro del límite los delitos más comunes y frecuentes, v.gr. robos y alcoholemia, se aplique la suspensión de la pena y no vayan a la cárcel sus autores. Que no proceda la conformidad si hay acusador particular, además de la contradicción legal que hemos indicado, es absurdo, pues en todas las demás modalidades no se produce esta limitación, sin perjuicio de ser poco respetuosa con la víctima, quizás más abierta a la conformidad que el propio Fiscal por lo que le puede suponer de ventaja en cuanto a la responsabilidad civil. Quizás por ello, el remedio del art. 801.5, que permite a la víctima ser parte y actuar en la conformidad.

4ª) El juez en funciones de guardia controla la conformidad de acuerdo con lo previsto en el art. 787 ter (v. inmediatamente) y en el art. 801.3, en su caso, y si es ajustada a la Ley, dicta sentencia de conformidad, que puede dictar oralmente con este posible contenido, de acuerdo con el art. 801.2:

- Si la pena solicitada fue privativa de libertad, la impone reducida en un tercio, resolviendo a continuación lo procedente sobre su suspensión o sustitución (v. arts. 81, 87 y 88 CP). Se exige, algo ingenuamente, el compromiso del acusado de satisfacer la responsabilidad civil a la víctima en el plazo que se le fije (se haya o no allanado a ella), y además, en su caso, el compromiso de que obtendrá el certificado de estar deshabituado o sometido a tratamiento para tal fin (art. 801.3). La reducción debe realizarse aun cuando en definitiva la pena impuesta sea inferior al límite mínimo fijado por el CP;
- Hay que entender por otra parte, a pesar de que el texto legal nada diga, que, si la pena conformada no es privativa de libertad, la impondrá, pero reducida igualmente en un tercio; y
- Una vez dictada sentencia de conformidad, el juez en funciones de guardia debe resolver sobre la situación personal del condenado, remitiendo si procede la causa al Juez de lo Penal para su ejecución (art. 801.4).

  Este es uno de los dos casos en nuestro Ordenamiento Jurídico en el que un juez (en funciones de guardia, además) puede dictar una sentencia penal por delito. Para ello ha sido necesario reformar también el art. 88.1, II, b) LOPJ. El otro se da en el juicio sobre delitos leves.

5ª) En caso de incumplimiento de los anteriores compromisos, se estará a lo dispuesto en los arts. 84, 85 y 87.5 CP.

c) En los juicios sobre delitos leves

La peculiar estructura del juicio sobre delitos leves, introducido en 2015 siguiendo el modelo del antiguo juicio de faltas, no justifica que el legislador haya omitido cualquier referencia a la posibilidad de conformidad en él, pero debe ser posible, al menos la modalidad de conformidad en el acto del juicio oral (a estudiar inmediatamente), por razones de fondo y de forma. De forma, por aplicación supletoria de las normas del proceso abreviado o del proceso especial para el enjuiciamiento rápido de determinados delitos en virtud de la autorización del art. 969.1; y de fondo, porque la conformidad contribuye a que el juicio sobre delitos leves no tenga lugar, lo que acelera todavía más si cabe el procedimiento.

C) Conformidad prestada en la audiencia preliminar

La LO 1/2025 ha introducido una nueva conformidad para los procesos abreviados y, por aplicación supletoria si fuese el caso, también para los procesos rápidos y por delitos leves, a saber, la conformidad en la audiencia preliminar.

La audiencia preliminar se regula formalmente en los arts. 785 y ss. LECRIM. Su fin principal es depurar la falta de presupuestos procesales, observar si se ha vulnerado algún derecho fundamental de las partes, atender a posibles causas de nulidad y depurar expurgando la prueba ilícita que haya podido admitirse, en su caso. Pues bien, otra de sus funciones es poder conformarse y. así, pasar directamente a dictar sentencia (art. 785.4 a 11 LECRIM).

La regulación afecta a todas las cuestiones aquí tratadas, por lo que deberá estarse ante todo al art. 785, y en caso de laguna, a los arts. 655 y 787 ter, que regulan la conformidad con el escrito de acusación. No vamos a tratarlo aquí porque ya están esos preceptos explicados. El problema es que hay una triple reiteración en muchos de los contenidos de la conformidad, y ello no ayuda, como también ya hemos manifestado.

Por otra parte, la audiencia preliminar es el primer acto procesal a celebrar después de abierto el juicio, pero es una audiencia distinta a la del juicio oral (v. art. 786.1 LECRIM). Aunque sean distintas por su objeto, a efectos de conformidad se parecen porque estamos ya en la fase decisoria, razón por la que los primeros preceptos a tener en cuenta deben ser los arts. 688 a 700 LECRIM, es decir, los que regulan la conformidad prestada en el juicio oral.

En nuestra opinión, la audiencia preliminar y el juicio oral no son compatibles a efectos de la conformidad, por lo que, intentada sin éxito la conformidad en la audiencia preliminar de un proceso abreviado, un proceso rápido o un proceso por delitos leves (si cupiera en estos dos últimos), ya no se podrá reiterar en el juicio oral, cuya celebración deviene así insoslayable. Carece de sentido que se ofrezca la conformidad en la audiencia preliminar y, o el mismo día o unos pocos días después, se vuelva a ofrecer.

D) Conformidad prestada en el acto del juicio oral

La última posibilidad de conformidad en un proceso penal ordinario se produce al principio del acto de la vista o juicio oral en sentido estricto (arts. 688 a 700, y supletoriamente, arts. 655 y 787 ter LECRIM). La particularidad es que, en nuestra opinión, únicamente tiene lugar esta modalidad de conformidad en los procesos penales por delitos más graves, ya que para los demás se prevé la conformidad en la audiencia preliminar.

El *régimen jurídico* y los *efectos* de esta última modalidad de conformidad son los siguientes, de acuerdo con los arts. 688, II y 787 ter.1: 1°) La conformidad se solicita al órgano competente para el enjuiciamiento, pues ya se están celebrando las sesiones del juicio oral (AP, TSJ, AN o TS, en función de los casos); 2°) La iniciativa la tiene el Abogado defensor con la aquiescencia del acusado, quien debe expresar que se conforma antes de iniciarse la práctica de la prueba, pidiendo al juez que dicte sentencia de conformidad con el escrito de la acusación que contenga pena de mayor gravedad (art. 787 ter.1). La Ley no prohíbe que la iniciativa la tenga el acusado, pero formalmente la petición debe hacerla la defensa. Por otra parte, y en nuestra opinión, al no haberse declarado expresamente la no aplicación del art. 688, II LECRIM (no afectado por la reforma de 2025 en este punto), la iniciativa puede tomarla igualmente el órgano jurisdiccional, preguntando al acusado si se conforma. 3°) El juez debe informar al acusado sobre las consecuencias que tiene haberse conformado (art. 787 ter.4 LECRIM).

El resto lo conocemos ya, por lo que para no reiterar nos remitimos a la conformidad prestada con el escrito de acusación. Sólo nos detendremos brevemente en los siguientes aspectos importantes:

1°) ¿Qué extensión tendrá el fallo de esa sentencia? En el sistema originario de la LECRIM, el tribunal podía imponer la pena que considerase procedente, siempre que no excediera de la cantidad conformada, por imposición legal, es decir, que podía imponer pena igual a la conformada o inferior, pero también era procedente según la jurisprudencia la absolución. A este sistema deberíamos volver.

Sin embargo, el órgano jurisdiccional, para ciertos casos de conformidad, está constreñido, según dicción literal del art. 787 ter.1 LECRIM, a dictar «sentencia de conformidad con la manifestada por la defensa y el acusado»; y el art, 655, a dictar sentencia «que proceda según la calificación mutuamente aceptada, sin que pueda imponer pena mayor que la solicitada». La jurisprudencia entiende que a pesar de este tenor literal, el órgano jurisdiccional puede imponer pena inferior, pues de lo contrario no gozaría de la discrecionalidad suficiente para evitar penas desproporcionadas a los hechos aceptados por el acusado, competencia que es inexcusable e indelegable del juez para poder individualizar correctamente la pena (STS 17 de junio de 1991, RJ 4728).

Por tanto, el órgano jurisdiccional podrá siempre imponer pena inferior o absolver (v. A TS de 21 de marzo de 2001, RJ 1670).

Por otra parte, se resuelve la cuestión concreta sobre el hecho de que el Juez pueda dictar sentencia absolutoria o condenatoria a pena inferior a la conformada, previa audiencia de las partes realizada en el acto, si estimase que, partiendo de la descripción del hecho aceptado por todas las partes, es atípico, o resulta manifiesta la concurrencia de cualquier circunstancia eximente o atenuante, con base en los arts. 785.6 y 787 ter.3 LECRIM.

Ello demuestra la confirmación del principio que afirma que el tribunal puede siempre absolver, y también que es posible utilizar la tesis de desvinculación (v. la explicación sobre el art. 733 LECRIM, v. *infra*), sin previa práctica de la prueba y no para agravar la condena, no se aplica en caso de que el tribunal sentenciador estime que concurre una agravante, o en caso de que para él el hecho punible merezca una distinta calificación con distinta pena, casos en los que queda totalmente vinculado.

Finalmente, por expresa declaración de los arts. 655.5 y 787 ter.5 LECRIM, no vinculan al órgano jurisdiccional, en ningún supuesto, las conformidades mostradas en el acto del juicio oral sobre las medidas de seguridad («medidas protectoras en los casos de limitación de la responsabilidad penal»). La razón parece justificable: La medida de seguridad tiene fines correctores y de prevención especial, por lo que, aunque el acusado se muestre conforme con su imposición, el órgano jurisdiccional puede prescindir de la medida si considera que ello sería superfluo respecto a aquellas finalidades (Circular 1/1989 de la FGE).

2º) Es posible también en esta modalidad que la conformidad prestada carezca de valor, ordenándose la continuación del juicio, porque la «bargaining» no puede justificar nunca actuaciones «contra legem». Sucede en estos casos:

- Si el órgano jurisdiccional considera que el acusador no ha formulado la calificación procedente, por error por negligencia o por cualquier otra causa, y cree que los hechos criminales constituyen jurídicamente un título de acusación que conlleve pena de mayor gravedad, o aunque sea de igual o menor gravedad, que conlleve mutación sustancial del bien jurídico, o que la pena solicitada no es la que legalmente procede (arts. 785.6 y 787 ter.3 LECRIM), debe tomar la disposición de requerir a la parte que presentó el escrito de calificación más grave para que manifieste si se ratifica o no en él. Si se modifica la acusación y el acusado se conforma de nuevo, se pasa al trámite de dictar sentencia de conformidad, ordenando la continuación del juicio en caso contrario;

- El juicio continúa también cuando el órgano jurisdiccional cree que la conformidad del acusado no ha sido prestada libremente o sin conocimiento de sus consecuencias, tema ya apuntado (arts. 655.3, 785.5 y 787 ter.7); y
- También ordenará la continuación del juicio, como dijimos, cuando el Abogado defensor lo considere necesario y el juez estime fundada su petición (art. 787 ter.7, II).

3º) La disconformidad siendo varios los acusados, o entre el acusado y su defensor tiene consecuencias importantes, en el siguiente triple sentido:

1) Si el acusado se conforma, pero su defensor cree necesaria la continuación del juicio, carece de relevancia la conformidad y la vista se celebra normalmente si el Juez lo considera fundado, como sabemos (arts. 696, 785.7, II y 787 ter.4, I LECRIM);

2) Si hay varios acusados y alguno no se conforma, sigue el juicio para todos (art. 697, II LECRIM), aunque sea la prueba muy simplificada; y

3) Si el acusado o acusados se niegan a responder a la pregunta del órgano jurisdiccional en el sentido de si se conforman o no con la pena pedida, continúa el juicio (art. 698 LECRIM). En ambos casos hay que recordar que la conformidad puede tener lugar para unos acusados y para otros no, si es posible dividir el objeto del proceso penal, al enjuiciarse varios delitos distintos contra varios acusados.

El juicio continúa también cuando el acusado quiera amparase en la conformidad, al haberse pedido pena más ventajosa por no haber aparecido el cuerpo del delito todavía (art. 699 LECRIM).

4º) Finalmente, en cuanto a la pretensión civil, si el acusado se conforma en lo atinente a la pena, pero no en lo relativo a la responsabilidad civil, la vista se celebra, pero la práctica de la prueba afectará exclusivamente al objeto civil (arts. 695, 697, III y 700 LECRIM).

E) Conformidad ante el Tribunal del Jurado

La LOTJ regula, dentro de una de las formas de disolución del Jurado, la conformidad con la acusación, se entiende provisional, más grave, es decir, con la que solicite pena de mayor gravedad (art. 50.1), pero a realizar dentro de la fase de juicio oral competencia del TJ, bien en el escrito de defensa, bien en un escrito autónomo que presentan las partes en la vista (en la práctica se hace entre el escrito de defensa y la vista, para evitar que se constituya el Jurado).

La LECRIM contempla varias clases de conformidad como acabamos de ver, en el proceso penal por delitos más graves, en el proceso penal abreviado y en el proceso especial para el enjuiciamiento rápido de determinados delitos (y por extensión, en el proceso penal o juicio sobre delitos leves). La cuestión es si todas ellas son aplicables en el proceso penal especial ante el TJ. La respuesta debe ser positiva, teniendo en cuenta que tanto el reconocimiento de hechos como la conformidad con la acusación (calificación) se producirían ante el juez competente para la instrucción y no ante el Magistrado-Presidente. El problema es que la LOTJ sólo ha regulado la conformidad en el juicio oral, cuando podría haber hecho una remisión específica al menos a las normas del proceso abreviado, pues aplicar supletoriamente aquí el art. 24.2 LJ puede ser problemático. Pero su admisión debe favorecer que el juicio ante el Jurado no tenga lugar, por tanto, estamos también ante un instrumento de rapidez y eficacia, finalidades claras de la ley.

Ciñéndonos a la conformidad regulada por la LOTJ, ésta se puede producir de tres maneras distintas: Primero por manifestarlo así la defensa en su escrito (por aplicación del art. 655 LECRIM, o del art. 784.3, I LECRIM, ante el silencio de la LOTJ), que debe exigir en todo caso ratificación oral en la audiencia preliminar del art. 30 LJ (el proceso penal ante el Jurado tiene su propia audiencia preliminar); segundo por responder a una pregunta en este sentido del Magistrado-Presidente afirmativamente (por aplicación del art. 688, II LECRIM, ante el silencio también de la LOTJ), y tercero, por presentar un escrito específicamente con ese contenido en este acto ante el TJ (que sí prevé expresamente el art. 50.1 LOTJ).

Pero lo más sorprendente es que, así como en los procesos de la LECRIM ya no existe límite de pena, y por tanto la conformidad puede darse incluso en los delitos castigados con prisión permanente revisable, en el TJ sí hay un límite temporal, ya que el art. 50 LOTJ no ha sido reformado en 2025. Además, antes de esa reforma, los límites de la conformidad no coincidían ni con los del proceso abreviado (9 años), ni con los del proceso especial para el enjuiciamiento rápido de determinados delitos (3 años), lo cual no era justificable, pues se dice claramente que no es posible la conformidad a pena superior a seis años de privación de libertad, sola o conjuntamente con las de multa y privación de derechos (art. 50.1 «in fine» LOTJ). La consecuencia, absurda, es que si los delitos de asesinato consumados fuesen competencia de un tribunal ordinario, cabría la conformidad, pero siendo competencia del TJ no cabe, salvo que la acusación pida 6 o menos años de prisión.

En cuanto a su régimen jurídico, la conformidad debe ser aprobada por todas las partes (art. 50.1 LOTJ), y sólo afecta a los hechos acusados objeto del juicio (art. 50.1 LOTJ), pero si el Magistrado-Presidente entiende que el hecho no ha existido, o que no es constitutivo de delito, o que, existiendo, no ha sido cometido por el acusado, o que, existiendo, el acusado está exento de responsabilidad criminal o concurre una atenuante, no disuelve el Jurado y, previa audiencia de las partes, le somete por escrito el objeto del veredicto sin solución de continuidad (art. 50.2 y 3 LOTJ).

F) Conformidad en caso de delito de violencia de género

La LOVG tomó una decisión discutible. Admitió la conformidad en los juicios penales e hizo competente al entonces creado JVM (hoy TISecVM) para dictar sentencia de conformidad en los casos del art. 801 LECRIM (art. 14.3, I *in fine* LECRIM y art. 87 ter.1, e) LOPJ).

El problema que se plantea es que el art. 89.9 LOPJ prohíbe la mediación, en realidad cualquier medio adecuado de solución de controversias (MASC), en los supuestos de violencia de género. Esos casos son, además de los civiles, los penales, pues esa norma está dentro del precepto dedicado a la competencia de la TISecVM, fuera del núm. 5, dedicado a la competencia penal, y del art. 89, núm. 6, dedicado a la competencia civil, por tanto, abarcando todas las competencias. Desde un punto de vista estrictamente terminológico y sistemático, la mediación debe referirse pues, independientemente del acierto en la elección del sustantivo, a ambos procesos, civil y penal.

La mediación estaba expresamente prohibida en lo penal (art. 2.2, a) RDLey 5/2012, de 5 de marzo, de mediación en asuntos civiles y mercantiles), pero el Estatuto de la Víctima del Delito de 2015 (art. 15) abrió la puerta a la mediación penal en general, aunque no para los casos de violencia de género. Ni siquiera existe aún el llamado principio de oportunidad reglada, que podría permitir una cierta posibilidad de arreglo (el proceso penal de menores, en donde sí existe, es ahora irrelevante).

En nuestra opinión, hoy está resuelto el problema, porque la mediación penal existe y es legal, a tenor de los arts. 2 a 19 LO 1/2025 y de la DA -9ª LECRIM, que regula la Justicia restaurativa en el ámbito penal, introducida por dicha LO. Aunque se hable de procedimientos de justicia restaurativa, de proceso negociador o de medio adecuado de resolución de controversias, la mediación penal cuadra en todas esas denominaciones y por ello debe ser admisible en nuestro Derecho.

Ello no significa que todo el mundo esté de acuerdo, que sea una decisión indiscutible, pues la mediación entraña ciertos riesgos en el proceso penal, sobre los que habrá que estar muy atentos, especialmente cuando se prevea que una de las partes, generalmente la víctima, podría estar en situación de clara desventaja por su vulnerabilidad.

G) Recurribilidad

Tratándose de sentencias de conformidad el TS mantenía la doctrina (v. SS de 27 de abril de 1999, RA 3326; y de 11 de abril de 2000, RA 2445, entre otras muchas), de su irrecurribilidad, argumentando que conformarse con el aval del defensor comporta una renuncia implícita a replantear ante el TS las cuestiones fácticas y jurídicas aceptadas libremente y sin oposición, procediendo el recurso sólo en caso de incumplimiento de los requisitos formales, materiales y subjetivos de la conformidad, así como que no se hubieran respetado los términos del acuerdo entre las partes (STS núm. 422/2017, de 13 de junio).

Pues bien, los arts. 655.7 y 787 ter.7 LECRIM, aplicable en nuestra opinión a todos los casos de conformidad y no sólo a la que tiene lugar en el juicio oral, recogen esa doctrina y reconoce la recurribilidad expresa de las sentencias de conformidad, legitimando a todas las partes, cuando no se hayan respetado los requisitos o términos de la conformidad. El acusado sufre la limitación de no poder impugnar por razones de fondo su conformidad libremente prestada. Qué recurso cabe depende del proceso ordinario o especial en que haya tenido lugar la conformidad.

II. LA TESIS DE DESVINCULACIÓN DEL ÓRGANO JURISDICCIONAL

1) Concepto y naturaleza

El sistema de enjuiciamiento criminal español permite al órgano jurisdiccional sentenciador discutir la tesis jurídica de la acusación, si considera que ha calificado los hechos con manifiesto error y concurren los demás presupuestos exigidos. Esta posibilidad, denominada doctrinalmente «tesis de desvinculación», se reconoce en el art. 733 LECRIM, específicamente para el proceso por delitos más graves.

En nuestra opinión, la tesis de desvinculación es acogida también en el proceso abreviado, aunque implícitamente, en los arts. 788.5, 788.6 y 789.3 LECRIM, que establecen particularidades diferenciadoras.

Este instituto, cuya finalidad aparece plenamente justificada, ha sufrido una profunda transformación después de la CE, debido a una reinterpretación jurisprudencial de sus fundamentos (explicados en la Exposición de Motivos de la LECRIM, párrafos XXVI a XXIX, con profusión). Trata de resolver el problema, por poner un ejemplo claro, de que, calificados los hechos por el Ministerio fiscal y los demás acusadores como un delito de homicidio, el tribunal, si entiende que al contrario son constitutivos de un delito de asesinato, pueda hacérselo saber para que reconsideren el título de acusación.

El *fundamento* de la tesis de desvinculación no es pacífico. En principio, se afirma que la tesis de desvinculación es un acto inquisitivo del órgano jurisdiccional y, por tanto, una alteración del principio acusatorio. Pero también, y al mismo tiempo, una concreción del principio de contradicción.

Explicados así los pilares, la relación de la tesis con los principios constitucionales acusatorio y de contradicción (derecho de defensa) del art. 24.2 CE, es innegable (v. SS TC 104/1986, de 17 de julio y 17/1988, de 16 de febrero; y S TS 4 de noviembre de 1986, RA 6241):

a) De un lado, se dice que el principio acusatorio no puede tolerar que el efecto de cosa juzgada material, que impide un nuevo enjuiciamiento por los mismos hechos criminales imputados, prevalezca sin excepciones, porque en este caso permanecerían inmodificables calificaciones erróneas. Dicho con otras palabras, pasaría a cosa juzgada una impunidad parcial, al no poderse acusar del mismo hecho posteriormente, una vez descubierto el error, como delito de asesinato cuando se condenó por homicidio,

En este sentido se dice que el art. 733 constituye una excepción al principio acusatorio, porque éste exige la correlación entre acusación y sentencia. Por tanto, el órgano jurisdiccional no puede en la sentencia calificar el delito de forma tal que imponga una pena más grave a la que legalmente corresponda según la tipificación efectuada por la acusación.

Pero la doctrina más solvente entiende que la norma no es una excepción, sino una corroboración del principio acusatorio, porque la tesis del tribunal es sobre «el hecho justiciable» o elemento esencial del objeto del proceso, que en ningún caso puede modificarlo o variarlo. Por tanto, el tribunal tiene siempre como límite los hechos esenciales.

b) La CE de 1978 ha hecho cambiar las opiniones al respecto de la jurisprudencia, que ya no era hasta entonces muy favorable a la aplicación de la tesis, reinterpretando precisamente los principios acusatorio y de contradicción (de defensa), en el siguiente sentido: Partiendo siempre del principio que prohíbe la variabilidad de los hechos criminales imputados que tengan carácter de esenciales, la no aceptación por la acusación de la nueva tesis más grave planteada por el órgano jurisdiccional convierte a éste en juez y parte, infringiendo el principio acusatorio, si condena con base en el título propuesto por él y no por aquélla. En consecuencia, si no asume la tesis el MF, o cualquier otro acusador, el órgano jurisdiccional no puede hacer prevalecer su opinión y debe ceñirse a las peticiones de los acusadores (SS TS 16 de junio de 1987, RA 4953; y de 1 de diciembre de

1987, RA 9515). Esta interpretación del principio acusatorio es dogmáticamente incorrecta, pues nada tiene que ver con él, porque lo verdaderamente importante es que no se alteren los hechos esenciales. El Tribunal, respetándolos, es el único autorizado legalmente para calificarlos (principios de legalidad y *iura novit curia),* de ahí que en los países más avanzados jurídicamente que el nuestro, pueda conceptuarlos como entienda más ajustado a Derecho e imponer la pena que considere más apropiada (v., por todos, §§ 260, 264 y 265 StPO alemana; por su parte el Tribunal Supremo español ha perdido una magnífica oportunidad de acertar en este importante tema en su STS 1319/2007, de 12 de enero (RA 323), al confundir principio acusatorio con derecho de defensa).

El Tribunal Constitucional español ha seguido el contenido clásico del principio acusatorio, sin que haya admitido nunca expresamente la doctrina del Tribunal Supremo de ser necesaria la aceptación por el Fiscal de la tesis más grave propuesta por el tribunal para condenar (v. las SS TC 54/1985, de 18 de abril; 84/1985, de 8 de julio; 104/1986, de 17 de julio; 134/1986, de 29 de octubre; 17/1988, de 16 de febrero; 186/1990, de 15 de noviembre; 43/1997, de 10 de marzo; 59/2000, de 2 de marzo).

c) En donde no existe ninguna dificultad es en admitir que la norma supone también una concreción del principio de contradicción (derecho de defensa), y la jurisprudencia citada fundamenta ello, además de en el art. 24.2 CE, en todas las normas internacionales aplicables (arts. 10 y 11.1 de la Declaración Universal de Derechos Humanos; y art. 14 del Pacto Internacional de Derechos Civiles y Políticos), porque el legislador quiere que la tesis jurídica del tribunal, nueva para la acusación, se someta a debate, e incluso si las partes no están preparadas para ello, incluyendo la defensa (la más interesada ante la agravación que supone), que se suspenda la vista para un mejor estudio. Esto es así porque un correcto entendimiento del principio de contradicción significa la necesidad de poner a debate todo dato jurídico o fáctico, susceptible de influir en la sentencia.

La tesis se puede utilizar por el órgano jurisdiccional, tanto en el proceso por delitos más graves, como en los procesos abreviados y en los juicios rápidos (y por extensión también en los juicios sobre delitos leves), una vez las partes acusadoras han formulado sus conclusiones definitivas, bien nuevas, bien confirmando las provisionales, en el acto de la vista, antes de los informes finales. Sin embargo, dado que en esos informes finales puede producirse teóricamente alguna alteración, o, sobre todo, que en la última palabra el acusado puede introducir algún hecho esencial nuevo (v.gr., «confesar» otro delito, o dar una versión distinta que altera sustancialmente los hechos criminales imputados), habría parecido más lógico que la tesis de desvinculación fuera el último acto posible antes de la sentencia.

2) Presupuestos

Los presupuestos fijados en el art. 733 LECRIM para que pueda utilizarse la tesis de desvinculación son los dos siguientes:

1°) Que se trate de procesos incoados por delito público o semipúblico, ya que el art. 733, III excluye a los procesos por delito privado.

La razón por la que en los delitos privados no se puede utilizar la tesis es, posiblemente, porque en éstos la parte acusadora sí dispone de la acción penal.

2°) Que, a la vista de la prueba practicada, el hecho criminal haya sido calificado con manifiesto error, por una de estas dos razones: a) Por no haberlo incluido en determinado tipo del CP; o b) Porque no se haya apreciado la concurrencia de una eximente.

Este presupuesto tiene un alcance muy concreto, aunque avanzamos que el error por no apreciación de eximente carece de relevancia hoy. Dicho requisito significa:

- Que todos los demás errores de la calificación que no alteren ni agraven el título de acusación, puede subsanarlos directamente el órgano jurisdiccional en la sentencia, sin utilizar la tesis de desvinculación y sin incurrir en incongruencia. El art. 733, III lo afirma expresamente, pues la tesis de desvinculación no «es aplicable a los errores que hayan podido cometerse en los escritos de calificación, así respecto a la apreciación de las circunstancias atenuantes y agravantes como en cuanto a la participación de cada uno de los procesados en la ejecución del delito público que sea materia del juicio».
- Por la misma razón, conforme a la jurisprudencia citada antes y a las razones indicadas, el órgano jurisdiccional debe utilizar la tesis cuando aprecie la concurrencia de una circunstancia agravante, no pudiendo tenerla en cuenta en caso de no ser asumida por la acusación. Con el mismo fundamento, pero al contrario, siempre puede apreciar una atenuante sin necesidad de plantear la tesis. Se puede afirmar que, en este punto, la CE ha derogado tácitamente el art. 733, III LECRIM (v. S TS 21 de abril de 1987, RA 2586).
- Que la cantidad de pena carece de relevancia si la tesis del órgano jurisdiccional es asumida por la acusación, y
- Que en lo relativo a la pretensión civil el tribunal no puede decir absolutamente nada si se ha calificado con manifiesto error, porque se trata de un proceso civil, y, por tanto, rigen los principios propios de este proceso (oportunidad, dispositivo, aportación de parte y congruencia). Con otras

palabras, el tribunal en la sentencia no puede conceder más de lo pedido (v. S TS 24 de marzo de 1984, RA 1857).

3) Efectos

Los efectos de la utilización de la tesis afectan al propio procedimiento y a la sentencia:

1°) Procedimentalmente, puede producirse una paralización por suspensión de la vista, en el caso de que las partes pidan el aplazamiento de 24 horas previsto en los arts. 733, IV y 788.5 LECRIM, con el fin de estudiar la propuesta del tribunal.

La LECRIM garantiza así escrupulosamente el principio de contradicción, puesto que se somete a debate y estudio una cuestión que puede tener influencia decisiva en el fallo.

2°) En cuanto a la sentencia, el planteamiento de la tesis permite al órgano jurisdiccional, si es aceptada y, por tanto, sostenida por la acusación, condenar por el título más grave por él sometido a debate (en el ejemplo puesto, por asesinato). La sentencia no por ello dejará de ser congruente.

Prueba evidente de este efecto es que el art. 851-4° LECRIM concede recurso de casación por quebrantamiento de forma «cuando se pene un delito más grave que el que haya sido objeto de la acusación, si el tribunal no hubiere procedido previamente como determina el artículo 733» Es decir, no hay recurso cuando se pena por delito más grave utilizándose previamente y aceptándose por la acusación la tesis de desvinculación.

Antes apuntada esta cuestión, el propio art. 851-4°, en relación con el art. 733 LECRIM, hace inútil el planteamiento de la tesis cuando el tribunal considere que debe absolver por apreciar una eximente no alegada por la acusación, ya que la tutela jurídica en casación únicamente se da en caso de condena por delito más grave sin haber hecho uso de la tesis. En consecuencia, si el tribunal absuelve por apreciar una eximente, sin desvincularse previamente, la sentencia es formalmente válida y congruente. Hay que llegar a la conclusión, pues, de que el legislador ha cometido un olvido o error, aunque quede confirmado el principio «el tribunal puede absolver siempre».

4) Particularidades en los demás procesos

La introducción en 1988 del proceso abreviado no resolvió de manera clara, ante la falta de norma correlativa al art. 733 LECRIM, si en él era posible también la utilización de la tesis de desvinculación por el órgano jurisdiccional ante una calificación errónea de la acusación, pero en esencia la doctrina entendió que la respuesta debía ser afirmativa, porque negar esta posibilidad habría sido tanto como afirmar que en este proceso no rigen ni el principio acusatorio, ni la cosa juzgada material, ni el principio de contradicción, ni el principio *iura novit curia*, en la misma medida que en el proceso por delitos más graves, lo cual sería sencillamente absurdo. Como también lo habría sido afirmar que en el proceso abreviado se permite la impunidad parcial, que se trata de evitar precisamente utilizando la tesis de desvinculación.

Una reforma de 2002 confirmó estas opiniones, ampliándolas a los demás procesos ordinarios (primero al juicio de faltas, y luego a su sustituto el juicio sobre delitos leves) y especiales (básicamente el previsto para el enjuiciamiento rápido de determinados delitos y el que tiene lugar ante el Tribunal del Jurado).

De entrada, diremos que el legislador pretendió y sigue pretendiendo mejorar técnicamente el art. 733, intentando aclarar las dudas que más de cien años de práctica han puesto de relieve, incorporando los avances de la jurisprudencia. Y ha querido efectuar la correspondiente reforma estableciendo tres normas distintas que, aun afectando a otras materias, tienen relación con la tesis de desvinculación. Así:

1º) Ante la calificación definitiva del Fiscal o de los demás acusadores, el órgano jurisdiccional puede requerirles para que aclaren hechos concretos de la prueba, o la valoración jurídica de los hechos efectuada, sometiéndoles a debate una o varias preguntas sobre puntos determinados (art. 788.4, II LECRIM).

   Qué duda cabe que ese requerimiento puede consistir precisamente en el sometimiento por parte del órgano jurisdiccional de su tesis desvinculadora. De hecho, la Circular 1/1989 FGE dijo que la facultad contenida en esta norma ha venido a sustituir a la del art. 733.

2º) Bien por propia iniciativa de la acusación, bien ante las aclaraciones solicitadas por el órgano jurisdiccional conforme a lo indicado en el punto anterior, si se cambian las calificaciones definitivas respecto a las provisionales, o, y esto es lo importante, respecto a las que se consideraban definitivas pero antes de la aclaración, en el sentido de modificar la tipificación penal de los hechos, o apreciación de un mayor grado de participación o de ejecución o circunstancias de agravación de la pena, en garantía del principio de contradicción, el juez puede considerar un aplazamiento del debate para que la defensa pueda prepararse ante el cambio producido, formulando alegaciones y aportando los elementos probatorios de descargo que estime convenientes (art. 788.5 LECRIM).

3º) Una vez sometidas a debate las nuevas cuestiones, y en todo caso si no ha habido ningún cambio, la sentencia, manteniendo el título de acusación, bien el propuesto por el órgano jurisdiccional que haya sido asumido por la acusación, bien el propuesto por la acusación que ha rechazado el planteado por el órgano jurisdiccional, no puede imponer pena que exceda de la más grave de las acusaciones (art. 789.3, primer inciso, LECRIM), porque ahora no hay posibilidad alguna de derogar el principio de correlación entre la acusación y la sentencia y, por tanto, se confirma la vigencia del principio acusatorio. Absolver puede siempre el órgano jurisdiccional.

Antes de la reforma de 2002 había que observar, en relación con la jurisprudencia más moderna y su nuevo entendimiento del principio de la correlación entre la acusación y sentencia a la luz de los principios acusatorios y de defensa, que si no se había utilizado la tesis, se confirmaba la tradición jurídica de nuestro sistema criminal, quedando vinculado el órgano por el título de acusación y pena solicitada; pero si se había utilizado, el tribunal sólo podía condenar por título más grave en caso de que hubiera sido aceptada y asumida por la acusación, aunque sin exceder de la pena que en concreto hubiera sido solicitada por ella o, en caso de que ésta no la hubiera asumido, de la que hubiera pedido en concreto. Ahora el art. 789.3 recoge esta jurisprudencia expresamente, permitiendo la condena más grave si alguna de las acusaciones ha asumido «el planteamiento previamente expuesto por el Juez o Tribunal dentro del trámite previsto en el párrafo segundo del artículo 788.3».

La aplicación de estos preceptos en el proceso penal especial para el enjuiciamiento rápido de determinados delitos es indudable, por mor del art. 802, para los juicios por delitos leves igualmente por el art. 969.1 LECRIM y, en cuanto al proceso penal especial ante el Tribunal del Jurado también, porque la referencia del art. 48.2 LJ al art. 793.6 y 7 LECRIM, debe entenderse hoy hecha al art. 788.3 y 4, sin perjuicio de la aplicación supletoria del art. 789.4 y 5 por el art. 24.2 LJ.

Lección 18ª

LA PRUEBA

SILVIA BARONA VILAR

I. CONCEPTO Y OBJETO

La prueba puede definirse como la actividad procesal, de las partes —de demostración, tratando de convencer al juez acerca de la verdad de los datos alegados al proceso— y del juez —de verificación, a través del razonamiento judicial—, fruto de un discurso consigo mismo, que culminará con la sentencia, en la que se motivará, a saber, se expondrá y valorará individual y ordenadamente todas las pruebas practicadas, con referencia a los criterios de valoración utilizados y al resultado de esa valoración.

En la configuración de la prueba deben deslindarse los elementos subjetivos que pueden intervenir en la actividad probatoria y los que delimitan objetivamente la misma.

1º) La propuesta de la práctica de la actividad probatoria es fundamentalmente un acto de parte, en concreto de parte acusadora, salvo aquellos supuestos de aportación fáctica de los acusados que requiere prueba por éstos. Como regla general, el acusado no necesita probar nada, de manera que la falta de prueba de los hechos y de la responsabilidad imputada por la acusación comporta una sentencia absolutoria, ante la imposibilidad de declaración de culpabilidad del acusado, rigiendo el principio de presunción de inocencia.

2º) Es posible, sin embargo, la prueba de oficio. Si bien el órgano jurisdiccional que ha de dictar sentencia no puede convertirse en investigador, incorporando el resultado de sus investigaciones —hechos distintos de los que son objeto de la acusación— al proceso, esto no es incompatible con la posibilidad de que el juzgador acuerde de oficio la práctica de medios concretos de prueba (art. 729.1 y 2; art. 726 LECRIM, etc.).

Si los datos sobre los que versa la prueba penal han sido aportados al proceso y el juez ha tenido conocimiento de ellos, y siendo que del mismo proceso pueden surgir fuentes de prueba que se hallen directa o indirectamente relacionadas con estos datos, no existe impedimento legal a la utilización por el juzgador de los medios de prueba pertinentes para otorgar eficacia procesal a las fuentes. No se trata con ello de introducir de oficio hechos nuevos, dado que, si así se pretendiere, debería suspenderse el juicio oral y abrir una sumaria instrucción complementaria (art. 746.6ª y 749.2º), sino de alcanzar la verdad de los datos incorporados por los acusadores.

Desde el punto de vista del *objeto* de la prueba, éste viene referido a las realidades que, en general, pueden ser probadas en el proceso penal, realidades fundamentalmente fácticas. En el proceso penal lo que pueden probarse son:

1º) Los hechos, entendidos como acontecimientos de la vida individual y colectiva. Fundamentalmente, son los hechos que constituyen el objeto del proceso: los hechos imputados, delimitados por los acusadores en sus calificaciones provisionales (art. 649.1º y 4º). En algunos supuestos, como en el procedimiento abreviado, se permiten cambios respecto de la tipificación penal de los hechos o por apreciación de mayor grado de participación o de ejecución o circunstancias de agravación de la pena, concediéndose hasta diez días de aplazamiento de la sesión para aportar elementos probatorios y de descargo que estime convenientes la defensa (art. 788.4º). Además, puede ser objeto de prueba cualquier otro hecho expuesto en las calificaciones (art. 729.2º), referente al grado de participación, a la culpabilidad, a la responsabilidad en cuanto van a influir en los elementos de la antijuridicidad, tipicidad, culpabilidad y pena.

   Dado que frecuentemente la comprobación directa de cualquiera de los hechos objeto de prueba al amparo del art. 729.2ª no es posible, sí lo es acudir a otras circunstancias fácticas que indirectamente van a servir para determinar la existencia o inexistencia del hecho fundamental. Se trata de diferenciar la prueba directa de la prueba indirecta y en esta segunda modalidad, se hace referencia a las presunciones y a su valor como método de prueba en el proceso penal.

   La comprobación directa del hecho criminal imputado podría alcanzarse en el supuesto de la prueba testifical de quienes presenciaron el homicidio. La comprobación indirecta implicaría alcanzar la certeza de qué hacía el imputado y con quién se encontraba en el momento de cometerse el homicidio, a qué hora del día, de qué color era la camisa que llevaba puesta, si llovía, etc. Todos estos datos pueden indirectamente determinar la participación del imputado en la comisión del hecho e incluso la concurrencia de circunstancias que pudieran determinar la irresponsabilidad del mismo o que, en su caso, la atenuaran o agravaran.

Los hechos que se refieren al sujeto pasivo (edad, cicatriz, pelo largo o corto, color ojos, complexión física, cojera, trastornos psicológicos o fobias como xenofobia, agorafobia, homofobia, misoginia, etc.), son hechos referidos a las circunstancias personales o a problemas psicológicos que pueden ser objeto de prueba. Ahora bien, el sujeto no es prueba.

En suma, son hechos los que constituyen el objeto de la prueba, pero son alegados por sujetos, en los que concurren enormes dosis de subjetividad en la narración fáctica, por lo que puede esa dosis de subjetividad ser tratada en la prueba a través de «prueba complementaria» o «prueba sobre prueba» o a través de las máximas de la experiencia.

2°) Igualmente, en el proceso penal los indicios de cargo pueden ser objeto de la prueba.

Si el objeto de la prueba responde a la cuestión de qué puede probarse en sentido abstracto y general, cuando se habla de *tema* de la prueba se está haciendo referencia a qué debe probarse en un proceso determinado y concreto, cuestión ésta que no puede abordarse sino desde el prisma de la singularidad de cada caso.

Prima facie no se exige la prueba de la norma jurídica en el proceso penal. Si llegara a convertirse en necesaria la prueba de la norma jurídica extranjera, no se probaría en fase de juicio oral, sino en fase de instrucción o como cuestión previa o artículo de previo pronunciamiento.

II. ELEMENTOS TÍPICOS DE LA PRUEBA PENAL

La estructura de los principios del proceso penal y sus diferencias con un proceso dispositivo se extienden también al ámbito probatorio, de manera que para establecer los elementos típicos de la prueba en el proceso penal deben tenerse en cuenta: 1°) La presunción de inocencia, principio conformador de todo el proceso, derecho y estándar probatorio; 2°) La no obligación de declarar; 3°) La posible práctica de prueba de oficio, ya expuesta; y 4°) Valoración libre de la prueba.

1) La presunción de inocencia

La afirmación de que toda persona acusada de un delito tiene derecho a que se presuma su inocencia mientras no se pruebe su culpabilidad en un proceso se consagra en el art. 24.2 CE, así como en los convenios internacionales de derechos humanos (art. 11.1 DUDH de 1948, art. 6.2 CEDH y LF de 1950, art. 14.2 PIDCP de 1966, y en el art. 48.1 CDFUE de 2000), además de considerar la

Directiva UE 2016/343 sobre presunción de inocencia. Se ha convertido en regla de tratamiento (el acusado debe ser tratado como inocente), regla probatoria —estándar probatorio— (la parte acusadora tiene la responsabilidad de presentar la carga probatoria suficiente para la condena), así como regla de juicio.

Si bien la intención del legislador constituyente parecía ser la de referir el art. 24.2 CE al proceso penal, el TC, sin embargo, ha ido atribuyendo aplicación del mismo a otros órdenes jurisdiccionales, fundamentalmente y en lo que a la presunción de inocencia se refiere, rige en aquellos supuestos en que la resolución comporte resultado sancionatorio o limitativo de derechos.

El juzgador debe alcanzar la certeza de la culpabilidad del acusado para dictar sentencia condenatoria, y esa certeza debe ser resultado de las pruebas practicadas. La falta de pruebas o la insuficiencia de las mismas conlleva la absolución del acusado, siendo el principio de presunción de inocencia el que condiciona este resultado desde el punto de vista constitucional, de manera que se trata de un verdadero principio del proceso penal, cuyos elementos definidores son:

a) Se trata de una garantía procesal que produce efectos en la culpabilidad-inocencia del acusado, sin repercusión sobre la calificación de los hechos o sobre la responsabilidad penal del acusado.

b) Si bien entendida como máxima procesal (estándar de prueba), determina el contenido del pronunciamiento de la sentencia, condicionando la absolución cuando no ha quedado demostrada la culpabilidad del acusado.

c) Pese a su denominación por la jurisprudencia como «presunción» *iuris tantum*, «verdad interina de inculpabilidad», se trata de una manera poco adecuada de afirmar que el acusado es inocente mientras no se demuestre lo contrario.

La presunción exige un hecho base o indicio, del que se desprende la existencia del segundo, el hecho presumido, con el nexo lógico entre ellos que es la presunción, operación que consiste en entender existente el hecho presumido por la existencia y prueba del hecho base o indicio.

El efecto de este principio es la innecesariedad de prueba por el acusado. Corresponde a los acusadores la prueba de cargo, de manera que la falta o insuficiencia de prueba conduce a la absolución, repercutiendo en la carga de la prueba, sin perjuicio de que liberar al acusado de la necesidad de prueba no le impide la misma.

Para que el efecto de la presunción de inocencia pueda quedar desvirtuado es necesario: 1) Que exista actividad probatoria, de acuerdo con todas las garantías; 2) Que esa actividad tenga la consideración de prueba de cargo; 3) Que la prueba de cargo pueda considerarse como suficiente para fundamentar un pronunciamiento de condena.

A) Prueba con todas las garantías

La presunción de inocencia requiere, para ser enervada, que un tribunal independiente, imparcial y preestablecido por la ley declare la culpabilidad del acusado sobre la base de la actividad probatoria, que deduzca la participación inequívoca del acusado en los hechos, tras un proceso celebrado con todas las garantías (inmediación, contradicción, publicidad, concentración y oralidad esencialmente). La regla general es que se entiende como prueba, en la que el juez pueda fundar su convicción acerca de los hechos, la practicada en la fase de juicio oral.

B) Existencia de prueba de cargo

Para que sea posible la condena no basta con la mera existencia de prueba, sino que se precisa que ésta sea de cargo. Esto conlleva considerar que la prueba debe tener un contenido objetiva e inequívocamente incriminatorio, es decir, de su interpretación, que no valoración, resulte su culpabilidad, derivada de la comprobación de los hechos subsumidos en el supuesto normativo delictivo, así como de la certeza de la participación del encausado en ellos. En la jurisprudencia constitucional y del TS se ha consolidado la exigencia de que, para desvirtuar la presunción de inocencia, se requiere no solo una mínima actividad probatoria definida legalmente, sino que de su contenido se extraiga base suficiente para establecer el nexo racional y ajustado a la lógica deductiva que lleva a la convicción judicial de la condena.

C) Prueba suficiente

La base suficiente no se refiere a la cantidad de pruebas incriminatorias, sino a la entidad y cualidad que deben revestir los medios de prueba que se practiquen, lo que conecta con el requisito de la idoneidad de la prueba de cargo para fundamentar la incriminación del inculpado. Es por ello necesario configurar qué se entiende, como señala la jurisprudencia del TS y del TC, como «mínima actividad probatoria» o prueba suficiente, a los efectos de desvirtuar la presunción de inocencia del acusado. El principal problema se encuentra en determinar qué debe entenderse como prueba suficiente o delimitar el estándar de prueba o grado de convicción judicial para dictar una sentencia condenatoria, atribuyendo valor procesal a la duda. Así:

a) Prueba en la fase de juicio oral

Con carácter general, debe entenderse como prueba suficiente e idónea para desvirtuar la presunción de inocencia la practicada en el juicio oral (art. 741), celebrado con todas las garantías constitucionales y legales previstas en el ordenamiento jurídico —contradicción, oralidad, inmediación y publicidad— y con el debido respeto a los derechos fundamentales del inculpado a no declarar contra sí mismo y a no confesarse culpable (art. 24.2 CE), alcanzándose la convicción del tribunal sobre los hechos por el contacto directo con los medios aportados al debate contradictorio.

- La *contradicción*, o audiencia, supone que el acusado debe estar presente y participar en toda la actividad probatoria, evitándose la indefensión, con la obligada intervención del abogado en las actuaciones probatorias, de manera que en aquellos supuestos excepcionales en que se permite el desarrollo del proceso en ausencia del acusado, arts. 786 y 970 y 971, la presencia de su abogado es una exigencia.

  La participación del acusado en la práctica de la prueba ha llevado incluso a que el art. 14.3 PIDCP y el art. 6.3 d) CEDH exijan que toda persona acusada de un delito tenga derecho a interrogar o hacer interrogar a los testigos de cargo y obtener la comparecencia de los testigos de descargo, siendo éstos interrogados en las mismas condiciones que los anteriores. Al sistema de interrogatorio cruzado por las partes se refiere el art. 708 LECRIM, y también en relación con la prueba pericial es significativo el art. 724, en el que se establece que los peritos respondan a las preguntas y repreguntas que las partes les dirijan. La ausencia del imputado en la prueba, salvo los supuestos excepcionales previstos, comporta la nulidad de la actividad probatoria.

- La *oralidad* y la *inmediación* en la prueba quedan limitados en algunos supuestos (art. 726, en relación con las piezas de convicción), teniendo conocimiento el juzgador de determinadas actuaciones a través de la documentación llevada al proceso en los supuestos de actos irrepetibles. En algunos casos, como recogida de piezas de convicción descritas en diligencia (art. 334) se ordena al tribunal que las examine de forma directa, sin que pueda sustituirse esta actividad por la lectura de la diligencia sumarial, salvo supuestos de destrucción de alguna de aquéllas o cuando se trata de productos perecederos (art. 338). También la inmediación se verá afectada por los supuestos de prueba anticipada (arts. 718, 727, entre otros).

  La posibilidad de que se intervenga a través de videoconferencia u otro sistema similar de comunicación bidireccional y simultánea de la imagen y el sonido no afecta a la exigencia de la contradicción ni a la exigencia de la oralidad e inmediación, siendo aceptada por razones de seguridad, utilidad u orden público por el tribunal, de oficio o a instancia de parte (art. 731 bis LECRIM). Esta situación se ha reforzado con la incorporación del art. 258 bis LECRIM, por RDLey 6/2013, en virtud del cual se establece una regla preferencial de realización de los actos procesales telemáticos, exceptuando, en todo caso, aquellas actuaciones de naturaleza personal, como los interrogatorios de partes o testigos, además de las excepciones propias del derecho penal, preservándose la facultad a la autoridad judicial para determinar la posibilidad de realizar las actuaciones mediante presencia física.

- La *publicidad*, manifestación del art. 24.2 y del art. 120.1 CE, se limita cuando bien todo o bien parte del proceso debe realizarse a puerta cerrada (sin audiencia pública), en interés de la moralidad, del orden público o por necesidades de justicia o protección de derechos y libertades; e incluso queda afectada cuando se practica determinada actividad probatoria fuera del local del juicio. La manera de paliar la exigencia constitucional de la misma podría ser la lectura del acta de inspección ocular o del acta de declaración testifical que se hubiere practicado en estos términos.
- La *concentración* (art. 788 LECRIM) implica que la práctica de la prueba se realizará en las sesiones consecutivas que sean necesarias. Excepcionalmente, cabrá suspensión o aplazamiento en los supuestos establecidos legalmente (art. 746).

La exigencia de práctica de la prueba en el juicio oral tiene sus excepciones, tanto cuando se pueda proceder a anticipar la prueba, con las mismas garantías legales y constitucionales que la prueba en el juicio oral, cuando se concede valor probatorio a las diligencias de investigación y cuando deba protegerse a personas vulnerables, como sucede con el art. 703 bis LECRIM, que permite la reproducción en la vista de la grabación audiovisual, de conformidad con el art. 730.2, sin necesidad de declaración testifical cuando el testigo sea una persona con discapacidad, sin perjuicio de su posible intervención en la vista cuando la prueba preconstituida, a tenor de la autoridad judicial, no reúna todos los requisitos previstos en el la ley y pueda causar indefensión a alguna de las partes.

b) Las diligencias de investigación

Las diligencias de investigación no nacen con vocación probatoria. Su función es averiguar e investigar hechos para, en su caso, permitir fundamentar una acusación por la comisión de los hechos delictivos. No obstante, estas diligencias pueden alcanzar valor probatorio en determinados supuestos, convirtiéndose en prueba preconstituida.

La falta de claridad legal y el dispar tratamiento del posible valor probatorio que puede atribuirse a estas actuaciones, atendiendo a la calidad del acto y, sobre todo, al procedimiento de que se trate, ha provocado un gran número de pronunciamientos tanto del TC como de TS, al resolver los recursos planteados por vulneración de la presunción de inocencia.

a) Como *principio general*, las diligencias de investigación no sirven para fundamentar la convicción del juez sobre la culpabilidad del acusado; no son prueba, pero pueden convertirse en prueba, cuando se reproducen en el juicio oral, con garantías.

El TC ha conformado los requisitos requeridos para que estas actuaciones puedan alcanzar valor probatorio:

- Debe tratarse, en principio, de actuaciones no reproducibles en el juicio oral, o de aquellas declaraciones que, según el art. 448, se reciban en la fase de investigación a las víctimas menores de edad y a las víctimas con capacidad reducida.
- Intervenidas por la autoridad judicial, garantía para las partes y para el sistema;
- Con garantía de contradicción, guía fundamental en la atribución del valor probatorio;
- Repetidas en el juicio oral mediante la lectura efectiva de los documentos que acreditan su contenido. Pueden plantearse, sin embargo, dos situaciones diferentes: 1) Imposibilidad de reproducción; y 2) Reproducidas en el juicio oral, existan contradicciones entre las diligencias de investigación y los actos de prueba practicados en el juicio oral.

En el caso específico de las diligencias de investigación del Fiscal: Son diligencias que se acuerdan por el fiscal, no limitativas de derechos (art. 5 EOMF). Pese al tenor literal de este precepto, que hace referencia a que estas diligencias gozan de presunción de autenticidad, no se debe considerar que tienen carácter incontrovertible. La autenticidad debe entenderse en sentido formal, a saber, ligado a los aspectos externos del acto de investigación que se documenta, de manera que da fe de que la diligencia se realizó y que su resultado es el que consta reflejado documentalmente, pero no es "verdad material", no debe considerarse como prueba plena, de manera que el valor del contenido material de la diligencia fiscal queda siempre sometido a la valoración judicial (STS 228/2013 y STS 432/2023). No son prueba preconstituida o anticipada automáticamente, pero nada impide que puedan aportarse al proceso penal, sometiéndose en la vista oral a los principios de inmediación y contradicción, pudiéndose convertir en instrumento probatorio idóneo para conformar la convicción judicial.

En el caso específico de las diligencias practicadas por el Fiscal, aun cuando tienen una función meramente instrumental, sirviendo de sustento o apoyo a la denuncia que pueda presentar, tal como ha manifestado el TC (ha avalado recientemente la constitucionalidad de la Circular 2/2022, de 20 de diciembre, de la FGEstado, sobre la actividad extraprocesal del MF en el ámbito de la investigación penal, de modo que la documentación de las diligencias practicadas por el MF no se convierte automáticamente en prueba preconstituida o anticipada), nada impide que esas diligencias puedan aportarse al proceso penal, sometiéndose en la vista oral a los principios de inmediación y contradicción, pudiéndose convertir en instrumento probatorio idóneo para conformar la convicción judicial.

b) En los supuestos de *imposibilidad de reproducción de las diligencias* practicadas en el sumario es posible su lectura, al amparo del art. 730 LECRIM. Esta imposibilidad puede ser de dos tipos:

- Previsible, en cuyo caso, para la pretendida eficacia probatoria, la práctica de la diligencia debe realizarse con contradicción (ejemplo lo hallaríamos en el análisis con destrucción posterior);
- Imprevisible (muerte de un testigo), en cuyo caso debe atribuírsele eficacia probatoria, aún sin contradicción, siempre que sea solicitada la lectura de la diligencia por alguna de las partes, si bien el art. 729.2 ampara la decisión de la lectura de oficio.

La reproducción podrá efectuarse a instancia de cualquiera de las partes cuando se trate de la grabación audiovisual de la declaración de la víctima o testigo practicada como prueba preconstituida durante la fase de instrucción, conforme a lo dispuesto en el art. 449 bis (art. 730.2).

Por su parte, el atestado policial no constituye prueba en sí mismo, sino que tiene valor de denuncia (art. 297). Para que pueda tener valor probatorio deberá reproducirse en el juicio oral con contradicción y debate de las partes y con presencia de los agentes policiales, como sucede con informes o dictámenes prestados por gabinetes policiales. No se exige esta reproducción en los juicios rápidos, al considerar que es improcedente cuando hubieren intervenido en el atestado y su declaración está en éste, salvo que por resolución motivada se considere imprescindible su nueva declaración (art. 797.8ª); y en el mismo sentido habrá que considerarlo en los procesos por aceptación de decreto, que precisamente se basan probatoriamente en los medios de prueba preconstituidos, dada la naturaleza del proceso y de los hechos que se imputan a través del mismo. Debe tenerse en cuenta, por ello, con carácter general:

1º) Actuaciones irrepetibles (test de alcoholemia): la jurisprudencia exige que los agentes de la policía presten declaración en el juicio oral, con las garantías del procedimiento probatorio, en cuanto las declaraciones testificales se refieran a hechos de conocimiento propio.

2º) Imposibilidad de practicar actividad probatoria inmediata: se considera la intervención del agente policial como testigo de referencia, en los supuestos en que su declaración versa sobre manifestaciones o actuaciones participadas por otras personas a los citados funcionarios (como sucede con el atestado en el supuesto de accidente de circulación).

No existe norma que regule específicamente el posible valor probatorio de ciertos informes periciales que proceden de organismos oficiales, (médicos forenses, gabinetes policiales especializados, de los órganos dependientes del Ministerio del Interior) emitidos durante la investigación, por ejemplo, para acreditar un resultado positivo en un análisis de sustancia estupefaciente o psicotrópica en una causa por delito contra la salud pública, o los cada vez más frecuentes por el empleo de sistemas algorítmicos que valoran riesgos, a los que empieza a atribuirse la consideración de «prueba inteligente». La ausencia de norma permite la doble interpretación: con valor probatorio —que no es acertado si se integra en la solución legal de las diligencias investigadoras— o con valor probatorio si pueden reproducirse, estableciendo con ello una condición, máxime si se considera el tratamiento otorgado a diligencias de investigación de otros funcionarios. Exige una pronta regulación, para evitar efectos perniciosos en la tutela efectiva, al hipervalorar la labor de los peritos o expertos, convertidos en ciertos casos en verdaderos decisores de la causa penal, por lo que hay que incluir las condiciones de valor probatorio, y no caminar hacia una tendencia hacia la infalibilidad o incontrovertibilidad de los resultados alcanzados por esta actividad.

c) Por último, si son diligencias repetibles en el juicio oral, deberá considerarse:

- Que su repetición implica otorgar a la misma eficacia probatoria.
- Que, en caso de contradicción entre las diligencias de investigación y los actos de prueba, inclusive tras el oportuno debate en el juicio oral, pueden valorarse como prueba las diligencias de investigación a los efectos de enervar la presunción de inocencia. Aun cuando el art. 714 LECRIM así lo considera respecto de la declaración testifical, la jurisprudencia ha hecho extensiva esta doctrina a otras como la declaración del encausado o declaraciones de culpabilidad de los investigados, a los informes periciales, pudiendo el tribunal, en los supuestos de contradicción, otorgar mayor credibilidad a las prestadas en la fase de investigación que a las que se vierten, de forma rectificada, en el juicio oral.

  La cuestión, sin embargo, no queda resuelta en aquellos supuestos en que la declaración del testigo o del co-investigado en la fase de instrucción es la única prueba de cargo, repetida y rectificada en el juicio oral. Debe negársele eficacia probatoria que permita fundamentar una decisión de culpabilidad, dado que, como se ha sostenido por el TC es una prueba «sospechosa» al no tener obligación de decir verdad. El TS ha considerado que las declaraciones del coimputado en sede policial podrían considerarse como prueba de cargo siempre que se cumplan una serie de condiciones: a) Se haya introducido el contenido de la declaración mediante lectura del acta en que se documenta o por medio de interrogatorios; b) Exista causa legítima que imposibilite hacer declaración en el juicio oral; c) Con contradicción, estando presente el abogado del investigado, para participar en su interrogatorio; d) Indispensable intervención del juez instructor.

- La importancia de garantizar la conservación de los resultados alcanzados por las diligencias de investigación exige que se habiliten medios para preservarlos, ya bajo custodia de dependencias judiciales o bien para evitar la alteración o contaminación efectuada en la cadena de manipulación por los técnicos o peritos que puedan intervenir. El art. 588 octie LECRIM se refiere a la conservación de datos exigida a cualquier persona física o jurídica, quedando responsable de colaboración y de guardar secreto del desarrollo de la diligencia.

2) *Carga de la prueba*

En el proceso penal no es posible hablar de la carga de prueba en sentido de reparto de papeles probatorios entre las partes, como en un proceso dispositivo, lo que no es óbice a asumir un cierto reparto de la carga probatoria cuando la defensa alega hechos impeditivos o extintivos. Así, la prueba del hecho criminal imputado y de la participación en él del acusado es carga probatoria de los acusadores, y los hechos o extremos que eliminen la antijuridicidad, la culpabilidad o cualquier otro elemento excluyente de la responsabilidad por los hechos típicos que se probaren como por él cometidos corresponden al acusado.

La carga de la prueba exige determinar sobre quienes deben recaer las consecuencias negativas de la insuficiencia de la prueba. Cuestión ésta que no puede responderse como en los procesos dispositivos; de este modo, debe partirse de los siguientes elementos:

- Debe existir certeza de los hechos criminales imputados y de la responsabilidad del acusado en el mismo, para que se dicte una sentencia condenatoria.
- La certeza solo puede alcanzarse mediante medios de prueba suficientes para desvirtuar la presunción de inocencia.
- Probados los anteriores conceptos, para que pudiera dictarse una sentencia absolutoria, sería necesaria la prueba de los hechos impeditivos o extintivos (por ejemplo, la concurrencia de legítima defensa, enajenación mental, indulto, amnistía) por la defensa.
- Debe determinarse la consecuencia de la «duda», que no supone, en ningún caso, el reparto de las consecuencias negativas entre las partes, sino que debe fijarse sobre quién recaerá la misma.

No es posible dejar abierta la causa como consecuencia de la falta de prueba o de la prueba insuficiente que pudiera provocar la duda de la culpabilidad o inocencia del acusado. Tan es así que ni es posible dictar una sentencia de absolución en la instancia o meramente procesal (art. 144), ni sobreseer la causa (art. 742), de modo que, llegado el momento de repercutir las consecuencias materiales derivadas de la carga de la prueba en el proceso penal, sólo le queda al tribunal una alternativa: o dictar sentencia condenatoria o dictar sentencia absolutoria. La presencia de la duda sobre la condena llevaría a la segunda opción, actuando, al respecto, como regla de juicio.

La solución ante la duda se salva mediante la aplicación del principio *in dubio pro reo*, de manera que, en caso de duda, dicta el juez sentencia absolutoria. Durante algún tiempo la jurisprudencia interpretaba que la promulgación de la CE, y con ella el reconocimiento del derecho fundamental a la presunción de inocencia (art. 24.2), suponía la sustitución del principio *in dubio pro reo*. Posteriormente rectificó, manteniendo que ambos tienen repercusiones en la prueba, por cuanto:

a) La presunción de inocencia es derecho fundamental de toda persona a ser considerada inocente mientras no se demuestre lo contrario (art. 24 CE) (necesidad de existencia de actividad probatoria de cargo). Naturalmente, y pese al posible argumento de que aquí se habla de un derecho fundamental y en el principio *in dubio pro reo* se trata de una «regla del juicio», la presunción de inocencia juega asimismo como tal regla procesal, en cuanto su aplicación lleva a la declaración de la inocencia del acusado cuando no exista actividad probatoria y ésta lo sea de cargo (pruebas que fundamenten la culpabilidad del mismo).

b) El principio de *in dubio pro reo* afecta a la valoración de la prueba, en cuanto supone que ha habido prueba, pero no ha sido suficiente para despejar la duda o incerteza del juzgador, en el trámite de valoración de la prueba, acerca de los hechos criminales imputados y de la responsabilidad del acusado.

   La presunción de inocencia es algo objetivo, mientras que el principio de *in dubio pro reo* es subjetivo, del ánimo del juez. Y estos elementos se manifiestan en el hecho de que en ambos casos la consecuencia en la sentencia será la de que el juzgador deberá absolver si no ha adquirido certeza de los hechos imputados, sea objetivamente por falta de prueba (presunción de inocencia) o sea porque la prueba desde el punto de vista subjetivo del juez no ha destruido la duda de la culpabilidad o inocencia del acusado (*in dubio pro reo*).

c) Finalmente, la presunción de inocencia es controlable mediante el recurso de casación y mediante el amparo constitucional. El principio *in dubio pro reo* (valoración subjetiva que realiza el juez) no es controlable por ninguno de los dos cauces anteriores. En consecuencia, erróneo es pensar que, por medio del control del derecho a la presunción de inocencia, se abre una vía de fiscalización de la valoración de la prueba.

3) Valoración de la prueba

El sistema procesal penal español consagra el sistema de libre valoración de la prueba. El art. 741 LECRIM dispone que «el tribunal, apreciando, según su conciencia, las pruebas practicadas en el juicio»; y el art. 717 hace referencia, si bien referido a la prueba testifical, a las «reglas del criterio racional».

El origen de este principio «según conciencia» se introduce a través del *Códe d'instruction criminelle* francés de 1808, extendiéndose a los ordenamientos procesales penales inspirados en el sistema napoleónico, produciéndose con ello la sustitución del sistema de valoración legal de la prueba por el de la valoración libre. La razón de ser de este cambio obedecía al deseo de preservar un poder ilimitado del Jurado. La legislación revolucionaria francesa entendía la íntima convicción como declaración de voluntad, que no de razón, y como falta de motivación de la declaración.

Durante muchos años la jurisprudencia del TS español venía amparando en el proceso penal una ilimitada libertad del juez en la decisión sobre los hechos enjuiciados, de manera que, sin justificar qué es lo que influía en su decisión, la culpabilidad del acusado dependía del «convencimiento en conciencia» del juzgador, convirtiéndose esta expresión «según conciencia» en una facultad soberana, libérrima y omnímoda del juzgador en la configuración de su convicción, atendiendo a los dictados de su razón analítica «y a una intención que se presume siempre recta e imparcial». La situación, sin embargo, cambió con la STC 31/1981, de 28 de julio, en la que se pronunció sobre el sentido de la «apreciación en conciencia» por el juzgador, así como sobre las consecuencias derivadas de esta configuración. Así:

a) Toda condena debe venir precedida de una mínima actividad probatoria de cargo, practicada con todas las garantías, lo que obliga a motivar la sentencia con la valoración de la prueba realizada por el tribunal. Debe cumplir el estándar de prueba que le lleva a la convicción de dictar la sentencia condenatoria, siendo el parámetro elegido el de la «duda razonable», esto es, la presunción de inocencia exige para que haya sentencia condenatoria una prueba más allá de toda duda razonable. La jurisprudencia anglosajona considera la duda razonable como una duda real, basada en la razón y el sentido común, además de una cuidadosa e imparcial consideración de las pruebas en cada caso, alcanzando el convencimiento judicial a partir de las «pruebas efectivas».

b) «En conciencia» no significa, como ha defendido el TS, «criterio personal e íntimo del juzgador», sino que debe comportar una necesaria «apreciación lógica de la prueba, no exenta de pautas o directrices de rango objetivo». Por ello, debe tenerse presente:

- Que en el sistema de valoración libre las máximas de la experiencia deben determinarse por el juzgador desde parámetros objetivos, no legales, en los que se integre especialmente la perspectiva de género (como ha venido reiterando el TS y el TC, rechazando que los jueces valoren la conducta de la víctima con estereotipos machistas (por ejemplo, ser o no ser la «víctima perfecta») como estándar objetivo de valoración probatoria); y
- Que, ante la ausencia de pruebas válidamente practicadas, la absolución es obligada, aun cuando el juzgador tuviere la convicción de la culpabilidad del acusado.

c) La configuración de este sistema supone una posible fiscalización de la racionalidad y conformidad con la valoración de la prueba que realiza el juzgador. Y a ello contribuye la motivación de las sentencias, que cumple dos finalidades complementarias: dar publicidad a las razones del fallo acordado y asumir la posible facultad de fiscalización de esta actividad por medio de los recursos.

La motivación de las sentencias, vinculada directamente con la presunción de inocencia, comporta, por tanto, la necesidad de relacionar los distintos medios de prueba practicados con los hechos considerados como probados en la sentencia, de manera que todo pronunciamiento del juez esté directamente relacionado con el medio de prueba en concreto que se haya practicado. Así, el art. 120.3 CE debe conectarse con el art. 24.2 CE, sobre todo en materia de prueba indiciaria o por presunciones, supuesto en el que debe quedar de manifiesto la correlación y razonabilidad de la inferencia, del nexo causal entre el indicio y el hecho presumido, dado que de lo contrario no existe prueba.

4) Incorporación paulatina de la algoritmización probatoria

Son múltiples las facetas que pueden verse permeadas por la irrupción de la inteligencia artificial en materia probatoria, y muy especialmente por los modelos computacionales.

Por un lado, en esta sede parece interesante hacer mención de la algoritmización de las fuentes de prueba (puede pensarse en la inteligencia artificial como perito o como creadora de documentos, en suma, la denominada prueba científica que permite la interacción de la máquina con el ser humano o la actuación unidimensional maquínica y que poco a poco ha ido adquiriendo una suerte de «supravaloración probatoria»).

También se hace necesario considerar y valorar la irrupción de los sistemas procesales computacionales en los que cuestiones como admisión de medios de prueba o denegación de la misma (con tramitación automatizada) puede quedar en manos exclusivas de la estructura inteligente.

Es posible igualmente que estos modelos algorítmicos efectúen la valoración de la prueba (podríamos pensar en el análisis de una multiplicidad de documentos por la máquina, mucho más eficiente, rápido, ágil y resolutivo; o el análisis del *Big data* que permite asumir posiciones judiciales ante la práctica de pruebas en relación con los sujetos afectados y su perfil), de manera que ora asistan al juez humano a través de una propuesta de resolución judicial, o bien lo sustituyan, lo que supondría otorgarles la capacidad de evaluación algorítmica con resultado decisorio vinculante para las partes (una *decisión judicial* algorítmica).

En todo caso, la aprobación del Reglamento de Inteligencia Artificial (UE) 2024/1689, de 13 de junio, ha venido a establecer límites, especialmente porque se afirma, a pesar de la viabilidad de las algunas herramientas, que las personas físicas nunca deben ser juzgadas a partir de predicciones algorítmicas perfiladoras.

III. PROCEDIMIENTO PROBATORIO

Sin perjuicio de las características específicas que se predican de cada uno de los medios de prueba en cuanto a los trámites procedimentales se refiere, puede estructurarse el procedimiento probatorio en tres fases: la de proposición, la de admisión y la de práctica de los medios de prueba.

1) Proposición

En el proceso penal la existencia de período probatorio no requiere petición alguna de parte, por cuanto es posible también la prueba practicada de oficio.

La única salvedad a la posible práctica de la prueba de oficio sería la del intento del juez de utilizar sus conocimientos privados de los hechos y de las fuentes de prueba, dado que nos hallaríamos ante la utilización de la ciencia privada y con ella ante la fusión de la figura del testigo y la del juez, afectando ello no a la imparcialidad, sino a la incompatibilidad de las funciones que deben ejercer ambos: la de testificar y la de juzgar.

La primera fase del procedimiento probatorio será, por tanto, la de la proposición de los distintos medios de prueba, que se produce con carácter general con la presentación de los escritos de calificación provisional (art. 656, en el proceso ordinario) o de acusación y defensa (arts. 781.1, II y III, y 784.1 y 2, en el abreviado), mientras que en los delitos leves la proposición se efectúa en el mismo trámite del juicio (art. 969).

Esta regla general, sin embargo, no es absoluta, sino que se han establecido diversas excepciones a la misma, diferentes según el procedimiento de que se trate. Así:

a) Tanto en el procedimiento ordinario como en el abreviado el rigor preclusivo de proposición se ve mermado en la práctica de careos, en las pruebas de oficio, e incluso en la admisión de pruebas en el acto del juicio oral ofrecidas por las partes, cuando las considere admisibles el juzgador y siempre que puedan servir a los efectos de acreditar alguna circunstancia influyente en el valor probatorio de la declaración de un testigo (supuestos del art. 729). Excepción también se halla cuando aparecen nuevos hechos o nuevos elementos de prueba que requieren la suspensión de la vista y la apertura de una sumaria instrucción complementaria (art. 746.6). Finalmente, la petición en la vista de la lectura de la documentación de las diligencias de investigación que ampara el art. 730 también comportaría una excepción a la preclusión de la proposición de pruebas.

b) Con carácter específico, en el procedimiento abreviado es posible en la audiencia preliminar proponer la incorporación de informes, certificaciones y otros documentos, así como la práctica de pruebas de las que las partes no hubieran tenido conocimiento en el momento de formular sus escritos de acusación o defensa, e igualmente exponer lo que estimen oportuno sobre el contenido, finalidad o nulidad de las pruebas propuestas (art. 785.1). E igualmente, en el procedimiento abreviado, si bien al finalizar la práctica de la prueba en el juicio oral, es posible que, cuando en las conclusiones definitivas la acusación haya cambiado la tipificación penal de los hechos o aprecie un mayor grado de participación o de ejecución o circunstancias de agravación de la penal, podrá solicitarse nueva prueba por la defensa (nuevos elementos probatorios y de descargo) (art. 788.5).

2) Admisión

Es el acto del juez por el que, previo examen de los requisitos necesarios, determina los medios de prueba que deben practicarse (arts. 658, 659, 785, 800.7 LECRIM y 37.d) LOTJ). Este acto de admisión debe fundarse en la observancia de los requisitos exigidos, bien con carácter específico en relación con cada medio de prueba en concreto o bien aquellos de carácter general. De este modo, en relación con estos últimos:

1°) Sólo podrán admitirse los medios de prueba previstos legalmente;

2º) Sólo deberían admitirse los medios de prueba que comporten licitud en el procedimiento de obtención de las fuentes de prueba, si bien en este momento inicial es prácticamente imposible conocer si la fuente de prueba que pretende introducirse en el proceso a través del medio propuesto se obtuvo o no de forma lícita; y

3º) La admisibilidad se condiciona a los requisitos de pertinencia y utilidad, si bien en algunas ocasiones es difícil apreciar su concurrencia, dado que no está delimitado definitivamente el objeto de lo que se pretende probar.

El auto que resuelve la admisión de pruebas no es susceptible de recurso (art. 659.III); en los supuestos de inadmisión cabe el recurso de casación en el procedimiento ordinario (arts. 659.IV y 850.1). En el procedimiento abreviado será en la audiencia preliminar cuando se produce la admisión o inadmisión de forma oral, salvo que la complejidad de las cuestiones planteadas le llevara a hacerlo por escrito, en cuyo caso el auto debe ser dictado en diez días; contra la resolución cabe protesta, pero no recurso (art. 785.3). Por su parte, en el juicio por Jurado no cabe recurso contra la admisión de pruebas, pero si cabe oposición a efectos de ulterior recurso, en el supuesto de denegación (art. 37, d).

3) Práctica

Aun cuando existen reglas específicas en los diferentes medios de prueba, vamos a determinar aquí las normas generales aplicables a la práctica de la misma. Así, en primer lugar, la práctica de la prueba exige el debido respeto a la contradicción, oralidad, inmediación, concentración y publicidad, garantías que presiden el juicio oral. En segundo lugar, debe tenerse en cuenta:

a) La prueba se practica, por regla general, en el local del órgano jurisdiccional. Excepcionalmente en lugar donde deba practicarse la misma (arts. 718, 727, entre otros).

b) El orden en que se practicará la prueba será: primero las propuestas por el Ministerio Fiscal, continuando con la propuesta por los demás actores y por último con la de los procesados, según el orden con que hayan sido propuestas. No obstante, si a propuesta de su defensa el acusado solicita declarar en último lugar, el presidente así lo acordará expresamente. Sin perjuicio de lo expuesto, la presidencia podrá alterar el orden a instancia de parte y aun de oficio, cuando así lo considere conveniente para el mayor esclarecimiento de los hechos o para el más seguro descubrimiento de la verdad, sin revocar el derecho del acusado a intervenir en último lugar (art. 701).

c) En cuanto al tiempo, la regla general es que se practiquen en el juicio oral; una de las excepciones a la misma es la *anticipación de la prueba*, que admite la práctica antes del inicio de las sesiones del juicio oral, si bien con todas las garantías.

Los caracteres que significan esta excepción son:

- El fundamento de la prueba anticipada se halla bien en el temor de imposibilidad de práctica de la misma en el juicio oral o bien en la necesaria suspensión que comportaría (art. 657.III, en el ordinario, y arts. 777.2 y 781.1, III y 784.2, en el abreviado).
- Debe realizarse ante un órgano jurisdiccional.
- Pese a la ausencia de norma que establezca la forma procedimental de insertar la documentación de la misma en el juicio oral, debe asumirse que la contradicción, la oralidad y la publicidad exigen su difusión oral a las partes en el juicio.
- La LECRIM prevé supuestos de práctica anticipada de la prueba testifical (arts. 448 y 449), pericial (467), inspección ocular y cuerpo del delito (arts. 333 y 336).
- No debe confundirse la prueba anticipada con la preconstituida (ejemplo son los supuestos de los arts. 449 bis y 449 ter), debiendo establecerse de conformidad con los requisitos legalmente establecidos, garantizando la contradicción, el aseguramiento de la documentación de la declaración en soporte apto para la grabación del sonido e imagen, etc.

IV. PRUEBA OBTENIDA CON VULNERACIÓN DE DERECHOS FUNDAMENTALES

El último elemento que conecta con la presunción de inocencia es la ilicitud de prueba, que afecta directamente a la fuente de prueba. Cuestión distinta es la ilegalidad del medio de prueba. La ilegalidad se refiere a los medios de prueba; por ejemplo, si se pretendiera como testifical la declaración de un testigo documentada en un acta notarial, siendo que la misma debe prestarse en el juicio oral y con plena contradicción. Si llegara a admitirse el documento notarial como prueba testifical, se estaría ante una nulidad procesal (arts. 238 y siguientes LOPJ).

La ilicitud de la prueba atiende a cómo se ha obtenido la fuente que pretende aportarse al proceso por alguno de los medios. Si la prueba se ha obtenido de modo ilícito se estará ante la aplicación del art. 11.1 LOPJ, según el cual «no surtirán efecto en juicio las pruebas obtenidas, directa o indirectamente, violentando derechos o libertades fundamentales».

1) Derechos que se protegen

Los derechos a que se refiere el art. 11.1 LOPJ sólo son los derechos y libertades fundamentales así reconocidos constitucionalmente. A las fuentes obtenidas ilícitamente pero que no afectan a estos derechos y libertades fundamentales no puede predicárseles este carácter de ineficaces desde el punto de vista probatorio, lo que no impide la correspondiente responsabilidad del autor de la actividad de obtención.

Fue la STC 114/1984, de 29 de noviembre referida al proceso laboral, en la que se presentó como fuente de prueba una cinta magnetofónica en la que se grababa de manera oculta una conversación entre dos personas que luego se utilizó como medio de prueba para establecer los hechos que fundamentaban la decisión de despido, la que propició la necesidad de regular esta situación. En esta sentencia se insistía en dos aspectos: a) La referencia a los derechos fundamentales se entiende a los constitucionalizados en el art. 24.2 CE; y b) Proclamada la situación preferente de los derechos fundamentales en nuestro ordenamiento (art. 10.1 CE), todo acto que comporte violación de los mismos debe considerarse nulo. Se trataba, en suma, de acoger la teoría anglosajona denominada «fruto del árbol envenenado» (*fruit of the poisonous tree doctrine*, a la que por primera vez de forma expresa se refirió el ATC español 155/1999, de 14 de junio), que, durante décadas, desde 1920, presidió las decisiones de la jurisprudencia americana, asentada en el postulado fundamental de que es inadmisible todo lo obtenido, directa o indirectamente, mediante procedimientos policiales ilícitos.

Dentro del capítulo de los derechos y libertades fundamentales es posible distinguir entre aquellos que tienen carácter absoluto —derecho a la vida y a la integridad física— y los derechos relativos, de carácter limitativo. Y, a su vez, debe distinguirse entre actividad probatoria por iniciativa unilateral o la que se realiza en el proceso, por decisión judicial. Así:

1°) Los derechos absolutos no pueden ser limitados ni por los particulares, ni por la policía y ni siquiera por el juez unilateralmente (vida, integridad personal).

    Cabe que cuando una injerencia no afecte al núcleo esencial del derecho sea posible una pequeña limitación, pero tan sólo mediante decisión judicial y con el cumplimiento de los requisitos y formalidades legalmente establecidos (análisis de sangre, por ejemplo).

2°) Los derechos relativos no podrán ser limitados unilateralmente por nadie que no sea el juez, dado que mediante resolución judicial y con el cumplimiento de los requisitos constitucionales y legales es posible llevar a cabo una restricción o limitación de estos derechos para obtener fuentes de prueba. Así, el derecho a la inviolabilidad del domicilio puede limitarse mediante la orden del juez de la entrada y registro en el domicilio; el derecho al secreto de las comunicaciones, por el control judicial de las mismas (correo, teléfono, comunicaciones telemáticas, registros informáticos, grabación de comunicaciones orales, etc.), derecho a la libertad de movimiento o derecho a la intimidad por control del juez (utilización de dispositivos técnicos de seguimiento, localización y captación de la imagen, entre otras). Y puede suceder que de esas limitaciones se deriven informaciones que puedan considerarse tanto como medio de investigación o como medio de prueba en otro proceso penal incluso, tal como se incorpora en el artículo 579 bis LECRIM, al que se remite el art. 588 bis i(los denominados *descubrimientos casuales*).

2) Ineficacia. Exclusión probatoria

La consecuencia procesal de la ilicitud en la obtención de la prueba es su ineficacia. De la idea de «proceso justo» (art. 6 CEDH) se deriva la necesidad de excluir la prueba que se obtiene con vulneración de derechos fundamentales (STEDH, Caso Shenk vs Suiza, 12 julio de 1988). En principio esa ineficacia debería producirse con la inadmisión del medio de prueba, si bien las dificultades en este momento son evidentes, ante la ausencia de conocimiento del modo de obtención de las fuentes. Las soluciones dependerán del procedimiento.

- En el procedimiento abreviado es posible en la audiencia preliminar el fiscal y las partes podrán exponer lo que estimen oportuno, entre otras cosas, acerca de la vulneración de algún derecho fundamental, así como sobre el contenido y la finalidad de las pruebas propuestas (art. 785.1), momento procesal en que puede cuestionarse la licitud en la obtención de la prueba. En cualquier caso, no habiéndolo planteado, el juez, en el momento de dictar sentencia, puede tener por no admitida ni practicada la prueba, sin contradicción previa, aun cuando sí se respetaría la contradicción diferida mediante la interposición del recurso contra la decisión judicial. Y todo ello, sin olvidar que el Ministerio Fiscal tiene reconocida legitimación en todo proceso penal para denunciar la vulneración de un derecho fundamental, incluso en caso de absolución injusta, cuando se haya declarado la nulidad de la prueba por ilicitud y no esté de acuerdo.
- En el proceso ante el Tribunal del Jurado (art. 36.1, b), establece que las partes, al momento de personarse, pueden alegar como cuestión previa al juicio la vulneración de algún derecho fundamental, pudiendo cuestionarse la licitud de las pruebas. El Magistrado dictará auto en el que resolverá sobre la procedencia de los medios de prueba propuestos por las partes (art. 37), no pudiendo pronunciarse en la sentencia.

- Y, por su parte, en el proceso con implicación de menores, es al Fiscal al que corresponde de oficio proceder por este motivo a impugnar las pruebas, si bien no existe un trámite específico.

Si el momento procesal en que debe hacerse valer esa ineficacia resulta complejo, mayor es la complejidad de la extensión de la ineficacia probatoria de los medios que incorporan al proceso fuentes ilícitamente obtenidas, esto es, cuestiona el posible efecto expansivo o reflejo de las pruebas que se obtienen de manera indirecta de las que se obtuvieron ilícitamente. De este modo, es posible que los efectos de la prueba prohibida se extiendan con «efecto directo» sobre la prueba específica que provocó la violación del derecho (la colocación de cámaras en el despacho del acusado vulnerando su intimidad, de manera que las imágenes obtenidas no pueden ser utilizadas como pruebas), o hacerlo de forma indirecta o con efecto reflejo, en cuyo caso la prohibición se extiende a cuantas pruebas se deriven de la obtenida ilícitamente, extendiendo, por ello, la ineficacia de forma más amplia.

En este punto hemos de considerar que de nuevo la jurisprudencia española se ha visto influenciada por la norteamericana (desde las resoluciones Boyd vs US (1886) y Weeks vs US (1914)) y su evolución en las dos últimas décadas se está exteriorizando en los últimos años en nuestro país. En EEUU se mantuvo inicialmente la ilicitud de las diligencias policiales que hubieran vulnerado derechos fundamentales. Así, frente a la opinión inicial de que era inadmisible todo lo obtenido, directa o indirectamente, mediante procedimientos policiales ilícitos (la prohibición comprendía también los frutos del árbol envenenado), inicialmente considerada la exclusión como derecho fundamental de la ciudadanía, se ha ido otorgando eficacia a la fuente de prueba —restringiéndose con ello la ilicitud—, dejando de ser derecho fundamental para convertirse en EEUU en un límite a las facultades de los poderes públicos, cuando puedan concurrir alguno de los siguientes criterios, que se han ido paulatinamente incorporando a nuestro derecho:

a) Teoría de la buena fe en la actuación de los sujetos actuantes. Así, por ejemplo, el TC acogió esta tesis en su STC 22/2003, aceptando como prueba el arma de fuego hallada por los agentes en el registro domiciliario, con el solo consentimiento de la esposa del imputado, que además era la víctima del delito. Se considera que los agentes actuaron bajo la creencia del respeto al ordenamiento, no constando ni culpa ni dolo en su conducta.

b) La teoría sobre la fuente independiente (no existe nexo causal); de acuerdo con ella el efecto indirecto de la vulneración no se predica cuando se puede establecer una desconexión causal entre las pruebas ilegítimamente obtenidas y las demás que obran en la misma causa.

c) La teoría de los descubrimientos inevitables, entendiéndose por tales los que previsiblemente se habrían descubierto en todo caso, aún sin la fuente obtenida ilícitamente (por ejemplo, la desarticulación de una banda de traficantes de droga, controlada por la policía, deteniéndose a sus cabecillas, sus jefes, cuando la citada detención se consiguió mediante la información derivada de unas escuchas telefónicas ilícitas, STS 974/1997, de 4 de julio);

d) La teoría del nexo causal atenuado (que existe nexo entre la procedencia de las pruebas, pero la mancha o *Stain* se encuentra atenuada por diferentes razones ya objetivadas por el TS federal); en este supuesto la prueba válida no deriva de «fuente independiente», sino de prueba ilícita, si bien el nexo causal que existe entre ellas está francamente debilitado, de manera que se produce una atenuación de la ilicitud.

e) Teoría de la conexión de la antijuridicidad, que exige que las pruebas se hallen vinculadas a las que vulneraron el derecho fundamental sustantivo de modo directo. Solo si la prueba refleja resulta jurídicamente ajena a la vulneración del derecho y la prohibición de valorarla no viene exigida por las necesidades esenciales de tutela del mismo, cabrá entender que su efectiva apreciación es constitucionalmente legítima, al no incidir negativamente sobre ninguno de los aspectos que configuran el contenido del derecho fundamental sustantivo. Se asumió por vez primera en la STC 81/1998, de 2 de abril: supuesto de aprehensión de droga con ocasión del dispositivo de vigilancia policial con intervención telefónica que llevó a la detención, planteándose si la conexión causal existente en las últimas pruebas quedaba contaminada por la intervención ilegal o si podían motivar la condena por ser jurídicamente independientes.

En la STS 116/2017, de 23 de febrero (caso Falciani), el TS culmina un largo proceso de evolución jurisprudencial desligando la exclusión probatoria de la ilícitamente obtenida del respeto a los derechos fundamentales, de manera que reduce la denominada exclusión de las pruebas ilícitas a «evitar las conductas policiales ilícitas», a través de un efecto disuasorio o de prevención frente a los excesos del Estado en la investigación penal. Esto es, se convierte en medida de prevención frente a la extralimitación del poder de la policía, y no tanto desde la vertiente de derecho de la persona afectada por la extralimitación. Se ha ido asumiendo la posición americana de desmantelamiento de la regla de la exclusión, como realizó en el caso *Hudson vs Michigan* (2006), donde se afirmaba que la persuasión policial es el único fin protector de la regla de la exclusión y si excluir la prueba no les persuade, no tiene sentido alguno («la exclusión de la prueba es nuestro único recurso, no nuestro primer impulso en estos casos»).

En suma, para determinar si una prueba directa o refleja puede ser constitucionalmente legítima habrá que tener en cuenta, entre otros, la existencia o no de una conexión de antijuridicidad entre la prueba directa y la indirecta u otros elementos como la buena fe concurrente, etc. Con esta teoría de la conexión de antijuridicidad se diluye la exclusión probatoria o la ineficacia de los actos con vocación probatoria que se hubieren realizado con vulneración de derechos fundamentales, de modo que el TS y el TC mantienen que la exclusión de las pruebas ilícitas no es ni tan automática ni debe ser tan absoluta, debiendo efectuarse un "juicio ponderativo tendente a asegurar el equilibrio y la igualdad de las partes, esto es, la integridad del proceso en cuestión como proceso justo y equitativo" (STC 97/2019, de 16 julio).

Lección 19ª

MEDIOS DE PRUEBA

SILVIA BARONA VILAR

I. FUENTES DE PRUEBA, MEDIOS DE PRUEBA Y MEDIOS DE INCORPORACIÓN DE LA PRUEBA AL PROCESO

Hablar de «prueba» implica, como punto de partida, diferenciar entre la fuente y el medio, así como determinar la manera en que se incorporan al proceso (instrumentalmente hablando).

1) Diferencias entre fuentes y medios de prueba

La fuente de prueba es un concepto extrajurídico, y viene referido a aquellos elementos —objetos o personas— que existen en la realidad independientemente del proceso, y son portadores de un contenido que alberga información útil para el esclarecimiento de los hechos. El desarrollo técnico y tecnológico ha enriquecido notablemente las fuentes de prueba. Es fuente el testigo y su conocimiento de los hechos; el documento; el material biológico que se obtiene en la escena del delito, que permitirá el análisis de ADN; la grabación; la persona que es parte, etc.

El medio de prueba es un concepto jurídico, que solo existe en cuanto se incorpora al proceso. Los medios serán aquellas actividades que será necesario desplegar para incorporar la fuente al proceso, de ahí que exista solo si hay proceso en el que se desarrolle, de acuerdo con las normas establecidas en el mismo. El medio es procesal. Son medios de prueba la testifical, la documental, la pericial, etc, y se convierte en la vía para incorporar las fuentes al proceso.

Si bien en un proceso dispositivo no se regula la actividad de búsqueda de fuentes de prueba, en el proceso penal esta actividad sí que se halla regulada, garantizando de este modo la investigación como etapa de obtención de material que permita en su caso la apertura, o no, del juicio oral. Esos materiales serán los que podrán, de acuerdo con lo regulado, convertirse en fuentes de prueba a incorporar al proceso a través de los medios de prueba, que quedan configurados como: declaración del acusado, prueba de testigos, careo, prueba pericial, prueba documental, inspección ocular y los indicios.

2) *Medios de incorporación de la prueba al proceso, especial referencia a la videoconferencia y a la «prueba científica»*

La regla general en la incorporación de la prueba al proceso es que se efectúe con garantía del principio de inmediación, de oralidad, concentración, contradicción o audiencia y publicidad (art. 229 LOPJ). En el proceso penal hay supuestos permitidos por el ordenamiento jurídico en los que la ausencia de la inmediación no afecta a la validez de la actuación procesal, como sucede por ejemplo con los arts. 306 in fine, 325, 448, 707, 710, 714, 730, 731 bis y 777 LECRIM; de este modo, a título de ejemplo, podría considerarse una declaración de parte, de testigo o de perito no personal ni presencial por el tribunal que va a dictar sentencia, sin que ello supusiera la invalidez de la práctica de la prueba y su futura valoración.

Debe considerarse que la regla general es que las actuaciones procesales, y especialmente la práctica de determinadas pruebas, deben realizarse presencialmente ante el juez, entendiéndola debidamente cuando esta se practica a través de la videoconferencia. El art. 229.3 LOPJ permite que puedan realizarse a través de videoconferencia u otro sistema similar que permita la comunicación bidireccional y simultánea de la imagen y el sonido y la interacción visual, auditiva y verbal entre dos personas o grupos de personas geográficamente distantes, asegurando en todo caso la posibilidad de contradicción de las partes y la salvaguarda del derecho de defensa, cuando así lo acuerde el juez o tribunal, desarrollando este principio general el art. 731 bis LECRIM, reiterando para el juicio oral lo prevenido en el art. 325 en fase de instrucción.

La jurisprudencia fue paulatinamente permisiva, siguiendo las pautas de la Unión Europea, especialmente: la Directiva 2014/41/CE, de 3 de abril (art. 24, apartados 5 a 7, en el que se regulan las condiciones para la utilización de la videoconferencia), la Información 2014/C182/02 del Plan de Acción Plurianual

2014-2018, que incluye la ampliación de la videoconferencia, la teleconferencia y otros medios adecuados de comunicación a distancia para las vistas orales; la Directiva 2013/48/UE, de 22 de octubre, como instrumento técnico que hace posible la asistencia letrada; la Directiva 2012/29/UE, de 25 de octubre, como fórmula técnica para hacer oír a la víctima residente en el extranjero; y el Convenio de Asistencia Judicial en materia penal entre los Estados miembros de la Unión Europea, de 29 de mayo de 2000, como precursor y primer instrumento jurídico que abordó una regulación detallada de esta posibilidad tecnológica al alcance de los Tribunales de Justicia.

Así, se regula el empleo de la videoconferencia como instrumento a través del cual poder practicar válidamente prueba, no estando presente física y corpóreamente el juez o magistrado y quienes actúan como parte, testigos, peritos, etc. Ahora bien, se trata de un medio subsidiario de practicar prueba, que quedará condicionada a la concurrencia justificada de motivo para ello, pudiendo considerarse a estos efectos como tal motivo la protección de derechos de la vida, la libertad o seguridad de testigos, víctimas, etc, la defensa de un orden público, la posible prevención de delito o incluso por motivos de «tiempos» (SSTEDH de 5 de octubre de 2006 en el caso *Marcello Viola contra Italia*, o en el de 27 de noviembre de 2007, en el caso *Zagaría contra Italia*). Más específicamente el art. 731 bis LECRIM considera como causas posibles para usar la videoconferencia «por razones de utilidad, seguridad o de orden público, así como en aquellos supuestos en que la comparecencia de quien haya de intervenir en cualquier tipo de procedimiento penal como imputado, testigo, perito, o en otra condición resulte gravosa o perjudicial, y, especialmente, cuando se trate de un menor». En suma, será el juez el que determinará si puede emplearse o no videoconferencia, siempre que no se produzca distorsión ni se vulneren derechos de las personas ni esto suponga una conculcación de los principios del proceso, con las garantías del art. 229.3 LOPJ.

En esta misma línea hay que situar el nuevo art. 258 bis LECRIM, que preferencia la presencia telemática de los actos de juicio, vistas, audiencias, comparecencias, declaraciones y, en general, las actuaciones procesales, dejando a salvo la decisión judicial de disponer otra cosa y siempre con el debido respeto a aquellos supuestos en los que la presencia del acusado deba efectuarse de manera física.

Más allá de la videoconferencia, la irrupción de la tecnología y la técnica ha dado lugar a una discusión doctrinal en torno a la mal llamada «prueba científica». No está regulado ni es un medio de prueba como tal, sino herramientas científico-técnicas que permiten introducir en el proceso datos derivados de la actividad científica o de los métodos tecnológicos para juzgar la veracidad de un hecho relevante para la decisión del caso. Son instrumentos de producción probatoria y ofrecen una gran aportación al conocimiento no especializado del juez. En ciertos supuestos puede vincularse a la prueba pericial, aunque no necesariamente se identifica con ella, de ahí que algún sector de la doctrina haya planteado la necesidad de darle autonomía propia como prueba científica, en la que el elemento que le caracteriza es la utilización del método científico o tecnológico durante su configuración. En cualquier caso, el juez deberá otorgar valor al conocimiento científico que le ha sido aportado, a través de la valoración libre de la prueba.

II. DECLARACIÓN DEL ACUSADO

Hablar de la declaración del acusado implica hacer referencia a diversas actuaciones en las que éste va a poder intervenir manifestando lo que estime conveniente, aportando datos, defendiéndose, negando los hechos, manteniendo silencio o conformándose, además de poseer el derecho a la última palabra en el juicio.

En unos casos esta declaración es diligencia de investigación, ofreciendo datos directos sobre los hechos y sobre su posible participación y, con ello, puede fijar, o no, su responsabilidad. Cuando interviene en el juicio oral su intervención puede alcanzar valor probatorio o bien ser un verdadero medio de defensa (basta para esto último considerar la declaración del acusado en el último momento del proceso, a través del derecho a la última palabra).

La eficacia que alcance una u otra declaración es evidentemente diversa, si bien, aun no regulado como tal en la LECRIM, se ha venido considerando en la doctrina y en la jurisprudencia como medio de prueba, pese a su directa implicación como una vía potencial de obtener la conformidad.

1) Reglas para la declaración del acusado

Abierto el juicio oral, se pregunta al acusado de forma oral si se confiesa culpable del delito que se le imputa. Puede efectuarse presencial o telemáticamente. Si se trata de procesos por delito grave o con Jurado, se requiere la presencia física del acusado. En los delitos menos graves si la pena es superior a dos años, o de seis en caso de penas de distinta naturaleza, y en el resto de delitos, el acusado comparece físicamente si así lo solicita (el o su letrado), o si el órgano judicial lo considera necesario. Igualmente comparecerá de manera física cuando resida en la misma demarcación del órgano, salvo que concurran causas justificadas o de fuerza mayor.

Esta actuación del acusado no es confesión, sino intento de conformidad, de ahí que se afirme que su intervención en este acto no es medio de prueba, aunque pueda tener eficacia probatoria.

Si no hay conformidad, se inicia el interrogatorio del acusado propiamente dicho, salvo que hubiere solicitado declarar en último lugar después de practicada la prueba y así se acuerde por el tribunal (art. 701). En primer lugar, por el Ministerio Fiscal y seguido, por las partes acusadoras que pudieren concurrir, la defensa y el Tribunal si así lo estima pertinente. Será considerada la primera de las «pruebas» a desarrollar bajo las condiciones establecidas en la declaración del acusado como diligencia de investigación, destacando especialmente:

1º) Las preguntas serán directas, comenzando en primer lugar con las personales, así como si se declara culpable o no. Se exige rigurosidad en las contestaciones, así como, en su caso, aclaraciones cuando concurra contradicción con lo declarado en investigación. En su caso, se preguntará igualmente si se considera responsable civilmente a la restitución de la cosa o al pago de cantidad por daños y perjuicios (art. 688.II).

2º) Habitualmente el lugar en el que se desarrolla es en la sala de vistas y con su presencia física. Excepcionalmente, si concurren ciertas circunstancias de impedimento de presencia personal, se permite la videoconferencia o sistema electrónico similar, garantizando la presencia «virtual» del acusado, así como su relación directa con el abogado (entre otros así lo permite el art. 731 bis por razones de utilidad, seguridad y orden público). Medio excepcional, que debe garantizar sus derechos.

3º) El acusado podrá asumir alguna de estas conductas: contestación exculpatoria de responsabilidad, negativa a contestar, aceptación de los hechos y de los cargos que se le acusan.

2) Conductas del acusado en la declaración

1.– Contestación exculpatoria de responsabilidad

El acusado puede contestar exculpándose, inclusive con afirmaciones contradictorias o falsas respecto de las que se sostuvieron en la diligencia de investigación. Es manifestación del derecho recogido en el art. 24.2 CE. Puede desmentir o contradecir lo expuesto en investigación, surgiendo la cuestión del valor que debe otorgarse a lo expuesto en fase de investigación y lo que se manifiesta en el juicio oral.

Aun cuando la convicción judicial debe entenderse alcanzada en el juicio oral por los resultados de la práctica de la prueba, no comporta necesariamente, como ha señalado la jurisprudencia, que prevalezca la declaración en juicio oral cuando pudieren existir declaraciones contradictorias, dado que las circunstancias concurrentes y la proximidad de los hechos puede llevar a considerar, siempre bajo las garantías exigibles de contradicción en la fase de investigación, una mayor verosimilitud y por ello prevalencia de lo declarado en el momento inicial en el que prestó declaración que en un momento posterior —juicio oral—.

2.– Negativa a contestar a las preguntas que se formulen y derecho a guardar silencio

Son manifestaciones del art. 24.2 CE que permite «no declarar contra sí mismo», así como el derecho a guardar silencio; son garantía del derecho de defensa. E igualmente se halla vinculado a la presunción de inocencia, en cuanto esta negativa no puede servir para fundar la condena.

Existen, sin embargo, supuestos en la jurisprudencia en que la negativa a contestar, concurriendo medios de prueba de entidad suficiente para incriminar al acusado, más que ser «neutral», puede favorecer la condena. Dicho de otro modo, considerar que el silencio o la negativa a declarar es elemento suficiente para condenar implicaría vulneración de la presunción de inocencia, pero si existen medios de prueba de cargo no cuestionados ni contradichos por la declaración, el silencio y la negativa a contestar no ayudan, sino que permiten confirmar la quiebra de la presunción de inocencia y una condena del mismo. Interesante fue la STEDH 18731/91 caso Murray vs Reino Unido, en la que el TEDH decidió que hubo violación del art. 6. 1 y 2 CEDH, al establecerse que unas conclusiones en contra del sujeto pasivo habían sido extraídas del silencio de éste en el transcurso de los interrogatorios de la policía y durante el juicio.

Tanto en el supuesto de contestación exculpatoria como en el de la negativa a contestar o derecho a guardar silencio, el juicio oral continuará, previa constancia en el acta de esta conducta.

3.– Contestación con aceptación de la culpabilidad

Implica la simple admisión de los hechos, sin que ello derive en la finalización del proceso. El juicio oral continuará con las restantes actuaciones, practicándose los diversos medios de prueba propuestos y admitidos. No es conformidad. En la aceptación de la culpabilidad se contesta afirmativamente acerca de aquellas preguntas formuladas en el interrogatorio, que se valorarán juntamente con los restantes medios de prueba, así como su posible consideración de circunstancia atenuante de la pena (art. 21.4 CP). En la conformidad se produce, sin embargo, una terminación anticipada del proceso, al asumir el acusado los hechos y las responsabilidades derivadas con la pena que se solicita, siempre que se efectúe según las condiciones legalmente establecidas, y así lo decida el juzgador.

3) Declaración del co-acusado

La declaración realizada por quienes participan de la misma posición procesal puede afectar igualmente a la participación y responsabilidad de otros coencausados (en investigación) o co-acusados (en juicio oral), al no limitarse a la estricta participación personal en los hechos, produciendo efectos incriminatorios de los mismos. Esta doble función de la declaración del co-acusado (medio de defensa personal y medio de incriminación de los «otros») ha propiciado una prolija jurisprudencia (TS y TC), que configura las esenciales características de este medio de prueba y de su eficacia. Así:

1º) Discutida su viabilidad como prueba de cargo, se ha concluido por ambos Tribunales que, aunque admisible, debe valorarse con precaución, especialmente cuando se erige en única prueba para justificar la condena, ya que, a diferencia del testigo, no tiene obligación de decir verdad, pudiendo mentir, exigiéndose para su valoración como prueba de cargo que las declaraciones sean «mínimamente corroboradas» por algún hecho, dato o circunstancia externa que avalen su credibilidad (STC 118/2004, de 12 de julio).

2º) Igualmente es discutida su naturaleza jurídica: el TS la ha calificado como «testimonio impropio», «testigo de excepción», «confesión del partícipe», un medio *cuasi-tertium genus* entre la declaración del acusado y la prueba de testigos. Obviamente no es una cuestión baladí, no se trata de una mera disquisición teórica, dado que el régimen jurídico aplicable deberá hallarse o en el seno de la declaración del acusado o en el seno de la prueba testifical.

   El TS no se muestra partidario de aplicar el régimen de la testifical, pese a su denominación; no en vano en la testifical el tercero (testigo) es ajeno a los acusados y está obligado a decir la verdad, mientras que en la declaración del co-acusado no concurre esa «ajenidad», amén de que tiene a derecho a guardar silencio, contestar con evasivas y, por supuesto, mentir. Es más razonable considerar que se aplica el régimen jurídico de la declaración del acusado.

3º) El TS y el TC han querido ser extremadamente cautos, entendiendo que estamos ante una prueba «intrínsecamente sospechosa», en la que pueden concurrir intereses ocultos de quienes las hacen. Asumida la valoración libre de la prueba, ésta vendrá condicionada por la concurrencia de una serie de elementos:

   - Se considera por sí sola insuficiente para enervar la presunción de inocencia. No se trata de exigir otras pruebas de cargo, sino elementos objetivos y externos que permitan contrastar la declaración, esto es, una prueba sobre la veracidad objetiva de la declaración del coimputado respecto de la participación del condenado, de manera que por sí misma no tendría fuerza suficiente para destruir la presunción de inocencia, pero con la corroboración anterior adquiere la necesaria para fundar la condena (STC 198/2006, de 11 de septiembre).

- La jurisprudencia del TS ha pergeñado esos elementos que debe ponderar el juzgador para otorgar o no valor probatorio, esto es, atribuir credibilidad a lo declarado (corroboración):
  - a) La exigencia de corroboración no ha de ser plena, sino mínima.
  - b) Las circunstancias personales del delincuente: antecedentes penales, formación y actividad profesional, edad, buena conducta, etc. son elementos para valorar la credibilidad de la persona declarante, su estado psíquico, su tendencia hacia la invención o confabulación.
  - c) Las relaciones que pudieren concurrir entre los posibles copartícipes: amistad, enemistad, parentesco, relación laboral, sumisión u obediencia, etc, para detectar si actúa movido por razones de odio, venganza, búsqueda de ventajas propias y ajenas, etc.
  - d) La forma de llevar a cabo la declaración, con una narración coherente, descripción de los hechos, extensión en la misma, detalles contrastables con otros componentes externos, etc.,.
  - e) Las declaraciones de los co-acusados realizadas en la vista oral sean las sostenidas en el procedimiento preliminar, lo que favorece la credibilidad de lo declarado.
  - f) No se acepta que la falta de consistencia del testimonio de descargo del acusado sea utilizado como elemento de mínima corroboración de un coimputado, ya que en sí misma no es determinante para corroborar la participación que se le atribuye.

III. PRUEBA DE TESTIGOS

1) Punto de partida. Concepto

Tras la declaración de los acusados se procederá a la continuación del juicio oral con la práctica de los diversos medios de prueba, siendo una de ellas la testifical, de naturaleza personal, que consiste en la declaración oral de conocimiento de un tercero llamado testigo que puedan formar la convicción del juzgador acerca de los hechos relevantes y las responsabilidades derivadas de los mismos, esto es, aquello que han presenciado, visto u oído.

Ha sido un medio de prueba muy habitual en sede penal, aun cuando la relativa fiabilidad de sus resultados era palmaria. Sin embargo, en los últimos tiempos, y debido esencialmente al desarrollo científico, técnico y tecnológico de las técnicas de investigación criminal, es la prueba pericial y también la documental las que han ganado mucho terreno a esta prueba, especialmente por el grado de fiabilidad o de corroborabilidad, amén de por los desarrollos científicos y tecnológicos.

Para otorgar mayor fiabilidad a la prueba testifical, el legislador establece requisitos, tanto para determinar quién o quiénes deben ser testigos, como para garantizar el desarrollo del procedimiento y sus garantías exigibles —deberes del testigo— así como su posible protección.

Si se ha practicado en el procedimiento preliminar deberá reiterarse en el juicio oral con todas las garantías. Sin embargo, el art. 730 permite la lectura o reproducción de los testimonios prestados durante la instrucción, solo cuando la testifical sea imposible practicarla en el juicio oral, por causas independientes de la voluntad de aquéllas, (por fallecimiento, ausencia en el extranjero, o en ignorado paradero), e incluso a instancia de cualquiera de las partes, se podrá reproducir la grabación audiovisual de la declaración de la víctima o testigo practicada como prueba preconstituida durante la fase de instrucción conforme a lo dispuesto en el art. 449 bis. En esta línea se refuerzan las garantías de las declaraciones e interrogatorios que, en virtud del art. 258 bis LECRIM, pueden hacerse de forma telemática. Así, en el apartado 3 del art. 258 bis se establece que es importante garantizar las declaraciones e interrogatorios de forma telemática cuando: a) se trate de víctimas de violencia de género, de violencia sexual, de trata de seres humanos o cuando sean víctimas menores de edad o con discapacidad; b) el testigo (o perito) comparezca en su condición de Autoridad o funcionario público.

2) *Consideración de testigo*

Asumido que el testigo es el tercero que presta su declaración de conocimiento sobre los hechos considerados de relevancia para determinar la existencia o no de delito y la posible responsabilidad del sujeto pasivo, así como sobre circunstancia que pueda afectar a la culpabilidad del mismo, debe entenderse que su incorporación al proceso lo es en calidad de tercero, no de parte. Su status de «testigo» comporta deberes y derechos, así como posibles responsabilidades en el ejercicio de su función en el proceso.

Para adquirir esta condición de testigo deberán tenerse en consideración:

1°) Es generalmente ajeno, y por ello tercero desde el punto de vista procesal, lo que no es óbice a la situación especial de la declaración de la víctima u ofendido como testigo, al que nos referiremos *supra*. Ese tercero «testigo» aporta su conocimiento (generalmente visual o auditivo) directo de los hechos.

2°) Pueden ser testigos las autoridades y funcionarios de la policía judicial en relación con hechos de los que hubieran tenido conocimiento en el transcurso de sus actuaciones (art. 717). Igualmente, esta condición de testigo puede hacerse extensiva a los infiltrados y agentes encubiertos, esclareciendo la razón de su actuación y el resultado de la misma.

3°) Pese a la condición de testigo directo de los hechos, puede aceptarse el denominado *testigo de referencia*, esto es, aquellos que aportan datos recibidos por un tercero que no comparece para deponer sobre ellos (art. 710 LECRIM). La jurisprudencia establece determinadas condiciones para permitir estos testigos de referencia, a saber:

- Se admitirán cuando los testigos directos no puedan declarar (muerte, enfermedad grave o paradero desconocido del testigo directo). En algún supuesto de abusos sexuales se ha permitido la declaración del psicólogo en lugar de la víctima para garantizar intereses de personas especialmente vulnerables y su posible doble victimización.
- Sus declaraciones *per se* no pueden enervar la presunción de inocencia, aunque su valoración, juntamente con otros medios, sí puede alcanzar aquel efecto. Existe jurisprudencia contraria a la atribución de valor a estos medios, más allá de ser ese complemento excepcional en casos en que no es posible contar con quien directamente presenció los hechos.
- Se excluye el testigo de referencia en las causas por calumnias e injurias verbales (art. 813).

4°) El TC ha considerado que el testigo anónimo tiene valor complementario de las pruebas de cargo, dada la dificultad de controlar por la defensa la credibilidad del testimonio.

3) Supuesto especial de testigo, la víctima

Hay numerosas situaciones en las que la víctima, ofendido o perjudicado por el hecho delictivo interviene en el proceso únicamente en calidad de testigo, sin perjuicio de cuando puede ser parte acusadora a través de la figura de la acusación particular. Su testimonio se justifica en ciertos casos por ser la persona que directamente ha presenciado la comisión de los hechos y quien los ha sufrido; en otros, no los ha presenciado, pero puede otorgar testimonio de la situación *postdelictum*. Su testimonio es en ciertos delitos verdaderamente importante para desvirtuar la presunción de inocencia, lo que no implica que se le atribuya valor de testimonio privilegiado.

De este testimonio de la víctima debe tenerse en cuenta:

- Su intervención lo es como testigo, independientemente de que pueda o no asumir en el proceso penal la posición de acusador. Esto ha provocado cierta polémica doctrinal dado que, si la condición de testigo se representa por la idea de «ajeneidad», es complicado mantener que una víctima, ofendido o perjudicado, sea ajeno, dado que no lo es, y menos si formalmente asume la posición de parte en el proceso. Se salva esta situación por las exigencias, como testigo, de comparecer, prestar juramento y decir verdad, lo que es propio del testigo, todo y que su declaración falsa no se podrá perseguir por falsedad de testimonio, sino como acusación falsa. De ahí la paradoja y el debate doctrinal y jurisprudencial al respecto.

- Se valora el testimonio de la víctima en cuanto actividad probatoria de cargo a través del sistema de valoración libre, exigiéndose para desvirtuar la presunción de inocencia: ausencia de móviles subjetivos que alteren la fiabilidad de lo participado (deseo de venganza, resentimiento, intereses oscuros) o ausencia de patologías mentales, inclusive solicitándose en ocasiones informes psiquiátricos o psicológicos que permitan testar el grado de discernimiento, de comprensión, de la víctima, y con ello, el grado de credibilidad de su testimonio.

La situación se hace más compleja cuando la declaración de la víctima es la única prueba practicada, siendo contraria a la declaración del acusado. El debate jurídico es qué naturaleza tiene esta declaración y cuál es el valor que debe atribuírsele.

a) La declaración de la víctima ha sido admitida como prueba de cargo por el TS y por el TC, considerándola como prueba directa, no indiciaria.

b) No es prueba de cargo definitiva, sino que requiere valoración del tribunal sentenciador.

c) Tiene valor de prueba testifical, pero ha de practicarse con las debidas garantías.

d) Se considera como suficiente por sí sola para desvirtuar la presunción de inocencia en los delitos que, por determinadas circunstancias no concurren otros testigos. Ahora bien, cuando la declaración de la víctima del delito es la única prueba de cargo, existe una situación límite de riesgo para el derecho de presunción de inocencia.

El TC ha venido configurando los requisitos exigidos para que pueda valorarse como prueba y apreciarse en la motivación de la sentencia como prueba de cargo: la seriedad expositiva, la seguridad en la formulación de la declaración ante el tribunal, el «lenguaje gestual» (lenguaje no verbal) de convicción por parte de la víctima, el relato conciso y preciso de los hechos ocurridos y objetos de la causa, la falta de contradicciones en la exposición de los hechos realizada por la víctima, la falta de lagunas en el relato de los hechos que pueda dar lugar a dudas en su credibilidad, y la necesidad de que la declaración no sea fragmentada (por todas, STC 119/2019, de 6 marzo).

La reiterada situación de vulnerabilidad que se presencia en relación con los testigos menores en los casos de violencia de género y de violencia doméstica, que suelen sufrir daños psicológicos y emocionales directos que afectan a su desarrollo y corren un mayor riesgo postraumático, convirtiéndose en verdaderas víctimas, ha llevado a la Unión Europea a aprobar la Directiva (UE) 2024/1385, del Parlamento europeo y del Consejo, de 14 de mayo de 2024, sobre la lucha contra la violencia contra las mujeres y la violencia doméstica, que incorpora como víctimas en estos supuestos a los menores testigos, estableciendo la necesidad de que los estados miembros configuren el sistema de protección, de acceso a la justicia, las medidas de asistencia así como la necesidad de configurar órdenes urgentes de alejamiento, prohibición o protección, entre otras. Es un claro tratamiento de víctima el que se atribuye a estos testigos especiales, impulsando al efecto acciones de los estados miembros para las autoridades policiales y las autoridades encargadas de la persecución del delito, amén de asegurar que los Estados miembros establezcan servicios de apoyo especializado a las víctimas.

4) Deberes y derechos de los testigos

La LECRIM consagra dos deberes fundamentales: a) el deber de comparecer; y b) el deber de declarar. Estos deberes no alcanzan al rey, la reina, sus respectivos consortes, Príncipe o Princesa heredera y los Regentes (art. 411.1)

A) Deber de comparecer

Llamado el testigo al juicio oral, tiene que comparecer de forma obligatoria, salvo situación que impidiera su cumplimiento, pudiendo comparecer telemáticamente en los términos expuestos legalmente (expuestos supra).

En el supuesto de impedimento físico el tribunal se constituirá en su domicilio para efectuar el interrogatorio. No exime de este cumplimiento la edad (los menores pueden ser llamados a declarar), los defectos físicos solo eximirían en caso de carencias perceptivas propias del sentido afectado, y en caso de deficiencia psíquica dependerá del grado, dado que, pueden aportar datos. Todos los testigos están obligados a declarar lo que supieren sobre lo que les fuere preguntado, con excepción de las personas a que se refieren los arts. 416, 417 y 418, en sus respectivos casos (art. 707.I LECRIM) (v. Lecc. 9ª en relación con la declaración de testigos en la fase preliminar).

De este modo, fuera de los casos previstos en el art. 703 bis, cuando una persona menor de 18 años o una persona con discapacidad necesitada de especial protección deba intervenir en el juicio, su declaración se llevará a cabo, si resulta necesaria para impedir o reducir los perjuicios que para ella puedan derivarse del desarrollo del proceso o de la práctica de la diligencia, evitando la confrontación visual con la persona inculpada. Instrumento adecuado es el empleo de medios técnicos que permitan la práctica de esta prueba, incluida la posibilidad de que los testigos puedan ser oídos sin estar presentes físicamente en la sala (art. 707.II LECRIM). Refuerza este cauce el art. 258 bis LECRIM.

En cualquier caso, las excepciones no implican que no se declare. Es una dispensa para declarar, pero no impedimento para hacerlo.

B) Deber de declarar

Junto al deber de comparecer, el testigo tiene el deber fundamental de declarar. Su negativa causará imposición de multa de 200 a 5.000 euros y, si persiste, responsabilidad por delito de desobediencia a la autoridad (art. 716 LECRIM y 557 CP).

Pueden concurrir situaciones que den lugar a la exención de declarar (v. lecc. 9°). Ahora bien, la exención no es prohibición, dado que puede voluntariamente declarar como testigo en el juicio, e incluso es posible que quien prestó declaración como testigo en el procedimiento preliminar, concurriendo alguna de estas circunstancias, se acoja al derecho de no hacerlo en el juicio oral, procediéndose a la lectura de su testimonio con todas las garantías en el juicio oral (art. 730).

C) Derecho a indemnización

El testigo podrá solicitar una indemnización por su actuación. La cuantía se determinará por decreto del LAJ, sobre la base de los gastos de viaje y jornales perdidos (art. 722).

5) Protección de testigos

Con el fin de ofrecer protección ante determinadas circunstancias que pudieren generar peligro para el testigo o para su familiares o personas más próximas, o para sus bienes, se aprobó la LO 19/1994, de 23 de diciembre, de protección de testigos y peritos en causas criminales. De esta regulación esencialmente debe tenerse en cuenta:

- Puede adoptarse de oficio o a instancia de parte, siempre que se estime concurra un peligro racional grave para la persona o bienes del testigo o persona unida por afectividad o parentesco a él. La motivación es exigencia para concretar el necesario equilibrio entre los intereses contrapuestos (seguridad del testigo versus derecho de defensa del acusado), siendo reiterado por el TEDH que debe mantenerse el equilibrio entre el derecho a un proceso con todas las garantías y la tutela de derechos fundamentales inherentes a los testigos y peritos y a sus familiares (por todas, STEDH 6 de diciembre de 2012, caso Pontiac c. Suiza).

- Puede haberse adoptado por el juez de instrucción o ser decisión del tribunal en juicio oral. Éste puede adoptarla *ex novo*, o mantener o modificar las medidas adoptadas para la protección.
- Se adoptarán de forma motivada las medidas pertinentes y proporcionadas al peligro concurrente. Contra esta decisión cabe reforma o súplica. Estas medidas son:
  - a) Enmascarar la identidad del testigo, o su localización, incluso otorgarle nueva identidad, y medios para cambio de residencia o domicilio.
  - b) Proporcionarle protección policial permanente, incluso después de finalizado el proceso, siempre que permanezca el peligro grave. Y evitar, en su caso, fotografías, de modo que, de tomarse, puede ordenarse la retirada de las mismas.
  - c) Ser conducido con protección a las dependencias judiciales, si lo solicita el testigo, y que se facilite un local reservado mientras permanece en dichas dependencias.
- La identidad del testigo deberá desvelarse si las partes lo solicitan motivadamente en sus escritos de calificación —acusación y defensa—, en el mismo auto en que se acuerde la pertenencia de sus declaraciones, a los efectos de proponer prueba para su desvirtuación.
- En el supuesto de testigo protegido que hubiere declarado en el procedimiento preliminar pero no lo haga en el juicio oral por no ser localizado, su testimonio no podrá sin más leerse para alcanzar valor probatorio, dado que vulneraría el derecho del acusado a interrogarlo, salvo los supuestos en que la ley así lo permita y bajo condiciones. La fuerza probatoria de su testimonio exige ratificación en juicio oral, con el fin de permitir combatir la fiabilidad y credibilidad del testigo y de su testimonio.

6) Procedimiento para su práctica

En el desarrollo de la práctica de la prueba testifical habrá que respetar las siguientes reglas:

- Citación: Se efectuará de forma ordinaria, mediante cédula (arts. 175, 661 y 762.3). En supuestos especiales, como en caso de altos cargos, se llevará a cabo sin perturbación del ejercicio de sus funciones (art. 703). En la citación deberá informarse, en su caso, de la posibilidad de declarar de forma telemática.

- Lugar: Se llevarán a cabo las declaraciones de los testigos en sede judicial, donde se celebra el juicio, salvo casos de imposibilidad del testigo que lleven a constituir el tribunal en su residencia, con el fin de efectuar las preguntas oportunas (art. 718).
- Garantía: Los testigos que han de declarar, y hasta el momento en son llamados, permanecerán sin mantener contacto con quienes ya hubieren testimoniado, ni con otras personas (art. 704). Las salas de espera virtuales permiten establecer esa separación, en los casos en que la declaración se practique telemáticamente.
- Idioma: Idioma oficial del Estado o el de la Comunidad Autónoma, pudiendo habilitar intérprete si no los conoce. Los sordomudos declararán a través de intérprete de signos adecuado (art. 711 y 442).
- Forma de practicarla:
  - Llamamiento uno por uno; en primer lugar, los propuestos por el MF; luego, las demás acusaciones, y finalmente, los de la defensa (arts. 705 en relación con el 701).
  - Se recibirá juramento o promesa de decir verdad antes del interrogatorio. Se le preguntarán sus datos personales identificativos; posibles relaciones con el acusado y las partes y si pesa sobre él alguna condena penal (art. 708 en relación con 436).
  - Se inicia el interrogatorio por la parte proponente, seguida de las restantes partes, pudiendo solicitarle que reconozca instrumentos, efectos del delito o cualquier otra pieza de convicción (art. 712). Igualmente, la Presidencia del tribunal podrá dirigir al testigo las preguntas aclaratorias que estime pertinentes (art. 708). El Presidente podrá adoptar medidas para evitar que se formulen a la víctima preguntas innecesarias relativas a la vida privada, en particular a la intimidad sexual, que no tengan relevancia para el hecho delictivo enjuiciado, salvo que sean pertinentes y necesarias (art. 709.II).
  - Las respuestas serán orales, no permitiéndose preguntas capciosas —inductoras de engaño o error—, sugestivas —dirijan la contestación en un determinado sentido— o impertinentes —no aporten aclaración—. Contra esta decisión judicial podrá interponerse recurso de casación, si se hubiere hecho constar la pertinente protesta y conste en acta la misma.
  - Excepcionalmente, el testimonio se prestará *por escrito* en los supuestos del deber de comparecer expuestos (arts. 702 y 703). E igualmente, como expusimos *supra,* es posible la prestación de declaraciones testificales mediante *videoconferencia.* La formulación de las preguntas y la

contestación se efectúa oralmente a través de una emisión videográfica. En ciertos casos la videoconferencia no solo posibilita la práctica de la prueba, sino que favorece la protección de personas especialmente vulnerables como menores o como personas sometidas a violencia de género, evitándose la confrontación visual con el acusado. En cualquier caso, para atribuir valor a la práctica de la prueba testifical por videoconferencia se exige la percepción directa por el juzgador de las declaraciones testificales, con objeto de apreciar actitudes, posiciones dubitativas, firmes, etc, respecto de las respuestas, y se garantiza la contradicción, dado que pueden formular las partes al testigo las preguntas que consideren pertinentes y convenientes.

– Cabrá, a instancia de las partes, la reproducción de la grabación audiovisual de la declaración de la víctima o testigo practicada como prueba preconstituida durante la fase de instrucción conforme a lo dispuesto en el art. 449 bis.

IV. CAREOS

Se considera como un medio complementario de otros medios de prueba, empleado en los supuestos de contradicción, desacuerdo o discrepancia entre quienes han intervenido en calidad de testigos o de encausados. Y tiene carácter subsidiario, practicándose solo cuando no exista forma diversa de comprobar la veracidad de los hechos.

La práctica del careo consiste en la confrontación oral o el «cara a cara» entre ellos, dirigido a esclarecer algún hecho o circunstancias de importancia en el proceso, sobre los que pesa la contradicción o discordancia.

Características de este medio de prueba y reglas a seguir son:

➢ Se regula de forma escueta en los arts. 451 a 455 en relación con el procedimiento preliminar, con referencias en los arts. 713 y 729.

➢ Puede acordarse de oficio o a petición de parte, aunque la celebración del mismo queda a criterio judicial —es potestativa su práctica—.

➢ En principio solo podrá celebrarse entre dos personas a la vez, aun cuando excepcionalmente puede considerarse conveniente la intervención de varias personas, a criterio del juzgador.

➢ No se practicarán con testigos menores de edad, salvo que fuere imprescindible y no lesivo para el interés del testigo, previo informe pericial.

➢ Presupuestos para su práctica: a) Existencia previa de declaraciones; b) En las declaraciones concurran contradicciones, discrepancias o desacuerdos.

➢ En todo caso, en la práctica se procurará evitar amenazas, insultos entre los careados, limitándose a las observaciones, reproches o desacuerdos y a posicionarse en sus afirmaciones o matizarlas, en su caso.

V. PRUEBA PERICIAL

1) Punto de partida. Concepto e influencia de la tecnología

A través de la prueba pericial se presenta un informe, ante la autoridad judicial, sobre datos basados en los conocimientos profesionales o prácticos específicos —de los que el juez carece— de personas ajenas al proceso, a las que se conoce como peritos.

En el procedimiento preliminar los dictámenes periciales son ordenados por el instructor como diligencia de investigación, si bien deben incorporarse al juicio oral por petición de las partes para convertirse en prueba. La incorporación de diligencias de investigación en la LECRIM, impulsadas por el avance y desarrollo de la ciencia y la tecnología, hacen prever que la pericial siga creciendo exponencialmente en el ámbito del proceso penal, reproduciéndose en el juicio oral, cuando es posible; y convirtiéndose en prueba preconstituida con las garantías legalmente establecidas, cuando no es factible.

El impulso de los sistemas computacionales y electrónicos en los servicios policiales, agencias y demás está propiciando esa revalorización probatoria e incluso una atribución de valor probatorio de una *a priori* mayor fiabilidad que otros medios de prueba.

Si las partes hubieren aceptado estos informes en sus calificaciones, aun cuando no los proponen como prueba, se considera aceptación tácita de las partes y deber del juzgador de considerarlos. Si manifiestan discrepancia con la pericia o con los resultados que ésta arroja deberán citarse a la vista oral a los peritos, para cumplir con la debida contradicción, incluso pudiendo llamar al proceso a peritos diversos para poder contrarrestar los resultados u opiniones.

2) Consideración de perito

Perito es la persona que posee conocimientos específicos sobre materias científicas o artísticas, bien por razones profesionales, al desempeñar una profesión u oficio avalado con un título oficial, o bien por desarrollar una actividad para la que no se precisa de aquel; conocimientos de los que carece el juzgador (arts. 457 y 458).

Son personas que no guardan relación alguna ni con las partes ni con el objeto del proceso. En caso de duda de parcialidad, pueden ser recusados. Esta recusación podrá efectuarse en fase de instrucción (y tiene especial sentido cuando se trata de informes evacuados en ese momento de carácter irrepetible) o en el juicio oral (formulada por escrito y que deberá sustanciarse antes del comienzo de las sesiones del juicio oral, expresando el motivo y ofreciendo medios de prueba del mismo como documental o testifical, arts. 469 y 723). Los motivos de recusación son los que se recogen en el art. 468. Si se estima la recusación, se procederá a nombrar sustituto.

La prueba pericial se practicará por dos peritos en el procedimiento ordinario (art. 459.1), mientras que en el abreviado el informe pericial puede ser presentado por un solo perito cuando el Juez lo considere suficiente (arts. 778.1 y 788.2).

3) Deberes y derechos del perito

El perito tendrá deber de comparecer y de formular el informe pericial. Quedará exento de este deber aquel que en el momento de la citación se hallare impedido, poniéndolo en conocimiento de la autoridad judicial en el momento de recepción del nombramiento, o bien en aquellos supuestos en que alega excusa fundada a tenor del órgano judicial (art. 462).

En caso de incumplimiento de este deber se aplicarán las mismas sanciones que para el supuesto de incumplimiento de los testigos (art. 463).

No solo tienen deber de comparecer, sino también de prestar el debido reconocimiento de lo que debe ser objeto de pericia y formular el informe pericial correspondiente, incurriendo en sanción (las mismas que los testigos) cuando no cumpla con este deber (art. 463).

El art. 258 bis LECRIM permite que cuando el perito intervenga en su condición de Autoridad o de funcionario público, podrá realizar su actuación desde un punto de acceso seguro, de forma telemática.

Igualmente, los peritos tienen derecho a ser remunerados por el informe que emiten.

4) Protección de los peritos

La LO 19/1994, de 23 de diciembre, extiende la protección no solo a los testigos, sino también a los peritos, de modo que lo expuesto en el apartado *supra* es extrapolable a la regulación de la protección de peritos en caso de peligro para su vida o sus bienes o los de sus allegados.

5) Procedimiento y reglas para su práctica

La pericia puede ser el resultado de una actividad pericial en el procedimiento preliminar, o bien ser prueba solicitada *ex novo* en el juicio oral, debiendo tenerse en cuenta:

- Citación: deberán ser oportunamente citados al juicio para comparecer y presentar informe.
- Garantías: Comparecidos en sede judicial, prestarán juramento o promesa de proceder bien y fielmente en sus operaciones y no de proponerse otro fin más que el de descubrir y declarar la verdad (art. 474).
- Práctica: pueden solicitarse al perito: 1) esclarecer hechos sin solicitud de informe escrito, presentando las piezas de convicción y contestando a preguntas y repreguntas que se le formulen (art. 724 y 46.1 LOTJ); 2) que formule informe, a ser posible en el acto de la vista, y de no serlo, se procedería a la suspensión por el tiempo necesario, lo que no es óbice a la práctica de otros medios de prueba que puedan practicarse. Suspensión que también se producirá cuando el objeto de pericia no se halle en sede judicial y haya que desplazarse.
- Forma: Aun cuando lo normal fue la comparecencia física del perito en sede judicial, puede emplearse videoconferencia o sistema similar para su práctica, siempre que permita la comunicación bidireccional y simultánea de la imagen y el sonido, y cuando concurran razones de utilidad, seguridad u orden público (art. 731 bis LECRIM y 229.3 LOPJ). Se establece en el art. 258 bis, 3.b) que, si la intervención es telemática, se realice desde un punto de acceso seguro.

VI. PRUEBA DOCUMENTAL

En la LECRIM la regulación de los documentos y la prueba documental resulta algo ambigua, pero no por ello puede negarse la existencia de este medio de prueba. Cierto que en el procedimiento preliminar el documento se halla establecido explícitamente entre las diligencias de investigación, pero nadie duda de que los documentos son el exponente más claro de fuente de prueba preconstituida, cuya incorporación en la instrucción es clara y posteriormente en el juicio oral también, a través del art. 726, en el que se determina que el órgano sentenciador deberá proceder al examen directo de «libros, documentos, papeles y demás piezas de convicción» que puedan proporcionar datos esclarecedores de los hechos.

1) *De la importancia mínima de documento en el proceso penal a su proyección actual, desde la tecnología*

Muy probablemente la razón de esta no incorporación explícita de los documentos en el proceso penal se debió al significado del concepto de documento mismo en el Siglo XIX, esto es, elemento vinculado al campo del derecho privado y con menor o cuasi-nula importancia en aquel momento en sede penal. Ello no ha sido óbice a la incorporación posterior de numerosos preceptos en la LECRIM en los que sí se hace alusión al «documento» (en el art 726 en el juicio oral, en el art. 46.2 LOTJ, en los arts. 567 y siguientes en los que se vincula el documento con las piezas de convicción u objeto de aprehensión en los registros practicados a efectos instructorios).

Y esa evolución ha seguido imparable, haciéndose extensiva a las nuevas incorporaciones técnicas y tecnológicas actuales. Precisamente los modelos computacionales han permitido realizar dos tipos de tareas:

a) Por un lado, existen programas computacionales que permiten el análisis de los documentos, su comparación con otros que se hallan en bases estadísticas, determinar el grado de veracidad, de autenticidad, de complejidad, de contradicción, etc. En ese caso el sistema computacional va a ser conocedor del lenguaje, un lenguaje que se incorpora a la herramienta y permite efectuar la explotación de documentos y determinar la validez del mismo, la autoría, la contradicción, su registro, etc. Estas herramientas favorecerían el análisis del documento aportado y por tanto su valoración probatoria.

b) Junto a ello, el sistema computacional puede crear un documento o un informe (todo y que no debe olvidarse que el sistema computacional acciona lo que le ha permitido el ser humano diseñador del mismo, por lo que es un sistema el que arroja un resultado que ha sido calculado por el ser humano, o dicho de otro modo, detrás de la máquina está la mente humana); las partes en el proceso siguen siendo humanas. El documento creado por la máquina es instrumental respecto de la parte procesal, se aporta por una de las partes para sostener la posición procesal de su defensa, si bien su valoración seguirá las reglas generales de la valoración libre de la prueba.

2) *Diferencias entre piezas de convicción y documentos*

La primera cuestión es si son lo mismo. En la LECRIM existe confusión, dado que en unos casos se confunden varios términos (libros, papeles y demás piezas de convicción) y en otros parece querer dar un significado diverso. La jurisprudencia ha considerado piezas de convicción todos aquellos objetos inanimados que pudieran servir para representar la realidad de un hecho y que se hayan incorporado a la causa, uniéndose materialmente a ella o conservándose a disposición del tribunal (pistola, pañuelo, email, etc), si bien en la LECRIM es posible diferenciar entre «cuerpo del delito» (arts. 348 y 391); «efectos o instrumentos» de aquel (art. 620), o incluso pruebas documentadas.

Por su parte, el art. 26 CP considera «documento» todo soporte material que exprese o incorpore datos, hechos o narraciones con eficacia probatoria, lo que abre las puertas a tantas fuentes de prueba que se incorporan por las nuevas tecnologías, la ciencia y la técnica (videos, documentos electrónicos, historiales clínicos, registros informáticos, certificaciones electrónicas). Su incorporación al proceso se hace a través de la prueba documental.

3) Valor probatorio

Si fueron incorporados en el procedimiento preliminar, se deben dar por reproducidos, con lectura íntegra en la vista. Las partes pueden, sin embargo, incorporar otros documentos, siempre que sean admitidos por el tribunal, hasta el momento del juicio oral (arts. 784.2 y 785.1, II). Igualmente, aquellas diligencias que por su carácter es imposible su reiteración en juicio, se incorporan a éste cuando las partes así lo soliciten o bien por el propio Tribunal, como prueba documental que deberá leerse en la vista (art. 730). La reforma de la LECRIM ha permitido incorporar medidas de aseguramiento de estas fuentes (piezas de convicción y documentos) para evitar, en su caso, su desaparición o alteración.

El tribunal los valorará libremente, tras un debate que garantice la contradicción de las partes (art. 726 LECRIM) y con el debido respeto al principio de inmediación.

VII. PRUEBA DE INSPECCIÓN OCULAR

Regulada en el art. 727, permite que el Tribunal se constituya en el lugar correspondiente fuera de la sede del mismo, con las partes. La realización de la inspección ocular se lleva a cabo en los mismos términos que en el procedimiento preliminar, al que nos remitimos, sin embargo, existe una enorme reticencia en la práctica respecto de esta prueba por varias razones: en primer lugar, por la inconveniencia de realizarla en la vista oral, quebrando el hilo conductor y la naturaleza de la misma; y, por otro, por la eficacia de sus resultados. Es por ello que se la considera prueba excepcional y, si cabe, residual.

VIII. INDICIOS

Además de la actividad probatoria directa, que permite un razonamiento deductivo judicial, es posible, en determinados supuestos y bajo condiciones, incorporar al proceso actividad probatoria indirecta, a través de los indicios, que, no siendo propiamente un medio de prueba, se presentan como una manera de valorar determinados hechos o circunstancias que sí han sido acreditados en el proceso —indicios— para deducir otros —hechos consecuencia— derivados de un procedimiento logístico. Esto lleva a un razonamiento judicial inductivo o por derivación. Obviamente, por sus características, debe mantenerse ciertas cautelas, especialmente evitando la mera presunción de los hechos delictivos, porque ello vulneraría la presunción de inocencia.

Con el fin de otorgar valor probatorio a este medio de prueba indirecto, y por ello que permita desvirtuar la presunción de inocencia, se exige que concurran los siguientes requisitos:

1) No debe tratarse de un único indicio, sino de varios relacionados, lo que no es óbice a situaciones excepcionales en que uno sólo implique una especial fuerza incriminatoria.
2) Los hechos indiciarios han de estar absolutamente probados.
3) Debe existir nexo concreto y determinado entre el hecho indiciario y el hecho consecuencia.
4) Debe quedar motivada suficientemente la convicción judicial derivada de los anteriores, especialmente el enlace entre hecho base y hecho consecuencia, mediante un juicio racional, coherente y lógico, no arbitrario y excluyente de todo subjetivismo.

Lección 20[a]

LA VISTA ORAL

SILVIA BARONA VILAR

SUMARIO: I. LA VISTA ORAL. DELIMITACIÓN; II. SEÑALAMIENTO Y CITACIÓN A LA VISTA ORAL; 1) Señalamiento; 2) Citaciones; A) Citación al acusado; B) Citación a las partes acusadoras y responsable civil; C) Citación de testigos y peritos; D) Citación a los ofendidos, perjudicados o víctimas; III. PUBLICIDAD DE LAS SESIONES. REGLA GENERAL Y EXCEPCIONES; 1) Regla general; 2) Excepciones; IV. CONCENTRACIÓN DE LAS SESIONES. EXCEPCIÓN: SUSPENSIÓN DE LA VISTA; 1) Concentración como esencia de la vista oral; 2) Excepción de la concentración: la paralización del proceso; A) Interrupción; B) Suspensión; V. DESARROLLO DEL ACTO DE LA VISTA ORAL; 1) Orden de las actuaciones en las sesiones; 2) Dirección de vista; VI. DOCUMENTACIÓN Y CONSTANCIA DE LA VISTA ORAL; 1) Registro electrónico; 2) Acta.

I. LA VISTA ORAL. DELIMITACIÓN

La fase decisora del proceso penal, el juicio oral, que se inicia con el auto de apertura, dictado por el juez o tribunal competente y termina con la declaración formal de conclusión de la vista, previa a la sentencia, comporta lo que se ha venido denominando como el «verdadero proceso». En esta fase se produce, por un lado, el verdadero debate procesal con la práctica de la actividad probatoria de cargo y de descargo, a través de sesiones orales, concentradas y públicas; y, por otro, los jueces forman su convicción para dictar sentencia, tras la valoración según la sana crítica, de las pruebas pertinentes y necesarias practicadas, bajo el principio de inmediación.

A la sesión o sesiones públicas, orales y concentradas se le denomina «vista oral». En ella se deben respetar los principios esenciales del proceso penal, en relación con las partes y con el proceso mismo, siendo algunos de ellos garantías del proceso y elevados a derechos fundamentales en la constitución y en los textos internacionales; e igualmente los principios del procedimiento penal, oralidad, inmediación, concentración y publicidad.

La vista oral puede necesitar varias sesiones, que deberán realizarse de la forma más concentrada posible en el tiempo, pudiendo concurrir —como analizaremos *infra*— causas que pueden dar lugar a su suspensión.

II. SEÑALAMIENTO Y CITACIÓN A LA VISTA ORAL

La naturaleza de la vista oral exige de una serie de actuaciones previas, que garanticen su inicio, desarrollo y conclusión. Se trata de aquellas actuaciones preparatorias que van desde el señalamiento, con fijación de lugar, día y hora de comienzo de su celebración, a la citación de aquellas personas, ya sean las partes o ya testigos o cualesquiera otras que puedan intervenir en la actividad probatoria desarrollada en la vista oral.

1) Señalamiento

El lugar, día y hora para la celebración de la vista los fija el/la LAJ. Para este señalamiento se tendrá en cuenta la agenda del tribunal y las citaciones que en su caso deba efectuarse para el juicio en atención a la admisión de las pruebas que se hubieren propuesto y que habrá que practicar en la sesión oral. Esta regla está matizada en atención al procedimiento:

- En el procedimiento abreviado y en el ordinario: se efectúa, con sujeción a los criterios generales del art. 182 LEC y algunos específicos establecidos en los arts. 659 y 786 LECRIM (situación de prisión o libertad del acusado; prioridad de otras causas; complejidad de la prueba, etc.), una vez dictado el auto de admisión o inadmisión de pruebas en el caso del ordinario, o en el mismo acto de la audiencia preliminar cuando sea posible en el abreviado (art. 785 y 786); si no puede efectuarse de este modo, y no ha sido resuelto oralmente, el LAJ lo efectuará tras ser dictado el auto a que se refiere el art. 785.3. Se considera como regla especial, la tramitación preferente (preferencia de señalamiento) en el caso de los procesos en los que la víctima es menor de edad (D.A. 8ª LECRIM).
- En el juicio rápido: se efectúa en la fecha más próxima, dentro de los 15 días siguientes al auto de apertura de juicio oral (art. 800.2 y 3). Si existe imposibilidad de celebración por razones justificadas, se fijará día más inmediato posible, dentro de los 15 días siguientes.
- En el juicio por delitos leves: la vista se celebra de forma inmediata tras la recepción del atestado —con citación a los afectados o interesados— o de la denuncia ante el propio Tribunal, si concurren las circunstancias de los arts. 962 a 964, salvo que concurra causa justificada, posponiéndose al día más inmediato dentro de los 7 siguientes (art. 968).

En cuanto al lugar: la citación se efectuará con carácter general a la sede judicial, salvo que concurran circunstancias que permitan, con autorización legal o del CGPJ, dentro del ámbito territorial de su circunscripción, su desarrollo en otro lugar (arts. 269 LOPJ, 665 LECRIM).

2) *Citaciones*

Una de las actuaciones preparatorias fundamentales para garantizar la celebración de la vista oral es la citación. Es un acto de comunicación complejo, en cuanto consiste: a) en la puesta en conocimiento; y b) en la intimación para realizar algo determinado.

A través de la misma se intima al acusado —y su defensor— y a los acusadores, así como a quienes, en su caso, sea necesario llamar al juicio por su conocimiento de los hechos —testigos— o por sus conocimientos científicos o artísticos —peritos— que pueden aportar datos significativos, para que comparezcan en el día, hora y lugar para realizar la tarea que en su caso se les requiera en el proceso penal (art. 149.3º LEC). El art. 258 bis, 5. LECRIM establece que en las citaciones se informará de la posibilidad de declarar de forma telemática en las condiciones que se establecen legalmente, de manera que, salvo aquellos supuestos en los que haya necesariamente que actuarse presencialmente, se abre la puerta a la actuación telemática, con necesidad mantener las garantías que el legislador configura, especialmente en lo que se refiere al respeto a los principios del proceso y a la documentación de la actuación.

A) Citación al acusado

La citación no es un mero acto formal, sino que es la vía que garantiza el ejercicio del derecho de defensa y de no indefensión (art. 24 CE). El principio de contradicción exige del mismo modo que el juicio se desarrolle con la presencia del acusado en todo caso, de manera que se debería suspender el proceso cuando éste no se halle presente (art. 841) y solo bajo causas específicas, legalmente establecidas, sería posible seguir la vista en su ausencia, obviamente salvo los supuestos de expulsión de la Sala por el tribunal si hubiere incurrido en alteración del orden, y siempre que hubiere sido advertido de tales consecuencias (art. 687).

La citación al acusado se desarrollará según lo previsto en los arts 175 y siguientes LECRIM, así como 270 a 272 LOPJ, en relación con el art. 258 bis LECRIM. Entre otras, podrán tenerse en cuenta las siguientes previsiones:

- Se adoptarán las medidas necesarias para garantizar su presencia en el acto del juicio cuando se halla en prisión —traslado desde donde se encuentre— o libertad provisional, incluso por fuerza pública (art. 664 y 731).
- Si bien el art. 786 regula la necesidad de que el acusado y su abogado o abogada defensor comparezcan a juicio en el procedimiento abreviado, se excepciona la presencia del acusado y la posibilidad de celebrar el juicio cuando, constando la citación en todo caso y oídas las partes, se considere

así por el tribunal. Para ello deberán concurrir los requisitos: la pena más grave solicitada no exceda de dos años de privación de libertad o de seis años si se trata de pena de distinta naturaleza, o que se trate de multa cualquiera que sea su cuantía o duración, o cuando son varias las penas privativas de libertad solicitadas, la suma de las penas no exceda de cinco años.

- Se le solicitará, en su caso, que designen domicilio o persona para notificaciones y comunicaciones o dirección de correo electrónico y número de teléfono a través de los que pudieren realizarse (art. 786.1, respecto abreviado, y 962.1, respecto delitos leves).
- La falta de citación es motivo de recurso de casación, salvo que se den por citados compareciendo en tiempo al acto de la vista (arts. 664.2 y 850.2). Cabe plantear amparo constitucional, salvo que la insuficiencia o error en los datos y falta de citación se hubiere producido por causa propia —indebida diligencia o cuando teniendo conocimiento del proceso no comparece permitiéndose en tal caso la subsanación de la posible infracción judicial—.

B) Citación a las partes acusadoras y responsable civil

Igualmente, hay que efectuar la citación de las partes acusadoras y, en su caso, del responsable civil, solicitándoles, que designen domicilio o persona para notificaciones y comunicaciones o dirección de correo electrónico y número de teléfono a través de los que pudieren realizarse (art. 786.1, respecto abreviado, y 962.1, respecto delitos leves).

La falta de citación es motivo de recurso de casación, salvo que se den por citados compareciendo en tiempo al acto de la vista (arts. 664.2 y 850.2).

C) Citación de testigos y peritos

Habrá que citar a testigos y peritos que hubieren sido propuestos y admitidos para su comparecencia en la vista oral. Para ello se efectuará libramiento de los correspondientes mandamientos y exhortos, de oficio o por entrega a las partes para su diligenciamiento (art. 660).

En la citación se les previene de las consecuencias de no comparecer sin justa causa (multa, art. 175); así como de la posibilidad de incurrir en delito de obstrucción a la justicia (arts. 661 LECRIM, 463 CP y 967 para delitos leves). En esta citación se les informará de la posibilidad de declarar de forma telemática en las condiciones que se establecen legalmente (art. 258 bis, 5. LECRIM).

D) Citación a los ofendidos, perjudicados o víctimas

En aquellos supuestos en que la víctima, perjudicado u ofendido por el delito no sea parte en el proceso ni deba intervenir (en calidad de testigo), el LAJ informará por escrito a la víctima de la fecha y lugar del juicio (arts. 659 in fine y 786, 3). En el juicio por delitos leves se le cita en sede del tribunal que se encuentre en servicio de guardia (art. 962.1), dado que deben comparecer, en su caso, con los medios de prueba de que intenten valerse en el juicio oral, amén de informarles de sus derechos en los términos previstos en los arts. 109, 110 y 967. La falta de citación de cualquiera de estos interesados, a salvo de que se dieren por comparecidos en el acto en tiempo, es motivo de recurso de casación (arts. 664.II y 850.2).

III. PUBLICIDAD DE LAS SESIONES. REGLA GENERAL Y EXCEPCIONES

La publicidad se halla consagrada como garantía y como derecho tanto en los arts. 120.1 como 24.2 CE (derecho a un proceso público), así como internacionalmente en el art. 14.1 del PIDCP, art. 10.2 DUDH, art. 6.1 CDH y LF.

El art. 680 LECRIM (así como el art. 232.1 LOPJ) impone la obligatoriedad de la publicidad del juicio oral, bajo pena de nulidad. El proceso penal pertenece a «lo público» y es por ello que la publicidad se convierte en herramienta de garantía de los que están y participan en el proceso, amén del público en general, de la sociedad, y por supuesto es derecho de los acusados.

Su fundamento se halla en esa idea de participación y control de la justicia por la sociedad, dado que en un proceso penal se están reprochando conductas que son las más gravosas para la sociedad en su conjunto. La publicidad permite ese control de la fase en la que se producen las pruebas y se formulan alegaciones y peticiones definitivas de acusación y defensa. Ese control social se imbrica con su significado de derecho del acusado, en cuanto se le protege de una justicia arbitraria, oscura y secreta. Derecho que permite, caso de vulneración, ser tutelado a través del amparo.

1) Regla general

1. El juicio oral debe desarrollarse mediante sesiones orales, concentradas y públicas.

2. Su aplicación al proceso penal se deriva de los arts. 680 a 682 LECRIM, donde se establece la regla general obligatoria de la publicidad y los supuestos en los que la misma puede excepcionarse.
3. Esta publicidad se extiende al acceso de los medios de comunicación gráfica a las sesiones de la vista oral, que ha planteado debate en torno al empleo de cámaras de captación de imágenes y sonido. Cuestionada la decisión de la Sala de Gobierno de la AN, del CGPJ y de la Sala 3ª TS, que mantenían que el acceso a las vistas orales debe quedar condicionado en cada caso por acuerdo de la Presidencia de Sala, el TC ha mantenido que es contrario al ejercicio del derecho a la información el condicionarlo a la posible autorización previa, no siendo éste un derecho absoluto, sino que serán las referidas circunstancias que concurran las que lleven a fundamentar las restricciones.

2) Excepciones

Este derecho no es absoluto. Puede acordarse la celebración de las sesiones a puerta cerrada. La celebración de las sesiones a puerta cerrada deberá respetar las siguientes condiciones:

1°) Fundamento: se halla en razones de seguridad u el orden público, o y la adecuada protección de los derechos fundamentales de los intervinientes, en particular, el derecho a la intimidad de la víctima, el respeto debido a la misma o a su familia, o resulte necesario para evitar a las víctimas perjuicios relevantes que, de otro modo, podrían derivar del desarrollo ordinario del proceso (art. 681.1 LEC).

2°) La restricción, sin perjuicio de lo dispuesto en el art. 707, no se aplica al MF, a las personas lesionadas por el delito, a los procesados, al acusador privado, al actor civil y a los defensores.

3°) Como dispone el art. 232.2 LOPJ, la limitación de la publicidad puede no ser total sino parcial y en relación solo con determinadas actuaciones.

4°) Podrán acordarse la adopción de determinadas medidas que protegen la intimidad de la víctima y sus familiares (art. 681.2):

   a) Prohibición de divulgación o publicación de información relativa a la identidad de la víctima, de datos que puedan facilitar su identificación, o aquellas circunstancias personales que se valoren para resolver sobre su necesidad de protección.

   b) Prohibición de obtener, divulgar o publicar imágenes de la víctima o de sus familiares.

5º) Se prohíbe, en todo caso, la divulgación o publicación de información relativa a la identidad de víctimas menores de edad, de víctimas con discapacidad necesitadas de especial protección y de víctimas de los delitos de violencia sexual, así como de datos que puedan facilitar su identificación de forma directa o indirecta, o de aquellas circunstancias personales que hubieran sido valoradas para resolver sobre sus necesidades de protección, así como la obtención, divulgación o publicación de imágenes suyas o de sus familiares (art. 681.3 LECRIM).

IV. CONCENTRACIÓN DE LAS SESIONES. EXCEPCIÓN: SUSPENSIÓN DE LA VISTA

El juicio oral se desarrolla en sus sesiones de forma oral, pública y concentrada; a ser posible en una única sesión o, en su caso, en cuantas sean necesarias pero próximas temporalmente entre sí. Así, las pruebas y actuaciones realizadas oral y públicamente ante el tribunal permanecen lo más fielmente posible en la memoria del órgano sentenciador.

1) Concentración como esencia de la vista oral

Frente a la escritura, que comporta la dispersión de los actos, la oralidad de la vista arrastra la necesidad de la concentración. La vista oral es concentrada, tal como se deriva del art. 744: «abierto el juicio oral, continuará durante todas las sesiones consecutivas que sean necesarias hasta su conclusión». Esta afirmación no es óbice a la posible excepción (art. 746).

2) Excepción de la concentración: la paralización del proceso

La concurrencia de determinadas circunstancias permite legalmente que la actividad de la vista oral se paralice. Esta paralización puede realizarse en diversos momentos y generar, a su vez, distintos efectos. Es por ello que la paralización nos lleva a distinguir entre la interrupción y la suspensión.

Y en todo caso, estas «crisis» que pueden provocarse en el proceso penal y generar paralización pueden darse antes de la apertura de las sesiones o ya dentro de la vista, centrando atención en estos momentos en las que se producen en la vista oral.

Si determinada la fecha para la vista oral, por causas ajenas a su voluntad las partes manifestaren imposibilidad de preparar las pruebas, podría posponerse la fecha de la vista oral, si así se solicita y lo acuerda la Presidencia del tribunal, hasta que pudiera disponerse de aquellas (art. 795.1). Podría asimismo plantearse una cuestión prejudicial que exija resolución previa, conforme lo que prevén los arts. 4 y 5, paralizándose igualmente en este caso.

A) Interrupción

Las características de la interrupción son:

1°) Se da la interrupción cuando concurren determinadas circunstancias que llevan a paralizar el proceso, siendo que éstas —las causas que la provocan— presentan una duración incierta o excesiva, como, por ejemplo, un incendio, la caída de la red, un aviso de bomba en la sede del tribunal.

2°) Efecto: anulan todo lo actuado, provocando la necesidad de reiniciar el proceso no desde el momento en que se produjo la causa, sino al principio del período procesal en que tuvo lugar. Habrá nueva citación a la vista, señalando fecha para ello (art. 748).

B) Suspensión

La segunda modalidad de paralización es la suspensión, condicionada a la concurrencia de circunstancias de duración previsible, por lo que, desaparecida la causa, puede dar lugar a la continuación de la vista. Es, igualmente, un supuesto de «crisis» o situación de anormalidad procesal, que afecta a la regla general de que, abierta la sesión del juicio oral, esta fase deberá continuar durante las sesiones concentradas necesarias hasta su conclusión (art. 744 y 788.1).

En el régimen de la suspensión hemos de tener en cuenta:

1°) Se adopta por auto motivado, fundado en las causas específicas que la provocan, y en esta resolución deberá fijarse el período de duración de la suspensión y lo procedente sobre la continuación de la vista. Esta resolución es irrecurrible.

2°) La suspensión puede responder a petición de parte o a criterio del órgano sentenciador.

En este sentido, la suspensión de oficio podrá adoptarse si concurren:

- Circunstancias de índole procesal que exijan un pronunciamiento sobre cuestiones incidentales que no puedan decidirse en el acto;
- Ausencia de alguno de los miembros del tribunal, los defensores, el fiscal o el acusado por enfermedad;
- Por tenerse que realizar diligencias fuera del lugar de las sesiones que exijan la presencia de alguno de sus miembros, como podría serlo la

declaración testifical de quienes se hallan imposibilitados para comparecer —art. 718— (art. 747).

3º) En el abreviado se establecen determinadas reglas a considerar:

- Tras el señalamiento al juicio oral podrá solicitarse el aplazamiento o la suspensión (art. 786 en relación con el art. 788).
- La duración de la suspensión no será superior a 30 días. Si excede, se dejaría sin efecto lo actuado y se obligaría a reinicializar las sesiones (art. 788). *Sensu contrario,* se mantiene la validez de lo actuado cuando la suspensión sea no superior a 30 días.

4º) En relación con el proceso ordinario:

- No se prevé plazo máximo para la suspensión.
- Se mantendría la validez de las actuaciones, a salvo de que se tratare de un tiempo excesivamente largo o de prolongación indefinida que llevare, por ejemplo, por enfermedad de alguno de los sujetos que intervienen en el proceso o por instrucción complementaria a la pérdida del significado mismo del acto concentrado —art. 749—.

5º) Causas de suspensión:

Hemos de diferenciar entre:

- *Causa de suspensión de la apertura de las sesiones de la vista oral* (art. 745 LECRIM). Afecta al inicio de la vista. Se podrá dar esta situación cuando por motivos independientes a su voluntad, las partes no tuvieren preparadas las pruebas ofrecidas en sus respectivos escritos.
- *Causas de suspensión de la vista cuando ésta ya ha comenzado* (art. 746 LECRIM). Los motivos son:
    1. Por la necesidad de resolver el Tribunal durante los debates alguna cuestión incidental que, por cualquier causa fundada, no pueda decidirse en el acto.
    2. Por la práctica de alguna diligencia fuera del lugar de las sesiones y no pudiere verificarse en el tiempo intermedio entre una y otra sesión: actuaciones de inspección ocular del art. 727, la posible solicitud de aportación de piezas de convicción que no estuvieren presentes en el acto de la vista (art. 688), o la verificación de circunstancias o datos referidos a las víctimas en el supuesto de lesiones que en el ordinario podría provocar la suspensión, aun cuando en el abreviado tan sólo esta última suspendería si tales datos fueren imprescindibles para la calificación de los hechos.
    3. Por incomparecencia de testigos de cargo y de descargo ofrecidos por las partes, siendo considerada necesaria su declaración por el

Tribunal y siempre que no se pueda efectuar esta declaración por vía telemática en los términos del art. 258 bis LECRIM. Obviamente, se excluyen las ausencias de testigos por imposibilidad (física, psíquica…) que lleva a constituirse el mismo tribunal en el domicilio o residencia de éste o a emplear exhorto o mandamiento si se halla en lugar desde el que pueda prestar declaración (arts. 717 y ss.). Debe tratarse de una suspensión a instancia de parte, condicionada al criterio del juzgador teniendo presente evitar indefensión a la parte, pudiendo acordarse la suspensión o la continuación de la vista con la práctica de los demás medios de prueba y decidir la suspensión al finalizar toda la práctica de la prueba, o no. La decisión judicial sobre la suspensión de la vista podrá protestarse formalmente en el acta, si pretende la parte recurrir.

En algún supuesto, se ha acordado en la jurisprudencia la suspensión cuando se trata de peritos, pero excepcionalmente, y sólo si su ausencia causara indefensión, dado que un perito puede ser sustituido por otro, lo que no es posible con un testigo, dada la naturaleza estrictamente personal de su conocimiento sobre los hechos.

4. Por enfermedad repentina de alguno de los integrantes del Tribunal, del Fiscal o del defensor de cualquiera de las partes, hasta el punto de que no pueda continuar tomando parte en la vista ni pueda ser reemplazado —como en el caso del defensor de la parte— sin grave inconveniente para la defensa del interesado; así como por enfermedad del acusado o los acusados. Asimismo, se suspenderá cuando la inasistencia del defensor se deba al fallecimiento u hospitalización o intervención quirúrgica por causa grave, de un familiar hasta el segundo grado por consanguinidad o afinidad.

   Cuando el acusado sea una persona jurídica, ésta estará representada por quien designe, considerando el art. 786 bis que su incomparecencia no impedirá la celebración de la vista, con la presencia de su Abogado y Procurador.

   La regulación de este motivo de suspensión encuentra ciertos matices según el procedimiento:

   - En el proceso ordinario: la ausencia por enfermedad «repentina» será constatada por el órgano del enjuiciamiento, procediendo, en su caso, a la suspensión por el tiempo que se estime necesario. En caso del miembro del tribunal, debe impedirle su presencia en la vista; en caso del defensor o Fiscal, imposibilidad o dificultad de reemplazarlo afectando al derecho de defensa; y si es el acusado, debe tratarse de uno solo para suspender, dado que si fueren varios, la vista continuará para los demás cuando el tribunal considere que puede juzgarse de forma independiente, se diere audiencia a las partes para comunicarles la decisión y se haga constar en el acta las razones del acuerdo (art. 746.6 in fine).

- ➢ En el abreviado, se mantienen las normas sobre suspensión por ausencia del juzgador o defensores o Fiscal. La ausencia del acusado único producirá suspensión si su ausencia está debidamente justificada (enfermedad, por ej.), e incluso, no estando justificada, la causa se sigue por delito con pena privativa de libertad no superior a dos años, o de seis, si es de distinta naturaleza o se trate de pena de multa cualquiera que sea su cuantía o duración, y que, en todo caso, tratándose de penas privativas de libertad, la suma total de las penas solicitadas no exceda de cinco años, y oídas las partes así lo acuerde el tribunal; la citación se hubiera efectuado «en forma»; se ha solicitado por cualquiera de los acusadores, dándose audiencia de ello a la defensa y concurren elementos suficientes para enjuiciar al acusado (art. 787). Si son varios acusados, la situación es la descrita *supra.*
- ➢ En los delitos leves, como regla general y a diferencia de los anteriores, la ausencia del acusado no incide sobre su desarrollo siempre que su citación a juicio (en forma) se haya efectuado cumplimentando los requisitos generales y los más específicos de los arts. 962.1 y 964; y que el juez, de oficio o a petición de parte, no considere necesarias sus declaraciones (art. 971).

5. Por revelaciones o retractaciones inesperadas que produzcan alteraciones sustanciales en los juicios, haciendo necesarios nuevos elementos de prueba o alguna sumaria instrucción complementaria. Por ejemplo, permite, a instancia de la defensa del acusado, suspender la vista para aportar pruebas de descargo y sobre cuyos resultados la acusación podría modificar nuevamente sus conclusiones.

V. DESARROLLO DEL ACTO DE LA VISTA ORAL

La LECRIM regula de forma escasa el desarrollo de las actuaciones tras el comienzo de los debates en la vista oral. Referencia el orden de las actuaciones y la intervención de la Presidencia o del Magistrado/a en la dirección de la sesión o sesiones de la vista oral.

1) *Orden de las actuaciones en las sesiones*

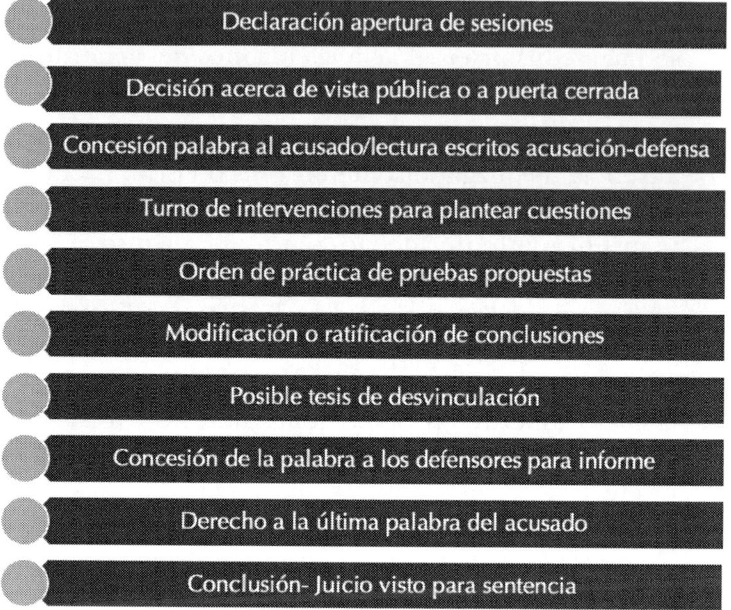

2) *Dirección de vista*

La necesidad de mantener unas reglas de comportamiento en las actuaciones de la vista exige que sea la Presidencia del Tribunal o el Magistrado/a quien asuma esa dirección, con el debido respeto al tribunal y a los presentes e impidiendo que se altere la serenidad de ánimo que exige el desarrollo de la función jurisdiccional.

Para el ejercicio de estas funciones hay una serie de normas de naturaleza conductiva de las sesiones que son atribuidas a la Presidencia que dirige los debates: impide discusiones impertinentes o poco esclarecedoras (art. 683), prohíbe muestras reprobadoras o desaprobadoras (art. 686), o controla las reglas formales como que toda persona interrogada a la que se dirige el Tribunal, debe hablar de pie (art. 685). Posee distintas prerrogativas y autoridad sancionadora, tales como acordar la celebración de las sesiones a puerta cerrada, de temerse o producirse alteraciones en su orden además de por otros motivos tal como veíamos antes (art. 680.1); llamar la atención; multar y expulsar de la Sala a quien lo alterase, incluso al propio acusado, por cierto tiempo o por todas las sesiones (art. 684.2 y 697; 192 LOPJ); detener a quien incurra en conductas estimadas punibles con puesta a disposición del tribunal correspondiente (arts. 684.3 y 4 y 195

LOPJ); sancionar las muestras de aprobación o desaprobación, con advertencia o con las sanciones expresadas, de suponer alteración del orden (art. 686).

Se harán constar en el acta las sanciones y su motivación. Contra el acuerdo sancionatorio podrá interponerse —por 3 días— recurso de audiencia en justicia ante el propio juez o tribunal, que resolverá en el siguiente día siendo su resolución recurrible en alzada ante la Sala de Gobierno correspondiente que resolverá en su primera sesión, previo informe del sancionador (la alzada podría plantearse directamente contra el acuerdo de sanción, quedando la audiencia como meramente potestativa, art. 194 LOPJ).

VI. DOCUMENTACIÓN Y CONSTANCIA DE LA VISTA ORAL

El desarrollo de las sesiones del juicio oral (así como de todas las actuaciones orales que se realicen en el proceso penal) se documentarán de acuerdo con lo dispuesto en los arts. 146 y 147 LEC, redactados de acuerdo con el RDLey 6/2023. Será la oficina judicial la encargada de asegurar la correcta constancia y documentación de la vista oral. Podrán emplearse herramientas de textualización para procesar archivos de vídeos o audios de forma automatizada, fruto de las intervenciones orales realizadas en la vista oral; se trata de una herramienta que se basa en técnicas de aprendizaje neuronal y que se integra con los sistemas de grabación de las Salas de Vistas. Ofrece una mayor agilidad en la gestión de la información y favorece la visualización del contenido.

No obstante, aun cuando la pretensión de la reforma es trabajar con medios tecnológicos que permitan garantizar la autenticidad e integridad de lo grabado o reproducido, en la actualidad pueden darse supuestos en los que no existan medios tecnológicos o, aun existiendo, estos no puedan emplearse, en cuyo caso la tarea de los LAJ es esencial para garantizar la documentación y constancia de las sesiones del juicio oral.

La oficina judicial deberá asegurar la correcta incorporación de la grabación al expediente judicial electrónico, salvo que no se hubiere podido confeccionar tal expediente judicial electrónico, en cuyo caso los LAJ custodiarán el documento electrónico que sirva de soporte a la grabación. En todo caso, las partes podrán pedir a su costa copia o, en su caso, acceso electrónico de las grabaciones originales.

1) Registro electrónico

Es el medio que pretende preferenciarse desde la reforma de 2023 (art. 743 LECRIM en relación con art. 230 LOPJ). Para poder constatar las actuaciones del juicio oral de manera telemática debe tenerse en cuenta:

1.- Habrá que contar con los medios tecnológicos necesarios para garantizar la autenticidad e integridad de lo grabado o reproducido. Su autenticidad se asegura por el LAJ, bien a través de firma electrónica garantizada u otro sistema de seguridad equivalente.

2.- La intervención de los LAJ presencial no es necesaria, si bien su misión es la de velar electrónicamente por la documentación.

Pueden intervenir cuando las partes así lo soliciten, al menos dos días antes de la celebración de la vista, o excepcionalmente cuando se considere necesario en atención a la complejidad del asunto, el número y naturaleza de las pruebas a practicar, número de intervinientes, posibilidad de que se produzcan incidencias que no puedan registrarse, concurrencia de otras circunstancias que lo justifiquen etc. En estos casos en que los LAJ asisten físicamente a las actuaciones, extenderán un acta sucinta. Se trata de un acta complementaria del registro tecnológico.

Este documento electrónico quedará bajo la custodia del LAJ, pudiendo las partes solicitar, a su costa, copias del original, o, en su caso, podrán acceder electrónicamente a las grabaciones originales.

2) Acta

Se considera como medio subsidiario de constatación y documentación. Se formulará esta acta cuando no pudieren emplearse por cualquier causa los medios de registro tecnológicos. Ahora bien, podemos hablar de acta sucinta, que sería complementaria del registro electrónico (referida anteriormente) y acta extensa. En esta última se hace constar, con extensión y detalle necesario, el contenido esencial de las pruebas practicadas, así como todas las posibles incidencias, reclamaciones y resoluciones

La forma de transcripción del acta es a través de medios informáticos si se dispone de ellos. De otro modo, manuscritamente, que está pensada solo para las ocasiones en que la sala en que se esté celebrando la actuación carezca de medios informáticos. Su contenido lo leerá el LAJ al finalizar la sesión, haciendo las rectificaciones que se propongan, de estimarse procedentes, y se firmará por el Presidente y miembros del Tribunal, Fiscal y defensores de las partes (art. 743.5).

La documentación en el acta, cualquiera que sea su formato, permite:

1º) Reflejar cuanto en materia probatoria sea esencial para constatar la mínima actividad probatoria suficiente para desvirtuar, en su caso, la presunción de inocencia y justificar una sentencia condenatoria; y

2º) Esta constancia se convierte en elemento suficiente para fundar un recurso de casación por quebrantamiento de forma, al recoger datos y circunstancias que ofrezcan la justificación de la concurrencia de alguno de sus motivos.

Lección 21ª

LA TERMINACIÓN DEL PROCESO PENAL

JUAN LUIS GÓMEZ COLOMER

I. LA TERMINACIÓN DEL PROCESO PENAL

El proceso penal español, llegado a la fase de juicio oral, sólo puede terminar por sentencia, que ha de ser condenatoria o absolutoria.

Atendidos los principios de legalidad penal sustantivo y de necesidad procesal, es excepcional la terminación del proceso por auto, una vez que se ha abierto el juicio oral o que se ha celebrado éste. Ello puede ocurrir, con todo, sólo cuando se resuelvan cuestiones que afecten a presupuestos procesales [v.gr., a la competencia, arts. 245.1, b) LOPJ y 785.3 LECRIM, aunque éste no se refiere a auto sino a resolución oral], o cuando deba procederse a la declaración de nulidad de actuaciones (conforme al art. 240 LOPJ), o finalmente cuando el proceso pierda su sentido (v.gr., por muerte del acusado, art. 130.1-1° CP). Naturalmente, el sobreseimiento libre, que ya conocemos, se plasma en un auto equivalente a sentencia absolutoria, pero ello impide la celebración del juicio oral.

El proceso, pues, acaba como regla general por medio de sentencia. Advirtiendo que también los recursos terminan normalmente por sentencia, aquí vamos a referirnos a la sentencia que pone fin al juicio de la primera o única instancia [en el sentido de los arts. 245.1, c) LOPJ y 141, IV, LECRIM], por tanto a la sentencia regulada en el art. 741, I, LECRIM, en la que el Tribunal, apreciando según su conciencia las pruebas practicadas en el juicio, las razones expuestas por la acusación y la defensa, y lo manifestado por los mismos acusados, les absuelve o condena.

Hasta el Estatuto Jurídico de la Víctima del Delito de 2015 (art. 15) había que decir que la ausencia normalmente de facultades dispositivas en el proceso penal hacía que no cupieran ni la transacción, ni la renuncia, ni el allanamiento, en el sentido que conocemos del proceso civil, como modos de terminación del proceso, aunque hemos de decir que sí sería posible alguno de los anteriores actos de disposición en los procesos penales por delito privado, y hemos de admitir que la conformidad o negociación, que ya hemos estudiado, revelan un cierto espíritu transaccional. Con dicho Estatuto, y para ciertos delitos, cabrá la mediación penal y por tanto la terminación del proceso obedecerá también a condicionantes de Justicia transaccional y restaurativa. Hoy, en 2025, ya no queda ninguna duda con la incorporación de los MASC en nuestro Ordenamiento jurídico-procesal (arts. 2 a 19 LO 1/2025, y DA-9ª LECRIM), la mediación es posible también en el proceso penal (v. lecc. 18ª en el tomo I de esta obra y lecc. 12ª en este volumen).

II. LA SENTENCIA PENAL

Dado que la sentencia es una resolución judicial, es decir, un acto procesal del Juez, nos remitimos en cuanto a los aspectos formales y sus requisitos externos al tomo I de esta obra. Aquí estudiaremos su concepto y clases, su formación y sus requisitos internos, aplicados al proceso penal, para recoger finalmente determinados contenidos particulares de carácter procesal impuestos por el CP.

1) Concepto y clases

La sentencia es la resolución del órgano jurisdiccional que pone fin al proceso penal, en la que se declara el ejercicio de la potestad punitiva del Estado, condenando o absolviendo a una persona. Se funda, por tanto, en el ejercicio de la potestad y de la función jurisdiccional (el «juzgar» del art. 117.3 CE). Debido al sistema procesal español, la sentencia, además de su pronunciamiento penal, también contiene un pronunciamiento civil, en el caso normal de acumulación de la pretensión civil a la penal. Ahora, sin embargo, insistiremos más en el aspecto penal, al haber tratado ya las cuestiones civiles en lecciones anteriores.

Es ya suficientemente conocido que las penas sólo pueden ser impuestas por sentencia de un órgano jurisdiccional (arts. 24.2, 25.1 y 117.3 CE), que ha de pertenecer además al orden jurisdiccional penal (art. 9.3 LOPJ), de modo que el derecho de penar del Estado únicamente puede materializarse en la sentencia que ponga fin a un proceso penal.

Existen diferentes clasificaciones de las sentencias. Fijándonos en la más importante, podemos distinguir:

A) Sentencias absolutorias

Las sentencias penales son absolutorias si desestiman la pretensión de condena formulada por las partes acusadoras. Únicamente pueden ser absolutorias de fondo, bien por inexistencia del hecho, bien por ser inocente el acusado, bien por falta de pruebas o dudas razonables sobre los hechos, bien por falta de responsabilidad criminal. Aunque después aparezcan nuevas pruebas, ya no habrá posibilidad de reabrir el proceso por el efecto de cosa juzgada (v. lección 24ª).

Nuestro Derecho no permite la absolución de la instancia (art. 144 LECRIM y art. 24.2 CE, principio de la presunción de inocencia), verdadera «espada de Damocles» en tiempos pasados, porque se absolvía provisionalmente al acusado al no existir pruebas, permitiendo reabrir la causa cuando se encontraran.

B) Sentencias condenatorias

Son las que estiman la pretensión de condena formulada por los acusadores, imponiendo una pena o medida de seguridad al acusado, o ambas, y abriendo la ejecución al ser título ejecutivo (arts. 3 CP, 1 y 988 LECRIM). Las sentencias de condena en España son puras, es decir, no sometidas a ninguna condición de cumplimiento de la condena (con el matiz de los procesos abreviados y de los juicios rápidos, arts. 794, y 802.3 LECRIM, en relación con los arts. 80 a 87 CP, pero que se decreta en resolución posterior autónoma); determinadas, porque fijan exactamente la pena a que se condena a una persona (pero sí existen, sin embargo, medidas de seguridad indeterminadas, v. art. 97 CP); y líquidas, es decir, con fijación exacta de la clase de pena que se impone, aunque luego deba liquidarse exactamente la pena a cumplir, indicando su duración desde el día de comienzo hasta el día que finalizan, o cantidad.

Otra clasificación trascendente en el proceso penal es la que diferencia a las sentencias según sean *escritas*, que es el supuesto normal, u *orales*. Respecto a estas últimas, denominadas sentencias *in voce*, se producen en los procesos abreviados y en los juicios rápidos (arts. 245.2 LOPJ, 789.2 y 802.3 LECRIM), en los juicios sobre delitos leves (art. 973 LECRIM), y parece que también en las causas ante el Tribunal del Jurado (art. 67 LJ), adelantándose el fallo, lo que está particularmente indicado cuando sea absolutorio, que deviene firme si las partes en ese momento anuncian que no lo recurrirán, dejando la redacción por escrito de la sentencia para un momento posterior.

2) Formación

Los Jueces realizan determinadas operaciones mentales a la hora de redactar las sentencias. Esto se conoce como formación lógica de la sentencia, que tiene un aspecto externo o formal, que no consideraremos al haberlo estudiado ya en el tomo I de esta obra, que incluye también el estudio, la deliberación y discusión, la votación, el modo de dirimir las discordias, la redacción y firma, en caso de tratarse de un órgano colegiado, y el estudio, la redacción y firma sólo si se trata de un órgano unipersonal, y un aspecto interno, consistente en una serie de razonamientos complejos de todo tipo que llevan al Juez a valorar lo actuado, particularmente la práctica de las pruebas y los resultados probatorios obtenidos, y a interpretar y aplicar las normas penales y procesales penales correspondientes a los hechos punibles enjuiciados, que le permiten llegar a la conclusión adecuada (fallo), que debe ser justa y correspondiente con los principios propios del proceso penal de un Estado de Derecho.

La explicación que da la doctrina de este fenómeno se articula en torno a un silogismo, cuya premisa mayor estaría integrada por las normas jurídicas penales y procesales, una premisa menor, es decir, los hechos alegados o investigados y probados, y una conclusión, relacionando y subsumiendo el hecho en la norma, dictando el fallo correspondiente. Pero en realidad las cosas no son tan sencillas, porque además de la lógica intervienen otros factores en la formación interna de la sentencia nada desdeñables como, por ejemplo, el análisis histórico de los hechos, o los propios juicios valorativos del juzgador. Lo que sí es claro es que toda esta génesis interna debe deducirse de la propia motivación de la sentencia, porque así lo dispone el art. 120.3 CE, y porque las sentencias deben ser en todo caso fundadas, violándose en otro caso el derecho fundamental a la tutela judicial efectiva del art. 24.1 CE.

3) *Requisitos internos*

La sentencia penal debe ser motivada, clara, no contradictoria, terminante, exhaustiva y congruente. Destacan, por su importancia, los requisitos de la motivación, a caballo entre su carácter externo o formal y el interno, y, sobre todo, el de la congruencia, denominada en lo penal «correlación entre acusación y defensa y sentencia».

A) Motivación

Motivar una resolución es explicar el porqué de su contenido y del sentido de la decisión que en ella se toma. Por ello, las sentencias deben exponer las razones que justifican el contenido absolutorio o condenatorio del fallo, y hasta tal punto es requisito de la sentencia que la CE ha constitucionalizado esta obligación de los Jueces en su art. 120.3, infringiéndose en caso contrario el derecho fundamental a la tutela judicial efectiva del art. 24.1 CE, porque dicha tutela implica a su vez el derecho a obtener una resolución fundada dictada en el proceso iniciado; y también el derecho a la presunción de inocencia, pues aunque exista prueba de cargo practicada el Juez debe exponer los elementos de convicción que le han llevado a tomarla en consideración para su decisión (SS TC 55/1987, de 13 de mayo; y 143/1997, de 15 de septiembre).

La motivación del fallo es fáctica y jurídica:

a) La motivación fáctica se contiene en la sentencia penal en el antecedente de hechos probados (arts. 248.3 LOPJ y 142, 2ª LECRIM, que tiene un origen muy concreto, pues siendo la casación, al menos en su antecedente francés, un recurso nomofiláctico, el Tribunal Supremo no podía variar los hechos declarados probados so pena de vaciar de contenido al recurso). En él deja constancia expresa el órgano jurisdiccional de qué hechos considera jurídicamente de importancia para su decisión.

   La motivación fáctica debe abarcar indubitadamente la probatoria, pues es imprescindible, si el término motivación se utiliza en toda su profundidad y no desde un punto de vista meramente formal, que básicamente el condenado y demás partes (pero también la sociedad en general) sepan, no sólo por qué hechos se le impone una pena o medida de seguridad, o ambas, sino también qué pruebas han inclinado la balanza en su contra y qué elementos de convicción se han derivado de ellas.

   La motivación es un aspecto muy importante del veredicto y sentencia del proceso penal español ante el Tribunal del Jurado [art. 61.1, d) LJ], de ahí que nos remitamos a la lección 29ª en este mismo tomo.

   La jurisprudencia no exige una descripción prolija de la motivación, ni puede exigirla, porque con ello no haría sino aumentar la dilación en la tramitación de los procesos. Ello no quiere decir que cuando sea necesaria una prolija descripción de los hechos no deba realizarse, pero debe bastar con que la descripción fáctica del antecedente de hechos probados explicite:

   - De manera clara, contundente, terminante y no contradictoria, los que han quedado probados, siempre que los mismos tengan trascendencia jurídica para el fallo;
   - En caso de duda, razonar por qué el órgano jurisdiccional no está seguro de los hechos o duda sobre su producción (v. más adelante).
   - Ha de excluir cualquier tipo de valoración jurídica o de predeterminación del posterior fallo, y no puede expresar ni mucho menos calificaciones jurídicas de los mismos.
   - La prueba debe ser valorada concretamente, pues es necesario que el acusado y demás partes sepan de dónde ha extraído el órgano jurisdiccional sus elementos de convicción, si bien no hay declaración legal

expresa en este sentido (se podría apoyar en alguno de los motivos de casación por infracción de ley y por quebrantamiento de forma, v.gr., arts. 849-2°, y 851-2° LECRIM, ya que para impedir estas posibilidades hay que explicar los resultados probatorios obtenidos en el proceso).

- Finalmente, es de suma importancia la motivación fáctica cuando estemos ante un caso de prueba obtenida vulnerando, directa o indirectamente, los derechos y libertades fundamentales (art. 11.1 LOPJ).

b) La motivación jurídica son los fundamentos de Derecho de la sentencia (arts. 248.3 LOPJ y 142, 4ª LECRIM), en donde el órgano jurisdiccional aplica el Derecho Penal a los hechos declarados probados, dentro de los límites sustantivamente fijados.

El tribunal, consecuentemente, valora jurídicamente el antecedente de hechos probados, aplicando el Derecho Penal sustantivo y el Derecho Procesal Penal, en su caso, para llegar a la consecuencia final, fallo o parte dispositiva de la sentencia. Aquí se realiza la labor de interpretación doctrinal y jurisprudencial, explicando el Derecho que fundamenta la resolución.

Por ello deben citarse y explicarse los preceptos legales que afectan a (art. 142-4ª LECRIM): 1°) La calificación de los hechos probados; 2°) La participación en los mismos de los acusados; y 3°) Las circunstancias agravantes, atenuantes y eximentes, en su caso.

Tres observaciones finales respecto a la motivación de las sentencias penales, en parte como concreción de reflexiones ya expuestas:

1ª) Todo ello se traduce en una redacción de ambas partes de la sentencia, clara y no contradictoria, terminante, sencilla y expresiva, pues de lo contrario cabría el recurso de casación por quebrantamiento de forma (v. el art. 851-1° LECRIM).

2ª) Las sentencias absolutorias por falta de hechos probados, o aquéllas en que se absuelva por aplicación del principio de la presunción de inocencia del art. 24.2 CE, no contienen declaración de hechos probados, pero sí deben ser motivadas para justificar la absolución.

3ª) La motivación afecta no sólo al Derecho Procesal, sino también y muy principalmente al Derecho Penal sustantivo, pues su ausencia es causa de nulidad, ya que es la calificación jurídico-penal del hecho, por tanto, la explicación de por qué unos concretos hechos constituyen un determinado delito previsto en un artículo del CP, y no otro, debiendo incluso explicarse cualquier variación interpretativa de la línea jurisprudencial que se pueda producir.

c) El fallo o parte dispositiva de la sentencia, el único apartado que gozará en su momento de los efectos de cosa juzgada, debe ser congruente con dicha motivación, en los términos fijados legalmente, que comentamos a continuación. En él se condenará o absolverá no sólo por el delito principal, sino también por los delitos a él conexos que hubieran sido enjuiciadas en la causa (art. 142.4ª-5º LECRIM).

B) Correlación entre acusación y defensa y sentencia

Las sentencias deben también ser congruentes, es decir, deben ser correlativas o adecuadas a las peticiones formuladas por todas las partes acusadoras y acusadas (arts. 142.4ª-5º y 742 LECRIM). En otro caso, se infringe el derecho a la tutela judicial efectiva del art. 24.1 CE, que implica a su vez el derecho a obtener una resolución sobre el fondo en el asunto penal planteado (SS TC 138/1985, de 18 de octubre; 78/1986, de 13 de junio; 170/1997, de 14 de octubre; y 172/1997, de 14 de octubre).

La correlación se expresa en el fallo de la sentencia, conforme a esos preceptos, y recoge las posiciones jurídicas de las partes acusadoras y de las acusadas. En consecuencia, la correlación de la sentencia no es sólo con la acusación, sino también con la defensa, aunque la posición jurídica de la defensa no sea vinculante para el órgano jurisdiccional, ni siquiera en caso de conformidad (v. lección 17ª).

En sentido estricto la congruencia se deriva del poder de disposición que las partes tienen sobre el objeto del proceso, y por eso la congruencia tiene pleno sentido en el proceso civil. Cuando se trata del proceso penal, sobre cuyo objeto las partes no tienen disposición, no se habla propiamente de congruencia, sino de correlación, que se asienta de modo principal en el principio de contradicción.

Las infracciones a este requisito pueden ser por defecto (al no pronunciarse sobre todas las peticiones de las partes), en cuyo caso se dice que las sentencias deben ser exhaustivas (con fundamento directo en el art. 24.1 CE, según la jurisprudencia antes citada), o por exceso, por ejemplo, imponiéndose, sin utilizar la facultad prevista en el art. 733 LECRIM dentro de los límites jurisprudenciales que hemos estudiado, pena mayor a la solicitada o por delito distinto (art. 788.5 y 802.1 LECRIM, para los procesos abreviados y los juicios rápidos), cabiendo en ambos casos recurso de casación (art. 851-4º LECRIM), o de apelación.

Hablar de correlación significa comparar. Pues bien, para saber si la sentencia penal es congruente, si se adecua a lo pedido por las partes y lo obtenido en la sentencia, hay que analizar, desde el punto de vista de la acusación, las calificaciones definitivas (o las provisionales si no se han modificado), porque en ellas se fija el hecho criminal imputado a una persona, que constituye el objeto de ese proceso penal, con las peticiones correspondientes a estas cuestiones objetivas y subjetivas pertinentes; desde el punto de vista de la defensa, también sus calificaciones definitivas, o, en su caso, provisionales; y, desde el punto de vista del propio escrito de sentencia, su fallo o parte dispositiva, interpretado conforme a la motivación sentada en el antecedente de hechos probados y en la fundamentación jurídica. Y ello, tanto en lo que afecta a las peticiones y a los pronunciamientos penales de la sentencia penal, como a los civiles.

Motivación y correlación presentan lugares comunes de importancia, pues comparar la sentencia no quiere decir leer atentamente su parte dispositiva, sino toda ella, lo que significa en concreto atender a sus fundamentos fácticos y jurídicos. Este tema incide directamente en el objeto del proceso penal, visto en una de las primeras lecciones de este tomo. En este sentido, de ese análisis deduciremos:

1°) Si la persona acusada es la persona absuelta o condenada, pues en caso contrario estaríamos ante una sentencia nula de pleno Derecho (art. 238-3° LOPJ), además de ante una de las injusticias mayores que puedan cometerse, sobre todo si se condena al no acusado, vulnerándose las garantías personales esenciales del art. 24 CE.

2°) Si el hecho criminal imputado ha permanecido a lo largo de la causa sin variación esencial, pronunciándose sobre él la sentencia. En otro caso, se vulnerarían el principio acusatorio, el derecho a ser informado de la acusación, y se causaría indefensión (v., entre otras muchas, STC 20/1987, de 19 de febrero). Las variaciones en cuanto a los hechos accesorios no plantean, en principio, ningún problema constitucional ni ordinario.

Otras cuestiones de incidencia en esta materia, como la relación de la conformidad del acusado con la correlación, o la resolución del objeto civil del proceso penal, ya han sido apuntadas y estudiadas en las lecciones correspondientes.

4) Contenidos particulares

El CP contiene muchas normas que significan contenidos particulares de la sentencia penal de absolución o de condena, repercutiendo más allá de lo estrictamente material. Afectan por un lado al arbitrio judicial en el momento de sentenciar (adquiriendo quizás ahora más sentido el art. 741, II LECRIM, a pesar de su pretendido valor reglamentario por mor del Decreto de 31 de mayo de 1931), y a la imposición de sanciones penales y no penales. También haremos una referencia a la petición de supresión de tipos o de indulto. Veámoslos agrupadamente:

A) Manifestaciones del arbitrio judicial

Las leyes penales suelen contener numerosas normas que otorgan al órgano jurisdiccional sentenciador poderes discrecionales o facultades de arbitrio. Sin duda la fundamental es la que le permite recorrer la amplitud de la pena, hoy todavía más con prácticamente una única pena de prisión, en la extensión que estime adecuada, que debe fundamentar en la sentencia de acuerdo con las reglas de los arts. 61 y ss., salvo que la Ley imponga un tramo concreto (v.gr., tramo superior), en cuyo caso sigue existiendo arbitrio, si bien más reducido.

También es de citar la facultad que se concede al órgano jurisdiccional de rebajar en uno o dos grados la pena, cuando el Código penaliza los actos preparatorios. Ejemplos típicos, de los varios que pueden citarse, serían el delito de homicidio (art. 141 CP), y los delitos contra la comunidad internacional (art. 615 CP).

Pero además de estos casos, que podríamos denominar generales, el CP recoge determinadas posibilidades concretas en donde el arbitrio judicial aparece expresamente autorizado, generalmente para rebajar la pena o para imponer la pena de inhabilitación especial, al estar regulando conductas típicas que permiten o aconsejan su utilización, e incluso para aumentar en algunos casos la pena.

B) Sanciones no penales

El órgano jurisdiccional competente debe imponer en la sentencia condenatoria una o las dos consecuencias jurídicas del delito, a saber, la pena y la medida de seguridad, de acuerdo con reglas de aplicación respectivas fijadas por el CP (arts. 66 a 108).

Dentro de la pena, puede imponer una pena privativa de libertad, una pena privativa de derechos, sola o conjuntamente con la anterior, una pena pecuniaria, sola o conjunta con las demás, y una pena accesoria a la pena privativa de libertad, de acuerdo con los arts. 32 a 60 CP.

Pero además puede imponer consecuencias accesorias cuando el delito se haya cometido dolosamente. Estas consecuencias accesorias son las que van a ser objeto de nuestra atención ahora, porque las anteriores consideraciones afectan a todo el Derecho Penal en general.

No es clara la naturaleza de las consecuencias accesorias. La doctrina penal está dividida, pues un sector entiende que estamos ante penas accesorias, otro ante medidas de seguridad, un tercero ante otro tipo de sanciones, de carácter mixto o complejo, e incluso hay quienes piensan que es una institución totalmente autónoma. Desde luego, desde un punto de vista procesal, estas consecuencias accesorias sirven inicialmente para entender que la clásica afirmación que las únicas consecuencias jurídicas del delito son la pena y la medida de seguridad es al menos incompleta, pues si entre las consecuencias como veremos enseguida están algunas (que son verdaderas penas) que implican la muerte civil de la persona jurídica, rodeadas además de amplias posibilidades de arbitrio judicial, la sanción es gravísima, y por tanto es admisible considerarlas, en nuestra modesta opinión, y siempre teniendo en cuenta el aspecto procesal, como un «tertium genus» derivado del hecho punible, en donde están presentes tanto los efectos de la pena (clausura definitiva, disolución, etc.), como los de las medidas de seguridad (evitar o prevenir la continuidad delictiva), pero en todo caso con carácter autónomo frente a la propia pena y a la propia medida de seguridad. Piénsese que con ello pretendemos evitar lo que los penalistas llaman «fraude de etiquetas», pues en caso contrario podemos estar disfrazando con otro nombre auténticas penas o auténticas medidas de seguridad, y si no son ni lo uno ni lo otro, es preciso encontrarles un acomodo en cuanto a su naturaleza. En este sentido, pensamos que estamos ante un tercer tipo de consecuencias jurídicas del delito.

El CP prevé dos tipos de consecuencias accesorias: El decomiso, que es verdaderamente una consecuencia accesoria (aunque en un caso no se exija condena), y las medidas del art. 129 respecto a las personas jurídicas, que hoy son más penas que consecuencias accesorias, pero existen también disposiciones particulares dispersas a lo largo del articulado, algunas de las cuales deben citarse aquí.

1°) El decomiso (que no comiso) es la pérdida de los efectos del delito doloso, y en ciertos casos culposo, y de los bienes, medios o instrumentos con que se haya preparado o ejecutado, así como de las ganancias provenientes del mismo.

Se prevé con carácter general en los arts. 127 a 127 octies y 128 teniendo como fin conseguir una mayor eficacia en la lucha contra el delito, especialmente contra la criminalidad organizada, de manera que se puedan recuperar todos los activos procedentes del delito y gestionar más eficazmente los mismos. Se basa, aunque va más allá, en la Directiva 2014/42/UE, del Parlamento Europeo y del Consejo, de 3 de abril, sobre embargo y decomiso de los instrumentos y productos del delito en la Unión Europea. Estas reformas hacen que el decomiso sea una consecuencia jurídica generalizada y no únicamente aplicable a determinados delitos.

Se consideran cinco modalidades de decomiso:

- Decomiso por condena previa (art. 127): Es el supuesto general y principal. Prevé el decomiso de los efectos, bienes, medios, instrumentos, y ganancias relacionadas con el delito y su autor, sean o no de su propiedad, y, si ello no es posible o se ha producido una depreciación de los mismos, el decomiso de bienes sustitutivos o por un valor equivalente. Con tan amplia regulación se pretende que de ninguna manera el autor del delito pueda resultar beneficiado económicamente por su actividad criminal, impidiendo cualquier enriquecimiento patrimonial injusto.
- Decomiso ampliado (art. 127 bis): Con el fin de luchar eficazmente contra la criminalidad organizada, se generaliza a muchos más delitos. Consiste en el decomiso de los efectos, bienes, medios, instrumentos y ganancias

de un condenado por alguno de los delitos graves enumerados en el precepto, entre los que están terrorismo y corrupción, pero que sean de él o se sospeche mediante los indicios que el art. 127 bis.2 enumera que provienen de una actividad delictiva y no se acredite su origen lícito. Se llama ampliado porque afecta a todo el patrimonio del condenado aunque los efectos, bienes, medios instrumentos y ganancias no se hayan utilizado o provengan del delito enjuiciado. En definitiva, si estamos ante un delito de la criminalidad organizada, por ejemplo, al admitirse el decomiso de bienes de ese grupo u organización, se trata de asfixiarlo económicamente para impedir cualquier financiación de posibles actos delictivos posteriores.

- Decomiso por actividades delictivas continuadas (arts. 127 quinquies y 127 sexties): Parece un decomiso ampliado, o una de las modalidades del mismo, porque afecta a la actividad delictiva previa del condenado, siempre que se cumplan determinados requisitos, se den ciertos indicios relevantes y se constaten ciertas presunciones, todos ellos recogidos en la norma. Es evidente que se ha introducido para luchar más eficazmente contra los autores de delitos patrimoniales (beneficios superiores a 6000 euros).
- Decomiso de bienes, efectos o ganancias de terceros a quienes les han sido transferidos por los delincuentes (art. 127 quáter): Este decomiso permite el decomiso por un valor equivalente, y también el decomiso de otros bienes que nada tengan que ver con esa transmisión, de manera tal que todos los posibles enriquecimientos injustos queden cubiertos. El art. 127 quáter.2, en relación con el art. 6.2 Directiva 2014/42/UE, permite llegar a la conclusión de que el decomiso no es posible, como antes se decía expresamente en el art. 127.1 *in fine*, si los bienes, efectos o ganancias pertenecen a un tercero de buena fe no responsable del delito, que los haya adquirido legalmente.
- Decomiso sin sentencia de condena (art. 127 ter): Finalmente, con el fin de evitar cualquier enriquecimiento injusto, es posible el decomiso aunque se declare al acusado (o investigado) exento de responsabilidad criminal, haya fallecido, o sufra una enfermedad que impida su enjuiciamiento o se encuentre en rebeldía, siempre que quede demostrada la situación patrimonial ilícita. Esta es la excepción a la que nos referíamos del tratamiento del decomiso como pena, ya que no hay condena.

Los bienes pueden ser decomisados cautelarmente mediante depósito o embargo (art. 127 octies.1). Si la ejecución del decomiso no puede llevarse a cabo, se pueden decomisar otros bienes por valor equivalente, incluso de origen lícito (art. 127 septies). Pueden ser realizados anticipadamente o utilizados provisionalmente si el juez así lo acuerda (v. arts. 127 octies.2 CP y 367 ter a 367 septies LECRIM, que crea la Oficina de Recuperación y Gestión de Activos a tal fin).

Cuando la resolución es firme, los bienes decomisados se adjudican al Estado, salvo que deban ser destinados al pago de indemnizaciones a las víctimas (art. 127 octies.3).

El destino de estos bienes se encomienda a la Oficina de Recuperación y Gestión de Activos, órgano administrativo creado para localizar, recuperar, conservar, administrar y realizar los efectos procedentes de actividades delictivas (DA 5ª LECRIM). Si son de lícito comercio, pueden venderse de acuerdo con los arts. 367 a 367 sexies LECRIM.

Para el decomiso europeo hay que estar al Reglamento (UE) 2018/1805, del Parlamento Europeo y del Consejo, de 14 de noviembre de 2018, sobre el reconocimiento mutuo de las resoluciones de embargo y decomiso.

Ténganse en cuenta, finalmente, la intervención de un tercero al que afecte el decomiso y el proceso por decomiso autónomo (arts. 803 ter a) a 803 ter u) LECRIM), a tratar en lección 29ª, cuando por el decomiso pudiera resultar afectado un tercero propietario del bien o cuando, sencillamente, el autor del delito haya fallecido o no pueda ser enjuiciado.

Otras normas particulares del CP establecen específicamente el decomiso de bienes. Así podemos citar:1) Decomiso de los instrumentos del delito contra la salud pública (art. 374, y desarrollado por el art. 5 Ley 17/2003, de 29 de mayo, por la que se regula el Fondo de bienes decomisados por tráfico ilícito de drogas y otros delitos relacionados); y 2) Decomiso del vehículo de motor o ciclomotor propios por delito de conducción temeraria (art. 385 bis). Fuera del CP, para los delitos de contrabando hay que estar a su legislación propia (art. 5 LO 12/1995).

2°) El art. 129 CP previó otra serie de consecuencias accesorias, pero que en realidad después de la reforma de 2010 por su gravedad y naturaleza son verdaderas penas, dada su correspondencia con otras sanciones idénticas para personas jurídicas, de gran importancia práctica y trascendencia económica, porque afectan a personas jurídicas mercantiles (sociedades anónimas, sociedades de responsabilidad limitada y sociedades cooperativas, principalmente), que no están jurídicamente constituidas en forma válida, es decir, que son personas jurídicas irregulares, sin personalidad jurídica en suma, y siempre que el CP lo prevea así expresamente. Si son personas válidamente constituidas se les aplican los arts. 31 bis a 31 quinquies CP.

Algunas de las medidas se pueden imponer también cautelarmente (art. 129.3), pero entonces su naturaleza es de medida cautelar y no de pena, y por tanto sujetas al régimen jurídico de la tutela preventiva.

Las penas que se pueden imponer a las personas jurídicas sin personalidad jurídica son las del art. 33.7, letras c) a g) CP:

1) Suspensión de sus actividades por un plazo que no podrá exceder de cinco años.

2) Clausura de sus locales y establecimientos por un plazo que no podrá exceder de cinco años.

3) Prohibición de realizar en el futuro las actividades en cuyo ejercicio se haya cometido, favorecido o encubierto el delito. Esta prohibición podrá ser temporal o definitiva. Si fuere temporal, el plazo no podrá exceder de quince años.

4) Inhabilitación para obtener subvenciones y ayudas públicas, para contratar con el sector público y para gozar de beneficios e incentivos fiscales o de la Seguridad Social, por un plazo que no podrá exceder de quince años.

5) Intervención judicial para salvaguardar los derechos de los trabajadores o de los acreedores por el tiempo que se estime necesario, que no podrá exceder de cinco años.

Al lado de esas consecuencias accesorias, el CP establece en determinados preceptos medidas concretas.

Así, por poner algunos ejemplos, podemos citar: 1. Clausura definitiva de burdeles y casas de lenocinio (art. 194); 2. Clausura temporal o definitiva del local o establecimiento por delito de receptación o conducta afín (art. 298.2); 3. Demolición de la obra a cargo del autor del hecho, en los delitos sobre la ordenación del territorio (art. 319.3); 4. Clausura o intervención de la empresa en los delitos contra los recursos naturales y el medio ambiente (art. 328); etc.

C) Condenas por actos de violencia de género

Una previsión muy importante se establece en la Disposición Adicional 1ª LVG, pues en caso de que el órgano jurisdiccional dicte sentencia condenatoria de un varón en un proceso penal por delito de violencia de género, debe fijar en ella una serie de disposiciones relativas a pensiones y ayudas, que serían sanciones no penales especiales. En esencia, el condenado perderá la condición de beneficiado por la pensión de viudedad que le pudiera corresponder, no tendrá derecho en su caso al abono de la pensión de orfandad, ni tampoco tendrá la condición de beneficiario a los efectos de la Ley 35/1995, de 11 de diciembre, de Ayudas y Asistencia a las Víctimas de Delitos Violentos y contra la Libertad Sexual.

D) Petición de creación o supresión de tipos, o solicitud de indulto

Finalmente, el órgano jurisdiccional competente puede por razones de equidad, al entender que una aplicación literal del principio de legalidad criminal o penal puede conllevar una situación materialmente injusta, o al entender que la no tipificación de una conducta también puede llevar a idénticos resultados, en la línea tradicional mantenida por nuestros Códigos Penales, suavizar o eliminar el rigor legal, o intentar la criminalización, mediante una de estas tres vías:

1ª) Si estima que la condena es elevada puede pedir el indulto particular en la sentencia (art. 4.3 y 4 CP, para las causas ante el Tribunal del Jurado v. arts. 52.2 y 61.1, c), II LJ);

2ª) Si estima que el tipo penal debe ser descriminalizado, ha de solicitarlo al Gobierno mediante exposición razonada, sin perjuicio de la condena y su ejecución (art. 4.3 CP); y

3ª) Si estima que determinada acción u omisión no penada debe serlo, se abstendrá de todo procedimiento sobre ella, por aplicación del principio de legalidad criminal, y dirigirá al Gobierno exposición razonada pidiendo la tipificación correspondiente (art. 4.2 CP).

III. LAS CUESTIONES PREJUDICIALES

Las cuestiones prejudiciales en el proceso penal se regulan, defectuosamente, en los arts. 3 a 7 LECRIM, que las consideraron por primera vez en nuestro Derecho, y con carácter general, en el art. 10 LOPJ.

1) Concepto

Recordemos, pues las cuestiones prejudiciales con relación al proceso civil han sido tratadas ya en el tomo II de esta obra (arts. 40 a 43 LEC), que cuestión prejudicial es aquel tema que teniendo conexión con un proceso penal, podría ser objeto de resolución en otro proceso de distinto orden jurisdiccional, por ejemplo, civil, administrativo, laboral o constitucional, o incluso comunitario, de manera que la decisión a tomar en estos órdenes influye en la propia sentencia penal.

La cuestión que realmente se plantea aquí no es otra que fijar el valor que en el proceso penal pueda gozar una sentencia civil, o de otro orden jurisdiccional, si lo tiene. En opinión de doctrina y jurisprudencia, la sentencia civil tiene el valor de hecho si se ha de utilizar en procesos de distinta naturaleza, por ejemplo penal. Su eficacia no es, pues, vinculante, razón por la que los tribunales apreciarán libremente el contenido de la misma. No obstante, la extinción de la acción penal lleva consigo la de la civil si se declara la inexistencia objetiva del hecho (art. 116, I LECRIM).

Las leyes penales contienen muchas normas integradas por conceptos no penales. Por ejemplo, «cosa mueble» o «ajenidad», que son conceptos de Derecho Civil, en los delitos contra la propiedad; o «funcionario», que es un concepto de Derecho Administrativo, en los delitos que únicamente pueden cometer los funcionarios públicos.

La mayor parte de estos conceptos son aplicados sin discusión alguna por los órganos jurisdiccionales penales, bien porque el descriptor es absolutamente claro por sí mismo (a nadie se le ocurre objetar, por ejemplo, que unas llaves no son cosa mueble), bien porque la subsunción en la norma penal del sustantivo civil es igualmente pacífica (quien roba un televisor en un piso ajeno, está apropiándose por la fuerza de una cosa mueble). Pero en algunos casos judicialmente todavía no finalizados puede ser problemática esa utilización, dependiendo la solución del tema del criterio que se adopte para la solución del tema, pues no es lo mismo que resuelva el juez penal internamente, a que tenga que esperar a que se pronuncie el juez civil. Entonces es cuando se plantea la cuestión prejudicial con toda su fuerza, que aquí abordamos ahora.

2) *Clases*

Tradicionalmente se ha afirmado que hay dos tipos de cuestiones prejudiciales, según sea el propio órgano jurisdiccional quien resuelva la cuestión, u otro de distinto orden.

A) Las cuestiones prejudiciales no devolutivas

Se llaman así porque, en determinados casos, la LECRIM permite que la resolución de estas cuestiones prejudiciales las haga el propio órgano jurisdiccional penal (art. 3 LECRIM, en relación con el art. 10.1 LOPJ). Así, para apreciar si ha habido delito de hurto o no (art. 234 CP), el tribunal penal resuelve él mismo si la cosa es «mueble», y si es «ajena».

La razón por la que la cuestión prejudicial no se devuelve para su resolución al tribunal competente del orden jurisdiccional afectado, puede ser doble:

1ª) Porque ambas cuestiones, la penal y la de otra naturaleza, no puedan separarse racionalmente del hecho punible por ir íntimamente ligadas a él (art. 3 LECRIM), lo que es decir bien poco, pues se supone esa ligazón ya que en otro caso difícilmente habría prejudicialidad, debiendo atemperarse el tribunal penal en su resolución a las reglas propias del Derecho sustantivo a aplicar (art. 7 LECRIM).

2ª) Porque estemos ante una cuestión que afecta al derecho de propiedad sobre un bien inmueble o a cualquier otro derecho real, siempre que tales derechos aparezcan fundados en un título auténtico o en actos indubitados de posesión (art. 6 LECRIM).

Naturalmente, la resolución de la cuestión prejudicial únicamente producirá efectos en el orden jurisdiccional penal, y exclusivamente en el caso en donde haya sido aplicada. Como dicen las leyes, se resuelven «a los solos efectos prejudiciales», o de la «represión» (arts. 10.1 LOPJ y 3 LECRIM). Constituyen los supuestos más numerosos en la práctica, sin duda alguna.

B) Las cuestiones prejudiciales devolutivas

En otros supuestos, en cambio, el tribunal penal no puede resolver la cuestión prejudicial, y tiene que suspender el proceso penal hasta que el órgano jurisdiccional que tenga la competencia genérica para hacerlo decida. En unos casos esa remisión es potestativa, de ahí que se hable de cuestiones prejudiciales devolutivas relativas; en otros es forzosa, de ahí que la doctrina se refiera a cuestiones prejudiciales devolutivas absolutas. Concretamente:

1º) Estamos ante cuestiones prejudiciales devolutivas relativas cuando la cuestión sea determinante de la culpabilidad o inocencia del acusado, aunque el tribunal penal puede resolver la cuestión, de ahí el carácter relativo, si transcurre el plazo máximo de dos meses de suspensión del proceso penal fijado para acreditar que se ha acudido ante el órgano jurisdiccional de orden distinto, proceso en el que será parte el Ministerio Fiscal (art. 4 LECRIM), tema que podría afectar al derecho a la tutela judicial efectiva, v. SS TC 30/1996, de 26 de febrero; y 102/1996, de 11 de junio; entre otras).

2º) En la categoría de cuestiones prejudiciales devolutivas absolutas entran las tres siguientes:

- Cuando la prejudicialidad se refiera a una de estas dos cuestiones de estado: O a la validez (nulidad) de un matrimonio (arts. 73 y ss. CC), o al delito de supresión del estado civil (que no existe con tal nombre en el CP de 1995, de ahí que estemos ante una cuestión de filiación, cuando de ella dependa la fijación de un elemento de la supresión del estado civil, v.gr., el art. 220 CP), pues la remisión al juez civil es obligatoria siempre, y su decisión sirve de base al órgano jurisdiccional penal (art. 5 LECRIM).

  Estamos ante el único supuesto en el que la cosa juzgada civil se extiende al proceso penal, en todos los demás no hay vinculación alguna, pues se trataría como se explicó antes de un mero hecho. No obstante, el art. 5 LECRIM tiene una escasísima utilidad práctica.

- Cuando se plantee una cuestión de inconstitucionalidad por el órgano jurisdiccional penal ante el TC (arts. 35 y ss. LOTC).
- O cuando se plantee una cuestión de Derecho comunitario que influya en la sentencia penal, siempre que se hayan agotado los recursos en la vía interna, es decir, el proceso penal español (art. 267 TFUE de 2010).

3) Tratamiento procesal

Es uno de los aspectos peor tratados por la LECRIM, pues tan sólo se determina, y no para todos los casos, la competencia genérica, y por aproximación la competencia objetiva, en el art. 3. Ciertamente, las cuestiones prejudiciales, como sabemos, muchas veces no tienen ni que plantearse, ya que surgen naturalmente por sí mismas, pero cuando deban serlo positivamente, ha de ser admisible tanto la solicitud de parte, bien del Ministerio fiscal, bien del acusador particular o popular, bien del propio acusado (petición a la que la LECRIM parece referirse exclusivamente con la expresión «propuestas» de aquel precepto), como la actuación de oficio del órgano jurisdiccional, pues estamos ante un elemento esencial que integra el acto procesal de la sentencia, ya que de su concurrencia o no puede depender la declaración de existencia o inexistencia del delito acusado.

El momento procesal oportuno para plantearla debería ser cuando constara en autos la existencia de la cuestión. Pero se suscita la duda de si el límite para hacerlo debe ser la finalización del procedimiento preliminar (sumario, diligencias previas o diligencias urgentes), o su planteamiento es válido también durante el juicio oral. El tema no está resuelto ni doctrinal ni jurisprudencialmente, pero en principio deben ser admisibles ambas posturas, en función de cuándo surja realmente la cuestión. La jurisprudencia parece inclinarse porque se planteen como artículos de previo pronunciamiento (S TS de 30 de octubre de 1983, RA 4697), lo que implica haber surgido en la fase de investigación. Si se suscita en el procedimiento preliminar y se acuerda su planteamiento, la posibilidad de suspensión, cuando proceda, es más factible, ya que en el juicio oral podría implicar su reiteración total. Pero no debe descartarse, por aquella razón, que pueda ser admisible incluso en fase de recursos.

Finalmente, tratándose de cuestión prejudicial devolutiva, la suspensión del proceso penal es la regla general (v., por ejemplo, los arts. 4 y 5 LECRIM; y las SS TS de 5 de julio de 1994, RA 6247; y de 20 de enero de 1996, RA 46).

4) Casos específicos

El CP contiene algunas disposiciones a enmarcar dentro de las cuestiones prejudiciales. Debemos destacar la regulación de los delitos de insolvencias punibles, y en concreto dos casos, uno de ellos muy claro.

a) En efecto, en cuanto al primero, que no plantea ningún problema específico de interpretación procesal, de acuerdo con el art. 257.5 CP, los delitos de alzamiento de bienes o de impedimento de la eficacia del embargo, o de un juicio ejecutivo, son perseguidos aun cuando tras su comisión se iniciara un proceso concursal, lo que implica que ni el proceso civil ni el proceso penal se interfieren suspendiéndose uno u otro, en alteración de la regla prevista en el art. 10.2 LOPJ, y en el art. 114 LECRIM, que establecen la paralización del proceso civil existiendo una cuestión prejudicial penal decisiva en cuanto al fondo del primer proceso, lo que haría imposible el inicio o continuación del proceso concursal.

   Igualmente, el concurso fraudulento puede perseguirse penalmente sin necesidad de esperar a la conclusión del proceso civil y sin perjuicio a la continuación de éste (art. 259.5 CP).

   Principio general en esta materia es que la calificación del concurso en el proceso civil no vincula nunca al órgano jurisdiccional penal, expresado exactamente así en el art. 259.6 CP.

b) En cuanto al segundo, más complejo, se regula en el art. 257.2 CP, precepto que también tiene influencia en materia de responsabilidad civil, en el que se establece un delito de alzamiento de bienes específico, en virtud del cual quien en perjuicio de su acreedores y con la finalidad de eludir el cumplimiento de las responsabilidades civiles dimanantes de un delito que hubiere cometido o del que debiera responder, «realizare actos de disposición, contrajere obligaciones que disminuyan su patrimonio u oculte por cualquier medio elementos de su patrimonio sobre los que la ejecución podría hacerse efectiva...». Esta norma esta prevista, por ejemplo, para que el acusado de estafa no pueda eludir su responsabilidad civil ocultando sus bienes, o más claro, para que el condenado por un homicidio imprudente tampoco pueda ocultar sus bienes. El que haya habido un delito previo plantea, entre otras cuestiones en las que no entramos por no ser procesales, el problema que sólo si una persona es declarada responsable del primer delito (la estafa, el homicidio) podrá ser condenada por el segundo (el alzamiento), con lo que estaríamos ante una cuestión prejudicial penal en un proceso penal posterior.

   En nuestra opinión, el principio de legalidad y el principio de la presunción de inocencia (arts. 25.1 y 24.2 CE) obligan a interpretar el texto legal en sentido muy estricto, para que no se llegue a condenar por alzamiento a un presunto estafador o a un presunto homicida. Con lo cual la condena por estafa o la condena por homicidio imprudente, por seguir con los ejemplos, es presupuesto (prejudicial) del delito del art. 257.2, lo que implica la necesidad de desarrollar las actuaciones del segundo proceso hasta el punto de que la persecución del mismo no sea inoperante en la práctica, sobre lo que vemos ciertos riesgos evidentes, y, a continuación, suspenderlo hasta que se dicte sentencia en el primero, lo que implica otra alteración de la regla general de paralización antes vista.

Claro es que habrá que preguntarse entonces si las medidas cautelares reales (y personales en tanto en cuanto impiden la libertad de movimientos para facilitar la comisión, siempre que se den naturalmente los presupuestos generales exigidos) en el proceso por estafa son suficientes para impedir el posterior alzamiento, o, por lo que nos inclinamos, si en el proceso por alzamiento habrá que reforzar esas medidas cautelares.

c) Finalmente, un caso de prejudicialidad específico se contiene también en el art. 3 de la Ley 12/2003, de 21 de mayo: Los tribunales penales resuelven el bloqueo de la financiación del terrorismo adoptando las medidas cautelares pertinentes, aun en el caso de que esté en marcha un proceso administrativo sobre el mismo hecho, con el mismo fundamento y tratándose de las mismas personas.

CAPÍTULO VIII

LOS MEDIOS DE IMPUGNACIÓN

Lección 22ª

LOS RECURSOS (I)

JOSÉ-FRANCISCO ETXEBERRÍA GURIDI

SUMARIO: I. LOS MEDIOS DE IMPUGNACIÓN; 1) Nociones esenciales; 2) El derecho al recurso en el proceso penal; 3) Restricciones al derecho a recurrir; 4) La *reformatio in peius;* 5) Efectos de los recursos; 6) Clases de recursos; II. LOS RECURSOS NO DEVOLUTIVOS; 1) Recurso de reposición; 2) Recurso de reforma; 3) Recurso de súplica; III. LOS RECURSOS DEVOLUTIVOS ORDINARIOS; 1) Recurso de revisión; 2) Recurso de apelación; A) Notas caracterizadoras; B) Apelación contra resoluciones interlocutorias; C) Apelación contra resoluciones definitivas (autos); D) Apelación contra resoluciones definitivas (sentencias); E) Apelación contra sentencias en el proceso abreviado; F) Apelación contra sentencias en el proceso por delitos leves; G) Apelación contra sentencias en los juicios rápidos; 3) Recurso de queja; A) Recurso de queja contra resoluciones interlocutorias en sustitución de la apelación; B) Recurso de queja por inadmisión a trámite de otro recurso.

I. LOS MEDIOS DE IMPUGNACIÓN

1) Nociones esenciales

El proceso, también el penal, avanza y concluye definitivamente mediante la adopción, a lo largo de su tramitación, de resoluciones ya sea por parte de los titulares de los órganos judiciales, ya sea por parte de los LAJ de los mismos. Evidentemente sin garantía alguna de que dichas resoluciones se encuentren exentas de un posible error o resulten satisfactorias para las partes en el proceso.

Por la razón indicada, el ordenamiento jurídico pone a disposición de las partes una serie de instrumentos legales, los medios de impugnación, con el objeto de que aquéllas puedan instar la modificación o anulación de lo resuelto. En ocasiones, la legitimación para impugnar se extiende a quienes no ostentan la condición de parte procesal. Así, las víctimas del delito están legitimadas para recurrir una serie de resoluciones judiciales aunque no se hubieran personado como parte en el correspondiente proceso. Por ejemplo, las resoluciones en que se acuerde el sobreseimiento (arts. 636 y 779.1.1ª LECRIM). También el «tercero afectado por el decomiso» (que no sea el investigado o encausado) que no hubiera comparecido en el proceso está legitimado para interponer los recursos previstos en la LECRIM contra la sentencia que acuerda dicho decomiso (art. 803 ter c LECRIM).

En sentido amplio suelen incluirse entre los medios de impugnación los instrumentos jurídicos que permiten atacar sentencias dictadas en un proceso una vez han adquirido firmeza. A esta categoría pertenecen el mal denominado «recurso» de revisión (arts. 954 a 961 LECRIM) y el recurso de anulación del procedimiento abreviado contra sentencias firmes de condena dictadas contra el acusado ausente (art. 793 LECRIM).

En sentido estricto, los medios de impugnación se circunscriben a las resoluciones que todavía no causan el efecto de cosa juzgada formal al no haber adquirido firmeza. A través de tales instrumentos, el sujeto activo del recurso solicita en el marco de un proceso aún pendiente que el mismo órgano jurisdiccional que adoptó la resolución u otro de superior grado vuelva a examinar lo resuelto para que modifique aquélla o la anule. Son los verdaderos recursos y a ellos dedicaremos las siguientes páginas.

2) *El derecho al recurso en el proceso penal*

Al tratar en la Parte General (v. lecc. 11ª) el derecho a la tutela judicial efectiva hemos concluido que no existe un derecho general al recurso, sino solamente al recurso legalmente previsto. Sólo en este caso cabría considerar incorporado tal derecho en el contenido del art. 24.1 CE. Lo dicho resulta plenamente válido en el proceso penal cuando lo que se pretende sea impugnar resoluciones interlocutorias del órgano jurisdiccional o resoluciones dictadas por los LAJ.

El tratamiento de la cuestión presenta, sin embargo, perfiles propios en el caso de las resoluciones sobre el fondo (sentencias), como consecuencia de la ratificación por parte del Reino de España de sendos textos internacionales. El Pacto Internacional de Derechos Civiles y Políticos (PIDCP), de 16 de diciembre de 1966, dispone en su art. 14.5 que «Toda persona declarada culpable de un delito tendrá derecho a que el fallo condenatorio y la pena que se le haya impuesto sean sometidos a un tribunal superior, conforme a lo previsto por la ley». De contenido muy similar es el art. 2.1 del Protocolo Nº 7 al Convenio Europeo de los Derechos Humanos y Libertades Fundamentales (CEDH), de 22 de noviembre de 1984.

La obligación internacional asumida por España de garantizar que la declaración de culpabilidad y/o la condena sean examinadas por un tribunal superior supone que, en virtud del art. 10.2 CE, haya de considerarse que el derecho al recurso en el sentido indicado forma parte del contenido del derecho fundamental a la tutela judicial efectiva (art. 24.1 CE) y también constituye una de las garantías del proceso penal a que se refiere el art. 24.2 CE, tal como afirmó muy tempranamente el TC. Sin olvidar que el derecho a la doble instancia en las causas penales se integraría igualmente en el derecho a la defensa (art. 3.3 LODef).

Sin embargo, con anterioridad a que se generalizara mediante la Ley 41/2015, de 5 de octubre, la doble instancia frente a sentencias, las emitidas por las AP (o

Sala de lo Penal de la AN) en única instancia solo eran recurribles en casación. Ello dio lugar a que el Comité de Derechos Humanos de la ONU estimara numerosas denuncias presentadas por ciudadanos condenados en España por lesión del art. 14.5 PIDCP.

3) *Restricciones al derecho a recurrir*

En determinadas circunstancias el ejercicio del derecho al recurso experimenta ciertas restricciones.

- Las causas cuyo conocimiento corresponde directamente a la Sala Segunda del TS (art. 57.1 LOPJ) son buena muestra de ello. El hecho de ser el órgano jurisdiccional superior impide, por ejemplo, el doble grado de jurisdicción. El TC ha considerado que esta restricción del derecho a recurrir se compensa con las garantías que rodean las prerrogativas de los aforados en las causas seguidas contra ellos.
- Resulta igualmente factible que sentencias, en principio susceptibles de recurso, dejen de serlo al resultar del acuerdo alcanzado entre las partes mediante el instituto de la conformidad. Las razones que justifican en este supuesto la restricción giran en torno al principio de que nadie puede ir contra sus propios actos —impugnando lo libremente aceptado—, al principio de seguridad jurídica o a la necesidad de evitar comportamientos fraudulentos de las partes que pretendan aprovecharse de la posible rebaja de las pretensiones de la contraria al pactar. Esta exclusión no puede ser absoluta, sino condicionada a que se hayan observado los presupuestos para la conformidad previstos en la norma procesal y a que en la sentencia de conformidad se haya recogido correctamente el contenido de lo acordado (arts. 655.7, 785.10, 787 ter.7 LECRIM).
- Lo anterior es trasladable a la sentencia condenatoria dictada por el juez o jueza de la SecI en el proceso por aceptación del decreto dictado por el MF, una vez admitida por el encausado la propuesta del MF en una comparecencia posterior ante dicho juez o jueza asistido de letrado (art. 803 bis i LECRIM).
- Se ha de tener presente también que los decretos del MF son irrecurribles por regla general. Ocurre en estos supuestos que la parte que se considere perjudicada por la resolución del MF puede reproducir su petición ante el órgano judicial correspondiente cuando el procedimiento en curso así lo permita (ocurre, por ejemplo, en el proceso de menores), algo que no siempre es posible. Sin embargo, con la nueva LOFE los decretos dictados por el FED son impugnables ante el JGar en los supuestos expresamente

establecidos en aquella LO, aunque el legislador ha evitado en estos casos el uso del término recurso (arts. 90 y 91 LOFE).

- El Protocolo Nº 7 al CEDH prevé otras posibles excepciones al derecho al doble grado de jurisdicción, además de la indicada para el enjuiciamiento por un tribunal superior: que se trate de infracciones de menor gravedad o que la declaración de culpabilidad y la condena sean consecuencia de un recurso contra una previa resolución absolutoria (art. 2.2).

4) *La* **reformatio in peius**

Resulta consustancial al derecho a recurrir la prohibición de la *reformatio in peius* o reforma peyorativa. Esto es, la situación en la que se encuentra el interesado que en virtud de su propio recurso ve empeorada o agravada la creada o declarada en la resolución impugnada. Si el fundamento de la legitimación para recurrir es la existencia de un gravamen, el resultado de admitirse la reforma peyorativa sería el contrario al perseguido por el recurrente: eliminar o aminorar el gravamen sufrido con la resolución impugnada. La prohibición de la *reformatio in peius* se encuentra expresamente recogida en nuestro ordenamiento para el recurso de casación (art. 902 LECRIM) pero ha de tener vigencia general al encontrar amparo constitucional en los derechos a la tutela judicial efectiva, al proceso con todas las garantías y a la defensa del art. 24 CE. No existe reforma peyorativa cuando se recurre la resolución desde ambas posiciones procesales por entender, desde cada una de ellas, que existe un gravamen para su pretensión inicial.

5) *Efectos de los recursos*

La mera interposición de un recurso, siempre que se haga correctamente, trae como consecuencia, en todo caso, excluir la firmeza de la resolución recurrida. Si esta última se pronuncia sobre el objeto del proceso, el recurso impedirá igualmente que se produzca el efecto de cosa juzgada material. Además, y dependiendo de la naturaleza del recurso, éste puede producir los siguientes efectos:

- Efecto devolutivo. Este efecto está vinculado con la competencia funcional del órgano que ha de resolver el recurso interpuesto. Si el recurso ha de ser resuelto por el mismo órgano jurisdiccional o por el mismo LAJ que dictó la resolución recurrida, carece de efecto devolutivo. Si el recurso, por el contrario, ha de ser resuelto por un órgano jurisdiccional distinto y superior (*ad quem*) al que pronunció la resolución recurrida (*a quo*), se produce tal efecto devolutivo.
- Efecto suspensivo. El efecto suspensivo del recurso tiene lugar cuando su interposición impide que la resolución recurrida despliegue su eficacia,

esto es, se ejecute, en tanto en cuanto aquél no sea resuelto definitivamente. Si la interposición del recurso no paraliza la ejecución de la resolución impugnada, carece de tal efecto suspensivo.

Los recursos procedentes contra resoluciones interlocutorias carecen por regla general de efectos suspensivos. De no ser así, los procesos se dilatarían más de lo que ya acontece en la actualidad. Así, carecen de este efecto la reforma, la súplica y los recursos contra resoluciones del LAJ, esto es, la reposición y la revisión. El recurso de apelación, cuando proceda contra resoluciones interlocutorias, despliega eficacia suspensiva sólo cuando la ley así lo prevea expresamente (arts. 217 y 766.1 LECRIM y 94.2.II LOFE). Cuando la LECRIM dispone que la admisión de un recurso tiene lugar en «ambos efectos» (arts. 217 y 224 LECRIM) quiere decir que al efecto devolutivo se le añade el suspensivo; cuando el recurso es admitido «en un único efecto», el legislador se refiere exclusivamente al devolutivo.

Tratándose de la impugnación de resoluciones definitivas, el efecto suspensivo del recurso dependerá del sentido del pronunciamiento reflejado en ellas. Si la sentencia es absolutoria, la interposición del recurso no suspende su ejecución y si el acusado se encuentra preso, será puesto en libertad inmediatamente, alzándose también las restantes medidas cautelares adoptadas [arts. 861. bis a) *in fine* y 983 LECRIM]. Por el contrario, si la sentencia es de condena, la interposición del recurso paraliza su ejecución hasta que se resuelva y devenga firme (art. 3 CP). Los pronunciamientos sobre la responsabilidad civil sí son, en cambio, susceptibles de ejecución provisional pese a ser recurridos, conforme a lo dispuesto en la LEC (art. 989 LECRIM).

- Efecto extensivo. Con este efecto se hace referencia a la posibilidad de extender las consecuencias favorables derivadas de la resolución del recurso, no sólo a la parte que lo hubiera interpuesto, sino también a quienes sin haberlo hecho se hallaren en idéntica situación. Esta extensión no se produce en el caso de que el resultado del recurso sea desfavorable. Esta posibilidad se encuentra expresamente reconocida en nuestro ordenamiento sólo para el recurso de casación (art. 903 LECRIM), si bien la jurisprudencia ha admitido que este efecto extensivo de los recursos en lo favorable resulta de aplicación igualmente para el recurso de apelación en los procesos abreviado, por delitos leves y ante el TJ.

6) Clases de recursos

Los recursos en el orden jurisdiccional penal pueden clasificarse conforme a distintos criterios:

- Atendiendo al órgano competente para conocer de los recursos, éstos pueden ser *devolutivos* y *no devolutivos*. En el caso de los recursos devolutivos, la competencia funcional para su resolución corresponde a un órgano jurisdiccional distinto y superior jerárquicamente —por lo general colegiado— (*iudex ad quem*) al que dictó la resolución impugnada. Los recursos no devolutivos son resueltos, en cambio, por el mismo órgano jurisdiccional del que emana la resolución recurrida (*iudex a quo*). Las resoluciones adoptadas por el LAJ son también impugnables mediante recursos devolutivos y no devolutivos.
- Atendiendo a los motivos o causas que pueden fundamentar el recurso y determinar aquello sobre lo que ha de pronunciarse el órgano llamado a resolverlo, pueden clasificarse en *ordinarios* y *extraordinarios*. En el primer caso, la ley no establece un número tasado de motivos que fundamenten la admisión del recurso, siendo suficiente la alegación de un gravamen causado por la resolución impugnada. Por ello, el órgano que ha de resolver el recurso se encuentra en idéntica situación que el que emitió la decisión recurrida al emitir el nuevo juicio. En los recursos extraordinarios, por el contrario, el legislador condiciona su admisibilidad a la alegación de los motivos que taxativamente vienen determinados por la ley. De esta manera, el órgano competente para resolverlos deja de estar en las mismas condiciones que en las que se encuentra el órgano recurrido, limitando su conocimiento a la concurrencia del motivo alegado por el recurrente. El recurso extraordinario por excelencia es el de casación, aunque en la actualidad merece también la misma consideración el recurso de apelación previsto en el art. 846 bis c) LECRIM para el proceso ante el TJ.

II. LOS RECURSOS NO DEVOLUTIVOS

Pertenecen a esta categoría los recursos de reposición, de reforma y de súplica. Todos ellos presentan unas notas comunes: a) la competencia para resolverlos corresponde al mismo órgano que dictó la resolución recurrida; b) son recursos ordinarios, siendo suficiente con invocar la causación de un perjuicio o gravamen; y c) se trata de recursos que proceden contra resoluciones interlocutorias, por lo que carecen ordinariamente de efecto suspensivo, salvo que la ley disponga otra cosa.

1) Recurso de reposición

En el orden penal recibe esta denominación el recurso contra determinadas resoluciones del LAJ. Son recurribles en reposición todas las diligencias de ordenación dictadas por el LAJ (art. 238 bis.I LECRIM). Las diligencias de ordenación tienen por objeto dar a los autos el curso que corresponda (art. 144 bis LECRIM). También son recurribles en reposición los decretos de los LAJ, salvo que la ley prevea expresamente que procede la interposición directa del recurso de revisión (art. 238 bis.II LECRIM).

El recurso se ha de interponer ante el mismo LAJ en el plazo de los tres días siguientes a su notificación a los que sean parte en el proceso, mediante escrito firmado por letrado y con traslado de copias a las restantes partes, todo ello de forma telemática (arts. 41 y 44 RD-L 6/2023). En dicho escrito se expresará la infracción que se estima cometida. Este recurso en ningún caso tendrá efectos suspensivos. Admitido a trámite el recurso, el MF y las demás partes podrán presentar por escrito sus alegaciones en el plazo común de dos días, transcurrido el cual resolverá el mismo LAJ mediante decreto sin más trámite. Dispone el art. 238 bis LECRIM que este decreto es irrecurrible, sin embargo, la exclusión de recurso judicial en estos casos ha sido declarada inconstitucional por lesiva del derecho a la tutela judicial efectiva por la STC 151/2020, de 22 de octubre. El RD-L 6/2023 se olvidó de incorporar para estos supuestos la posibilidad de recurrir en revisión ante el tribunal, permitida ahora en la LEC (art. 454 bis.1) y que entendemos de aplicación supletoria.

2) *Recurso de reforma*

Son recurribles en reforma las resoluciones interlocutorias de los órganos judiciales unipersonales, tanto autos como providencias, que no estén exceptuadas de recurso (arts. 141.III, 217 y 766.1 LECRIM y DA 5ª.1 LOPJ). Está exceptuado de recurso, por ejemplo, el auto de admisión o inadmisión de pruebas (arts. 659 y 785.3 LECRIM).

Hemos de incluir entre las resoluciones de los órganos judiciales unipersonales las procedentes de los jueces y juezas destinados en las Secciones integradas en el TI o TCI pertenecientes al orden penal, pues como se ha visto (v. lecc. 7ª Tomo I), estos jueces y juezas aunque se integran en un órgano colegiado (TI o TCI) ejercen su función jurisdiccional individualmente.

Quien pretenda recurrir en apelación resoluciones interlocutorias adoptadas en el proceso ordinario por delitos graves deberá ejercitar y agotar previamente el de reforma. El ejercicio de ambos recursos puede hacerse de forma sucesiva (primero la reforma y una vez desestimada la apelación) o se pueden interponer ambos recursos en el mismo escrito de forma subsidiaria, esto es, por si fuera desestimada la reforma (art. 222.I LECRIM).

En el proceso abreviado, sin embargo, la interposición del recurso de reforma previo al de apelación es potestativa, pudiéndose interponer igualmente ambos recursos de forma subsidiaria o por separado (art. 766.2 LECRIM). Este régimen ha de ser de aplicación a los juicios rápidos, considerando que las normas relativas al proceso abreviado son de aplicación supletoria (art. 795.4 LECRIM).

En cuanto a la tramitación, el de reforma se interpone ante el mismo juez que dictó la resolución recurrida, que será el competente para resolverlo (arts. 219 y 220 LECRIM). El plazo para ello, al igual que en el resto de recursos no devolutivos, es el de los tres días siguientes a la notificación de la resolución, presentando un escrito autorizado con la firma de letrado al que se acompañarán tantas copias cuantas sean las demás partes a las que se les dará traslado, todo ello de forma telemática (arts. 41 y 44 RD-L 6/2023), para que de ese modo puedan presentar sus alegaciones. En todo caso, el juez resolverá el recurso en el segundo día de entregadas dichas copias, hayan presentado o no su escrito las restantes partes (arts. 211, 221 y 222 LECRIM). La resolución del recurso de reforma se hará por medio de auto (arts. 141.III y 766.3 LECRIM).

3) Recurso de súplica

El recurso de súplica puede ser considerado el equivalente de la reforma, pero para los supuestos en que la resolución recurrida procede de un órgano colegiado. Participa, pues, de la naturaleza y características del recurso de reforma y tiene en común, además, su tramitación. En efecto, se dispone al respecto que el recurso de súplica «se sustanciará por el procedimiento señalado para el recurso de reforma» (art. 238 LECRIM).

Son recurribles mediante súplica, pues, las resoluciones interlocutorias (autos y providencias) de los órganos colegiados. Se excluyen sólo aquéllos supuestos en que por ley se prevea expresamente otro recurso (art. 237 LECRIM). Según constante jurisprudencia, los autos de los órganos colegiados son recurribles en súplica cuando fueron dictados en primera y única instancia, no cuando resuelvan, a su vez, otros recursos en segunda instancia.

III. LOS RECURSOS DEVOLUTIVOS ORDINARIOS

Son devolutivos los recursos resueltos por un órgano judicial jerárquicamente superior al que dictó la resolución recurrida y ordinarios aquellos que no exigen otra motivación que la mera causación de un gravamen o perjuicio a la parte que lo interpone.

1) Recurso de revisión

Son recurribles en revisión directa —sin reposición previa— los decretos del LAJ cuando así lo prevea expresamente la ley (art. 238 bis.II LECRIM). Por regla general, se encuentran en esta situación los decretos en los que se declaran desiertos los recursos por no comparecer los recurrentes en el término en que han sido emplazados.

Este recurso se interpone directamente ante el juez o tribunal con competencia funcional en la fase del proceso en la que ha recaído el decreto del LAJ que se impugna, quien, por otra parte, lo resolverá. La interposición se hace igualmente en el plazo de tres días desde la notificación (art. 211.II LECRIM) por medio de escrito autorizado con firma de letrado y con cita de la infracción que se entiende cometida, con traslado simultaneo de copias también en forma telemática a las restantes partes. Admitido a trámite el recurso, se concederá al MF y a las demás partes personadas un plazo común de dos días para que presenten sus alegaciones por escrito, transcurrido el cual el juez o tribunal resolverá sin más trámite. Contra el auto resolutorio del recurso de revisión no cabrá interponer recurso alguno (art. 238 ter LECRIM).

2) Recurso de apelación

A) Notas caracterizadoras

Suele considerarse al de apelación como el ejemplo más significativo de lo que ha de entenderse por recurso, pues concurren en él las notas caracterizadoras de ser devolutivo y ordinario. Sin embargo, el recurso de apelación presenta en la actualidad notas identificadoras distintas dependiendo de la naturaleza de la resolución impugnada (interlocutoria o definitiva) o del tipo de proceso en el que cabe interponerlo.

Pese a que continuamos utilizando la expresión de segunda instancia o doble grado de jurisdicción para referirnos a la apelación, no cabe duda de que este recurso se corresponde con lo que se denomina *apelación limitada,* pues el órgano superior o *ad quem* se limita a examinar y decidir el objeto sometido a examen «revisando» los elementos fácticos y jurídicos del juez de la primera instancia (*revisio prioris instantie*). Lejos, pues, de lo que se conoce como *apelación plena* en la que el órgano *ad quem* vuelve a examinar y decidir el objeto del proceso en su totalidad, ya sea considerando los elementos de hecho y de prueba aportados en la primera instancia, ya sea extendiendo el conocimiento a nuevos hechos o nuevas pruebas, siempre que no se altere el objeto del proceso (*novum iudicium*).

B) Apelación contra resoluciones interlocutorias

a) Resoluciones recurribles

La respuesta es diversa dependiendo del proceso a seguir. En el ordinario común, son apelables las resoluciones de la SecI del TI «únicamente en los casos determinados en la Ley» (art. 217 LECRIM). Otro tanto ocurre con los autos del JGar (art. 93 LOFE). En el proceso abreviado (y en el de enjuiciamiento rápido de determinados delitos, por remisión), en cambio, cabe la apelación contra las resoluciones de las SecI y SecP del TI «que no estén exceptuados de recurso» (art. 766.1 LECRIM), es decir, en principio todas. En el proceso de menores (LO 5/2000), pese a la deficiente redacción sobre el tema (art. 41), ha de interpretarse que los autos que dictan las SecM del TI y TCI son susceptibles de apelación.

b) Efectos del recurso

El recurso de apelación es el recurso devolutivo por excelencia. Su decisión corresponderá al órgano judicial jerárquicamente superior al que adoptó la resolución recurrida. En el proceso ordinario común corresponde la resolución del recurso al tribunal competente para el conocimiento del juicio oral —por regla general la AP o la Sala de lo Penal de la AN— (art. 220.II LECRIM).

En el proceso abreviado o en los que este último sirva de referencia por remisión (juicios rápidos) también será siempre la AP respectiva o la Sala de lo Penal de la AN la competente para conocer de los recursos de apelación interpuestos contra las resoluciones de las SecI del TI o TCI (art. 766.3 LECRIM), aunque en determinados supuestos el conocimiento del juicio oral corresponda a las SecP del TI o TCI. Algo similar ocurre en las causas en las que interviene la FE, pues los autos del JGar son apelables ante la Sala de lo Penal de la AN —salvo aforamiento— (art. 92 LOFE).

En el proceso del menor la instrucción de la causa corresponde al MF, pero no deja por ello la SecM del TI o TCI de adoptar importantes resoluciones antes y después de conocer del juicio oral que a él mismo le corresponde. En este caso se aplica la regla de la competencia del superior jerárquico —AP y Sala de lo Penal de la AN respectivamente— (art. 41 LO 5/2000).

Junto al efecto devolutivo, el recurso de apelación puede tener efecto suspensivo. Pero mientras que el primero de los efectos se produce siempre en la apelación, el efecto suspensivo está condicionado a que el mismo se disponga de forma expresa por la ley (arts. 217 y 766.1 LECRIM, entre otros).

c) *Tramitación*

Aquí las diferencias entre los distintos procesos son más destacables.

1.– Interposición. La interposición del recurso de apelación está condicionada en el proceso ordinario común a que se haya intentado previamente (y desestimado) el recurso de reforma. En el proceso abreviado, en cambio, la interposición previa de la reforma es potestativa. En ambos casos, se podrán interponer de forma sucesiva y separada o de forma subsidiaria en un único escrito (arts. 222.I y 766.2 LECRIM). La interposición de forma subsidiaria en un único escrito no implica que el apelante haya de fundamentar el de apelación en ese momento. En el proceso ordinario, el apelante podrá formular sus alegaciones ante el tribunal superior competente para resolverlo, una vez se haya personado o también en el acto de la vista que es preceptiva (arts. 229 y 230 LECRIM). Este trámite de alegaciones está previsto también para el proceso abreviado, una vez que se le notifique la resolución por la que se desestima total o parcialmente la reforma, pero ante el tribunal que dictó la resolución (art. 766.4 LECRIM).

El plazo de interposición en los procesos en que procede es idéntico: cinco días a partir de la notificación de la resolución recurrida, que puede ser la resolución primitiva que origina los recursos o puede ser la resolución que resuelve la reforma, dependiendo de si ésta es o no potestativa y de si se hace uso o no de ella (arts. 212 y 766.3 LECRIM y 94 LOFE).

La interposición del recurso se hará mediante escrito autorizado con firma de letrado. En el proceso ordinario no es precisa la fundamentación del recurso en el momento de su interposición, pues para ello se cuenta con el trámite preceptivo de la vista. En el abreviado, en cambio, el escrito de interposición ha de reflejar los motivos que lo fundamentan y ha de ir acompañado, en su caso, de los documentos justificativos de las peticiones formuladas (art. 766.3 LECRIM).

2.– Admisión. Corresponde al órgano judicial que dictó la resolución recurrida, que es ante quien se interpone el recurso. La admisión del recurso puede ser en un efecto, sólo el devolutivo, o en ambos efectos, devolutivo acompañado del suspensivo, según sea lo procedente (arts. 223 y 766.3 LECRIM y 94.2 LOFE).

3.– Sustanciación del recurso en el proceso ordinario. A partir de la admisión del recurso se agudizan las diferencias en los trámites a seguir hasta su resolución. En el ordinario común, la sustanciación del recurso se lleva a cabo en su mayor parte ante el tribunal *ad quem*. Salvo lo que viene a denominarse testimonio de particulares.

Si el recurso de apelación se admite en ambos efectos, el LAJ del tribunal que emitió la resolución recurrida se limita, sin más, a remitir la parte correspondiente del expediente judicial electrónico al tribunal competente para conocer del recurso y a emplazar a las partes para que se personen ante el mismo en el término de quince días si fuera el TS o de diez si fuera el TSJ o la Audiencia (art. 224 LECRIM).

Si el recurso se admite en un solo efecto (devolutivo, pero no suspensivo), los autos originales han de permanecer en el tribunal de origen para proceder a la ejecución o cumplimiento de la resolución recurrida. Pero ha de remitirse al tribunal *ad quem* copia fehaciente (testimonio) de los puntos y cuestiones que constan en los autos y que resultan precisos para la instrucción de las partes y la resolución del recurso mediante traslado de las partes del expediente judicial electrónico que correspondan. En el libramiento de testimonios que se remitirán al órgano *ad quem* participan el juez recurrido y las partes, todo ello en un plazo máximo de quince días. El primero mandará sacar testimonio del primer auto recurrido, de los escritos relativos al recurso de reforma, del auto resolutorio de la reforma y de otros particulares que considere necesario incluir. Posteriormente se dará traslado a las partes para que pidan a su vez al juez la inclusión en el testimonio de los particulares que crean procedente, resolviendo el juez en el día siguiente. Las partes, salvo el MF, no pueden aprovechar este trámite para acceder a la parte de los autos que tenga carácter reservado (arts. 225 y 226 LECRIM).

Recibidos por el tribunal *ad quem* los autos originales o el testimonio, según el efecto suspensivo o no del recurso, se da vista de los mismos por término de tres días para su instrucción en primer lugar al apelante, a continuación a las demás partes personadas y por último al MF, salvo que por la naturaleza del delito no intervenga en el proceso. Si el apelante no se persona en los términos indicados, el LAJ declarará de oficio y mediante decreto desierto el recurso de apelación (arts. 228 y 229 LECRIM).

En el proceso ordinario la celebración de una vista antes de la resolución del recurso es preceptiva. En esta vista, que se realizará preferentemente de forma telemática (art. 258 bis LECRIM), podrán las partes informar lo que estimen conveniente para su derecho bajo la inmediación del órgano *ad quem* que ha de resolver, siendo admisibles como prueba los documentos que para justificar sus pretensiones aquéllas presenten hasta ese momento (arts. 230 y 231 LECRIM).

4.– Sustanciación del recurso en el proceso abreviado. Se desarrolla básicamente ante el juez o jueza que emitió la resolución recurrida, quien, una vez admitido el recurso, dará traslado del mismo a las demás partes personadas para que en un plazo de cinco días, en este caso común, aleguen por escrito lo que estimen conveniente y presenten los documentos justificativos de sus pretensiones, así como para que señalen los particulares que deban ser testimoniados. En los dos días siguientes a la finalización del plazo se remitirá a la Audiencia respectiva el testimonio de los particulares y, aunque no se diga de forma expresa, las alegaciones de las partes con sus documentos justificativos para que aquélla resuelva «sin más trámites» dentro de los cinco días siguientes (art. 766.3 LECRIM).

El legislador ha querido prescindir por razones de celeridad de la celebración de la vista (preceptiva en el procedimiento ordinario). Por su trascendencia, los únicos supuestos en los que puede tener lugar su celebración están vinculados a la adopción de medidas cautelares. Así, el órgano *ad quem* estará obligado a convocar la vista si el auto recurrido en apelación acordare la prisión provisional y el apelante solicitare en el escrito de interposición su celebración. Si el auto recurrido contiene otros pronunciamientos distintos sobre medidas cautelares, la Audiencia podrá acordar la celebración de la vista si lo estima conveniente (art. 766.5 LECRIM). La celebración de vista se condiciona también, en los procesos en los que intervenga la FE, a que el tribunal lo considere necesario cuando se recurran los autos del JGar (art. 95.3 LOFE).

5.– Resolución. El recurso de apelación se resuelve en forma de auto y una vez firme, el LAJ del tribunal *ad quem* lo comunicará al juez que dictó la resolución recurrida para su cumplimiento (art. 232 LECRIM).

C) Apelación contra resoluciones definitivas (autos)

Junto a la sentencia, determinados autos ponen fin al proceso e impiden su continuación y, una vez firmes, despliegan la eficacia de la cosa juzgada. El ejemplo más significativo es el auto de sobreseimiento libre. En otros supuestos, sin producir el efecto de cosa juzgada material, determinadas resoluciones impiden la continuación del proceso concreto ante un tribunal determinado por falta de jurisdicción o competencia.

- Así, son recurribles en apelación, ante la AP y la Sala de lo Penal de la AN respectivamente, los autos de sobreseimiento libre de la SecI del TI y TCI en el proceso abreviado (arts. 766.1 y 779.2 LECRIM).
- También son apelables los autos resolutorios de las cuestiones planteadas en la audiencia preliminar cuando pongan fin al procedimiento, autos que son adoptados por el órgano competente para el enjuiciamiento, que puede ser la SecP del TI o TCI o la AP o la Sala de lo Penal de la AN, según la infracción de que se trate (art. 785.3.II LECRIM).
- Son igualmente apelables ante la Sala de lo Civil y Penal del TSJ los autos dictados por el Magistrado-Presidente del TJ que supongan también la finalización del proceso por falta de jurisdicción o por sobreseimiento libre [arts. 846 bis b) a 846 bis f) LECRIM].
- Por último, son apelables ante la Sala de lo Penal de la AN los autos de sobreseimiento libre del JGar en los procesos en los que intervenga la FE, salvo en los casos de aforamiento —en los que corresponderá al TS o TSJ— (arts. 92 y 125.1 LOFE)

D) Apelación contra resoluciones definitivas (sentencias)

a) La generalización de la doble instancia

Hemos expuesto más arriba la polémica surgida en el ordenamiento procesal español como consecuencia de la ratificación por España del PIDCP y del Protocolo nº 7 al CEDH que reconocen lo que en términos poco precisos se llama la segunda instancia o doble grado de jurisdicción.

El esquema original en materia de recursos de la LECRIM 1882 era claro: en el procedimiento por delitos se excluía la apelación contra las sentencias de la Audiencia de lo Criminal; en el procedimiento por faltas se permitía en cambio tal recurso. La explicación es bien sencilla: se estimaba que la segunda instancia pugnaba con los principios de oralidad e inmediación que habían de informar el nuevo proceso penal frente al inquisitivo que se pretendía superar. Mientras que en el juicio de faltas la apelación se explicaba por la desconfianza que generaba un juez unipersonal, lego y con un gran componente político (justicia municipal)

Este esquema inicial comienza a quebrar con la progresiva instauración de una segunda instancia en determinados supuestos —procedimiento de urgencia de 1967 y de enjuiciamiento oral de delitos dolosos, menos graves y flagrantes de 1980—, destacando sobre ellos la regulación del proceso abreviado en 1988 y la posibilidad de apelación contra sentencias de los desaparecidos Juzgados de lo Penal y Central de lo Penal. Esta evolución concluye con la generalización de la segunda instancia mediante la Ley 41/2015, que permite la apelación contra sentencias dictadas en primera instancia por las AP y la Sala de lo Penal de la AN, anteriormente solo susceptibles de casación.

b) La apelación en el proceso abreviado: el modelo a seguir

Junto a la generalización de la segunda instancia, también se hace común la tramitación aplicable a la misma. El modelo a seguir es el establecido por el legislador de 1988 para apelar las sentencias dictadas en el proceso abreviado por la SecP del TI ante la AP respectiva y por la SecP del TCI ante la Sala de lo Penal de la AP (arts. 790 y ss. LECRIM). A esta tramitación se remite el art. 976 LECRIM cuando se apelen las sentencias dictadas por las SecI, SecVSM o SecVIA del TI en el juicio por delitos leves. Idéntica remisión se hace para el caso de la apelación de sentencias de la SecP del TI en el procedimiento para el enjuiciamiento rápido de determinados delitos, con las especialidades que veremos (art. 803.1 LECRIM). Lo dispuesto en aquellos preceptos (arts. 790 y ss. LECRIM) es también aplicable a la apelación de las sentencias dictadas en primera instancia por las AP y por la Sala de lo Penal de la AN, bien en el proceso abreviado, bien en el proceso ordinario por delitos graves, conforme a lo previsto en el art. 846 ter. 3 LECRIM.

En el proceso de menores se hace una remisión a la LECRIM en materia de práctica de prueba en apelación cuando, propuesta y admitida «en la instancia», no se hubiera practicado (art. 41.1 LORPM). Esta remisión a la LECRIM ha de entenderse, sin duda, realizada a lo dispuesto para el proceso abreviado pues era el único que contemplaba en ese momento la segunda instancia y la prueba en ella, sin perjuicio de las especialidades contempladas en el primer precepto.

c) *Limitación de las facultades revisoras del órgano ad quem*

La regulación prevista para el recurso de apelación en el proceso abreviado, que sirve de modelo a la segunda instancia generalizada, ha sido objeto de reforma por la Ley 41/2015 en relación con las facultades revisoras del órgano judicial *ad quem* (concretamente respecto del error en la apreciación de las pruebas y la posibilidad de una nueva valoración de las mismas en apelación) en virtud de la doctrina sentada por la STC 167/2002, de 18 de septiembre.

Como consecuencia de esta doctrina constitucional, se dispone actualmente que la sentencia de apelación «no podrá condenar al encausado que resultó absuelto en primera instancia ni agravar la sentencia condenatoria que le hubiera sido impuesta por error en la apreciación de las pruebas» (art. 792.2.I LECRIM). Las partes acusadoras, por lo tanto, podrán apelar la sentencia absolutoria o la condenatoria si les interesa un agravamiento de la misma con fundamento en el error en la apreciación de las pruebas (art. 790.2.III LECRIM), pero, si el tribunal *ad quem* aprecia tal error, no procederá a una nueva valoración de las mismas, sino que anulará la sentencia y ordenará que se devuelvan las actuaciones al órgano que dictó la resolución recurrida (art. 792.2 LECRIM). Ha indicado el máximo intérprete constitucional que la anulación, en su caso, de la sentencia de instancia por este motivo no puede basarse en una revaloración de las pruebas practicadas en dicha instancia, sino en un control externo sobre la fundamentación de la valoración de las mismas contenida en la sentencia; se trataría de un «control de razonabilidad» del juicio probatorio realizado por el tribunal de instancia (STC 72/2024, de 7 de mayo).

Se trata de una solución forzada por las exigencias derivadas de la garantía de la doble instancia (PIDCP y Protocolo nº 7 CEDH), de la debida inmediación en la práctica de las pruebas personales (STC 167/2002, de 18 de septiembre) y, por último, de la igualdad entre las partes procesales (acusación y defensa).

E) Apelación contra sentencias en el proceso abreviado

a) *Notas caracterizadoras*

Hemos afirmado más arriba, al referirnos a las clases de recursos y a la apelación contra resoluciones interlocutorias y definitivas, que el de apelación es el ejemplo más significativo de recurso ordinario y devolutivo.

b) *Sentencias recurribles y competencia funcional*

Actualmente, todas las sentencias dictadas en el proceso abreviado son apelables, tanto las que lo sean por la SecP del TI o del TCI, como las de las AP y la Sala de lo Penal de la AN en primera instancia. La competencia funcional para resolver estos recursos de apelación corresponde, por su orden correlativo, a las AP, a la Sala de lo Penal de la AN, a las Salas de lo Civil y de lo Penal de los TSJ y a la Sala de Apelación de la AN. Como se ha indicado, la tramitación de la apelación en el proceso abreviado es aplicable en el ordinario por delitos graves, siendo en este caso funcionalmente competentes las Salas de lo Civil y de lo Penal de los TSJ y la Sala de Apelación de la AN respectivamente (arts. 790.1 y 846 ter.1 LECRIM).

c) *Interposición del recurso (motivos)*

El recurso se ha de interponer mediante escrito ante el órgano judicial que dictó la resolución que se impugna (*a quo*) dentro de los diez días siguientes a aquél en que se notifica la sentencia (art. 790.1 y 2 LECRIM).

En el escrito en el que se formaliza el recurso se han de exponer los motivos en los que se fundamenta la impugnación, no siendo suficiente, por lo tanto, con la mera alegación de un gravamen o perjuicio. La ley menciona expresamente cuáles pueden ser dichos motivos (art. 790.2 LECRIM):

- Quebrantamiento de las normas y garantías procesales. Alegado este motivo y si se pidiera la declaración de nulidad del juicio por haberle causado indefensión al recurrente, en términos tales que no pueda ser subsanada en la segunda instancia, habrán de citarse las normas legales o constitucionales que se consideran infringidas y expresar las razones de la indefensión. Además, deberá acreditarse que se ha pedido la subsanación de la infracción en la primera instancia, salvo que por el momento en que se ha producido ésta no fuera posible (art. 790.2 LECRIM).

  Para que la infracción procesal sea causante de indefensión con relevancia constitucional, es preciso que la misma sea real y tenga una incidencia efectiva en el resultado del proceso. No es suficiente, pues, con la mera alegación de una irregularidad procesal. También se exige que la indefensión esté causada por el actuar (o por la omisión) imputable al órgano judicial, careciendo de relevancia a estos efectos cuando aquélla es consecuencia de la pasividad o negligencia achacables a las partes o a quienes les defienden y representan.

- Error en la apreciación de la prueba. Mediante este motivo, se pretende por lo general que el órgano *ad quem* realice un nuevo examen y valoración de la prueba practicada en la primera instancia y poder así obtener un pronunciamiento distinto sobre los hechos probados. Sin embargo, este motivo ha visto alterado notablemente su sentido originario como consecuencia de la STC 167/2002, de 18 de septiembre.

  Si el apelante es el condenado en la primera instancia no hay óbice, según el intérprete constitucional, para que el tribunal competente para resolver el recurso haga una nueva valoración —incluso sin inmediación— de las pruebas practicadas en la primera instancia y pueda concluir que la declaración de culpabilidad no era correcta.

  Si es la acusación la que alega error en la valoración de la prueba, con la pretensión de pedir la anulación de la sentencia absolutoria o el agravamiento de la condenatoria, se le exige que justifique: la insuficiencia o la falta de racionalidad en la motivación fáctica; el apartamiento manifiesto de las máximas de experiencia; o la omisión de todo razonamiento sobre alguna o algunas de las pruebas practicadas que pudieran tener relevancia o cuya nulidad haya sido improcedentemente declarada (art. 790.2.III LECRIM). Esta asimetría procesal entre acusado y acusación, a favor del primero, ha sido admitida por el TC (STC 72/2024, de 7 de mayo).

- Infracción de las normas del ordenamiento jurídico. Se ha de entender que se refiere a la infracción de las normas de carácter sustantivo, esto es, cuando los hechos declarados probados no han sido subsumidos correctamente en la norma correspondiente o la aplicación o interpretación de ésta no es la correcta.

d) Proposición de prueba en apelación

En el modelo de apelación limitada, al que responde el nuestro, el órgano *ad quem* se encuentra en idéntica posición al órgano recurrido respecto de los hechos y de las pruebas. Pero, excepcionalmente, se admite en el proceso abreviado la proposición y práctica de pruebas no llevadas a cabo en la primera instancia.

Esta proposición de prueba se ha de pedir en el mismo escrito en el que se formaliza el recurso por el apelante. Los supuestos previstos son: por un lado, que se trate de diligencias de prueba que no pudieron proponerse en la primera instancia; por otro lado, que se trate de pruebas propuestas oportunamente, pero que fueron indebidamente denegadas —resulta preciso en este caso que se hubiera formulado en su momento la oportuna protesta—; y por último, las pruebas propuestas y admitidas que no fueron practicadas por causas no imputables al proponente (art. 790.3 LECRIM).

e) Admisión del recurso y traslado a las restantes partes

Recibido el escrito en el que se formaliza el recurso, el juez o tribunal (*a quo*) lo admitirá siempre que reúna los requisitos exigidos. Si apreciare la concurrencia de algún defecto subsanable, concederá al recurrente un plazo no superior a tres días para ello (art. 790.4 LECRIM). Si no fuera subsanable —recurso interpuesto fuera de plazo, por ejemplo— inadmitirá el recurso.

Admitido, en su caso, a trámite el recurso, procederá el LAJ a dar traslado del escrito de formalización del mismo a las restantes partes, quienes en un plazo común de diez días presentarán sus alegaciones y solicitarán las pruebas de que intenten valerse en la segunda instancia, conforme a lo dicho respecto del apelante. En este trámite de alegaciones, la parte que no hubiera recurrido en plazo puede adherirse a la apelación (art. 790.1.II LECRIM). El término «adhesión» utilizado por el legislador resulta equívoco, pues no se trata de un mero coadyuvante del apelante principal, sino de un recurso autónomo e independiente a través del cual el interesado puede pretender y alegar «los motivos que a su derecho convengan», que pueden ser diversos a los de la parte recurrente. Eso sí, se trata de una «adhesión» supeditada a que el apelante mantenga su recurso, de manera que si este desiste, se pone fin al trámite de la adhesión. Presentados los escritos de alegaciones o precluido el plazo para hacerlo, el LAJ dará traslado de cada uno de ellos a las restantes partes (art. 790. 5 y 6 LECRIM).

f) Sustanciación del recurso ante el órgano ad quem

La sustanciación del recurso ante este órgano no requiere, en principio, de la celebración de vista. Pero la misma tendrá lugar, necesariamente, si los escritos de formalización del recurso y de alegaciones contienen proposición de prueba o de reproducción de la grabada, y el tribunal en los tres días siguientes acuerda su admisión. También, potestativamente, cuando de oficio o a petición de parte, el tribunal estime necesaria la celebración de vista para la correcta formación de una convicción fundada (art. 791.1 LECRIM). Como venimos indicando, las vistas se celebrarán preferentemente de forma telemática (art. 258 bis LECRIM). Si no se dan estos supuestos y no tiene lugar la celebración de vista, el tribunal *ad quem* dictará sin más sentencia dentro de los diez días siguientes a la recepción de las actuaciones (art. 792.1 LECRIM).

En el caso de que se haya de celebrar la vista, el LAJ hace el señalamiento de la misma dentro de los quince días siguientes al en que así se acuerde por el órgano *ad quem*. Todas las partes serán citadas a la misma y las víctimas deberán ser informadas, aunque no se hayan mostrado parte ni sea necesaria su intervención. La vista comenzará con la práctica de la prueba o la reproducción de la grabada y, a continuación, las partes resumirán oralmente el resultado de la misma y el fundamento de sus pretensiones (art. 791.2 LECRIM). Pese al silencio al respecto, la posibilidad de práctica de prueba y de exposición oral de los fundamentos de sus pretensiones, exigen que la vista se celebre conforme a los principios que informan el juicio oral. El órgano competente para resolver el recurso lo hará mediante sentencia que dictará dentro de los cinco días siguientes (art. 792.1 LECRIM).

g) La sentencia de apelación

Los efectos y contenidos de la sentencia de apelación son distintos dependiendo de cuál sea el motivo alegado y, en su caso, estimado.

- Si se estima el motivo de quebrantamiento de una forma esencial del procedimiento, la sentencia dictada por el tribunal *a quo* será anulada y el tribunal *ad quem*, sin entrar en el fondo del fallo, ordenará que se reponga el procedimiento al estado en que se encontraba en el momento de cometerse el vicio, sin perjuicio de que conserven su validez todos aquellos actos cuyo contenido sería idéntico a pesar de la falta cometida (art. 792.3 LECRIM).
- Si se estima el motivo de infracción de la norma material (legal o constitucional) aplicable al fondo del asunto, el tribunal *ad quem* revocará la sentencia dictada en primera instancia y dictará otra en su lugar aplicando e interpretando, en su caso, la norma que corresponda.
- Si se estima el motivo de error en la apreciación de la prueba alegado por el acusado perjudicado (condenado o absuelto de responsabilidad penal pero sometido a medidas de seguridad o condenado a la responsabilidad civil), el tribunal *ad quem* revocará igualmente la sentencia de primera instancia y dictará, en su caso, otra que le resulte favorable.
- Si se estima el motivo de error en la apreciación de la prueba alegado por la acusación contra la sentencia absolutoria o contra la condenatoria porque solicita un agravamiento de la condena impuesta en la primera instancia, el tribunal *ad quem* anulará la sentencia absolutoria o condenatoria (porque se pretende un agravamiento) y devolverá las actuaciones al órgano que dictó la resolución recurrida (art. 792.2. II LECRIM).

En este último supuesto, la sentencia de apelación concretará si la nulidad ha de extenderse al juicio oral y si el principio de imparcialidad exige una nueva composición del órgano de primera instancia en orden al nuevo enjuiciamiento de la causa (art. 792.2.II LECRIM), pero si la sentencia de apelación impone repetir nuevamente el juicio oral con una nueva composición del tribunal, ello obligaría a repetir las pruebas practicadas anteriormente en la primera instancia (al menos las personales), lo que no siempre puede resultar materialmente posible. Además, somos de la opinión de que en esta nueva celebración del juicio en primera instancia se han de incluir las pruebas practicadas en la apelación y que no se practicaron en aquélla conforme al sentido literal de la reforma que se refiere a un «nuevo enjuiciamiento de la causa», no a una mera repetición de las pruebas en el nuevo juicio oral.

La sentencia dictada en apelación ha de ser notificada a los ofendidos y perjudicados por el delito, aunque no se hayan mostrado parte en la causa (art. 792.5 LECRIM).

F) Apelación contra sentencias en el proceso por delitos leves

Desaparecidas las faltas y el juicio de faltas nominalmente, se mantiene, sin embargo, este último casi en su integridad para el enjuiciamiento de la nueva categoría de delitos leves. Por lo tanto, son apelables las sentencias dictadas en primera instancia en este procedimiento de enjuiciamiento de delitos leves, al igual que lo eran las sentencias dictadas en el juicio de faltas (art. 976.1 LECRIM en ambos casos). Se hace una remisión a lo que se dispone para la apelación en el proceso abreviado (art. 976.2 LECRIM) con las siguientes particularidades:

- Las sentencias apelables serán ahora exclusivamente las dictadas por las SecI, SecVSM o SecVIA del TI al haberse visto el JPaz despojado de su limitada competencia objetiva con relación a las desaparecidas faltas (art. 14.1 LECRIM), aunque la LOPJ (art. 100.2) sí contemple la posibilidad de tales competencias si lo estima el legislador procesal.
- La competencia funcional para resolver el recurso de apelación corresponderá siempre a la AP al ser el superior jerárquico de aquéllos. Sigue siendo aplicable lo dispuesto acerca de la composición de la AP para conocer de la apelación, esto es, bastará con un solo magistrado (art. 82.1.2º LOPJ).
- La sentencia dictada en primera instancia en el procedimiento para los delitos leves es apelable en el plazo de los cinco días siguientes a su notificación (frente a los diez días del abreviado).

G) Apelación contra sentencias en los juicios rápidos

Son apelables las sentencias dictadas en primera instancia por la SecP del TI y la sustanciación de este recurso se hará conforme a lo previsto para el proceso abreviado (art. 803.1 LECRIM), por lo que la competencia funcional para resolverlo corresponderá a la AP respectiva. Se prevén las siguientes especialidades:

- La tramitación y resolución de estos recursos tendrá carácter preferente.
- El plazo para presentar el escrito de formalización será de cinco días (diez en el abreviado).
- El plazo de las demás partes para presentar sus escritos de alegaciones también será de cinco días (también diez en el abreviado).
- La sentencia de apelación deberá dictarse dentro de los tres días (frente a los cinco del abreviado) siguientes a la celebración de la vista, o de los cinco días (diez en el abreviado) siguientes a la recepción de las actuaciones, si no se celebrase vista.

3) Recurso de queja

Existen con la misma denominación de recurso de queja dos modalidades de recurso devolutivo con finalidades muy diversas.

A) Recurso de queja contra resoluciones interlocutorias en sustitución de la apelación

Al tratar de la apelación contra resoluciones interlocutorias hemos visto que el régimen relativo a la procedencia de este recurso difiere en el ordinario y en el abreviado. En este último, contra los autos de las SecI y SecP del TI «que no estén exceptuados de recurso» podrán ejercitarse el de reforma y el de apelación (art. 766.1 LECRIM). Por lo tanto, se ha de dar una exclusión expresa para que no proceda. En el proceso ordinario común, en cambio, es posible la apelación contra resoluciones interlocutorias «únicamente en los casos determinados por la Ley» (art. 217 LECRIM). Fuera de estos supuestos resulta procedente el recurso de queja, pues «podrá interponerse contra todos los autos no apelables del Juez» (art. 218 LECRIM).

En cuanto a la sustanciación de la queja, siendo un recurso devolutivo, su interposición, a diferencia de otros de la misma naturaleza, se hace directamente ante el tribunal superior competente mediante escrito autorizado por letrado, siendo el mismo órgano *ad quem* quien lo resuelve (arts. 219.II, 220.III y 221 LECRIM). La tramitación es muy sencilla: el tribunal *ad quem* se limitará a solicitar al juez que dictó la resolución recurrida que informe «en el corto término que al efecto le señale», posteriormente se solicita un dictamen escrito al MF que lo emitirá en el término de tres días y sólo si se trata de una causa en que tenga que intervenir; por último, recabados el informe del Juez y, en su caso, el dictamen del MF, resolverá el tribunal lo que estime justo (arts. 233 a 235 LECRIM). No obstante, el Tribunal Constitucional ha considerado que a la luz del derecho a la defensa (art. 24 CE), la parte no recurrente ha de tener también la posibilidad de hacerse oír frente al recurso (STC 178/2001, de 17 de septiembre).

Los efectos de este recurso de queja sustitutivo de la apelación son distintos dependiendo de si se interpone en el término previsto para este último o no. En el primer caso, los efectos serán los del propio recurso de apelación que sustituye. En el segundo caso, esto es, el de la «queja sin plazo», el auto que se dicte resolviéndolo no podrá afectar al estado que tuviese la causa cuando se haya interpuesto el recurso, sin perjuicio de lo que el tribunal acuerde cuando llegue a conocer de aquélla —en fase intermedia— (art. 235 LECRIM).

B) Recurso de queja por inadmisión a trámite de otro recurso

Salvo el de queja y el de revisión frente a decretos del LAJ, los recursos devolutivos comienzan su tramitación ante el órgano judicial que dictó la resolución que se recurre, a quien corresponde un primer juicio sobre la procedencia o no de dar trámite al recurso que se interpone o se pretende interponer. Si en este momento se aprecia algún motivo que se oponga a dar trámite al recurso, se está impidiendo que el mismo siga su curso hasta el órgano que resulta funcionalmente competente para resolverlo.

El ordenamiento español recoge dos supuestos en los que la queja presenta este carácter instrumental de la efectividad de otro recurso devolutivo no tramitado:

- En relación con el recurso de apelación. El recurso de queja podrá interponerse «contra las resoluciones en que se denegare la admisión de un recurso de apelación» (art. 218 LECRIM). Se trata, pues, de un instrumento que se pone a disposición del recurrente en apelación para los casos en los que el órgano judicial que dictó la resolución recurrida «obstaculiza» su tramitación. La sustanciación del recurso de queja en este caso se hará conforme a lo dicho anteriormente (queja sustitutiva de la apelación).
- En relación con el recurso de casación. En este caso, la «preparación» del recurso comienza ante el tribunal que dictó la resolución, a quien se le pide un testimonio de la misma (art. 855 LECRIM). Éste, si la resolución es recurrible y se dan los requisitos exigidos para ello tendrá por preparada la casación y en caso contrario lo denegará mediante auto motivado (art.

858 LECRIM). Este auto denegatorio impide el inicio de la tramitación de la casación y es el objeto del recurso de queja.

Para ello, debe comunicarlo al propio tribunal sentenciador dentro de los dos días siguientes a la notificación del auto denegatorio a los efectos de que remita copia certificada del mismo a la Sala Segunda del TS —competente para resolver la queja— y emplace a las partes para que comparezcan ante la misma. Si el recurrente no comparece en los términos del emplazamiento, el LAJ lo declarará desierto quedando firme el auto denegatorio (arts. 862 a 863 y 866 LECRIM).

Si el recurrente comparece en tiempo, formulará en escrito firmado por abogado y procurador los fundamentos de la queja, acompañando tantas copias del mismo y del auto denegatorio como sean las restantes partes personadas. Se entregará una copia del escrito y del auto al MF para que exponga lo que estime conveniente sobre la procedencia o improcedencia de la queja y otras tantas a las partes emplazadas que comparezcan efectivamente, quienes podrán impugnarlo en el mismo plazo que el concedido al MF, esto es, tres días (arts. 867 y 867 bis LECRIM).

En vista de todos los escritos e informes indicados, resolverá la Sala de lo Penal del TS sin más trámite lo que proceda. Si el TS estima fundada la queja, revocará el auto denegatorio y mandará al tribunal sentenciador que expida certificación de la resolución reclamada y tenga por preparado el recurso de casación. Si no se estima procedente la queja lo comunicará igualmente al tribunal sentenciador (arts. 869 y 870 LECRIM). La resolución del TS sobre la queja no es recurrible (art. 871 LECRIM).

Lección 23ª

LOS RECURSOS (II)

JOSÉ-FRANCISCO ETXEBERRÍA GURIDI

SUMARIO: I. EL RECURSO DE CASACIÓN; 1) Concepto, funciones y características; 2) Legitimación; II. RESOLUCIONES RECURRIBLES EN CASACIÓN; 1) Autos recurribles en casación; 2) Sentencias recurribles en casación; A) Sentencias recurribles en casación por infracción de ley y por quebrantamiento de forma; B) Sentencias recurribles en casación por infracción de ley; C) Sentencias recurribles en casación para unificación de doctrina; D) Sentencias no recurribles en casación; III. MOTIVOS DE CASACIÓN; 1) Casación por infracción de ley; A) Infracción de precepto penal de carácter sustantivo u otra norma jurídica del mismo carácter que deba ser observada en la aplicación de la ley penal (art. 849.1° LECRIM); B) Error en la apreciación de la prueba, basado en documentos que obren en los autos, y que demuestren la equivocación del juzgador sin resultar contradichos por otros elementos de prueba (art. 849.2° LECRIM); 2) Casación por quebrantamiento de forma; A) Quebrantamiento de forma por defectos en el procedimiento (art. 850 LECRIM); B) Quebrantamiento de forma por defectos en la sentencia (art. 851 LECRIM); 3) Casación por infracción de precepto constitucional; IV. CASACIÓN PARA LA UNIFICACIÓN DE DOCTRINA; 1) Recurso de casación para unificación de doctrina en el proceso de menores; 2) Recurso de casación para unificación de doctrina en materia penitenciaria; V. PROCEDIMIENTO; 1) Fase de preparación; 2) Fase de interposición; 3) Fase de sustanciación; 4) Fase de decisión.

I. EL RECURSO DE CASACIÓN

El recurso de casación es aquel medio de impugnación extraordinario por el cual se somete al superior órgano jurisdiccional —el TS— el conocimiento de una serie de cuestiones basadas en motivos tasados en la ley, y de interpretación restrictiva, oponiéndose a determinadas resoluciones —una relación limitada de autos y sentencias—. Dependiendo del motivo de la casación, se puede solicitar del TS que anule la sentencia y dicte otra en su lugar, o que declare la nulidad del proceso o de la sentencia y que ordene reponer la causa al momento en que se produjo el motivo de nulidad.

1) Concepto, funciones y características

En principio, y en su origen, el recurso de casación civil y el recurso de casación penal respondieron a una misma finalidad. Suele hacerse referencia, por ejemplo, a la función nomofiláctica que refleja la preocupación de los revolucionarios franceses por la primacía de la ley como expresión de la voluntad ciudadana, frente a la creación jurisprudencial por parte de los tribunales. Ésta sería la razón de ser del motivo de casación fundado en la infracción de la ley, esto es la protección del *ius constitutionis* o salvaguarda del Derecho objetivo.

No cabe duda, sin embargo, de que la casación española actual, tal como la conocemos, es fruto de una larga evolución histórica en la que han incidido causas de la más diversa índole. Así, ante la desconfianza de los revolucionarios franceses frente a la creación jurisprudencial, resulta hoy innegable que la fijación por el órgano jurisdiccional de mayor rango de una serie de criterios en orden a interpretar y aplicar de forma uniforme aquella ley que se quiere tutelar, sirve a su vez para garantizar la efectiva igualdad de los ciudadanos ante la misma.

Esta última función de la casación nos da paso a referirnos a otra de las funciones de este recurso, al menos en nuestro ordenamiento, que no es otro que el de servir de instrumento de tutela de los derechos e intereses de los que intervienen en el proceso (*ius litigatoris*). La resolución del recurso de casación tiene una incidencia directa en un proceso aún sin concluir, con repercusión inmediata en las pretensiones y derechos de las partes en discusión. Sin olvidar nunca que en el proceso penal se actúa el *ius puniendi* del Estado y que el MF está legitimado, precisamente por ese componente público, para interponer el recurso de casación e intervenir en su sustanciación. Además, en la medida en que el recurso de casación puede fundarse en infracción de precepto constitucional y que la norma suprema reconoce un amplio abanico de derechos —algunos fundamentales— de índole material y procesal, puede afirmarse que esta última función del recurso de casación (tutela del *ius litigatoris*) ha adquirido un notable protagonismo.

En cuanto a las características del recurso de casación debemos precisar:

- Se trata de un recurso devolutivo. La competencia funcional para su conocimiento corresponde al órgano jurisdiccional de superior rango, esto es, a la Sala de lo Penal del TS (arts. 57.1.1° LOPJ y 869 LECRIM).
- Es un recurso extraordinario pues los motivos para fundamentarlo vienen tasados en la ley procesal. Además, los motivos han de ser objeto de interpretación restrictiva.
- Naturalmente, el ámbito de conocimiento del TS queda limitado a lo que las partes le sometan en la formalización del recurso.
- El efecto suspensivo se hace depender de quién recurre y del sentido de la sentencia recurrida. No se produce el efecto suspensivo si la sentencia recurrida es absolutoria y el condenado estuviese preso preventivamente, pues será puesto en libertad [art. 861 bis a) *in fine* LECRIM]. Sí se produce si la sentencia es condenatoria, pues no podrá ejecutarse pena ni medida de seguridad «sino en virtud de sentencia firme» (art. 3.1 CP). Si el recurso de casación se prepara por uno o varios de los procesados, pero no por todos, la sentencia podrá llevarse a efecto respecto de los demás [art. 861

bis b) LECRIM], pues éstos podrán beneficiarse de la nueva sentencia en lo que les resulte favorable si se encuentran en la misma situación que el recurrente y les son aplicables los motivos alegados —efecto extensivo— (art. 903 LECRIM).

2) *Legitimación*

Están legitimados para interponer el recurso de casación el MF, los que hayan sido parte en el proceso, los que sin haberlo sido resulten condenados en la sentencia y los herederos de unos y otros. Los actores civiles tienen limitada su legitimación a cuanto pueda afectar a las restituciones, reparaciones e indemnizaciones reclamadas (art. 854 LECRIM).

La referencia a la legitimación de quien es condenado sin ser parte en el proceso ha de entenderse hecha a las entidades responsables del seguro obligatorio (responsables civiles), pues el legislador les excluye de la posibilidad de intervenir en el proceso en tal concepto (art. 764.3 LECRIM). Las víctimas, aunque tampoco se hayan mostrado parte en la causa, están legitimadas para recurrir en casación el auto de sobreseimiento libre (art. 636 LECRIM).

La legitimación de los herederos puede entenderse sobre todo desde la perspectiva de la responsabilidad civil, pues dispone el art. 115 LECRIM que la acción penal se extingue por la muerte del culpable; pero, incluso en estos casos, se da la paradoja de que el mismo precepto establece que la acción civil contra los herederos y causahabientes se ejercitará ante la jurisdicción civil. La legitimación recobra su sentido cuando ya ha recaído una sentencia condenatoria y con el objeto de reparar el buen nombre del fallecido.

Aunque el legislador no les atribuya la condición de parte procesal, ha de entenderse que los terceros afectados por el decomiso y que intervienen en el proceso penal, están legitimados para recurrir en casación, al disponerse con carácter general que podrán interponer contra la sentencia «los recursos previstos en esta ley», aunque de admitirse esta interpretación, habrá de circunscribirse su recurso a los pronunciamientos que afecten directamente a sus bienes, derechos o situación jurídica (art. 803 ter c. LECRIM).

II. RESOLUCIONES RECURRIBLES EN CASACIÓN

Son recurribles en casación determinados autos y sentencias.

1) *Autos recurribles en casación*

Podrán ser recurridos en casación, únicamente por infracción de ley (art. 848 LECRIM):

- Los autos para los que la ley autorice dicho recurso de modo expreso. La enumeración de los autos recurribles sería extensa, sin olvidar que la jurisprudencia del TS ha extendido la recurribilidad a autos para los que no está previsto de forma expresa. Entre los primeros se encuentran, por ejemplo, los autos dictados en materia de competencia (arts. 23, 31, 35, 40 y 43 LECRIM), entre los segundos, el TS ha incluido, por ejemplo, los autos de inhibición de la Audiencia a favor de la SecP del TI en un procedimiento abreviado.
- Los autos definitivos dictados en primera instancia y en apelación por las AP o por la Sala de lo Penal de la AN cuando supongan la finalización del proceso por falta de jurisdicción o sobreseimiento libre y la causa se haya dirigido contra el encausado mediante una resolución judicial que suponga una imputación fundada. Pese a la confusa redacción del art. 848 LECRIM, ha de entenderse que los «autos definitivos dictados en primera instancia» por las AP y Sala de lo Penal de la AN son previamente recurribles en apelación ante las Salas de lo Civil y de lo Penal de los TSJ y la Sala de Apelación de la AN, respectivamente (art. 846 ter.1 LECRIM).

2) *Sentencias recurribles en casación*

En la actualidad, son recurribles en casación todas las sentencias dictadas en procesos por delitos con las salvedades que analizaremos. En todo caso, hay que diferenciar los motivos en que se puede fundamentar el recurso de casación, pues el legislador ha optado por limitar el abanico de motivos a medida que se reduce la gravedad de las infracciones punibles:

A) Sentencias recurribles en casación por infracción de ley y por quebrantamiento de forma

Son recurribles por ambos motivos las siguientes sentencias [art. 847.1.a) LECRIM]:

- *Las sentencias dictadas en única instancia por la Sala de lo Civil y Penal de los TSJ.* Se trata de los supuestos en los que estas Salas tienen atribuida la competencia objetiva para juzgar a personas aforadas conforme a los respectivos Estatutos de Autonomía o por tratarse de miembros de las carreras judicial y fiscal por delitos cometidos en el ejercicio de sus cargos en la Comunidad Autónoma, salvo que la misma corresponda al TS [art. 73.3 a) y b) LOPJ].

- *Las sentencias dictadas en apelación por la Sala de lo Civil y Penal de los TSJ.* Se incluyen en esta posibilidad las sentencias dictadas en apelación frente a las dictadas en primera instancia por el Magistrado-Presidente del TJ y las sentencias dictadas también en apelación por el TSJ frente a las dictadas en primera instancia por las AP, tanto en el proceso ordinario, como en el abreviado cuando se exceda la competencia de la SecP del TI.
- *Las sentencias dictadas en apelación por la Sala de Apelación de la AN.* Se trata de sentencias procedentes en primera instancia de la Sala de lo Penal de la AN, esto es, dictadas en el proceso ordinario y en el abreviado cuando la causa no sea de la competencia de la SecP del TCI.

B) Sentencias recurribles en casación por infracción de ley

Son recurribles por este único motivo las sentencias dictadas en apelación por las AP y por la Sala de lo Penal de la AN (art. 846 ter. 1 LECRIM). Esto es, las que proceden en primera instancia de las SecP de los TI y del TCI en las causas por delitos menos graves (art. 14.3 LECRIM). El legislador ha optado en estos supuestos, que con anterioridad no eran susceptibles de casación, por limitar los motivos que pueden ser alegados. En este caso las sentencias indicadas son susceptibles de casación sólo por infracción de ley y, además, sólo por el motivo previsto en el número 1° del art. 849 LECRIM. Es decir, por infracción de Derecho sustantivo, ya sea penal, ya sea de otro orden cuando deba ser observado en la aplicación de la ley penal. De esta forma volvemos, en este concreto supuesto de delitos menos graves, al origen revolucionario de la casación, esto es, su función nomofiláctica o de protección de la ley.

Según el Acuerdo del Pleno no jurisdiccional de la Sala 2ª del TS, de 9 de junio de 2016, en estos supuestos no procede fundar la casación en infracción de precepto constitucional (art. 852 LECRIM).

C) Sentencias recurribles en casación para unificación de doctrina

Las sentencias dictadas en apelación por las AP y por la Sala de lo Penal de la AN en el proceso de menores, esto es, frente a las dictadas en primera instancia por las SecM de los TI y del TCI, son recurribles en casación ante el TS en determinados supuestos (dependiendo de la medida impuesta al menor). Este recurso de casación tiene por objeto la unificación de doctrina (art. 42 LORPM). Nos referiremos al respecto al analizar los motivos de casación.

D) Sentencias no recurribles en casación

En la actualidad, las únicas sentencias no recurribles en casación son las siguientes:

- Las dictadas en única instancia por la Sala de lo Penal del TS en causas en las que ostenta competencia objetiva —aforamientos— (art. 57.1.1° y 2° LOPJ).
- Las dictadas en apelación por las AP en los procesos por delitos leves en los que corresponde la primera instancia a las SecI, SecVSM o SecVIA del TI (art. 977 LECRIM), tal como ha confirmado el Acuerdo del Pleno no jurisdiccional de la Sala 2ª del TS, de 9 de junio de 2016.
- Las sentencias en las que el tribunal *ad quem* se limita en apelación a declarar la nulidad de las recaídas en primera instancia sin entrar en el fondo del asunto (art. 847.2 LECRIM). Dentro de esta última exclusión se comprenden dos supuestos: a) cuando se estima la apelación por quebrantamiento de una forma esencial del procedimiento, pues en este caso el tribunal *ad quem* se limita a ordenar que se reponga el procedimiento al estado en que se encontraba al cometerse la infracción (art. 792.3 LECRIM); b) cuando la sentencia de apelación estima el motivo alegado por la acusación basado en el error en la valoración de la prueba y acuerda la anulación de la sentencia absolutoria o de la condenatoria por interesar un agravamiento de la condena; el tribunal *ad quem* se limita también en este caso a devolver las actuaciones al órgano que dictó la resolución recurrida (art. 792.2 LECRIM).

III. MOTIVOS DE CASACIÓN

A lo largo de las líneas precedentes, hemos caracterizado el recurso de casación como extraordinario, en el sentido de que no es suficiente la mera alegación de un gravamen o perjuicio, sino que el mismo se ha de fundamentar necesariamente en motivos tasados legalmente previstos. También hemos mencionado que la posible alegación de unos motivos u otros depende del tribunal de donde proceda la sentencia a recurrir y del proceso en el que recaiga.

1) Casación por infracción de ley

La LECRIM incluye, a su vez, dentro de esta categoría dos motivos (art. 849 LECRIM), el primero se corresponde con el significado propio y característico de la infracción de ley, mientras que el segundo se fundamenta en el error en la apreciación de la prueba documental que consta en autos. Este segundo motivo es propio del ordenamiento español y ni siquiera estaba previsto en la redacción original de la LECRIM.

A) Infracción de precepto penal de carácter sustantivo u otra norma jurídica del mismo carácter que deba ser observada en la aplicación de la ley penal (art. 849.1º LECRIM)

Conforme a esta primera modalidad de infracción de ley se cuestiona ante el TS la corrección en la aplicación o interpretación de la misma por el órgano de instancia partiendo de un determinado relato fáctico. Es decir, se parte de que los hechos declarados probados quedan definitivamente fijados y se trata sólo de si la subsunción de estos hechos en la norma sustantiva (penal o no) es o no correcta.

Por precepto penal de carácter sustantivo ha de entenderse el comprendido, generalmente, en el Código Penal o en leyes penales especiales. Otras normas del mismo carácter son aquéllas que es preciso atender para integrar la norma penal. Por ejemplo, las normas que regulan el concepto civil de matrimonio, el administrativo de funcionario público o los conceptos fiscales y tributarios que se utilizan para definir los distintos tipos penales.

Excepcionalmente pueden tener cabida en este motivo los supuestos de infracción de norma procesal si afectan a la correcta aplicación de la penal sustantiva. Por ejemplo, cuando la infracción se refiere al entendimiento de la cosa juzgada o de la amnistía o indulto a que se refiere el art. 666 LECRIM como artículos de previo pronunciamiento. La infracción de ley es también el único motivo posible de casación frente a autos que pongan fin al proceso en determinados supuestos—falta de jurisdicción, sobreseimiento libre— (art. 848 LECRIM).

B) Error en la apreciación de la prueba, basado en documentos que obren en los autos, y que demuestren la equivocación del juzgador sin resultar contradichos por otros elementos de prueba (art. 849.2º LECRIM)

Mientras que en el supuesto anterior el error se comete al aplicar la norma sustantiva pero sin cuestionar los hechos probados, en este caso se impugna precisamente el relato fáctico que consta en la sentencia recurrida al existir error en la apreciación de la prueba por el tribunal de instancia. La jurisprudencia ha sido rigurosa en la exigencia de los presupuestos que han de concurrir considerando la excepcionalidad de que el TS asuma funciones de revisión de la prueba. Podríamos resumirlos de la siguiente manera:

- El concepto de documento a los efectos que nos interesa y los requisitos que ha de satisfacer el mismo han provocado mucho debate. Es lógica la limitación a la prueba documental en este caso, pues las pruebas se han practicado con inmediación sólo ante el tribunal de instancia y no ante el TS.

  Ha de tratarse de documentos en sentido estricto. Aunque no necesariamente limitados al soporte papel. El Código Penal se refiere a «todo soporte material que exprese o incorpore datos, hechos o narraciones» (art. 26 CP). No tienen esta naturaleza las pruebas personales o de otra naturaleza —declaraciones de testigos, del encausado, de peritos, diligencia de entrada y registro, etc.— cuyo resultado ha quedado «documentado» en un acta. Tampoco son documentos a efectos casacionales la grabación de las sesiones del juicio oral. La jurisprudencia exige en ocasiones que se trate de documentos extrínsecos a la causa y posteriormente incorporados a la misma.

  Excepcionalmente se acepta que los informes periciales —pruebas personales— sirvan de fundamento a este motivo. Por ejemplo, cuando existiendo un solo dictamen o varios absolutamente coincidentes, el tribunal de instancia los considera como base única de la declaración de hechos probados, pero incorporándolos a dicha declaración de modo incompleto, mutilado o contradictorio, alterando su sentido originario.

- El documento ha de ser literosuficiente o autosuficiente, en el sentido de que por sí mismo sea demostrativo del error que se denuncia cometido. Error que debe aparecer de forma clara y patente del examen del documento, sin necesidad de acudir a otras pruebas. Por ello, han de designarse con precisión los documentos y aquellos de sus particulares de donde se deduzca inequívocamente el error.

- Lo reflejado en el documento no ha de resultar contradicho por otros elementos probatorios. En el proceso penal la prueba documental carece de un valor probatorio superior al del resto de medios de prueba. Por lo tanto, es posible que el relato de hechos probados no se adecúe al contenido del documento o documentos que obran en autos, pero sí sea consecuencia de una lógica y racional apreciación del resto de las pruebas practicadas conforme al principio de libre valoración de las mismas.

- El error acreditado gracias a los documentos que obran en los autos ha de ser relevante, es decir, ha de tener virtualidad para modificar los pronunciamientos del fallo.

- En cuanto a las consecuencias de la estimación del motivo, no se ha cuestionado la facultad del TS para dictar, separadamente, la sentencia que proceda conforme a derecho, una vez casada y anulada la resolución recurrida (arts. 901 y 902 LECRIM). Sin embargo, por influencia del TEDH (en concreto el *asunto Lacadena Calero v. España*, de 22 de noviembre de 2011, y otros posteriores), el TS está aceptando que en casación no pueda en este supuesto dictarse una sentencia condenatoria «ex novo», sino que tendría que declarar la nulidad de la sentencia y retrotraer las actuaciones al momento anterior a dictarla, sobre todo si hay pruebas personales que valorar [STS 548/2014, de 27 de junio (*Tol 4430549*)].

2) Casación por quebrantamiento de forma

Así como en la infracción de ley se atiende a la incorrección en la aplicación de las normas de carácter sustantivo, en el quebrantamiento de forma la infracción lo es de las normas de carácter procesal. Ahora bien, esta infracción puede tener lugar en momentos procesales distintos: los vicios pueden haberse cometido en el desarrollo del procedimiento o en la sentencia que pone término al mismo. Partiendo de esta doble realidad, el legislador distingue entre:

A) Quebrantamiento de forma por defectos en el procedimiento (art. 850 LECRIM)

Los errores o vicios que pueden cometerse con anterioridad a la sentencia están recogidos en la ley pormenorizadamente. Sin embargo, tras la incorporación con la LOPJ de 1985 de la infracción de precepto constitucional como motivo de casación, la mayoría de los motivos que se recogen en el art. 850 LECRIM podrían encontrar acomodo también en enunciados más genéricos de derechos constitucionalmente tutelados (derecho a la defensa, derecho a utilizar los medios de prueba pertinentes, etc.). En concreto son los siguientes:

a) Denegación de alguna diligencia de prueba que, propuesta en tiempo y forma por las partes, se considere pertinente

Antes que nada, conviene subrayar la estrecha vinculación de este motivo con el derecho fundamental a utilizar los medios de prueba pertinentes (art. 24.2 CE). Este derecho no se configura con carácter absoluto en el sentido de poder servirse de todas las pruebas propuestas, sino sólo de las pertinentes. Juicio de pertinencia que corresponde formular al órgano judicial de instancia. La estimación de este motivo casacional está condicionada al cumplimiento, según consolidada jurisprudencia, de una serie de requisitos formales y de presupuestos que pueden calificarse de fondo:

- Entre los formales se encuentran: a) que la prueba haya sido propuesta en tiempo y forma, pues el derecho a la prueba es un derecho de configuración legal y corresponde al legislador concretar las condiciones de su ejercicio; b) que se haya denegado la prueba en el momento de su proposición o que haya sido admitida pero denegada la suspensión del juicio oral solicitada por la parte recurrente ante la imposibilidad de su práctica; c) que se haya formulado la oportuna protesta ante el tribunal *a quo* en el momento de la denegación (arts. 659, 785.3 y 790.3 LECRIM); d) que tratándose de prueba testifical, el recurrente haya hecho constar las preguntas que pretendía formular al testigo con el fin de valorar la relevancia de su testimonio.
- Entre los presupuestos de fondo destacan: a) que la prueba denegada o no practicada sea pertinente, esto es, que tenga relación directa con la causa; b) que sea necesaria, en el doble sentido de relevante y no redundante; c) que sea posible, es decir, que se pueda practicar en términos de racionalidad, sin tener que superar dificultades extraordinarias; y d) que la falta de realización ocasione indefensión a la parte que propuso la prueba.

b) Cuando se haya omitido la citación del procesado, la del responsable civil subsidiario, la de la parte acusadora o la del actor civil para su comparecencia en el acto del juicio oral, a no ser que estas partes hubiesen comparecido en tiempo, dándose por citadas

La falta de la oportuna citación a las partes o la no practicada con arreglo a la ley vulnerarían el principio de contradicción y el derecho a la defensa de aquéllas. Este defecto es subsanable si las partes se dan por citadas y comparecen (*v.* igualmente el art. 180 LECRIM). Conviene tener presente, como se ha visto en su momento, que en el proceso penal la citación no es suficiente para garantizar la contradicción, al menos del sujeto pasivo. Ésta ha de ser efectiva y corresponde al órgano jurisdiccional proceder de oficio y activamente en el llamamiento y búsqueda del investigado citado que no comparece.

c) Cuando el Presidente del Tribunal se niegue a que un testigo conteste, ya en audiencia pública, ya en alguna diligencia que se practique fuera de ella a la pregunta o preguntas que se le dirijan siendo pertinentes y de manifiesta influencia en la causa

Este supuesto y el primero (denegación de prueba) coinciden prácticamente en el fondo, de ahí que la jurisprudencia considere con toda lógica que los presupuestos exigibles también deben coincidir. La manifiesta influencia en la causa ha de ser entendida en el sentido de que la respuesta esperable del testigo puede cambiar el sentido de la sentencia.

d) Cuando se desestime cualquier pregunta por capciosa, sugestiva o impertinente, no siéndolo en realidad, siempre que tuviera verdadera importancia para el resultado del juicio

Pregunta capciosa es la que puede conducir a engaño; sugestiva es la pregunta en la que está implícita ya una respuesta; e impertinente es la que no guarda relación con el tema debatido. Aunque el supuesto legal se refiere exclusivamente a los testigos, la jurisprudencia hace extensible el supuesto a las preguntas dirigidas a sujetos distintos, es decir, también a los peritos o a los propios encausados. Por lo demás, nos remitimos en cuanto a los requisitos a lo indicado para el motivo anterior.

e) Cuando el Tribunal haya decidido no suspender el juicio para los procesados comparecidos, en el caso de no haber concurrido algún acusado, siempre que hubiere causa fundada que se oponga a juzgarles con independencia y no haya recaído declaración de rebeldía

En principio, la incomparecencia de alguno de los procesados citados correctamente no suspenderá el juicio, siempre que el tribunal estime, previa audiencia de las partes, que existen elementos suficientes para juzgarles con independencia (art. 746.6°.II LECRIM). Para que se estime este motivo han de concurrir los tres requisitos mencionados y, además, se ha de producir y acreditar la indefensión.

B) Quebrantamiento de forma por defectos en la sentencia (art. 851 LECRIM)

Las infracciones de carácter procesal pueden cometerse también a la hora de dictar la sentencia (vicios *in iudicando*) y se articulan en los siguientes motivos (art. 851 LECRIM):

a) Cuando en la sentencia no se exprese clara y terminantemente cuáles son los hechos que se consideren probados, o resulte manifiesta contradicción entre ellos, o se consignen como hechos probados conceptos que, por su carácter jurídico, impliquen la predeterminación del fallo

En realidad, se pueden distinguir en este motivo tres diferentes:

- El primero haría referencia a la «falta de claridad y terminancia de los hechos probados». A efectos casacionales, lo determinante es que la ininteligibilidad proceda del propio relato de hechos probados (de los términos utilizados, de la construcción semántica, gramatical o lógica de lo descrito, etc.) y que el defecto sea de tal entidad que determine una absoluta incomprensión de lo que se quiere decir y proclamar como probado, de modo que impida la adecuada calificación jurídico penal de lo narrado.

- El segundo motivo hace referencia a la existencia de contradicciones entre los hechos probados. Según la jurisprudencia del TS consiste en emplear, en el relato de hechos probados, términos o frases que, por ser antitéticos, resultan incompatibles entre sí, produciendo un vacío en la fijación del relato fáctico. Además, ha de ser insubsanable, esto es, imposible de ser superada armonizando la contradicción a través de otros pasajes del relato. Por último, ha de ser relevante para la calificación jurídica o fallo.
- En tercer lugar, el vicio puede consistir en el empleo de conceptos jurídicos que predeterminan el fallo. La descripción de la verdad histórica en el relato de hechos probados se ha de realizar de forma neutral, utilizando expresiones propias del lenguaje común, esto es, sin que los términos empleados en la narración formen parte del tipo penal como técnico jurídicos.

b) Cuando en la sentencia sólo se exprese que los hechos alegados por las acusaciones no se han probado, sin hacer expresa relación de los que resultaren probados

En relación con este motivo, se entiende que, si bien el juzgador no tiene obligación de transcribir en sus fallos la totalidad de los hechos aducidos por las partes, sí ha de hacer constar los hechos que se estimen enlazados con las cuestiones que hayan de resolverse en el fallo.

c) Cuando no se resuelvan en la sentencia todos los puntos que hayan sido objeto de la acusación y defensa

En la sentencia se han de resolver todas las cuestiones que hayan sido objeto del juicio (art. 742 LECRIM). En caso contrario nos hallaríamos ante una sentencia que incurre en incongruencia omisiva o falta de exhaustividad. La estimación del motivo exige: a) que se trate de omisiones sobre cuestiones jurídicas, y no sobre cuestiones de hecho; b) que se trate de pretensiones en sentido propio, y no meras alegaciones que las apoyan; c) que las pretensiones ignoradas se hayan formulado claramente y en momento procesal oportuno; d) que no encuentren respuesta, ni de forma expresa, ni de modo implícito o indirecto.

d) Cuando se pene un delito más grave que el que haya sido objeto de la acusación, si el Tribunal no hubiera procedido previamente como determina el art. 733 LECRIM

Se trata de la falta de correlación entre la acusación y la sentencia, lo que incide negativamente en el principio acusatorio y en el derecho a la defensa y, en general, en el derecho a un proceso con todas las garantías. La estimación del motivo no se daría sólo en el caso de condena por delito más grave, también por delito distinto o por estimación de una agravante no solicitada o por apreciar un grado de perfección o participación más grave, sin haber sido pedido por la acusación. Salvo que se trate de delitos homogéneos en sentido procesal, esto es, cuando los elementos que los integran hayan sido susceptibles de discusión excluyendo toda posible indefensión.

En relación a la pena concreta, la jurisprudencia había venido admitiendo la posibilidad de imponer una pena más grave que la solicitada por la acusación, pero siempre dentro de los márgenes máximos previstos en abstracto por el tipo penal. Sin embargo, el Acuerdo del Pleno no jurisdiccional de la Sala Segunda del TS, de 20 de diciembre de 2006, estableció que cualquiera que sea el procedimiento por el que se sustancie la causa, «el Tribunal sentenciador no puede imponer pena superior a la más grave de las pedidas en concreto por las acusaciones». Este cambio de criterio también ha sido seguido por el TC con fundamento en la vulneración del principio acusatorio y también en la garantía de imparcialidad del órgano sentenciador.

e) Cuando la sentencia haya sido dictada por menor número de Magistrados que el señalado en la Ley o sin la concurrencia de votos conformes que por la misma se exige

Salvo que legalmente se prevea otra cosa de forma expresa, bastarán tres magistrados para formar Sala (art. 196 LOPJ). En cuanto al número de votos conformes que ha de concurrir, la regla general, salvo disposición legal expresa que señale una mayor proporción, es la mayoría absoluta de votos (arts. 255 LOPJ y 153 LECRIM).

f) Cuando haya concurrido a dictar sentencia algún Magistrado cuya recusación, intentada en tiempo y forma, y fundada en causa legal, se hubiese rechazado

Superando las estrecheces de la literalidad del motivo, la jurisprudencia ha entendido que el mismo comprende los supuestos en los que concurre a dictar sentencia algún magistrado cuya recusación hubiera sido estimada; o bien cuando la recusación, intentada en tiempo y forma, hubiera sido desestimada siendo procedente; también cuando la pieza de recusación, intentada en tiempo y en forma, no se hubiera sustanciado o se hubiera hecho sin respetar los trámites legales. Con la recusación se pretende garantizar la imparcialidad del magistrado que ha de resolver.

3) Casación por infracción de precepto constitucional

Además de los motivos hasta ahora mencionados, una vez que se aprueba la LOPJ (1985) y siempre que resulte procedente según la ley el recurso de casación, cualquiera que sea el orden jurisdiccional, «será suficiente para fundamentarlo la infracción de precepto constitucional» (arts. 5.4 LOPJ y 852 LECRIM). Como se ha podido comprobar del análisis de los motivos de casación «clásicos» mencionados, la mayor parte de ellos tienen reflejo en algún principio, garantía o derecho constitucionalmente reconocidos. De ahí la frecuencia con la que se invoca la infracción de precepto constitucional. Estos preceptos pueden ser de carácter procesal (art. 24 CE, por ejemplo) o material (derechos fundamentales afectados en la obtención de fuentes de prueba —inviolabilidad del domicilio en las entradas y registros, por ejemplo—).

Sin embargo, en el marco de este motivo adquiere particular protagonismo el derecho a la presunción de inocencia. Invocando su vulneración, el TS ha podido adentrarse en terrenos tradicionalmente vedados a su función y que se vinculan con el espinoso tema de la revisión de la valoración probatoria. En efecto, entre los parámetros que se consideran para determinar su respeto o no, se encuentran los siguientes: a) que exista un mínima o suficiente actividad probatoria; b) que dicha actividad probatoria sea incriminatoria o de cargo, en el sentido de que comprenda los elementos que integran el tipo penal o las circunstancias agravantes de la responsabilidad penal; c) que la prueba de cargo se haya obtenido y practicado con todas las garantías constitucionales —respetuosa con los derechos fundamentales, practicada conforme a los principios de oralidad, publicidad, inmediación y concentración, etc.—; d) que la valoración de las pruebas obtenidas y practicadas conforme a lo dicho se ajuste a las reglas de la lógica, la razón y la experiencia.

IV. CASACIÓN PARA LA UNIFICACIÓN DE DOCTRINA

Al referirnos a las funciones del recurso de casación hemos mencionado la uniformización de la jurisprudencia. La casación para la unificación de doctrina comprende de forma expresa esta función. De este modo se refuerza el principio de seguridad jurídica y el derecho a la igualdad de todos ante la ley. Está prevista expresamente en materia de menores y en materia penitenciaria.

1) *Recurso de casación para unificación de doctrina en el proceso de menores*

Son recurribles en casación conforme a este motivo las sentencias dictadas en apelación, tanto por las AP, como por la Sala de lo Penal de la AN (art. 42 LORPM). La necesidad de unificar doctrina se aprecia en la exigencia de que las sentencias dictadas en apelación sean contradictorias entre sí o con sentencias del TS, cuando, siendo los hechos y valoraciones de las circunstancias del menor sustancialmente iguales, hayan dado lugar a pronunciamientos distintos. Sólo procede cuando se haya impuesto alguna de las medidas contenidas en el art. 10 LORPM (graves por su contenido —internamiento en régimen cerrado— y por su duración).

Este recurso se interpone ante la Sala de lo Penal del TS, pero la preparación del mismo tiene lugar ante la Audiencia que dictó la sentencia de apelación. La legitimación corresponde al MF y a las partes, quienes presentarán un escrito dirigido a aquélla dentro de los diez días siguientes a la notificación de la sentencia. El escrito deberá contener una relación precisa y circunstanciada de la contradicción alegada, designando las sentencias aludidas y los informes en que se funde el interés del menor valorado en la sentencia (art. 42.3 LORPM). Si la Audiencia respectiva estima acreditados los requisitos indicados, el LAJ requerirá testimonio de las sentencias citadas a los tribunales que las dictaron y, en el plazo de diez días, remitirá toda esta documentación al TS emplazando al recurrente y al MF ante dicha Sala (art. 42.4 LORPM).

La interposición, sustanciación y resolución del recurso se hará conforme a lo dispuesto en la LECRIM (Art. 42.5 LORPM). En ausencia de regulación expresa sobre un recurso de tal naturaleza, ha de entenderse hecha la remisión a lo establecido con carácter general sobre la casación. Ante el silencio del legislador sobre los efectos de la resolución del recurso, ha de entenderse que los pronunciamientos de la sentencia de casación en ningún caso alcanzarán a las situaciones jurídicas creadas por resoluciones precedentes a la recurrida. Sin embargo, en relación a esta última, el Acuerdo del Pleno no Jurisdiccional del TS, de 13 de marzo de 2013, ha venido a aclarar que sin perjuicio del valor de la doctrina plasmada para supuestos futuros, la estimación de un recurso de casación para unificación de doctrina en materia de menores «sólo incidirá en la situación concreta decidida por la sentencia recurrida si es favorable al menor».

2) *Recurso de casación para unificación de doctrina en materia penitenciaria*

El segundo supuesto de recurso de casación con la función que nos ocupa está previsto en el punto 8 de la Disposición Adicional Quinta de la LOPJ. En el mismo se dispone que procederá este recurso contra los autos de las AP y, en su caso, de la AN resolviendo recursos de apelación, cuando no sean susceptibles de la casación ordinaria.

La legitimación para interponer el recurso corresponde al MF y al penado y la competencia funcional para resolverlo a la Sala de lo Penal del TS. La sustanciación del recurso se hará conforme a lo prevenido para el recurso de casación ordinario, «con las particularidades que de su finalidad se deriven». Ante tal parquedad regulatoria, el Acuerdo del Pleno no Jurisdiccional de la Sala de lo Penal del TS, de 22 de julio de 2004, fijó los siguientes requisitos: a) la identidad del supuesto de hecho legalmente previsto; b) la identidad de la norma jurídica aplicada; c) la contradicción entre las diversas interpretaciones de dicha norma; y d) la relevancia de la contradicción para la decisión de la resolución recurrida. Conforme a dicho Acuerdo, el recurso se preparará ante el tribunal *a quo* mediante escrito donde se hará constar la igualdad del supuesto de hecho y la desigualdad en la interpretación y aplicación de la correspondiente norma jurídica, aportando el recurrente las resoluciones de contraste o precisándolas. Dicho tribunal examinará si concurren tales requisitos y, en caso afirmativo, tendrá por preparado el recurso.

La formalización del recurso se hará ante la Sala de lo Penal del TS que decidirá sin celebración de vista y por una Sala compuesta por cinco magistrados. Lo que sí dispone de forma expresa la Disposición Adicional Quinta de la LOPJ es que los pronunciamientos del TS «en ningún caso afectarán a las situaciones jurídicas creadas por las sentencias precedentes a la impugnada».

V. PROCEDIMIENTO

Se distinguen en la tramitación del recurso de casación las siguientes fases: preparación, interposición, sustanciación y decisión.

1) *Fase de preparación*

La preparación del recurso de casación debe hacerse ante el tribunal que haya dictado la resolución que se pretende impugnar mediante un escrito autorizado por abogado y procurador dentro de los cinco días siguientes al de la última notificación de aquélla. En este escrito se pedirá al tribunal *a quo* un testimonio de la resolución a impugnar y manifestará la clase de recurso que trate de utilizar (infracción de ley, quebrantamiento de forma, infracción de precepto constitucional o una combinación de todas ellas). Cuando se pretenda interponer la casación en el supuesto mencionado en el art. 847.1.b) LECRIM el recurrente deberá consignar en su escrito, en párrafos separados, con la mayor claridad y concisión, la concurrencia de los requisitos exigidos, identificando el precepto o preceptos sustantivos que se consideran infringidos y explicando de modo sucinto las razones que fundan tal infracción. Si el motivo es el previsto en el art. 849.2° LECRIM, designará los particulares del documento que muestren el error. Si pretende utilizar el quebrantamiento de forma indicará la falta o faltas que se supongan cometidas y, en su caso, la reclamación practicada para subsanarlas. No se precisa razonamiento alguno (arts. 855 y 856 LECRIM).

En el mismo escrito, consignará aquél la promesa de constituir el depósito a que se refiere el art. 875 LECRIM pero si es insolvente o goza del beneficio de justicia gratuita solicitará que se haga constar esta circunstancia, comprometiéndose a responder del importe del depósito si viniere a mejor fortuna. En este caso, y ante la probable falta de disponibilidad de abogado y procurador, el recurrente puede solicitar del tribunal sentenciador que remita directamente a la Sala Segunda del TS el testimonio necesario para interponer el recurso o, en su caso, la certificación del auto denegatorio del mismo (arts. 857 y 860 LECRIM).

Corresponde al tribunal *a quo* examinar inicialmente si la resolución impugnada es recurrible en casación y si se han cumplido todos los requisitos mencionados al efecto. Para ello, cuenta con tres días, transcurridos los cuales adoptará, sin oír a las partes, alguna de estas decisiones (arts. 858 y 859 LECRIM):

- Tener por preparado el recurso de casación si se dan los presupuestos indicados, ordenando al LAJ que expida (en el plazo de tres días) testimonio de la resolución, quien a continuación emplazará a las partes para que comparezcan ante el TS en el término de 15 días si el tribunal *a quo* tiene su sede en la península, de 20 días si es en la Comunidad Autónoma balear o de 30 días si es en la Comunidad Autónoma canaria o en las ciudades autónomas de Ceuta o Melilla.
- Denegar mediante auto motivado la preparación del recurso si la resolución no es recurrible o no se satisfacen los requisitos formales del escrito, por ejemplo, cuando en el supuesto del art. 847.1.b) LECRIM, se aleguen motivos distintos al previsto en el art. 849.1° LECRIM, no se identifique un precepto sustantivo supuestamente infringido, no se consigne el breve extracto exigido, o su contenido se aparte del ámbito de dicho precepto. En este segundo caso cabe interponer directamente el recurso de queja ya visto ante el TS.

Si se adopta la primera decisión, el tribunal *a quo* dispondrá igualmente que se notifique a los que han sido parte en la causa la entrega o remisión del testimonio, emplazándoles para que comparezcan, en su caso, ante el TS en los términos indicados y puedan hacer valer su derecho. La parte que no haya preparado el recurso podrá adherirse a él en el término del emplazamiento, o al instruirse del formulado por la otra parte —una vez interpuesto—, alegando los motivos que le convengan (art. 861 LECRIM). Pese a la denominación, no se trata de una adhesión coadyuvante respecto del recurrente principal, sino de un auténtico recurso independiente, superando así anteriores interpretaciones restrictivas. En todo caso, se trata de un recurso supeditado a que el recurrente principal mantenga el suyo. Así se entiende desde el Acuerdo del Pleno no Jurisdiccional del TS, de 27 de abril de 2005, que admite la adhesión en casación supeditada en los términos previstos para el TJ [arts. 846 bis b) a bis e) LECRIM].

2) Fase de interposición

Preparado el recurso de casación ante el tribunal que dictó la resolución recurrida, la interposición del mismo tiene ya lugar ante la Sala de lo Penal del TS en los plazos señalados anteriormente. Transcurridos los mismos sin interponerlo, el LAJ lo declarará desierto mediante decreto con imposición de costas al recurrente, quedando firme la resolución (arts. 873 y 878 LECRIM). La interposición del recurso se ha de hacer por medio de escrito, firmado por abogado y procurador autorizado con poder bastante. En el mismo se consignarán en párrafos numerados: a) los fundamentos doctrinales y legales aducidos como motivos de casación; b) el artículo de la LECRIM que autorice cada motivo de casación; y c) la reclamación practicada para subsanar el quebrantamiento de forma que se suponga cometido y su fecha, en su caso.

Junto con el escrito se presentará el testimonio de la resolución si le fue entregada al recurrente y trasladará telemáticamente copia del mismo y del recurso a cada una de las demás partes emplazadas. También habrá de acompañarse el documento acreditativo de haber formalizado el depósito legalmente exigido hoy en día sólo a la acusación popular (arts. 874 y 875 LECRIM y DA 15ª LOPJ).

3) Fase de sustanciación

Esta fase, que también se desarrolla ante el TS, tiene por objeto, por un lado, garantizar la contradicción de las restantes partes y, por otro, resolver sobre la admisión o inadmisión del recurso. En este trámite, el TS no resuelve todavía sobre el fondo, sino que realiza un filtro previo de los asuntos sobre los que se pronunciará más adelante.

Para cumplimentar lo indicado, el LAJ, una vez interpuesto el recurso y transcurrido el plazo del emplazamiento, designará al magistrado ponente que por turno corresponda y entregará a las otras partes las copias del recurso. Si el acusado no fuera el recurrente ni hubiera comparecido, se procederá al nombramiento de abogado y procurador para su defensa. Tras una breve instrucción de diez días, el MF y las partes comparecidas, podrán adherirse al recurso o impugnar su admisión o la adhesión al mismo. De los escritos de impugnación se les dará traslado a las restantes partes (arts. 880 a 882 LECRIM).

En relación con el trámite de admisión o inadmisión del recurso, podemos distinguir entre:

- Las razones formales de inadmisión que pueden consistir en (art. 884 LECRIM): que se trate de resoluciones no susceptibles de casación; que los motivos de la interposición no sean los previstos en los arts. 849 a 851 LECRIM; que no se respeten los hechos que la sentencia declare probados; que no se hayan observado los requisitos legales para su preparación e interposición; que no se haya reclamado en su momento la subsanación de los defectos procesales; que los documentos a que se refiere el motivo del art. 849.2º LECRIM no figuren en el proceso o no se hayan concretado los particulares de los mismos de los que resulta el error.
- Las razones materiales o de fondo para inadmitir el recurso son (art. 885 LECRIM): por un lado, que el mismo carezca manifiestamente de fundamento; y, por otro, que el TS haya desestimado en el fondo otros recursos sustancialmente iguales. Tratándose de la casación contra sentencias dictadas en apelación, bien por las AP, bien por la Sala de lo Penal de la AN, la inadmisión puede fundarse en «carencia de interés casacional» (art. 889. II LECRIM). Aunque el precepto no lo aclare, ha de entenderse conforme al Preámbulo de la Ley 41/2015 que existe interés casacional cuando la sentencia recurrida se oponga a doctrina jurisprudencial del TS, resuelva cuestiones sobre las que exista jurisprudencia contradictoria de las AP o aplique normas con menos de cinco años en vigor, salvo que, en este último caso, exista doctrina jurisprudencial del TS relativa a normas anteriores de igual o similar contenido. En este sentido, el Acuerdo del Pleno no jurisdiccional de la Sala Segunda del TS, de 9 de junio de 2016.

Tratándose de la casación contra sentencias dictadas por los TSJ o la Sala de Apelación de la AN [art. 847.1.a) LECRIM] la inadmisión puede fundarse en «carencia de relevancia casacional» si la pena privativa de libertad impuesta, o la suma de las penas privativas de libertad impuestas, no sea superior a cinco años, o bien se hayan impuesto cualesquiera otras penas de distinta naturaleza bien sean únicas, conjuntas o alternativas, cualquiera que sea su cuantía o duración (art. 889.III LECRIM).

La norma procesal no define el significado de la «relevancia casacional», pero ha de entenderse el mismo en el contexto de la generalización de la segunda instancia penal y, consecuentemente, en la distinta configuración que el TS pretende dar al recurso de casación. Esto es, mediante la casación las partes han de rebatir o contradecir los argumentos utilizados por la sentencia de apelación, que es precisamente contra la que se interpone aquélla, y carecerá el recurso de relevancia casacional cuando se limite a reproducir miméticamente los argumentos utilizados en la apelación que han sido ya, por lo tanto, resueltos.

La denegación de la admisión se hará mediante auto y requiere la unanimidad de los componentes de la Sala, salvo en el caso de la limitada casación contra sentencias de las Audiencias dictadas en apelación o en el supuesto de la casación frente a sentencias de los TSJ o de la Sala de Apelación de la AN por carecer de relevancia casacional y no exceder de los límites punitivos mencionados, pues en este supuesto el acuerdo puede adoptarse mediante providencia sucintamente motivada y por unanimidad. Contra esta resolución y la que admite a trámite el recurso, no cabe ningún otro (arts. 888, 889 y 892 LECRIM).

4) Fase de decisión

La Sala de lo Penal del TS decidirá sobre el fondo del recurso de casación con previa celebración de vista o sin ella. La celebración de la vista será preceptiva: cuando las partes lo solicitaren en sus escritos de interposición, adhesión o impugnación y si la pena impuesta o que puede imponerse fuere superior a seis años; también cuando las circunstancias concurrentes o la trascendencia del asunto hagan aconsejable la publicidad de los debates; y, por último, cuando, cualquiera que sea la pena, se trate de delitos comprendidos en los títulos relativos al homicidio, al aborto, a las lesiones al feto y a las torturas y otros delitos contra la integridad. Será facultativa cuando el tribunal, de oficio o a instancia de parte, la estime necesaria [art. 893 bis a) LECRIM].

Si se acuerda celebrar la vista, ésta tendrá lugar en audiencia pública, con asistencia del MF y los defensores de las partes, sin que la incomparecencia de estos últimos sea motivo de suspensión. En dicha vista informarán, por este orden, el abogado del recurrente, el de la parte que se adhiere al recurso y el de la parte que lo impugna. El Presidente podrá solicitar del MF y de los letrados un mayor esclarecimiento de la cuestión debatida. Incluso, si lo estima necesaria, puede la Sala para una mejor comprensión de los hechos reclamar del tribunal *a quo* la remisión de los autos, con suspensión del término para resolver (arts. 894 a 899 LECRIM). En el caso de celebrar vista, hay que tener en cuenta la posibilidad de celebración telemática (art. 258 bis LECRIM).

Si no se celebra la vista, la Sala señalará, sin más, día para la deliberación y fallo. Una vez finalizada ésta o la audiencia pública si se celebró vista, el TS resolverá dentro de los diez días siguientes. Si la Sala estima cualquiera de los motivos de casación alegados, declarará haber lugar al recurso y casará y anulará la resolución recurrida, mandando devolver el depósito al que lo hubiera constituido y declarando de oficio las costas. Si se desestiman, declarará no haber lugar al recurso y condenará al recurrente a las costas y a la pérdida del depósito (arts. 899 y 901 LECRIM).

Sin embargo, las consecuencias jurídicas de que se estime la casación y se anule la resolución recurrida son radicalmente distintas según cuál sea el motivo en cuestión [arts. 901 bis a) a 902 LECRIM]:

- Si se anula la sentencia por estimarse cometido el quebrantamiento de forma, el TS ordenará que se devuelva la causa al tribunal del que procede para que la vuelva a sustanciar reponiéndola al estado en que se cometió la falta.
- Por el contrario, si se estima el recurso fundado en infracción de ley, será el propio TS quien dicte a continuación, pero separadamente, la sentencia que proceda conforme a derecho, sin más limitación que la prohibición de la *reformatio in peius*. La lógica de las cosas obliga, por consiguiente, a que siendo varios los motivos de impugnación alegados, se examinen y resuelvan en primer lugar los relativos al quebrantamiento de forma y sólo si no son estimados se proceda al análisis y resolución de los motivos vinculados a la infracción de ley.

En todo caso, hay que tener presente que el TS tiene vedado condenar en casación a quien previamente haya resultado absuelto en la instancia o en apelación. Salvo que la cuestión a resolver fuera estrictamente jurídica, el TS estaría obligado a dar audiencia a la persona previamente absuelta si pretendiera condenarla. Sin embargo, el Pleno no Jurisdiccional del propio TS adoptó un acuerdo de fecha 19 de diciembre de 2012 en el que consideró que dicha audiencia «ni es compatible con la naturaleza de la casación, ni está prevista en la Ley». Incluso la determinación de si la cuestión a resolver es estrictamente jurídica o incide en lo fáctico no es sencilla. A tales efectos, una consolidada jurisprudencia del TEDH en asuntos referidos a España considera que la concurrencia de los elementos subjetivos del delito —dolo— forma parte de los hechos (entre otras la sentencia de 13 de junio de 2017, *asunto Atutxa Mendiola y otros v. España*) y que no procede una alteración del pronunciamiento absolutorio del tribunal de instancia en relación a aquellos elementos subjetivos del delito sin la audiencia de la persona concernida. Jurisprudencia que ha hecho suya el TS [STS 582/2017, de 19 de julio (*Tol 6213660*)].

Por último, dispone el art. 904 LECRIM que «contra la sentencia de casación y la que se dicte en virtud de la misma, no se dará recurso alguno». A salvo, evidentemente, de que se pretenda denunciar en amparo ante el TC la vulneración de un derecho o libertad fundamental de los referidos en el art. 53.2 CE [arts. 123.1 y 161.1.b) CE]. Al respecto, ha generado controversia la cuestión relativa a si ha de intentarse el incidente de nulidad de actuaciones contemplado en el art. 241 LOPJ frente a la sentencia de casación para poder recurrir en amparo ante el TC, pues es requisito para esto último que se hayan agotado todos los medios de impugnación previstos en las normas procesales dentro de la vía judicial ordinaria [art. 44.1.a) LO 2/1979, del TC]. Sobre este punto, entienden nuestros tribunales que no es necesario denunciar a través del incidente de nulidad de actuaciones la lesión de los derechos y libertades fundamentales (art. 53.2 CE) si estas posibles lesiones han sido ya alegadas y examinadas en casación (STC 216/2013, de 19 de diciembre).

CAPÍTULO IX

LOS EFECTOS DEL PROCESO

Lección 24ª

COSA JUZGADA, IMPUGNACIÓN Y COSTAS

JUAN LUIS GÓMEZ COLOMER

SUMARIO: I. LOS EFECTOS DEL PROCESO; II. LA COSA JUZGADA; 1) Firmeza (cosa juzgada formal); 2) La cosa juzgada material; A) Concepto; B) Resoluciones susceptibles de ella; C) Límites; III. LA IMPUGNACIÓN DE LA COSA JUZGADA; 1) El juicio de revisión; A) Concepto y naturaleza; B) Objeto; C) Motivos; D) Competencia; E) Partes; F) Procedimiento; G) Resoluciones y efectos; 2) El «recurso» de anulación; A) Concepto, naturaleza y objeto; B) Motivos; C) Competencia; D) Partes; E) Procedimientos y plazos; F) Resolución y efectos; IV. LAS COSTAS; 1) Imposición; 2) Tasación; 3) Impugnabilidad.

I. LOS EFECTOS DEL PROCESO

Dentro de los efectos del proceso deben considerarse la cosa juzgada, por un lado, incluyendo los medios de ataque a la misma, y, por otro, los llamados efectos económicos, pero sólo las costas, al estudiarse ahora conjuntamente, desde la aprobación de la LAJG, el beneficio de asistencia jurídica gratuita en el tomo I de esta obra. Al ser los conceptos a tratar ahora los mismos que los vistos en el proceso civil, debemos reflejar aquí únicamente las especialidades que concurren en el proceso penal. Ello no obstante, en el tema de la cosa juzgada y su impugnación, las similitudes no dejan de ser meramente conceptuales, por lo que se harán unas consideraciones más detenidas.

II. LA COSA JUZGADA

En efecto, el estado de incertidumbre, reflejado al hablar de la cosa juzgada en el proceso civil, está presente también en el proceso penal, pues el acusador no sabe si su petición será estimada, en la misma medida que el actor tampoco conoce el destino final de su demanda. Es la seguridad jurídica la que exige, consiguientemente, que se despeje esa duda, lo que se obtendrá con la firmeza de la resolución final.

La cosa juzgada es la institución que sirve para que esa resolución y, sobre todo, el proceso como un todo, alcance el grado de certeza necesarios, primero, haciéndola irrevocable en el proceso en que se ha dictado; segundo, dotándole de una impronta especial frente a cualquier otro proceso presente o futuro.

En ese sentido, la cosa juzgada es el valor que el ordenamiento jurídico da al producto de la actividad jurisdiccional, consistente en la subordinación a los resultados del proceso, por convertirse en irrevocable la decisión del órgano judicial.

Partiendo de ello, también en el proceso penal cabe hablar, por tanto, de cosa juzgada formal o firmeza, y de cosa juzgada material.

1) Firmeza (cosa juzgada formal)

La firmeza, denominación más acertada que la de cosa juzgada formal, es la preclusión de los medios de impugnación respecto a una resolución procesal penal (arts. 245.3 LOPJ y 141, V LECRIM). Se produce, efectivamente, respecto a las resoluciones penales, por las mismas causas vistas para el proceso civil.

Sin embargo, en la fase del procedimiento preliminar, es decir, en la instrucción penal, la cosa juzgada formal presenta el problema de que hay resoluciones que se dictan en ella, que son impugnables en definitiva mediante el recurso de queja simple o sin plazo (arts. 218 y concordantes LECRIM). Este matiz no significa negar su existencia en la instrucción, pero tiene ciertamente un carácter especial.

Otra cosa es la invariabilidad de las resoluciones, particularmente en dicha fase, porque todas las resoluciones sumariales son modificables si varían los presupuestos que fundamentaron su aprobación.

Finalmente, sólo resta indicar que, en lo penal, sin que se confundan tampoco ejecutabilidad y firmeza, únicamente pueden ejecutarse las sentencias firmes (art. 985 LECRIM, en relación con los arts. 117.3 CE, y 9, 861 bis a) y 794, entre otros LECRIM). No existe, pues, ninguna posibilidad de ejecución provisional de los pronunciamientos penales de la sentencia (iría además contra el principio de la presunción de inocencia, del art. 24.2 CE).

Que el contenido civil de la sentencia penal permita ser ejecutado provisionalmente (art. 989 LECRIM), o incluso que, para un proceso ordinario, el abreviado, se contemple la posibilidad de un incidente de liquidación del mismo (art. 794.1ª LECRIM), nada tiene que ver con el tema.

La firmeza es presupuesto de la producción de la cosa juzgada material, que es la verdadera cosa juzgada, según se afirma doctrinalmente.

2) La cosa juzgada material

A) Concepto

La cosa juzgada material es la vinculación que produce en otro proceso penal la resolución de fondo firme. Se trata de un instituto procesal, consistente en un vínculo, de naturaleza jurídico-pública, que obliga a los jueces a no juzgar de nuevo lo ya decidido y, derivadamente, a no admitir controversias de las partes acerca de ello.

En el proceso penal únicamente gozan de la cosa juzgada material estos dos tipos de resoluciones:

1ª) Las sentencias, siempre de fondo en este proceso, tanto las absolutorias como las condenatorias.

2ª) Los autos de sobreseimiento libre, tanto por haberse dictado al amparo de cualquiera de los números del art. 637 LECRIM, como por estimación de artículo de previo pronunciamiento en los casos fijados por el art. 675 LECRIM (que se remite a los números 2º, 3º y 4º de su art. 666).

Una diferencia importante respecto al proceso civil presenta la cosa juzgada material penal. Consiste en que ésta únicamente tiene el efecto negativo, preclusivo o excluyente, no gozando del efecto positivo o prejudicial (v. STS de 17 de noviembre de 1997, RA 8050, entre otras). Ello significa, particularmente, que:

- Excluye, por ser presupuesto procesal, tratado en la LECRIM como artículo de previo pronunciamiento, un segundo juicio (art. 666-2º LECRIM), y, en su caso, la posible condena al permitirse su reproducción en el acto del juicio en el supuesto de haberse desestimado (art. 678 LECRIM).

Este efecto, que no es sino el principio «non» o «ne bis in idem», tiene en lo penal una importancia muy elevada, porque significa la plasmación del principio de la prohibición de la doble incriminación, garantía constitucional propia de los países democráticos (por ejemplo, la prohibición de la *double jeopardy* por la Enmienda V Constitución USA; art. 7 CEDH; art. 4.1 del Protocolo 7 del CEDH de 22 de noviembre de 1984; art. 103, ap. (3) Constitución alemana). A este contenido se refiere la doctrina penal como «ne bis in idem» procesal.

Nuestro Tribunal Constitucional ha tenido varias ocasiones de pronunciarse sobre ello. Aunque no existe un reconocimiento constitucional expreso, lo ha basado en el art. 25.1 CE, principio de legalidad penal (v., por ejemplo, las SSTC 152/2001, de 2 de julio; y 2/2003, de 16 de enero, ésta última con cambios doctrinales importantes; también 229/2003, de 18 de diciembre, caso *Gómez de Liaño*).

- En caso de existir más de un acusado, el fallo es para cada uno de ellos independiente del de los demás, porque no hay vinculación prejudicial del contenido de la primera sentencia respecto a las otras partes, ni respecto de otro acusado por el mismo hecho, ni del mismo acusado por un hecho distinto, aun conexo del hecho juzgado o condicionado por él.

B) Resoluciones susceptibles de ella

Prohibidas en el proceso penal las sentencias procesales por falta de pruebas (art. 144 LECRIM), se plantea el problema, en parecidos términos a lo que vimos en el proceso civil, de si, estando claro que las sentencias y los autos de sobreseimiento libre producen los efectos de cosa juzgada, también son susceptibles de ella otras resoluciones que en el proceso penal se pueden dictar, concretamente las resoluciones procesales, las resoluciones cautelares y determinados autos:

1. *Resoluciones procesales:* Sabemos ya que antes de la LOPJ de 1985 han sido admitidas excepcionalmente por la jurisprudencia en lo penal, cuando llegado el momento de dictar la sentencia se constataba la existencia de un defecto procesal que impedía entrar en el fondo de la causa (v.gr., los del art. 666 LECRIM, o cualquier otro). Pues bien, en estos casos había que llegar a la conclusión de que se producía la cosa juzgada material si no existía posibilidad de subsanar el defecto procesal. Hoy no es posible ya la existencia de sentencias procesales, pero sí de autos.
2. *Resoluciones cautelares:* Se ha negado a este tipo de resoluciones la cosa juzgada material, porque establecen medidas variables según se modifiquen sus presupuestos. Pero aquí la cuestión es otra distinta, pues lo que ocurre en verdad es que por el principio «rebus sic stantibus», permaneciendo las circunstancias tenidas en cuenta para adoptar la medida, ésta debe quedar inalterable, modificándose si varían.

Esta es la razón por la que la LECRIM permite modificar las medidas coercitivas si varían los presupuestos, aunque como hemos visto, no tiene las mismas consecuencias la variabilidad del «fumus boni iuris», que la del «periculum in mora» (v. lección 13ª).

C) Límites

Los límites de la cosa juzgada material penal son muy distintos a los de la civil, porque sus contenidos son sustancialmente diversos en función de los respectivos objetos del proceso. Esto hacía inaplicables sin matices los arts. 1251, II y 1252 CC (derogados por la LEC de 2000), a pesar de que la jurisprudencia lo haya intentado (y hace inaplicable hoy el art. 222 de la nueva LEC). Dejando a un lado los límites temporales, que no tienen duda, debe estarse a los límites subjetivos y a los objetivos, residiendo la dificultad en estos últimos.

1. *Límites subjetivos:* La cosa juzgada penal despliega sus efectos en el aspecto subjetivo únicamente sobre la persona del acusado, de modo que quien haya sido juzgado (condenado o absuelto), no puede volver a serlo, dada la identidad objetiva también, que veremos a continuación.

   La persona del acusador (público, particular, popular o privado), no juega ningún papel en la identidad subjetiva, sin duda porque la acusación en el sistema español puede estar a cargo de esas varias personas, lo que significa que carece de importancia cuál de ellas efectivamente la formule.

2. *Límites objetivos:* Son precisos, pero de una gran dificultad en cuanto al contenido, porque los límites objetivos de la cosa juzgada material en el proceso penal son los hechos criminales, tal y como aparecen descritos en la sentencia.

Ni la calificación jurídica de ese hecho punible (v.gr., si es delito de homicidio), ni sus consecuencias jurídico-penales (la pena de 10 a 15 años), tienen repercusión alguna en cuanto a la delimitación objetiva. La doctrina más autorizada basa esta afirmación en un recto entendimiento del principio acusatorio, puesto que en su virtud se exige que el hecho por el que se absuelve o condene a una persona sea el mismo que fue objeto de la acusación, dándose los caracteres esenciales que lo identifican. Por ello, no se puede proceder de nuevo por el mismo hecho contra la misma persona que ya hubiera sido juzgada por él.

III. LA IMPUGNACIÓN DE LA COSA JUZGADA

Hasta 1988 únicamente existía en el proceso penal un medio de impugnación de la cosa juzgada, el proceso de revisión. No cabía, como en el proceso civil, ni audiencia al rebelde, ni oposición de tercero. Pero en ese año se introdujo un recurso nuevo, llamado de anulación (v. art. 793), precisamente para los casos de ausencia, lo que asemeja más el tratamiento entre ambos procesos, pudiéndose atacar la cosa juzgada, dados los presupuestos exigidos, tanto mediante el proceso de revisión como mediante el recurso de anulación.

No debe olvidarse que en determinados casos, dependiendo de su objeto, la estimación del amparo constitucional puede tener efectos sobre un proceso penal ya terminado con efectos de cosa juzgada, ni tampoco los efectos que puede tener en el proceso penal la presentación del escrito solicitando la nulidad de actuaciones fundada en defectos de forma que hubieran causado indefensión, de conformidad con los requisitos establecidos por el art. 240.2, estudiado con carácter general en el tomo II de esta obra entre los medios de impugnación de la cosa juzgada.

Igualmente, con carácter muy excepcional, la cosa juzgada material de la sentencia puede desaparecer cuando una sentencia se declara nula por una ley. Ello ha ocurrido con las sentencias de los tribunales franquistas, declaradas ilegales e ilegítimas por el art. 5 Ley 20/2022, de 19 de octubre, de Memoria Democrática.

1) El juicio de revisión

A) Concepto y naturaleza

Valga lo dicho en la correspondiente lección dedicada a este medio de impugnación en sentido amplio en el proceso civil, pues estamos exactamente ante la misma institución, que es un «proceso», al menos en sentido formal, pues no es un verdadero proceso entre partes, y no un «recurso», por el que se ataca la cosa juzgada material de una sentencia penal firme, que es injusta con base en determinados motivos, en particular por causa de hechos falsos o hechos nuevos. Los antecedentes son también los mismos (v. STC 63/2022, de 10 de mayo). En lo penal se regula fundamentalmente en los arts. 954 a 961 LECRIM.

La única matización a efectuar aquí es, quizás, que la revisión de una sentencia penal tiene por fuerza un alcance diferente al civil. En efecto, si uno de los fines del proceso penal es hallar la verdad material, no puede admitirse que la firmeza de la sentencia impida definitivamente su búsqueda, que prevalezca contra esa verdad el efecto preclusivo de la sentencia. Por ello, no hay sujeción a plazo alguno, pudiendo intentarse incluso después de fallecida la persona legitimada (proceso de rehabilitación: Art. 955 LECRIM).

B) Objeto

Se pide la anulación, y por tanto, es revisable toda sentencia firme y condenatoria a una pena de cualquier índole, dictada en proceso ordinario o especial por delito del que haya conocido un tribunal español (arts. 954 y 792.3 LECRIM).

Son, en consecuencia, requisitos de la sentencia:

a) El haber sido dictada en un proceso por delito (lo que hoy resulta obvio, pero no antes de 2015 cuando existían las faltas);

b) El haber sido dictada por órgano jurisdiccional español, no extranjero, incluido el Tribunal del Jurado;

c) El que sea definitiva, en el sentido de los arts. 245.1, c) LOPJ y 141, IV LECRIM, es decir, que ponga fin a un proceso resolviendo definitivamente su objeto;

d) Que sea firme, invariable para el juez o tribunal, e inimpugnable para las partes; y

e) Que condene a una pena, no a una medida de seguridad.

Nuestro Ordenamiento Jurídico no permite revisar sentencias absolutorias, con base en el argumento fundamental de estar totalmente descompensada la absolución de un culpable al lado de la condena de un inocente. Sin embargo, como hace el Derecho alemán, debería recogerse la posibilidad de revisar una sentencia absolutoria, en el único caso de que el absuelto confesara libremente el delito en forma convincente y creíble (v. § 362, Nr. 4 StPO alemana), pues así la Justicia no quedaría resentida al hallarse en definitiva la verdad material.

C) Motivos

La revisión penal es posible en nueve casos, taxativamente fijados. Siete de ellos se encuentran en la LECRIM, uno en la LPM (discutible), y el noveno en la Ley Orgánica del Tribunal Constitucional. Son los siguientes:

a) *Condena por falsedad u otro delito*: Según el art. 954.1, a) LECRIM, procede la revisión «Cuando haya sido condenada una persona en sentencia penal firme que haya valorado como prueba un documento o testimonio declarados después falsos, la confesión del encausado arrancada por violencia o coacción o cualquier otro hecho punible ejecutado por un tercero, siempre que tales extremos resulten declarados por sentencia firme en procedimiento penal seguido al efecto».

Según el mismo precepto, no será exigible la sentencia condenatoria cuando el proceso penal iniciado a tal fin sea archivado por prescripción, rebeldía, fallecimiento del encausado u otra causa que no suponga una valoración de fondo.

Esta causa clásica de revisión aparece plenamente justificada, porque la sentencia de condena ha sido obtenida mediando delito, lo que significaría la absolución del condenado en el juicio rescisorio.

b) *Condena de un magistrado por prevaricación*: Según el art. 954.1, b) LECRIM, procede la revisión «cuando haya recaído sentencia penal firme condenando por el delito de prevaricación a alguno de los magistrados o jueces intervinientes en virtud de alguna resolución recaída en el proceso en el que recayera la sentencia cuya revisión se pretende, sin la que el fallo hubiera sido distinto».

Este motivo no es nuevo en nuestro Derecho, aunque sí en el proceso penal común. Trata de mantener a toda costa lo que en el Derecho anglosajón se conoce como «principio de la integridad del tribunal», permitiendo la revisión cuando la resolución en la que se comete el delito de prevaricación, de no existir, habría permitido un fallo penal distinto. Pero ya el art. 328-4° LPM previó como motivo haber sido dictada la sentencia o una resolución esencial de influencia notoria del proceso penal militar en el que resultó condenado el penado, por juez o magistrado del tribunal condenado posteriormente por prevaricación.

c) *Duplicidad de sentencias*: De acuerdo con el art. 954.1, c) procede la revisión «cuando sobre el mismo hecho y encausado hayan recaído dos sentencias firmes».

Debe entenderse, de acuerdo con la jurisprudencia del TS (v. STS 124/2004, de 28 de enero, RJ 2004\634), que éste es el motivo a aplicar cuando, con flagrante infracción del principio «non bis in idem», una misma persona es condenada dos veces.

d) *Nuevos hechos o pruebas:* Permite el art. 954.1, d) LECRIM la revisión «cuando después de la sentencia sobrevenga el conocimiento de hechos o elementos de prueba, que, de haber sido aportados, hubieran determinado la absolución o una condena menos grave».

Este motivo, de particular relevancia e incidencia práctica en lo penal, ya que es el más alegado, significa que los hechos o medios de prueba que fundan la revisión tienen que haber sobrevenido o revelarse después de la sentencia de condena (no deben haber sido aportados), siendo como consecuencia de ello evidente la inocencia del condenado o una condena menos grave (ejemplo típico: la retractación de un testigo).

Debe entenderse, basándonos en el art. 328-6° LPM que en este motivo tendría cabida el conocimiento de pruebas indubitadas suficientes para evidenciar el error del fallo por ignorancia de las mismas, después de dictada sentencia condenatoria.

e) *Por prejudicialidad contradictoria*: El art. 954.1, e) LECRIM permite la revisión «cuando, resuelta una cuestión prejudicial por un tribunal penal, se dicte con posterioridad sentencia firme por el tribunal no penal competente para la resolución de la cuestión que resulte contradictoria con la sentencia penal».

Motivo nuevo en nuestro Derecho que aparenta una gran complejidad. Habrá que esperar a la práctica jurisprudencial para entender su exacto significado, ya que se prevé una revisión penal frente a una decisión de un tribunal no penal.

De momento, habrá que pensar en los tipos penales en blanco, es decir, aquéllos que necesitan de otras ramas del ordenamiento jurídico para configurar el tipo, por poner uno sólo de los muchos ejemplos que podrían citarse, el Derecho Administrativo en los delitos medioambientales. Cuando la contradicción entre la sentencia penal (condena por delito) y la contencioso-administrativa (legalidad del acto administrativo) sea insalvable, cabrá la revisión por este motivo.

f) *Contradictoriedad de hechos en caso de decomiso*: El art. 954.2 LECRIM dice que «Será motivo de revisión de la sentencia firme de decomiso autónomo la contradicción entre los hechos declarados probados en la misma y los declarados probados en la sentencia firme penal que, en su caso, se dicte».

Resulta curioso que no se recoja ahora expresamente el motivo de contradictoriedad de sentencias, y sí el de contradictoriedad de hechos probados y sólo en caso de decomiso autónomo.

El derogado art. 954-1° LECRIM, previó la revisión «cuando estén sufriendo condena dos o más personas, en virtud de sentencias contradictorias, por un mismo delito que no haya podido ser cometido más que por una sola». Ahora esta causa ya no existe, aunque sí queda en el art. 328-1° LPM.

g) *Declaración por el TEDH de una violación de derecho fundamental:* Se pueden revisar en España las sentencias penales firmes como consecuencia de la declaración por el TEDH de una violación de derecho fundamental: De acuerdo con el art. 954.3 LECRIM, se podrá solicitar la revisión de una resolución judicial firme cuando el Tribunal Europeo de Derechos Humanos haya declarado que dicha resolución fue dictada en violación de alguno de los derechos reconocidos en el Convenio Europeo para la Protección de los Derechos Humanos y Libertades Fundamentales y sus Protocolos, siempre que la violación, por su naturaleza y gravedad, entrañe efectos que persistan y no puedan cesar de ningún otro modo que no sea mediante esta revisión.

En este supuesto, la revisión sólo podrá ser solicitada por quien, estando legitimado para interponer este recurso, hubiera sido demandante ante el Tribunal Europeo de Derechos Humanos. La solicitud deberá formularse en el plazo de un año desde que adquiera firmeza la sentencia del referido Tribunal.

Es procedente la revisión cuando una sentencia española haya sido declarada por el TEDH que ha violado el CEDH, se ve condicionada a que el Abogado del Estado, que no será parte, conozca de su admisión. A partir de ahora, la Abogacía del Estado estará presente en el proceso penal español sobre estos temas.

El RD-L 6/2023 reforma este apartado y añade que la procedencia del recurso de revisión cuando una sentencia española haya sido declarada por el TEDH que ha violado el CEDH, se ve condicionada a que el Abogado del Estado, que no será parte, conozca de su admisión. A partir de ahora, la Abogacía del Estado estará presente en el proceso penal español sobre estos temas.

Esta causa de revisión fue sugerida al legislador por el TC en su S 245/1991, 16 de diciembre, sin éxito alguno hasta 2014, en que el TS, adoptó en Pleno no Jurisdiccional de la Sala de 21 de octubre de 2014 plasmado en el ATS de 5 de noviembre de 2014 (consecuencia sin duda alguno de la condena de nuestro país en el *caso Del Río Prada contra España,* sentenciado por la Gran Sala del TEDH con fecha 21 de octubre de 2013 (TEDH 2013\73), lo siguiente: «...En tanto no exista en el Ordenamiento Jurídico una expresa previsión legal para la efectividad de las sentencias dictadas por el TEDH que aprecien la violación de derechos fundamentales de un condenado por los Tribunales Españoles, el recurso de revisión del art. 954.4 LECRIM cumple este cometido...». Ahora, mediante Auto de 10 de marzo de 2015 (*caso Vilanova, alcalde Villarreal*) ha dicho que: «El artículo 954.4° de la LECRIM exige que los nuevos elementos de prueba evidencien la inocencia del condenado. La posibilidad de reconocer los efectos que sean procedentes a las sentencias del TEDH que establecen que la condena se ha producido con vulneración de uno de los derechos reconocidos en el Convenio, ha sido reconocida últimamente por esta Sala y concretamente en relación con este mismo asunto, aunque en relación con otro coacusado, también condenado en casación tras su absolución en la instancia, en el Auto de 5 de noviembre de 2014, cuyo contenido se reitera y se da por reproducido». Hasta 2015 el motivo se subsumía en el anterior art. 954.4°. Ahora, por tanto, ya no es necesario.

h) *Duplicación de sentencias:* El art. 328-5° LPM permite acudir igualmente a la revisión penal, «cuando sobre los propios hechos hayan recaído dos sentencias firmes y dispares dictadas por la misma o por distintas jurisdicciones».

   Respecto al inciso final (el primero recoge el «non bis in idem»), y dado que el art. 334 LPM, en relación con el art. 61 LOPJ, atribuye la revisión a la Sala Especial del TS cuando las sentencias hubieran sido dictadas por un órgano del orden penal y otro del militar, parece necesario conceder la revisión cuando las sentencias firmes dictadas por ambos jueces sean por el mismo delito.

   Pero la reforma de la LECRIM deja en el aire muchas cuestiones, entre ellas la de si los motivos de la LPM, como éste, no coinciden con los del art. 954 LECRIM, siguen en vigor y pueden seguir aplicándose en la jurisdicción común.

i) *Inconstitucionalidad de la ley penal:* Conforme al art. 40.1 LOTC, la sentencia que declare la inconstitucionalidad de una ley penal permite revisar las sentencias penales firmes y condenatorias fundadas en dicha norma, tanto para obtener una reducción de la pena, como una exclusión, excepción o limitación de la responsabilidad.

A pesar de que nada haya dicho la reforma de la LECRIM al respecto, debe seguir siendo motivo de revisión.

Ha desaparecido de manera ilógica como motivo de revisión *La supervivencia de la víctima en un* homicidio, prevista en el derogado art. 954-2° LECRIM, en cuya virtud procedía la revisión «cuando esté sufriendo condena alguien como autor, cómplice o encubridor del homicidio de una persona cuya existencia se acredite después de la condena». Pero dado que se recoge en el art. 328-2° LPM expresamente, debería ser admisible también en la legislación común. La no reforma del art. 958 LECRIM nos da pie para ello (y en caso de no admitirse la suplencia de la LPM habría que tratarlo como nueva prueba (la supervivencia) para que esta causa sea, desde cualquier punto lógico, admisible).

Hasta ahora la doctrina estaba de acuerdo en considerar que la condena debía haber sido por homicidio en grado de consumación (delito hoy competencia del Jurado). La ley presume entonces que para condenar a una persona por ese delito, habrá sido determinante en el proceso la desaparición de la supuesta víctima, que aparece viva y demuestra la injusticia de la resolución.

Dos problemas se planteaban aquí: El primero, si se extiende el supuesto a los demás delitos de muerte (asesinato, por ejemplo). La respuesta debe ser afirmativa, por evidente, y así se comprueba acudiendo a su paralelo en lo militar (art. 328-2º LPM: «Responsable por la muerte de una persona»). El segundo problema es si se pone en libertad directamente al condenado al anular, conforme al art. 958, II LECRIM, la sentencia, o al contrario, si se puede iniciar un proceso en su contra por acusación de tentativa de homicidio o asesinato, o por cualquier otro delito contra la misma persona. Aquí la respuesta es más compleja. El art. 335, II LPM lo permite en el proceso militar, pero el hecho esencial enjuiciado es el mismo, y a él se extiende la cosa juzgada material, por lo que en teoría habría que poner en libertad al injustamente condenado que ha ganado la revisión. Qué duda cabe, ello no obstante, que en la mayor parte de los casos el abono del tiempo pasado en prisión ayudará decisivamente a resolver este problema.

D) Competencia

Para el juicio rescindente, que es aquél en el que se analiza si se admite la revisión, la tiene la Sala II del TS (o su Sala Especial en el caso visto de duplicación de sentencias), según los arts. 57-1º LOPJ y 957 LECRIM. Para el juicio rescisorio, en el que se dicta la sentencia ajustada a derecho tras la autorización de la revisión, el órgano jurisdiccional que dictó la sentencia anulada (art. 958, I, III y IV LECRIM).

Sorprendentemente ninguno de estos preceptos citados de la LECRIM han sido adaptados a los nuevos motivos de revisión reformados en 2015, lo que supone una técnica legislativa absolutamente defectuosa que obligará a la jurisprudencia a descubrir, cuando no a inventar, vías legales de aplicación.

E) Partes

Se requieren abogado y procurador. Para un mejor acomodo a la Constitución se modificaron los preceptos relativos a las partes en 1992. Los supuestos son tres:

1°) Para la promoción de la revisión, tanto si el condenado está vivo, como si ha fallecido (en cuyo caso a la revisión se la llama «rehabilitación de la memoria del difunto»), están legitimadas las personas enumeradas en el art. 955 LECRIM.

2°) Para la autorización de la revisión únicamente es competente la Sala II del TS (y ya no el Ministerio de Justicia, lo que era claramente inconstitucional por negar el derecho de acceso a la Justicia del art. 24.1 CE), conforme a los requisitos exigidos en el art. 957 LECRIM (STC 123/2004, de julio).

3°) Para la interposición, están legitimadas las personas enumeradas en el art. 955 si lo ha autorizado el TS, y directamente el FGE (quien puede actuar también a instancias del Gobierno: art. 956 LECRIM), dados los presupuestos del art. 961 LECRIM.

F) Procedimiento

Ante todo, no existe posibilidad de ejecución provisional, por lo que no se da la suspensión de la condena.

En lo demás, la regulación es deficiente: Se oye por una sola vez al MF y a los penados, y después se tramita como si se tratara de un recurso de casación (art. 959 LECRIM).

G) Resoluciones y efectos

Hay que distinguir entre la sentencia rescindente y la rescisoria. En el primer caso, los efectos son distintos según el motivo de revisión estimado:

1°) Sentencia rescindente:

- En caso de contradictoriedad de sentencias, se anulan las dos sentencias y se remite la causa de nuevo al órgano jurisdiccional competente (art. 958, I LECRIM).
- Habiéndose demostrado la supervivencia de la víctima del homicidio, se anula la sentencia (art. 958, II LECRIM), poniéndose en libertad al penado. No es claro, según lo indicado *supra,* que no sea necesario en todo caso un juicio rescisorio posterior.
- En el supuesto de condena por falsedad u otro delito, se anula la sentencia y se remite al órgano jurisdiccional competente para que se instruya de nuevo la causa (art. 958, III LECRIM).

- Tratándose del motivo de nuevos hechos o nuevas pruebas, se instruye una información supletoria, y si se evidencia la inocencia, se anula la sentencia y se ordena instruir de nuevo la causa a quien corresponda (art. 958, IV LECRIM).
- Habiéndose duplicado las sentencias, se anulará la sentencia que se considere injusta o se dictará otra (art. 335, IV LPM).
- Declarándose la revisión por inconstitucionalidad de la ley penal, se procederá directamente por el TS a anular la condena o a efectuar una nueva liquidación (art. 40.1 LOTC).
- En caso de sentencia del TEDH, se procederá conforme al caso de nuevos hechos o nuevas pruebas, de acuerdo con la jurisprudencia citada.

Recordemos que estos preceptos deberán adaptarse a los nuevos motivos de revisión.

2º) Sentencia rescisoria:

En el caso de que haya procedido un nuevo juicio, el rescisorio, la sentencia que se dicte produce efectos muy concretos. Se distingue entre si es condenatoria o absolutoria:

- La sentencia condenatoria a pena privativa de libertad obliga a abonar el tiempo de prisión que se haya cumplido ya, en caso de estar ejecutándose otra de esta naturaleza (art. 960, I LECRIM). Hemos tratado ampliamente este tema en la lección 14ª, a la que nos remitimos.
- La sentencia absolutoria concede derecho de indemnización al legitimado o a sus herederos, sin perjuicio de la responsabilidad en que haya podido incurrir el órgano jurisdiccional u otra persona, exigible frente al Estado (art. 960, II LECRIM). Nos remitimos igualmente a la lección 14ª para un tratamiento más detenido de esta cuestión.

Percibir la indemnización concreta puede ser otro calvario para el absuelto que recupera sus derechos en revisión, porque si no está de acuerdo con la cantidad fijada por el Ministerio de Justicia (v. tomo I de esta obra), la vía jurisdiccional administrativa es inevitable, con lo cual le esperan todavía unos años para poder decir que realmente ha ganado.

2) El «recurso» de anulación

A) Concepto, naturaleza y objeto

El recurso de anulación se previó específicamente para el proceso abreviado (art. 793), pero hoy es extensible al proceso penal especial para el enjuiciamiento rápido de determinados delitos por mor del art. 803.2 LECRIM, y a los juicios por delitos leves (con base en el art. 973.2 LECRIM).

Es un medio de impugnación de la cosa juzgada, que cabe únicamente contra la sentencia de condena dictada, en primera instancia o en apelación, frente a un investigado ausente.

Las sentencias en ausencia, que no constituyen novedad en nuestro derecho, pero que sí van en cierta medida contra el régimen establecido originariamente por la LECRIM para el proceso por delitos (v. art. 840), son posibles si la pena solicitada (no la impuesta definitivamente en la sentencia) no excede de dos años de privación de libertad o, siendo de distinta naturaleza, si no excede de seis años de duración, dándose además los requisitos de notificación y contradicción establecidos en el art. 786.1, II LECRIM.

Presupuesto esencial es que el condenado en ausencia comparezca o sea hallado, en cuyo caso se le notifica la sentencia dictada en la primera instancia o en apelación del proceso abreviado correspondiente, o del especial rápido, a efectos de cumplimiento de la pena que todavía no haya prescrito (art. 793.1 LECRIM). Contra esa sentencia es procedente el recurso de anulación.

Es fácil colegir que su fundamento no puede ser otro que la necesidad de respetar al máximo, particularmente en el proceso penal, el principio de contradicción, en sus vertientes de derecho de defensa y derecho a no ser condenado sin ser oído previamente (art. 24 CE). Pero siendo ello verdad, una interpretación más rigurosa de dichos principios debería llevar necesariamente a prohibir en todo caso la posibilidad de sentencias penales dictadas en rebeldía.

El recurso de anulación penal recuerda, consiguientemente, al recurso de audiencia al rebelde previsto para el proceso civil (v. tomo II de esta obra). De la misma forma que allí, no es nada claro ni que estemos ante un verdadero recurso, ni ante un verdadero proceso. El legislador, extraordinariamente parco en esta institución, no ha previsto, ni se puede distinguir por tanto, un juicio rescindente de un juicio rescisorio, con lo cual la pretensión, de haberla, sería pedir la anulación de la sentencia por haber sido dictada sin quedar garantizado el principio de contradicción en el primer juicio, y en el segundo la correspondiente a su posición jurídica, es decir, la absolución. Por ello, más bien cabe hablar de medio para reabrir un proceso viciado de nulidad, que sirve para que la parte pasiva se pueda defender frente a la acusación.

B) Motivos

El «recurso» solamente procede en un único caso, a saber, cuando una persona haya sido condenada en rebeldía a pena privativa de libertad (hoy pena de prisión) inferior a dos años, o a pena de distinta naturaleza inferior a seis años.

Por tanto, el motivo es la posible nulidad de la sentencia al haber sido dictada sin atender al principio de contradicción, infringiendo el derecho de defensa o el derecho a ser oído previamente a la condena. Hay que poner en relación, pues, el art. 793.1 LECRIM, con el art. 24 CE y también, ya que es su concreción en este caso, con el art. 238-3° LOPJ.

A estos efectos, da exactamente igual que la sentencia pretendidamente nula haya sido la firmada en primera instancia del proceso penal abreviado por la TISecP, o la dictada en apelación por la Audiencia (v. art. 793.2 LECRIM).

C) Competencia

Dado que por la pena solicitada únicamente será competente para el juicio y fallo la TISecP, la competencia funcional para conocer de este «recurso» corresponderá siempre a la AP (AN, en su caso), ya que se equipara al recurso de apelación (aplicándose, pues, los arts. 790.1 LECRIM y 82.1-2° LOPJ).

El art. 793.1 «in fine» LECRIM afirma, ello no obstante, que se debe indicar a la parte comparecida o habida ante qué órgano puede interponer el recurso, sin que le pueda perjudicar en absoluto un error en la instrucción.

D) Partes

Siendo equiparable al recurso de apelación, se requiere abogado y procurador también en el de anulación (art. 221 LECRIM). Pero la ley no nos indica más que la legitimación del recurrente, es decir, el que fue condenado en ausencia. La legitimación pasiva debe corresponder a quienes fueron partes acusadoras, fundamentalmente el MF.

E) Procedimientos y plazos

El art. 793.2 se limita a decir que se aplicarán los requisitos y efectos establecidos para el recurso de apelación previsto en el proceso abreviado ante la Audiencia. A sus actos, contenido y trámites procedimentales, debemos consecuentemente remitirnos.

No obstante, partiendo de la no fijación de un plazo para intentar la anulación, como en la revisión penal anteriormente vista, por lo que procede en cualquier tiempo (v. art. 793.1 LECRIM), se limita relativamente el plazo de interposición, una vez comparecido o habido y notificada en forma la sentencia, a los diez días previstos para interponer la apelación en el art. 790.1 LECRIM (art. 797.2 LECRIM). Sobre este plazo debe ser igualmente instruido (art. 793.1 «in fine» LECRIM).

F) Resolución y efectos

Nada se dice en la ley sobre esta importante cuestión, no distinguiéndose, por tanto, entre juicio rescindente y juicio rescisorio. Pensamos que el juicio rescindente debería ser propiamente el «recurso» de anulación, pidiendo a la Audiencia la anulación de la sentencia. A continuación, de ser obtenida esta declaración, el condenado tendría derecho a la reapertura de la causa (juicio rescisorio), ante el mismo órgano que conoció de la primera instancia, con el fin de obtener un nuevo enjuiciamiento, garantizado previamente su derecho a ser oído y defenderse. Ello debe significar la no necesidad de incoar una causa nueva completamente desde el principio, sino tan sólo desde el momento en que debe entrar, o debió entrar en juego el derecho fundamental del ausente.

La razón por la que equiparamos la resolución y efectos a los del recurso de casación penal radica en la propia naturaleza de la infracción cometida: Si no se respetó el principio de contradicción, hay que retrotraer la causa, previo reenvío de la misma, al punto de la infracción, en la instrucción o en el juicio oral, continuando después el procedimiento una vez subsanada aquélla (compárese, buscando apoyo interpretativo en el proceso civil, con la impugnación que asiste al rebelde).

Esta deficiente regulación, en una institución que por su propia naturaleza debe ser compleja, hace pensar si no sería más rentable desde el punto de vista procesal el suprimirla, no permitiendo condenar en ausencia a nadie. ¿Cabe alguna duda sobre su no utilización cuando se informe al comparecido o habido condenado en ausencia de su existencia? Es mejor no seguir adelante cuando se constate jurídicamente la rebeldía.

IV. LAS COSTAS

La aprobación de la Ley de Asistencia Jurídica Gratuita (LAJG) de 1996 (v. tomo I de esta obra), y del Código Penal de 1995, han producido una alteración en los conceptos que integran las costas y en la prelación del pago en el proceso penal, pero los arts. 239 a 246 LECRIM no han sido modificados por estas normas. Valen también los temas relativos a la definición, fundamento, naturaleza jurídica y determinación de los conceptos que forman las costas procesales penales, tratados en el tomo II, con relación al proceso civil.

Forman las costas, recordemos, precisando la declaración genérica del art. 124 CP, los siguientes conceptos:

- Los gastos de la asistencia extrajudicial (art. 6.1 LAJG).

- Los gastos ocasionados en un procedimiento de acuerdo que se exija como requisito de procedibilidad, lo que afecta específicamente al letrado (MASC, art. 6.11 LAJG).
- Los honorarios de la asistencia del Abogado al detenido o preso (art. 6.2 LAJG, en relación con los arts. 520 y 520 bis LECRIM, con fundamento directo en el art. 17.3 CE).
- Los honorarios del Abogado para el proceso penal (art. 6.3 LAJG, y art. 241-2º y 3º LECRIM). Con ello, sin necesidad del art. 124 CP de 1995, quedan incluidos también los de la acusación particular.
- Los aranceles del Procurador (art. 6.3 LAJG, y art. 241-2º y 3º LECRIM).
- Los honorarios del perito oficial o privado en su caso (art. 6.6 LAJG, 241-3º y 465 LECRIM).

Ha desaparecido con la LAJG la referencia a las indemnizaciones de los testigos que declaren a instancia de la parte, que tenía un punto de apoyo legal importante en los arts. 138, 241-4º y 722 LECRIM, el primero hoy derogado por la LAJG. Pensamos, al ser indiscutiblemente también costas, por tratarse de gastos que tienen su fundamento en el proceso penal, que deben quedar implícitamente incluidos estos conceptos entre las mismas.

- Gastos por inserción de anuncios o edictos, en el curso del proceso, que preceptivamente deban publicarse en periódicos oficiales (art. 6.4 LAJG).
- Gastos por pago de depósitos necesarios para la interposición de recursos (art. 6.5 LAJG, teniendo en cuenta para la acusación popular los depósitos para recurrir regulados en la DA 15ª LOPJ).
- Gastos por obtención de copias, testimonios, instrumentos y actas notariales, en los términos previstos en el art. 130 del Reglamento Notarial (art. 6.7 LAJG), en caso de que sean necesarios en el proceso penal.
- Gastos por derechos arancelarios, en caso de ser necesarios en el proceso penal, que correspondan (art. 6.8 y 9 LAJG):
  a) Por el otorgamiento de escrituras públicas y por la obtención de copias y testimonios notariales no contemplados en el art. 6.7 LAJG.
  b) Por la obtención de notas, certificaciones, anotaciones, asientos e inscripciones en los registros de la Propiedad y Mercantil.

La tasa judicial no se impone en el proceso penal (art. 1 Ley 10/2012, de 20 de noviembre, y RD-Ley 3/2013, de 22 de febrero), por lo que no forma parte de las costas. Si la víctima decidiera ejercer la acción civil separadamente, tampoco pagaría la tasa si es persona física (art. 4.2 Ley 10/2012, reformado en 2015).

1) Imposición

La LECRIM adopta para la imposición de las costas el criterio objetivo o del vencimiento, y el subjetivo de la temeridad o mala fe, pero distinguiendo según las partes y casos especiales. En primer lugar, dada la naturaleza del proceso penal, se considera la imposición de oficio.

Todos los autos o sentencias que pongan término a la causa o a cualquiera de los incidentes, deberán resolver sobre el pago de las costas procesales (art. 239 LECRIM). A partir de este precepto, siempre y cuando no se goce del beneficio de asistencia jurídica gratuita, las reglas son:

1. *Imposición de oficio:* No entrando en juego otra previsión expresa, o cuando el tribunal no lo considere procedente, corre a cargo de las costas el Estado (art. 240-1° LECRIM), aunque las partes deben pagar en este caso, a pesar de ello y salvo que gocen del beneficio de justicia gratuita, a los abogados y procuradores que les hayan defendido y representado, y a los testigos y peritos que hayan declarado a su instancia, quienes tienen derecho a su exacción por vía de apremio en caso de impago voluntario (art. 242 LECRIM).

   La imposición de oficio no debe confundirse con la imposición a las partes públicas (Ministerio fiscal), pues éstas quedan fuera de la posibilidad de ser condenadas. Para el supuesto de absolución esta norma es injusta, como veremos inmediatamente.

   Cuando el acusado resulte absuelto, nunca se le pueden imponer las costas (art. 240-2°, II LECRIM, en relación con el art. 123 CP), pero sólo en lo que afecta al pago de los derechos arancelarios, porque al tener que imponerse de oficio, el art. 242, I LECRIM sólo exime de los gastos antedichos. Ello significa que el absuelto, salvo que haya obtenido el beneficio de justicia gratuita, tendrá que pagar a su abogado, a su procurador, a los peritos y a los testigos que hubiesen dictaminado o declarado a su instancia, y demás gastos (art. 242, II LECRIM).

Esta disposición ha sido justamente criticada por la mejor doctrina, porque el acusado absuelto, o que tenga a su favor un auto de sobreseimiento libre, no debería pagar ninguno de los conceptos que integran las costas, ni las declarables de oficio, ni las no declarables de oficio, independientemente de su posición económica. Piénsese que cuando el tribunal absuelve al acusado, niega el fundamento de la misma acusación y, por lo tanto, debería recaer la condena sobre las partes acusadoras públicas o privadas, pero como las costas no pueden ser impuestas al MF, es de equidad que el Estado corra a cargo de todos los gastos. No se trata de que el Estado no pueda dispensar del pago de honorarios que no le corresponde percibir, sino de que el Estado sufrague los gastos ocasionados por la defensa del acusado absuelto. Con la Ley 25/1986, cit., se acepta en realidad, aunque parcialmente, esta crítica.

2. *Condena al acusado:* El acusado que venga condenado en la causa tiene que pagar, sólo por este motivo objetivo, las costas (sea en primera instancia, sea en apelación), y si son varios, la parte proporcional (art. 240-2° LECRIM). Se consagra así el criterio del vencimiento puro, establecido además en el CP, cuando en su art. 123 se dispone que «las costas procesales se entienden impuestas por la Ley a los criminalmente responsables de todo delito».

3. *Condena a las partes acusadoras:* El acusador particular y el acusador privado pueden ser condenados también al pago de las costas, al igual que el actor civil (art. 240-3° LECRIM), pero con base en el sistema subjetivo de la temeridad o mala fe (art. 240-3°, II LECRIM, y S TS de 10 de diciembre de 1997, RA 8746).

Es discutible que el acusador popular pueda ser condenado en costas, pues el art. 20.3 LOPJ afirma textualmente que el ejercicio de la acción popular será siempre gratuito, pero en nuestra opinión habría que admitirlo para evitar posibles justificaciones de querellas realmente temerarias.

A diferencia del proceso civil, en el que la doctrina mayoritaria y alguna jurisprudencia, con cierto fundamento legal, así lo admiten, el MF no puede ser condenado en costas en el proceso penal, con base en el argumento que proporcionan los arts. 70, II y 901, III LECRIM.

4. *Supuestos particulares:* Deben recogerse en lo penal los dos siguientes:

a) *Incidentes:* Las costas causadas en los incidentes que puedan promoverse durante la sustanciación de un proceso penal debe imponerse a aquél que los haya iniciado, siempre que se deniegue lo pedido. Así:

- En la recusación: Art. 70, I LECRIM. No obstante, cabe la no imposición si se aprecian circunstancias excepcionales que justifiquen otro pronunciamiento (art. 227.1 LOPJ). También se imponen las costas a quien pierda el recurso de apelación en esta materia, en el caso previsto en el art. 82 LECRIM; así como en la recusación del personal auxiliar (art. 89 LECRIM).

- En las cuestiones de competencia, sólo se condenará al que la haya promovido cuando proponga la declinatoria habiendo utilizado antes la inhibitoria (art. 33, II LECRIM). Los demás supuestos vienen recogidos en el art. 44 LECRIM, en cuyo párrafo I se determina la posibilidad de que el tribunal pueda condenar al pago de las costas causadas en la inhibitoria a las partes que la hubiesen sostenido o impugnado con notoria temeridad, imponiéndose de oficio, según el párrafo II si no hay especial mención en cuanto a las costas.

b) *Recurso de casación:* Se imponen las costas al recurrente cuando la Sala II del TS declare no haber lugar al recurso (art. 901, II LECRIM). La estimación supone la imposición de oficio de las mismas (art. 901, I LECRIM).

5. *Prelación para el pago:* El condenado en costas, o aquél a quien se le hayan impuesto, está obligado a pagar la cantidad fijada. En el caso de que no proceda a ello voluntariamente, o que no tenga bienes bastantes para satisfacerla después de ejecutada la vía de apremio (v. enseguida), la ley fija una prelación para determinar quiénes van a cobrar antes. El art. 246 LECRIM se remite hoy (por tradición, no porque se trate de un tema de naturaleza material), al art. 126 CP, que distingue según el proceso sea por delito perseguible de oficio, o por delito perseguible a instancia de parte:

a) *De oficio:* Si no hay bienes bastantes, se satisfacen por el orden siguiente (art. 126.1 CP): 1°) La reparación del daño causado y la indemnización de los perjuicios a la víctima; 2°) La indemnización al Estado por los gastos que se hubieran hecho por su cuenta en la causa; 3°) Las costas del acusador particular o privado (es dudoso que se incluyan las del popular por lo indicado); 4°) Las demás costas procesales, incluso las de la defensa del acusado, sin preferencia entre los interesados; y 5°) La multa (se refiere a sanciones económicas, no a la pena pecuniaria).

b) *A instancia de parte:* En este caso, se satisfarán las costas del actor privado con preferencia a la indemnización al Estado (art. 126.2 CP).

2) *Tasación*

Tasar las costas es calcular a cuánto ascienden los gastos procesales que deben pagarse por las partes. Deben distinguirse el procedimiento de reclamación, su cálculo y su posible impugnación:

1. *Procedimiento:* En lo que afecta a los honorarios del abogado y a los derechos del procurador, así como a los peritos y testigos, éstos pueden reclamarlos directamente a la parte, salvo que goce del beneficio de asistencia jurídica gratuita, y si no los satisface, exigir su pago reclamándolos ante el juez o tribunal que haya conocido de la causa, debiendo incluirlos en la tasación el letrado de la administración de justicia en este caso (v. el art. 242, II LECRIM, con la salvedad para los procuradores de lo dispuesto en el art. 121, III LECRIM). El acreditamiento se hará en su caso por medio de minuta. Las indemnizaciones de los testigos se computarán por la cantidad que oportunamente se hubiese fijado en la causa (art. 242, IV «in fine», en relación con los arts. 465 y 722 LECRIM).

2. *Exacción:* Según el art. 242, III LECRIM, hay que proceder a la exacción o cobro de las costas por la vía de apremio, si, presentadas las respectivas reclamaciones y hechas saber a las partes, no pagasen éstas en el plazo prudencial fijado

por el órgano jurisdiccional, ni las impugnaran por ilegítimas o excesivas, en cuyo caso hay que estar al art. 244, II LECRIM.

3. *Impugnación de la tasación:* Una vez efectuada la tasación de costas, se dará vista al MF y a la parte condenada al pago para que manifiesten lo que tengan por conveniente, dentro del plazo fijado en el art. 243 LECRIM. La audiencia al abogado del Estado, dados los intereses de éste en juego, tiene que producirse también.

Los motivos por los que procede esta impugnación concreta son sólo, de acuerdo con ese precepto, la ilegitimidad del concepto integrado en las costas, o su excesiva cuantía, es decir, las costas se impugnan por indebidas o por excesivas. A la vista de lo manifestado por las partes, el LAJ aprobará o reformará la tasación y regulación conforme a las reglas vigentes para el proceso civil (art. 244 LECRIM y art. 246 LEC), procediendo una vez aprobadas o reformadas a hacerlas efectivas por la vía de apremio (ejecución de obligación dineraria), en caso de impago voluntario (art. 245 LECRIM), siendo aplicable el art. 126 CP en el caso del art. 246 LECRIM.

En cuanto a la cuantía, el sistema presenta una falla importante, porque el monto total de los honorarios acaba dependiendo de lo que el abogado con derecho a costas quiera, pues si declara que la causa o el acto procesal realizado es complejo, conforme a las normas colegiales, ya no se aceptan los mínimos profesionales y su fijación es libre con el límite del art. 394.3 LEC. Es verdad que su decisión puede ser controlada por el Colegio de Abogados al que pertenece, pero lo cierto es que puede significar una suma considerable de dinero para quien esté obligado a su pago, con la que no contaba. La perversión está en que debería ser un órgano público objetivo quien decidiera la cuestión de la complejidad (Ministerio Fiscal o Tribunal competente para el caso). Se alejaría así también el temible corporativismo.

3) Impugnabilidad

La jurisprudencia más antigua negó la posibilidad de que las costas del juicio criminal pudieran ser materia propia del recurso de casación por infracción de ley, pues es claro que del de quebrantamiento de forma nunca pueden ser (Así, S TS de 31 de diciembre de 1918, CJCrim Nr. 138). Con posterioridad, el TS precisó que la apreciación de la temeridad es de la competencia exclusiva de las AP, sin que contra ella quepan, salvo obvias y evidentes excepciones, alguno o algunos de los motivos de casación por infracción de ley (S TS de 17 de octubre de 1980, RA 3716).

En nuestra opinión, esta doctrina jurisprudencial tiene que ser revisada. Pensamos, pues, que tanto las normas que establecen la condena en costas con base en el criterio del vencimiento (v.gr., art. 240-2° LECRIM), como las que se acogen al criterio de la temeridad o mala fe (v.gr., art. 240-3° LECRIM), son leyes en el sentido del art. 849-1° LECRIM, que como sabemos, recoge el motivo principal de infracción de ley. En el primer caso, ello es palmario; en el segundo también es claro, aunque presenta el problema de fijar la norma un concepto jurídico indeterminado de naturaleza subjetiva que significa en definitiva tener que entrar de nuevo sobre los hechos, extremo que siempre es difícil en casación. Por tanto, en ambos casos debe ser procedente el recurso de casación por infracción de ley.

CAPÍTULO X

EL PROCESO DE EJECUCIÓN

Lección 25ª

LA EJECUCIÓN EN EL PROCESO PENAL

IÑAKI ESPARZA LEIBAR

SUMARIO: I. CONCEPTO, NATURALEZA JURÍDICA Y GRUPO NORMATIVO REGULADOR; II. EL ÓRGANO JURISDICCIONAL; 1) El órgano competente funcionalmente; A) Competencia funcional; B) Atribuciones; 2) La TISecVP, configuración y ámbito competencial; A) Organización y actividad jurisdiccional; B) Atribuciones; 3) Otros órganos jurisdiccionales competentes; III. EL TÍTULO EJECUTIVO; IV. INCIDENTES DE LA EJECUCIÓN; 1) Suspensión de condena; 2) Sustitución de la pena privativa de libertad; 3) Revisión de títulos ejecutivos para el cumplimiento de penas impuestas por delitos conexos; 4) Suspensión de la ejecución por trastorno mental del condenado; 5) Suspensión de la ejecución por admisión a trámite del recurso de amparo o petición de indulto; V. TERMINACIÓN DE LA EJECUCIÓN; 1) Causa normal: cumplimiento de la condena; 2) Causas anormales: muerte, prescripción, amnistía e indulto, perdón del ofendido, anulación de sentencia; A) Muerte del condenado; B) Prescripción de la pena o medida; C) Amnistía e indulto; D) Perdón del ofendido; E) Anulación de la sentencia firme de condena mediante el proceso de revisión, por extinción de la condena por declaración de inconstitucional de una ley, o por otorgamiento de amparo constitucional; VI. LA EJECUCIÓN DE LAS PENAS PRIVATIVAS DE LIBERTAD; 1) Principios constitucionales; 2) Actos preparatorios de la ejecución; 3) La pena de prisión y sus diferentes grados; VII. LA EJECUCIÓN DE LAS DEMÁS PENAS; 1) Pena de multa; 2) Penas privativas de derechos, penas accesorias y sanciones no penales; VIII. LA EJECUCIÓN DEL CONTENIDO CIVIL DE LA SENTENCIA.

I. CONCEPTO, NATURALEZA JURÍDICA Y GRUPO NORMATIVO REGULADOR

El proceso de ejecución penal únicamente tiene lugar si la persona acusada ha sido condenada en la sentencia a una pena.

El resultado de un proceso penal tramitado en sus dos fases, como sabemos, solamente puede ser una sentencia condenatoria o una sentencia absolutoria. Produciéndose la absolución, no tiene sentido un proceso de ejecución, pues son sentencias mero declarativas que no precisan de aquél. Por otra parte, que el acusado quede libre de las medidas cautelares no puede significar una ejecución de la sentencia absolutoria, sino sencillamente levantarse las mismas por haber dejado de existir los presupuestos que sirvieron para acordarlas. En el caso de ser condenatoria la sentencia, el proceso precisará de una ulterior fase de ejecución.

El problema de la naturaleza jurídica de la ejecución penal se ha planteado, fundamentalmente respecto a las penas privativas de libertad (y dentro de ellas a las de prisión), pues su cumplimiento se realiza en largos períodos de tiempo, exige unos establecimientos especiales y requiere de un personal específico encargado de dirigir el funcionamiento de aquéllos, de mantener su seguridad y de velar por los derechos de los internos. Todo ello excede de las posibilidades de la organización judicial y ha sido atribuido a una rama de la Administración Pública, la Administración Penitenciaria. De ahí deriva la discusión sobre su naturaleza, sobre la que se mantienen tres teorías: Jurisdiccional, administrativa y mixta.

El problema, de variada respuesta si nos fijamos en el Derecho Comparado, lo resolvemos en nuestro caso atendiendo al propio diseño del sistema:

Como sabemos, la Constitución española diseña un sistema a cuya ejecución atribuye la naturaleza jurisdiccional. *En general,* de «*lege data*», nos consta (v. Tomo I de esta obra) que la función jurisdiccional comprende la ejecución «juzgando y haciendo ejecutar lo juzgado» dicen los arts. 117.3 CE, 2.1 LOPJ, y 990 LECRIM.

Partiendo de este grupo normativo regulador, hoy no podemos sino constatar la naturaleza jurisdiccional de la ejecución. Adicionalmente, por la Ley General Penitenciaria (LGP) se creó el Juez de Vigilancia Penitenciaria, en virtud de la LOMESPJ, su denominación pasa a ser la de Sección de Vigilancia Penitenciaria del Tribunal de Instancia (TISecVP, art. 92 LOPJ). Es el juez legal predeterminado por la ley, que tiene como misión, la que le atribuye el propio nuevo art. 92 LOPJ. Siendo sus decisiones recurribles jurisdiccionalmente.

El apartado VI del preámbulo del Estatuto de la víctima del delito (Ley 4/2015, de 27 de abril), apuntala definitivamente esta tesis, a la vez que legitima la intervención de la víctima en la fase de ejecución de la pena en los siguientes términos: «El Estado, como es propio de cualquier modelo liberal, conserva el monopolio absoluto sobre la ejecución de las penas, lo que no es incompatible con que se faciliten a la víctima ciertos cauces de participación que le permitan impugnar ante los Tribunales determinadas resoluciones que afecten al régimen de cumplimiento de condena de delitos de carácter especialmente grave, facilitar información que pueda ser relevante para que los Jueces y Tribunales resuelvan sobre la ejecución de la pena, responsabilidades civiles o comiso ya acordados, y solicitar la adopción de medidas de control con relación a liberados condicionales que hubieran sido condenados por hechos de los que pueda derivarse razonablemente una situación de peligro para la víctima.

La regulación de la intervención de la víctima en la fase de ejecución de la pena, cuando se trata del cumplimiento de condenas por delitos especialmente graves, garantiza la confianza y colaboración de las víctimas con la justicia penal, así como la observancia del principio de legalidad, dado que la decisión corresponde siempre a la autoridad judicial, por lo que no se ve afectada la reinserción del penado».

El marco que permite la participación de la víctima en la ejecución, queda establecido en lo fundamental, en el art. 13 del Estatuto de la víctima del delito.

Otro elemento cualitativamente muy destacable —junto con el empoderamiento de la víctima específicamente en la fase de ejecución al que nos estamos refiriendo— es la apertura del espacio europeo de justicia a la ejecución en un país miembro, de resoluciones dictadas en otro país que lo sea también. Este nuevo y estimulante escenario se basa en la confianza y en el reconocimiento mutuo, v.gr., vid., el artículo 94 bis CP, con la siguiente redacción:

«A los efectos previstos en este Capítulo, las condenas firmes de jueces o tribunales impuestas en otros Estados de la Unión Europea tendrán el mismo valor que las impuestas por los jueces o tribunales españoles salvo que sus antecedentes hubieran sido cancelados, o pudieran serlo con arreglo al Derecho español».

Además, a diferencia del sistema anterior a la LGP, hoy el principio de legalidad está al cuidado de un órgano jurisdiccional y no de la Administración: La ejecución de las penas está sometida al principio de legalidad, en virtud del cual no podrá ejecutarse pena alguna en forma distinta a la prescrita por la ley y reglamentos que la desarrollan, ni con otras circunstancias o accidentes que los expresados en su texto, bajo control judicial (arts. 3 CP y 990, I LECRIM).

Constatamos que el grupo normativo regulador, integrado por las *normas legales y reglamentarias* que rigen la ejecución penal está excesivamente fragmentado.

II. EL ÓRGANO JURISDICCIONAL

Tras la promulgación de la LGP y de su Reglamento (tanto el de 1981, como el vigente de 1996), tres órganos jurisdiccionales intervienen directamente y de forma distinta en la ejecución penal: El que debe ejecutar según la competencia funcional atribuida por la ley, el TISecVP y, según los casos, otro grupo de jueces con funciones muy concretas.

1) El órgano competente funcionalmente

A) Competencia funcional

Matizando las referencias hechas al tratar (en este mismo tomo) la competencia penal, hay que distinguir ahora los procesos ordinarios por delito del juicio por delitos leves:

1. *Procesos por delito:* Hay que contemplar, a su vez, el proceso originario de la LECRIM y los procesos abreviados y juicios rápidos:

a) En el ordinario por delitos más graves la ejecución de la sentencia corresponde, en principio, al órgano jurisdiccional que hubiera dictado la que sea firme [art. 985 LECRIM, (reformulado como se ha dicho, para el proceso por aceptación de decreto, por la Ley 41/2015, de 5 de octubre, de modificación de la LECRIM para la agilización de la justicia penal y el fortalecimiento de las garantías procesales)].

   Pero la sentencia dictada a continuación de la de casación por la Sala II del TS, se ejecutará por el tribunal que hubiera pronunciado la sentencia casada, a cuyo efecto la Sala II remitirá certificación de la sentencia firme (art. 986 LECRIM).

b) En los procesos penales abreviados y en los juicios rápidos la regla es la misma, correspondiendo la ejecución al TISecP o Tribunal que hubiere dictado la sentencia firme, que aplicarán las reglas generales (arts. 794 y 803.3 LECRIM).

La ejecución de sentencias penales en otro país de la Unión Europea, con el fin de mejorar la reinserción social del condenado, se regula en la Decisión Marco JAI/909/2008, de 27 de noviembre, modificada por la Decisión Marco JAI/299/2009, de 26 de febrero, ambas del Consejo. Decisiones que mediante la mencionada Ley 23/2014, de 20 de noviembre, de reconocimiento mutuo de resoluciones penales en la Unión Europea, se incorporan al Derecho español.

2. *Procesos por delitos leves:* La ejecución corresponde al órgano jurisdiccional que hubiera conocido de la primera instancia. A estos efectos, el TISecI que hubiera conocido de la apelación, devolverá los autos y una certificación de la sentencia firme (art. 984). La función ejecutiva del órgano competente funcionalmente debe entenderse hoy limitadamente, pues, al menos en orden a las penas privativas de libertad, sus funciones las asume el TISecVP (art. 76.2, a) LGP), como veremos después.

B) Atribuciones

La función ejecutiva del órgano competente funcionalmente debe entenderse hoy limitadamente, pues, al menos en orden a las penas privativas de libertad, sus funciones las asume el TISecVP (art. 76.2, a) LGP), como veremos después.

La autoridad judicial competente funcionalmente para la ejecución de sentencias penales, tiene las siguientes atribuciones en esta fase del proceso penal:

1. *Orden de ingreso en prisión:* El ingreso forzoso de un preso se hará mediante mandamiento u orden del juez (autoridad competente), según los arts. 15.1 LGP y 15 Rto. LGP. En caso de presentación voluntaria, la autoridad

judicial debe decidir si ingresa en prisión o no (art. 15.1 LGP). El art. 16.3 Rto. LGP precisa que el Director del Establecimiento recabará del tribunal sentenciador el correspondiente mandamiento en caso de ingreso voluntario.

2. *Conocer del ingreso en departamentos especiales o en establecimientos de régimen cerrado:* De acuerdo con el art. 97 Rto. LGP (respecto a los internos preventivos), el art. 95 Rto. LGP (respecto a los penados), y el art. 273, g) Rto. LGP (respecto a ambos), podrán ser ingresados en departamentos especiales, o destinados a establecimientos de cumplimiento de régimen cerrado, los internos extremadamente peligrosos o manifiestamente inadaptados a los regímenes ordinario y abierto, lo cual se comunicará en un plazo no superior a 72 horas a la autoridad judicial correspondiente. La autoridad judicial competente conoce de ese ingreso si es preventivo (art. 97.2 Rto. LGP), pero si es penado conoce el JVP (art. 95.1 Rto. LGP). Debe destacarse de esta regulación que tanto los preventivos como los penados pueden ser ingresados en estos establecimientos especiales.

3. *Ingreso en establecimientos especiales y actuaciones urgentes:* Del traslado de los detenidos y presos a centros hospitalarios psiquiátrico-penitenciarios se dará cuenta a la autoridad judicial de que dependan (art. 186.2 Rto. LGP). Las autoridades judiciales podrán ordenar el ingreso de los detenidos y presos de cuyas causas entiendan en un centro hospitalario psiquiátrico, de acuerdo con lo dispuesto en el art. 184 Rto. LGP. También autorizan el ingreso e intervención de un interno en centro hospitalario (arts. 210.3 y 218.2 Rto. LGP), y son notificados de las defunciones de internos (art. 216.2 Rto. LGP).

   Queda ahora clara la competencia judicial establecida en esos preceptos para garantizar el derecho a la vida de los internos, autorizando al médico que alimente forzosamente al preso que, por seguir una huelga de hambre, se halla en peligro de muerte, antes de que pueda llegarse a la irreversibilidad de las lesiones, problema que con relativa frecuencia ha saltado a la luz pública en España. El TC así lo ha reconocido (v. SS TC 120/1990, de 27 de junio; y 137/1990, de 19 de julio).

4. *Autorización de visitas en régimen de incomunicación:* Para visitar a un detenido o preso provisional, cuya incomunicación *se* haya dispuesto en la orden de ingreso, se requiere autorización del juez (art. 19.1 Rto. LGP). Se entiende, del juez sentenciador o del que esté conociendo de la causa.

5. *Intervención de las comunicaciones entre el interno y su abogado o procurador:* La autoridad judicial fija con qué personas puede comunicarse el interno detenido o preso (art. 19.1), y da las autorizaciones correspondientes para que pueda estar informado (en este último caso, art. 19.2). Además,

sólo la autoridad judicial, en los supuestos de terrorismo y demás delitos muy graves previstos en la ley, puede ordenar la suspensión o intervención de las comunicaciones orales y escritas entre internos, tanto preventivos como penados, y sus abogados y procuradores (arts. 51.2 LGP, 520 bis.2 y 527 LECRIM y 46-6ª y ss. Rto. LGP, modificado por el Real Decreto 268/2022, de 12 de abril). El director del establecimiento puede intervenir las comunicaciones por razones de urgencia, pero debe dar cuenta a la autoridad judicial competente y al TISecVP (arts. 51.5 LGP, 43.1 y 48.3 Rto. LGP). Igualmente, cuando la intervención afecte a la correspondencia escrita (art. 46-5ª Rto. LGP). La autoridad judicial, por último, debe acreditar al abogado o procurador que desee visitar a un interno acusado de terrorismo o perteneciente a bandas o grupos armados (art. 48-2ª Rto. LGP). Estrictamente en cuanto a las comunicaciones específicas entre el preso preventivo y su abogado defensor, sólo pueden ser intervenidas en casos de terrorismo y mediando autorización judicial (arts. 51.3 y 5 LGP y 48 Rto. LGP), sin posibilidad de extenderse a cualquier otro delito, trátese de hechos cometidos por la llamada criminalidad organizada, como el de blanqueo de capitales o defraudación fiscal, o no, por así exigirlo el derecho constitucional a la defensa técnica del art. 24.2 CE (STS 79/2012, de 9 de febrero, RA 199, *Caso Magistrado Garzón* escuchas telefónicas trama *Gürtel*).

6. *Prohibiciones:* La prohibición del art. 48 CP —también modificado por la LO 1/2015, de 30 de marzo, introduciendo especificaciones para casos de discapacidad intelectual— impuesta por el tribunal sentenciador, de residir en determinados lugares o de acudir a ellos, por ser donde se ha cometido el delito o por residir allí la víctima, será tenida en cuenta cuando el preso fije su lugar de residencia en libertad condicional (art. 195, g) Rto. LGP).

7. *Autorizaciones de salida:* El tribunal sentenciador o, en su caso, el TISecVP (v. *infra*), es el competente para conceder autorizaciones de salida a presos preventivos y penados (arts. 33.1, 37, 75.4 y 154 a 162 Rto. LGP). A este respecto, hay que indicar que los internos preventivos son autorizados a salir por la propia autoridad judicial de que dependan (art. 159 Rto. LGP).

8. *Libertad definitiva:* Para proceder a la excarcelación de los condenados, será precisa la aprobación de la libertad definitiva por el tribunal sentenciador (arts. 17.3 LGP, y 22, 24, 25 y 26 Rto. LGP), salvo que tenga otras causas pendientes (art. 29 Rto. LGP).

2) La TISecVP, configuración y ámbito competencial

A) Organización y actividad jurisdiccional

La misión fundamental de la TISecVP es la de fiscalizar la actividad penitenciaria, no sólo en fase de ejecución de sentencias, sino también en caso de internos preventivos, además de garantizar los derechos de los presos.

1. *Configuración orgánica:* La norma general es que, «... en el Tribunal de Instancia con sede en la capital de cada provincia, dentro del orden jurisdiccional penal, existirá una Sección de Vigilancia penitenciaria». 2. *La actividad jurisdiccional de la TISecVP* La DA 5ª LOPJ confirma el criterio de que sólo ejerce funciones jurisdiccionales, en tanto en cuanto todos sus actos son ahora recurribles en reforma, apelación y queja, bien entendido que en unos casos la materia es jurisdiccional penal, y en otros, administrativa, como se verá inmediatamente.
2. *La actividad jurisdiccional de la TISecVP:* La DA 5ª LOPJ confirma el criterio de que sólo ejerce funciones jurisdiccionales, en tanto en cuanto todos sus actos son ahora recurribles en reforma, apelación y queja, bien entendido que en unos casos la materia es jurisdiccional penal, y en otros, administrativa, como se verá inmediatamente.

   El sistema de recursos recogido en dicha norma es el siguiente:

   1) *Reforma:* Cabe este remedio contra todos sus autos (DA 5ª.1 LOPJ), que es previo al recurso de apelación (art. 222 LECRIM).
   2) *Apelación:* Dos posibilidades existen en el orden jurisdiccional penal:
      1') Cabe este recurso contra las resoluciones de la TISecVP en materia de ejecución de penas, excepto cuando se hayan dictado resolviendo un recurso de apelación contra resoluciones administrativas que no se refieran a la clasificación del penado (DA 5ª.2 LOPJ). En este caso, según esa misma norma, conoce de la apelación el tribunal sentenciador, salvo el caso previsto en su pár. II.
      2') Cabe apelación también contra sus resoluciones relativas al régimen penitenciario y demás materias no comprendidas en el número anterior, siempre que no se hayan dictado resolviendo un recurso de apelación contra resolución administrativa (DA 5ª.3 LOPJ). Según ella también, conoce de la apelación la AP que corresponda por estar situado dentro de su demarcación el establecimiento penitenciario.
   3) *Queja:* Siempre que en los dos casos anteriores se deniegue la admisión del recurso de apelación, cabe el de queja para ante los órganos jurisdiccionales respectivos (DA 5ª.4 LOPJ).

4) *Casación*: Está previsto un recurso de casación por infracción de ley contra el auto por el que se determine el máximo de cumplimiento o se deniegue su fijación (DA 5ª.7 LOPJ), sin perjuicio de proceder en determinados casos el recurso de casación penal para la unificación de doctrina (DA 5ª.8 LOPJ).

5) Cuando la materia no permite la recurribilidad por la vía jurisdiccional penal, por estar excluida por la DA 5ª LOPJ, no quiere decir ello que no quepa recurso alguno, pues según se desprende «a contrario» de la propia norma citada, cabrá siempre recurso por la *vía contencioso administrativa,* conforme a la LJCA.

B) Atribuciones

Las atribuciones y funciones de la TISecVP han sido reguladas con detalle por la legislación penitenciaria. El art. 92 LOPJ confirma en general la disposición del art. 76 LGP, pues la TISecVP tendrá las funciones jurisdiccionales previstas en la LGP en materia de ejecución de penas privativas de libertad y medidas de seguridad, control jurisdiccional de la potestad disciplinaria de las autoridades penitenciarias, amparo de los derechos y beneficios de los internos en los establecimientos penitenciarios y demás que señale la ley (v. arts. 2 y 3 Rto. LGP).

3) Otros órganos jurisdiccionales competentes

Además del órgano jurisdiccional competente funcionalmente y la TISecVP, pueden intervenir en la ejecución penal estas otras autoridades judiciales.

1. *Juez competente para otra causa:* También hay que tener en cuenta que el penado puede ser reclamado por el juez competente para otro proceso, a efectos de realizar las diligencias oportunas, si no está aquél a su disposición. En éste caso, ante la petición, el director del establecimiento lo pondrá en conocimiento de la TISecVP (art. 34 Rto. LGP).

2. *Cualquier juez o tribunal:* Según los arts. 15.1 LGP y 15.1 Rto. LGP, cualquier juez o tribunal del orden jurisdiccional que fuere puede ordenar el ingreso en prisión de una persona, al igual que el Fiscal tratándose de la detención preventiva (art. 15.3 Rto. LGP).

3. *La autoridad judicial de la que dependen los internos preventivos:* Esta autoridad judicial debe ser informada de los traslados (art. 31.3 Rto. LGP), en particular a establecimientos o departamentos especiales de los sujetos de peligrosidad extrema o inadaptados (arts. 10.2 LGP, y 97.3 Rto. LGP), y es el órgano competente para aprobar los permisos de salida de los mismos

(arts. 48 LGP y 159 Rto. LGP). Esta actividad no es propiamente de ejecución, pero en aras de su visión global interesa mencionarla en cuanto supone el ejercicio de funciones jurisdiccionales respecto a establecimientos de ejecución penal.

También deben emitir mandamientos de prisión dentro de las 72 horas siguientes al momento del ingreso, pues de lo contrario el interno preventivo será puesto en libertad (art. 23.1 Rto. LGP).

4. Además, el Artículo 64 de la Ley 23/2014, de 20 de noviembre, de reconocimiento mutuo de resoluciones penales en la Unión Europea, establece cuáles son las a*utoridades judiciales competentes en España para transmitir y ejecutar una resolución por la que se impone una pena o medida privativa de libertad.*

III. EL TÍTULO EJECUTIVO

El inicio de la ejecución penal tiene como presupuesto básico la existencia de un título ejecutivo. Aquí se muestra una de las diferencias más importantes con el proceso civil, pues en éste, al regir el principio dispositivo, se requiere además del título que el ejecutante inste la ejecución. Sin embargo, en el proceso penal, basta con constatar la concurrencia del título ejecutivo para que el órgano jurisdiccional competente funcionalmente inicie de oficio la ejecución de la sentencia de condena (art. 988, II LECRIM).

El título ejecutivo es el documento en que consta la sentencia firme, es decir, es el documento público que contiene la declaración de voluntad irrevocable de un órgano jurisdiccional de que una persona sea sometida a una pena o a una medida de seguridad. Las leyes procesales lo llaman ejecutoria o documento público y solemne, llamativamente encabezado en nombre del Rey, que contiene la sentencia (arts. 245.4 LOPJ y 141, VI y 143 LECRIM).

Por consiguiente, sólo la sentencia firme es título ejecutivo, no siéndolo cualquier otra sentencia u otro título judicial o extrajudicial. Y sólo la de condena, es decir, la sentencia absolutoria no tiene ejecución, su acomodación a la realidad se resuelve con un levantamiento o cesación de medidas cautelares anteriormente aplicadas. Y si la sentencia contuviera condena en costas, es evidente que no se trata de ejecución de la sentencia absolutoria, sino de ejecución de la condena en costas, en tanto es uno de los contenidos económicos posibles de la sentencia penal, al ser efecto del proceso.

Hay que destacar que en el proceso penal no existe ejecución provisional, pues todos los recursos contra la sentencia definitiva tienen efecto suspensivo, y las penas no pueden ejecutarse sino en virtud de sentencia firme (arts.

3.1 CP y 988 LECRIM). Existe, no obstante, una situación anómala en el art. 861 bis, b) LECRIM, puesto que puede iniciarse la ejecución respecto a los condenados no recurrentes, que luego pueden resultar absueltos o condenados a una pena menor por el efecto extensivo del recurso de casación (v. art. 903 LECRIM).

Una vez formado el título ejecutivo, el órgano jurisdiccional competente procede, de oficio, a realizar los actos legal y reglamentariamente contemplados para la ejecución de las penas impuestas. No está, por tanto, prevista, ni se requiere, pretensión ejecutiva alguna.

En concreto, tratándose de penas privativas de libertad:

1. Debe adoptar sin dilación las medidas oportunas para el ingreso del condenado en el correspondiente establecimiento, requiriendo el auxilio de las autoridades administrativas. La competencia del órgano jurisdiccional hasta el momento del ingreso es exclusiva (art. 990 LECRIM). La LO 1/2015, de 30 de marzo, introduce en dicho precepto un nuevo párrafo 4, para los supuestos de delitos contra la Hacienda pública, contrabando y contra la Seguridad Social.
2. Debe remitir, en cualquier caso, al director del establecimiento donde haya ingresado el condenado o se encuentre en situación de prisión provisional, testimonio de la ejecutoria y de la liquidación de la condena (art. 15.1 Rto. LGP, que sigue siendo poco claro respecto a estos extremos, pero así se hace en la práctica y se desprende también del art. 16.3 Rto. LGP).

IV. INCIDENTES DE LA EJECUCIÓN

La LO 1/2015, por la que se modifica la LO 10/1995 del CP, introdujo un buen número de modificaciones, también en esta concreta materia. Con motivo de la ejecución de sentencias penales de condena pueden surgir cinco tipos de incidentes: El provocado por la suspensión de la condena; la sustitución de la pena privativa de libertad (antes llamada remisión condicional de ciertas penas privativas de libertad); el de revisión del título ejecutivo por conexión de delitos; la suspensión de la ejecución penal por trastorno mental del condenado; y la suspensión de la ejecución por admisión a trámite del recurso de amparo, o petición de indulto.

1) Suspensión de condena

Se regula en el CP. La ejecución de la pena privativa de libertad puede quedar en suspenso, por semejanza con el sistema anglosajón de la «probation», cuyo fin principal es evitar la cárcel por delitos menores, facilitando la rehabilitación y resocialización del delincuente, cuando tenga una duración breve y la menor peligrosidad criminal del condenado lo aconseje, de acuerdo con resolución motivada del órgano jurisdiccional sentenciador (art. 80.1 CP, y STC 115/1997, de 16 de junio). La LO 1/2015, introdujo un nuevo artículo, el 78 bis, con la siguiente redacción: «1. Cuando el sujeto haya sido condenado por dos o más delitos y, al menos, uno de ellos esté castigado por la ley con pena de prisión permanente revisable...», incorporando nuevos requisitos para la suspensión.

El art. 81 establece: «El plazo de suspensión será de dos a cinco años para las penas privativas de libertad no superiores a dos años, y de tres meses a un año para las penas leves, y se fijará por el juez o tribunal, atendidos los criterios expresados en el párrafo segundo del apartado 1 del artículo 80.

En el caso de que la suspensión hubiera sido acordada de conformidad con lo dispuesto en el apartado 5 del artículo anterior, el plazo de suspensión será de tres a cinco años». La suspensión es decretada, previa audiencia de las partes, por el órgano jurisdiccional sentenciador, atendidas las circunstancias, las características del hecho y la duración de la pena, art. 80. Se trata de una facultad discrecional judicial, y no consecuencia de un mandato legal, afectando exclusivamente a la pena, y nunca a la responsabilidad civil, art. 80.

Merece mencionarse en este punto, por su novedad, su potencial y su indudable relevancia cualitativa, la Disposición Adicional novena, introducida en la LECRIM por la LOMESPJ, que en su número 9 letra e) permite ponderar el resultado del procedimiento seguido en el ámbito de la Justicia restaurativa, en relación con la suspensión de la ejecución de la pena privativa de libertad.

2) *Sustitución de la pena privativa de libertad*

La LO 1/2015, suprimió al art. 88 CP, y los supuestos de sustitución que contemplaba, y reguló el incidente que analizamos en el reformulado art. 89, concebido para ciudadanos extranjeros condenados a penas de prisión de más de un año, y consistente en la expulsión de territorio español.

3) *Revisión de títulos ejecutivos para el cumplimiento de penas impuestas por delitos conexos*

El art. 76 CP, que regula la penalidad de delitos en concurso real, fue modificado por la LO 1/2015, que introdujo una nueva letra e), en el apartado 1 y modificó el apartado 2.

Para fijar el límite del cumplimiento, habrá que proceder a la revisión de los títulos ejecutivos, como se determina en el art. 988, III LECRIM: «Cuando el culpable de varias infracciones penales haya sido condenado en distintos procesos por hechos que pudieron ser objeto de uno solo, conforme a lo previsto en el art. 17 de esta Ley», el órgano jurisdiccional «que hubiera dictado la última sentencia, de oficio, a instancia del Ministerio Fiscal o del condenado, procederá a fijar el límite de cumplimiento de las penas impuestas conforme al dispuesto en el art. 76 Código Penal». Para ello, dictará un auto en el que se relacionarán todas las penas impuestas al reo, determinando el máximo de cumplimiento de las mismas. Contra tal auto podrán el MF y el condenado interponer recurso de casación por infracción de ley. Al respecto, vid., art. 86 de la Ley 23/2014, de 20 de noviembre, de reconocimiento mutuo de resoluciones penales en la UE.

4) *Suspensión de la ejecución por trastorno mental del condenado*

Por carecer de sentido la ejecución de la pena de prisión cuando el condenado caiga en estado de trastorno mental, al ser imposible poder cumplir los fines previstos en el art. 25.2 CE, regula la LECRIM en sus arts. 991 a 994 un incidente, dividido en una fase administrativo penitenciaria y en otra fase jurisdiccional, tendente a acreditar si el condenado sufre efectivamente el trastorno mental, y, en caso afirmativo, a proceder a suspender la ejecución y determinar los efectos de la misma.

En su caso, la TISecVP ordenará la suspensión de la ejecución de la pena de prisión y que el interno reciba el tratamiento médico adecuado hasta que sane, pudiendo acordar una medida de seguridad privativa de libertad entretanto, art. 60.1 CP, comenzando el tiempo de prescripción de la pena y la misma norma contempla también la suspensión de penas privativas de derechos. Si el interno se cura antes de que se produzca la prescripción, cumple el tiempo que le quedaba al momento de producirse el trastorno, salvo que el órgano jurisdiccional sentenciador, por razones de equidad, pueda darla por extinguida o reducirla, al considerar que su cumplimiento es innecesario o contraproducente, art. 60.2 CP.

5) *Suspensión de la ejecución por admisión a trámite del recurso de amparo o petición de indulto*

El último incidente de la ejecución que se puede producir es debido a que, en determinados casos, el Tribunal Constitucional suspende la ejecución de la sentencia firme de condena al admitir a trámite el recurso de amparo. Según su propia doctrina, son requisitos para ello, básicamente, que la ejecución de la resolución cause un perjuicio tal que haga perder al amparo su finalidad, además de la irreparabilidad para los derechos fundamentales del condenado que implicaría la ejecución, tomando como baremos la gravedad de los hechos imputados, el bien jurídico protegido, su trascendencia social, la duración de la pena impuesta y el tiempo que reste de cumplimiento de la misma, si bien el criterio general debe ser la no suspensión (AA TC 81/1981; 36/1983; 143/1992; 284/1995; 50/1996; 310/1996; 349/1996; y 33/1998).

El art. 4.4 CP atiende además a la suspensión de la ejecución por petición de indulto.

V. TERMINACIÓN DE LA EJECUCIÓN

Respecto a la terminación de la ejecución podemos distinguir sistemáticamente entre causas normales de terminación o intrínsecas al cumplimiento de la pena, y causas anormales o externas.

1) *Causa normal: cumplimiento de la condena*

El cumplimiento completo de la pena es la única causa normal de terminación. A este respecto, hay que decir que, por lo que afecta a los condenados a penas de prisión, se requiere la aprobación de la libertad definitiva por el tribunal sentenciador (art. 24.1 Rto. LGP). El procedimiento de excarcelación se detalla en los arts. 22, y 24 a 30 Rto. LGP.

2) *Causas anormales: muerte, prescripción, amnistía e indulto, perdón del ofendido, anulación de sentencia*

Doctrinalmente se citan como causas anormales de terminación de la ejecución penal la muerte del reo, la prescripción de la pena o medida de seguridad, el indulto, el perdón del ofendido y la sentencia estimatoria de la revisión o del amparo constitucional en su caso.

A) Muerte del condenado

Si la muerte del culpable extingue la acción penal (art. 115 LECRIM), con mayor razón provocará la extinción de la ejecución penal. Así, el art. 130-1° CP declara que la responsabilidad penal se extingue por la muerte del reo, afectando esta causa a toda clase de penas.

B) Prescripción de la pena o medida

Las penas impuestas por sentencia firme prescriben entre el año y los 30 años, de acuerdo con la tabla del art. 133.1 CP, no prescribiendo en ningún caso las penas por delito de lesa humanidad, de genocidio, y por los delitos contra personas y bienes protegidos en caso de conflicto armado, art. 133.2, modificado en 2010.

El tiempo de prescripción de la pena se computa desde la fecha de la sentencia firme, o desde el quebrantamiento de condena, si ésta hubiera comenzado a cumplirse, art. 134 CP, al que la LO 1/2015 añadió un segundo apartado relativo a su suspensión.

Al respecto, vid. SS TC 57/2008, de 28 de abril, entre otras, con los matices de las SS TC 35/2014, de 25 de marzo; y 49/2014, de 7 de abril).

C) Amnistía e indulto

El indulto es una medida de gracia, fundada en el art. 62, i) CE y en el art. 18.3 LOPJ, es una de las causas de extinción de la responsabilidad criminal a la que se refiere el CP de 1995 en su art. 130-4°. Este mismo precepto contempla igualmente la amnistía como causa de extinción de la responsabilidad criminal (Ley Orgánica 1/2024, de 10 de junio, de amnistía para la normalización institucional, política y social en Cataluña).

D) Perdón del ofendido

La LO 8/2021 modificó, en lo que al perdón del ofendido concierne, el numeral 5° del apartado 1 del artículo 130 CP.

E) Anulación de la sentencia firme de condena mediante el proceso de revisión, por extinción de la condena por declaración de inconstitucional de una ley, o por otorgamiento de amparo constitucional

En efecto, la sentencia rescindente dictada en revisión por la Sala II TS puede producir como efecto directo la extinción anormal de la ejecución, pero únicamente en el caso de supervivencia de la víctima de un homicidio, con base en el art. 958, II LECRIM, dado que el efecto directo debería ser la puesta en libertad del reo. En todos los demás supuestos, al tenerse que acudir al juicio rescisorio, cambia el estatus de la persona, convirtiéndose de nuevo en imputado y quedando suspendida la ejecución hasta que se dicte sentencia en ese juicio (v. los arts. 958, I, III y IV; y 960, I LECRIM).

También en el caso de que la revisión se haya basado en el art. 40.1 LOTC (inconstitucionalidad de la ley penal aplicada), resulta la extinción anormal si el reo es puesto en libertad por haberse producido la exención de responsabilidad criminal o la despenalización del hecho. A iguales conclusiones hay que llegar en determinados supuestos de otorgamiento de amparo constitucional (v. art. 55.1, a) LOTC).

La condena a España por vulneración del CEDH, concretamente del derecho a un proceso con todas las garantías, realizada por parte del TEDH, no supone de forma automática la revisión, y eventual anulación, de la condena concernida. Así lo ha declarado el TS por auto de 1 de junio de 2022, en el caso Atristain.

VI. LA EJECUCIÓN DE LAS PENAS PRIVATIVAS DE LIBERTAD

1) *Principios constitucionales*

De acuerdo con el art. 25.2 CE, las penas privativas de libertad (y las medidas de seguridad) deben ejecutarse teniendo como metas irrenunciables del sistema, la reeducación y reinserción social del condenado, gozando éste de todos los derechos fundamentales reconocidos por la norma fundamental, salvo aquéllos que, como el de libertad, puedan verse limitados por el contenido del fallo condenatorio, el sentido de la pena y la ley penitenciaria (v. arts. 4, al que el RD 268/2022 añade un apartado 3 relativo a las TICs, y 5 Rto. LGP). Particularmente se le reconocen el derecho al trabajo remunerado, incluida la afiliación a la seguridad social, el derecho de acceso a la cultura y el derecho al desarrollo íntegro de su personalidad.

A estos efectos, los establecimientos penitenciarios se clasifican en establecimientos de preventivos, establecimientos de cumplimiento de penas, y establecimientos especiales (centros hospitalarios, centros psiquiátricos y centros de rehabilitación social (arts. 7 a 11 LGP, desarrollados por los arts. 10 a 14 Rto. LGP).

Es muy relevante y digno de mención, el refuerzo del estatus de la víctima, aunque ésta no se hubiera mostrado parte en la causa, en relación con la ejecución en general y con la ejecución de penas privativas de libertad en particular, que consagra la *Ley 4/2015, de 27 de abril, del Estatuto de la víctima del delito.*

2) *Actos preparatorios de la ejecución*

Al órgano jurisdiccional le corresponde, antes de iniciarse el cumplimiento de la pena privativa de libertad:

A) Adoptar las medidas necesarias para el ingreso del condenado en el establecimiento penitenciario que corresponda, contando a estos efectos con la colaboración de las autoridades administrativas penitenciarias. El ingreso se realizará mediante la correspondiente orden o mandamiento (art. 15.1 Rto. LGP). Tras la reforma operada por la LO 1/2015, para alcanzar otros fines complementarios en relación con determinados delitos, v.gr., contra la Hacienda pública, como son la investigación del patrimonio, serán auxiliados los jueces y tribunales por los órganos de recaudación de la administración tributaria o la Seguridad Social, art. 990, LECRIM.

El órgano jurisdiccional sentenciador deberá remitir al director del establecimiento penitenciario copia de la sentencia firme y la liquidación de la condena (que veremos que practica el LAJ) en donde se expresará la determinación concreta de la duración de la pena impuesta, previa deducción en su caso del tiempo de prisión provisional pasado y la fijación de los términos inicial y final de cumplimiento.

B) La LOMESPJ ha introducido un nuevo artículo, el 988 bis LECRIM, que pretende reunir y aclarar sistemáticamente, y en el momento procesal idóneo —al inicio precisamente de la ejecución— las circunstancias esenciales de la misma. Para ello busca conocer la opinión de los condenados en relación con todas las cuestiones y circunstancias relacionadas con la ejecución —suspensión, responsabilidad pecuniaria, sustitución de la pena— para lo que les da traslado del auto de incoación de la ejecutoria y les solicita su pronunciamiento —documentalmente sustentado— en el plazo de 10 días y en un único escrito. A continuación, regula un trámite contradictorio análogo (que podrá ser sustituido por una vista) en relación con las partes acusadoras, previa a la resolución.

Igualmente establece este precepto que el LAJ citará al condenado a una comparecencia en la que le requerirá el cumplimiento de las penas y demás responsabilidades impuestas. Asimismo, practicará las liquidaciones de condena, que notificará a las partes para su eventual impugnación, previa a su aprobación.

C) En caso de delitos conexos, téngase en cuenta la disposición del art. 988, III LECRIM.

3) *La pena de prisión y sus diferentes grados*

Los principios básicos de la ejecución de la pena de prisión antedichos se contienen, además de en el art. 25.2 CE, en el art. 33 y en el art. 36 CP.

En cuanto a los diferentes grados en los que se clasifica a los penados y sus correspondientes regímenes, el Rto. LGP establece los siguientes:

A) Primer grado o de régimen cerrado, que se aplica a internos de peligrosidad extrema o inadaptados, (arts. 89 a 95 Rto. LGP);

B) Segundo grado o de régimen ordinario, para penados distintos a los anteriores, detenidos y presos provisionales (arts. 76 a 79 Rto. LGP);

C) Tercer grado o de régimen abierto, para penados que puedan continuar el tratamiento en régimen de semi libertad (arts. 80 a 88 Rto. LGP). En caso de condenados por delitos de terrorismo o por pertenencia a organizaciones criminales y otros, el paso al tercer grado está condicionado al cumplimiento de la mitad de la pena impuesta, si es superior a 5 años, y al cumplimiento de una serie de condiciones adicionales, art. 36.2 CP. Vid., además, art. 13 de la Ley 4/2015, de 27 de abril, del Estatuto de la víctima del delito, que faculta a la víctima a recurrir la resolución que autoriza el tercer grado.

D) Cuarto grado o de libertad condicional, se concede a los penados siempre que concurran los siguientes presupuestos: Que se encuentren en tercer grado penitenciario, que hayan extinguido las tres cuartas partes de la condena (excepcionalmente dos terceras partes), y que hayan observado buena conducta gozando de un pronóstico individualizado y favorable a la reinserción social. Los arts. 90 y 91 CP, recogen a su vez los requisitos establecidos para alcanzar la libertad condicional.

Competente para acordarla es el TISecVP, una vez desarrollado el expediente regulado en los arts. 194 y ss. Rto. LGP. El período de libertad condicional dura todo el tiempo que falte al sujeto para cumplir su condena, revocándose en caso de que el condenado vuelva a delinquir o ignore las reglas de conducta impuestas.

VII. LA EJECUCIÓN DE LAS DEMÁS PENAS

1) Pena de multa

La ejecución de la pena de multa se regula en los arts. 50 a 53 CP, que acogen el sistema de días multa, por ser el más justo, se dice, al tener en consideración principalmente la capacidad económica del condenado.

La extensión mínima de la pena de multa será de 10 días, y la máxima de 2 años, salvo que sea sustitutiva de otra pena. La extensión del tiempo se fija atendiendo a las reglas generales de aplicación de las penas (art. 50.5 CP).

La cuota diaria tendrá un mínimo de 2 euros, y un máximo de 400 euros, en el caso de las multas imponibles a las personas jurídicas, la cuota diaria tendrá un mínimo de 30 y un máximo de 5.000 euros, entendiéndose a efectos de cómputo que los meses tienen una duración de 30 días y los años de 360. La fijación concreta está en función no de las reglas generales, como el tiempo, sino de la capacidad económica del condenado, dependiendo del arbitrio judicial, que deberá ser motivado en la sentencia, en la que se fijará exactamente el importe de la cuota en función de las circunstancias económicas del condenado y también personales, el tiempo y forma de pago, pudiéndose reducir en caso de variar la situación económica del pasado a peor. Pero hay que tener en cuenta que cuando el CP así lo determine, la multa puede fijarse en función del daño causado, el valor del objeto del delito o el beneficio reportado por el mismo.

La LO 1/2015, de 30 de marzo, modificó el apartado 1 del artículo 53 CP, para el caso de no cumplimiento voluntario, quedando redactado como sigue:

«1. Si el condenado no satisficiere, voluntariamente o por vía de apremio, la multa impuesta, quedará sujeto a una responsabilidad personal subsidiaria de un día de privación de libertad por cada dos cuotas diarias no satisfechas, que, tratándose de delitos leves, podrá cumplirse mediante localización permanente. En este caso, no regirá la limitación que en su duración establece el apartado 1 del artículo 37.

También podrá el juez o tribunal, previa conformidad del penado, acordar que la responsabilidad subsidiaria se cumpla mediante trabajos en beneficio de la comunidad. En este caso, cada día de privación de libertad equivaldrá a una jornada de trabajo».

La ejecución en España de resoluciones de países de la Unión Europea, incluyendo sanciones pecuniarias consecuencia de una infracción penal, tiene normas específicas previstas en Ley 23/2014, de reconocimiento mutuo de resoluciones penales en la UE.

2) *Penas privativas de derechos, penas accesorias y sanciones no penales*

A) En cuanto a las penas privativas de derechos, enumeradas en el art. 39 CP, reformado por la LO 1/2015, además de por la LO 8/2021, son las siguientes:

«Son penas privativas de derechos:

a) La inhabilitación absoluta.

b) Las de inhabilitación especial para empleo o cargo público, profesión, oficio, industria o comercio, u otras actividades, sean o no retribuidas, o de los derechos de patria potestad, tutela, guarda o curatela, tenencia de animales, derecho de sufragio pasivo o de cualquier otro derecho.

c) La suspensión de empleo o cargo público.

d) La privación del derecho a conducir vehículos a motor y ciclomotores.

e) La privación del derecho a la tenencia y porte de armas.

f) La privación del derecho a residir en determinados lugares o acudir a ellos.

g) La prohibición de aproximarse a la víctima o a aquellos de sus familiares u otras personas que determine el juez o el tribunal.

h) La prohibición de comunicarse con la víctima o con aquellos de sus familiares u otras personas que determine el juez o tribunal.

i) Los trabajos en beneficio de la comunidad.

j) La privación de la patria potestad».

Finalmente, al establecerse la responsabilidad penal de las personas jurídicas en la reforma de la LO 5/2010, de 22 de junio, el CP ha tenido que fijar sus penas, para cumplir con el principio de legalidad, en el art. 33.7, destacando como es lógico las de naturaleza económica (multa, inhabilitación para obtener subvenciones), y societaria (disolución, suspensión de actividades y clausura).

B) Por lo que a las penas accesorias concierne, para su ejecución deben tenerse en cuenta las reglas fijadas en los arts. 54 a 57 CP, éste último modificado por la LO 1/2015, además de por LO 8/2021, en las que se pretende una imposición ponderada de las mismas. Es preciso además tener en cuenta las reformas realizadas a la LECRIM como consecuencia de la entrada en vigor de la Ley 4/2015, de 27 de abril, del Estatuto de la víctima del delito, en lo que a los delitos a los que se refiere el art. 57 CP, concierne.

C) Finalmente, la ejecución de lo que para el CP son consecuencias accesorias, es decir, decomiso y sanciones no penales para empresas, organizaciones, grupos o cualquier otra clase de entidades o agrupaciones de personas que carecen de personalidad jurídica, se regula en los arts. 127 a 129 CP, reformados por la LO 1/2015 y por la LO 1/2019. También debe ser tenida en cuenta en este momento, la Disposición adicional cuarta que la propia LO 1/2015, añade a la Ley 23/2014, de 20 de noviembre, de reconocimiento mutuo de resoluciones penales en la UE, relativa a la ejecución de resoluciones de decomiso dictadas por autoridades de terceros Estados no miembros de la UE.

VIII. LA EJECUCIÓN DEL CONTENIDO CIVIL DE LA SENTENCIA

La estimación en la sentencia firme de la pretensión civil acumulada (restitución de la cosa, reparación del daño o indemnización del perjuicio) se somete, en cuanto al régimen de ejecución, a las disposiciones previstas en la LEC, concretamente, a las normas sobre ejecución de obligaciones de dar cosa mueble genérica o específica, y a las normas sobre ejecución de obligaciones pecuniarias, con las particularidades que puede introducir en esta materia el art. 112 CP.

A este respecto, hay que tener en cuenta lo establecido por la S TS 607/2020, de 13 de noviembre (JUR\2020\356313), que niega que la petición de ejecución del pronunciamiento civil de la sentencia penal de condena esté sujeta a plazo alguno de prescripción.

La regla general es atender primero al cumplimiento voluntario por parte del condenado de la sentencia, entregando o devolviendo la cosa, o pagando la indemnización fijada, procediéndose a la ejecución en caso contrario por las normas antedichas, sin necesidad de escrito de parte instando el inicio de la ejecución. Existen ello no obstante determinadas particularidades:

A) En el proceso ordinario, y también en los procesos abreviados y rápidos, las tercerías de dominio o de mejor derecho que puedan suscitarse, se sustanciarán y decidirán con base en la LEC (art. 996 LECRIM).

B) Específicamente en los procesos abreviados, dado que es posible que en la sentencia no se haya fijado la cuantía exacta de la indemnización, sino únicamente los criterios generales para determinarla, se arbitra como en el proceso civil un incidente de liquidación, ya en ejecución de sentencia y a instancia de parte, en el que el órgano jurisdiccional resuelve tras la práctica de la prueba y la audiencia de las partes. El auto que fije la cuantía de la responsabilidad civil es apelable sólo si lo ha dictado la TISecP (art. 794.1ª LECRIM). Lo mismo para los juicios rápidos (art. 803).

C) En el juicio por delitos leves se siguen las disposiciones de la LEC (art. 984, III LECRIM), siendo posible igualmente el incidente de liquidación de sentencias (art. 974, II LECRIM).

D) El CP establece además normas particulares relativas a la ejecución de la responsabilidad civil. Orden de prelación en el pago, art., 126.1, y, pago fraccionado, art. 125. En relación con la influencia de la suspensión de la ejecución de la pena en esta materia (art. 80.3).

Es posible la ejecución provisional de los pronunciamientos sobre responsabilidad civil, conforme a lo establecido en la LEC (art. 989.1 LECRIM, de nueva redacción por la LOMESPJ), permitiéndose que los LAJ acudan a las administraciones tributarias para materializar las actuaciones de investigación patrimonial necesarias (art. 989.2 LECRIM, de nueva redacción por la LOMESPJ).

El resto de contenidos civiles posibles de la sentencia penal que no constituyen responsabilidad civil ni penas pecuniarias, es decir, las costas y las multas disciplinarias, se ejecutan ante el incumplimiento voluntario por parte del condenado por la vía de apremio, por tanto, por las normas previstas para la ejecución de obligaciones pecuniarias, art. 245 LECRIM, en relación con lo dispuesto en la LEC, teniendo en cuenta el orden de prelación para su pago establecido por el art. 126 CP

CAPÍTULO XI

LOS PROCESOS ORDINARIOS Y ESPECIALES

Lección 26ª

LOS PROCESOS ORDINARIOS (I)

SILVIA BARONA VILAR

SUMARIO: I. CLASES; II. EL PROCEDIMIENTO ORDINARIO POR DELITOS GRAVES; 1) Sumario; A) Iniciación; B) Desarrollo; C) Conclusión del sumario; 2) Fase Intermedia; 3) Fase de Plenario o Juicio oral; A) Preparación del juicio oral; B) Proposición y sustanciación de cuestiones previas (art. 666); C) Celebración de la vista oral en lugar, día y hora señalados; III. EL PROCEDIMIENTO ABREVIADO; 1) Regulación; 2) Ámbito de aplicación; 3) Notas características del procedimiento abreviado; A) Procedimiento tipo; B) Celeridad, reducción y simplificación del procedimiento; C) Víctimas. Fortalecimiento progresivo de sus garantías; D) Garantías del acusado; E) Protagonismo del Ministerio Fiscal; F) Delimitación y afianzamiento de la función de la Policía Judicial; 4) Fases del procedimiento abreviado: Diligencias previas y Juicio oral; A) Diligencias previas; B) Juicio oral.

I. CLASES

El proceso penal se desarrolla formalmente a través del procedimiento, si bien no existe un único procedimiento, sino varios. Vamos a diferenciar: 1º) Procedimientos ordinarios; 2º) Especialidades procedimentales; y 3º) Procesos especiales.

1. *Procedimientos ordinarios*: se prevén en principio para todo tipo de hechos punibles, salvo que se determine lo contrario. El criterio que permite la diversidad es la gravedad del hecho delictivo y la pena que lleva aparejada.

2. *Especialidades procedimentales*: Son particularidades que privilegian a determinadas personas a enjuiciar, a determinados tipos de delito o a la forma en que se cometen. Los privilegios se incorporan al modelo ordinario, afectando esencialmente a la fase preliminar.

3. *Procedimientos especiales*: Son verdaderos privilegios los que permiten conformar estos procedimientos especiales que se prevén para determinados delitos concretos o con determinadas circunstancias objetivas o personales, quedando regulados algunos en la LECRIM y otros en normas distintas de la LECRIM.

II. EL PROCEDIMIENTO ORDINARIO POR DELITOS GRAVES

Denominado en el texto original de la LECRIM como procedimiento *ordinario,* pasó a convertirse en el «procedimiento ordinario por delitos graves». La LECRIM dedica 500 artículos a su regulación. Pese a su inicial configuración como procedimiento «tipo», ha dejado de serlo. En la práctica el procedimiento abreviado se ha convertido en el procedimiento tipo. A través del procedimiento ordinario por delitos graves se conocen los delitos castigados con pena privativa de libertad superior a 9 años.

Se divide en dos períodos: sumario y plenario o juicio oral, aun cuando existe igualmente lo que en la doctrina vino consagrándose como el denominado período intermedio.

1) Sumario

En esta fase, competencia del juez de instrucción, se desarrollan una pluralidad de actuaciones tendentes a investigar los hechos y la persona de su presunto autor, adoptando medidas cautelares Comprende desde el auto de iniciación hasta el auto de conclusión, amén de la remisión de la causa al tribunal competente para enjuiciarla y el emplazamiento de las partes.

Se estructuran estas actuaciones en «piezas»:

1) *Pieza principal*: diligencias de comprobación del delito y de la averiguación del delincuente.

2) *Pieza personal* o de las medidas cautelares personales.

3) *Pieza de responsabilidad civil* o de las medidas cautelares patrimoniales.

4) *Pieza de responsabilidad subsidiaria* o de la responsabilidad civil de terceros.

A) Iniciación

A través del auto de apertura o incoación del sumario por el juez de instrucción, tras la comprobación de la posible veracidad de la *notitia criminis* o tras la admisión de la querella por el juez (arts. 269 y 313).

Se pone en conocimiento del Fiscal de la Audiencia y de su Presidencia, formándose el sumario (arts. 306 y 308). Se incoa por la instrucción iniciada ante la gravedad de los hechos o bien como consecuencia de las diligencias practicadas en el abreviado inicialmente o en el Jurado (arts. 760 LECRIM y 28 LOTJ).

B) Desarrollo

Práctica de las diligencias propuestas por el Fiscal, cualquiera de las partes personadas o las propuestas en la querella de no estimarlas innecesarias o perjudiciales.

La resolución denegatoria de las diligencias propuestas en la querella es apelable en ambos efectos; si se solicitaron por las partes, en un solo efecto; y si las solicitó Fiscal puede plantear queja y no apelación. En cualquier caso, cabe reiterar en el juicio oral las diligencias denegadas (arts. 311 y 312). De las diligencias puede derivarse la concurrencia de algún «indicio racional de criminalidad» contra persona o personas determinadas, dictándose auto de procesamiento (art. 384).

Del mismo modo, se adoptarán aquellas medidas de aseguramiento de las fuentes o de las personas y también medidas personales y patrimoniales cautelares que garanticen la efectividad del proceso penal y de la ejecución de la sentencia que en su día pueda dictarse.

El auto de procesamiento comporta: a) La constitución de parte del procesado; b) La formación de las piezas separadas (de responsabilidad penal, civil o en su caso, subsidiaria). Cabe contra el auto recurso de reforma y contra el denegatorio de la misma, apelación, pudiendo interponerse subsidiariamente. Contra la denegación del procesamiento sólo se concede recurso de reforma; contra la resolución de éste, no cabe recurso ulterior, pero puede reproducirse ante la Audiencia la petición de procesamiento.

C) Conclusión del sumario

Con el «auto de conclusión» se remiten las actuaciones y piezas de convicción al tribunal competente para el enjuiciamiento de la causa (art. 622). Dicha resolución se notifica a los acusadores, al procesado y a las demás partes contra quienes resulte responsabilidad civil, emplazándolas ante la Audiencia en el plazo de 10 días, o de 15 si fuere ante el TS, amén de ponerlo en conocimiento del Fiscal (arts. 623 y 624).

Si los hechos fueren constitutivos de delito que deba conocerse por otro procedimiento, se efectuará la remisión al competente, a salvo de los supuestos en que él sea competente para su conocimiento.

2) Fase Intermedia

Concluida la fase sumarial, el instructor remite las actuaciones al tribunal competente para el enjuiciamiento, iniciándose la fase intermedia, cuya finalidad consiste en corroborar o no la declaración de conclusión del sumario, y si se dan o no los presupuestos necesarios para la apertura del juicio oral.

Comienza con la recepción de los autos y piezas de convicción por el tribunal, quien confirma o revoca el auto de conclusión del sumario. Decisión que se traslada al Magistrado ponente, al Fiscal, partes acusadoras y defensa del procesado (arts. 726 y 727).

Puede suceder: a) Que se confirme el auto de conclusión: decide si procede apertura del juicio oral o sobreseimiento, tras la manifestación de las partes al respecto (art. 632); o b) Que se revoque: deben practicarse otras diligencias, y así las propone, en ciertos casos a propuesta de las partes, con devolución del proceso y las piezas de convicción (art. 631).

3) Fase de Plenario o Juicio oral

El auto de apertura del juicio oral supone la iniciación de la fase de plenario, el juicio oral o «verdadero proceso» (arts. 649 y ss.), del que conoce el tribunal sentenciador. En ella se practican los medios de prueba que permitirán fundar la sentencia que en su día se dicte. Es la alternativa al sobreseimiento; así, concluida la investigación, o se dicta sobreseimiento o auto de apertura del juicio oral.

A) Preparación del juicio oral

- Escritos de calificación provisional de las partes (primero acusadores, y luego procesados y terceros civilmente responsables), con entrega de listas de testigos o peritos que hubieran de declarar o informar de haberse propuesto estas pruebas (art. 662);
- Examen de las pruebas propuestas. Contra la admisión no cabe recurso; contra la inadmisión, cabe súplica (arts. 236) con posibilidad de protesta formal de ser desestimado, a efectos de casación por quebrantamiento de forma (art. 659);
- Citación (lugar, día y hora), a peritos y testigos propuestos (art. 660), y a las partes. Si el procesado se halla preso, se le conduce a la localidad del juicio, siendo la incomparecencia del procesado por falta de citación, motivo de casación (art. 664). El auto se notifica también a fiadores o dueños de cosas dadas en fianza (art. 664).

B) Proposición y sustanciación de cuestiones previas (art. 666)

Se denominan de previo pronunciamiento por el tribunal. Se adjuntan los documentos que las acreditan o se designan los archivos donde se encuentran; si se incumple la aportación, no se suspende el procedimiento (arts. 667 y 668). Los efectos son diversos según la cuestión. Así:

- Si se estima la declinatoria de jurisdicción, se remiten los autos al competente; si lo es la cosa juzgada, prescripción, amnistía o indulto implica sobreseimiento de la causa, con libertad del procesado. Cabe apelación ante TSJ (art. 676). La falta de suplicatorio es subsanable, con suspensión del procedimiento hasta la subsanación, y si no se hace, nulidad de lo actuado con sobreseimiento libre (art. 677);
- La desestimación supone continuación del proceso a partir de la suspensión. Si es por declinatoria de jurisdicción, cabe apelación; en los demás casos, cabe reproducirlos en el acto de la vista como medio de defensa, pero no cabe recurso (arts. 676 y 678).

C) Celebración de la vista oral en lugar, día y hora señalados

Se produce tras la declaración de apertura del juicio (art. 688), procediéndose por el presidente a preguntar al acusado si se confiesa culpable. A partir de aquí:

- Dación de cuenta de hechos y calificaciones por el LAJ (art. 701).
- Práctica de los medios de prueba. Se practican las del Fiscal, las de los acusadores y las de los acusados por ese orden, salvo las situaciones que permite el art. 701 a solicitud de la defensa del acusado o por decisión del tribunal.
- Conclusiones definitivas (art. 732).
- Posible planteamiento de la tesis de desvinculación (art. 733).
- Informes finales del Fiscal, acusadores particulares y actor civil (en su caso) y de la defensa de los acusados, por ese orden. (art. 738).
- Derecho a la última palabra del acusado (art. 739). Se entiende como el derecho a transmitir al tribunal lo que a su criterio considere para dictar una resolución justa, y como derecho, no puede ser privado el acusado de este derecho, aun cuando es renunciable (STS 659/2021, de 6 de septiembre).
- Declaración del juicio visto para sentencia (art. 740); debe dictarse en tres días. Cabe casación.

III. EL PROCEDIMIENTO ABREVIADO

Se incorpora el abreviado en 1988, consecuencia de la declaración de inconstitucionalidad (contrario a la imparcialidad judicial) de los procedimientos de urgencia y por delitos dolosos, en los que quien instruía, sentenciaba (STC 145/1988, de 12 de julio).

1) Regulación

Se regula en el Título III del Libro IV (arts. 757 a 794). La instrucción corresponde a los Tribunales de Instancia Sección de Instrucción —o al Tribunal Central de Instancia Sección de Instrucción cuando se trate de delitos previstos en el art. 65—, y el enjuiciamiento es competencia, dependiendo de la pena solicitada, de los Tribunales de Instancia Sección de lo Penal, Tribunal Central de Instancia Sección de lo Penal o Audiencia Provincial o Sala Penal de la Audiencia Nacional. Se asumía, por ello, la necesidad de que las dos funciones —instrucción y resolución o fallo— fueren competencia de órganos jurisdiccionales diversos. Este procedimiento se configura en atención a la penalidad del delito (pena en abstracto), diferenciando: abreviados de órgano unipersonal y abreviados de colegiado. Es el procedimiento tipo, aun cuando se le aplican también, de forma subsidiaria, algunas normas específicas del ordinario.

2) Ámbito de aplicación

A través del abreviado se conocen los delitos castigados con pena privativa de libertad no superior a 9 años, o bien con cualesquiera otras penas de distinta naturaleza, bien sean únicas, conjuntas o alternativas, cualquiera que fuera su cuantía y duración (arts. 757 en relación con el 14 LECRIM). La atribución de competencias entre los JP y las AP (o JCP y AN) se realiza según los siguientes criterios:

1º) Los TISecP o TCISecP: conocen de las causas por delitos castigados con pena privativa de libertad no superior a 5 años; con multa, independientemente de su cuantía, o otra pena de diferente naturaleza a las anteriores siempre que su duración no exceda de 10 años, cualquiera que sea la forma en que hubiera de aplicarse (única o conjunta o alternativa de otra).

2º) Las AP o AN, de los delitos castigados con penas que, excediendo de los límites que señalan la competencia de los TCISecP, no superen el ámbito propio de este procedimiento.

Asimismo, el procedimiento abreviado se aplicará en las causas por hechos delictivos (con penas expuestas) que se sigan contra aforados ante el TS o ante TSJ.

3) Notas características del procedimiento abreviado

A) Procedimiento tipo

Es un procedimiento ordinario convertido en el modelo procedimental tipo. Algunos de los preceptos del procedimiento ordinario han sido interpretados por la Jurisprudencia desde la práctica del abreviado.

B) Celeridad, reducción y simplificación del procedimiento

Su finalidad fue la de agilizar, simplificar y reducir el procedimiento, sin detrimento de las garantías procesales. Las diferencias con el ordinario por delitos graves son:

1º) No existe en el abreviado auto de procesamiento, siendo el instructor quien estima la concurrencia o no de elementos suficientes para la apertura del juicio oral (art. 783.1).

2º) La acusación se articula a través de dos actos: el escrito de acusación, con el contenido de la calificación provisional del ordinario (art. 650.I), más la solicitud de la apertura del juicio oral ante el órgano competente; y el segundo, después de practicada la prueba en el juicio oral, en el que las partes deben calificar de forma definitiva (arts. 781 y 788.3 y 4).

3º) El art. 258 bis LECRIM establece la preferencia por la presencia telemática en el juicio, vistas, audiencias, comparecencias etc. No obstante, cuando la pena exceda de dos años de prisión o hasta seis cuando fuere de distinta naturaleza, el acusado comparece físicamente ante la sede del órgano de enjuiciamiento si lo solicita este o su letrado, o si el órgano lo considera necesario; decisión por auto motivado. En los casos en que sea posible la presencia telemática deberá notificarlo con, al menos, cinco días de antelación.

4º) Cabe aplazamiento de la sesión —hasta diez días—, a petición de la defensa, si se estiman necesarios. No implica suspensión inmediata, sino solo cuando la acusación modifique en este acto la tipificación penal de los hechos, o aprecie un mayor grado de participación o de ejecución, o circunstancias de agravación de la pena. Tras la práctica de nueva prueba es posible (art. 788.4 *in fine*) que las partes acusadoras modifiquen sus conclusiones definitivas.

5º) Se incorpora la audiencia preliminar, trámite en el que las partes podrán exponer lo que estimen oportuno acerca de las cuestiones a que se refiere el art. 785 (trámite de saneamiento así como de delimitación probatoria) y podrá ponerse fin al proceso si existe conformidad.

6º) Se potencia el consenso: reconocimiento de hechos en el procedimiento preliminar (art. 779.1-5º); y la conformidad del acusado, tanto con el escrito de acusación (art. 781) ante el TISecI, como la prestada en el acto del juicio oral ante el órgano del enjuiciamiento (art. 787). Desaparece el límite penológico para la conformidad.

7º) Suspensión de la vista: desaparecen algunas causas; la restricción del efecto anulatorio de las que exceden de 30 días, salvo cuando afecte a cambios en el tribunal, admitiéndose como suficiente para suspender la vista que se formule solicitud de la defensa para poder proponer pruebas complementarias (art. 788).

8º) Es posible la vista con ausencia del acusado. Se pretende evitar dilaciones inútiles que puedan afectar a las víctimas o perjudicados por el delito (art. 787).

9º) Se impulsa el auxilio judicial (art. 762).

10º) Se eliminan algunos trámites o actuaciones: a) La querella para mostrarse parte los ofendidos o perjudicados (art. 761.2ª); b) El título oficial para los intérpretes (art. 762.8ª); c) En caso de robo, hurto, estafa, etc. la información sobre la preexistencia de las cosas, salvo si el instructor tuviera dudas (art. 762.9ª); d) Sólo se exigirá certificado de nacimiento del encausado si no puede determinarse su identidad y edad por otros medios (DNI, pasaporte…), sin que ello suponga la suspensión del procedimiento preliminar; e) El informe pericial puede prestarlo un solo perito (art. 778.1), y asimismo sólo se procede a practicar autopsia cuando se estime la insuficiencia del dictamen del forense —o de quien haga sus veces— sobre la causa y las circunstancias relevantes de la muerte (art. 778.4).

11º) Se formará piezas separadas que resulten convenientes para el enjuiciamiento de delitos conexos, si concurren elementos para hacerlo con independencia (art. 762.6ª).

C) Víctimas. Fortalecimiento progresivo de sus garantías

El procedimiento abreviado supuso el fortalecimiento de ciertas garantías de las víctimas. Se incorporan medidas para el aseguramiento de las responsabilidades pecuniarias, como el requerimiento a la aseguradora hasta el límite del seguro obligatorio si la víctima está asegurada en caso de hechos relacionados con circulación de vehículos de motor, debiendo la cantidad restante afianzarse por el responsable civil directo o subsidiario; igualmente, cabe pensión provisional a la víctima a cargo de la aseguradora o consorcio de compensación de seguros;

igualmente, la intervención del vehículo y permisos de circulación para asegurar las responsabilidades pecuniarias en su caso (arts. 764 y 765).

Se reconoce el derecho de información a las víctimas: derecho a ser parte en la causa sin querella y a nombrar abogado o que se le nombre de oficio; y a la información de otras actuaciones de la causa aun no siendo parte (solicitud de sobreseimiento por el Fiscal —art. 782.2—, de la fecha de la vista oral —art. 785.3—, y de la sentencia de la primera instancia o en fase de recurso —art. 789.4 y 792.4—).

La Ley 4/2015, de 27 de abril, del Estatuto de la víctima del delito, supera estos iniciales pasos dados con el procedimiento abreviado. Se ofrece tanto la reparación del daño, como medidas para reducir los efectos traumáticos del hecho. Y la reforma de la LECRIM por LO 1/2025 ha reforzado este papel de la víctima en el proceso.

El art. 258 bis, 3, a) LECRIM establece, como garantía de las víctimas de violencia de género, de violencia sexual, de trata de seres humanos o de menores de edad o con discapacidad, que podrán intervenir telemáticamente desde los lugares donde se encuentren recibiendo oficialmente asistencia, atención, asesoramiento o protección, o desde cualquier otro lugar, siempre que dispongan de medios suficientes para asegurar su identidad y las adecuadas condiciones de su intervención.

D) Garantías del acusado

Se refuerzan los derechos y garantías del sujeto pasivo del proceso. Entre ellas:

a) Designación de abogado de oficio si no designa voluntariamente [desde la detención o actuaciones que le encausen (art. 767)];

b) Derecho a ser informado por el LAJ, en la primera comparecencia, de sus derechos —requiriéndole domicilio para notificaciones—; y el Instructor, de los hechos que se le imputan (art. 775), incluido en los casos legalmente posible la intervención procesal telemáticamente, en los términos del art. 258 bis LECRIM;

c) Derecho a recurrir la sentencia dictada en ausencia del acusado (art. 793);

d) Derecho a ausentarse del país en las causas por delitos derivados del uso y circulación de vehículos de motor si presta fianza suficiente (por responsabilidades civiles) y caución para responder de su posible incomparecencia; señale domicilio para notificaciones; no se halle en prisión provisional, y se le informe del posible juicio en su ausencia con declaración de rebeldía, si no concurren causas de suspensión (art. 765);

e) La sentencia no puede imponer pena más grave a la solicitada por las acusaciones, ni condenar por delito distinto al calificado si implica una alteración en el bien jurídico protegido o un cambio sustancial en los hechos (arts. 788 y 789). Cabe, excepcionalmente, superar estos límites cuando se hubiere modificado la calificación inicial por alguno de los acusadores, a sugerencia del juez, según lo dispuesto en el art. 788.3 (art. 789.3).

E) Protagonismo del Ministerio Fiscal

Con el procedimiento abreviado se incorpora un destacable fortalecimiento del papel del MF. Se regulan sus funciones, generales y específicas, en el art. 773 LECRIM.

a) Funciones *generales*:

1) Se constituye para el ejercicio de acciones, penal y civil;

2) Vela por el respeto de las garantías procesales del encausado y por la protección de los derechos de la víctima y de los perjudicados por el delito;

3) Instruye a la policía;

4) Aporta datos de que disponga o insta al instructor la práctica de diligencias de investigación o medidas cautelares; y

5) Solicita la conclusión del procedimiento preliminar si ha reunido datos suficientes para formular acusación o instar diligencias complementarias (art. 773.1, II y 780.2).

b) Funciones *específicas*:

1) Posibilidad de iniciar de oficio diligencias informativas (practicadas por MF o por la Policía), salvo las de exclusiva competencia judicial;

2) Decretar el archivo de las actuaciones si el hecho no reviste caracteres de delito, comunicándolo al perjudicado u ofendido, por si pretendiere reiterar su solicitud ante el JI;

3) Citar para su comparecencia y declaración a cualquier persona, con todas las mismas garantías (art. 773.2).

F) Delimitación y afianzamiento de la función de la Policía Judicial

Se refuerza su protagonismo en la investigación:

1) Asistencia a las víctimas, incluido el traslado del cadáver si se hallare en vía pública, férrea o lugar de tránsito (art. 770);

2) Adopción de medidas precautelares o preventivas (detención, secuestro de efectos o elementos del delito que se encuentran en el lugar de los hechos, intervención de vehículos de motor y permisos de circulación y conducción);

3) Informa por escrito al ofendido de su derecho a ser parte sin querella y tanto al ofendido como al perjudicado, de su derecho a nombrar Abogado o solicitarlo de oficio (art. 771); Informará asimismo a la persona ofendida o perjudicada de que puede optar por relacionarse con la Administración de Justicia por los medios electrónicos, informáticos o similares a que se refiere el art. 162 LEC (art. 771.1, II).

4) Da a conocer en la forma más comprensible al investigado no detenido de cuáles son los hechos que se le atribuyen y los derechos que le asisten (art. 520) (art. 771.2).

4) Fases del procedimiento abreviado: Diligencias previas y Juicio oral

El procedimiento se estructura en dos fases: diligencias previas y juicio oral.

A) Diligencias previas

En esta fase (art. 774) se realizan cuantas actuaciones vayan encaminadas a averiguar la existencia de los hechos y su posible culpabilidad, así como las posibles responsabilidades que puedan derivarse (se aplican los arts. 301 y 302). Puede iniciarse bien porque exista constancia de que los hechos deben conocerse a través del procedimiento preliminar (resultado del atestado policial o de las diligencias practicadas por el fiscal) o bien por cambio de procedimiento. Una vez acordada esta vía procesal:

- Se comunica al Fiscal y acusadores personados con traslado de lo actuado (art. 780).
- Pueden solicitar:
  1) Apertura del juicio oral;
  2) Sobreseimiento de la causa;
  3) Práctica de diligencias complementarias. De esta solicitud pueden darse las siguientes situaciones:
     a) Si la apertura del juicio oral se acuerda solo a instancia del Fiscal o del acusador popular, se dará nuevo traslado de las actuaciones a quien hubiera solicitado el sobreseimiento para que formule acusación, a no ser que renuncie a ello (por 3 días) (art. 783.1, 2).

b) Si piden el sobreseimiento todos los acusadores, el juez queda vinculado.

c) Si el sobreseimiento lo pide solo el Fiscal, y no existe acusador particular: la decisión es del juez, quien puede: 1) Acordarlo; 2) Remitir la causa al superior jerárquico de aquel para que se pronuncie sobre su procedencia o improcedencia (por 10 días); y 3) Dar conocimiento de esta decisión a los ofendidos o perjudicados no personados para que ejerciten las acciones procedentes (por 15 días) (art. 782.2). Se ha reforzado el papel de las víctimas tras la Ley 4/2015 y la LO 1/2025.

d) Si el sobreseimiento se acuerda de oficio, aun cuando se ha solicitado por alguno de los acusadores la apertura de juicio oral, cuando el instructor estime que los hechos no son constitutivos de delito o no existen indicios racionales de criminalidad (art. 783.1). Esta resolución es recurrible conforme a las normas generales. Cabe recurso de la víctima, en los términos expuestos en el art. 12 de la Ley 4/2015 de Estatuto de la víctima, teniendo en cuenta que el art. 779.1 establece la obligatoriedad de comunicar el auto de sobreseimiento a las víctimas delito, en la dirección del correo electrónico y, en su defecto, dirección postal o domicilio que hubieran designado.

e) Que se soliciten diligencias complementarias, quedando a decisión judicial la de practicarlas o no (art. 780.2).

f) Que de oficio el instructor entienda que un medio de prueba no podrá practicarse en el juicio oral (física o telemáticamente) o que su práctica pueda llevar a la suspensión, pudiendo acordar la práctica anticipada, respetando el principio de contradicción (art. 777). Quedará documentada por registro telemático o por acta escrita (debido respeto del art. 730).

B) Juicio oral

La solicitud de apertura de juicio oral se efectúa en el «escrito de acusación», que contendrá, además, la pretensión punitiva y, en su caso, la civil de resarcimiento; la proposición de prueba para el acto de la vista y, en su caso, la que deba practicarse anticipadamente. Todo ello conforme a lo previsto para los escritos de calificación provisional (art. 781). Si la víctima lo hubiera solicitado, aunque no sea parte, el LAJ deberá informarle, por escrito y sin retrasos innecesarios, de la fecha, hora y lugar del juicio, así como del contenido de la acusación dirigida contra el infractor (art. 786.3).

Es posible el *escrito de calificación mixto* acusación-defensa, antes de la celebración de la vista oral (art. 784.3, II). Implica que el acusado se conforma y que el escrito integra acusación y defensa. Se firma por los acusadores, el acusado y el abogado de éste.

a) Actividades previas (preparación del juicio oral)

Solicitada la apertura del juicio oral, se acuerda por el instructor mediante auto, que es irrecurrible, aun cuando cabrá que se reproduzca la petición ante el tribunal sentenciador (art. 783.3). En esta resolución el instructor se pronuncia sobre:

1) Adopción, modificación, suspensión o revocación de medidas cautelares contra el acusado y los responsables civiles, exigiendo, en su caso, fianza para cubrir las responsabilidades pecuniarias;

2) Alzamiento de las medidas adoptadas respecto a los no alcanzados por la acusación;

3) El tribunal competente para el enjuiciamiento (art. 783.3).

b) Juicio oral propiamente dicho con Audiencia preliminar

- Abierto el juicio oral, se *emplazará* al encausado, con entrega de copia de los escritos de acusación, para que comparezca en el plazo de tres días en la causa con Abogado y Procurador. Si no lo hace voluntariamente, se efectuará de oficio (art. 784).
- Traslado de las actuaciones al acusado y a terceros responsables —si hay—, para *escrito de defensa* (por 10 días comunes) (art. 784). En su caso, se expedirá requisitoria con posible declaración de rebeldía si estuviere en paradero desconocido, dándose las condiciones legalmente establecidas (art. 784.4). El escrito de defensa puede consistir:
  1. Ejercicio del derecho de defensa: argumentos, proposición de pruebas etc, o bien;
  2. Aceptar las calificaciones y responsabilidades exigidas, *conformándose* con el escrito de acusación que solicite pena de mayor gravedad, exigiéndose firma del acusado y de su abogado.
- Remisión por el LAJ de las actuaciones al órgano sentenciador, con notificación a las partes (art. 784.5).
- Audiencia preliminar: Cuando las actuaciones estén a disposición del órgano competente para el enjuiciamiento, convocará al fiscal y a las partes

a una audiencia preliminar, en la que las partes podrán exponer lo que estimen oportuno acerca de la posibilidad de conformidad del acusado o acusados, la competencia del órgano judicial, la vulneración de algún derecho fundamental, la existencia de artículos de previo pronunciamiento, posibles causas de suspensión de juicio oral, nulidad de actuaciones, así como pronunciarse sobre el contenido, finalidad o nulidad de las pruebas propuestas, y proponer informes, certificaciones y otros documentos o proponer la práctica de pruebas de las que las partes no hubieran tenido conocimiento en el momento de formular sus escritos de acusación o defensa (art. 785.1). La celebración de la audiencia preliminar requiere la asistencia del acusado y del abogado defensor (art. 785.2), si bien no se suspenderá por inasistencia injustificada de la persona acusada que haya sido debidamente citada ni tampoco por la incomparecencia injustificada de las demás partes citadas en forma, celebrándose a los efectos de sustanciar las cuestiones que puedan resolverse en ausencia. Las cuestiones planteadas se resolverán oralmente, en cuyo caso no cabe recurso; si es posible protestar en el acto. Si se trata de cuestiones complejas, cabe resolverlo mediante auto en el plazo máximo de diez días (art. 785.3).

- Podrá en este trámite de audiencia ponerse fin al proceso por conformidad, cuando se den las condiciones establecidas en el art. 785. Si no hay conformidad de las partes, resueltas las cuestiones planteadas en la audiencia preliminar, se efectúa el señalamiento por el LAJ de las sesiones de juicio oral en el mismo acto de la audiencia preliminar y oralmente, con sujeción a lo dispuesto en el art. 182 LEC; si no se hubiera resuelto oralmente, el señalamiento deberá efectuarse por el LAJ inmediatamente después de que sea dictado el auto a que se refiere el art. 785.3. Esta decisión que se notifica por escrito a la víctima, aun cuando no sea parte ni deba intervenir en el proceso (art. 786.3).
- Celebración de las sesiones en el lugar (física o telemáticamente a través de lugares seguros), día y hora señalados. El acusado y su abogado deberán estar presentes. Si no lo están, se suspenderán, a salvo de los supuestos en que se permite la ausencia justificada del acusado en el proceso (art. 787.1). La ausencia del tercero responsable no es causa de suspensión del juicio si hubiera sido citado debidamente. Cuando son varios los acusados, si la ausencia es de uno, puede continuar con los presentes (art. 787.1). Y cuando se trata de la incomparecencia de la persona que representa a la persona jurídica acusada, esta no impedirá la celebración de la vista, que se llevará a cabo con la presencia del abogado y procurador de ésta (art. 787 bis).
- Se inicia leyendo el LAJ los escritos de acusación y defensa (art. 787.2). Las partes solo podrán al inicio de las sesiones del juicio solicitar la incor-

poración de informes, certificaciones y otros documentos o proponer la práctica de pruebas de las partes que no hubieran tenido conocimiento al momento de celebrar la comparecencia prevista en el art. 785 (art. 787.3) Igualmente, antes de iniciarse la práctica de la prueba, la defensa, con la conformidad del acusado presente, podrá pedir al órgano judicial que proceda a dictar sentencia de conformidad con el escrito de acusación que contenga pena de mayor gravedad, o con el que se presentara en ese acto (la sentencia de conformidad se dictará oralmente) (art. 787 ter).

- Práctica de la prueba: se realizará concentradamente, en las sesiones consecutivas necesarias, salvo la posibles suspensión o aplazamiento de la sesión hasta un máximo de treinta días (art. 788.1). Salvo la posibilidad de que el informe pericial pueda prestarlo un solo perito, se remite a lo previsto para el procedimiento ordinario (art. 788.2).
- Conclusiones definitivas e informes finales: elevar a definitivas las conclusiones, modificarlas, efectuar oralmente valoración de la prueba y la calificación de los hechos, y contestar a las cuestiones formuladas judicialmente para el esclarecimiento de algunos aspectos de la prueba o la valoración jurídica de los hechos (art. 788.4). Si los acusadores modifican las conclusiones provisionales, puede dar lugar: 1) A la apertura de un periodo probatorio complementario, exclusivamente para la defensa, por cambio en la tipificación penal de los hechos o estimación de circunstancias agravatorias del grado de participación o responsabilidad. Puede la defensa solicitar el aplazamiento de las sesiones (hasta un máximo de 10 días) para preparar su derecho de defensa (art. 788.5); 2) Posible cambio de competencia judicial. Si todas las acusaciones califican los hechos como delitos castigados con pena que exceda de la competencia del TISecP. Fuera del supuesto anterior, el TISecP resolverá lo que estime pertinente acerca de la continuación o finalización del juicio, pero en ningún caso podrá imponer una pena superior a la correspondiente a su competencia (art. 788.6). Si la competencia la tuviere la Audiencia y las calificaciones se hacen a la baja —competencia de los TISecP—, se mantendría su competencia.
- Derecho a la última palabra del acusado (art. 739). Es derecho renunciable por el acusado, pero no puede restringirse ni negarse por el órgano judicial (STS 659/2021, de 6 de septiembre).
- Finalizada la vista, se levanta acta (arts. 743 y 788.7), declarando el juicio visto para sentencia. La sentencia se puede dictar:
  1) Por escrito, dentro de los 5 días siguientes (art. 789.1 LECRIM);
  2) Sentencia *in voce*, cuando es competencia solo de los TISecP y así lo considere oportuno. El fallo se documenta en el acta o se anexa, con sucinta motivación, sin perjuicio de su documentación por escrito en la

forma y plazo vistos antes (art. 789.2). El LAJ notifica la sentencia por escrito a los ofendidos y perjudicados por el delito, aunque no se hayan mostrado parte en la causa (art. 789.4).

➢ Contra la sentencia cable plantear:

1) Apelación ante la AP, si fuera dictada por un TISecP; o ante la Sala de lo Penal de la AN, si lo fuera por un TCISecP (art. 790.1);

2) Si se hubiera dictado por una AP o la AN, se permite la casación (art. 790.1) por infracción de ley y por quebrantamiento de forma en los supuestos del art. 847 (art. 792.4);

3) Si se dictó en ausencia del acusado, anulación (art. 797);

4) Si se manifiesta intención de no recurrir en el acto de comunicación «*in voce*» de la sentencia, se declara su firmeza con pronunciamiento, en su caso y previa audiencia de las partes, sobre la condena condicional (art. 789.2);

5) En caso de conformidad, amén de terminar el proceso sin vista oral, no admite recurso. Si la sentencia de conformidad se dicta oralmente, se declara oralmente su firmeza (art. 787 ter 6).

➢ Ejecución de la sentencia: sigue las normas generales de la LECRIM, con la particularidad referida a las posibles incidencias liquidatorias de indemnizaciones si su cuantía no figurase específicamente determinada en el fallo (art. 794.1).

Lección 27ª

LOS PROCESOS ORDINARIOS (II)

SILVIA BARONA VILAR

SUMARIO: I. PROCESO PARA ENJUICIAMIENTO RÁPIDO DE DETERMINADOS DELITOS; 1) Regulación; 2) Naturaleza jurídica; 3) Ámbito de aplicación; A) Gravedad de la pena; B) Modalidad de incoación del procedimiento; C) Exigencia de concurrencia de al menos una de las tres siguientes circunstancias; 4) Características del procedimiento; A) La rapidez en su tramitación; B) Fortalecimiento de las funciones de la policía judicial; C) Instrucción concentrada ante el juez o la jueza en servicio de guardia; D) Papel protagonista del Ministerio Fiscal; E) Medidas de protección procesal de los ofendidos y perjudicados; F) Aumento de las atribuciones del Letrado de la Administración de Justicia; 5) Fase de investigación; A) Fase policial; B) Fase judicial: «diligencias urgentes»; 6) Medidas cautelares en estos procesos; 7) Fase preparatoria del juicio oral; A) Sobreseimiento (alternativa al juicio oral); B) Apertura del juicio oral; 8) Juicio oral, sentencia, impugnación y ejecución; II. PROCEDIMIENTO POR DELITOS LEVES; 1) Ámbito de aplicación del proceso por delitos leves; 2) Características generales del procedimiento por delitos leves; A) Naturaleza; B) Competencia; C) Estructura y características; D) Citación; E) Ausencia del acusado; F) Postulación; G) Potenciación del archivo, manifestación del principio de oportunidad; 3) Desarrollo del procedimiento; A) Procedimiento inmediato para delitos leves; B) Procedimiento común o general para delitos leves.

I. PROCESO PARA ENJUICIAMIENTO RÁPIDO DE DETERMINADOS DELITOS

La aprobación de la Ley 38/2002, de 24 de octubre, de reforma parcial de la LECRIM, atendió, por razones de urgencia en la mejora de la justicia penal y en la proyección social de la misma, a tres grandes objetivos: 1) La creación de un proceso nuevo; 2) La modificación del procedimiento abreviado; y 3) La modificación, en el sentido de creación de una modalidad inmediata, del juicio de faltas (hoy desaparecidas). Aunque no era desconocida en la legislación española la modalidad procedimental del enjuiciamiento rápido de determinados delitos, este proceso revestía unos caracteres que le diferenciaban de los que le habían precedido.

1) *Regulación*

Los juicios rápidos se regulan en los arts. 795 a 803 de la LECRIM. Se aplica supletoriamente las normas del abreviado. En los preceptos que lo regulan se determina: su ámbito de aplicación, las actuaciones de la Policía Judicial altamente incrementadas, las diligencias urgentes a practicar ante el juez o la jueza en servicio de guardia, la preparación y desarrollo del juicio oral, la sentencia, y su impugnación.

2) Naturaleza jurídica

Aun cuando este proceso fue considerado por la Exposición de Motivos como un proceso especial, no es ésta su naturaleza jurídica. Los criterios que determinan su ámbito de aplicación y la estrecha vinculación con el abreviado y con el actual proceso por delitos leves permite considerarle como una modalidad ordinaria.

Si se exigiera la concurrencia simultánea de todos los criterios nada obstaría a su condición de proceso especial, pero la posibilidad de que tan sólo concurra, por ejemplo, el criterio de la facilidad instructora no puede entenderse como suficiente para otorgarle dicha naturaleza. Por su parte, si se exigiera, en todo caso, que el delito que se persigue a través del juicio rápido deba ser necesariamente alguno de los que se enumeran en el art. 795.1, 2ª LECRIM, la naturaleza de proceso especial no se cuestionaría. Debe sin embargo considerarse que hay algunos elementos que lo hacen «diferente»: su ámbito de aplicación, y su abreviación en la tramitación.

Lo especial aquí no solo es el ámbito de aplicación, sino que también se le atribuye una serie de especialidades procedimentales, que se complementan supletoriamente con las normas reguladoras del procedimiento abreviado. En cualquier caso, no es proceso especial, sino procedimiento con especialidades procedimentales.

3) Ámbito de aplicación

Su ámbito de aplicación se configura en el art. 795 LECRIM, y responde a la concurrencia de tres criterios, que atienden, en primer lugar, a la gravedad de la pena; en segundo lugar, a la modalidad de incoación del procedimiento; y, finalmente, exige que concurra al menos una de las circunstancias que específicamente se delimitan, y que responden a la flagrancia del delito, a tratarse de un hecho tipificado en el elenco de delitos establecido como ámbito de este proceso, y a la facilidad instructora. Así se exige:

A) Gravedad de la pena

Los hechos delictivos que pueden conocerse a través de estos juicios deben estar castigados con pena privativa de libertad que no exceda de cinco años, u otras penas, bien sean únicas, conjuntas o alternativas, cuya duración no exceda de diez años, cualquiera que sea su cuantía. Debe estarse a la pena en abstracto. Es la naturaleza del delito (delitos menos graves) y la pena lo que determina el ámbito de aplicación. La reforma del CP de 2015 introdujo los «delitos leves», lo que ha creado en ciertos casos dudas acerca de la línea entre delitos menos graves y leves; en principio —no siempre— se aplica la *vis attractiva* respecto de los leves.

B) Modalidad de incoación del procedimiento

Se incoa mediante atestado policial, y siempre que ha habido detención policial, o citación policial para comparecer ante el juez o la jueza en servicio de guardia por tener la calidad de denunciado en el atestado policial.

El texto originario de la Ley 38/2002 parecía excluir de este procedimiento las causas que se inician por querella o por denuncia presentada ante el juez o la jueza en servicio de guardia directamente, provocando absurdos en supuestos como el delito de violencia doméstica del que se obtiene la *notitia criminis* por parte hospitalario o por denuncia directa ante el JG, al no poder tramitar las diligencias por este procedimiento, sino por el abreviado, quebrando con ello el espíritu que quiso el legislador atribuir en la tramitación de causas penales referidas a determinados delitos que exigen socialmente una respuesta rápida. La reforma por LO 15/2003 añadió un nuevo ap. 4 al art. 796, que permite la vía de los juicios rápidos cuando, aun no habiendo sido detenido ni localizado el presunto responsable, fuera previsible su rápida identificación y localización. Las investigaciones constarán en un único atestado, que se remitirá al JG tan pronto como sea detenido o citado y, en cualquier caso, dentro de los 5 días siguientes.

C) Exigencia de concurrencia de al menos una de las tres siguientes circunstancias

1ª) Se trate de delito flagrante. Se considera como delito flagrante, según el art. 795.1, 1ª:

- El que se estuviese cometiendo o se acabare de cometer cuando el delincuente sea sorprendido en el acto (lo que el TS venía considerando la «inmediatez temporal»). Se entenderá sorprendido en el acto:
  - Al delincuente que fuere detenido en el momento de estar cometiendo el delito (por ejemplo, acaba de romper la ventana del coche y se ha sentado para realizar el puente al vehículo para salir rápidamente o al poner en marcha el vehículo, con tan mala fortuna que la policía se le cruza y le impide la circulación);

- Cuando la persecución durare o no se suspendiere mientras el delincuente no se ponga fuera del inmediato alcance de los que le persiguen (sin que se establezca límite temporal, sino tan sólo la exigencia de la no suspensión en la persecución, dure lo que dure la misma).

➢ El que se cometiere por persona a quien se sorprendiere inmediatamente después de cometido un delito con efectos, instrumentos o vestigios que permitan presumir su participación. Esto es, cuando al presunto delincuente se le encuentra en el lugar de los hechos, en relación tal a los objetos o instrumentos del delito que no haya duda razonable en cuanto a su participación. La exigibilidad de la concurrencia de que no haya duda razonable ha sido claramente sustituida por un grado menor, en cuanto el actual art. 795.1, 1ª tan sólo se refiere a la presunción de la participación de la persona a quien se sorprende inmediatamente después de cometido el delito con elementos que así la amparen.

2ª) Se trate de alguno de los delitos establecidos expresamente en el art. 795.1, 2ª: 1) De lesiones, coacciones, amenazas o violencia física o psíquica habitual, cometidos contra las personas a que se refiere el art. 173.2 del CP (delitos y faltas, de protección integral contra la violencia de género); 2) Hurto; 3) Robo; 4) Robo y hurto de uso de vehículos; 5) Contra la seguridad del tráfico; 6) Daños referidos en el artículo 263 del Código Penal; 7) Contra la salud pública previstos en el artículo 368, inciso segundo, CP; 8) Delitos flagrantes relativos a la propiedad intelectual e industrial previstos en los arts. 270, 273, 274 y 275 del CP; 9) Delitos de allanamiento de morada del art. 202 CP; 10) Delitos de usurpación del art. 245 CP.

Son un elenco tasado de delitos, no complicados en su investigación, o de los frecuentes o de los que generan rechazo social, que exigen una mayor rapidez en su tramitación. Las estadísticas judiciales presentan un gran número de sentencias de conformidad por reconocimiento de los hechos ante el JG, pero también numerosas sentencias absolutorias derivadas de una retractación de la víctima llegado el juicio oral.

3ª) Por hechos punibles en que se aprecie, aun no concurriendo las circunstancias 1ª) y 2ª), facilidad instructora, presumiéndose que la investigación será sencilla y de duración breve.

4) Características del procedimiento

Se regula con remisiones al abreviado, pudiendo destacar como notas características:

A) La rapidez en su tramitación

La rapidez se manifiesta tanto en la tramitación desde la incoación del proceso penal hasta la celebración del juicio oral, como en los plazos para dictar sentencia y para recursos, destacando el impulso acelerador a través de la incorporación abierta de actuaciones procesales telemáticas, en los términos establecidos en el art. 258 bis LECRIM.

B) Fortalecimiento de las funciones de la policía judicial

Se consagra una verdadera fase policial de investigación, al atribuir a la Policía Judicial el deber de practicar en el tiempo imprescindible y, en todo caso, durante el tiempo de la detención, determinadas diligencias específicas en este procedimiento (las referidas en art. 796 LECRIM).

La Policía asume funciones antes atribuidas a los agentes judiciales, lo que exige una buena coordinación entre los diversos cuerpos y fuerzas de seguridad que se despliegan en el territorio de cada partido judicial y también entre estos organismos y los tribunales de ese mismo partido, en especial con el juez o jueza que se encuentre en funciones de guardia, siguiendo en gran medida el Protocolo de coordinación entre ambos, de 28 de junio de 2005 para proteger a las víctimas de violencia de género.

En todo caso, dos son los asuntos que precisan una atención especial: el pase de detenidos y la agenda única de señalamientos. Se trata de una agenda informática —acorde con el nuevo modelo de justicia con expediente electrónico— conectada a los tribunales y a la policía, que permite no realizar señalamientos o citaciones coincidentes, evitando repeticiones en sede judicial y conformando el atestado policial, eje de la incoación del procedimiento, aproximándose cada vez más al sistema estadounidense.

C) Instrucción concentrada ante el Juez o Jueza en servicio de guardia

La instrucción concentrada eficaz ante el juez o la jueza en servicio de guardia se consigue reformulando el sistema del régimen de guardias, con plazos breves y evitación de reiteración de las diligencias policiales innecesarias.

En delitos de violencia de género el art. 797 bis rompe dicha concentración ante el juez o la jueza en servicio de guardia, siendo el Tribunal de Instancia Sección de Violencia sobre la Mujer el que asume éstos. Los de Guardia resuelven los actos que afecten a la situación personal del investigado, es decir, las medidas cautelares y la orden de protección. En cualquier caso, en horas de audiencia (9 a 13 horas) los TISecVM endrán la obligación de conocer las diligencias inaplazables. Corresponde a la Policía Judicial fijar el día y hora de la comparecencia ante los tribunales, donde deberán desarrollarse estos juicios rápidos.

D) Papel protagonista del Ministerio Fiscal

Se refuerza la figura del MF, especialmente en la práctica de diligencias urgentes en el JG, en la fase de preparación del juicio oral en especial en cuanto a la alternativa sobreseimiento-juicio oral se refiere, etc.

Significativa es la figura de la Fiscalía contra la Violencia sobre la Mujer, que coordina las acciones civiles y penales que deban decidirse conjuntamente en un juicio rápido ante los TISecVM.

E) Medidas de protección procesal de los ofendidos y perjudicados

Supone el fortalecimiento de los ofendidos y perjudicados, a los que se les notificará las resoluciones que puedan afectarle, a saber, tanto el auto de sobreseimiento de la causa [art. 800.1 en relación con art. 782.2, a)] como la misma sentencia, aunque no se hayan mostrado parte en la causa (art. 792.4 en relación con el art. 795.2). A ellas habrá que anudar las que se incorporan mediante el Estatuto de la Víctima por Ley 4/2015 y las incorporadas por la LO 1/2025, de 2 de enero.

F) Aumento de las atribuciones del Letrado de la Administración de Justicia

Informa a los detenidos de sus derechos, de las consecuencias de la conformidad al acusado, y son los que acuerdan el traslado de documentación entre las partes, así como cuantas se establecen en el Estatuto de la Víctima.

5) Fase de investigación

Es núcleo esencial de este procedimiento, con dos etapas: una policial; y otra, judicial.

A) Fase policial

Destacan dos elementos en esta fase: 1) Que se conoce al autor del delito, y 2) Que se ha producido una detención policial para comparecer ante el juez o jueza en servicio de guardia.

La Policía estará obligada a practicar las diligencias oportunas en cada caso (art. 796), que responden a una doble finalidad: 1ª) Favorecer el acopio de material que, junto al atestado policial, va a ser presentado al juez o jueza en servicio de guardia o TISecVM, como anticipo de la investigación; y 2ª) Evitar, en la medida de lo posible, la reiteración de las diligencias ya practicadas en sede policial, siempre que el juez, con la participación del Fiscal, así lo considere pertinente. Son:

- Requerir la presencia de facultativo o personal sanitario para prestar, si fuere necesario, los oportunos auxilios al ofendido, solicitando una copia de su informe para unirlo al atestado policial. Por ejemplo, en los delitos de lesiones o en los que se emplee violencia física o psíquica la presencia del facultativo o personal sanitario que informe acerca del estado en que se encuentra el ofendido y le preste los auxilios oportunos, es material esencial para, agregado al atestado policial, ser remitido al órgano que se encuentre de guardia. Se simplifica la actividad investigadora a realizar en la fase judicial. El forense realizará los informes a la vista de la documentación médica que se le suministre y, únicamente cuando fuere absolutamente imprescindible (excepcional), podrá personarse en sede policial para reconocer al lesionado y emitir el informe.
- Informar del derecho a ser asistido de Abogado ante el juez o jueza en servicio de guardia, aun cuando no haya sido detenido (art. 796.1, 2ª). El Abogado designado para la defensa estará habilitado para todas las actuaciones que se verifiquen ante el JG.
- Realizar citación ante el juez o jueza en servicio de guardia o TISecVM en el día y la hora que se le señale (art. 796.1, 3ª, 4ª y 5ª): a) Al denunciado en el atestado policial, si no hubo detención, con apercibimiento de las consecuencias de no comparecer; b) A los testigos, con apercibimiento de las consecuencias de no comparecer; c) A los aseguradores que hubieren asumido el riesgo de las responsabilidades pecuniarias derivadas del uso o explotación de cualquier bien, empresa, industria o actividad (art. 117 CP); d) En su caso, a los vecinos y personas del entorno laboral, escolar, servicios sociales, que pudieron informar sobre actos de violencia de género anteriores al denunciado, así como de su personalidad y posibles adicciones. La determinación del día y la hora de las citaciones se realiza por la Policía Judicial en coordinación con el el juez o jueza en servicio de guardia o TISecVM. En caso de urgencia, puede practicarse verbalmente, con constancia en el acta de su contenido (art. 796.2).
- Remitirá al Instituto de Toxicología, al Instituto de Medicina Legal o al Laboratorio correspondiente las sustancias aprehendidas cuyo análisis resulte pertinente (art. 796.1, 6ª). Pueden realizarse detección de pruebas sin previa autorización judicial ni consentimiento del sujeto a través del

test salival como primer indicio que, si es positivo, pudiera dar lugar a extracción y análisis de sangre posterior.

- La práctica del análisis de sangre, de orina u otro análogo requerirá personal sanitario adecuado, que deberá remitir el resultado al juez o jueza de guardia por el medio más rápido y, en todo caso, antes del día y la hora de la citación de las personas anteriormente señaladas (art. 796.1, 7°).
- Si no es posible remitir al juez o jueza de guardia algún objeto que debiera ser tasado, se solicitará por la Policía judicial la presencia de un perito o servicio para que emita un informe pericial, que podrá presentarse bien escrito, o bien emitirse oralmente ante el mismo juez o jueza de guardia.
- En los delitos de violencia de género la Policía Judicial averiguará la intensidad del posible riesgo, a efectos de la decisión judicial sobre las órdenes de alejamiento y de protección integral de la mujer, para lo cual se servirá de la herramienta Viogén. Verificará la existencia de otras intervenciones policiales, denuncias, partes médicos, causas pendientes, así como condenas o medidas cautelares acordadas por este tipo de delitos que aparezcan en el Registro Central de Víctimas de la Violencia de Género. Podrá la policía incautar armas y/o instrumentos peligrosos que pudieran encontrarse en el domicilio familiar o poder del presunto agresor, a la espera de la posible suspensión judicial del derecho a la tenencia, porte y uso de las mismas.

B) Fase judicial: «diligencias urgentes»

Esta fase queda reducida a consecuencia de las funciones de la Policía Judicial. Elementos configuradores de esta fase judicial de investigación en los juicios rápidos son los siguientes:

- Competencia del juez o jueza del tribunal en servicio de guardia (art. 799.1), y territorialmente se aplican las reglas generales de la competencia territorial de los arts. 14 y 15 LECRIM. En los partidos sin servicio de guardia permanente, el plazo de 24 horas puede extenderse por periodo adicional de 72 horas en actuaciones en las que el atestado se hubiera recibido dentro de las 48 horas anteriores a la finalización del servicio de guardia (art. 799.2). Se reduce sus posibilidades de intervención, a los efectos de presentación del detenido, en los delitos de violencia de género.
- El atestado policial. Se inicia la fase judicial tras el recibimiento del atestado policial, junto con los objetos, instrumentos y pruebas que se hayan obtenido por la policía y acompañen a aquél (informes periciales, objetos aprehendidos en el momento de la comisión de los hechos, etc.). Pueden incluso hacer innecesaria la fase judicial, siempre que el juez o jueza de

guardia considere que estas actuaciones y el material aportado al atestado son suficientes para ordenar la continuación del procedimiento (art. 798. 2, 1°).

- En los supuestos de violencia de género: para la elaboración del atestado se aconsejaba que la policía fotografiara y grabara la inspección ocular y declaración de la víctima que, con frecuencia se retractaba el día del juicio, quedando sin prueba muchas acusas por agresión. La tendencia jurisprudencial es no admitir como prueba la grabación de la fase preliminar (art. 416 LECRIM, posible no declaración de la víctima contra su cónyuge), asegurándose la presencia de la víctima, representante legal, presunto agresor y posibles testigos ante el juez, si bien evitándose que víctima y agresor se encuentren en el mismo espacio físico o haciendo uso, en su caso, de lo que dispone el art. 258 bis, permitiendo la presencia telemática.
- Rapidez y simplificación: Incoadas diligencias urgentes, si la instrucción no hubiere podido desarrollarse en tiempo, podría solicitarse la conversión en diligencias previas del abreviado (art. 798.2, 2°).
- Desarrollo de esta fase judicial, que consistirá:
  1. Presentación del atestado policial, objetos, instrumentos y pruebas. Si el juez o jueza de guardia los considera suficientes, dicta auto oral, no susceptible de recurso, ordenando seguir el procedimiento —la fase de preparación del juicio oral—. Si el juez o jueza de guardia reputa delito leve el hecho que hubiere dado lugar a la formación de diligencias, procederá a su enjuiciamiento inmediato (art. 798.2, 1°).
  2. Práctica de diligencias urgentes, si el Juez lo considera oportuno (art. 797) con colaboración del Fiscal, tanto en cuanto a la determinación de la conveniencia como a su orden práctico. El auto por el que las incoa no es susceptible de recurso. Pueden ser:
     a) Petición de los antecedentes penales del detenido o persona investigada.
     b) Diligencias necesarias no realizadas, para la calificación jurídica de los hechos.
     c) Tomar declaración del detenido puesto a disposición judicial o al investigado por los términos del atestado, informándole de los hechos que se le imputan, los derechos que le asisten, la posibilidad de entrevista con su Abogado, antes y después de prestar la declaración, la necesidad de que designe un domicilio en España a efectos de notificaciones o, en su caso, quien las reciba en su nombre, la advertencia de la posibilidad de celebrar el juicio en su ausencia (art. 775 en relación con el art. 797).

d) Ante incomparecencia del investigado a la citación policial ante el juez o jueza de guardia sin causa legítima, la orden de comparecencia podrá convertirse en orden de detención (art. 487 y art. 797).

e) Tomar declaración a los testigos comparecidos, citados por la Policía Judicial.

f) Informar a ofendido y perjudicado de los derechos que le asisten (arts. 109 y 110): a mostrarse parte en la causa sin querella, a nombrar Abogado o instar el nombramiento de oficio (asistencia jurídica gratuita), a conocer lo actuado una vez personados, e instar lo que a su derecho convenga; información de que, de no personarse y no hacer renuncia ni reserva de acciones civiles, el MF las puede ejercitar; derecho a las medidas de asistencia a las víctimas.

g) Reconocimiento en rueda del investigado, si es pertinente y ha comparecido el testigo.

h) Ordenar el careo entre testigos, entre testigos e investigados o entre imputados entre sí.

i) Ordenar la citación, incluso verbal, de personas necesarias, salvo miembros de las Fuerzas y Cuerpos de Seguridad que hubieren intervenido en el atestado y cuya declaración obre en el mismo, salvo que, excepcionalmente y mediante resolución motivada, considere imprescindible su nueva declaración. En las citaciones se informará de la posibilidad de declarar de forma telemática en las condiciones establecidas en el art. 258 bis.

j) Cualquier otra diligencia, siempre que cumpla dos condiciones: a) Sea pertinente a los fines de la investigación; y b) Se practique en el acto o dentro del plazo máximo de 72 horas (por remisión hecha al art. 799).

k) El órgano recabará información sobre la posible pendencia de un proceso civil sobre violencia de género, requiriendo al Tribunal civil de inhibición en la causa a los efectos de que sea conjuntamente juzgada ante los TISecVM (arts. 87 ter.III LECRIM y 49 bis.III LEC).

l) Posible prueba anticipada (art. 797.2) ante la imposibilidad de práctica en juicio oral (especialmente en violencia de género), previa petición de parte. Se documentará en soporte apto para la grabación y reproducción del sonido y de la imagen o por medio de acta. Cabrá la posibilidad de la presencia al juicio oral telemática en los términos expuestos en el art. 258 bis.

m) Trámite de audiencia de las partes personadas y del Ministerio Fiscal, tras las diligencias urgentes, para adoptar la resolución procedente (art. 798.1).

n) Resoluciones del juez o jueza en servicio de guardia: Podrá: a) Dictar auto oral, documentado en acta, de continuación del juicio rápido, en el supuesto de que considere suficientes las diligencias practicadas. No cabe recurso alguno; b) Puede decidir no continuar por este juicio rápido:

- Porque el hecho no sea constitutivo de infracción penal-auto de sobreseimiento libre (art. 798.2, 1° en relación con el art. 779. 1, 1° y el 637.2);
- Por insuficiencia de justificación de la perpetración o por no haber actor conocido —sobreseimiento provisional (art. 798.2, 1° en relación con el 779. 1, 1° y el 641.1 y 2)—;
- Porque el hecho sea delito leve —enjuiciamiento inmediato [artículo 963 (798.2, 1°)]—;
- Porque el hecho estuviere atribuido a la jurisdicción militar, en cuyo caso se inhibirá a favor del órgano competente (art. 798.2, 1° en relación con el art. 779.1, 3ª);
- Porque todos los imputados fueren menores de edad penal — traslado al Fiscal de Menores (art. 798.2, 1ª en relación con art. 779.1, 3ª)—.
- Por remisión al procedimiento abreviado: si considera insuficientes las diligencias practicadas, ordenará la continuación del procedimiento como «diligencias previas», con otras diligencias necesarias para concluir la instrucción. Esta decisión, probablemente sustentada en la petición de las partes personadas y del Ministerio Fiscal, deberá fundarse (art. 798.2, 2ª). Y en todo caso, con devolución de objetos intervenidos (art. 789.4)

6) *Medidas cautelares en estos procesos*

En la fase de investigación judicial el juez o jueza de guardia resolverá acerca de las medidas cautelares en dos momentos: 1ª) Inmediatamente después de la práctica de las diligencias urgentes, en el trámite de audiencia al Fiscal y a las partes personadas; e 2ª) Inmediatamente después del auto oral que acuerda la continuación del procedimiento, también previo trámite de audiencia de las partes (arts. 798.1, en relación con el 800.1 y con el art. 505.1, II).

En todo caso, la decisión viene precedida de audiencia (art. 798), y dependerá de que existieren o no medidas cautelares ya adoptadas. En unos casos, se pronuncia sobre las cautelares en el mismo auto que resuelve la suerte del proceso (art. 798.3), tal como sucede con el auto de sobreseimiento. En otros, se continúa la causa por los trámites del juicio rápido, mediante auto oral, solicitando el juez o jueza de guardia, en el mismo acto, al Fiscal y a las partes personadas, que se ratifiquen en lo pedido cautelarmente (art. 798.3 *in fine* en relación con el art. 800.1).

Contra la decisión cautelar cabe reforma y apelación, pudiendo plantear apelación de forma subsidiaria a aquélla, pero sin que sea necesario interponer previamente el de recurso de reforma para presentar el de apelación (arts. 798.3 en relación con el art. 766).

7) Fase preparatoria del juicio oral

Regulada en los arts. 800 y 801 se seguirá de forma inmediata y en brevísimos plazos, ante el juez o jueza de guardia que conoció de la fase judicial investigadora.

A) Sobreseimiento (alternativa al juicio oral)

Su finalidad no es tan sólo preparar el juicio oral, sino también la de evitarlo. Se regula en el art. 798.1. Se dicta auto oral por el que se manda o bien apertura juicio o bien sobreseimiento. Con unidad de acto se pronunciarán las partes, ratificando o, en su caso, solicitando medidas cautelares. Pueden darse, a este respecto, diversas situaciones:

- Si Fiscal y acusador particular solicitan el sobreseimiento por cualquiera de los motivos de los arts. 637 y 641, lo acordará el juez, salvo los supuestos de núm. 1º, 2º, 3º, 5º y 6º del art. 20 CP, devolviendo las actuaciones a las acusaciones para calificación, continuando el juicio hasta sentencia, a los efectos, en su caso, de la imposición de medidas de seguridad y del enjuiciamiento de la pretensión civil.
- Si el Fiscal solicita sobreseimiento, no existiendo acusador particular, antes de acordarlo lo pondrá en conocimiento de las víctimas no personadas, a fin de que, en el plazo de 15 días, puedan, en su caso, defender lo que consideren. Si no lo hicieren, se acordará el sobreseimiento. El art. 782.2, b) permite también al juez remitir al superior jerárquico del Fiscal para que resuelva si procede o no la acusación; deberá responder en diez días.
- Si el Fiscal o la acusación particular solicitan juicio oral, el juez o jueza de guardia lo acordará, mediante auto oral motivado, salvo que concurran los presupuestos del sobreseimiento (art. 800.1 en relación con el 783.3). Se

exige la documentación en el medio de reproducción de estas actuaciones. Este auto no será susceptible de recurso (art. 800.1 *in fine).*

B) Apertura del juicio oral

Abierto el juicio oral, se distinguen dos supuestos (art. 800): a) Que tan sólo exista acusación pública (Fiscal); y b) Que se hubiere constituido acusación particular también.

a) Ejercicio de la acusación pública única

Las actuaciones que se suceden concentradamente son:

a) Apertura de juicio oral;

b) Inmediata presentación del escrito de acusación por el Fiscal o su formulación oral;

c) Señalamiento para juicio oral (art. 800.3, II);

d) Emplazamiento del acusado y, en su caso, del responsable civil para escritos de defensa ante el órgano competente para el enjuiciamiento (art. 800.2), o la formulen oralmente, procediendo en tal caso a la citación de las partes para celebración del juicio oral, pudiendo intervenir con presencia telemática en los términos expuestos en el art. 258 bis. Cabe conformidad. El plazo, sin exceder de 5 días, deberá fijarse por el juez o jueza de guardia, atendidas las circunstancias del hecho y los datos aportados en la investigación.

b) Ejercicio de la acusación particular

Se seguirán:

a) Apertura del juicio oral;

b) Emplazamiento al acusador particular y al Fiscal para acusación, en el plazo máximo e improrrogable de dos días —diferencia respecto del carácter inmediato de presentación de la acusación en el supuesto del ejercicio único de la acusación pública—;

c) Citación de las partes por el juez o jueza de guardia, para la celebración del juicio, y a quienes deban intervenir en la prueba (art. 800.4 en relación con el 800.2 y 800.7);

d) Emplazamiento del acusado y responsable civil, en su caso, para la formulación en los mismos términos anteriormente expuestos, de sus escritos de defensa. Aun cuando no se hace referencia al acusador popular, debe entenderse posible su intervención, siempre que por la calidad del delito esto sea factible.

Si no se presenta la acusación de forma inmediata —en los supuestos de acusación pública única— o no se presenta en el plazo de dos días —con acusación particular— el art. 800.5 establece:

a) Que se requerirá inmediatamente al superior jerárquico del Fiscal para que, en el plazo de dos días, presente el escrito de acusación; y

b) Si el superior tampoco lo presentare, se entiende que no se pide la apertura del juicio oral y se decretará el sobreseimiento libre.

Las críticas a esta solución se asientan:

a) No encaja con los supuestos legales del sobreseimiento libre;

b) Tampoco queda clara la posible responsabilidad civil *ex delicto*;

c) Puede favorecerse la impunidad de los delitos;

d) Desprotege a las víctimas;

e) Desde un punto de vista de la naturaleza y consecuencias jurídicas del sobreseimiento libre, no resulta razonable —por desproporcionada— ofrecer el efecto de cosa juzgada a un incumplimiento de plazos. La solución responde a un exceso de celo por dar respuesta al enjuiciamiento rápido e inmediato de los delitos, y en detrimento de las garantías del proceso.

c) Escritos de defensa

Lo significativo es:

1) Presentación inmediata salvo los supuestos en que se fija por el juez o jueza en servicio de guardia un plazo concreto, que no podrá exceder de cinco días; no se entiende prorrogable;

2) Se presentan ante el TISecP, competente para el enjuiciamiento;

3) El Juez examinará las pruebas propuestas y dictará auto admitiendo o inadmitiéndolas, y, en su caso, prevendrá lo necesario para la práctica de la prueba anticipada (art. 800.6 en relación con el 785).

d) Posibilidad de conformidad: peculiaridades

Cabe la conformidad en sede de urgencia. Favorece la celeridad, si bien puede suponer merma de garantías de los investigados y encausados, amén de suponer la no separación de funciones entre el que instruye y el que falla. Se trata de una manifestación de la denominada justicia del mazo, al estilo anglosajón.

El legislador ha querido distinguir dos posibilidades: 1°) Que exista acusador particular, regulándose la conformidad en el escrito de defensa con la más grave de las acusaciones (art. 801.5 LECRIM), de difícil realidad; 2°) Que tan sólo exista acusador público, cumpliéndose los requisitos del art. 801:

- Que el Fiscal, parte única, hubiere solicitado apertura del juicio oral, y, acordada por el juez o la jueza de guardia, hubiere presentado en el acto escrito de acusación;
- Que los hechos de acusación se califiquen como delito castigado con pena de hasta 3 años de prisión, con pena de multa cualquiera que sea su cuantía o con otra pena de distinta naturaleza cuya duración no exceda de 10 años;
- Que, tratándose de pena privativa de libertad, la pena solicitada o la suma de las penas solicitadas no supere, reducida en un tercio, los dos años de prisión. Se objeta que se posibilita la conformidad sin designación de abogado de oficio en los supuestos en que no haya uno particular, afectando con ello al ejercicio del derecho de defensa.

Tras los oportunos controles, el juez o la jueza de guardia dicta oralmente sentencia de conformidad: a) Impondrá la pena reducida en un tercio; y b) Si la pena fuere una pena privativa de libertad, acordará, en su caso la suspensión o su sustitución —es una suerte de pena condicionada—.

El incumplimiento de los compromisos establecidos da lugar a un auto por el que se impondrá al acusado la pena sin reducción. El juez o jueza de guardia acordará lo procedente sobre la puesta en libertad o el ingreso en prisión del condenado, con los requerimientos oportunos, con remisión al TISecP para ejecución (art. 801.4). Si el Fiscal y las partes personadas expresan su decisión de no recurrir, se declara oralmente la firmeza de la sentencia.

También es posible la conformidad en los juicios rápidos en la fase del juicio oral (arts. 800.2 y 802), si bien el régimen jurídico aplicable es el del abreviado (art. 787) y, por ello, sin límite penológico.

8) Juicio oral, sentencia, impugnación y ejecución

Se remite con carácter general al abreviado, salvo en lo que se refiere a la audiencia preliminar previa del art. 785 (art. 802.1). Las peculiaridades son:

- Si por motivo justificado no pudiere celebrarse el juicio oral en el día señalado o no pudiere concluirse en un solo acto, se señalará el día más inmediato posible y, en todo caso, dentro de los 15 días siguientes, teniendo en cuenta las necesidades de la agenda programada de señalamientos y demás circunstancias establecidas en el art. 182 LEC, poniéndolo en conocimiento de los interesados (art. 802.2);

- El plazo para dictar sentencia es de 3 días, a contar desde la terminación de la vista. Podrá dictarse *in voce*, sin perjuicio de la documentación del fallo y una sucinta motivación mediante dación de fe del LAJ o en anexo del acta, y todo ello sin perjuicio de su posterior redacción (art. 789, en relación con el art. 802.3).

  Si se dicta la sentencia de viva voz, el Fiscal y las partes, conocido el fallo, pueden expresar su decisión de no recurrir, convirtiéndose la sentencia en firme. En cualquier otro supuesto, cabe apelación ante la AP (cuando la sentencia es dictada por el TISecP) o, en su caso, ante la Sala de lo Penal de la AN (cuando se dictó por el TCISecP), y se sustanciará según los arts. 790 a 792.

- Matizaciones:

  1) El plazo para presentar el escrito de formalización es de 5 días (10 en el abreviado);

  2) El plazo para presentar escrito de alegaciones de los demás es de 5 días (10 del abreviado);

  3) La sentencia se dictará en el plazo de 3 días (5 en el abreviado) tras la celebración de la vista, o bien en los 5 días (10 en el abreviado) siguientes a la recepción de las actuaciones, si no se celebrare vista.

  4) Supuesto especial: en violencia de género la sentencia será recurrible ante las secciones especializadas en la materia de la AP (art. 82.1, 4º y 82.4 LOPJ), que atribuye carácter de tramitación preferente del recurso de apelación. Asimismo, contra la sentencia dictada en ausencia del acusado cabe anulación (art. 793).

  5) Adquirida firmeza, por conformidad del Fiscal y las partes en el acto de la lectura oral de la sentencia, por la no interposición de apelación, o por la no prosperabilidad, se procederá a su ejecución (art. 794), conforme a las reglas del abreviado.

II. PROCEDIMIENTO POR DELITOS LEVES

Este proceso es heredero del juicio de faltas, tras la aprobación de la LO1/2015, de 30 de marzo, que modifica la LO 10/1995, de 23 de noviembre, del CP. Suprimidas las faltas, se mantiene solo la consideración de delito respecto de las conductas reprochables penalmente: delitos graves, menos graves y leves, atendiendo a la naturaleza de sus respectivas penas (art. 13 CP). Esto significa que en unos casos los hechos tipificados como determinadas faltas han dejado de ser reprochables sin más; en otros, se han reconducido a ilícitos administrativos o a la vía civil; y en otros casos, la mayoría, han pasado a delitos leves.

Esta supresión de las faltas y su «reconversión» ha obligado al legislador a efectuar una modificación de las normas procesales para su adaptación a la nueva realidad penal. Así, aunque muchas de las normas del juicio de faltas se han mantenido, adaptadas a las circunstancias, no es, sin embargo, idéntico a su antecesor; ejemplo lo tenemos en la amplia incorporación del principio de oportunidad reglada.

1) *Ámbito de aplicación del proceso por delitos leves*

Su ámbito de aplicación es el enjuiciamiento de las conductas tipificadas como delitos leves en el CP, esto es, los castigados con penas no privativas de libertad entre un día y un año; y la pena de multa hasta tres meses (arts. 13.3 y 4, y 33.4 CP). Son muchas las conductas que se tramitan por este procedimiento, y se ha generado dudas acerca de la aplicación o no del procedimiento, especialmente cuando se da extensión de los delitos menos grave (art. 13.3 y 4) a los leves y otros.

El punto de partida es que son delitos leves las infracciones que castiga la ley con pena leve. Se trata de la pena asignada al delito en la ley. Se parte de la cuantía o duración de la pena, pero no su máximo, de manera que si el límite mínimo se halla en el supuesto del artículo 33.4 CP, es leve, aunque el límite máximo se prolongue e invada el tramo reservado a los delitos menos graves (art. 33.3 CP). Esta situación se da especialmente cuando en su origen se trataba de delito menos grave y con la reforma ha pasado a leve. E igualmente generan dudas si los hechos delictivos llevan aparejada una pena compuesta; si todas las penas que tenga asignadas entran en los tramos del art. 33.4 CP, se considerarían leves, y si alguna de ellas lo supera, adentrándose en alguno de los tramos de los menos graves (art. 33.3 CP), parece razonable considerarlo como delito menos grave. En cualquier caso, la complejidad de estas nuevas normas lleva a ciertas confusiones que tienen su proyección en la determinación del procedimiento.

2) *Características generales del procedimiento por delitos leves*

A) Naturaleza

Es un procedimiento de doble instancia, sencillo y muy abreviado, en el que se respetan los principios de oralidad, concentración, inmediación y publicidad además de la contradicción, aun cuando se permite la celebración del juicio con ausencia de las partes, sin que ello impida la notificación posterior de la sentencia (arts. 962.1, 963.2, 964.3, en relación 973.2) y la notificación de la sentencia de apelación (art. 976.3).

Fue en su día cuestionada la permisibilidad de la ausencia del acusado en el juicio de faltas, aun cuando el TC la consideraba constitucional (STC 56/1994, de 24 de febrero) siempre y cuando se incorporaran medios para que el acusado tuviere conocimiento de su existencia, lo que especialmente quedaba cubierto por la propia denuncia siempre que se acompañe a la citación y la vista comience con su lectura. Se consideraba que la ratificación del denunciante en el acto de la vista sobre los hechos denunciados equivalía a la acusación, aunque no fueren calificados ni hubiere habido petición de condena. La experiencia pasada ha llevado a incorporar un precepto semejante (art. 969.2) en el procedimiento por delitos leves.

B) Competencia

Es competente, con carácter general, para la instrucción, conocimiento y fallo en este procedimiento regulado en el Libro VI LECRIM (DA 2ª CP) —arts. 962 a 977— TISecI (en ciertos casos, constituido como sección de Guardia). Específicamente también será competente cuando se trate de delitos específicos de su competencia, el TISecVM (art. 14.5).

Igualmente puede ser competente el TISecP (o TCISecP, si es de su competencia) cuando la comisión del delito leve o su prueba estuviere relacionada con los delitos de los que éstos son competentes (art. 14.3), o los Juzgados de Paz cuando la ley les atribuya competencia en materia de delitos leves (art. 100.2 LOPJ).

C) Estructura y características

Se introduce el principio de oportunidad reglada como forma de conclusión anticipada del procedimiento por delitos leves.

- Por un lado, no se exige una actuación judicial de imputación para que pueda procederse a la apertura del juicio oral. La mera noticia de hechos presuntamente constitutivos de delito leve (por atestado policial, por denuncia) será suficiente para la citación de oficio sin audiencia de los acusadores.
- Por otro, no existe propiamente dicho un procedimiento preliminar, ni período intermedio. Esto significa que su puesta en marcha (por *notitia criminis* policial o denuncia) implica la apertura inmediata del juicio oral.

- Existen dos modalidades diversas de procedimiento: 1) el procedimiento inmediato para los delitos leves de lesiones o maltrato de obra, de hurto flagrante, de amenazas, de coacciones o de injurias; y, 2) el procedimiento común para delitos leves no contemplados anteriormente.

D) Citación

Es una de las piezas esenciales del procedimiento, que garantiza precisamente el ejercicio de los derechos y especialmente del derecho de defensa. Es un acto complejo, que comporta la comunicación de información y también es un acto conminatorio al exponer qué debe efectuarse por quien lo recibe. Habrá por ello que tener en cuenta:

- A quién se cita: al Fiscal en el procedimiento común (salvo que el delito leve fuere perseguible solo a instancia de parte), al querellante o denunciante (si lo hubiere), al ofendido y víctima, al denunciado y a los testigos y peritos (arts. 962.1 y 964.3).
- Contenido de la citación: se informa del lugar, día y hora en que se va a proceder a la celebración del juicio oral, consecuencia del expediente abierto, y de la posibilidad de comparecencia telemática. Asimismo, se advierte de las consecuencias de no comparecencia (con sanción) y apercibimiento de celebración del juicio en ausencia. Igualmente, se informa de que debe comparecer con los medios de prueba de que intente valerse (arts. 962.1, 964.3 y 967.1). Pueden asistir con abogado si lo desean, salvo en delitos leves con pena de multa cuyo límite máximo sea de al menos 6 meses, en cuyo enjuiciamiento se aplican las reglas generales de defensa y representación (art. 967.1, I y II).

En el momento de la citación se les solicitará a todos ellos que designen, si disponen, de una dirección de correo electrónico y número de teléfono, para remisión de comunicaciones y notificaciones; en caso contrario, las notificaciones les serán remitidas por correo ordinario al domicilio que designen (art. 962.1, II, y 964.1). Y asimismo, de que si comparecen telemáticamente lo comuniquen con cinco días de antelación.

E) Ausencia del acusado

- Con carácter general, el juicio puede celebrarse en ausencia del acusado, siempre que conste su debida citación y que el juez, de oficio o a instancia de parte, no considere necesaria su declaración (art. 971). El legislador establece incluso una causa justificada, la residencia fuera de la demarcación del Tribunal; no tiene obligación de concurrir al acto del juicio, pudiendo hacer alegaciones por escrito para su defensa, y apoderar, en su caso, a abogado o procurador para que presente en el acto las alegaciones (art. 970).

- Se puede realizar el juicio oral (arts. 962.1 y 964.3) con ausencia de cuantos son citados al mismo, incluido el acusado. La incomparecencia, física o telemática, amén de consecuencias procesales —continuidad del proceso con su ausencia—, provoca sanciones pecuniarias (multa de 200 a 2000 euros, art. 967.2).
- Posible suspensión: queda en manos del tribunal, por aplicación de la vieja doctrina en las faltas, de manera que podría no acordarse la suspensión si ya hubiera declarado con anterioridad o pudiera hacerlo, como se permite en el art. 970, por escrito.

F) Postulación

La intervención del Abogado no es necesaria con carácter general. Al denunciado se le informa de que puede o no comparecer con él. No se establece, por ello, la citación, con carácter general, aun cuando la citación debiera entenderse extensiva a aquél (arts. 969.1 en relación con la querella sin firma del abogado ni procurado; arts. 967.1, 962.2 y 964.3).

Si la parte quiere ser asistida de Abogado y, por motivos justificados, no puede estar presente en la vista oral, debe considerarse como causal de suspensión, en los términos previstos en el art. 746. Lo contrario, provocaría indefensión.

Esta regla general tiene una excepción, cual es el supuesto de enjuiciamiento de delitos leves que lleven aparejada pena de multa cuyo límite sea de al menos 6 meses, dado que en estos casos ha entendido el legislador (art. 967.1, II) que debe aplicarse las reglas generales de defensa y representación.

G) Potenciación del archivo, manifestación del principio de oportunidad

La LO 1/2015 incorpora la potestad del Fiscal para terminar de forma anticipada el procedimiento por razones de oportunidad. Esta potestad supone desvinculación del «viejo» juicio de faltas y puede darse cuando concurran las siguientes circunstancias:

- El delito leve denunciado resulte de muy escasa gravedad a la vista de la naturaleza del hecho —valorándose la antijuridicidad material de la conducta—, sus circunstancias y las personales del autor.

  Se hace necesario ponderar los elementos señalados con algún criterio objetivo interpretativo de valoración del significado de «muy escasa gravedad». Como dispone la Circular de la FGE 1/2015, podrían valorarse los tipos penales desde el punto de vista utilitario o finalista, considerando que para que la renuncia de la acción pueda justificarse debe concurrir una menor necesidad de tutela por las circunstancias concurrentes, trabajando con dos parámetros complementarios: el valor relativo del bien jurídico tutelado por la norma (por ejemplo, ser menos proclive al archivo cuando se afecten bienes personales como la integridad física y moral, la dignidad o la libertad) y la intensidad del daño o riesgo efectivamente ocasionados (indemnización o no del mismo). Podría valorarse también que los antecedentes penales por delitos leves se tomarán en consideración como elemento subjetivo adverso para valorar la oportunidad del sobreseimiento de la causa.

- No exista un interés público relevante en la persecución del hecho (art. 963.1, 1ª). Aun cuando también este concepto afecta a la antijuridicidad material de la conducta, la Circular de la FGE 1/2015, enumera algún criterio para su interpretación: la reiteración o frecuencia de los hechos de la misma naturaleza aun cuando uno aislado pudiere incorporar interés público relevante en la persecución, o la necesidad sentida de protección de la víctima, que lleve a continuar con la causa. No parece razonable el archivo, a título de ejemplo, de los procedimientos incoados por actos de violencia física y psíquica en el seno de la convivencia familiar, o por falsedad documental, o contra la Administración Pública, entre otros. No podrá valorarse este dato sin evaluar la opinión de la víctima (art. 963.1, 1º). No se trata de considerar que es absolutamente determinante la posición de la víctima, si bien tras el EVD debe ser oída para la conformación de la opinión por parte del Fiscal; de este modo, el archivo solo se solicitará si ninguna víctima denuncia o manifiesta un interés explícito en la persecución del hecho o cuando manifestándolo, esta postura pueda mostrarse como infundada, irracional o arbitraria.

De este modo, los trámites a seguir para el ejercicio y aplicación de la oportunidad por el Fiscal serán:

1) Atestado policial con ofrecimiento de acciones por la Policía y con informaciones al denunciante y al ofendido y perjudicado;

2) Acuerdo judicial de incoación del procedimiento para enjuiciamiento de delitos leves. Es la primera decisión judicial, que implica una aceptación de relevancia penal de los hechos objeto de atestado o denuncia y de su propia competencia;

3) Traslado al Fiscal para que se pronuncie, pudiendo no instar la terminación anticipada con inmediata celebración del juicio si comparecieron las personas citadas o no habiendo comparecido alguna, el juez no considere

imprescindible su presencia (art. 963.1, 2ª); o ya la terminación anticipada del proceso, manifestación del principio de oportunidad.

Esta manifestación de oportunidad por el Fiscal queda asimismo condicionada a la naturaleza de delito leve público, semipúblico o privado, esto es, a que la persecución del delito leve exija o no la denuncia del ofendido o perjudicado. Si se exige, la declaración del denunciante en juicio afirmando los hechos denunciados tiene valor de acusación, aun cuando no califique ni señale pena, y las atribuciones al Fiscal quedan mermadas o eliminadas.

Así, en los públicos no se limita la potestad del Fiscal y por ello se le permite esta manifestación del principio de oportunidad. En los semipúblicos el Fiscal, puede, tras instrucción del Fiscal General del Estado, dejar de asistir no emitiendo informe (art. 969.2). En el privado (injurias graves producidas sin publicidad, art. 209 CP), se requiere querella del ofendido o su representante legal (art. 215.1 CP), de modo que el Fiscal carece de legitimación para el ejercicio de la acción penal.

La decisión, a estos efectos, sobre la celebración del juicio oral o el sobreseimiento vendrá condicionada al informe presentado por el Fiscal.

3) Desarrollo del procedimiento

Existen dos modalidades que atienden a varios criterios: por un lado, el tipo de delito leve; por otro, la forma en que los hechos llegan a conocimiento del juzgador; y que pueda conocer de la causa el TISecI en su servicio de guardia o que esto no sea posible.

A) Procedimiento inmediato para delitos leves

Se tramitará por esta modalidad cuando se den dos condiciones:

1. Se trate de delitos leves de lesiones o maltrato de obra, de hurto flagrante, de amenazas, de coacciones o de injurias.
2. La Policía Judicial hubiera levantado atestado por tales hechos, al haber tenido conocimiento de ellos, estando identificado su presunto autor. Presenta el atestado precisamente ante el TISecI que haya de enjuiciarlos o ante otro, pero dentro del mismo partido judicial, con citación ante el juez o jueza en servicio de guardia de ofendidos y perjudicados, denunciante, denunciado y testigos que pudieren dar razón de los hechos (art. 962.1). En estos casos, la tramitación de este procedimiento seguirá las siguientes actuaciones:

- *Citación*: en los términos expuestos, al denunciante y denunciado, ofendidos o perjudicados y posibles testigos ante el juez o jueza en servicio de guardia (o TISecVM si fuere competente), con remisión a éste del atestado (art. 962). Es la Policía Judicial la que lleva a cabo las mismas, en coordinación con el juez o jueza en servicio de guardia o, en su caso, el TISecVM (art. 962.4 y 5), siendo estas citaciones adjuntadas al atestado que se entrega al juez. En el momento de la citación se les solicitará que designen, si disponen de ellos, de una dirección de correo electrónico y un número de teléfono para comunicaciones y notificaciones; de otro modo, se efectuarán al domicilio por correo ordinario (art. 962.1, II) e igualmente, se le comunicará la posibilidad de comparecer telemáticamente, en los términos del art, 258 bis.
- *Recepción del atestado* por el juez o jueza en servicio de guardia y *decisión judicial* sobre su propia competencia (art. 963.2), así como valoración de las condiciones para el procedimiento inmediato por delitos leves. Si lo estima procedente, acordará o sobreseimiento (con suspensión del juicio y comunicación de la suspensión a cuantos hubieren sido citados, incluida la víctima) o inmediata celebración del juicio.
- *Inmediata* celebración del juicio se da cuando: 1) El asunto le corresponde al juez o jueza en servicio de guardia; 2) Hayan comparecido las personas citadas, o aun no comparecidas, el juez o la jueza no considere necesaria su presencia; y 3) Valorará si la celebración inmediata puede impedir la práctica de algún medio de prueba, dado que si la misma fuere trascendente y no pudiera practicarse en el juicio, habrá de fijarse fecha para su celebración en el día más próximo posible, perdiendo la naturaleza de inmediatez (art. 965 en relación con el 962).
- La *Vista oral* se desarrolla de acuerdo con lo que prescribe el art. 969.
  - 1º) Será pública, salvo causa para que se celebre a puerta cerrada;
  - 2º) Lectura de la querella o la denuncia, si las hubiere.
  - 3º) Examen de los testigos convocados y práctica de los demás medios de prueba propuestos por el querellante, el denunciante y el Fiscal, si asistiere, y admitidos por el Juez, pudiendo intervenir en los términos expuestos del art. 258 bis de forma telemática.
  - 4º) Se oye al acusado. Y se examinan los testigos de descargo y se practican las pruebas propuestas y admitidas por esta parte.
  - 5º) Informe oral de las partes, para exponer lo conveniente en relación con sus pretensiones (primero Fiscal, si hubiere, querellante particular o denunciante y por último, el acusado). En los supuestos de ausencia del Fiscal, la declaración del denunciante en el juicio, afir-

mando los hechos denunciados, tiene valor de acusación, aunque no califique los mismos ni señale pena.

6º) Documentación a través de registro electrónico o a través de acta escrita.

➢ Sentencia: se dicta al finalizar la vista o, de no ser posible, en los 3 días siguientes. Se notifica a las partes y a las víctimas, con indicación de los recursos procedentes, órgano competente y plazo (art. 973). Se duda si la competencia debiera ser de un solo magistrado de la Audiencia cuando se interponga apelación, como en faltas, o no. Razonable es aplicar el mismo criterio que en los demás delitos, a saber, tribunal integrado por tres magistrados de la AP; solución en todo caso más garantista.

La sentencia puede ser firme y ejecutable de forma inmediata si las partes, conocido el fallo, hubieran manifestado en el acto su intención de no recurrir (art. 975).

➢ Ejecución: queda condicionada a que posibles ofendidos o perjudicados que no fueron parte en el proceso, tras la notificación de la sentencia, no recurran. Habrá que esperar al agotamiento del plazo para que sea ejecutiva (art. 974). Si hay condena con pronunciamientos indeterminados sobre responsabilidades civiles, habrá de estarse al incidente de liquidación para cuantificar daños y perjuicios (arts. 712 y ss. de la LEC y 974.2 y 984 LECRIM).

B) Procedimiento común o general para delitos leves

Se tramitará a través de este procedimiento común o general para delitos leves: 1) Cuando se trate de delitos leves no contemplados en el supuesto anterior; 2) Exista atestado policial o denuncia ante un juez o jueza en servicio de guardia, estando identificado el denunciado (art. 964.2), pudiendo celebrarse de forma inmediata en el mismo o, de no ser así, ante el TISecI (no de Guardia) o al que le corresponda. Y se seguirán las siguientes actuaciones:

➢ *Atestado y remisión al juez o jueza en servicio de guardia*: con las diligencias practicadas y el ofrecimiento de acciones al ofendido o perjudicado (arts. 109, 110 y 967) y la designación, si dispone de ellos, de una dirección de correo electrónico y un número de teléfono para comunicaciones y notificaciones; en caso contrario, se notificará por correo ordinario al domicilio (art. 964.1).

➢ *Decisión judicial* sobre posible sobreseimiento —con los mismos efectos antes descritos— o inmediata celebración del juicio, todo y que se considere competente para conocer del asunto (de lo contrario, remite al competente). El juicio inmediato se da cuando: 1) Se halle identificado el denunciado; 2) Sea posible citar a todas las personas que deban ser convocadas mientras dure el servicio de guardia; y 3) Valorará si esta inmediatez frustra la práctica de prueba trascendente.

- *Vista oral* y pública —salvo por causa que lo impida fundadamente— se desarrollará según lo expuesto en el procedimiento inmediato y de acuerdo con la regulación del art. 969.

  1°) Lectura de la querella o la denuncia, si las hubiere;

  2°) Examen de los testigos convocados y de otros medios de prueba propuestos por querellante, el denunciante y el Fiscal, si asistiere, y admitidos por el Juez. Tras oír al acusado, se practicarán las pruebas de descargo (testigos y otras que se propongan y admitan);

  3°) Informe oral de las partes, otorgando valor de acusación a la declaración del denunciante si no comparece el Fiscal;

  4°) Documentación a través de registro electrónico o acta escrita.

  Si no se pudiere celebrar el juicio durante el servicio de Guardia presencial o telemáticamente: 1) El LAJ señalará para juicio para el día hábil más próximo posible dentro de los predeterminados a tal fin, y en un plazo no superior a 7 días; 2) Si considera que no es competente, el LAJ remite todo lo actuado, para que se realice señalamiento del juicio y citaciones en el competente (art. 965).

- *Sentencia* de viva voz al finalizar la vista o en los 3 días siguientes por escrito, apreciando, según conciencia, las alegaciones y pruebas de las partes, notificándose a las partes y a los ofendidos o perjudicados, aunque no se hubieran constituido como tales, indicándose los recursos procedentes, órgano competente y plazo para interponerlos (art. 973). Será firme y ejecutable de forma inmediata cuando las partes manifiestan intención de no recurrir (art. 975), con posible recurso de los ofendidos o perjudicados que no se constituyeron en parte en el proceso, de ahí que haya que dejar agotar el plazo (art. 974).

Lección 28ª

ESPECIALIDADES PROCEDIMENTALES

SILVIA BARONA VILAR

SUMARIO: I. PROCESO POR ACEPTACIÓN DE DECRETO; 1) Regulación y naturaleza jurídica; 2) Ámbito de aplicación y objeto del proceso; 3) Decreto de propuesta de imposición de pena emitido por el Fiscal; 4) Tramitación; A) Contenido de la comunicación; B) Contenido de la comparecencia; C) Efectos de la comparecencia-incomparecencia; D) Conversión del decreto en sentencia condenatoria; II. ESPECIALIDADES EN DELITOS CONTRA LA SEGURIDAD VIAL; 1) Tres consideraciones iniciales; 2) Especialidades; A) Presupuestos procesales; B) Especialidades en la investigación; C) Medidas cautelares; D) Juicio oral; E) Sentencia y ejecución; III. ESPECIALIDADES EN DELITOS POR VIOLENCIA DE GÉNERO; 1) Razón de ser y regulación; 2) Bienes jurídicos protegidos; 3) Especialidades en relación con los sujetos; A) Sujeto activo; B) Víctima; C) Órgano jurisdiccional JVM. Competencia; D) Fiscal Delegado/a contra la Violencia sobre la Mujer; E) Servicios forenses específicos; 4) Especialidades en el procedimiento; A) Procedimientos; B) Investigación; C) Medidas cautelares; D) Sentencia y ejecución; IV. ESPECIALIDADES EN LOS PROCESOS POR DELITOS COMETIDOS CONTRA INTERESES FINANCIEROS DE LA UNIÓN EUROPEA PERSEGUIDOS POR LA FISCALÍA EUROPEA; 1) Razón de ser y regulación; 2) Especialidades; A) Sujetos; B) Especialidades procedimentales; V. ESPECIALIDADES EN PROCESOS CONTRA SENADORES Y DIPUTADOS. REFERENCIA A AFORADOS; 1) Especialidades; 2) Referencia a los aforados; VI. ESPECIALIDADES EN PROCESOS POR CALUMNIA E INJURIA; VII. ESPECIALIDADES EN PROCESOS POR DELITOS COMETIDOS POR CUALQUIER MEDIO O SOPORTE DE PUBLICACIÓN O DIFUSIÓN; VIII. LA ORDEN EUROPEA DE DETENCIÓN Y ENTREGA Y LA EXTRADICIÓN; 1) Naturaleza y objeto; 2) Contenido y forma de la orden; 3) Órgano competente; 4) Procedimiento; 5) Proceso de extradición.

I. PROCESO POR ACEPTACIÓN DE DECRETO

La Ley 41/2015, introdujo una importante novedad en el ordenamiento jurídico español: el proceso por aceptación de decreto. Se regula en los artículos 803 bis a hasta 803 bis j.

1) Regulación y naturaleza jurídica

Es un verdadero proceso monitorio penal, en línea con numerosos países de Europa. Ofrece elementos para ser considerado como una vía especial, dado su ámbito restrictivo de aplicación y dada su finalidad amén de su fundamento —economía procesal—, presentándose como un modelo de aceleración de la justicia penal para delitos de escasa gravedad, con máxima concentración a favor de la obtención del título ejecutivo. Este título se genera a propuesta inicial del Ministerio Fiscal a través del decreto dictado por él, posterior auto de autorización del TISecI, posterior aceptación por el encausado y su conversión en título, esto es, en sentencia condenatoria.

Así, tanto respecto de la tramitación, como respecto de la naturaleza y procedimiento de obtención del título como por su ámbito de aplicación, es un proceso de naturaleza especial. El legislador presenta este proceso con un «ámbito de aplicación diferente al de los procedimientos de juicio rápido», si bien es compatible con ellos, dado que se diseña este procedimiento para aquellos supuestos en los que no es posible acudir al enjuiciamiento rápido al no concurrir alguno de los presupuestos del artículo 795, convirtiéndose en un proceso complemento del enjuiciamiento rápido.

El protagonismo del MF es innegable, dado que su labor lleva a poner fin a la fase de diligencias con la solicitud de finalización del proceso mediante sentencia condenatoria cuyo contenido sea el que se propone en su decreto. La abreviación del proceso es muy significativa, generando una clara agilización de la justicia penal, mediante la reducción o supresión de las dilaciones innecesarias, siempre que todo ello venga desde el debido respeto a los derechos de las partes.

2) *Ámbito de aplicación y objeto del proceso*

El artículo 803 bis a) establece los requisitos que deben concurrir cumulativamente para que pueda procederse por este proceso de aceptación de decreto:

1°. *Requisito objetivo*: Que el delito esté castigado con pena de multa, trabajos en beneficio de la comunidad o con pena de prisión que no exceda de un año y que pueda ser suspendida de conformidad con lo dispuesto en el artículo 80, con o sin privación del derecho a conducir vehículos a motor o ciclomotores.

2°. *Requisito subjetivo del Fiscal*: Que el MF entienda que la pena en concreto aplicable a los hechos que se imputan es la pena de multa o trabajos en beneficio de la comunidad y, en su caso, la pena de privación del derecho a conducir vehículos a motor o ciclomotores.

3°. *Requisito subjetivo de partes*: Que no esté personada acusación popular o particular en la causa: requisito subjetivo de quienes pueden convertirse en parte penal (víctima o cualquier persona) pero no lo hacen, siendo el Fiscal el único acusador. La intervención de acusador popular particular obstaculizaría el objetivo de este procedimiento, que es el de alcanzar una extrema agilidad y concentración de actuaciones, que lleve a prácticamente poner fin al mismo de forma tan breve.

4°. *Requisito temporal*: La causa debe hallarse en momento después de iniciadas diligencias de investigación por la fiscalía o de incoado un procedimiento judicial y hasta la finalización de la fase de instrucción. Incluso se permite este proceso aun cuando no haya sido llamado a declarar el investigado, siempre que se cumplan los requisitos antes expuestos (art. 803 bis a, I).

El objeto de este proceso penal viene configurado:

- Por el hecho criminal que se le imputa. Se trata de un hecho que lleva aparejada la imposición de una pena de multa o trabajos en beneficio de la comunidad y, en su caso, de privación del derecho a conducir vehículos a motor y ciclomotores.
- Por la persona presuntamente responsable de esos hechos, contra la que se dirige el proceso penal.

Se puede acumular la acción penal con una pretensión civil (art. 803 bis b, 2º). Esta pretensión civil se dirige a la obtención de la restitución de la cosa —siempre que el hecho hubiere supuesto una desapropiación de la misma— y a la indemnización del perjuicio. En todo caso, se trata de una pretensión eventual, no necesaria, y solo cuando a través del hecho delictivo se hubiere incurrido en responsabilidad civil derivada del mismo.

3) Decreto de propuesta de imposición de pena emitido por el Fiscal

Este proceso penal monitorio es decisión del Ministerio Fiscal. En consecuencia, será imprescindible a efectos de este proceso monitorio penal:

- Que el Fiscal considere aplicable a los hechos que se imputan la pena en concreto aplicable de multa o trabajos en beneficio de la comunidad y, en su caso, la pena de privación del derecho a conducir vehículos de motor;
- Que el Fiscal formule decreto de propuesta de imposición de pena. Este decreto deberá contener (art. 803 bis c):
  1. Identificación del investigado, a quien se imputan los hechos y a quien se propone imponer las penas expuestas.
  2. Descripción de los hechos punibles imputados, que deben hallarse tipificados en los términos restringidos del ámbito de aplicación de este monitorio penal.
  3. Indicación del delito cometido (en el marco del art. 803 bis a) y mención sucinta de la prueba que lleve a considerar no solo la existencia de los hechos y su tipificación, sino también la posible responsabilidad del encausado o encausados en la comisión de estos hechos; prueba centrada en los medios de prueba preconstituidos y en cuantos elementos formen parte del atestado que se generó como consecuencia de la comisión de los hechos delictivos.

4. Breve exposición de los motivos por los que se entiende, en su caso, que la pena de prisión debe ser sustituida.
5. Penas propuestas. El MF podrá proponer multa o trabajos en beneficio de la comunidad y, en su caso, privación del derecho a conducir vehículos o ciclomotores, reducida hasta un tercio respecto de la legalmente prevista, aunque suponga pena inferior al límite previsto en el CP.
6. Posible delimitación de la pretensión civil acumulada de restitución de la cosa o de indemnización por los daños y perjuicios que se hubieren podido ocasionar, obviamente siempre que se considere ejercitable la misma.

Aun cuando específicamente no se hace referencia a las víctimas, debe efectuarse una interpretación integradora del ordenamiento, y muy especialmente atendiendo al Estatuto de la Víctima y a la reforma introducida por la LO 1/2025, ofreciendo en algún momento la posibilidad de participar a la víctima. Ahora bien, puede suceder: a) Que no se conozca la víctima o ésta sea innominada, lo que puede hacer compleja su participación; y b) Que no se tenga claro el momento de participación de la víctima, dado que no queda regulada, lo que llevaría a que el Fiscal pudiera, antes de emitir su decreto de imposición de pena, evaluar la opinión de la víctima.

4) Tramitación

Una vez emitido el decreto de propuesta de imposición de la pena por el Ministerio Fiscal, los trámites que deberán seguirse en el desarrollo de este proceso serán:

- *Remisión al TISecI* art. *803 si se cumplen los requisitos establecidos en la norma:* se requiere el acuerdo de voluntades entre el juez y el fiscal (art. 803 bis d).
- *Autorización judicial:* El *TISecI* realizará examen de los requisitos del art. 803 bis a, pudiendo: a) Considerar que se cumplen los requisitos y autoriza el decreto; b) Considerar que no se cumplen y no autoriza el decreto, dejándolo sin efecto, continuando el proceso por los trámites pertinentes.
- *Notificación, citación y comparecencia:* El auto judicial se notificará al investigado (art. 803 bis f).

A) Contenido de la comunicación

El artículo art. 803 bis f regula dos actos de comunicación, la notificación y la citación (como acto simple de dación de noticia al encausado del decreto, poniéndole en conocimiento del estado) y la citación (es el acto que consiste en intimar al encausado para que comparezca ante el tribunal en el día y la fecha en que se señale).

A través de esta comunicación, amén de notificar el decreto y citar al encausado en día y hora ante el tribunal, se le informa:

1. De la finalidad de la comparecencia a la que es citado.
2. De la preceptiva asistencia de letrado para su celebración (Art. 803 bis h, 1). Si no cuenta con letrado, debe a nombrar uno de confianza o solicitar abogado de oficio en el término de cinco días hábiles antes de la fecha para la que se haya efectuado el señalamiento de la comparecencia (art. 803 bis g).
3. De los efectos de su incomparecencia.
4. De la diversa posición que puede sostener ante la propuesta del decreto, a saber, puede aceptar o puede rechazar el mismo.

B) Contenido de la comparecencia

La comparecencia es un acto necesario, en el que se dará debido cumplimiento al principio de contradicción entendido como manifestación del derecho de defensa del encausado, de modo que en ella se oirá al encausado en torno a la aceptación o rechazo de la propuesta de sanción fijada en el decreto del Fiscal. Será registrada íntegramente por medios audiovisuales, documentándose conforme a las reglas generales en caso de imposibilidad material (art. 803 bis h, 4).

Notas esenciales de esta comparecencia: 1) Es necesario que el encausado comparezca en el TISecI a la misma asistido por letrado, garantizándose de este modo su derecho de defensa; y 2) El TISecI asegurará que el encausado ha comprendido el contenido de lo propuesto por el Fiscal en el decreto, esto es, la imposición de la pena propuesta y los efectos procesales de su aceptación, con aquiescencia con la conversión de la causa en un proceso monitorio penal, dirigido a la obtención del título ejecutivo y con la abreviación de los trámites procedimentales, en cuanto se pone fin a la tramitación seguida hasta el momento por la vía ordinaria (art. 803 bis h, 3).

C) Efectos de la comparecencia-incomparecencia

Los efectos que se producirán serán diversos según comparezca o no el encausado. Así:

- Si comparece el encausado, entiende la propuesta del Fiscal, y la acepta: se genera el título ejecutivo de condena, firme.

- Si no comparece: queda la propuesta del Fiscal sin efecto y el proceso continúa por el cauce que corresponda (art. 803 bis h, 2 y art. 803 bis j).
- Si el encausado comparece, pero sin letrado: el juez suspende la comparecencia de acuerdo con lo previsto en el artículo 746 y señala nueva fecha para su celebración. (art. 803 bis h, 2).
- Si el encausado comparece, pero rechaza total o parcialmente la propuesta del Fiscal, aun cuando se ha cumplido perfectamente las exigencias legales de validez de esta tramitación, quedará sin efecto la propuesta del Fiscal al considerar que no está de acuerdo el encausado con el contenido del decreto fiscal. En este caso, proseguirá la causa por el cauce que corresponda (art. 803 bis h, 2 y art. 803 bis j).

D) Conversión del decreto en sentencia condenatoria

Comparecido el encausado y aceptada la propuesta de pena en todos sus términos, el *TISecI* procede a la creación del título ejecutivo (sentencia condenatoria), dentro del plazo de tres días (art. 803 bis i), contra la que no cabe interponer recurso alguno (art. 803 bis i in fine).

II. ESPECIALIDADES EN DELITOS CONTRA LA SEGURIDAD VIAL

Ni la LECRIM, ni ninguna otra ley, dedican un apartado específico a los llamados delitos de tráfico. Sin embargo, dada su frecuencia práctica y las numerosas normas procesales dedicadas a especialidades o particularidades cuando se trata de estos delitos, aconsejan un tratamiento de las normas que establecen sus especialidades.

1) Tres consideraciones iniciales

- El Derecho material, es decir el CP, regula los delitos y sus penas a enjuiciar criminalmente: Prevé, por un lado, los delitos contra la seguridad vial en los arts. 379 a 385 ter.; y, por otro, la pena y la medida de seguridad que necesariamente hay que imponer cometidos esos delitos: la privación del permiso de conducir, pena o medida privativa de derechos. Si es pena, es menos grave o leve (arts. 33, 39, 40, 47 y concordantes CP); si es medida de seguridad, se aplican los arts. 96 y 105 CP.
- Una norma especial regula el acto de investigación más importante, pues a través del mismo se descubre uno de los principales delitos contra la seguridad vial, el de conducción bajo la influencia de drogas tóxicas, estupefa-

cientes, sustancias psicotrópicas o bebidas alcohólicas (art. 379.2 CP): RD-Leg 6/2015, de 30 de octubre, por el que se aprueba el texto refundido de la Ley sobre Tráfico, Circulación de Vehículos de Motor y Seguridad Vial (abreviadamente, LTraf), y su Reglamento, todavía no acomodado a esta nueva norma (RD 1428/2003, de 21 de noviembre, abreviado RtoLTraf).

- El proceso penal por aceptación de decreto (arts. 803 bis y ss. LECRIM) permite también el enjuiciamiento de estos delitos de tráfico, si bien si se trata de hechos más graves y menos graves no procede una propuesta de pena mediante decreto del Fiscal, ni tampoco aceptación alguna por parte del investigado, aunque sí es posible la conformidad con la acusación y en el juicio oral, atendidas las reglas generales del proceso abreviado o del juicio rápido.

2) *Especialidades*

Las especialidades previstas por la legislación (penal, administrativa y procesal penal) para el enjuiciamiento de los delitos de tráfico son las siguientes.

A) Presupuestos procesales

- *Competencia*: Dado que es posible la comisión de cualquier delito mediante el uso de un vehículo de motor y no sólo específicamente de tráfico, cualquier pena por aplicación de las reglas de concurso es procedente; se aplica el art. 14 LECRIM. Ahora bien, en atención a los delitos de tráfico más frecuentes, la penalidad se fija por regla general en hasta 5 años de prisión, sin perjuicio de la duración de la pena de privación del permiso de conducir, por lo que usualmente será competente para instruir el *TISecI* y para enjuiciar el TISecP del lugar de comisión del delito (arts. 757 y 795.1-2ª, e).
- *Procedimiento adecuado*: El enjuiciamiento de los delitos de tráfico se realiza comúnmente, en función del delito cometido, bien por los trámites del proceso penal abreviado, bien del enjuiciamiento rápido de delitos.
- *Partes*: Además de quienes lo sean por aplicación de las disposiciones generales, es parte responsable civil la Entidad privada aseguradora del vehículo, pero no la Entidad responsable del Seguro Obligatorio, que debe afianzar por el límite fijado cada año por el Gobierno, si bien es escuchada a efectos de defensa (art. 764.3 LECRIM; v. S TC 43/1989, de 20 de febrero).
- Específicamente respecto al investigado, puede renunciar durante la detención a su derecho de defensa en estos casos (art. 520.8 LECRIM).

B) Especialidades en la investigación

- *Actividades de la Policía Judicial*: Además de la práctica del test de alcoholemia, tienen obligatoriamente que realizar los actos previstos en el art. 770-4ª y 6ª LECRIM (aseguramiento del cadáver, atestado y parte al órgano, en caso de delito de tráfico con resultado muerte, más intervención del vehículo y de documentos), sin perjuicio de adoptar cualquier otra de las medidas previstas en el propio art. 770 y en el art. 764.4 LECRIM.
- *Actos de investigación*: Debe realizarse la identificación del investigado, su declaración y reseña de sus documentos de tráfico con ocasión de su primera declaración (arts. 762-11ª y 770-6ª LECRIM), y proporcionar asistencia inmediata a los heridos, incluyendo la intervención del Médico Forense (art. 770-1ª LECRIM). No es precisa la autopsia en este tipo de delitos (art. 778.4 LECRIM).

C) Medidas cautelares

Con carácter específico las medidas cautelares más adecuadas en las causas por delitos de tráfico son: 1) Privación provisional del permiso de conducir en caso de procesamiento (art. 529 bis); 2) Retención del permiso de circulación del vehículo y su intervención inmediata (art. 764.4 LECRIM); 3) Pago de una pensión provisional a la víctima (art. 765.1 LECRIM; 4) Fijación de fianza para responsable extranjero sin domicilio en España, requisito para permitirle su ausencia (art. 765.2 LECRIM); 5) Fianzas de los responsables civiles directos (los autores del hecho), o subsidiarios (Seguro Obligatorio, por la cuantía fijada reglamentariamente; y Entidad privada, por el resto), en los términos previstos en los arts. 764.3 LECRIM (Vid. Lecc. 12ª).

D) Juicio oral

- *Acusación y juicio*: Se suele acumular en la práctica la pretensión civil de indemnización de daños y perjuicios a la pretensión propiamente penal. Por ello, en el escrito de acusación hay que precisar con exactitud las cuantías de las indemnizaciones que se solicitan, o, al menos, las bases para su determinación y las personas civilmente responsables (art. 781.1 LECRIM).

  El juicio puede tener lugar sin necesidad de esperar a la sanidad del lesionado, siempre que sea posible la acusación; si procede el sobreseimiento o el archivo provisional, en ningún caso hay que esperar a que la víctima se cure (art. 778.2 LECRIM).

El juicio no puede suspenderse por las causas enumeradas en el art. 788.1, V LECRIM (no curación y no tasación de los daños, fundamentalmente), fijándose la responsabilidad civil en fase de ejecución de sentencia.

- *Prueba*: El miembro de la Policía judicial declarará en el juicio como testigo. La documentación consignada en el atestado (datos de carácter objetivo, como situación de las huellas del accidente, anchura de la vía, etc.), hace fe, salvo prueba en contrario, respecto a los hechos denunciados (art. 88 LTraf), pero sólo en la vía administrativa, porque en la penal esta prueba, como todas, se valora libremente.

E) Sentencia y ejecución

- *Sentencia*: La sentencia penal condenatoria deberá prever exactamente las cuantías de las indemnizaciones que se fijen, o, si se han deferido para el trámite de ejecución, las bases por las que habrá de hacerse (art. 781.1 LECRIM). El auto que establezca la cantidad máxima reclamable en concepto de indemnización en procesos penales incoados por hechos cubiertos por el seguro obligatorio de responsabilidad civil derivada del uso y circulación de vehículos de motor tiene la condición de título ejecutivo civil (art. 517.2, 8° LEC). La sentencia condenatoria penal excluye cualquier sanción administrativa posterior, por aplicación del principio «ne bis in ídem», no así la absolutoria, salvo que lo sea por inexistencia del hecho (art. 85 LTraf).
- *Ejecución*: La ejecución de la pena de privación del permiso de conducir se realiza según el art. 47 CP.

III. ESPECIALIDADES EN DELITOS POR VIOLENCIA DE GÉNERO

1) Razón de ser y regulación

Sobre la base de la constatación realizada por la ONU en su IV Conferencia Mundial de 1995, en la que se reconoció que «la violencia contra las mujeres es un obstáculo para lograr los objetivos de igualdad, desarrollo y paz y viola y menoscaba el disfrute de los derechos humanos y las libertades fundamentales», siendo una «manifestación de las relaciones de poder históricamente desiguales entre mujeres y hombres», el legislador español creó por medio del instrumento jurídico que es la LO 1/2004, de 28 de diciembre, de medidas de protección integral contra la violencia de género, un modelo de combate del estado de derecho contra dicha específica lacra, objetivo de política criminal que se prioriza de forma destacada.

La aprobación de la Ley en 2004 fue fruto de las reclamaciones que, desde finales de los años noventa, llevaban realizando las organizaciones de mujeres que trabajaban en el estudio de la violencia de género y en la atención a las víctimas. Se convirtió en una cuestión de Estado, que exigía afrontar la pandemia social con políticas que incidieran en todas sus aristas. Así, la Ley enfoca el fenómeno de la violencia de género de un modo integral y multidisciplinar, lo que constituye una de sus características más destacadas. En un estadio previo al conflicto la Ley apuesta por la socialización y la educación como presupuestos para alcanzar la igualdad, el respeto a la dignidad humana y la libertad de todas las personas. No es una Ley aislada ni un compartimento estanco, sino aplicación de los arts. 14 (derecho a la igualdad ante la ley sin posibilidad de discriminación por razón de sexo) y art. 9.2 (obligación a los poderes públicos de promover las condiciones para hacer real y efectiva dicha igualdad), favoreciendo la tutela judicial efectiva.

De absoluta importancia en el marco de la lucha contra la violencia de género y la observancia de la implantación y eficacia de las medidas que pueden adoptarse es el *Observatorio contra la Violencia Doméstica y de Género*, que se creó antes de la Ley de 2004, a saber, en 2002. Su finalidad principal consiste en abordar el tratamiento coordinado de esta violencia desde la Administración de Justicia. En él se integran el CGPJ, el Ministerio de Justicia, eventualmente otros ministerios con competencia en la materia, la Fiscalía General del Estado, las CCAA con competencias transferidas en Justicia y el Consejo General de la Abogacía Española.

En el ámbito estrictamente penal debe destacarse la batería de medidas que se adoptaron. No se creó un proceso especial, sino que, tramitándose por vía ordinaria, se incorporaron numerosas especialidades, con tratamiento específico.

Esta regulación debe integrarse en el contexto europeo igualmente, dado que desde la UE se impulsan políticas tendentes a generar en todos los países de la UE un marco integral para prevenir y combatir eficazmente la violencia contra las mujeres y la violencia doméstica. En esta línea se halla la Directiva (UE) 2024/1385, del Parlamento europeo y del Consejo, de 14 de mayo de 2024, sobre la lucha contra la violencia contra las mujeres y la violencia doméstica, si bien su ámbito de aplicación es mayor, extendiéndose no solo a los supuestos de violencia de género sino también violencia doméstica, que supone una ampliación de protección a toda persona, independientemente de su género, incluyendo a los menores que hayan sufrido algún daño porque hayan sido testigos de violencia doméstica.

2) *Bienes jurídicos protegidos*

Junto a los específicos bienes jurídicos protegidos por el CP, la vida y la integridad física o moral de la mujer, la dignidad humana, la libertad y la seguridad, es objeto de protección la especial situación de desigualdad que evidencia esta concreta forma de violencia, que debe ser integralmente deslegitimada y combatida.

3) Especialidades en relación con los sujetos

A) Sujeto activo

El sujeto activo de este tipo de violencia es el varón vinculado con la víctima mediante una relación de afectividad, lo que podría incluir, a la vista de las características del caso concreto, las relaciones de pareja. Dicha relación puede ser actual o puede también pertenecer al pasado, por lo que no exige la convivencia entre el autor y la víctima.

B) Víctima

La víctima es la mujer que sea o haya sido la esposa, o la mujer que haya estado ligada al autor por análoga relación de afectividad, aún sin convivencia. Otras posibles víctimas a las que se extiende la tutela podrían ser los descendientes, propios o de la esposa o conviviente y menores o personas con discapacidad que convivan con el autor o que se hallen sujetos a la potestad, curatela, acogimiento o guarda de hecho de la esposa o conviviente. Se incide en la Directiva 2024/1385 en la necesidad de que los estados miembros configuren el sistema de protección, de acceso a la justicia, las medidas de asistencia, así como la necesidad de configurar órdenes urgentes de alejamiento, prohibición o protección, entre otras, para proteger estos testigos especiales que devienen verdaderas víctimas, que los Estados miembros establezcan servicios de apoyo especializado.

C) Órgano jurisdiccional TISecVM. Competencia

Es la pieza clave en la obtención de tutela frente a los hechos de violencia de género. De ahí que se haya creado un órgano jurisdiccional específico con competencia especializada, denominado originariamente Juzgado de Violencia sobre la Mujer, que desde 2025 ha pasado a ser Tribunal de Instancia Sección Violencia contra la mujer (TISecVM). Recientemente se le ha asignado a las secciones de violencia sobre la mujer la responsabilidad de los procesos relacionados con delitos de libertad sexual, mutilación genital femenina, matrimonio forzado y acoso con connotación sexual, cuando la víctima sea mujer o sea menor. Con esta modificación se da debido cumplimiento a lo estipulado en la Ley de garantía integral de la libertad sexual, además de respetar los compromisos asumidos por España al ratificar el Convenio de Estambul de 2014, que obliga a actuar contra la violencia de género en sentido amplio, incluida toda violencia que implique o pueda implicar para las mujeres daños o sufrimientos de naturaleza física, sexual, psicológica o económica, así como actuar frente al informe realizado por GREVIO que incidió en la necesidad de que España actuara frente a la violencia sexual, el matrimonio forzado y la mutilación genital femenina.

El TISecVM es un órgano mixto, al que la LOPJ atribuye competencias civiles y penales.

Se exige formación especializada de todos los operadores jurídicos para desarrollar con eficacia las respectivas funciones que tienen encomendadas en la lucha frente a esta forma de violencia sobre las mujeres, conocimientos del principio de igualdad entre mujeres y hombres, incluyendo las medidas contra la violencia de género, y su aplicación con carácter transversal en el ámbito de la función jurisdiccional. Asimismo, se asegura una asistencia técnica y profesional por parte de los equipos adscritos a la Administración de Justicia, en especial, en el ámbito de los Institutos de Medicina Legal y Ciencias Forenses, que podrán estar integrados por psicólogos y trabajadores sociales para garantizar entre otras funciones la asistencia especializada a las víctimas de violencia de género. Por último, se garantiza que la Estadística Judicial tenga también en cuenta la variable de sexo.

a) Competencia objetiva TISecVM

En sede penal el TISecVM es objetivamente competente para realizar las siguientes actuaciones (art. 89 LOPJ y 14.5 LECRIM)):

- De la instrucción de los procesos para exigir responsabilidad penal por los delitos relativos a homicidio, aborto, lesiones, lesiones al feto, delitos contra la libertad, delitos contra la integridad moral, contra la libertad e indemnidad sexuales, contra la intimidad y el derecho a la propia imagen, contra el honor o cualquier otro delito cometido con violencia o intimidación, siempre que se hubiesen cometido contra quien sea o haya sido su esposa, o mujer que esté o haya estado ligada al autor por análoga relación de afectividad, aun sin convivencia, así como de los cometidos sobre los descendientes, propios o de la esposa o conviviente, o sobre los menores o personas con discapacidad que con él convivan o que estén sujetos a la potestad, tutela, curatela, acogimiento o guarda de hecho de la esposa o conviviente, cuando también se haya producido un acto de violencia de género.
- De la instrucción de los procesos para exigir responsabilidad penal por cualquier delito contra las relaciones familiares, cuando la víctima sea alguna de las anteriores.

- De la adopción de las correspondientes órdenes de protección a las víctimas de la violencia de género, sin perjuicio de las competencias atribuidas al Tribunal que se halle en servicio de guardia.
- Del conocimiento y fallo de los delitos leves que les atribuya la ley cuando la víctima sea alguna de las personas señaladas como tales en la letra a) de este apartado.
- Dictará sentencia de conformidad con la acusación, en los casos establecidos en la ley.
- De la instrucción de los procesos para exigir responsabilidad penal por el delito de quebrantamiento previsto y penado en el art. 468 CP cuando la persona ofendida por el delito cuya condena, medida cautelar o medida de seguridad se haya quebrantado sea o haya sido su esposa, o mujer que esté o haya estado ligada al autor por una análoga relación de afectividad aun sin convivencia, así como los descendientes, propios o de la esposa o conviviente, o sobre los menores o personas con discapacidad con medidas de apoyo que con él convivan o que se hallen sujetos a la potestad, tutela, curatela, acogimiento o guarda de hecho de la esposa o conviviente, así como cuando la persona ofendida lo sea por alguno de los delitos señalados en la letra h del art. 89 LOPJ.
- De la instrucción de los procesos para exigir responsabilidad penal por los delitos contra la libertad sexual previstos en el título VIII del Libro II del CP, por los delitos de mutilación genital femenina, matrimonio forzado, acoso con connotación sexual y la trata con fines de explotación sexual, cuando la víctima sea mujer.

Finalmente, en materia civil su competencia será exclusiva y excluyente cuando concurran simultáneamente los requisitos a los que se refiere el art. 89.6 LOPJ. la LOPJ.

b) Competencia territorial

- Criterio: el lugar del domicilio, donde desarrolla su vida cotidiana o tiene su arraigo la víctima (art. 15 bis LECRIM).
- En los casos de primeras diligencias, como es la adopción de la orden de protección u otras medidas urgentes (art. 13 LECRIM), podrá ser territorialmente competente el del lugar de comisión de los hechos.
- En relación con los delitos conexos, conocerá el TISecVM siempre que la conexión tenga su origen en alguno de los supuestos previstos en el art. 17. 3 y 4 LECRIM (art. 17 bis).

c) Competencia funcional

La LOPJ determina en sus arts. 82.1, 3º y 82.2, 4º, el criterio funcional de atribución de la competencia, para el conocimiento de los recursos de apelación interpuestos frente a las resoluciones dictadas por los TISecVM de la provincia, de los que conocerá, tanto en el orden penal como en el orden civil, la AP.

D) Fiscal Delegado/a contra la Violencia sobre la Mujer

En la lucha contra la criminalidad por violencia contra la mujer el legislador ha creado el/la Fiscal delegado/a contra la Violencia sobre la Mujer (art. 70 LO 1/2004).

E) Servicios forenses específicos

El Gobierno y las Comunidades Autónomas que hayan asumido competencias en materia de justicia organizarán, en el ámbito que a cada una le sea propio, los servicios forenses, de modo que cuenten con unidades de valoración forense integral encargadas de diseñar protocolos de actuación global e integral en casos de violencia de género.

4) Especialidades en el procedimiento

A) Procedimientos

No existe una regla privilegiada que lleve a tramitar las actuaciones para la perseguibilidad de las conductas reprochables por violencia de género por un único procedimiento, sino que será, en función de los criterios generales de asignación del procedimiento adecuado —naturaleza de la conducta que se va a enjuiciar o duración de la pena solicitada—, aplicable el cauce procedimental correspondiente, a saber el procedimiento ordinario, el procedimiento abreviado, el procedimiento para el enjuiciamiento rápido de determinados delitos, el procedimiento por delitos leves, o el procedimiento ante el Tribunal del Jurado, según las reglas de la LECRIM.

B) Investigación

Son múltiples las referencias que permiten señalar especialidades en la misma:

- ➢ La ruptura de la investigación concentrada en los juicios rápidos al intervenir dos órganos en la misma (el que esté de guardia y el TISecVM). Se permiten diligencias policiales que tiendan a proteger a estas víctimas; es más, la Policía Judicial tratará de averiguar la intensidad de la situación de riesgo a fin de que el Juez pueda decidir sobre el alcance de las órdenes de alejamiento y protección integral de mujer. Se emplea una herramienta de valoración de riesgo policial, sistema VIOGÉN, que arroja resultados de riesgo extremo, alto o medio de especial relevancia, para la adopción, en su caso, de medidas de protección.

- En la conformación del atestado policial se recomienda que la policía fotografíe y grabe la inspección ocular y declaración de la víctima, aun cuando la tendencia jurisprudencial sea la de no admitir como prueba la grabación de la víctima contra su cónyuge obtenida en la fase preliminar.
- Declaración testifical preconstituida, introducida por la reforma de la LECRIM por la LO 8/2021. El fin es proteger a la mujer víctima de violencia de género (además de a los menores de edad y a las personas con discapacidad). Se establece el procedimiento para preconstituir la prueba testifical (art. 449 bis LECRIM), siempre con la debida garantía al principio de contradicción, para lo cual se establece la obligatoriedad de asistencia en la práctica de la declaración, al menos, del defensor del acusado (art. 449 bis, II). La autoridad judicial asegurará la documentación de la declaración en soporte apto para la grabación del sonido e imagen, debiendo el LAJ comprobar la calidad audiovisual. Para su valoración habrá que estar a lo dispuesto en el art. 730.2.
- Sin perjuicio de lo expuesto, una declaración testifical personal de la mujer no está excluida en el juicio oral (art. 730 bis, III). En este caso se permite, sin embargo, el uso de la videoconferencia como medio para tomar declaración a la víctima, tanto en la investigación como incluso en sede de prueba, siempre que en este último caso no se menoscaben los derechos del acusado. Se justifica su uso en gran medida derivada de la naturaleza de la relación de afectividad que existe o existió entre el agresor y la víctima, lo que hace, por ejemplo, que las retractaciones de la víctima el día del juicio se produzcan con frecuencia.
- La diligencia de entrada y registro en el domicilio conyugal no será válida si la persona que autoriza la entrada es el cónyuge con el que la mujer se enfrenta en el proceso, en determinadas situaciones de contraposición de intereses. Tampoco, y por análoga justificación, bastará con el consentimiento de la mujer, sino que será necesaria la autorización judicial.
- En ciertos casos es posible la práctica de la prueba anticipada (art. 797.2), siempre que concurra petición de parte y quede documentado en soporte apto para la grabación y reproducción del sonido y la imagen o por medio de acta.

C) Medidas cautelares

En materia de medidas cautelares, de prevención o aseguramiento (son diversas) se establecen en los arts. 544 bis y 544 ter una serie de medidas que tienen un claro fin de protección de estas víctimas, así como la posible utilización de dispositivos telemáticos para el control de su cumplimiento. Especial referencia merece la «orden de protección» que confiere a la víctima un estatuto integral de protección (con medidas penales, civiles, asistenciales, de protección social, etc.).

D) Sentencia y ejecución

- Aun cuando se han manifestado voces discrepantes, se admite la conformidad en los procesos penales de competencia de los TISecVM, dictándose sentencia de conformidad en los casos del art. 801 LECRIM.
- En las sentencias de condena por violencia de género deberán fijarse disposiciones relativas a pensiones y ayudas, que serían sanciones no penales especiales. Así, el condenado perderá la condición de beneficiado por la pensión de viudedad que le pudiera corresponder, no tendrá derecho, en su caso, al abono de la pensión de orfandad ni será beneficiario de las ayudas y asistencia a las víctimas de delitos violentos y contra la libertad sexual.
- Ejecución: Eliminada en 2015 la sustitución de las penas privativas de libertad, ha quedado tan solo la posible suspensión de estas penas como instrumento encaminado a la reeducación y reinserción social de los delincuentes, objetivo explicitado en el art. 25.2 CE.

Es posible la suspensión de la ejecución de la pena (art. 80 CP), con las condiciones establecidas en el art. 83.1 CP (prohibiciones y deberes al autor). Si delinque o infringe las condiciones el autor, hay que aplicar el art. 84 CP.

IV. ESPECIALIDADES EN LOS PROCESOS POR DELITOS COMETIDOS CONTRA INTERESES FINANCIEROS DE LA UNIÓN EUROPEA PERSEGUIDOS POR LA FISCALÍA EUROPEA

1) Razón de ser y regulación

La aprobación de la LO 9/2021, de 1 de julio, de aplicación del Reglamento (UE) 2017/1939 del Consejo, de 12 de octubre de 2017, por el que se establece una cooperación reforzada para la creación de la Fiscalía Europea, introdujo en España cambios (orgánicos y procesales) que alteran el modelo procesal diseñado (todavía) en la LECRIM. Estas normas incorporan la Fiscalía Europea (FE) como instrumento de cooperación reforzada para lograr la lucha eficaz contra el fraude sobre el presupuesto de la UE.

2) *Especialidades*

A) Sujetos

- Fiscalía Europea y función: investiga de forma exclusiva y preferente los delitos que perjudiquen a los intereses financieros de la UE, ejerciendo la acción penal y solicitando la apertura de juicio contra sus autores y cómplices. El FE dirige la investigación y forma su propio procedimiento de investigación (art. 17 LO 9/2021), independiente de cualquier actuación de la Fiscalía española. El Estado pone a su disposición los elementos de investigación necesarios para el cumplimiento de su función.

  Con la incorporación de la FE y de sus funciones se altera el modelo de investigación español de la LECRIM, al atribuirse al FE funciones que en los procesos penales españoles se atribuyen a los TISecI. Esa atribución de la investigación al FE se complementa con la intervención del Juez de Garantías.

  Si se plantea cuestión de competencia entre la FE y la Nacional para intervenir en un procedimiento penal en el que se persiguen estos delitos, la decisión corresponde al FGE (art. 9.1 LO 9/2021). Si la cuestión se suscita entre el FE y un TISecI, la decisión corresponde a la Sala de lo penal del TS (art. 9.2 LO 9/2021).

- Víctima y acusación popular: Se suprime la acusación popular en estos procesos. La única parte acusadora que puede intervenir con el FE es la víctima (acusación particular).

- Juez de Garantías: aunque no investiga en este proceso, ejerce una función tuteladora en la investigación. Conoce del recurso planteado contra los decretos del FE en los casos previstos en la ley (art. 90 LO 9/2021), y ejerce la función de tutela de los derechos fundamentales de todos los que intervienen en el procedimiento, como pueden ser la adopción de diligencias de investigación (entrada y registro, medidas tecnológicas de afectación de derechos fundamentales, cesión de datos o informaciones relevantes, investigaciones transfronterizas, o incluso las medidas dirigidas a averiguar el patrimonio del investigado, entre otras), o la adopción de medidas cautelares.

B) Especialidades procedimentales

- Inicio de la investigación: mediante decreto del FE (art. 23 LO 9/2021), que contendrá la descripción de los hechos, su calificación jurídica, la determinación del investigado si es conocido, y de las víctimas del delito. Se notifica al investigado y a las víctimas del delito y se comunica al LAJ. Cabe impugnarse en apelación ante el Juez de Garantías (art. 23).

- Investigación en secreto: se requiere autorización del Juez de garantías (arts. 64 y 65 LO 9/2021).
- El FE ordenará las diferentes diligencias tendentes a esclarecer los hechos y las responsabilidades penales y civiles. Caso de que puedan suponer injerencia en derechos fundamentales de la persona, o caso de adopción de medidas cautelares, se pedirá al Juez de garantías la autorización (diligencias) y la adopción (cautelares). Contra los autos del Juez de garantías cabe apelación ante la Sala de lo Penal de AN, TSJ o TS (arts. 92 y ss).
- Finalización del procedimiento de investigación:

  a) Por abstención del FE, comunicándolo a la FGE (arts. 107 y 108 LO9/2021);

  b) Por decreto de conclusión del FE tras la finalización de la función investigadora, dando lugar:

     1.- Archivo por improcedencia de la continuidad de la acción penal, ya por fallecimiento del investigado o por liquidación de la persona jurídica, por enajenación mental del investigado, por amnistía, inmunidad, prescripción del delito, cosa juzgada, o bien por ausencia de pruebas pertinentes. Cabría archivar igualmente cuando el FE considera más adecuado accionar penalmente en otro Estado miembro. Contra el archivo no cabe recurso.

     2.- O conclusión de la investigación, solicitando se dicte sentencia de conformidad o bien solicitud de apertura del juicio oral (con escrito de acusación, art. 115 LO 9/2021). En este último caso es posible una audiencia preliminar si se hubiere impugnado la acusación; si no se impugna ni se acuerda sobreseimiento tras la audiencia preliminar, el Juez de garantías dicta auto de apertura del juicio oral.

V. ESPECIALIDADES EN PROCESOS CONTRA SENADORES Y DIPUTADOS. REFERENCIA A AFORADOS

El art. 71.2 CE dispone: «*Durante el periodo de su mandato los Diputados y Senadores gozarán asimismo de inmunidad y sólo podrán ser detenidos en caso de flagrante delito. No podrán ser inculpados ni procesados sin la previa autorización de la Cámara respectiva*». Se desarrolla esta inmunidad en los arts. 57 LOPJ, 750 a 756 LECRIM, 10 a 14 del Reglamento del Congreso de los Diputados, y 21 y 22 del Reglamento del Senado.

También, en lo que resulte aplicable, la Ley de 9 de febrero de 1912, de jurisdicción y procedimientos especiales en las causas contra senadores y diputados.

1) Especialidades

El proceso en el que se conoce causa contra senador o diputado será el que corresponda por razón del delito y la pena, con las siguientes especialidades:

- La instrucción y enjuiciamiento de causas criminales contra Diputados y Senadores corresponde con exclusividad a la Sala Segunda del TS.
- La Cámara correspondiente debe autorizar el suplicatorio, sin cuya concesión, en un plazo máximo de 30 días, el proceso no puede continuar. El suplicatorio es un presupuesto procesal, que consiste en la obtención de la autorización de la Cámara competente para la afección del senador o diputado al proceso penal. Si se deniega el suplicatorio, habrá que dictarse sobreseimiento.

2) Referencia a los aforados

Un aforado es una persona que, por razón de su cargo o profesión pública, goza de un tratamiento especial en el proceso penal. Vienen afectados fundamentalmente políticos, jueces y policía. Este trato privilegiado está siendo cuestionado con dureza especialmente en los últimos años, manteniéndose dos posiciones al respecto: quienes consideran que supone una vulneración del principio de igualdad de los ciudadanos ante la ley y debería desaparecer, y quienes consideran que el problema no es el privilegio —que podría defenderse en algunos supuestos, como sucede en algunos países de nuestro entorno y/o referido a aquellos hechos reprochables que se hayan podido cometer en relación con el ejercicio de la función pública que desempeñan—, sino el desmedido número de aforados que gozan del mismo en nuestro país.

Lo característico de los aforados es precisamente la aplicación de criterios de competencia objetiva que quiebran las reglas comunes, de manera que el órgano competente no lo sería si la persona no fuera aforada.

VI. ESPECIALIDADES EN PROCESOS POR CALUMNIA E INJURIA

Es un proceso ordinario con especialidades procedimentales. La razón de ser de las mismas se asienta en la naturaleza de los hechos, calumnias o injurias vertidas contra particulares, que son delitos perseguibles a instancia de parte (mal llamados delitos privados), lo que propicia un escenario diverso en el proceso penal. Su regulación se encuentra en los arts. 804 a 815 LECRIM, en relación con el 278 LECRIM y los arts. 215.3 y 130.5 CP y sus especialidades son:

- *Principio dispositivo*: se inicia el proceso solo a instancia de parte (art. 215.1 CP), mediante querella. Y como consecuencia puede terminar con actos dispositivos como la renuncia a la acción penal (arts. 106.2 y 107 LECRIM), abandono de la querella (art. 275 LECRIM), y por el perdón del ofendido (art. 215.3 CP y 130.5 CP).

  Se entiende «a instancia de parte» a instancia del ofendido por el delito, sea persona física, jurídica o incluso grupos sin personalidad. No puede serlo ni el Fiscal ni el acusador popular.

- *Acto de conciliación y licencia:* La conciliación es presupuesto exigible en la persecución de los delitos contra el honor, debiendo presentarse la certificación del acto de conciliación junto a la querella. E igualmente en el caso de que la querella fuere por injurias o calumnias vertidas en juicio habrá que presentar la licencia del tribunal ante el que hubieren sido inferidas (art. 804-806 LECRIM).

- *Procedimiento:* Tratándose de particulares, es relevante el modo en que se hayan producido los hechos. Si ha sido por escrito, con publicidad, a través de algún medio de publicación o difusión de imágenes o palabras, se tramita a través de los arts. 816 a 823 LECRIM. No habiendo tal publicidad, se seguirán las normas de los arts. 804 a 807 LECRIM. Si las presuntas calumnias o injurias se hubieran hecho verbalmente, asimismo sin publicidad, son aplicables las previsiones de los arts. 808 a 815 LECRIM.

- *Prueba:* Se limitan los medios de prueba, así, la prueba testifical se circunscribirá a los testigos directos, excluyéndose los de referencia, art. 813 LECRIM. También, la *exceptio veritatis* del art. 810 LECRIM.

- *Conformidad*: se regula esta posibilidad en el art. 241 CP, permitiéndose al Tribunal imponer una pena inferior en grado, e incluso dejar de imponer la pena de inhabilitación si ésta fuera la adecuada. Esta posibilidad casa perfectamente con el perdón del ofendido, que permite la extinción de la responsabilidad penal (art. 214.II).

- *Sentencia:* Si la misma es condenatoria determinará el alcance de la indemnización por los perjuicios materiales o morales derivados del hecho delictivo considerándose el agravio producido al cometerse y su difusión. Se prevé, además, su publicidad en el mismo medio en que se produjo, de solicitarlo así el afectado (art. 214 CP).

- *Tesis de desvinculación:* No cabe hacer uso en este procedimiento de la tesis de desvinculación del art. 733, dada la exigencia de congruencia aplicable en el mismo, en atención del principio dispositivo.

VII. ESPECIALIDADES EN PROCESOS POR DELITOS COMETIDOS POR CUALQUIER MEDIO O SOPORTE DE PUBLICACIÓN O DIFUSIÓN

➢ Los delitos cometidos por medios de difusión de los que queda constancia fehaciente presentan alguna particularidad procedimental, que se circunscribe al procedimiento preliminar, derivada de las propias circunstancias de su comisión. Su regulación la hallamos en los arts. 816 a 823 de la LECRIM, que se ocupa de dos objetivos básicos:

 - Por un lado, la adopción de medidas asegurativas o de prevención como el secuestro de los ejemplares gráficos y elementos necesarios para su elaboración o, en su caso, la prohibición de difundir o proyectar el medio en que se haya producido la actividad presuntamente delictiva (art. 823 bis).
 - Por otro lado, la averiguación inmediata del autor, para lo que se prevén distintas diligencias, según las circunstancias, arts. 817 y 818 LECRIM.

➢ En *materia probatoria* y en relación con la determinación de la autoría, establece la LECRIM, que la confesión no será suficiente para considerar a una persona como autor único de los hechos, lo que no impedirá que se dirija la causa contra otras personas, art. 820.1.

➢ Por su parte, en lo que a la *legitimación* se refiere, el art. 30 CP establece: 1°) En los delitos que se cometan utilizando medios o soportes de difusión mecánicos no responderán criminalmente ni los cómplices ni quienes los hubieren favorecido personal o realmente; 2°) Los autores responderán, de forma excluyente y subsidiaria, de acuerdo con el siguiente orden: Los autores materiales de la redacción del texto o producción del signo de que se trate y quienes les hayan inducido a realizarlo; los directores de la publicación o programa en que se difunda; los directores de la empresa editora, emisora o difusora; y los directores de la empresa grabadora, reproductora o impresora.

VIII. LA ORDEN EUROPEA DE DETENCIÓN Y ENTREGA Y LA EXTRADICIÓN

En aplicación del Título VI del Tratado de la Unión Europea, se aprobó la Decisión Marco del Consejo de Ministros de Justicia e Interior de 13 de junio de 2002, relativa a la orden de detención europea y a los procedimientos de entrega entre estados miembros. Su finalidad es la de suprimir entre los Estados miembros el procedimiento formal de extradición para las personas que eluden la justicia después de haber sido condenadas por sentencia firme y acelerar los procedimientos de extradición relativos a las personas sospechosas de haber cometido delito, configurando una modalidad específica europea de extradición, cierto es que se instrumentaliza por medio de un sistema de ejecución mutua de las órdenes de detención, y subsiguientemente entrega entre autoridades judiciales, configurando una modalidad específica europea —más propia del siglo XXI— de extradición, sobre la base de la colaboración y la confianza recíprocas.

En un inmediato desarrollo, se promulgó en España la Ley 3/2003, de 14 de marzo, hoy derogada, que regulaba la orden europea de detención y entrega. La puesta al día de esta norma se realizó con la Ley 23/2014, de 20 de noviembre, de reconocimiento mutuo de resoluciones penales en la Unión Europea, en sus arts. 34 y ss. La Comisión Europea publicó en 2017 el «Manual Europeo de la emisión y ejecución de órdenes de detención europeas».

Entre las características de esta orden europea de detención y entrega podemos citar:

1) Naturaleza y objeto

La orden que nos ocupa es una resolución jurisdiccional que se dicta en un estado miembro (autoridad de emisión) y se dirige a la autoridad judicial competente (de ejecución) de otro estado miembro, con el objeto de materializar la medida cautelar de la detención (u otra medida que cumpla con la finalidad de asegurar al sujeto objeto de la orden) y la entrega posterior de una persona, a la que se reclama para el ejercicio de acciones penales o para ejecutar una pena o una medida de seguridad privativas de libertad, o medida de internamiento en un centro de menores, a las que hubiera sido condenado (art. 34 de la Ley 23/2014). Es, por ello, un instrumento de naturaleza netamente jurisdiccional.

Las autoridades judiciales españolas de emisión podrán dictar una orden europea en los supuestos del art. 37 de la Ley, que determina su objeto de aplicación. Tras conocer el paradero de la persona reclamada, la autoridad judicial española se comunicará directamente con la autoridad judicial competente de ejecución. De no conocerse el paradero, y con el fin precisamente de localizar a la persona reclamada, podrá la propia autoridad judicial decidir la introducción de una descripción de la persona reclamada en el Sistema de Información Schengen (art. 40.2).

2) Contenido y forma de la orden

El art. 36 de la Ley detalla el contenido de la orden en un formato de formulario (anexo I), con mención expresa de la siguiente información: a) Identidad y nacionalidad de la persona reclamada; b) Nombre, dirección, número de teléfono y de fax, y la dirección de correo electrónico de la autoridad judicial de emisión; c) Indicación de la existencia de una sentencia firme, de una orden de detención o de cualquier otra resolución judicial ejecutiva equivalente; d) Naturaleza y tipificación legal del delito; e) Descripción de las circunstancias en que se cometió el delito y el grado de participación en el mismo de la persona buscada; f) La pena dictada, si hay una sentencia firme, o bien, la escala de penas prevista para el delito por la ley del estado miembro emisor; g) Si fuera posible, otras consecuencias del delito.

La orden deberá redactarse, o traducirse, en alguna de las lenguas oficiales del estado miembro de ejecución, o en cualquier otra aceptada por éste.

3) Órgano competente

En España, la autoridad judicial de emisión competente es el órgano jurisdiccional que conozca de la causa en la que la necesidad o conveniencia de la orden se haya planteado. La autoridad de ejecución competente es el TCISecI de la AN. Refiriéndose la orden a menores, la competencia es del TCSecM (art. 35).

Verificada la regularidad de la orden recibida, se practicará la detención siguiendo las previsiones de la LECRIM. La persona detenida será puesta a disposición del TCISecI, en el plazo máximo de 72 horas. Se comunicará a la autoridad judicial requirente esta circunstancia (y el seguimiento ulterior) y se informará al propio detenido, convenientemente asistido, de la existencia de la orden europea y de los derechos que al respecto le asisten (arts. 50 y ss).

4) Procedimiento

Verificada la regularidad de la orden recibida, se practicará la detención siguiendo las previsiones de la LECRIM. La persona detenida será puesta a disposición del TCISecI, en el plazo máximo de 72 horas. Se comunicará a la autoridad judicial requirente esta circunstancia (y el seguimiento ulterior) y se informará al propio detenido, convenientemente asistido, de la existencia de la orden europea y de los derechos que al respecto le asisten (arts. 50 y ss).

5) Proceso de extradición

La extradición (que pervive fuera del ámbito de la UE) es la consecuencia de un acto del Poder Ejecutivo, que será quien adopte la resolución definitiva (art. 6 LEP), por el que eventualmente se acuerda la entrega al Estado requirente de una persona reclamada por éste, para ser enjuiciada por sus tribunales o para la ejecución de una condena impuesta. En consecuencia, es un acto de naturaleza esencialmente política, que se fundamenta en el principio de reciprocidad (art. 13.3 CE, y otras razones de interés nacional a las que se refiere el art. 6 LEP). Ello no es óbice a la necesidad de intervención de los órganos jurisdiccionales del Estado requerido, en la forma, términos y a través de los procedimientos que regula la Ley 4/1985, de 21 de marzo, de Extradición Pasiva.

El art. 8 LEP, detalla los requisitos, en casos de urgencia, para la adopción de la detención, y la eventual posterior prisión provisional, como medida cautelar personal, cuyo mantenimiento se supedita a que la solicitud de extradición se formalice en 40 días, art. 10.1 LEP.

Lección 29ª

PROCESOS PENALES ESPECIALES REGULADOS FUERA DE LA LECRIM Y PROCESOS CIVILES DERIVADOS DEL HECHO PUNIBLE

IÑAKI ESPARZA LEIBAR

I. EL PROCESO ANTE EL TRIBUNAL DEL JURADO

1) La esencia de la institución del jurado

El jurado ha sido percibido —sobre todo en los períodos en los que las libertades no gozaban de especial aprecio por parte de quienes detentaban el poder— como un símbolo de la esencia de la democracia, de la materialización integral de la soberanía de los ciudadanos, quienes irían más allá de configurar, más o menos directa y periódicamente, los poderes tradicionalmente representativos de la voluntad popular a través de las elecciones, el poder ejecutivo y el poder legislativo. Por medio de la institución del jurado, los ciudadanos establecerían un vínculo directo y efectivo también con el poder judicial, ejerciendo la potestad jurisdiccional, juzgando los propios ciudadanos legos en derecho, en los casos previstos por la ley. Quedaría así visiblemente de manifiesto que la soberanía, que el poder en su integridad, procede del conjunto de los ciudadanos que integran una comunidad que se constituye como estado democrático de derecho.

2) El modelo español de jurado, concepción y características generales

La LO 5/1995, de 22 de mayo del Tribunal del Jurado reintrodujo una institución histórica, aunque de escasa tradición en nuestro país, que ha estado vigente de manera fluctuante desde su introducción en el primer tercio del siglo XIX, con la Constitución de Cádiz de 1812, y que siempre —y esta vez tampoco ha sido una excepción— ha venido acompañada de una cierta polémica. La opción del Legislador es una variedad —de entre las múltiples posibles— encuadrable en el modelo de jurado puro anglosajón, desechando consiguientemente el modelo de jurado mixto o escabinado, vigente en ordenamientos a priori más próximos y afines al nuestro, como el francés.

Observamos con tristeza que una de las principales formas de participación de los ciudadanos en la administración de justicia, que está expresamente prevista en el art. 125 CE, languidece y es objeto de generalizada indiferencia, cuando no de una clara desconfianza. La última modificación significativa de la Ley Orgánica 5/1995, de 22 de mayo, del Tribunal del Jurado —la operada por la LO 1/2015, de 30 de marzo, por la que se modifica la Ley Orgánica 10/1995, de 23 de noviembre, del Código Penal— incide, limitándolo, en su artículo 1, que establece la relación de delitos para cuyo enjuiciamiento es competente este Tribunal —materia a la que se refiere esta obra en su lección 2ª— suprimiendo la letra e) de sus apartados 1 y 2. Se producen asimismo modificaciones puntuales en 2017 (LO 1/2017, en relación con las personas con discapacidad) y en 2021 (LO 9/2021, relativa a la creación de la Fiscalía europea).

La del Jurado es una institución asociada a las libertades, símbolo y ejemplo de que todos los poderes del estado derivan de la soberanía del pueblo, quien por tanto debería poder fiscalizarlos. No obstante, el hecho cierto y constatable es que tanto en España como en el país que es el mayor promotor de la institución en su configuración moderna, los Estados Unidos de Norteamérica, el número de asuntos resueltos por este tipo de órgano jurisdiccional es prácticamente residual, tanto cuantitativa como cualitativamente, y la tendencia es desde hace años decreciente. El valor simbólico que reconocemos a la institución, no debería estar reñido con un buen instrumento que la regulara, con una ley cuyo funcionamiento atraiga a los ciudadanos y les haga apetecible su contribución a los fines del estado de derecho, al contrario de lo que ahora ocurre en España.

El hecho diferencial básico del tribunal del jurado es que personas legas en derecho van a ejercer la función jurisdiccional como jueces legales predeterminados por la ley, juzgando aquéllos casos que la ley les atribuya. Esta circunstancia esencial debe encajarse y acomodarse a un modelo de resolución de conflictos propio de un estado de derecho, lo que significa una adaptación singular y pormenorizada a las exigencias del mismo. Nos referimos, sin ánimo de exhaustividad, a cuestiones como la independencia de los integrantes del órgano jurisdiccional, también a su imparcialidad. De la misma manera que los derechos del investigado, la motivación de las sentencias y la presunción de inocencia o la inmediación y la publicidad, deben ser objeto de un análisis específico para que puedan ser entendidos, asimilados y respetados por los jueces legos.

Por lo que al contexto jurídico doctrinal concierne, la referencia norteamericana es ya habitual, en los últimos años, en lo relativo al enjuiciamiento criminal. Es un modelo que no debemos ignorar para no caer en errores resultantes de la mera traslación de instituciones, ya que el sistema continental europeo en general, el español el particular y el norteamericano, por otro lado, presentan claras diferencias estructurales que condicionan todo ulterior desarrollo.

El jurado es hoy una institución casi simbólica, desde una perspectiva cuantitativa, ya que en los EEUU menos de un 5% de los asuntos penales se tramitan a través del Tribunal del Jurado, un porcentaje, con todo, muy superior al que se da en España. Desde una perspectiva cualitativa, los casos de los que conoce el Tribunal del Jurado despiertan un nada desdeñable interés mediático que, en nuestra opinión, no ha favorecido en absoluto el normal desarrollo de esta institución.

La propia institución del jurado se justifica como una forma de intervención (legitimadora) de los ciudadanos en la jurisdicción, en la decisión de asuntos procesales, que es una de las tareas prioritarias de un estado de derecho. La CE se refiere a ella en el art. 125 en el contexto de los arts. 23.1 y 117.1 del propio texto. El Jurado se ha identificado con los sistemas procesales más progresistas (lo cierto es que sólo es compatible con ellos en el contexto de regímenes políticos democráticos, como lo demuestra el hecho de que en España no se empleara la institución desde 1936). La doctrina de los EEUU de Norteamérica (El Juez Rehnquist, quien fue Presidente del Tribunal Supremo de aquel país) lo considera como «un importante baluarte frente a la tiranía y la corrupción... una garantía de que la ley se aplicará de acuerdo con la sensibilidad y deseos de la comunidad».

Lo que es innegable es que, en cuanto al modelo procesal penal, la referencia ha sido y sigue siendo, incluso en algunos casos progresivamente con más intensidad, la norteamericana de los EEUU, siendo así que, y lo hemos dicho ya, son sistemas muy diferentes. El análisis comparativo, siquiera somero, entre el modelo de jurado español y el norteamericano, nos proporcionará una buena muestra de ello, siendo ambos, en principio, concreciones del modelo de jurado puro anglosajón.

El ajuste final del modelo de Tribunal de Jurado al ordenamiento procesal penal está, en nuestra opinión, inconcluso, más aún, abandonado en este momento en nuestro país, y una nueva LECRIM sería una inigualable ocasión para, tras la preceptiva reflexión y fijación de aspectos positivos y otros que deban ser mejorados, su pacífica, perfecta y definitiva implantación desde la convicción de que se trata de una institución valiosa (o de lo contrario, que por cierto, también es perfectamente compatible con un estado de derecho) y no desde la resignación derivada de la existencia de la referencia constitucional que, por lo demás, valoramos como positiva.

3) Hitos determinantes del proceso ante el Tribunal del Jurado

Es preciso ahora establecer los elementos configuradores del Jurado español, resaltando aquellos que pueden considerarse más característicos.

A) Procedimiento adecuado

Desde que, como consecuencia de la denuncia o la querella, resulte contra una persona determinada, verosímilmente a juicio del Juez de Instrucción, la imputación de un delito de los atribuidos al Tribunal del Jurado, adoptará el mencionado instructor la correspondiente resolución de incoación del procedimiento adecuado para tal circunstancia, que no es otro que el establecido por la Ley del Jurado, en relación con el que la LECRIM será de aplicación supletoria, (art. 24 LJ). La Ley prevé a continuación una comparecencia que será convocada con el objeto de concretar la imputación, a la que serán llamados y en la que serán escuchados los investigados, el MF y las demás partes personadas, (art. 25 LJ). Atendiendo a lo escuchado en la vista, el titular de la TISecI adoptará la decisión de sobreseer o de continuar con el procedimiento, para lo que resolverá sobre la pertinencia y correlativa práctica de las diligencias de investigación solicitadas por las partes, en la medida en que sean imprescindibles para decidir sobre la procedencia de la apertura del juicio oral, (arts., 26 y ss. LJ).

B) Selección y constitución

El sistema de selección de candidatos se basa en el sorteo a partir de las listas censales, lo que permite garantizar anticipadamente un número suficiente de candidatos y que éstos conozcan con tiempo dicha circunstancia, al incorporarse a una lista de elaboración bienal. La LO 1/2017 de 13 de diciembre, introduce modificaciones tendentes a garantizar la participación en el Tribunal del Jurado de las personas con discapacidad.

El número de jurados por asunto queda establecido en 9, calculándose que para obtener sin problemas dicha cantidad, debe partirse de multiplicar por 50 (candidatos) el número de causas que se prevea que van a ser tramitadas por medio de este cauce. Arts. 13 y ss. LOTJ.

La Ley establece un procedimiento contradictorio que contempla las reclamaciones contra la inclusión en las listas realizadas por los propios candidatos, por alguna de las causas previstas en la propia Ley. En un momento posterior y de cara a la obtención de las listas definitivas de candidatos, una vez asignados a una causa en particular, podrán ser recusados, con o sin casusa, tanto por el Ministerio Fiscal como por las demás partes sobre la base de un cuestionario que los mismos candidatos a jurado deberán completar.

La constitución del Tribunal del Jurado se realizará el día y a la hora señalados para el inicio del juicio bajo la supervisión del Magistrado-Presidente, cuyo papel es esencial a partir de este momento, tal y como la LOTJ señala en sus arts. 38 y ss.

C) El veredicto

Realizado el juicio oral ante el Jurado, lo que se hace por el procedimiento común, aparece lo característico del jurado, empezando por el veredicto. Este es el elemento nuclear que caracteriza al Tribunal del Jurado y que conformará la subsiguiente sentencia. En su formación hay que distinguir dos momentos sucesivos. En primer lugar, la determinación de su objeto, y en segundo la deliberación y votación que preceden a su emisión.

Objeto del veredicto: Lo primero que el Jurado debe conocer es aquello sobre lo que ha de pronunciarse, el relato ordenado de lo acaecido ante él. Su preparación corresponde al Magistrado-Presidente, que lo hará por escrito y una vez concluido el juicio oral, con el contenido específico marcado en el art. 52 LOTJ.

El objeto del veredicto deberá necesariamente contener:

a) Los hechos, contrarios o favorables, que el jurado deberá declarar probados o no. Exponiendo, en primer lugar, la perspectiva de la acusación y, a continuación, las alegaciones de la defensa.

b) Los hechos de los que pudieran deducirse el grado de ejecución o participación del acusado en el presunto delito objeto de enjuiciamiento.

c) Finalmente precisará el hecho delictivo por el cual el acusado habrá de ser declarado culpable o no culpable.

Lo expuesto son los mínimos elementos informativos de los que el Jurado debe disponer. Pero es posible que, eventualmente, se estime la concurrencia de circunstancias que pudieran excluir o modificar la eventual responsabilidad. Entonces, habrán de exponerse separadamente de los demás, los hechos de los que aquellas pudieran deducirse, con prioridad para las eximentes.

Asimismo, el Magistrado-Presidente recabará el criterio del jurado sobre la aplicación de los beneficios de remisión condicional de la pena y la petición de indulto en la propia sentencia.

Establece el art. 52 LOTJ, que el Magistrado-Presidente oirá a las partes sobre eventuales inclusiones o exclusiones, en relación con las que decidirá de plano, previamente a entregar al jurado el objeto del veredicto, entrega que se verificará en audiencia pública y con presencia de las partes.

Deliberación y votación: La deliberación, que será secreta, se celebra a puerta cerrada, en la sala habilitada al efecto, no pudiendo los miembros del Jurado mantener relación alguna con personas ajenas a él. Podrá durar el tiempo que se estime necesario —no obstante, transcurridos 2 días desde el inicio de la deliberación, el Magistrado-Presidente podría recuperar la iniciativa para evitar la paralización— pudiendo autorizar el Magistrado-Presidente los descansos que considere necesarios, manteniendo, eso sí, el régimen de incomunicación, (arts. 55 y ss. LOTJ).

Por lo que a la votación concierne, finalizada la deliberación se votará, en primer lugar, sobre los hechos integrantes de la propuesta del Magistrado-Presidente y precisamente por su orden, indicando si se consideran probados o no. El art. 59 LOTJ establece que los hechos se declararán probados por 5 votos, al menos, en el caso de los favorables mientras que los contrarios requerirán de 7. Pudiendo el Jurado, *motu proprio* si no se obtuviere la mayoría requerida, introducir las precisiones que se estimen pertinentes, no ya en su contenido que es inalterable en lo sustancial, sino en su redacción, si con la originaria no se obtuviera la mayoría necesaria para considerar los hechos como probados.

Los resultados de las votaciones se harán constar en un acta cuyo contenido se especifica en el art. 61 LOTJ, que contempla cinco apartados diferenciados:

1°) Los hechos que se consideran probados y si lo han sido por mayoría o unanimidad.

2°) Los que, por el contrario, no se consideran probados y de qué manera han sido declarados así.

3°) Como consecuencia de lo anterior, si se estima al acusado culpable en relación con un hecho delictivo, o no culpable, con pronunciamientos separados para cada delito y acusado, así como la forma de adopción del acuerdo. El art. 60 LOTJ establece que serán necesarios 7 votos para establecer la culpabilidad y 5 votos para hacer lo propio con la inculpabilidad. En este apartado se incluirá, en su caso, un pronunciamiento sobre la aplicación de la remisión condicional y sobre la eventual petición de indulto.

4°) El cuarto apartado intenta romper con el planteamiento casi mecánico de respuesta a un formulario, exigiendo la manifestación «sucinta explicación» de las razones por las que determinados hechos se han declarado, o rechazado declarar, como probados. Lo que debe quedar meridianamente claro es que lo que la Ley requiere en este punto no es una motivación, ya que lo que caracteriza a los jueces legos es su desconocimiento del derecho, por lo que es sencillamente imposible que puedan motivar. Esto ha dado lugar a una feraz controversia, por la confusión conceptual generada. Cuando hablamos de motivación nos referimos a la exigencia contenida en el derecho fundamental a la tutela judicial efectiva a la que se refiere el art. 24 CE, operación compleja y crucial, que únicamente puede realizar válidamente un Juez o tribunal profesional. Proporcionar una sucinta explicación no es pues equivalente a motivar.

5º) Finalmente, un quinto apartado en el que se harán constar los incidentes acaecidos durante la deliberación —incluida la negativa a votar de cualquiera de los jurados, a los efectos del art. 58.2— evitando, en cuanto al resto, toda vulneración del secreto durante la deliberación.

El acta del veredicto se redactará por el propio portavoz del Jurado, a no ser que disienta del parecer mayoritario, en cuyo caso los propios jurados designarán al redactor. Se firmará personalmente por cada uno de los jurados, pudiendo hacerlo el portavoz en nombre de quien no pudiera hacerlo. La negativa a firmar se hará constar en el acta de incidencias, pero no se prevén consecuencias sancionatorias.

Una vez redactada se entregará una copia al Magistrado-Presidente que, salvo que proceda la devolución, convocará a las partes a una comparecencia para lectura pública del veredicto que se efectuará por el portavoz del Jurado.

Leído públicamente el veredicto, el encargo del Jurado finaliza, cesando en sus funciones y procediéndose a su disolución, art. 66 LOTJ.

D) La sentencia

Cesado el jurado en sus funciones, la iniciativa procesal la recupera el Magistrado-Presidente quien, en correlación con el veredicto, dictará sentencia absolutoria o condenatoria. Procederá una sentencia absolutoria cuando el veredicto sea de inculpabilidad y en relación con el acusado concreto al que afecte. Ordenará, en su caso, su inmediata puesta en libertad, (art. 67 LOTJ). La sentencia condenatoria vendrá exigida por un veredicto de culpabilidad, suponiendo la apertura de incidente previo para determinar la pena o medida que deba imponerse a cada culpable.

En el caso del Tribunal del Jurado, el Magistrado-Presidente está vinculado por el sentido del veredicto, y deberá concretar la consecuencia jurídica de tal pronunciamiento, lo que, evidentemente, no le exime de la necesidad de motivar adecuadamente la resolución, en la forma ordenada por el art. 248.3 LOPJ, como se indica en el art. 70 LOTJ, que establece el contenido de la misma. Con concreción, siendo condenatoria la resolución, de la existencia de prueba de cargo suficiente para desvirtuar la presunción de inocencia. A ella se unirá el acta del Jurado.

E) Los recursos

Con carácter general, cabe distinguir entre los recursos que el legislador ha establecido contra las resoluciones interlocutorias dictadas en el procedimiento preliminar por el instructor, y los medios de impugnación previstos en la fase de juicio oral contra las resoluciones del Magistrado-Presidente. El conocimiento de los primeros se atribuye a la Audiencia Provincial. El órgano competente para conocer de los segundos es la Sala de lo Civil y Penal del Tribunal Superior de Justicia de la correspondiente Comunidad Autónoma a la que pertenezca el órgano del enjuiciamiento, (art. 846 bis a) LECRIM); frente a éstas, está prevista la posibilidad de intentar la casación ante el Tribunal Supremo, (art. 847 LECRIM).

II. EL PROCESO CON IMPLICACIÓN ACTIVA DE MENORES

El proceso especial del que nos ocupamos a continuación muestra que, sobre un argumento científico incontrovertido, la ausencia de madurez en el menor —circunstancia que le hace acreedor de un tratamiento específico ante los tribunales— se ha construido un proceso en relación con el que existe la extendida percepción de que se trata de un razonablemente buen instrumento.

1) Introducción. La razón biológica

La Convención sobre los Derechos del Niño, de 20 de noviembre de 1989, adoptada por la Asamblea General de las Naciones Unidas, ratificada por España por Instrumento de 30 de noviembre de 1990 (BOE de 31 de diciembre de 1990), es uno de los textos internacionales ratificados por un mayor número de estados. En realidad, lo ha sido de forma abrumadoramente mayoritaria, lo que da una idea de lo compartidos que son sus contenidos a nivel planetario, lo que, a su vez, acredita una circunstancia ciertamente excepcional.

En su preámbulo hallamos reveladoras afirmaciones y argumentos que son esenciales para entender las razones que subyacen al tratamiento que los ordenamientos nacionales dispensan a la materia que pretendemos abordar, que no es otra que la posición del menor infractor ante la justicia y los objetivos al respecto de ésta:

Teniendo presente que la necesidad de proporcionar al niño una protección especial ha sido enunciada en la Declaración de Ginebra de 1924 sobre los Derechos del Niño y en la Declaración de los Derechos del Niño adoptada por la Asamblea General el 20 de noviembre de 1989, y reconocida en la Declaración Universal de Derechos Humanos, en el Pacto Internacional de Derechos Civiles y Políticos (en particular, en los artículos 23 y 24), en el Pacto Internacional de

Derechos Económicos, Sociales y Culturales (en particular, en el artículo 10) y en los estatutos e instrumentos pertinentes de los organismos especializados y de las organizaciones internacionales que se interesan en el bienestar del niño.

Teniendo presente que, como se indica en la Declaración de los Derechos del Niño, «el niño, por su falta de madurez física y mental, necesita protección y cuidado especiales, incluso la debida protección legal, tanto antes como después del nacimiento»

De forma más específica, las Reglas mínimas de las Naciones Unidas para la administración de la justicia de menores, adoptadas por la Asamblea General en su Resolución 40/33, de 28 de noviembre de 1985 («Reglas de Beijing»), se sustentan sobre orientaciones fundamentales, que el texto desarrolla de manera pormenorizada:

Es por tanto una circunstancia esencialmente biológica, la falta de madurez física, emocional y mental de los menores, la que los hace merecedores de una especial atención, la que obliga a extremar el cuidado en la protección de sus derechos, tanto con carácter general como, y especialmente, en situaciones de particular vulnerabilidad, como son las que se desencadenan como consecuencia de la incoación de un proceso del que van a ser sujeto pasivo.

Mediando un conflicto jurídico en el que el menor aparezca como aparente autor de una infracción, la misma circunstancia obliga a dotar al subsiguiente proceso de normas específicas que se acomoden a la constatación antedicha, protegiendo al menor de manera integral y activa, más allá de establecer para tales casos una sanción de menor intensidad o entidad que si se tratara de un adulto.

2) *La justicia de menores en España*

La convicción de que el menor presuntamente delincuente debe ser sometido a un régimen especial para el enjuiciamiento y sanción de su conducta, ha sido una constante en nuestro ordenamiento positivo. Actualmente, esa regulación específica la encontramos en la LO 5/2000, de 12 de enero. Tras la STC 30/1991, de 14 de febrero —que motivó la desaparición de la antigua Ley de Tribunales Tutelares de Menores de 11 de junio de 1948— se anunció una reforma en profundidad, que se materializó finalmente en el año 2000.

Recientemente ha incidido en la materia la Ley Orgánica 8/2021, de 4 de junio, de protección integral a la infancia y la adolescencia frente a la violencia y específicamente su disposición final 11.1. También la LO 4/2023, de 27 de abril, para la modificación del CP, en los delitos contra la libertad sexual, la LECRIM y la LORPM, que afecta a su art. 10. La última reforma de la LORPM se deriva de la LOMESPJ y se concreta en sus arts. 4 y 23.

Completa esta Ley el tratamiento integral de los menores que se asienta esencialmente sobre estas bases:

1ª) Configura un sistema de tratamiento que, siendo, penal y sancionador, es fundamentalmente educativo y de reinserción, aunque sin olvidar que las infracciones más graves deben ser también más gravemente sancionadas.

2ª) Potencia el principio de oficialidad, estimando que el interés del menor no es disociable sino más bien equiparable al interés social y prioritaria su protección, por lo que otorga un amplio protagonismo al Fiscal como defensor de este tipo de interés, atribuyéndole tanto la instrucción de la causa —excepcionalmente en la medida en que el español es todavía un sistema basado en la atribución de la instrucción a un juez, a diferencia de lo que ocurre en la gran mayoría de modelos de Derecho Comparado (EEUU de Norteamérica o Alemania), donde es el Fiscal quien habitualmente instruye— como la acusación, en su caso. Por lo que a la acusación concierne, la misma no se ejerce en régimen de monopolio (como con carácter general ocurre en la mayor parte de ordenamientos), sino que se permite el ejercicio de la acusación particular por el ofendido y correlativamente, se reconoce el ejercicio de la pretensión civil de resarcimiento. En esto se acomoda al diseño de la LECRIM. Se excluye, no obstante, la posibilidad de ejercer la acusación en la modalidad de acusación popular, al limitarse el ejercicio de acciones exclusivamente a la víctima o a los perjudicados.

3ª) En lo esencial, se equipara el régimen procesal de las actuaciones de la justicia de menores al ordinario de la LECRIM, si bien incorporando fórmulas específicas adoptadas, más beneficiosas para el menor, tanto en el desarrollo del «expediente» (se elude en todo momento el término «proceso»), como en las medidas sancionadoras aplicables y en su ejecución. En la otra posición procesal, todo lo dicho debe ser compatible con la protección de las víctimas y perjudicados, a los que debe mantenerse permanente e integralmente informados de sus derechos, y del desarrollo de las actuaciones, incluso aunque no se hayan constituido como parte en las mismas.

3) Presupuestos del modelo

Estamos ante un verdadero proceso penal, por más que existan en él elementos y condicionantes cualitativos de primer orden que lo hagan especial. Dicho proceso, en el que expresamente se regula la vigencia del principio acusatorio, art. 8 LORPM, se ajusta en su formulación, como no podía ser de otra manera, a las exigencias constitucionales en materia de enjuiciamiento, derivadas de la constitución de 1978 que sustenta un estado de derecho.

El sujeto pasivo del proceso es un infractor menor de edad, comprendido en la banda que se extiende entre los 14 y los 18 años, responsable de sus actos y consecuentemente imputable, por la comisión de hechos tipificados como delito, art. 1 LORPM. Los menores de 14 años quedan sometidos a las Instituciones de Protección de Menores, dependientes de las CCAA y a las que se remitirán todas las actuaciones que el Fiscal estime procedentes.

El órgano competente para la instrucción de este tipo de procesos es el Ministerio Fiscal, art. 16 LORPM. El órgano jurisdiccional competente —juez legal y predeterminado por la ley— para el enjuiciamiento de los mismos y para la posterior ejecución de las sentencias que en ellos se dicten, será como consecuencia de lo establecido en la LOMESPJ la TISecM, art. 91 LOPJ, que lo diseña como un órgano con sede en la capital de la provincia y jurisdicción en toda ella. Será competente en cada caso, la TISecM radicada en el lugar en el que se hayan producido los hechos, y si se hubieran cometido en varios lugares, corresponderá al del domicilio del menor y, en su defecto y subsidiariamente, se aplicarán las normas del artículo 18 de la LECRIM.

Por lo que al adecuado desarrollo del procedimiento —o expediente como la Ley opta por denominarlo— concierne, las normas contenidas en esta Ley distinguen entre unas disposiciones ordinarias, de aplicación general a los menores infractores; y otras de carácter especial, que son de aplicación exclusiva para el enjuiciamiento de menores que presuntamente hayan cometido hechos que puedan ser tipificados como delitos de terrorismo, en cualquiera de sus modalidades, contemplados por los artículos 571 a 580 del CP. El conocimiento de estos expedientes se atribuye a la TCISecM, con sede en Madrid y jurisdicción en toda España, art. 95 LOPJ.

A) Los elementos personales

a) El Juez

Como no podía ser de otra manera en un sistema en el que rige el principio acusatorio, la TISecM está absolutamente vinculada a las peticiones del Fiscal o del acusador particular, no pudiendo en ningún caso imponer medidas de mayor gravedad que las solicitadas por estos, art. 8.1 LORPM, aunque sí puede proponer una calificación distinta o medidas diferentes a las propuestas, art. 37.1 LORPM. Al iniciarse la fase de audiencia, corresponde a la TISecM la adopción de las decisiones que determinarán la celebración de la misma, el sobreseimiento, la remisión de las actuaciones al Juez competente o la práctica de pruebas anteriormente denegadas por el Fiscal durante la instrucción, art. 33 LORPM.

Cabe mencionar al respecto del juez competente, y específicamente en lo relativo a la aplicación a menores de la orden europea de detención y entrega, lo establecido por la Ley 23/2014, de 20 de noviembre, de reconocimiento mutuo de resoluciones penales en la Unión Europea, cuyo art. 35.2, atribuye la competencia a la TCISecM.

b) Los demás sujetos

1. El Ministerio Fiscal: Como hemos indicado ya, bajo la supervisión de la TISecM, v.gr., arts. 23.3 o 28.1 LORPM, en relación con la adopción de diligencias restrictivas de derechos fundamentales o medidas cautelares, corresponde al Ministerio Fiscal un papel prevalente e integral en lo que a la instrucción concierne, de manera que:
   1º) La iniciación del procedimiento queda a su exclusiva iniciativa, de oficio o como consecuencia de denuncia presentada ante él, que él mismo admitirá o no.
   2º) Desarrollará, por sí, toda la actividad propia de la instrucción, aunque sin adoptar medidas cautelares o practicar diligencias de investigación que afecten a derechos fundamentales, debiendo solicitar a la TISecM la autorización para su adopción o práctica.
   3º) Puede el Ministerio Fiscal desistir de la incoación del expediente, si los hechos no revistieran especial importancia o gravedad y el menor careciera de antecedentes en la conducta cometida, poniéndolo a disposición de las entidades civiles de Protección de Menores. Este desistimiento habrá de comunicarse a los ofendidos o perjudicados.
   4º) Puede también desistir de la instrucción, una vez iniciado el expediente, si los hechos carecieran de trascendencia y hubiera mediado conciliación entre la víctima y el agresor, o éste se hubiera comprometido a reparar los daños causados o a cumplir la actividad educativa propuesta por el equipo técnico. Ello, sin perjuicio de los posibles acuerdos a que hubiera podido llegarse sobre la responsabilidad civil.
   5º) La Ley atribuye al Ministerio Fiscal la esencial función de acusar o de solicitar el sobreseimiento de la causa.
2. Las víctimas y los perjudicados: Por lo que las víctimas y demás personas perjudicadas por la actuación infractora del menor concierne, establece la Ley que los directamente afectados por los hechos, sus herederos o sus representantes podrán personarse como acusadores particulares, con todos los derechos inherentes a tal condición. Asimismo, tanto estos como los perjudicados podrán ejercitar la pretensión civil de resarcimiento, que se

tramitará en pieza separada, pero simultáneamente con el proceso principal. Se establece, no obstante, un límite para la proposición de prueba que solo podrá versar sobre los hechos y las circunstancias de su comisión, pero no sobre la situación psicológica, educativa, familiar y social del menor.

3. Los menores imputados: Como punto de partida y base de su estatus procesal, se reconocen a los menores los mismos derechos que a los adultos imputados en la LECRIM, con algunas particularidades derivadas de su condición de menor de edad. Así, desde su detención o desde el inicio mismo del expediente serán informados de esos derechos, de forma inmediata y en un lenguaje claro y comprensible, incluido naturalmente el derecho a nombrar letrado y el derecho a mantener con él una entrevista reservada, tanto con anterioridad como al término de la toma de declaración. Las declaraciones que el menor preste como detenido se efectuarán ante su letrado y ante quienes ostenten la patria potestad, tutela o guarda del menor, salvo que las circunstancias concretas del caso aconsejen lo contrario, en cuyo caso se llevarán a cabo en presencia de un Fiscal distinto al instructor del expediente, art. 17.2 LORPM. Desde la incoación del expediente se despliega para el menor un específico estatus procesal que comprende, como hemos visto, desde el derecho a la información, al derecho a ser oído por el órgano jurisdiccional antes de adoptarse cualquier decisión que le afecte, pasando por la asistencia psicológica y afectiva integrales, con la presencia de sus padres o de otra persona que designe, además de la asistencia del equipo técnico adscrito a la TISecM, art. 22 LORPM.

4. El Equipo técnico: Se trata de un elemento característico y clave en los procesos penales (expedientes) incoados frente a menores de edad. Adscrito funcionalmente a la TISecM, está integrado por psicólogos, educadores y trabajadores sociales y otros profesionales que podrán ser incorporados de forma temporal o permanente. Su función asistencial no se limita, ni mucho menos, al menor, sino que proporcionan tanto al Fiscal como a la Jueza o al Juez los informes que éstos le requieran sobre la situación psicológica, educativa o familiar del menor, proponiendo medidas socio-educativas apropiadas o incluso la no necesidad de continuar con el expediente, a la vista de las circunstancias concurrentes y de su incidencia en el menor. Está previsto además que pueda plantear la necesidad o conveniencia de un intento de conciliación con las víctimas, o el desarrollo de actividades de reparación del daño, pudiendo adicionalmente actuar como mediador, (arts. 19 (cuyo apartado 2 resulta modificado por la LO 10/2022, de 6 de septiembre, de garantía integral de la libertad sexual), 22, 27 LORPM y art. 4 RD 1774/2004 que aprueba el Reglamento de la LO 5/2000, Reguladora de la Responsabilidad Penal del Menor).

B) El procedimiento

Los expedientes regulados en la LORPM se dividirán —al igual que ocurre con carácter general en los demás procesos penales regulados en la LECRIM— en dos fases principales: fase de instrucción y fase de audiencia, o vista oral.

a) Fase de instrucción

La instrucción de este tipo de procedimientos se atribuye por la LORPM al Ministerio Fiscal, art. 16.1. A él corresponde admitir o no a trámite la denuncia, según que los hechos sean o no indiciariamente constitutivos de delito. Custodiará además las piezas, documentos y efectos que le hayan sido remitidos y practicará las diligencias que estime pertinentes para la comprobación del hecho y de la eventual responsabilidad del menor. Consecuentemente con el resultado de sus averiguaciones, podrá resolver el archivo de las actuaciones, si los hechos no fueran punibles o carecieran de autor conocido, informando de dicha resolución a quienes hubieren formulado la denuncia, art. 16.2. De la incoación del expediente dará cuenta a la TISecM, quien iniciará los trámites correspondientes, art. 16.3 y 4.

En el curso de las actuaciones podrá también el Ministerio Fiscal desistir de la incoación del expediente, basándose para ello en la menor gravedad de los hechos y en la ausencia de violencia o intimidación, trasladando lo actuado a la entidad pública de protección de menores, con comunicación de dicha decisión a los ofendidos o perjudicados conocidos. No obstante, si el menor hubiera cometido con anterioridad hechos de la misma naturaleza, el Ministerio Fiscal deberá incoar el expediente, art. 18 LORPM.

También corresponderá al Ministerio Fiscal remitir las actuaciones al órgano legalmente competente cuando la competencia para el conocimiento de los hechos no correspondiera a la TISecM, art. 21 LORPM.

Los derechos del menor durante la tramitación del expediente, desde el mismo momento de su incoación, serán integralmente garantizados en los términos que establece el art. 22 LORPM, y será informado de ello por el Juez, el Ministerio Fiscal o agente de policía interviniente.

Una vez iniciado el expediente, el Ministerio Fiscal podrá desistir de su continuación si hubiera mediado conciliación con la víctima o hubiera asumido el menor el compromiso de reparar el daño causado a la víctima o al perjudicado, o si se hubiera comprometido al cumplimiento de la actividad educativa propuesta por el equipo técnico en su informe. Éste desistimiento sólo será posible si los hechos imputados son constitutivos de delitos menos graves (art. 19.1 LORPM).

Cumplidos los compromisos adquiridos —o incluso aunque no hubieran podido llevarse a efecto por causas ajenas a la voluntad del menor— el Ministerio Fiscal dará por concluida la instrucción y solicitará a la TISecM el sobreseimiento y archivo de las actuaciones. En el caso de que el menor no cumpliera con los compromisos adquiridos, el Ministerio Fiscal continuará con la tramitación del expediente, arts. 19.4 y 5 LORPM.

Concluida la instrucción, y según lo establecido en el art. 30 LORPM, el Fiscal notificará la resolución a las partes personadas y remitirá lo actuado en el expediente a la TISecM, junto con un escrito de alegaciones que contendrá —entre otros aspectos a los que se hace referencia en el precepto citado— la valoración jurídica de los hechos, el grado de participación del menor y, consecuentemente, la petición de apertura de la fase de audiencia. Podrá también alternativamente solicitar el Ministerio Fiscal a la TISecM, el sobreseimiento de las actuaciones, por la concurrencia de alguno de los motivos previstos en la LECRIM, así como la remisión de los extremos que se estimen oportunos a la entidad pública de protección de menores, en su caso.

b) Fase de audiencia

Se desarrolla ante el órgano jurisdiccional y se regula en los arts. 31 y ss. LORPM. Basada en los principios de contradicción, inmediación y publicidad, art. 35 LORPM. Por lo que a la dinámica procesal concierne, las partes actoras y, a continuación, la defensa del menor, formularán sus respectivos escritos de alegaciones y propondrán la práctica de los medios de prueba que consideren pertinentes. El art. 32 regula la posibilidad de conformidad, manifestada en comparecencia ante el juez, como consecuencia de la que la TISecM dictará sentencia sin más trámite.

No habiéndose alcanzado la conformidad y a la vista de las alegaciones realizadas, el Juez acordará: a) La celebración de la audiencia, que se señalará conforme a lo establecido en los arts. 34 y 35.1 LORPM. b) El sobreseimiento de las actuaciones; c) El archivo y la remisión de actuaciones a la entidad pública de protección de menores correspondiente, si así lo hubiera solicitado el Ministerio Fiscal. d) La remisión al órgano jurisdiccional competente, si él no lo fuera; e) La práctica de las pruebas propuestas por las partes y denegadas por el Fiscal durante la instrucción y que no puedan practicarse en la audiencia, art. 33 LORPM.

c) La sentencia, su flexible ejecución

Finalizada la audiencia, la resolución judicial que pone fin al proceso adoptará la forma de sentencia que, en su caso, impondrá alguna de las medidas relacionadas en el artículo 7 LORPM (cuyo apartado 5 es añadido por la LO 10/2022, de 6 de septiembre, de garantía integral de la libertad sexual), ordenadas según la restricción de derechos que suponen, correspondiendo su ejecución a las entidades públicas dependientes de las CCAA y de las ciudades de Ceuta y Melilla, bajo el control y la supervisión del órgano jurisdiccional, arts. 44 y 45 LORPM.

Además del registro de sentencias de cada sección, custodiado por el Letrado de la Administración de Justicia, art. 39 LORPM, el RD 232/2002, de 1 de marzo, crea en el Ministerio de Justicia un Registro de las sentencias firmes dictadas en estos procesos. Con ello se pretende que los órganos jurisdiccionales y el Fiscal dispongan de precedentes y de antecedentes sobre personas determinadas y que los datos contenidos en él sean susceptibles de explotación a efectos, de momento, estadísticos.

La ejecución del fallo, siempre que no supere los dos años de duración, podrá suspenderse mediante resolución motivada adoptada de oficio o a instancia del Fiscal o de la defensa, por la TISecM, oídos el equipo técnico y la entidad encargada de la ejecución. La suspensión podrá adoptarse por tiempo determinado y hasta un máximo de dos años. Las condiciones a las que estará sometida la suspensión de la ejecución del fallo contenido en la sentencia serán las contempladas en el art. 40.2 LORPM, que incluye la aplicación del régimen de libertad vigilada o la obligación de realizar una actividad socio-educativa recomendada por el equipo técnico o por la entidad pública encargada. En cualquier caso, la adopción y la vigencia de la suspensión se condicionarán al compromiso por parte del menor, de mostrar una actitud y disposición de reintegrarse a la sociedad, no incurriendo en nuevas infracciones, art. 40.2 LORPM. Los pronunciamientos relativos a la responsabilidad civil derivada del delito se exceptúan de forma expresa de la posibilidad de suspensión, art. 40.1 LORPM, *in fine.*

Los mismos sujetos legitimados referidos en el párrafo anterior —oídos el equipo técnico y la entidad pública encargada— podrán solicitar, y el órgano jurisdiccional eventualmente adoptar mediante resolución, la sustitución de la medida impuesta por otra más adecuada, o incluso dejarla sin efecto, por aconsejarlo así las circunstancias. La evolución desfavorable del menor tras la sustitución podría permitir a la TISecM dejar sin efecto la misma, retomando el régimen original de ejecución, art. 51 LORPM.

d) *La responsabilidad civil*

La responsabilidad civil derivada de los hechos abarcados por la LORPM es exigible junto a la penal, en el mismo expediente y en pieza separada que se tramitará simultáneamente con las actuaciones principales. Su ejercicio corresponde al Ministerio Fiscal, a no ser que el perjudicado renuncie a ella, reserve su ejercicio para un proceso civil independiente o la ejercite por sí en el mismo expediente. La responsabilidad por los daños y perjuicios causados por el menor, es exigible tanto al menor como a sus padres, tutores, acogedores y guardadores, quienes responderán solidariamente, art. 61 LORPM.

Los aseguradores que hubieran asumido el riesgo de las responsabilidades pecuniarias derivadas de los actos de los menores, serán responsables civiles directos hasta el límite de la indemnización legalmente establecida o pactada, sin perjuicio de su derecho de repetición, art. 63 LORPM.

e) Derecho supletorio

En lo no previsto expresamente por la LORPM, se aplicarán con carácter supletorio, en el ámbito del procedimiento, las disposiciones de la LECRIM, en particular las normas del procedimiento abreviado, Disposición final primera LORPM.

C) Los recursos

Por lo que al régimen de recursos concierne, los arts. 41 y 42 LORPM, contemplan, con carácter general, el recurso ordinario de apelación ante la Audiencia Provincial y, frente a las resoluciones dictadas por éstas, el recurso extraordinario de casación ante la Sala Segunda del Tribunal Supremo.

III. EL PROCESO MILITAR

La referencia normativa superior al respecto la hallamos en el art. 117.5 CE, que establece que «El principio de unidad jurisdiccional es base de la organización y funcionamiento de los Tribunales. La ley regulará el ejercicio de la jurisdicción militar en el ámbito estrictamente castrense y en los supuestos de estado de sitio, de acuerdo con los principios de la Constitución». El grupo normativo regulador se completa con la LOPJ, arts. 3.2, que como consecuencia de la reforma operada por la LO 7/2015, de 21 de julio, por la que se modifica la LOPJ, queda redactado como sigue: «2. Los órganos de la jurisdicción militar, integrante del Poder Judicial del Estado, basan su organización y funcionamiento en el principio de unidad jurisdiccional y administran Justicia en el ámbito estrictamente castrense y, en su caso, en las materias que establezca la declaración del estado de sitio, de acuerdo con la Constitución y lo dispuesto en las leyes penales, procesales y disciplinarias militares», 9.2 y 55, que establece que el TS está integrado también por la Sala «Quinta, de lo Militar, que se regirá por su legislación específica y supletoriamente por la presente Ley y por el ordenamiento común a las demás Salas del Tribunal Supremo». El texto penal sustantivo, que tipifica las conductas constitutivas de delitos en el ámbito militar, es el Código Penal Militar, aprobado por la LO 14/2015, de 14 de octubre. En relación con las faltas, la referencia normativa la constituye la LO 8/2014, de 4 de diciembre, de Régimen Disciplinario de las Fuerzas Armadas.

La mencionada LO 7/2015, de 21 de julio, por la que se modifica la LO 6/1985 del Poder Judicial, proclama en el apartado II de su preámbulo, «el encaje definitivo de la Jurisdicción Militar en el Poder Judicial y la eliminación del privilegio de presentación de ternas de que goza el Ministerio de Defensa para la designación de los Magistrados de la Sala de lo Militar del Tribunal Supremo procedentes del Cuerpo Jurídico Militar».

Es digno de mención el significativo y relevante cambio que ha supuesto la DF 1ª de la LO 14/2015, en relación con la LO 4/1987 de Competencia y Organización de la Jurisdicción Militar, que afecta tanto a la composición de los órganos jurisdiccionales, como al nombramiento de sus componentes, destacando el nombramiento de los Auditores Presidentes y Vocales Togados, que pasan de ser designados por el Ministerio de Defensa, a ser propuestos por el CGPJ, valorándose en dicha propuesta los conocimientos técnicos y la formación jurídica. No obstante, se mantiene la figura del Vocal Militar, en cuyo nombramiento no interviene el CGPJ, sino que son nombrados por el Ejecutivo entre los candidatos propuestos por los diferentes Ejércitos, una vez acordada la apertura del juicio oral.

En lo concerniente al entramado propiamente jurisdiccional, el grupo normativo regulador se completa y despliega por medio de la LO 4/1987, de 15 de julio, reguladora de la competencia y organización de la jurisdicción militar, complementada básicamente por la Ley 44/1998, de 15 de diciembre, de Planta y organización territorial de la Jurisdicción Militar, que diseñan una organización jurisdiccional propia, integrada en sus diferentes niveles por los Juzgados Togados Militares, los Tribunales Militares Territoriales, el Tribunal Militar Central y, como indicábamos anteriormente, ocupando la cúspide de este ámbito jurisdiccional, la Sala de lo Militar del Tribunal Supremo, entre los que se distribuyen, en función de la aplicación de los diferentes criterios, la competencia.

Finalmente, la LO 2/1989, de 13 de abril, procesal militar, diseña el proceso a través del que se tramitarán y resolverán los conflictos para cuyo conocimiento sea competente el orden militar, que naturalmente se debe acomodar a las exigencias específicas de un estado de derecho en lo que a la jurisdicción, la tutela judicial efectiva (para el encausado y los perjudicados) y el proceso concierne. Esta norma es puntualmente reformada por el RD-L 6/2023, que introduce ciertas precisiones en relación con el recurso de revisión, modificando para ello el art. 328.2.

Como complemento a la estructura someramente descrita, y en consonancia con las exigencias de un sistema acusatorio, la Fiscalía Jurídico-Militar, dependiente del Fiscal General del Estado, ejercerá la acusación (no en régimen de monopolio) y practicará, de oficio o a instancia de parte, las diligencias pertinentes para la comprobación del hecho y la responsabilidad de los partícipes en el mismo, en términos similares a los ya vistos para el procedimiento abreviado.

IV. PROCESOS CIVILES DERIVADOS DEL HECHO PUNIBLE

1) El proceso civil acumulado al penal

En el sistema procesal penal español es posible acumular al genuino objeto penal del proceso homónimo, las pretensiones civiles de restitución de la cosa, de reparación del daño y de indemnización de perjuicios causados por el hecho punible (art. 109.1 CP). De este modo, el resultado es que en el mismo proceso se produce una acumulación de objetos, civil y penal, que se tramitan en un mismo procedimiento. Todo ello es consecuencia de un origen común: el hecho del que se deriva presuntamente la responsabilidad penal y, eventualmente, la responsabilidad civil.

Las características específicas esenciales de este proceso civil acumulado al penal, que extraemos de la LECRIM, y que tenemos que destacar son:

1°) La *competencia* para conocer del mismo es del órgano penal competente.

2°) Las *Partes* en el proceso civil acumulado serán, por un lado, quien reclame la pretensión civil —actor civil— y, por otro, frente a quien se solicita, que será el acusado y/o el responsable civil directo o subsidiario.

Los distintos escenarios que al respecto pueden materializarse son:

a) Que la acusación particular decida convertirse en parte civil ejercitando esta pretensión, y en ese caso sería parte penal y parte civil;

b) Es posible que la víctima no se constituya en parte penal, pero sí ejercite la pretensión civil, convirtiéndose en actor civil sin ser acusador particular;

c) Puede ser que los perjudicados no sean parte y no se pronuncien en torno a la misma tras el ofrecimiento de acciones, en cuyo caso el Fiscal tendrá que ejercitar esta pretensión, junto con el ejercicio de la acción penal (arts. 108 y 112 LECRIM);

d) Puede suceder que los perjudicados decidan renunciar «de una manera clara y terminante» a la pretensión civil (renuncia que es revocable en virtud de la concurrencia de las circunstancias que relaciona el art.

112 LECRIM en su segundo párrafo, añadido por la ya mencionada LO 10/2022, de 6 de septiembre) o reservarse expresamente el derecho a ejercitarla en cualquier momento posterior y por vía civil independiente, en cuyo caso el Fiscal no la ejercitaría conjuntamente (art. 108 y 110 LECRIM).

e) Cabrían además situaciones cuyo único cauce posible sería la vía civil, como en el caso de la declaración en rebeldía del acusado (art. 843), o por su fallecimiento (art. 115), también por sobreseimiento o sentencia absolutoria que no se refiera a la inexistencia de los hechos (art. 116), por inadmisión de la denuncia (art. 269) o querella (art. 313), o si hubo indulto o prescripción del delito, si no se hubiera extinguido la acción civil.

3°) Ambas *pretensiones*, la penal y la civil, pueden coexistir y tramitarse con normalidad y la adecuada separación en el único cauce procedimental penal. Incluso podría, en casos excepcionales, encauzarse por medio del procedimiento penal solo la pretensión civil —cuando acepta el acusado su responsabilidad penal, pero no la civil (arts. 655, modificado por la LOMESPJ, y 695 LECRIM)— hallándose la misma en los escritos de calificación provisional o escritos de acusación (según fuere ordinario o abreviado, arts. 650 y 781), o en el mismo acto de la vista oral (si fuera por delitos leves, art. 969). En el supuesto de que continúe solo con el actor civil, se debería mantener en el escrito de conclusiones (art. 651). Obviamente su planteamiento exigirá la proposición de los medios de prueba específicos y adecuados de que intente valerse.

4°) Las *medidas cautelares*: podrán adoptarse medidas cautelares de naturaleza patrimonial para garantizar la efectividad de una eventual condena por responsabilidad civil (fianzas, embargos, garantías bancarias, intervención del vehículo, etc.).

5°) La *sentencia:* Los pronunciamientos se referirán, diferenciándolos, al objeto penal y al objeto civil, determinando la responsabilidad penal, y todo lo relativo a la responsabilidad civil (art. 742.2). Estos pronunciamientos podrán ser recurridos de forma conjunta o separada (art. 854).

6°) La *ejecución:* existe una regulación específica en el articulado dedicado al procedimiento abreviado y al procedimiento por delitos leves, para determinar el importe líquido que no se hallare especificado en la sentencia. También en relación con la eventual petición de ejecución provisional de este tipo de pronunciamientos (art. 794, 1ª, 974 y 989.1, modificado por la LOMESPJ).

2) *El proceso de decomiso*

La Ley 41/2015, de 5 de octubre, de modificación de la LECRIM para la agilización de la justicia penal y el fortalecimiento de las garantías procesales, incorporó al ordenamiento jurídico español, por exigencia de la Directiva 2014/42/UE del Parlamento Europeo y del Consejo, de 3 de abril de 2014, sobre el embargo y decomiso de los instrumentos y del producto del delito en la UE, el procedimiento adecuado para permitir la efectividad de las nuevas figuras de decomiso.

Dentro de esta regulación sería preciso destacar dos apartados bien diferenciados: el primero, el referido a la comunicación del propio decomiso a las personas a las que afecta o puede afectar, y a las conductas posibles que pueden adoptar dichas personas. El segundo, el referido específicamente al desarrollo del proceso en el que se reclama el decomiso de bienes, efectos o ganancias o un valor equivalente a los mismos.

A) Llamada-intervención de terceros afectados por el decomiso

Se garantiza que los terceros afectados por el embargo puedan tener conocimiento del proceso de decomiso, favoreciendo su posible participación en el mismo —lo que constituye un derecho—. Se recoge en los arts. 803 ter a y siguientes, y de la mencionada regulación destacaremos:

a) Llamada por el juez mediante resolución

Se podrá producir de oficio o a instancia de parte, en relación con un *tercero* distinto del investigado o encausado, que pueda ser titular del bien o de derechos sobre el bien cuyo decomiso se solicita. Se podrá prescindir de la intervención de terceros cuando no se haya podido identificar o localizar al posible titular, o porque pueden concurrir hechos de los que pueda derivarse que la información en que se funda la pretensión de intervención en el procedimiento no es cierta, o porque los supuestos titulares son personas interpuestas vinculadas al investigado o encausado.

b) Conductas posibles del llamado

El llamado puede adoptar alguna de las siguientes conductas, tras la llamada: 1) Declaración de no oposición al decomiso: en este caso el juez acuerda su no intervención; 2) Participar en el proceso penal acumulado, pero no respecto de la responsabilidad penal sino de forma limitada a los aspectos que afecten directamente a sus bienes, derechos o situación jurídica. Para verificar esta participación el afectado por el decomiso requiere de asistencia letrada obligatoria, y puede, voluntariamente, actuar en el juicio mediante representante legal, sin que sea necesaria su presencia física en el mismo; 3) Incomparecencia del afectado por el decomiso: no impide la continuación del juicio, en el que será declarado en rebeldía, siguiendo las normas de la LECRIM (art. 803 ter d), el mismo efecto produce la incomparecencia del tercero afectado y del encausado rebelde (art. 803 ter s).

c) Notificación e impugnación de la sentencia que acuerda el decomiso

La sentencia en la que se acuerde el decomiso se notificará a la persona afectada por el mismo, aun cuando no hubiere comparecido en el proceso. La persona afectada podrá interponer contra dicha sentencia los recursos legalmente establecidos, siempre circunscritos a los pronunciamientos que afecten directamente a sus bienes, derechos o situación jurídica y no en lo relativo a la responsabilidad penal del encausado (art. 803 ter c).

B) Proceso de decomiso autónomo

a) Objeto

La pretensión que se ejercita en este proceso no es punitiva sino de reclamación civil, aun cuando dicha reclamación viene estrechamente vinculada a bienes o derechos que han quedado afectados como consecuencia de la presunta comisión de hechos delictivos que están siendo investigados. Esta pretensión está dirigida a reclamar el decomiso de bienes, efectos o ganancias, o un valor equivalente. Se trata de aquellos supuestos en que el fiscal se limitó en su escrito de acusación a solicitar el decomiso, pero reservando su determinación a este procedimiento, o cuando el autor haya fallecido, se halle en rebeldía o sea incapaz para comparecer en juicio.

b) Competencia

Será competente para conocer de este proceso de decomiso el juez o tribunal que hubiera dictado la sentencia firme, o el que estuviera conociendo la causa penal suspendida, o el juez o tribunal competente para su enjuiciamiento cuando la causa no se hubiera iniciado.

c) Partes

Al tratarse de un proceso de reclamación civil derivada de la existencia de una causa penal, las partes se denominan actor y demandado, dado que los sujetos que conforman ambas posiciones quedan condicionados por la naturaleza de la pretensión. De tal manera que, serán:

Actor: Exclusivamente el Ministerio Público.

Podrá el Fiscal no solo plantear la pretensión o solicitud de orden de decomiso una sola vez, sino que podrá solicitar al juez nuevas órdenes de decomiso, siempre que: a) Se descubra la existencia de bienes, efectos o ganancias a los que deba extenderse el decomiso, pero de cuya existencia o titularidad no se hubiera tenido conocimiento cuando se inició el procedimiento de decomiso, y b) No se haya resuelto anteriormente sobre la procedencia del decomiso de los mismos (art. 803 ter u).

Demandado: Sujetos contra los que se dirija la acción, por su relación con los bienes a decomisar. Cualquiera que quiera comparecer deberá seguir las normas reguladoras del derecho a la asistencia letrada del encausado (art. 803 ter i).

d) Procedimiento

Constituyen el procedimiento adecuado para este proceso las normas que regulan el juicio verbal (LEC), siempre que no se contradigan con las reglas configuradas específicamente al efecto en la LECRIM.

Son sus hitos principales: a) Demanda de solicitud de decomiso autónomo (art. 803 ter l); admitida esta, podrán acordarse medidas cautelares (según las normas de la LEC); b) Notificación de la demanda a las demandadas para que en un plazo de 20 días se personen y contesten; c) Contestación (art. 803 ter m): si no se contesta en el plazo conferido, el juez acordará el decomiso definitivo de los bienes, efectos o ganancias o un valor equivalente a los mismos; d) Prueba (art. 803 ter n) y fijación de la vista, de acuerdo con las normas generales; e) Juicio y sentencia (art. 803 ter o) que sigue las normas de la LEC, art. 433. Se resuelve mediante sentencia dictada en el plazo de 20 días. Dicha resolución podrá estimar completamente la pretensión de decomiso, estimarla parcialmente o desestimarla. En los dos primeros casos identificará a los perjudicados y fijará las indemnizaciones procedentes.

e) Efectos y ejecución de la sentencia de decomiso

En cuanto a los efectos que produce la sentencia de decomiso, el art. 803 ter p establece que:

1) Produce efectos de cosa juzgada material subjetiva —respecto de las personas contra las que se haya dirigido la acción—, y objetiva —respecto de la causa de pedir consistente en los hechos relevantes para la adopción del

decomiso, referidos al hecho punible y a la situación frente a los bienes del demandado—.

2) No afecta ni vincula en el posterior enjuiciamiento del encausado, si se produce.

3) A los bienes decomisados se les dará el destino previsto en la LECRIM, (art. 803 ter p), y en el CP (art. 127 octies).

«3. Los bienes, instrumentos y ganancias decomisados por resolución firme, salvo que deban ser destinados al pago de indemnizaciones a las víctimas, serán adjudicados al Estado, que les dará el destino que se disponga legal o reglamentariamente».

4) Ejecución: El Ministerio Fiscal por sí mismo, o a través de la Oficina de recuperación y gestión de activos, o por otras autoridades, o por funcionarios de la Policía judicial, podrá ordenar las diligencias de investigación necesarias para localizar bienes o derechos titularidad de la persona con relación a la cual se hubiera acordado el decomiso, siempre con la colaboración del Letrado de la administración de justicia, incluso dirigirse a entidades financieras, organismos y registros públicos y personas físicas o jurídicas para que faciliten la relación de bienes o derechos del ejecutado de los que tengan constancia.

Todas las autoridades y funcionarios a los que se dirija el Ministerio Fiscal con dicha finalidad vendrán obligados a prestar su colaboración, bajo apercibimiento de incurrir en delito de desobediencia, salvo las excepciones establecidas legalmente. Podrá igualmente solicitar el Ministerio Fiscal autorización judicial para practicar alguna diligencia adicional que requiera de la misma (art. 803 ter q).

f) Recursos y revisión de la sentencia firme

Son aplicables al procedimiento de decomiso autónomo las normas reguladoras de los recursos en el proceso penal abreviado, además de las normas reguladoras de la revisión de sentencias firmes, siendo el motivo previsto para ello la «*contradicción entre los hechos declarados probados en la misma y los declarados probados en la sentencia firme penal que, en su caso, se dicte*» (arts. 803 ter r y 954.2 LECRIM. Precepto modificado por el RD-L 6/2023, de 19 de diciembre).

tirant
PRIME

Inteligencia jurídica
en expansión

Trabajamos para
mejorar el día a día
del **operador jurídico**

Adéntrese en el universo
de **soluciones jurídicas**

96 369 17 28

atencionalcliente@tirantonline.com

prime.tirant.com/es/